K-IFRS

금융상품회계

5판

도서출판 아진
A-JIN

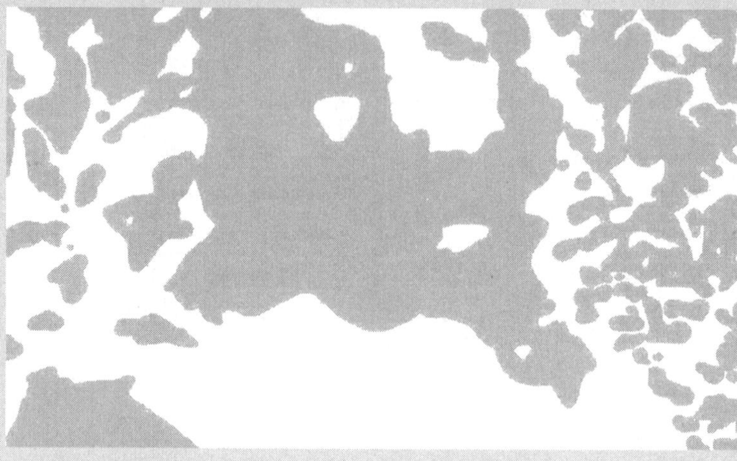

"내가 가는 길을 그가 아시나니 그가 나를 단련하신 후에는 내가 순금 같이 되어 나오리라 (욥23 : 10)"

머리말

어느덧 우리나라도 K-IFRS를 적용한지 10년이 지났다. K-IFRS의 의무적용은 우리나라 회계환경의 중요한 변화를 일으켰다. 개별재무제표 위주의 공시체계에서 연결재무제표 중심의 공시체계로의 전환, 금융상품, 퇴직급여 회계, 자산손상, 공정가치 평가 등 거의 모든 분야에 걸친 변화를 일으켰다고 봐도 과언이 아니다.

IFRS의 전면 도입으로 인한 중요한 변화 중의 하나는 금융상품회계에 대한 높은 이해도가 필요하게 되었다는 점이다. 금융상품 회계를 다루고 있는 금융상품 기준서(K-IFRS 1032, K-IFRS 1109, K-IFRS 1107)는 다른 K-IFRS에 비해 분량이 엄청나며 회계처리가 매우 복잡하고, 회계에 대한 지식을 어느 정도 습득한 사람마저도 개념을 쉽게 이해하기 어렵다. 또한 다른 K-IFRS의 내용을 이해하고 있어야만 금융상품 기준서를 정확하게 이해할 수 있기 때문에 금융상품 기준서의 이해는 그 자체가 하나의 도전인 셈이다.

특히, 2018년부터는 K-IFRS 1039가 K-IFRS 1109로 대체되면서 금융상품회계에 대한 이해의 난이도가 더 높아진게 사실이다. 본 서에서는 금융상품 기준서를 주제별로 구분하여 가능한 많은 사례와 한국채택국제회계기준 Bound Volume의 중요한 결론도출근거, 실무지침 및 적용사례의 내용을 소개하여 금융상품 기준서를 체계적이고 이해하기 쉽게 설명하도록 노력하였다. 금번 판에서는 2021년 6월까지 한국회계기준원에서 발표한 K-IFRS의 수정내용 및 관련 질의회신을 모두 반영하였다.

본서를 출간하는데 전폭적인 지원을 해주신 도서출판 아진의 김근배 대표님 이하 관계자분들께 감사를 드리는 바이다. 마지막으로 본 서를 집필하기까지 옆에서 묵묵히 도와준 가족들에게 고맙다는 말을 전하는 바이다.

아무쪼록 본서가 국내 기업들의 한국채택국제회계기준 이해 증진 및 회계투명성에 일조 할 수 있다면 그 이상 기쁨은 없을 것이다.

2021년 10월
창의과학연구소 일동

차 례
Table of Contents

제 05 장 K-IFRS 1109 금융상품의 분류

제 06 장 K-IFRS 1109 금융상품 측정

제 07 장 K-IFRS 1109 파생상품

제 08 장 K-IFRS 1109 위험회피회계

제 09 장 K-IFRS 1107 금융상품 공시

제 01 장
금융상품 기준서의 개요

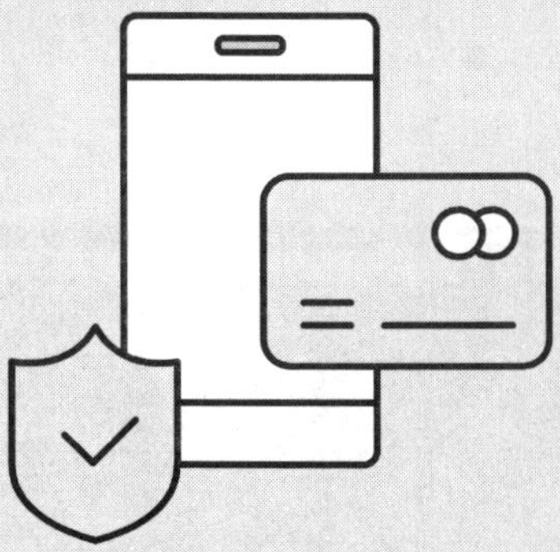

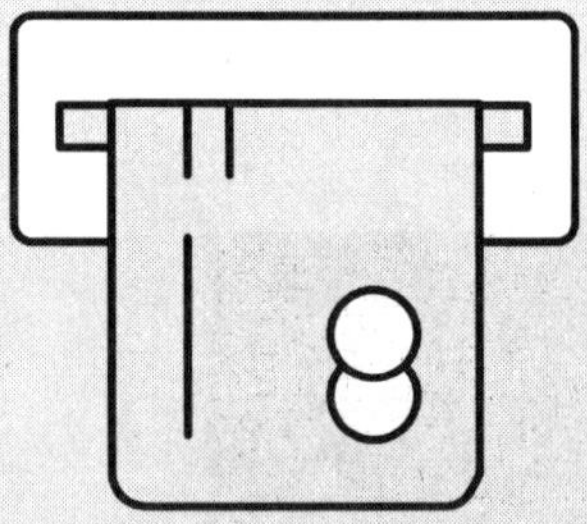

01
금융상품 기준서의 개요

1 금융상품 기준서의 개요

1.1. 전통적인 재무회계의 한계

- 전통적인 재무회계의 체계는 제조업 중심으로 발전하여 왔다. 제조업은 투입요소(원재료, 노동력, 유형자산 등)를 조합하여 산출물(재화와 용역)로 전환하는 과정에 초점을 맞추고 있다. 따라서 제조업 중심의 회계관점에서는 수익의 실현시기 즉, 투입요소를 언제 최종적으로 현금 또는 현금청구권으로 전환할 수 있는지가 주요 핵심사항이 되었고 원가(cost)기준의 측정 방식을 취할 수밖에 없었다.
- 그러나 이러한 제조업 중심의 수익의 실현 및 원가기준의 측정 방식은 금융상품의 인식 및 측정에 적합하지 않다는 것을 알게 되면서 IASB는 금융상품에 대하여 공정가치(fair value) 회계를 적극 적용하도록 하였으며 유럽을 비롯한 많은 국가들이 이를 점차 받아들이고 있다.

1.2. 공정가치 회계 확대의 필요성

- 전통적인 재무회계의 변화가 필요하다는 논란은 다음의 두 가지로 요약할 수 있다.
  (1) 금융상품이라는 특별한 성격에 맞는 새로운 재무보고 방식이 필요한가?
  (2) 새로운 재무보고 방식을 도출하게 하는 이론에 의하여 전통적인 회계방식은 모두 새롭게 변경되어야 하는가?
- IASB는 상기 (1)과 (2)를 분리할 수 있다고 보았다. 그러나 (1)로 인하여 그 동안 쌓아왔던 전통적인 회계방식에 상당한 변화가 필요하다는 것을 인정하였다. 이러한 변화의 예로 보험계약, 농림어업, 투자부동산 및 수익인식 등과 같은 분야에서 재무상태표(대차대조표) 중심의 공정가치모형을 발전시킨 것을 들 수 있다.

2 금융상품 기준서의 구성

- 금융상품 기준서는 크게 다음과 같이 구성된다.
  (1) K-IFRS 1032 '금융상품:표시'는 금융상품의 정의, 금융상품을 부채와 자본으로 구분하

는 기준 및 재무제표 표시에 대해서 다루고 있다.

(2) K-IFRS 1109 '금융상품'은 금융상품(자본을 제외한)의 인식과 측정에 대한 모든 중요한 지침을 다루고 있다.

(3) K-IFRS 1107 '금융상품:공시'는 금융상품의 공시사항을 규정하고 있다.

- 금융상품 기준서는 3개의 기준서로 구성되어 있지만 그 내용은 K-IFRS 중 가장 방대하며 논리적인 일관성을 유지하고 있어 전체적으로 이해를 하여야만 하는 어려움이 있다. 또한 위험회피회계를 금융상품 기준서에서 설명하고 있어 더욱 이해하기 어려운 면이 있다.

3 금융상품 기준서의 적용범위

- 금융상품 기준서는 적용범위가 매우 중요하다. 왜냐하면 외관상 금융상품처럼 보이는 것이 적용범위에 포함되지 않는 것이 있는 반면 외관상 그렇지 않은 것이 적용범위에 포함될 수 있기 때문이다.
- 금융상품 기준서인 K-IFRS 1032, K-IFRS 1109, K-IFRS 1107은 각각 적용범위에 대해서 다음과 같이 설명하고 있다.

(1) K-IFRS 1032는 금융부채와 지분상품(자본)의 분류기준에 대하여 설명하고 있으므로 주로 금융부채와 지분상품의 분류와 관련된 적용범위를 가지고 있다.

(2) K-IFRS 1109는 보유자입장에서의 금융자산의 인식과 측정기준에 대하여 설명하고 있으며 발행자입장에서의 금융부채의 인식과 측정기준에 관련된 적용범위를 가지고 있다.

(3) K-IFRS 1107은 금융상품의 공시와 관련된 적용범위를 가지고 있다.

- 본 서에서는 K-IFRS 1032, K-IFRS 1109, K-IFRS 1107의 적용범위를 각각 설명할 것이다. 그 이유는 각각의 기준서의 적용범위가 일치하는 경우가 대부분이나 일부 차이가 나는 경우가 있기 때문이다. 그리고 그 차이를 이해하여야 할 필요성이 있다.

4 IAS 39(K-IFRS 1039 '금융상품 : 인식과 측정')의 대체

- 재무제표의 많은 이용자들은 기존의 IAS 39(K-IFRS 1039)의 요구사항이 이해하고, 적용하고, 해석하기 어렵다고 언급하였다. 이에 따라 IASB는 요구사항을 명확히 하고 지침을 추가하고 내부적 비일관성을 제거하기 위해 수차례 IAS 39를 개정하였으나, 전에는 금융상품의 재무보고를 근본적으로 재고하지는 않았다. *[K-IFRS 1109 IN2]*
- IASB는 IAS 39를 대체하는 이 과제를 세 가지 주요 단계로 구분하였다. IASB는 각 단계를 완료하면서 IFRS 9에 IAS 39의 해당 요구사항을 대체하는 장(chapter)을 신설하였다. *[K-IFRS 1109 IN5]*

• IAS 39를 대체하는 IASB 과제의 세 가지 주요 단계는 다음과 같다. [K-IFRS 1109 IN6]

(1) 1 단계: 금융자산과 금융부채의 분류와 측정. 이 장에서는 금융자산이 속하는 사업모형과 계약상 현금흐름 특성에 기초하여 해당 금융자산을 분류하도록 하였으며, 금융부채의 분류와 측정에 대한 요구사항을 추가하였다.

(2) 2 단계: 손상 방식. 금융자산과 신용대출약정의 기대신용손실 회계처리 요구사항을 추가하였다.

(3) 3 단계: 위험회피회계에 대한 규정을 추가하였다.

4.1. 분류와 측정

• 2009년 11월에 IASB는 금융자산의 분류와 측정에 대한 장을 IFRS 9에 포함하여 발표하였다. 금융자산은 이를 보유하는 사업모형과 계약상 현금흐름 특성에 기초하여 분류한다. 2010년 10월에 IASB는 금융부채의 분류와 측정에 대한 요구사항을 IFRS 9에 추가하였다. 이 규정의 대부분은 IAS 39의 요구사항을 변경하지 아니하고 IFRS 9에 그대로 옮겼다. 그러나 금융부채의 공정가치선택권과 관련된 요구사항은 자기신용위험을 다루기 위해 변경되었다. 이 개선사항은 부채가 단기매매항목이 아닌 이상 부채의 신용위험 변동 효과가 당기손익에 영향을 미치지 않아야 한다는 재무제표이용자와 그 밖의 이해관계자들의 일관된 의견에 따라 이루어 졌다. 2013년 11월에 IASB는 IFRS 9의 그 밖의 요구사항을 적용하지 않고도 이 요구사항의 조기 적용을 허용하도록 IFRS 9를 개정하였다. [K-IFRS 1109 IN7]

• 2014년 7월에 IASB는 금융자산의 분류와 측정에 대한 IFRS 9의 요구사항을 제한적으로 개정하였다. 이 개정에서는 좁은 범위의 적용상 문제를 다루었고 특정한 단순 채무상품에 대한 '기타포괄손익-공정가치' 측정 범주를 신설하였다. 계약상 현금흐름의 수취와 금융자산의 매도 둘 다를 통해 사업목적을 이루는 사업모형에서 보유하는 금융자산에 대해 이 측정기준이 가장 목적 적합하다는 많은 보험회사를 포함한 이해관계자들의 해당 측정 범주에 대한 의견에 따라 제3의 측정 범주를 신설하였다. [K-IFRS 1109 IN8]

4.2. 기대신용손실과 그변동에 대한 회계처리

• 2014년 7월에 IASB는 금융자산과 신용대출약정의 기대신용손실에 대한 회계처리와 관련된 손상 요구사항을 IFRS 9에 추가하였다. 이 요구사항으로 IAS 39에 있었던 신용손실의 인식 요건은 삭제된다. IFRS 9의 손상 접근법에서는 더 이상 신용손실을 인식하기 전에 신용사건이 생겼어야 할 필요가 없다. 그 대신에 항상 기대신용손실과 그 변동을 회계처리 한다. 기대신용손실액은 매 보고기간 말에 갱신되어 최초 인식 후에 신용손실 변동을 반영하므로 결과적으로 기대신용손실에 대한 더욱 적시성 있는 정보를 제공한다. [K-IFRS 1109 IN9]

4.3. 위험회피회계

- 2013년 11월에 IASB는 위험회피회계에 관한 요구사항을 IFRS 9에 추가하였다. 이 요구사항은 위험회피회계가 위험관리와 더욱 일관되게 하고, 위험회피회계가 더욱 원칙중심적인 접근법에 기반하게 한다. 또 이 규정은 IAS 39의 위험회피회계 모형의 비일관성과 단점을 보완하였다. IASB는 일반 위험회피회계의 요구사항에 대한 논의에서 개방형 포트폴리오 또는 매크로 위험회피에 대한 특정 회계처리는 다루지 않았다. 그 대신에 IASB는 현행 추진과제의 일부로 이들에 대한 회계처리안에 대해 논의하고 있으며 2014년 4월에 토론서 '동적위험관리에 대한 회계처리: 매크로 위험회피에 대한 포트폴리오 재평가접근법(Accounting for Dynamic Risk Management: a Portfolio Revaluation Approach to Macro Hedging)'을 발표했다. 따라서 IASB는 금융자산이나 금융부채 포트폴리오의 이자율 익스포저(exposure)에 대한 공정가치위험회피를 다루는 IAS 39의 예외사항을 계속 적용하도록 하였다. 또 IASB는 매크로 위험회피에 대한 회계처리를 다루는 과제를 아직 완성하지 못하였으므로, IFRS 9의 위험회피회계의 요구사항을 적용할 것인지 아니면 모든 위험회피회계에 대해 IAS 39의 현행 위험회피회계 요구사항을 계속 적용할 것인지를 기업이 회계정책으로 선택할 수 있도록 하였다.

제 02 장
K-IFRS 1032 금융상품의 정의

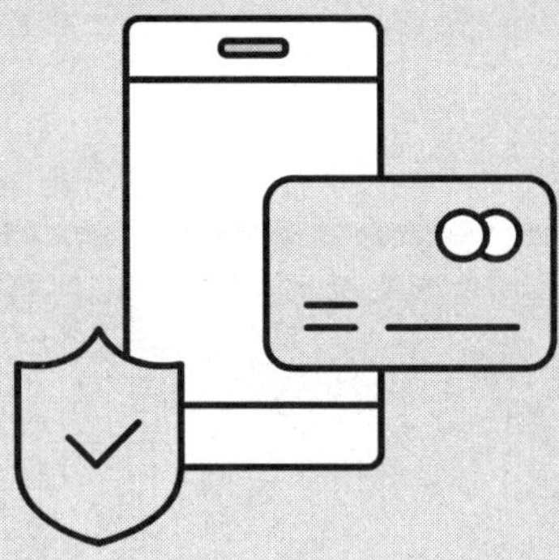

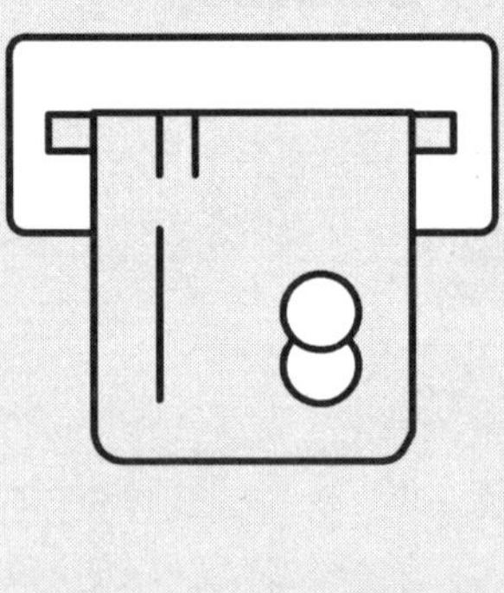

01 K-IFRS 1032의 목적

- K-IFRS 1032 '금융상품 : 표시'의 목적은 부채나 자본으로 금융상품을 표시할 때 필요한 원칙과, 금융자산과 금융부채의 상계에 필요한 원칙을 정하는 것이다. 이 기준서는 다음의 경우에 적용한다. *[K-IFRS 1032 문단 2]*
  (1) 발행자의 입장에서 금융상품을 금융자산, 금융부채, 지분상품으로 분류하는 경우
  (2) 금융상품과 관련된 이자, 배당, 손익을 분류하는 경우
  (3) 금융자산과 금융부채를 상계해야 하는 경우
- K-IFRS 1032의 원칙은 K-IFRS 1109 '금융상품'과 K-IFRS 1107 '금융상품:공시'에서 규정된 금융자산과 금융부채의 인식, 측정, 공시에 관한 원칙을 보완한다. *[K-IFRS 1032 문단 3]*

02
K-IFRS 1032의 적용범위

- 다음을 제외한 모든 유형의 금융상품에 K-IFRS 1032를 적용한다. *[K-IFRS 1032 문단 4]*

(1) K-IFRS 1110 '연결재무제표', K-IFRS 1027 '별도재무제표', K-IFRS 1028 '관계기업과 공동기업에 대한 투자'에 따라 회계처리하는 종속기업, 관계기업, 공동기업 투자지분. 그러나 K-IFRS 1027, 1028, 1110에서 1109를 적용하여 회계처리하도록 요구하거나 허용하는 경우도 있다. 이러한 경우에는 K-IFRS 1032의 규정을 적용한다. 종속기업, 관계기업, 공동기업 투자지분에 연계된 모든 파생상품에도 K-IFRS 1032를 적용한다.

(2) K-IFRS 1019 '종업원급여'를 적용하는 종업원급여제도에 따른 사용자의 권리와 의무

(3) K-IFRS 1104 '보험계약'에서 정의하는 보험계약. 다만, 보험계약에 내재된 파생상품으로서 K-IFRS 1109에 따라 분리하여 회계처리하는 경우에는 K-IFRS 1032를 적용한다. 또 발행자가 금융보증계약의 인식과 측정에 K-IFRS 1109를 적용한다면, 그 계약에는 K-IFRS 1032를 적용한다. 그러나 K-IFRS 1104 문단 4(4)에 따라 발행자가 K-IFRS 1104를 적용하여 이러한 금융보증계약을 인식하고 측정하기로 선택한다면 K-IFRS 1104를 적용한다.

(4) 임의배당요소가 있어 K-IFRS 1104를 적용하는 금융상품. 이러한 금융상품의 발행자는 금융부채와 지분상품의 구분을 규정한 K-IFRS 1032 문단 15~32와 문단 AG25~AG35를 이러한 임의배당요소에 적용하지 않는다. 그러나 그 밖의 모든 규정을 해당 금융상품에 적용해야 한다. 이러한 금융상품에 내재된 파생상품에도 K-IFRS 1032를 적용한다.

(5) K-IFRS 1102 '주식기준보상'을 적용하는 주식기준보상거래에 따른 금융상품, 계약, 의무. 다만,

㈎ K-IFRS 1032 문단 8~10에 해당하는 계약에는 K-IFRS 1032를 적용하며,

㈏ 종업원주식선택권제도, 종업원주식매입제도와 그 밖의 주식기준보상약정과 관련하여 매입, 매도, 발행, 취소된 자기주식에는 K-IFRS 1032 문단 33과 34를 적용한다.

- 비금융항목을 매입하거나 매도하는 계약은 현금이나 다른 금융상품(이하 '현금 등 금융상품')으로 차액결제할 수 있거나 금융상품을 교환하여 결제할 수 있는 경우에는 해당 계약이 금융상품인 것처럼 K-IFRS 1032를 적용한다. 다만 기업이 예상하는 매입, 매도, 사용의 필요에 따라 비금융항목을 수취하거나 인도할 목적으로 체결하여 계속 유지되는 계약에는 K-IFRS 1032를 적용하지 않는다. 그러나 K-IFRS 1109 문단 2.5에 따라 당기손익-공정가치 측정 항목으로 지정한 계약에는 K-IFRS 1032를 적용한다. *[K-IFRS 1032 문단 8]*
- 비금융항목을 매입하거나 매도하는 계약은 현금 등 금융상품으로 차액결제할 수 있거나 금융상품을 교환하여 결제할 수 있는 방법이 다양하다. 그러한 방법의 예는 다음과 같다.
  (1) 계약 조건에 따라 거래 당사자 중 어느 한편이 현금 등 금융상품으로 차액결제할 수 있거나 금융상품을 교환하여 결제할 수 있는 경우
  (2) 현금 등 금융상품으로 차액결제하거나 금융상품을 교환하여 결제할 수 있는지가 계약 조건에서 분명하지 않지만, (계약상대방과 상계하는 계약을 체결하거나 계약상 권리의 행사 또는 소멸 전에 계약을 매도하여) 기업이 비슷한 계약을, 현금 등 금융상품으로 차액결제하거나 금융상품을 교환하여 결제한 실무관행이 있는 경우
  (3) 비슷한 계약에서 단기적인 가격변동 이익이나 중개이익을 얻기 위해, 기초자산을 인수한 후 단기간에 해당 자산을 매도한 실무 관행이 있는 경우
  (4) 계약의 대상인 비금융항목을 현금으로 쉽게 전환할 수 있는 경우

  상기 (2) 또는 (3)에 해당하는 계약은 기업이 예상하는 매입, 매도, 사용의 필요에 따라 비금융항목을 수취하거나 인도할 목적으로 체결한 것이 아니기 때문에 K-IFRS 1032를 적용한다. 문단 8을 적용하는 그 밖의 계약은 기업이 예상하는 매입, 매도, 사용의 필요에 따라 비금융항목을 수취하거나 인도할 목적으로 체결하여 유지하는지를 판단하여 K-IFRS 1032의 적용 여부를 결정한다. *[K-IFRS 1032 문단 9]*
- **비금융항목을 매입하거나 매도할 수 있는 권리를 부여하는 매도옵션**을 K-IFRS 1032 문단 9(1)이나 9(4)에 따라 **현금 등 금융상품으로 차액결제할 수 있거나 금융상품을 교환하여 결제할 수 있는 경우**에는 K-IFRS 1032를 적용한다. 이러한 경우의 계약은 기업이 예상하는 매입, 매도, 사용의 필요에 따라 비금융항목을 수취하거나 인도할 목적으로 체결할 수 없다. *[K-IFRS 1032 문단 10]*

03
K-IFRS 1032상 용어의 정의

1 금융상품(financial instrument)

1.1. 정 의

- 금융상품은 거래당사자 어느 한쪽에게는 **금융자산**을 생기게 하고 거래상대방에게 **금융부채나 지분상품**을 생기게 하는 **모든 계약(contract)**을 말한다. *[K-IFRS 1032 문단 11]*

1.1.1. 계약의 의미

- 금융상품 기준서에서 '계약' 및 '계약상'이란 (1) **명확한 경제적 결과**를 가지고 있고, (2) 대개 **법적으로 집행 가능하기** 때문에 당사자가 그러한 경제적 결과를 **자의적으로 회피할 여지가 적은** 둘 이상의 당사자 사이의 합의를 말한다. *[K-IFRS 1032 문단 13]*
- 금융상품을 포함하여 계약은 다양한 형태로 존재할 수 있으며, **반드시 서류로 작성되어야만 하는 것은 아니다.** *[K-IFRS 1032 문단 13]*
- **계약에 의하지 않은 부채나 자산은 금융부채나 금융자산이 아니다.** 이러한 예로는 정부가 부과하는 법적 요구에 따라 발생하는 **법인세**와 **관련된 부채**를 들 수 있다. 법인세와 관련된 회계처리는 K-IFRS 1012에서 다루고 있다. 이와 마찬가지로 K-IFRS 1037 '충당부채, 우발부채 및 우발자산'에서 정의하고 있는 **의제의무**도 계약에서 발생한 것이 아니며, **금융부채가 아니다.** *[K-IFRS 1032 AG12]*

1.1.2. 금융상품을 수취, 인도 또는 교환하는 계약상 권리와 의무

- 금융상품을 수취, 인도, 교환하는 계약상 권리 또는 계약상 의무는 **그 자체로 금융상품**이다. 일련의 계약상 권리로 현금을 수취하거나 지분상품을 취득할 수 있게 된다면 그 계약상 권리는 금융상품의 정의를 충족한다. 그리고 일련의 계약상 의무로 현금을 지급하거나 지분상품을 발행하게 된다면 그 계약상 의무는 금융상품의 정의를 충족한다. *[K-IFRS 1032 AG7]*

1.2. 금융자산

• 금융자산은 다음의 자산을 말한다. *[K-IFRS 1032 문단 11]*

(1) 현금

(2) 다른 기업의 지분상품

(3) 다음 중 하나에 해당하는 계약상 권리

㈎ 거래상대방에게서 현금 등 금융자산을 수취할 계약상 권리

㈏ 잠재적으로 유리한 조건으로 거래상대방과 금융자산이나 금융부채를 교환하기로 한 계약상 권리

(4) 기업 자신의 지분상품(이하 '자기지분상품'이라 한다)으로 결제하거나 결제할 수 있는 다음 중 하나의 계약

㈎ 수취할 자기지분상품의 수량이 변동 가능한 비파생상품

㈏ 확정 수량의 자기지분상품에 대하여 확정 금액의 현금 등 금융자산을 교환하여 결제하는 방법 **외의** 방법으로 결제하거나 결제할 수 있는 파생상품. 이러한 목적상 자기지분상품에는 다음의 금융상품은 포함하지 않는다.

① K-IFRS 1032 문단 16A와 16B에 따라 지분상품으로 분류하는 풋가능 금융상품

② 발행자가 청산하는 경우에만 거래상대방에게 지분비율에 따라 발행자 순자산을 인도해야 하는 의무를 발행자에게 부과하는 금융상품으로서 K-IFRS 1032 문단 16C와 16D에 따라 지분상품으로 분류하는 금융상품

③ 자기지분상품을 미래에 수취하거나 인도하기 위한 계약인 금융상품

보충설명 자기지분상품의 수량이 확정되지 않은 계약이 자기지분상품이 아닌 이유

IASB는 확정 금액이나 기초 변수의 변동에 따라 결정되는 금액과 같은 가치를 가지는 변동 가능한 수량의 기업 자신의 주식을 수취하거나 인도하는 계약(예 금을 기초자산으로 하는 주식차액결제 파생상품계약이나 10,000원의 가치에 해당하는 수량의 주식을 인도하기로 하는 의무)에서 자기지분상품을 결제수단으로 사용하는 경우, 지분상품으로 회계처리하는 것은 적절하지 않다는 데 동의하였다. 이 계약은 자본에 대한 특정 지분의 권리와 의무를 나타낸다기보다는 특정 금액의 권리와 의무를 나타낸다. (자본에 대한 특정 지분이 아닌) 특정 금액을 지급하거나 수취하는 계약은 지분상품이 아니다. 이러한 계약의 경우, 거래가 결제되기 전에는 수취하거나 인도할 기업 자신의 주식 수량(또는 현금 금액)을 알지 못하며, 자기지분상품을 수취할 것인지 인도할 것인지조차 모를 수도 있다. *[K-IFRS 1032 BC13]*

예제 1 자기지분상품 수취 계약

다음 상황은 각각 독립적이라고 가정한다. A회사의 회계기간은 1.1.~12.31.이다.

<상황 1> A회사는 2X01년 1월 1일에 자기주식 100주를 주당 ₩1,000에 취득하였다.

<상황 2> A회사가 B은행과 1년 후 시장가격 ₩100,000에 상당하는 A회사 자신의 주식을 수령하기로 계약을 체결하면서 대가로 2X01년 1월 1일 현재 ₩95,000을 지급하였다.

<상황 3> A회사가 B은행과 1년 후 당시의 시장가격으로 ₩100,000에 상당하는 A회사 자신의 주식 100주를 수령하는 계약을 체결하면서 대가로 2X01년 1월 1일 현재 ₩95,000을 지급하였다.

요구사항

1. <상황 1>에서 A회사의 2X01년 1월 1일 회계처리를 나타내라.
2. <상황 2>에서 A회사의 2X01년 1월 1일, 2X01년 12월 31일, 2X02년 1월 1일 회계처리를 나타내라. 단, A회사는 이 계약을 당기손익인식금융자산으로 분류하였다.
3. <상황 3>에서 A회사의 2X01년 1월 1일, 2X01년 12월 31일, 2X02년 1월 1일 회계처리를 나타내라.

해설

1.

구 분	회 계 처 리
2X01.01.01.	(차) 자기주식(자본) 주1) 100,000 (대) 현금 100,000 주1) ₩1,000 × 100주 = ₩100,000

2.

구 분	회 계 처 리
2X01.01.01.	(차) 선도계약자산(금융자산) 주1) 95,000 (대) 현금 95,000 주1) 수취할 자기지분상품의 수량이 변동가능한 비파생상품(최초 계약시 유의적인 금액을 필요로 하기 때문에)이다. 예를 들어 1년 후에 주당 시가가 ₩100,000이라면 1주만 수령하게 되고, 주당 시가가 ₩10,000이면 10주만 수령하게 되기 때문이다.
2X01.12.31.	(차) 선도계약자산(금융자산) 주1) 5,000 (대) 선도계약자산평가이익(NI) 주2) 5,000 주1) ₩100,000 − ₩95,000 = ₩5,000 주2) A회사가 선도계약자산을 당기손익-공정가치 측정 항목으로 분류한다면 당기손익으로 반영하고, 기타포괄손익-공정가치 측정 항목으로 분류한다면 기타포괄손익으로 반영함.
2X02.01.01.	(차) 자기주식(자본) 100,000 (대) 선도계약자산(금융자산) 100,000

3.

구 분	회 계 처 리
2X01.01.01.	(차) 자기주식매입선도계약(자본)[주1] 95,000 (대) 현금 95,000 주1) 수취할 자기지분상품의 수량이 확정된 비파생상품이므로 지분상품에 해당함.
2X01.12.31.	분개 없음
2X02.01.01.	(차) 자기주식(지분상품) [주2] 95,000 (대) 자기주식매입선도계약(자본) 95,000 주2) 계정 재분류

1.3. 금융부채

- 금융부채는 다음의 부채를 말한다. *[K-IFRS 1032 문단 11]*
  (1) 다음 중 하나에 해당하는 계약상 의무
    (가) 거래상대방에게 현금 등 금융자산을 인도하기로 한 계약상 의무
    (나) 잠재적으로 불리한 조건으로 거래상대방과 금융자산이나 금융부채를 교환하기로 한 계약상 의무
  (2) 자기지분상품으로 결제하거나 결제할 수 있는 다음 중 하나의 계약
    (가) 인도할 자기지분상품의 수량이 변동가능한 비파생상품
    (나) **확정 수량의 자기지분상품을 확정 금액의 현금 등 금융자산과 교환하여 결제하는 방법 외의 방법으로** 결제하거나 결제할 수 있는 파생상품. 이러한 목적상 기업이 같은 종류의 비파생 자기지분상품을 보유하고 있는 기존 소유주 모두에게 주식인수권, 옵션, 주식매입권을 지분비율에 비례하여 부여하는 경우, 어떤 통화로든 확정금액으로 확정수량의 자기지분상품을 취득하는 주식인수권, 옵션, 주식매입권은 지분상품이다. 또 이러한 목적상 자기지분상품에는 다음의 금융상품은 포함하지 않는다.
      ① K-IFRS 1032 문단 16A와 16B에 따라 지분상품으로 분류하는 풋가능 금융상품
      ② 발행자가 청산하는 경우에만 거래상대방에게 지분비율에 따라 발행자 순자산을 인도해야 하는 의무를 발행자에게 부과하는 금융상품으로서 K-IFRS 1032 문단 16C와 16D에 따라 지분상품으로 분류하는 금융상품
      ③ 자기지분상품을 미래에 수취하거나 인도하기 위한 계약인 금융상품

예외적으로 금융부채의 정의를 충족하는 금융상품이 K-IFRS 1032 문단 16A·16B나 문단 16C·16D에서 기술한 모든 특성을 갖추고 해당 문단에서 기술한 조건을 충족한다면, 그 금융상품을 지분상품으로 분류한다.

예제 1.1 자기지분상품 발행 계약

다음 상황은 각각 독립적이라고 가정한다. A회사의 회계기간은 1.1.~12.31.이다.

<상황 1> A회사는 2X01년 1월 1일에 보통주 100주를 주당 액면가 ₩1,000에 발행하였다.

<상황 2> A회사가 B은행으로부터 2X01년 1월 1일 현재 ₩95,000을 수령하고 1년 후 시장가격 ₩100,000에 상당하는 A회사 보통주식(액면가 @₩100)을 발행하기로 계약을 체결하였다.

<상황 3> A회사가 B은행으로부터 2X01년 1월 1일 현재 ₩95,000을 수령하고 1년 후 A회사 보통주 100주(액면가 @₩100)를 발행하기로 계약을 체결하였다.

요구사항

1. <상황 1>에서 A회사의 2X01년 1월 1일 회계처리를 나타내라.
2. <상황 2>에서 A회사의 2X01년 1월 1일, 2X01년 12월 31일, 2X02년 1월 1일 회계처리를 나타내라. 단, A회사는 이 계약을 당기손익인식금융자산으로 분류하였다.
3. <상황 3>에서 A회사의 2X01년 1월 1일, 2X01년 12월 31일, 2X02년 1월 1일 회계처리를 나타내라.

해설

1.

구 분	회 계 처 리			
2X01.01.01.	(차) 현금[주1)]	100,000	(대) 보통주	100,000
	주1) 100주 × ₩1,000 = ₩100,000			

2.

구 분	회 계 처 리			
2X01.01.01.	(차) 현금[주1)]	95,000	(대) 금융부채(선도계약부채)	95,000
	주1) 인도할 자기지분상품의 수량이 변동가능한 비파생상품(최초 계약시 ₩100,000 대비 유의적인 금액을 필요로 하기 때문에)이다. 예를 들어 1년 후에 주당 시가가 ₩100,000이라면 1주만 발행하면 되고, 주당 시가가 ₩10,000이면 10주만 발행하면 되기 때문이다.			
2X01.12.31.	(차) 금융부채평가손실(NI)[주1)]	5,000	(대) 금융부채(선도계약부채)[주2)]	5,000
	주1) ₩100,000 − ₩95,000 = ₩5,000 주2) A회사가 선도계약자산을 당기손익-공정가치 측정 항목으로 분류한다면 당기손익으로 반영하고, 기타포괄손익-공정가치 측정 항목으로 분류한다면 기타포괄손익으로 반영함.			
2X02.01.01.	(차) 금융부채(선도계약부채)	100,000	(대) 보통주와 주식발행초과금	100,000

3.

구 분	회 계 처 리			
2X01.01.01.	(차) 현금 주1)	95,000	(대) 자본(주식발행선도계약)	95,000
	주1) 발행할 자기지분상품의 수량이 확정된 비파생상품이므로 지분상품에 해당함.			
2X01.12.31.	분개 없음			
2X02.01.01.	(차) 자본(주식발행선도계약) 주2)	95,000	(대) 보통주	100,000
	주식할인발행차금	5,000		
	주2) 계정 재분류			

1.4. 지분상품

- 지분상품(equity instrument)은 기업의 자산에서 모든 부채를 차감한 후의 잔여지분을 나타내는 모든 계약을 말한다. *[K-IFRS 1032 문단 11]*
- 금융상품의 발행자가 지분상품에 해당되는지를 결정하는 경우, 다음 조건을 모두 충족하는 금융상품만이 지분상품이다. *[K-IFRS 1032 문단 16]*

(1) **다음의 계약상 의무를 포함하지 아니한다.**

㈎ 거래상대방에게 현금 등 금융자산을 인도하기로 하는 계약상 의무

㈏ 발행자에게 잠재적으로 불리한 조건으로 거래상대방과 금융자산이나 금융부채를 교환하는 계약상 의무

(2) 자기지분상품으로 결제하거나 결제할 수 있는 계약으로서, 다음 중 어느 하나에 해당한다.

㈎ 변동 가능한 수량의 자기지분상품을 인도할 계약상 의무가 없는 비파생상품

㈏ 확정 수량의 자기지분상품에 대하여 확정 금액의 현금 등 금융자산을 교환해야만 결제할 파생상품. 이러한 목적상 같은 종류의 비파생 자기지분상품을 보유하고 있는 기존 소유주 모두에게 기업이 주식인수권, 옵션, 주식매입권을 지분비율에 비례하여 부여한다면, 어떤 통화로든 확정금액으로 확정수량의 자기지분상품을 취득하는 주식인수권, 옵션, 주식매입권은 지분상품이다. 또 이러한 목적상 자기지분상품에는 다음의 금융상품은 포함되지 않는다.

① K-IFRS 1032 문단 16A · 16B나 문단 16C · 16D에서 기술한 모든 특성을 갖추고 그 문단에서 기술한 조건을 충족하는 금융상품

② 자기지분상품을 미래에 수취하거나 인도하기 위한 계약인 금융상품

계약상 의무(파생금융상품에서 생기는 계약상 의무를 포함한다)에 따라 자기지분상품을 미래에 수취하거나 인도하는 결과가 발생하더라도, 위 (1)과 (2)의 조건을 충족하지 않는 계약상

의무는 지분상품이 아니다. 예외적으로, 금융부채의 정의를 충족하는 금융상품이 K-IFRS 1032 문단 16A·16B나 문단 16C·16D에서 기술한 모든 특성을 갖추고 그 문단에서 기술한 조건을 충족한다면, 그 금융상품을 지분상품으로 분류한다.

질의회신 : 채권상계 방식의 유상증자에서 금융부채의 소멸시기와 지분상품의 측정 *[K-IFRS 질의회신 2016-I-KQA004]*

【배경】

회사(B사, 상장)는 20X1년 2월 1일에 제3자 유상증자계약을 하였고, 투자자인 C사 등은 증자대금을 20X1년 2월 15일에 현금 150억 원(A사의 현금납입 30억 원포함)과 회사에 대한 채권 180억 원으로 납입(현금 납입과 채권상계 방식에 의한 납입)하였다.

거래 흐름

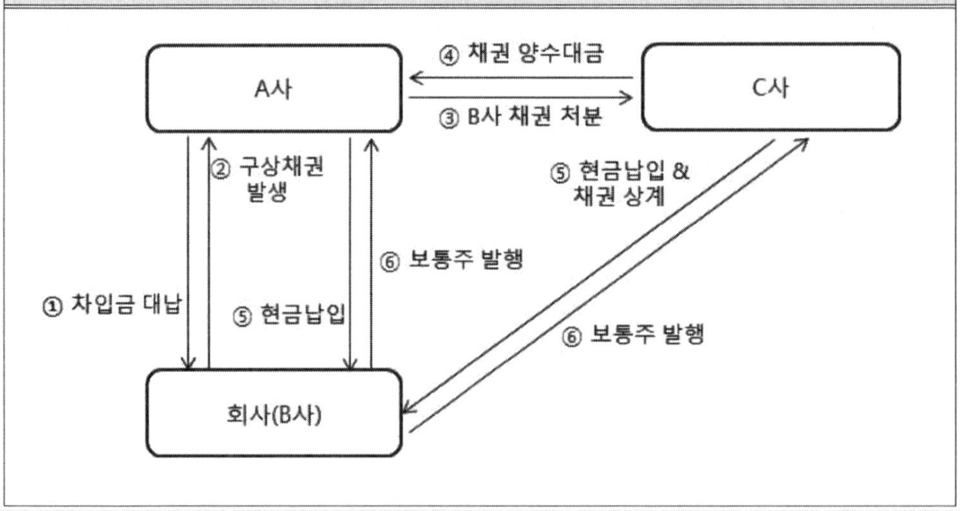

회사 주가는 유상증자 계약일(20X1년 2월 1일) 주당 4,000원에서 주식 발행일(20X1년 2월 15일) 주당 12,000원으로 급등하였다.

【질의】

채권상계 방식으로 납입하는 상기 거래에서, 회사의 금융부채가 소멸하고 자본이 인식되는 시점은 언제이며, 금융부채의 소멸 시 인식되는 지분상품의 공정가치는 무엇인가?

【회신】

K-IFRS 1032 문단 13에서 정한 바와 같이 "명확한 경제적 결과를 가지고 있고, 법적 구속력이 있기 때문에 당사자가 그러한 경제적 결과를 자의적으로 회피할 여지가 적은 둘 이상의 당사자 간 합의"에 해당하는 계약에 따라, 금융부채에 대해 확정 수량의 주식 발행으로 그 부채를 결제하기로

확정하였다면, 같은 날 현재 주식의 활성시장 공시가격을 조정 없이 사용한 공정가치로 자본을 인식한다.

【판단근거】

K-IFRS 1109 문단 3.3.1에서는 금융부채는 소멸한 경우에만 재무상태표에서 제거하도록 하면서 금융부채의 이행, 취소, 만료에 소멸한다고 언급하고 있다. 그리고 문단 3.3.2에서 기존 금융부채의 조건이 실질적으로 변경된 경우(채무자의 재무적 어려움으로 인한 경우와 그렇지 아니한 경우를 포함)에도 최초의 금융부채를 제거하도록 규정하고 있다. 따라서 금융부채의 실질적인 조건변경이 발생한 때에는 그 금융부채가 소멸한 것으로 보아 제거해야 할 것이다.

K-IFRS 1032 문단 16, 22에 따르면 확정 수량의 자기지분상품을 인도하여 결제되는 계약은 지분상품으로 분류하도록 요구하고 있다. 또한 금융상품은 계약당사자가 되는 때에 재무상태표에 인식하도록 정하고 있다(K-IFRS 1109 문단 3.1.1). 따라서 금융부채의 조건변경을 통해 현금을 상환할 의무 대신에 확정 수량의 주식을 발행하여 금융부채를 결제하기로 확정하였다면, 같은 날에 금융부채를 제거하고 자본(지분상품)을 인식한다.

공정가치는 측정일에 시장참여자 사이의 정상거래에서 자산을 매도하면서 받거나 부채를 이전하면서 지급하게 될 가격이다. 활성시장의 공시가격은 공정가치의 가장 신뢰성 있는 증거를 제공하므로, 활성시장의 공시가격이 이용 가능하다면 일반적으로 그 공시가격을 사용한다.

질의회신 : 민간투자사업 시행자가 발행한 주식 보유자의 금융상품 분류 *[K-IFRS 질의회신 2018-I-KQA015]*

【배경】

건설업을 영위하는 회사는 「사회기반시설에 대한 민간투자법」에 따라 설립된 한국고속도로(이하 'SOC 법인')에 투자(지분율: 6%)를 하였다. SOC 법인의 설립 및 사업개요는 다음과 같으며, SOC 법인은 목적사업이 끝난 경우, 해산·청산절차가 진행(SOC법인의 정관에 따르면, 해산.청산 절차는 주주총회 특별결의(발행주식총수의 3/4이상 찬성) 사항)될 가능성이 클 것으로 예상된다.

SOC 법인 설립 및 사업개요
• (목적 및 설립) 한국 고속도로 민간투자사업의 건설, 관리 및 운영을 목적으로 설립 • (사업 기간) 정부(국토해양부)와 실시협약을 체결하였으며, 운영 개시일로부터 30년의 사용기간 동안 관리운영권을 가짐 • (사업 기간 종료) 종료 후에는 고속도로시설의 운영설비 및 관리운영권의 대상인 사업시설 전체를 국토교통부에 무상으로 인계

【질의】

회사가 보유하고 있는 SOC 법인의 주식은 K-IFRS 1032 '금융상품 표시'에 따른 지분상품의 정의를 충족하는가?

【회신】

정부와의 실시협약에서 정해진 고속도로 관리·운영 기간을 실질적인 존속기간으로 볼 수 있고 이를 발행기업이 자유롭게 조정하여 현금 등 금융자산의 인도를 회피할 수 있는 무조건적인 권리가 없다면, 발행한 해당 금융상품은 K-IFRS 1032 문단 11과 16C에 따라 금융부채의 정의를 충족하므로 해당 금융상품 보유자는 이를 채무상품으로 분류한다.

【판단근거】

금융상품 보유자가 보유 금융상품을 분류할 때에는 금융상품 발행자의 입장에서 금융부채와 지분상품에 대해 정의하고 있는 K-IFRS 1032에 따라 판단한다.

K-IFRS 1032 문단 11에 따라 금융부채는 거래 상대방에게 현금 등 금융자산을 인도하기로 한 계약상 의무이다. 동 기준서 문단 19에 따르면 발행기업이 계약상 의무를 결제하기 위한 현금 등 금융자산의 인도를 회피할 수 있는 무조건적인 권리를 가지고 있지 않다면, 이러한 의무는 금융부채의 정의를 충족한다. 따라서 이 경우 해당 금융상품 보유자는 이를 채무상품으로 분류한다.

질의의 경우, 고속도로 건설, 관리 및 운영을 위한 관리운영권 부여기간 및 세부조건이 정부와의 협의를 통해 결정되므로, 기업이 고속도로 관리·운영 기간을 자유롭게 조정할 수 없고 그러한 기간을 실질적으로 기업의 존속기간으로 볼 수 있다면, 금융상품 발행기업은 관리·운영 기간 종료 시 현금 등 금융자산의 인도를 회피할 수 있는 무조건적인 권리를 가지고 있지 않는 것으로 판단된다. 그러한 경우의 금융상품은 K-IFRS 1032 문단 11의 '금융부채의 정의'를 충족한다.

따라서 발행기업의 입장에서 해당 금융상품이 금융부채의 정의를 충족한다면 그 금융상품 보유자는 이를 채무상품으로 분류한다. 또한 해당 금융상품이 K-IFRS 1032 문단 16C와 16D에 따라 발행자의 자본으로 표시된다고 하더라도 이는 1032 문단 11에 따른 금융부채의 정의를 충족하는 금융상품이므로, 해당 금융상품의 보유자는 이를 채무상품으로 분류한다. K-IFRS 1109 문단 BC5.21에서는 금융상품 보유자의 회계처리 시 이러한 금융상품은 지분상품의 정의를 충족하지 않는다고 설명하고 있다

1.5. 공정가치

- 공정가치란 측정일에 시장참여자 사이의 정상거래에서 자산을 매도할 때 받거나 부채를 이전할 때 지급하게 될 가격을 말한다. *[K-IFRS 1032 문단 11]*

질의회신 : 활성시장의 공시가격이 존재하는 관계기업투자주식의 선도계약 평가와 취득원가 *[K-IFRS 질의회신 2019-I-KQA016]*

【배경】

회사는 해외 소재 회사인 B사의 지분 15%(관계기업투자주식)를 취득하는 계약을 20X1년 7월 중 체결하였다. B사는 해당 국가 거래소에 상장되어 있다.

계약에 따라 회사는 에스크로 계좌에 인수금액을 입금하고 국가 감독기관의 승인을 받으면 제3자 배정 유상증자 방식으로 지분을 취득할 예정이며, 회사는 에스크로 계좌에서 돈을 인출하여 지급한 후 이를 인수하여 취득한다. 취득은 20X1년 11월 경에 이루어질 것으로 예상되며 같은 해 12월

이전에는 완료될 예정이다. 회사는 별도의 가치평가기법을 적용하여 인수금액을 산정하였다.

【질의】

(1) 감독기관의 승인이 필요한 합의도 계약의 정의에 포함되는지? (전제: 계약의 정의에 포함되면 주식인수도 계약은 파생상품에 해당)
(2) 파생상품의 공정가치 평가 시점에 거래소의 공시가격이 아닌 별도의 가치평가기법을 이용하여 산출된 금액을 공정가치로 볼 수 있는지? (개별 주식 단위의 공시가격을 적용하여 공정가치를 측정하는지 혹은 관계기업투자주식 전체 단위의 추정 평가금액으로 공정가치를 측정하는지?)
(3) 관계기업투자주식 취득원가에 파생상품의 공정가치가 포함되는지?

【회신】

질의 1의 경우, 당사자가 경제적 결과를 자의적으로 회피할 여지가 적으며 명확한 경제적 결과를 가지도록 합의하였다면 계약의 정의를 충족한다.
질의 2의 경우, 회사의 회계정책으로 관계기업투자주식의 취득 계약 전체를 회계단위로 정하거나 개별 주식을 회계단위로 결정할 수 있다. 만약 회계단위가 관계기업 투자주식의 취득 계약 전체인 경우 거래의 특성을 고려한 가치평가기법을 사용할 수 있으며, 회계단위가 개별 주식인 경우에는 수준 1의 공시가격을 조정 없이 사용하여 공정가치를 측정한다.
질의 3의 경우, 관계기업투자주식의 취득원가에 직접 관련된 파생상품의 공정가치를 포함한다.

【판단근거】

K-IFRS 1032 '금융상품: 표시' 문단 13에 따르면 계약이란 명확한 경제적 결과를 가지고 있고, 대개 법적으로 집행 가능하기 때문에 당사자가 그러한 경제적 결과를 자의적으로 회피할 여지가 적은 둘 이상 당사자 사이의 합의를 말한다. 동 기준서 문단 19에 따르면 감독기구 승인 등 당사자가 의무를 이행할 능력의 제약은 발행자나 보유자의 권리와 의무에 영향을 미치지 않는다.
K-IFRS 1113 '공정가치 측정' 문단 69에 따라 회사는 측정대상의 자산이나 부채 특성과 일관되는 투입변수를 선택해야 하며, 동 문단 및 동 기준서 문단 77, 80에 따라 자산이나 부채에 대해 활성시장의 공시가격(수준 1 투입변수)이 있는 경우, 투입변수를 조정하지 않고 사용해야 한다.
한편, 관계기업투자주식 취득에 대한 회계단위는 기업회계기준서에서 명확히 정의하지 않으므로 K-IFRS 1008 '회계정책 회계추정의 변경 및 오류' 문단 10, 11, 12를 적용하여 회계정책을 개발해야 한다. 이때 거래의 특성을 고려하여 취득 계약 전체를 회계단위로 정하거나 개별 주식을 회계단위로 결정할 수 있다. 회계단위가 개별 주식인 경우로서 자산이나 부채에 대해 활성시장의 공시가격(수준 1 투입변수)이 있는 경우라면 투입변수를 조정하지 않고 사용해야 하며, 회계단위가 투자주식 전체인 경우에는 할증이나 할인과 같은 조정을 적용하거나 다른 가치평가기법을 적용할 수 있다. 다만, 유의적인 영향력을 보유하지 않는 투자지분 취득의 회계단위는 개별 주식으로 활성시장의 공시가격(수준 1 투입변수)이 있는 경우, 투입변수를 조정하지 않고 사용해야 한다.
K-IFRS 1028 '관계기업과 공동기업에 대한 투자'에서는 '원가'를 구체적으로 정의하고 있지 않다. 그러나 관계기업투자주식은 현금과 파생상품의 결제로 취득한 것이고, 파생상품의 공정가치를 취

득원가로 인식하지 않는다면, 공정가치로 측정한 누적 손익을 환원하게 되는데, 이는 K-IFRS 1109 '금융상품'에서 파생상품을 공정가치로 인식·측정하도록 하는 기준과 부합하지 않는다. 따라서 관계기업투자주식 취득원가에 파생상품의 공정가치를 포함하는 것이 타당하다.

1.6. 풋가능 금융상품

- 금융상품 보유자가 현금 등 금융자산을 수취하기 위해 발행자에게 해당 금융상품의 환매를 요구할 권리가 부여된 금융상품이나, 불확실한 미래 사건이 일어나거나 금융상품 보유자가 사망하거나 퇴직하는 경우에 발행자에게 자동으로 환매되는 금융상품을 말한다. *[K-IFRS 1032 문단 11]*

2 금융자산 및 금융부채의 예

2.1. 현금

- 현금(화폐)은 교환의 수단이므로 금융자산이며, 재무제표에 모든 거래를 인식하고 측정하는 기준이 된다. *[K-IFRS 1032 AG3]*

2.2. 예치금

- 은행이나 이와 유사한 금융회사에 대한 예치금은 당해 금융회사에서 현금을 인출하거나 금융부채를 지급하기 위하여 예치된 잔액에 대하여 채권자를 수취인으로 하여 수표 등을 발행할 수 있는 계약상 권리를 나타내므로 **금융자산**이다. *[K-IFRS 1032 AG3]*

2.3. 현금을 수취할 계약상 권리 또는 의무

- 미래에 현금을 수취할 계약상 권리에 해당하는 금융자산과 이에 대응하여 미래에 현금을 지급할 계약상 의무에 해당하는 금융부채의 일반적인 예는 다음과 같다.
  (1) 매출채권과 매입채무
  (2) 받을어음과 지급어음
  (3) 대여금과 차입금
  (4) 투자사채와 사채
  상기 각 예에서, 한 거래당사자가 현금을 수취(지급)할 계약상 권리(의무)는 다른 거래당사자가 지급(수취)할 계약상 의무(권리)에 대응한다. *[K-IFRS 1032 AG4]*

2.4. 현금 외의 금융자산을 수취할 계약상 권리 또는 의무

- 금융상품의 또 다른 유형에는 수취하거나 포기해야 할 경제적 효익이 **현금 외의 금융자산**으로 이루어지는 경우이다. 이러한 예로는 현금이 아닌 국채를 수취할 계약상 권리가 있고 발행자에게 국채로 지급할 계약상 의무가 있는 **국채지급어음**을 들 수 있다. 국채는 발행자인 정부가 현금을 지급할 의무를 나타내므로 금융자산이다. 따라서 **해당 어음**은 보유자와 발행자에게 각각 **금융자산과 금융부채**이다. *[K-IFRS 1032 AG5]*

2.5. 영구적 채무상품

- 영구적 채무상품(예 영구적인 공채, 사채, 자본특성을 지닌 채권)의 보유자는 한정되지 않은 미래 기간의 확정된 일자에 **이자라는 명목으로 일정 금액을 수취할 계약상 권리**가 있는 반면에, 원금을 상환받을 권리는 없거나, 상환 가능성이 매우 낮거나 매우 먼 미래에 상환받는 조건으로 원금을 상환받을 권리를 보유한다. 이러한 금융상품의 보유자와 발행자는 각각 **금융자산과 금융부채**를 보유하게 된다. *[K-IFRS 1032 AG6]*

사 례 영구적 채무상품 *[K-IFRS 1032 AG6]*

- 예를 들면, 기업은 액면금액 ₩1,000에 대하여 연 8%의 이자율을 적용한 금액에 상당하는 연간 지급액을 영구적으로 지급하는 것을 조건으로 하는 금융상품을 발행할 수 있다. 이러한 금융상품의 발행시점에 시장이자율이 8%라고 가정하면, 발행자는 최초인식시점에 공정가치(현재가치)가 ₩1,000인 일련의 미래 이자금액을 지급할 계약상 의무를 부담하게 된다. 이러한 금융상품의 보유자와 발행자는 각각 금융자산과 금융부채를 보유하게 된다.

2.6. 미래사건 발생 조건부 권리 또는 의무

- 계약상 권리를 행사할 능력이나 계약상 의무의 이행에 필요한 조건은 절대적일 수도 있고, 미래 사건의 발생 여부를 조건으로 할 수도 있다. *[K-IFRS 1032 AG8]*
- 조건부 권리 또는 의무는 이에 관련되는 자산과 부채가 항상 재무제표에 인식되지 않더라도, 금융자산과 금융부채의 정의를 충족한다. 이러한 조건부 권리와 의무 중에는 K-IFRS 1104의 적용범위에 포함되는 보험계약이 있을 수 있다. *[K-IFRS 1032 AG8]*

사 례 **미래사건 발생 조건부 권리 또는 의무** *[K-IFRS 1032 AG8]*

- 금융보증은 자금차입자가 채무를 이행하지 못하는 경우에 자금대여자가 보증인에게서 현금을 수취할 계약상 권리이며, 이에 대응하여 보증인이 자금대여자에게 현금을 지급할 계약상 의무이다. 이러한 계약상 권리와 의무는, 자금대여자의 권리 행사와 보증인의 의무 이행 모두가 자금차입자의 채무불이행이라는 미래 사건의 발생을 조건으로 하고 있더라도, 보증의 부담이라는 과거 사건이나 거래의 결과로 존재한다.

2.7. 리 스

- 리스에서는 일반적으로 대출약정에 따른 원금과 이자의 지급액을 혼합한 것과 실질적으로 같은 일련의 지급액을 수취할 권리와 지급할 의무가 각각 리스제공자와 리스이용자에게 있다. 이러한 경우에 리스제공자는 그 투자를 금융리스에 따라 수취할 금액으로 회계처리하며, 금융리스 대상인 기초자산 자체로 회계처리하지 아니한다. 따라서 리스제공자는 금융리스를 금융상품으로 본다. K-IFRS 1116에 따르면 리스제공자는 운용리스에 따라 리스료를 받을 권리를 인식하지 않는다. 리스제공자는 계속 기초자산 자체로 회계처리하며, 계약에 따라 미래에 수취할 금액으로 회계처리하지 않는다. 따라서 리스제공자는, 지급기일에 이르러 리스이용자가 지급해야 하는 개별 지급액을 제외하고는, 운용리스를 금융상품으로 보지 않는다. *[K-IFRS 1032 AG9]*

2.8. 일반상품과 연계되어 있는 계약

2.8.1. 일반상품과 연계되지만 최종 결제는 금융자산으로 이루어지는 계약

- 일반상품과 연계되어 있으나, 일반상품을 수취하거나 인도하여 결제되지 않는 계약이 있을 수 있다. 이러한 계약은 확정된 금액을 지급하는 것이 아니고 계약에서 정한 계산방식에 따라 결정되는 현금을 지급하여 결제된다. 이와 같이 일반상품가격에 연계되어 있으나 현금(금융자산)으로 결제되는 계약은 **금융상품**이다. *[K-IFRS 1032 AG22]*

사 례 **일반상품과 연계된 현금 결제 계약** *[K-IFRS 1032 AG22]*

- 예를 들면, 사채 만기 시점의 원유의 시장가격을 확정 수량의 원유에 적용하여 사채 원금의 금액을 결정할 수도 있다. 이러한 경우 사채의 원금은 일반상품가격에 연계되어 있으나 현금으로 결제한다. 이러한 계약은 금융상품이다.

2.8.2. 금융자산이나 금융부채에 추가하여 비금융자산이나 비금융부채도 발생시키는 계약

- 금융상품의 정의에는 **금융자산이나 금융부채에 추가하여 비금융자산이나 비금융부채도 발생시키는 계약을 포함**한다. 이러한 금융상품은 거래당사자 어느 한쪽에게 비금융자산과 금융자산을 교환할 수 있는 선택권을 준다. *[K-IFRS 1032 AG23]*

사 례 금융자산/금융부채에 추가하여 비금융자산/비금융부채도 발생시키는 계약

- 원유와 연계된 사채의 경우, 정기적으로 확정된 이자를 수취하고 만기에 확정 원금을 수취할 권리 외에 확정 수량의 원유와 원금을 교환할 수 있는 선택권을 보유자에게 줄 수 있다. 이러한 선택권의 행사 가능성은 사채에 내재되어 있는 원유와 현금의 교환비율(교환가격)과 원유의 상대적인 공정가치에 따라 변동할 것이다. 선택권의 행사와 관련된 보유자의 의도에 따라 자산의 실질이 달라지지는 않는다. 다른 유형의 자산과 부채가 사채에서 생길 수 있더라도, 이러한 사채는 보유자와 발행자의 입장에서 각각 금융자산과 금융부채인 금융상품이다. *[K-IFRS 1032 AG23]*

3 비금융자산 및 비금융부채의 예

3.1. 실물자산 등

- 실물자산(예 재고자산, 유형자산), 사용권자산과 무형자산(예 특허권, 상표권)은 금융자산이 아니다. 이러한 실물자산이나 사용권자산, 무형자산을 통제하는 것은 현금 등 금융자산이 유입될 기회를 제공하지만, 현금 등 금융자산을 수취할 현재의 권리가 생기게 하지 않는다. *[K-IFRS 1032 AG10]*

사 례 금괴 *[K-IFRS 1109 B.1]*

- 금괴는 일반상품(비금융자산)이다. 금괴는 유동성이 매우 높지만 현금 등 금융자산을 수취할 계약상 권리가 금괴에 내재되어 있지 않다.

3.2. 재화나 용역을 수취하는 계약

- 어떤 자산의 미래 경제적 효익이 현금 등 금융자산을 **수취할 권리가 아니라 재화나 용역의 수취라면 그 자산(예 선급비용)은 금융자산이 아니다.** 마찬가지로 **선수수익과 대부분의 품질보증의무와 같은 항목**도 현금 등 금융자산을 지급할 계약상 의무가 아니라 재화나 용역을 인도하여 해당 항목과 관련된 경제적 효익이 유출될 것이므로 **금융부채가 아니다.** *[K-IFRS 1032 AG11]*

3.3. 비금융항목을 매입하거나 매도하는 계약

• **비금융항목을 매입하거나 매도하는 계약은 금융상품의 정의를 충족하지 못한다.** 그 이유는 비금융자산을 수취하거나 용역을 제공받을 거래당사자의 계약상 권리와 이에 대응하는 다른 거래당사자의 의무는 거래당사자에게 금융자산을 수취, 인도, 교환할 현재의 권리와 의무를 구성하지 않기 때문이다. 예를 들면, **비금융항목의 수취나 인도로 결제하는 계약(예: 은을 기초자산으로 하는 옵션, 선물, 선도계약)은 금융상품이 아니다.** 많은 일반상품계약이 이러한 형태로 되어 있으며, 일반상품계약 중 일부는 형식을 표준화하여 파생금융상품과 같은 방식으로 조직화된 시장에서 거래되고 있다. 예를 들면, 일반상품선물계약은 거래소에 상장되어 있으며 빈번한 거래가 가능하므로, 현금으로 쉽게 매입하거나 매도할 수 있다. 그러나 **일반상품선물계약을 매입하거나 매도하는 거래는 기초항목인 일반상품의 거래와 실질적으로 효과가 같다. (1) 현금으로 일반상품계약을 매입하거나 매도할 수 있는 능력, (2) 일반상품계약을 매입하거나 매도할 수 있는 용이성과 (3) 일반상품을 수취하거나 인도할 의무를 현금으로 결제할 가능성이 있다고 하더라도, 계약의 기본적인 특성이 금융상품을 창출하는 방식으로 변경되는 것은 아니다.** 그렇지만, (1) 비금융항목을 매입하거나 매도하는 계약 중 **차액결제할 수 있거나 금융상품을 교환하여 결제할 수 있는 계약**이나 (2) **비금융항목을 현금으로 쉽게 전환할 수 있는 계약**은 **금융상품**인 것처럼 K-IFRS 1032의 적용범위에 포함된다.
[K-IFRS 1032 AG20]

3.4. 실물자산을 수취하거나 인도하는 계약

• K-IFRS 1115 '고객과의 계약에서 생기는 수익'에서 규정한 경우 외에 **실물자산을 이전한 날 후로 그에 상응하는 지급을 이연하는 경우가 아니라면, 실물자산을 수취하거나 인도하는 계약은 계약당사자에게 금융자산이나 금융부채를 생기게 하지 않는다.** 계약당사자에게 금융자산이나 금융부채가 생기는 경우의 예로는 외상으로 재화를 매입하거나 매도한 경우를 들 수 있다. *[K-IFRS 1032 AG21]*

제 03 장
K-IFRS 1032 금융부채와 자본

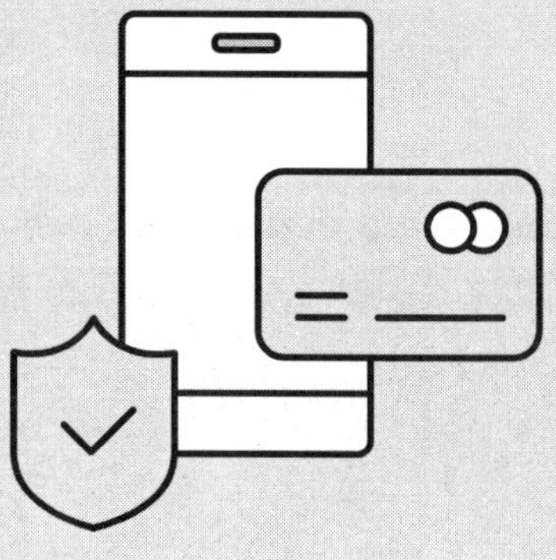
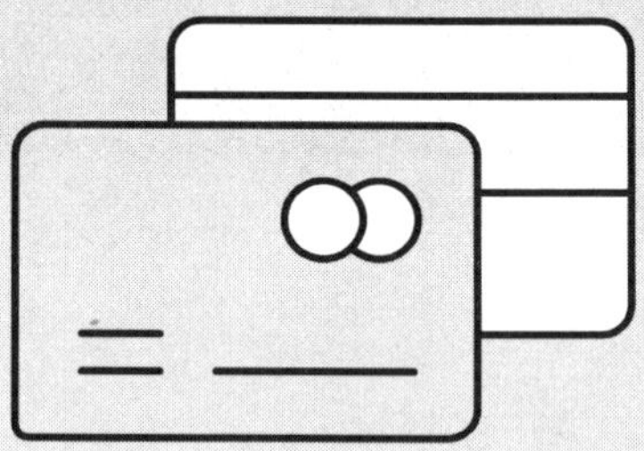
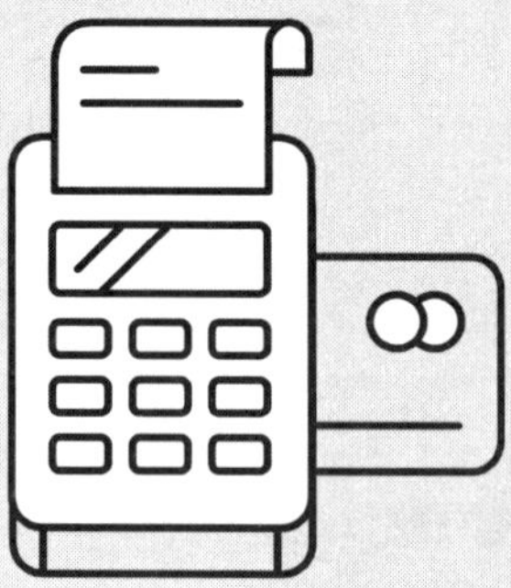
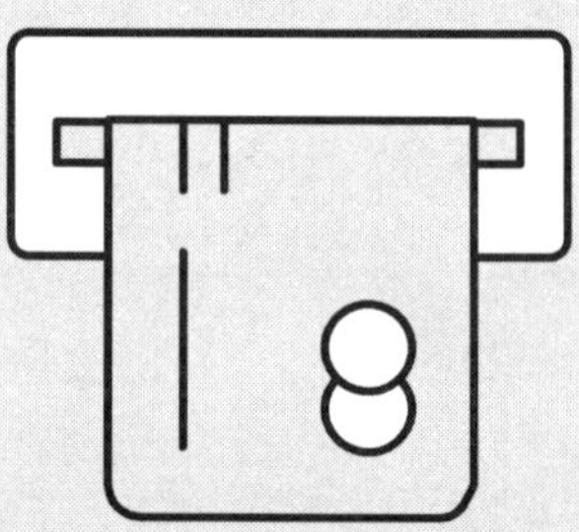

01
금융부채와 자본

1 금융부채와 자본(지분상품)의 분류

• 금융상품의 발행자는 계약의 실질과 금융부채, 금융자산 및 지분상품의 정의에 따라 최초 인식시점에 금융상품이나 금융상품의 구성요소를 금융부채, 금융자산 또는 지분상품으로 분류하여야 한다. *[K-IFRS 1032 문단 15]*

2 지분상품의 정의

• 금융상품의 발행자가 지분상품에 해당되는지를 결정하는 경우, 다음 조건((1), (2))을 **모두 충족**하는 금융상품만이 지분상품이다. *[K-IFRS 1032 문단 16]*

(1) 다음의 계약상 의무를 포함하지 아니한다.

㈎ 거래상대방에게 현금 등 금융자산을 인도하기로 하는 계약상 의무

㈏ 발행자에게 잠재적으로 불리한 조건으로 거래상대방과 금융자산이나 금융부채를 교환하는 계약상 의무

(2) 자기지분상품으로 결제하거나 결제할 수 있는 계약으로서, 다음 중 어느 하나에 해당한다.

㈎ 변동 가능한 수량의 자기지분상품을 인도할 계약상 의무가 없는 비파생상품

㈏ 확정 수량의 자기지분상품에 대하여 확정 금액의 현금 등 금융자산을 교환해야만 결제할 파생상품. 이러한 목적상 같은 종류의 비파생 자기지분상품을 보유하고 있는 기존 소유주 모두에게 기업이 주식인수권, 옵션, 주식매입권을 지분비율에 비례하여 부여한다면, 어떤 통화로든 확정금액으로 확정수량의 자기지분상품을 취득하는 주식인수권, 옵션, 주식매입권은 지분상품이다. 또 이러한 목적상 자기지분상품에는 다음의 금융상품은 포함되지 않는다.

① K-IFRS 1032 문단 16A · 16B나 문단 16C · 16D에서 기술한 모든 특성을 갖추고 그 문단에서 기술한 조건을 충족하는 금융상품

② 자기지분상품을 미래에 수취하거나 인도하기 위한 계약인 금융상품

계약상 의무(파생금융상품에서 생기는 계약상 의무를 포함한다)에 따라 자기지분상품을 미래에 수취하거나 인도하는 결과가 발생하더라도, 위 (1)과 (2)의 조건을 충족하지 않는 계약상

의무는 지분상품이 아니다. 예외적으로, 금융부채의 정의를 충족하는 금융상품이 K-IFRS 1032 문단 16A·16B나 문단 16C·16D에서 기술한 모든 특성을 갖추고 그 문단에서 기술한 조건을 충족한다면, 그 금융상품을 지분상품으로 분류한다.

2.1. 지분상품의 예

- 지분상품의 예로는 다음을 들 수 있다. *[K-IFRS 1032 AG13]*
  (1) 풋가능하지 않은 **보통주**
  (2) **일부 풋가능 금융상품**(K-IFRS 1032 문단 16A와 16B 참조)
  (3) 발행자가 청산하는 경우에만 거래상대방에게 지분비율에 따라 발행자 순자산을 인도해야 하는 의무를 발행자에게 부과하는 일부 금융상품(K-IFRS 1032 문단 16C와 16D 참조)
  (4) 일부 유형의 우선주(K-IFRS 1032 문단 AG25와 AG26 참조)
  (5) 보유자에게 확정 금액의 현금 등 금융자산을 대가로 확정 수량의 풋가능하지 않은 발행자의 보통주를 청약하거나 매입할 수 있는 권리를 부여한 주식매입권이나 매도콜옵션을 들 수 있다.

2.2. 주식매입/매도선도계약

- **확정 금액**의 현금 등 금융자산을 대가로 **확정 수량**의 자기지분상품을 발행하거나 매입할 의무는 **지분상품**이다(K-IFRS 1032 문단 22A에서 기술한 계약은 제외한다). 그러나 이러한 계약에 기업이 현금 등 금융자산을 지급할 의무가 포함한다면(K-IFRS 1032 문단 16A·16B나 문단 16C·16D에 따라 자본으로 분류되는 계약은 제외), **상환금액의 현재가치**에 해당하는 **금융부채(대변)**가 발생한다. *[K-IFRS 1032 AG13]*

2.3. 주주에 배분하기로 한 공식적인 행위에 따라 주주에 대한 법적의무 성립시

- 주주에게 분배하기로 한 공식적인 행위로 주주에 대한 법적 의무가 성립되는 때에는, 풋가능하지 않은 보통주의 발행자도 부채를 부담하게 된다. 이러한 경우의 예로는 (1) **배당을 선언**한 경우나 (2) 기업이 청산을 진행하여 부채를 상환한 후 **나머지 자산을 주주들에게 분배할 수 있는 경우**를 들 수 있다. *[K-IFRS 1032 AG13]*

2.4. 확정수량의 자기지분상품을 재매입할 권리가 있는 계약

- 매입콜옵션이나 이와 비슷한 계약으로서 확정 금액의 현금 등 금융자산을 인도하는 대가로 확정 수량의 자기지분상품을 재매입할 권리가 있는 계약은 기업의 금융자산이 아니며 (K-IFRS 1032 문단 22A에서 기술한 계약은 제외), 이러한 계약의 대가로 지급한 금액은 자본에서 차감한다. *[K-IFRS 1032 AG14]*

3 풋가능 금융상품

- 풋가능 금융상품이란 금융상품 보유자가 현금 등 금융자산을 수취하기 위해 발행자에게 해당 금융상품의 환매를 요구할 권리가 부여된 금융상품이나, 불확실한 미래 사건이 일어나거나 금융상품 보유자가 사망하거나 퇴직하는 경우에 발행자에게 자동으로 환매되는 금융상품을 말한다. *[K-IFRS 1032 문단 11]*
- 풋가능 금융상품은 풋이 행사되면 발행자가 현금 등 금융자산으로 그 금융상품을 재매입하거나 상환해야 하는 계약상 의무를 포함한다. 금융부채 정의의 예외로서, 그러한 의무를 포함하는 금융상품이 다음의 특성을 모두 갖추고 있다면 **지분상품**으로 분류된다. *[K-IFRS 1032 문단 16A]*

  (1) 발행자가 청산하는 경우, 보유자가 지분비율에 따라 발행자 순자산에 대한 권리를 가진다. 발행자 순자산은 발행자의 자산에 대한 그 밖의 모든 청구권을 차감한 후의 나머지 자산이다. 지분비율은 다음에 따라 결정된다.

    (가) 청산할 때 발행자 순자산을 같은 금액의 단위로 나눈 후,

    (나) 그 금액에 금융상품 보유자가 보유한 단위 수를 곱한다.

  (2) 그 금융상품은 그 밖의 모든 종류의 금융상품보다 후순위인 금융상품의 종류에 포함된다. 그러한 금융상품의 종류에 포함되기 위해서는 해당 금융상품이 다음의 조건을 모두 충족해야 한다.

    (가) 청산할 때 발행자의 자산에 대한 그 밖의 청구권에 우선하지 않는다.

    (나) 그 밖의 모든 종류의 금융상품보다 후순위인 금융상품의 종류에 포함되기 전에 또 다른 금융상품으로 전환할 필요가 없다.

  (3) 그 밖의 모든 종류의 금융상품보다 후순위인 금융상품의 종류에 포함되는 모든 금융상품은 같은 특성을 갖는다. 예를 들면 해당 금융상품이 모두 풋가능해야 하며, 해당 종류의 모든 금융상품은 재매입가격이나 상환가격을 계산하기 위해 사용된 공식이나 그 밖의 방법이 같다.

  (4) 발행자가 현금 등 금융자산으로 그 금융상품을 재매입하거나 상환해야 하는 계약상 의무

를 제외하고는, 그 금융상품은 거래상대방에게 현금 등 금융자산을 인도하거나 발행자에게 잠재적으로 불리한 조건으로 거래상대방과 금융자산이나 금융부채를 교환하는 계약상 의무를 포함하지 않으며, 금융부채 정의의 문단 (2)에서 설명한 자기지분상품으로 결제하거나 결제할 수 있는 계약이 아니다.

(5) 금융상품의 존속 기간에 걸쳐 그 금융상품에 귀속되는 총 예상현금흐름은 실질적으로 그 기간에 걸친 발행자의 당기손익, 인식된 순자산의 변동, 인식되었거나 인식되지 않은 순자산의 공정가치 변동에 기초한다(해당 금융상품의 영향은 제외).

• 금융상품을 지분상품으로 분류하기 위해서는, 해당 금융상품은 위의 특성을 모두 갖추어야 할 뿐만 아니라, 발행자는 다음 모두에 해당하는 그 밖의 금융상품이나 계약을 보유하지 않아야 한다. *[K-IFRS 1032 문단 16B]*

(1) 총현금흐름이 실질적으로 발행자의 당기손익, 인식된 순자산의 변동, 인식되었거나 인식되지 않은 순자산의 공정가치 변동에 기초한다(그러한 금융상품이나 계약의 영향은 제외).

(2) 풋가능 금융상품 보유자의 나머지 수익을 실질적으로 제한하거나 고정하는 효과가 있다.

이 조건을 적용하기 위해서는, 발행자는 K-IFRS 1032 문단 16A에서 기술한 금융상품 보유자와의 비금융 계약은 고려하지 않는다. 이 경우 비금융 계약은, 금융상품을 보유하지 않은 자와 발행자 사이에서 생길 수 있는 동등한 계약의 계약 조건과 비슷한 조건이 있는 계약을 의미한다. 발행자가 이 조건이 충족된다고 판단할 수 없다면, 그 풋가능 금융상품은 지분상품으로 분류하지 않는다.

4 발행자가 청산하는 경우에만 거래상대방에게 지분비율에 따라 발행자 순자산을 인도해야 하는 의무를 발행자에게 부과하는 금융상품이나 금융상품의 요소

• 일부 금융상품에는 발행자가 청산하는 경우에만 거래상대방에게 지분비율에 따라 발행자 순자산을 인도해야 하는 계약상 의무가 포함되어 있다. 그러한 의무는 (1) 확실히 청산이 일어나고 그 청산을 발행자가 통제할 수 없거나(예 존속 기간이 정해진 기업) (2) 청산을 하게 될지는 불확실하지만 그 청산을 해당 금융상품 보유자가 선택할 수 있기 때문에 생겨난다. 금융부채 정의의 예외로서, 그러한 의무를 포함하는 금융상품이 다음의 특성을 모두 갖추고 있다면 지분상품으로 분류된다. *[K-IFRS 1032 문단 16C]*

(1) 발행자가 청산하는 경우, 보유자가 지분비율에 따라 발행자 순자산에 대한 권리를 가진다. 발행자 순자산은 발행자의 자산에 대한 그 밖의 모든 청구권을 차감한 후의 나머지 자산이다. 지분비율은 다음에 따라 결정된다.

(가) 청산할 때 발행자 순자산을 같은 금액의 단위로 나눈 후,

(나) 그 금액에 금융상품 보유자가 보유한 단위 수를 곱한다.

(2) 그 금융상품은 그 밖의 모든 종류의 금융상품보다 후순위인 금융상품의 종류에 포함된다. 그러한 금융상품의 종류에 포함되기 위해서는 해당 금융상품이 다음의 조건을 모두 충족해야 한다.

(가) 청산할 때 발행자의 자산에 대한 그 밖의 청구권에 우선하지 않는다.

(나) 그 밖의 모든 종류의 금융상품보다 후순위인 금융상품의 종류에 포함하기 전에 또 다른 금융상품으로 전환할 필요가 없다.

(3) 그 밖의 모든 종류의 금융상품보다 후순위인 금융상품의 종류에 포함되는 모든 금융상품에는 발행자가 청산하는 경우에 지분비율에 따라 발행자 순자산을 인도해야 하는 동일한 계약상 의무를 가지고 있어야만 한다.

- 금융상품을 지분상품으로 분류하기 위해서는, 해당 금융상품은 위의 특성을 모두 갖추어야 할 뿐만 아니라, 발행자는 다음 모두에 해당하는 그 밖의 금융상품이나 계약을 보유하지 않아야 한다. *[K-IFRS 1032 문단 16D]*

(1) 총현금흐름이 실질적으로 발행자의 당기손익, 인식된 순자산의 변동, 인식되었거나 인식되지 않은 순자산의 공정가치 변동에 기초한다(그러한 금융상품이나 계약의 영향은 제외).

(2) 그 금융상품 보유자의 나머지 수익을 실질적으로 제한하거나 고정하는 효과가 있다.

이 조건을 적용하기 위해서는, 발행자는 K-IFRS 1032 문단 16C에서 기술된 금융상품 보유자와의 비금융 계약은 고려하지 않는다. 이 경우 비금융 계약은, 금융상품을 보유하지 않은 자와 발행자 사이에서 발생할 수 있는 동등한 계약의 계약 조건과 비슷한 조건이 있는 계약을 의미한다. 발행자가 이 조건이 충족된다고 판단할 수 없다면, 그 금융상품은 지분상품으로 분류하지 않는다.

5 풋가능 금융상품과, 발행자가 청산하는 경우에만 거래상대방에게 지분비율에 따라 발행자 순자산을 인도해야 하는 의무를 발행자에게 부과하는 금융상품의 재분류

- 발행자는 금융상품이 K-IFRS 1032 문단 16A·16B나 문단 16C·16D에서 기술한 모든 특성을 갖추고 그 문단에서 기술한 조건을 충족하는 시점부터, 그 문단에 따라 해당 금융상품을 지분상품으로 분류한다. 발행자는 금융상품이 더 이상 해당 문단에서 기술한 특성을 모두 갖추고 있지 않거나 그 문단에서 기술한 조건을 더 이상 충족하지 못하는 시점부터 그 금융상품을 재분류한다. 예를 들면 발행한 풋가능하지 않은 금융상품을 발행자가 모두 상환한 후, 남아 있는 풋가능 금융상품이 K-IFRS 1032 문단 16A의 모든 특성을 갖추고 문단 16B의 모든 조건을 충족한다면, 발행자는 풋가능하지 않은 금융상품을 상환하는 시점부터 해당 풋

가능 금융상품을 지분상품으로 재분류한다. *[K-IFRS 1032 문단 16E]*

- 발행자는 K-IFRS 1032 문단 16E에 따라 금융상품을 재분류하는 경우 다음과 같이 회계처리한다. *[K-IFRS 1032 문단 16F]*
  (1) 금융상품이 더 이상 K-IFRS 1032 문단 16A · 16B나 문단 16C · 16D에서 기술한 모든 특성을 갖추고 있지 않거나 그 문단에서 기술한 조건을 더 이상 충족하지 못하는 시점부터 그 지분상품을 금융부채로 재분류한다. 이 금융부채는 재분류일의 해당 금융상품의 공정가치로 측정한다. 발행자는 재분류일의 지분상품의 장부금액과 금융부채의 공정가치의 차이를 자본으로 인식한다.
  (2) 금융상품이 문단 K-IFRS 1032 16A · 16B나 문단 16C · 16D에서 기술한 모든 특성을 갖추고 그 문단에서 기술한 조건을 충족하는 시점부터 그 금융부채를 자본으로 재분류한다. 지분상품은 재분류일의 금융부채의 장부금액으로 측정한다.

6 그 밖의 모든 종류보다 후순위인 금융상품의 종류

- K-IFRS 1032 문단 16A와 16C에서의 특성 중 하나는 그 금융상품이 그 밖의 모든 종류보다 후순위인 금융상품의 종류에 포함된다는 것이다. *[K-IFRS 1032 AG14A]*
- 금융상품을 그 밖의 모든 종류보다 후순위인 종류에 포함할지를 판단할 때, 그 금융상품을 분류하는 시점에 발행자가 청산한다고 가정하여 그 금융상품의 청산에 대한 청구권을 평가한다. 관련 상황이 달라지면 그 분류를 재검토한다. 예를 들면 발행자가 다른 금융상품을 발행하거나 상환한다면, 이러한 상황의 변화가 해당 금융상품이 그 밖의 모든 종류보다 후순위인 종류에 포함되는지에 영향을 미칠 수 있다. *[K-IFRS 1032 AG14B]*
- 발행자가 청산하는 경우 우선적 권리를 갖는 금융상품은 지분비율에 따라 발행자 순자산에 대한 권리를 갖는 금융상품이 아니다. 예를 들면 어떤 금융상품은 청산할 때 해당 금융상품 보유자에게 발행자 순자산에 대한 지분에 추가하여 확정 배당을 받을 우선적 권리를 부여하지만, 지분비율에 따라 발행자 순자산에 대한 권리를 갖고 있는 후순위인 종류에 포함되는 그 밖의 금융상품은 청산할 때 이와 동일한 배당 권리를 갖고 있지 않다면, 해당 금융상품은 청산할 때 우선적 권리를 갖는 것이다. *[K-IFRS 1032 AG14C]*
- 발행자가 한 종류의 금융상품만 보유하고 있다면, 그 금융상품의 종류는 그 밖의 모든 종류보다 후순위인 것처럼 처리한다. *[K-IFRS 1032 AG14D]*

7 금융상품의 존속 기간에 걸쳐 그 금융상품에 귀속되는 총 예상현금흐름

• 금융상품의 존속 기간에 걸친 그 금융상품의 총 예상현금흐름은 실질적으로 그 금융상품 존속 기간 중 발행자의 당기손익, 인식된 순자산의 변동, 인식되었거나 인식되지 않은 순자산의 공정가치 변동에 기초해야 한다. 당기손익과 인식된 순자산의 변동은 관련 K-IFRS에 따라 측정한다. *[K-IFRS 1032 AG14E]*

8 금융상품 보유자가 발행자의 소유주 외의 자격으로 체결한 거래

• 풋가능 금융상품 보유자나 발행자가 청산하는 경우에만 거래상대방에게 지분비율에 따라 발행자 순자산을 인도해야 하는 의무를 발행자에게 부과하는 금융상품의 보유자가 발행자의 소유주 외의 자격으로 발행자와 거래를 체결할 수 있다. 예를 들면 해당 금융상품 보유자가 발행자의 종업원일 수도 있다. K-IFRS 1032 문단 16A 또는 문단 16C에 따라 금융상품을 자본으로 분류해야 하는지를 검토할 때에, 발행자의 소유주로서 금융상품 보유자와 관련되는 금융상품의 현금흐름과 계약 조건만을 고려한다. *[K-IFRS 1032 AG14F]*

• 유한책임사원과 무한책임사원이 있는 합자회사가 하나의 예가 된다. 일부 무한책임사원은 회사에 보증을 제공할 수 있으며 그러한 보증제공에 대한 보상을 받을 수 있다. 이러한 상황에서, 해당 금융상품 보유자는 그 기업의 소유주 자격이 아니라 보증자의 자격으로서 보증과 이에 관계되는 현금흐름에 관련되는 것이다. 그러므로 이러한 보증과 이에 관계되는 현금흐름 때문에 무한책임사원이 유한책임사원보다 후순위가 되지는 않을 것이며, 유한책임지분과 무한책임지분의 계약 조건이 같은지를 검토할 때 보증과 이에 관계된 현금흐름을 고려하지 않을 것이다. *[K-IFRS 1032 AG14G]*

• 또 다른 예로는 해당 연도와 과거 연도 중 금융상품 보유자가 제공한 용역이나 창출한 사업에 기초하여 해당 금융상품 보유자에게 당기손익을 분배하는 당기손익분배약정이 있다. 이러한 약정은 금융상품 보유자가 소유주가 아닌 자격으로 체결한 거래이므로, K-IFRS 1032 문단 16A 또는 문단 16C에서 열거한 특성을 검토하는 경우 고려해서는 안 된다. 그러나 그 금융상품 종류의 다른 보유자가 보유한 금융상품과의 상대적인 명목 금액에 기초하여 금융상품 보유자에게 당기손익을 분배하는 당기손익분배약정은 금융상품 보유자가 소유주 자격으로 체결한 거래에 해당하므로 K-IFRS 1032 문단 16A 또는 문단 16C에서 열거한 특성을 검토하는 경우에 고려해야 한다. *[K-IFRS 1032 AG14H]*

• (소유주가 아닌 자격으로) 금융상품 보유자와 발행자 사이의 거래의 현금흐름과 계약 조건은

금융상품을 보유하지 않은 자와 발행자 사이에 일어날 수 있는 동등한 거래의 경우와 비슷해야만 한다. *[K-IFRS 1032 AG14I]*

9 금융상품 보유자의 나머지 수익을 실질적으로 고정하거나 제한하는 총현금흐름을 갖는 그 밖의 금융상품이나 계약의 부재

• K-IFRS 1032 문단 16A 또는 문단 16C의 기준을 충족하는 금융상품을 자본으로 분류하기 위한 추가 조건은, 발행자가 (1) 총현금흐름이 실질적으로 발행자의 당기손익, 인식된 발행자 순자산의 변동, 인식되었거나 인식되지 않은 순자산의 공정가치 변동에 기초하고 (2) 풋가능 금융상품 보유자의 나머지 수익을 실질적으로 제한하거나 고정하는 효과가 있는, 그 밖의 금융상품이나 계약을 보유하지 않아야 한다는 것이다. 특수 관계가 없는 자와 정상적인 상업적인 조건으로 체결된 다음의 금융상품 등이, 이러한 금융상품이 없었다면 K-IFRS 1032 문단 16A 또는 문단 16C의 기준을 충족하는 금융상품이 자본으로 분류되는 것을 막을 가능성은 높지 않다. *[K-IFRS 1032 AG14J]*

(1) 총현금흐름이 실질적으로 발행자의 특정자산에 기초하는 금융상품
(2) 총현금흐름이 수익의 일정 비율에 기초하는 금융상품
(3) 개별 종업원이 발행자에 제공한 용역에 대해 그 종업원에게 보상하도록 하는 계약
(4) 제공된 용역이나 재화의 대가로 당기손익의 경미한 일정 비율을 지급하도록 요구하는 계약

10 구체적인 분류 원칙

10.1. 현금 등 금융자산을 인도하기로 한 계약상 의무가 없는 경우

• K-IFRS 1032 문단 16A·16B나 문단 16C·16D에서 기술한 상황을 제외하고는 금융부채와 지분상품을 구분하는 중요한 특성은, 금융상품의 거래당사자인 발행자가 거래 상대방인 보유자에게 현금 등 금융자산을 인도해야 할 계약상 의무를 부담하는지와 잠재적으로 불리한 조건으로 보유자와 금융자산이 금융부채를 교환하는 계약상 의무를 부담하는지 여부이다. *[K-IFRS 1032 문단 17]*

• 지분상품의 보유자가 지분비율에 따라 배당이나 그 밖의 분배를 받을 자격이 있다는 것만으로는 발행자가 보유자에게 현금 등 금융자산을 반드시 인도해야 하는 것은 아니기 때문에 발행자가 그러한 분배를 해야 할 계약상 의무가 없다. *[K-IFRS 1032 문단 17]*

- 계약상 의무를 결제하기 위한 현금 등 금융자산의 인도를 회피할 수 있는 **무조건적인 권리를 기업이 가지고 있지 않다면**, 이러한 의무는 **금융부채**의 정의를 충족한다(K-IFRS 1032 문단 16A·16B나 문단 16C·16D에 따라 지분상품으로 분류하는 금융상품은 제외한다). 예를 들면 다음과 같다. *[K-IFRS 1032 문단 19]*
  (1) 외화의 획득이 곤란하거나 감독기관에서 지급승인을 받을 필요가 있는 등 **금융상품의 발행자가 의무를 이행할 능력에 제약이 있더라도**, 이러한 제약은 해당 발행자의 계약상 의무나 해당 금융상품 **보유자의 계약상 권리에 영향을 미치지 않는다**.
  (2) 거래상대방이 **상환을 요구할 권리를 행사할 수 있는 조건이 있는 계약상 의무는 금융부채**이다. 이는 발행자가 현금 등 금융자산의 인도를 회피할 수 있는 무조건적인 권리를 가지고 있지 않기 때문이다.

10.2. 금융부채와 지분상품의 특성이 결합되어 있는 경우

- 금융상품은 **법적 형식이 아니라 실질에 따라** 재무상태표에 분류되어야 한다. 일반적으로 실질과 법적 형식이 일치하지만 반드시 그러한 것은 아니다. 어떤 금융상품은 지분상품의 법적 형식을 가지고 있지만 실질적으로는 금융부채에 해당되는 경우가 있고, 어떤 금융상품은 지분상품의 특성과 금융부채의 특성이 결합되어 있는 경우도 있다. 이러한 예는 다음과 같다. *[K-IFRS 1032 문단 18]*
  (1) 확정되었거나 결정 가능한 미래의 시점에 확정되었거나 결정 가능한 금액을 발행자가 보유자에게 의무적으로 상환해야 하는 우선주나 보유자가 발행자에게 특정일이나 그 후에 확정되었거나 결정 가능한 금액으로 상환해줄 것을 청구할 수 있는 권리가 있는 우선주는 금융부채이다.
  (2) 금융상품의 보유자가 발행자에게 해당 금융상품의 환매를 요구하여 현금 등 금융자산을 수취할 권리가 부여된 금융상품('풋가능 금융상품')은 금융부채이다(K-IFRS 1032 문단 16A · 16B나 문단 16C · 16D에 따라 지분상품으로 분류하는 금융상품은 제외한다). 이러한 현금 등 금융자산의 금액이 지수나 다른 항목의 변동에 기초하여 증가하거나 감소될 수 있는 금융상품도 금융부채이다. 보유자가 발행자에게 금융상품의 환매를 요구하여 현금 등 금융자산을 수취할 권리를 보유하는 것은 풋가능 금융상품이 금융부채의 정의를 충족한다는 것을 의미한다(K-IFRS 1032 문단 16A · 16B나 문단 16C · 16D에 따라 지분상품으로 분류하는 금융상품은 제외한다). 예를 들면 개방형 뮤추얼펀드, 단위형 투자신탁, 파트너십, 일부 조합의 경우, 지분보유자나 조합원은 보유자지분을 언제든지 현금으로 상환 받을 권리를 보유하고 있으므로 지분보유자나 조합원의 지분은 부채로 분류된다(K-IFRS 1032 문단 16A · 16B나 문단 16C · 16D에 따라 지분상품으로 분류되는 금융상품은 제외한다). 이러한 금융상품을 금융부채로 분류하더라도, 일부 뮤추얼펀드와

단위형 투자신탁 등과 같이 실질적으로 납입자본이 없는 기업도 재무제표에 '지분보유자 귀속 순자산' 또는 '지분보유자 귀속 순자산 변동액'과 같은 용어를 사용할 수 있다. 그리고 자본의 정의를 충족하는 적립금 등과 같은 항목과 자본의 정의를 충족하지 못하는 풋가능 금융상품으로 구성되는 총조합원지분의 내용을 추가 공시할 수 있다.

사 례 일부 항목의 자본이 있는 경우 *[K-IFRS 1032 사례 8]*

- 보유자의 요구에 따라 출자금을 상환할 의무가 있으나, K-IFRS 1032 문단 16A와 16B 또는 문단 16C와 16D에 기술하고 있는 모든 특성을 가지고 있지 않거나 동 문단에 기술하고 있는 조건을 충족하지 못하기 때문에, 그 출자금이 K-IFRS 1032에서 정의하는 자본이 아닌 기업 등이 사용할 수 있는 포괄손익계산서와 재무상태표의 한 형식을 보여준다. 그러나 그 밖의 형식도 가능하다.
- 포괄손익계산서(20X1년 12월 31일에 종료하는 회계연도) : (단위: 원)

	20X1	20X0
수익	472	498
비용(성격이나 기능에 따른 분류)	(367)	(396)
영업활동으로부터의 이익	105	102
금융원가		
– 기타 금융원가	(4)	(4)
– 조합원에 대한 배분	(50)	(50)
조합원 귀속 순자산 변동액	51	48

- 재무상태표(20X1년 12월 31일 현재) : (단위: 원)

	20X1		20X0	
자산				
비유동자산(K-IFRS 1001에 따른 분류)	908		830	
비유동자산 합계		908		830
유동자산(K-IFRS 1001에 따른 분류)	383		350	
유동자산 합계		383		350
자산총계		1,291		1,180
부채				
유동부채(K-IFRS 1001에 따른 분류)	372		338	
요구시 상환의무출자금	202		161	
유동부채 합계		(574)		(499)
유동부채 차감후 자산총계		717		681
비유동부채(K-IFRS 1001에 따른 분류)	187		196	
		(187)		(196)
자본의 기타 요소(1)				
적립금(예: 재평가잉여금, 이익잉여금 등)	530		485	
		530		485

	717	681
비망기록: 총조합원지분		
요구시 상환의무출자금	202	161
적립금	530	485
	732	646

(1) 이 사례에서 기업은 조합원에게 지분비율만큼의 적립금을 인도할 의무를 갖고 있지 않다.

10.2.1. 여러 가지 특성이 부여된 우선주

• 기업은 여러 가지 권리가 부여된 우선주를 발행할 수 있다. 이러한 우선주가 금융부채인지 지분상품인지를 판단하기 위하여, 발행자는 우선주에 부여된 특정 권리를 평가하여 **우선주**가 **본질적으로 금융부채의 특성이 있는지 파악해야 한다.** *[K-IFRS 1032 AG25]*

가. 확정시점에 확정금액을 상환하여야 하거나 보유자가 상환을 청구할 수 있는 권리

• 특정 시점에 상환하거나 보유자의 선택에 따라 상환해야 하는 우선주는 발행자가 보유자에게 금융자산을 이전해야 할 의무가 있으므로 금융부채의 특성을 가지고 있다. *[K-IFRS 1032 AG25]*

나. 대금을 지급할 의무를 이행하지 못할 잠재적 가능성이 있는 우선주

• 계약에 따라 상환이 청구되었을 때 발행자가 자금의 부족, 법령의 제한 또는 불충분한 이익이나 적립금 등으로 인하여 우선주를 상환할 의무를 이행하지 못할 잠재적 가능성이 있더라도, 계약상 의무를 무효화하지는 않는다(즉, 금융부채의 성격을 가지고 있다). *[K-IFRS 1032 AG25]*

다. 발행자의 선택에 따라 상환이 가능한 우선주

• **현금으로 상환할 수 있는 권리**가 **발행자**에게 있는 우선주는 발행자가 주식의 보유자에게 금융자산을 이전해야 할 현재의무가 없으므로 **금융부채의 정의를 충족하지 못한다(즉, 자본으로 분류한다).** 이 경우에 우선주를 상환할지는 발행자가 재량으로 결정할 수 있다. *[K-IFRS 1032 AG25]*
• 그러나 우선주를 발행한 기업이 이러한 선택권을 행사하여 주주들에게 우선주를 상환하겠다는 의도를 통상 **공식적으로 통지**하게 되면 **의무가 생길 수 있다.** *[K-IFRS 1032 AG25]*

사 례 우선주

- A회사는 다음과 같은 우선주를 발행하였다.
  (1) 5년 후에 상환하여야 하는 우선주 20,000주(주당 액면금액 ₩10)
  (2) 각 주당 액면금액의 8% 배당률의 우선주 24,000주
- (1)의 우선주는 특정시점에 상환하여야 하는 의무가 있으므로 금융부채로 분류되어야 하며 (2)의 우선주는 배당을 반드시 하여야 하는 의무는 없으므로 지분상품(자본)으로 분류되어야 한다.

보충설명 상환우선주가 아닌 경우 우선주 분류 기준 *[K-IFRS 1032 AG26]*

상환우선주가 아닌 경우 우선주에 부가된 그 밖의 권리에 따라 적절하게 분류한다. 계약의 실질에 대한 평가와 금융부채 및 지분상품의 정의에 기초하여 분류한다. 분배의 누적 여부와 관계없이 우선주의 보유자에 대한 분배를 **발행자의 재량**으로 결정하는 경우 그 우선주는 **지분상품**이다. **다음과 같은 사항은 우선주를 금융부채나 지분상품으로 분류하는 결정에 영향을 미치지 아니한다.**

(1) 과거의 배당실적
(2) 미래의 배당의도
(3) 우선주에 배당을 하지 못하는 경우에 생길 수 있는 발행자의 보통주 가격에 미치는 부정적인 영향(우선주에 배당을 못하게 되면 보통주에도 배당이 제한되기 때문)
(4) 발행자의 적립금 금액
(5) 특정기간의 당기순손익에 대한 발행자의 예상
(6) 특정기간의 당기순손익 금액에 영향을 주는 발행자의 능력 유무

예제 2 상환을 거절할 수 있는 무조건적 권리 *[K-IFRS 2102 사례 1 & 2]*

<상황 1>

A회사의 정관에 따르면 A회사만이 완전한 재량으로 A회사 지분의 상환을 결정할 수 있으며, 이러한 재량에 대하여 세부규정이나 제한을 추가로 두지 않고 있다. 과거에 A회사는 이사회가 상환을 거절할 수 있는 권리를 가지고 있음에도 불구하고 A회사 지분의 상환을 거절한 적이 없다. K-IFRS 1032의 문단 16A와 16B 또는 문단 16C와 16D에 기술하고 있는 모든 특성을 가지고 있지 않거나 동 문단에 기술하고 있는 조건을 충족하지 않는다고 가정한다.

<상황 2>

B회사의 정관에 따르면 B회사가 완전한 재량으로 상환을 결정할 수 있다. 다만, 정관에서는 유동성이나 적립금과 관련된 법규를 위반하지 않고는 지급할 수 없는 경우를 제외하고는 상환요구는 자동적으로 승인된다고 추가적으로 기술하고 있다.

요구사항

1. <상황 1>에서 A회사 지분을 금융부채와 지분상품(자본) 중 어떻게 분류하여야 하는지를 설명하라.
2. <상황 2>에서 B회사 지분을 금융부채와 지분상품(자본) 중 어떻게 분류하여야 하는지를 설명하라.

해설

1. A회사가 상환을 거절할 수 있는 무조건적 권리가 있으므로 A회사 지분은 자본이다. 재량적인 과거 지급실적 또는 지급 의도가 부채 분류에 영향을 미치지 않는다. *[K-IFRS 2102 A3]*
2. B회사가 재량으로 상환을 결정할 수 있지만 실질적으로 상환요구를 자동적으로 승인한다는 것은 B회사가 상환을 거절할 수 있는 무조건적 권리가 없다고 보아 B회사 지분은 금융부채로 분류한다. 추가적인 제약은 부채를 결제할 수 있는 B회사의 능력에 기초하고 있다.
   계약에 따라 상환이 청구되었을 때 발행자가 자금의 부족, 법령의 제한 또는 불충분한 이익이나 적립금 등으로 인하여 우선주를 상환할 의무를 이행하지 못할 잠재적 가능성이 있더라도, 계약상 의무를 무효화하지는 않는다(즉, 금융부채의 성격을 가지고 있다). *[K-IFRS 1032 AG25]*
   따라서, 이러한 제한조건으로는 금융상품을 자본으로 분류하지 아니한다(즉, 금융부채로 분류한다).

예제 3 상환금지 *[K-IFRS 2102 사례 3]*

A회사는 과거에 주주에게 아래와 같이 상이한 시기에 상이한 금액의 지분을 발행하였다.

(1) 2X01년 1월 1일, 100,000주(@ ₩10, 총 ₩1,000,000)

(2) 2X02년 1월 1일, @ ₩20에 100,000주(₩2,000,000의 추가 발행)

따라서 총 발행 지분 금액은 ₩3,000,000이다. 한편, 지분은 보유자가 요구하면 발행된 금액으로 상환 가능하다. 정관에 따르면 지분상환누계는 유통 지분 최대 수량의 20%를 초과할 수 없다. 2X02년 12월 31일에 A회사는 유통 지분의 최대수량인 200,000주를 가지고 있고 과거에 어떠한 지분도 상환되지 아니하였다. 2X03년 1월 1일에 정관을 개정하여 가능한 지분상환누계를 유통 지분 최대 수량의 25%로 증가시켰다.

요구사항

1. 정관이 개정되기 전에 A회사 지분을 금융부채와 지분상품(자본) 중 어떻게 분류하여야 하는지를 설명하라.
2. 정관이 개정된 후에 A회사 지분을 금융부채와 지분상품(자본) 중 어떻게 분류하여야 하는지를 설명하라.

해설

1. 상환금지금액을 초과하는 지분은 금융부채이다. 금융부채는 최초 인식시점에 공정가치로 측정한다. 이러한 지분은 요구하면 상환하여야 하므로 A회사는 이러한 금융부채의 공정가치를 K-IFRS 1113 문단 47에 따라 결정한다. K-IFRS 1113 문단 47은 "요구불 특성을 가진 금융부채(예 요구불예금)의 공정가치는 요구하면 지급할 금액을 지급을 요구할 수 있는 최초일로

부터 할인한 금액 이상이어야 한다."고 규정하고 있다. 그러므로 상환규정에 따라서 요구하면 지급할 최대 금액을 금융부채로 분류한다.

2X01년 1월 1일에 상환규정에 따라 지급할 최대 금액
20,000주(100,000주 × 20%) × ₩10 = ₩200,000 ➡ 금융부채로 분류
₩1,000,000 − ₩200,000 = ₩800,000 ➡ 자본(지분상품)으로 분류

2X02년 1월 1일에 상환규정에 따라 지급할 최대금액
40,000주(200,000주 × 20%) × ₩20(요구하면 지급할 최대금액) = ₩800,000
추가적인 지분의 발행으로 최초 인식시점에 공정가치로 측정되는 새로운 부채가 발생한다.
₩600,000(₩800,000 − ₩200,000)의 부채를 추가로 인식한다.
따라서 금융부채는 총 ₩800,000이며 자본(지분상품) ₩2,200,000을 인식한다.

2. 정관의 개정에 따른 최대 상환요구 금액
50,000주(200,000주 × 25%) × ₩20 = ₩1,000,000
따라서 2X03년 1월 1일에 K-IFRS 1113 문단 47와 상환규정에 따라 요구하면 지불할 최대 금액인 ₩1,000,000을 금융부채로 분류한다. 그러므로 2X03년 1월 1일에 ₩200,000을 자본(지분상품)에서 금융부채로 분류변경하며 ₩2,000,000이 자본(지분상품)으로 남는다.

예제 4 상환금지 *[K-IFRS 2102 사례 4 & 5]*

<상황 1>

A회사의 영업을 규제하는 법률이나 정관의 조항은 다음과 같이 규정하고 있다. A회사 지분을 상환하여 납입자본이 최대납입가능자본의 75% 이하로 떨어지게 되면 지분의 상환을 금지한다. 한편, 최대납입가능자본은 ₩1,000,000이며 보고기간말의 납입자본은 ₩900,000이다.

<상황 2>

A회사는 다음 상황을 제외하고는 <상황 1>과 동일하다.

추가적으로 보고기간말에 법률로 강제하는 유동성 기준으로 인하여 현금이나 단기투자자산의 보유액이 특정금액보다 큰 경우가 아니고서는 지분을 상환할 수 없다. 이러한 유동성 기준으로 인하여 보고기간말에 A회사 지분의 상환으로 ₩50,000 이상을 지급할 수 없다.

요구사항

1. <상황 1>에서 A회사 지분을 금융부채와 지분상품(자본) 중 어떻게 분류하여야 하는지를 설명하라.
2. <상황 2>에서 A회사 지분을 금융부채와 지분상품(자본) 중 어떻게 분류하여야 하는지를 설명하라.

해설

1. A회사의 영업을 규제하는 법률이나 정관의 조항에 따른 상환금지는 A회사가 지분을 상환할 수 있는 능력(예 현금, 이익, 분배 가능한 적립금)이 있더라도 특정한 금액을 초과하는 무조건적 상환금지를 기술한다. 사실상, 상환금지로 인해 A회사는 납입자본의 특정금액을 초과하는 금액을 상환하여야 하는 금융부채를 부담하지 않는다. 따라서 상환금지의 대상이 되는 부분의 지분은 금융부채가 아니다. 각 지분은 개별적으로 상환될 수 있는 반면 총 유통 지분의 일정 부분은 A회사의 청산을 제외하고는 어떠한 경우에도 상환될 수 없다. 따라서, ₩750,000을 자본으로 ₩150,000을 금융부채로 분류한다.
2. A회사는 상환을 거절할 수 있는 무조건적 권리에 기초하여 금융부채로 분류하며, 유동성이나 다른 조건이 충족되지 아니하여 이러한 조건이 충족될 때까지 상환을 제한하는 조건부 제한에 기초하는 것은 아니다. 따라서 요구사항 1과 같이 ₩750,000을 자본으로, ₩150,000을 금융부채로 분류한다.

예제 5 상환금지 *[K-IFRS 2102 사례 6]*

A회사는 정관에 따라 지분의 상환을 금지한다. 다만, 과거 3년 동안에 새로운 주주 또는 기존 주주에게 추가로 지분을 발행하여 받은 금액은 금지하지 아니한다. 지분을 발행하여 받은 금액은 그 지분의 상환하는 데만 사용하여야 한다. 과거 3년 동안 지분을 발행하여 받은 금액은 ₩12,000이고, 어떠한 지분도 상환되지 아니하였다.

요구사항

A회사 지분을 금융부채와 지분상품(자본) 중 어떻게 분류하여야 하는지를 설명하라.

해설

지분인 ₩12,000을 금융부채로 분류한다. 무조건적 상환금지는 과거 3년 이전에 발행된 지분의 금액에 적용한다. 따라서 과거 3년 이전에 발행된 지분 금액은 자본으로 분류한다. 그러나 과거 3년 동안에 발행된 지분 금액은 무조건적 상환금지 대상이 아니다. 따라서 과거 3년 동안 발행된 지분 금액은 지분의 상환에 더 이상 사용이 불가능해질 때까지 금융부채로 분류한다. 따라서 과거 3년 동안에 발행된 지분 금액에서 과거 3년 동안 상환된 금액을 차감한 순액을 금융부채로 분류한다.

10.3. 계약 조건 등을 통해 간접적으로 계약상 의무를 설정할 수 있는 경우

- 현금 등 금융자산을 인도해야 하는 계약상 의무를 분명하게 정하지 않은 금융상품이더라도 **계약 조건 등에서 간접적**으로 계약상 의무를 정할 수 있다. 예를 들면 다음과 같다.
  (1) 분배를 하지 못하거나 당해 금융상품을 상환하지 못한다면, 결제해야 하는 비금융의무를 포함하는 금융상품. **비금융의무를 결제하여 현금 등 금융자산의 인도를 회피할 수 있는 금융상품**은 **금융부채**이다.
  (2) 결제시점에 기업이 **다음 중 하나**를 인도해야 하는 금융상품은 금융부채이다.
  ㈎ 현금 등 금융자산
  ㈏ 위 ㈎의 현금 등 금융자산의 가치를 실질적으로 초과하는 가치로 결정된 기업 자신의 주식
  기업이 현금 등 금융자산을 인도해야 하는 명시적인 계약상 의무를 부담하는 것은 아니지만, 주식으로 결제할 가치는 현금으로 결제할 가치에 상당한다. 어떤 경우에도 **보유자는** 최소한 현금으로 결제할 가치와 동일한 금액 이상을 수취할 수 있도록 **실질적인 보증을 받는 것**이다.
  [K-IFRS 1032 문단 20]

10.4. 자기지분상품을 통한 결제

- **단순히 자기지분상품을 수취하거나 인도하게 된다고 해서 그 계약이 지분상품이 되는 것은 아니다.** 기업은 수취하거나 인도해야 할 **자기지분상품의 공정가치가 계약상 권리나 의무의 금액과 일치하도록 수량이 변동되는** 기업 자신의 주식이나 그 밖의 지분상품을 수취할 권리 또는 인도할 의무를 가질 수 있다. 이러한 계약상 권리나 의무의 금액은 확정 금액일 수도 있으며, 자기지분상품의 시장가격이 아닌 다른 변수(예 이자율, 일반상품가격 또는 금융상품의 가격 등)의 변동의 전부 또는 일부에 따라 변동되는 금액일 수도 있다. *[K-IFRS 1032 문단 21]*
- 예를 들어, (1) **100원과 같은 공정가치에 해당하는 자기지분상품**을 **인도**할 계약과 (2) **100온스의 금과 같은 공정가치에 해당하는 자기지분상품**을 **인도**할 계약의 경우, 이러한 계약은 기업이 자기지분상품을 인도하여 당해 계약을 결제해야 하거나 결제할 수 있더라도 **금융부채**이다. 기업이 **변동 가능한 수량**의 자기지분상품을 계약의 결제수단으로 사용하기 때문에 이러한 계약은 **지분상품이 아니다.** 따라서 그 계약은 자산에서 모든 부채를 차감한 후의 잔여지분을 나타내지 못한다.
  [K-IFRS 1032 문단 21]

보충설명 자기지분상품으로의 결제시 부채와 자본 분류 판단기준

자기지분상품으로 결제하는 계약은 다음과 같은 요소에 대한 사전적인 판단이 필요하다.

(1)확정 금액

예를 들어, A회사가 미래에 ₩1,000,000과 동일한 가치를 가지는 자기지분상품을 인도하는 대가로 ₩1,000,000을 수령하였다. 그러므로 계약시점에 자기지분상품의 가격이 ₩5라면, A회사는 결제시점의 가격에 따라 200,000주보다 더 발행하거나 덜 발행할 것이다.

(2)자기지분상품의 시장가격이 아닌 변수의 변동에 따라 변동하는 화폐성 금액

예를 들어, A회사가 금 100온스와 동일한 가치를 가지는 자기지분상품의 수를 인도하거나, ₩100,000+FTSE 100 지수와 동일한 가치를 가지는 자기지분상품의 수를 인도할 수 있다.

상기 (1)과 (2)는 A회사가 자기지분상품으로 결제를 한다 하더라도 금융부채이다. 왜냐하면 A회사는 변동 가능한 수량의 자기지분상품을 계약의 결제수단으로 사용하기 때문이다. 즉, 이러한 의무의 보유자는 자기지분상품의 가격의 변동으로 인한 손익에 위험이 노출되어 있지 않다. 따라서 이러한 계약은 자산에서 모든 부채를 차감한 후의 잔여지분을 나타내는 모든 계약이라고 보지 않는 것이다.

10.4.1. 확정수량의 기업 자신의 주식으로 결제되는 계약

가. 주식옵션의 매도

- K-IFRS 1032 문단 22A에서 기술한 계약을 제외하고는 기업이 **확정 금액의 현금** 등 금융자산을 대가로 **확정 수량의 자기지분상품**을 수취하거나 인도하여 결제되는 계약은 **지분상품**이다. 예를 들어, 상대방에게 **확정된 가격**이나 확정된 사채의 액면금액으로 **확정된 수량**의 발행자 주식을 매입할 수 있는 권리가 부여된 **주식옵션을 발행**한 경우, 당해 옵션은 **지분상품**이다. **시장이자율의 변동에 따라 계약의 공정가치가 변동되더라도, 이러한 시장이자율의 변동이 계약의 결제시점에 (1) 지급하거나 수취할 현금 등 금융자산의 금액이나 (2) 수취하거나 인도할 지분상품의 수량에 영향을 미치지 않는다면,** 당해 계약은 **지분상품**이다. *[K-IFRS 1032 문단 22]*
- **수취한 대가(예 기업 자신의 주식에 대한 옵션이나 주식매입권의 발행에 대하여 수취하는 프리미엄)는 자본에 직접 가산**한다. **지급한 대가(예 옵션의 매입에 대하여 지급한 프리미엄)는 자본에서 직접 차감**한다. **지분상품의 공정가치 변동은 재무제표에 인식하지 않는다.** *[K-IFRS 1032 문단 22]*
- 계약을 결제하는 시점에 발행자가 수취하거나 인도해야 할 자기지분상품이, 문단 16A의 모든 특성을 갖추고 K-IFRS 1032 문단 16B의 조건을 충족하는 풋가능 금융상품이거나, 발행자가 청산하는 경우에만 거래상대방에게 지분비율에 따라 발행자 순자산을 인도해야 하는 의무를 발행자에게 부과하는 금융상품으로서, K-IFRS 1032 문단 16C의 특성을 갖추고 K-IFRS 1032 문단 16D의 조건을 충족하는 금융상품이라면, 그 계약은 금융자산이나 금융

부채이다. 이러한 계약은 발행자가 확정 금액의 현금 등 금융자산을 대가로 확정 수량의 그러한 금융상품을 수취하거나 인도하여 결제하는 계약을 포함한다. *[K-IFRS 1032 문단 22A]*

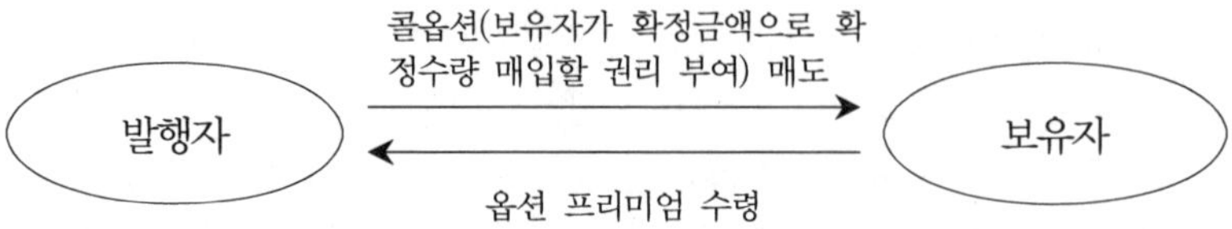

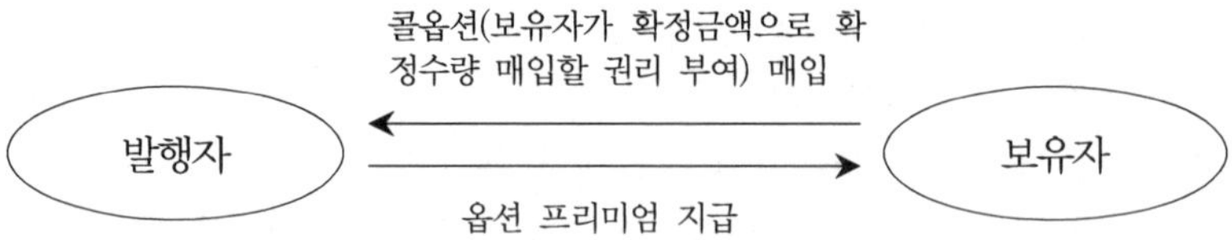

확정금액으로 확정수량의 자기지분상품을 수취하거나 인도하는 계약

옵션 프리미엄 수령시

(차) 현금	×××	(대) 자본	×××

옵션 프리미엄 지급시

(차) 자본	×××	(대) 현금	×××

나. 금융자산으로 자기지분상품을 매입할 의무가 포함된 계약의 경우

- K-IFRS 1032 문단 16A·16B나 문단 16C·16D에서 기술한 상황을 제외하고는 기업이 현금 등 금융자산으로 자기지분상품을 매입할 의무가 포함된 계약의 경우에는 **상환금액(예 매입선도가격, 옵션계약의 행사가격 등)의 현재가치**에 해당하는 **금융부채**가 생긴다. 계약 자체가 지분상품인 경우에도 그러하다. 이러한 예로는 **현금으로 자기지분상품을 매입해야 하는 선도계약에 따른 의무**를 들 수 있다. 이러한 금융부채는 최초에 상환금액의 현재가치로 인식하고 K-IFRS 1109에 따라 해당 금융부채를 측정한다. 자기지분상품을 인도하지 않고 이러한 계약이 종료되는 경우 당해 금융부채의 장부금액을 자본으로 재분류한다. *[K-IFRS 1032 문단 23]*
- **자기지분상품을 매입해야 하는 의무**가 **상대방의 권리행사 여부에 따라 결정되는 경우에도 상환금액의 현재가치**에 해당하는 **금융부채**가 생긴다. 이러한 예로는 **상대방이 자기지분상품을 확정 금액으로 기업에게 매도할 수 있는 권리가 부여된 풋옵션을 발행**한 경우를 들 수 있다. *[K-IFRS 1032 문단 23]*

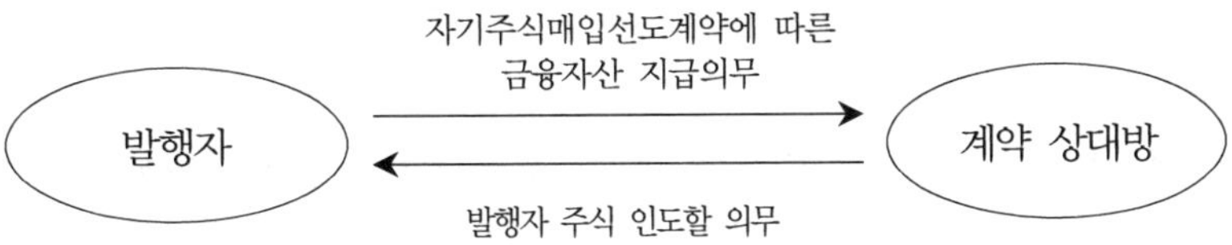

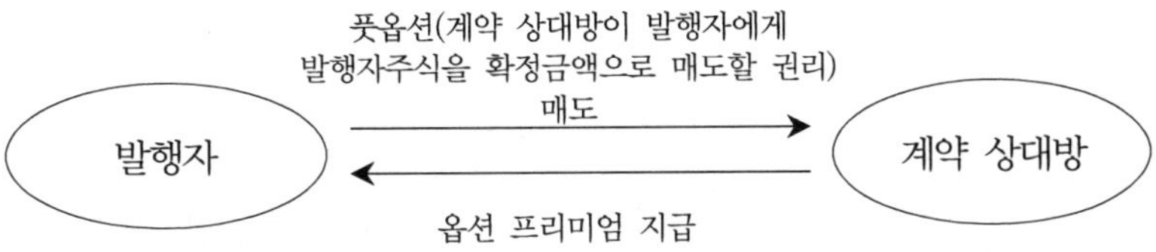

금융자산으로 자기지분상품을 매입할 의무가 포함된 계약

(차) 자본	× × ×	(대) 금융부채 주1)	× × ×

주1) 상환금액(예 : 매입선도가격)의 현재가치

자기지분상품을 매입하여야 하는 의무가 상대방의 권리행사 여부에 따라 결정되는 경우

(차) 자본	× × ×	(대) 금융부채 주2)	× × ×

주2) 상환금액(예 : 옵션계약의 행사가격 등)의 현재가치

10.4.2. 미확정 금액의 금융자산을 대가로 확정된 수량의 자기지분상품이 결제되는 계약

- 변동 가능한 금액의 현금 등 금융자산을 대가로 확정된 수량의 자기지분상품을 인도하거나 수취하여 결제되는 계약은 금융자산이나 **금융부채**이다. 이러한 계약의 예로는 **향후 금 100온스의 가치에 해당하는 현금을 대가로 자기지분상품 100주를 인도하는 계약**을 들 수 있다. *[K-IFRS 1032 문단 24]*

10.4.3. 확정수량의 기업 자신의 주식으로 결제되지 아니하는 계약

- 발행자가 매입하여야 하는 **주식의 수가 확정되지 않거나** 기업 자신의 주식을 매입해야 하는 의무가 상대방의 권리 행사 여부에 따라 결정되는 **조건부 의무**인 경우에도, 발행자가 현금으로 기업 자신의 주식을 매입하는 의무로 인하여 **상환금액의 현재가치**에 해당하는 **금융부채**가 생긴다(K-IFRS 1032 문단 16A·16B나 문단 16C·16D에서 기술한 계약은 제외한다). 조건부 의무의 예로는 **상대방의 권리 행사에 따라 기업 자신의 주식을 매입해야 하는 옵션을 발행한 경우**를 들 수 있다. *[K-IFRS 1032 AG27(2)]*

10.4.4. 결제금액이 자기지분상품의 시장가격에 따라 변동되는 경우

- 현금 등 금융자산으로 결제될 계약은, 수취하거나 인도할 현금 등 금융자산의 금액이 자기지분상품의 시장가격 변동에 따라 변동하더라도, **금융자산 또는 금융부채**(K-IFRS 1032 문단 16A·16B나 문단 16C·16D에서 기술한 계약은 제외한다)이다. 이러한 예로는 **현금으로 차액결제되는 주식옵션**을 들 수 있다. *[K-IFRS 1032 AG27(3)]*

10.4.5. 결제되는 자기지분상품의 수량이 기초변수에 변동에 따라 결정되는 경우

- 계약을 결제하기 위하여 수취하거나 인도할 기업 자신의 **주식 수량이 기초변수(예 일반상품가격)의 변동에 따라 결정되는 금액이나 확정 금액과 가치가 동일하게 결정되는 계약**은 금융자산이나 **금융부채**이다. 이러한 예로는 기초자산인 금을 매입하기로 하는 옵션을 매도하는 경우로서 옵션이 행사되면 옵션계약의 가치와 같은 가치에 해당하는 수량의 자기지분상품으로 차액 결제하는 경우를 들 수 있다. 이러한 계약은 기초변수가 금이 아니라 기업 자신의 주식 가격인 경우에도 **금융자산**이나 **금융부채**이다. 마찬가지로 **확정 수량의 기업 자신의 주식으로 결제되지만 결제금액이 기초변수의 변동에 따라 결정되는 금액** 또는 **확정 금액과 동일하도록 당해 주식에 부가된 권리의 내용이 변동되는 계약**은 금융자산 또는 금융부채이다. *[K-IFRS 1032 AG27(4)]*

예제 6 현금 대 주식 실물 결제 *[K-IFRS 1032 IE5]*

2X02년 1월 1일에 A회사는 B회사와 선도계약을 체결했다. 이에 따라 A회사는 2X02년 12월 31일에 1년 후에 현금 ₩104,000(₩104 × 1,000주)을 지불할 의무를 지고 B회사는 1년 후에 A회사에게 A회사 유통주식 1,000주를 인도할 의무를 진다. 1년 후의 지불할 현금 ₩104,000의 현재가치는 ₩100,000이라고 가정한다.

요구사항

A회사가 2X02년 1월 1일, 2X02년 12월 31일에 행하여야 할 회계처리를 나타내라.

해설

구 분	회 계 처 리
2X02.02.01.	(차) 주식매입선도계약(자본) 주1) 100,000 (대) 금융부채 주2) 100,000 주1) 확정수량 1,000주에 확정금액 ₩104,000으로 결제하는 계약이므로 지분상품(자본)에 해당한다. 주2) 기업 A는 1년 후에 현금 ₩104,000을 지급할 의무(주식상환금액)에 대하여 적절한 이자율로 할인한 현재가치 ₩100,000으로 금융부채를 기록한다.
2X02.12.31.	(차) 이자비용 3,667 (대) 금융부채 주3) 3,667

<table>
<tr><th>구 분</th><th>회 계 처 리</th></tr>
<tr><td></td><td>주3) 주식상환금액에 대한 부채에 대해 유효이자율법에 따라 이자발생액을 인식한다.
₩4,000 × 11/12 = ₩3,667

(차) 금융부채 104,000 (대) 현금 주4) 104,000
주4) 선도계약을 결제하기 위해 A회사는 B회사에게 현금 ₩104,000을 지급하고, B회사는 A회사에게 A회사 주식 1,000주를 인도한다. 기업 A는 현금을 지급하여 주식상환의무의 결제를 회계처리한다.

(차) 자기주식(자본) 주5) 100,000 (대) 주식매입선도계약(자본) 100,000
주5) B회사로부터 인도받은 A회사의 주식에 대하여 주식매입선도계약계정에서 자기주식계정으로 대체</td></tr>
</table>

10.5. 조건부 결제조항

- 주가지수, 소비자물가지수, 이자율의 변동, 과세규정의 변경이나 발행자의 미래 수익, 순이익, 부채비율과 같이 금융상품의 발행자와 보유자 **모두가 통제할 수 없는 불확실한 미래 사건의 발생 여부나 불확실한 상황의 결과**에 따라 현금 등 금융자산을 인도하여 결제하거나 금융부채로 분류될 그 밖의 방법으로 결제하는 금융상품이 있다. 이 경우에 발행자는 현금 등 금융자산의 인도를 회피할 수 있거나 아니면 금융부채로 분류될 그 밖의 결제방법을 회피할 수 있는 무조건적인 권리를 가지고 있지 않다. 따라서 이러한 금융상품은 **다음의 경우를 제외하고는 발행자의 금융부채**이다. *[K-IFRS 1032 문단 25]*
  (1) 현금 등 금융자산을 인도하는 결제방법이나 금융부채로 분류될 그 밖의 결제방법과 관련된 조건부 결제조항이 **실질적으로 유효하지 않은 경우**
  (2) **발행자가 청산되는 경우에만**, 현금 등 금융자산을 인도하는 방법으로(또는 금융부채로 분류되는 결과를 초래하는 기타의 방법으로) 의무를 결제하도록 요구할 수 있는 경우
  (3) 금융상품이 K-IFRS 1032 문단 16A의 모든 특성을 갖추고 K-IFRS 1032 문단 16B의 조건을 충족하는 경우
- 현금 등 금융자산을 인도하는 결제방법이나 금융부채로 분류되는 결과를 초래하는 그 밖의 결제방법과 관련된 조건부 결제규정이 실질적으로 유효하지 않다면 금융상품의 분류에 영향을 미치지 않는다. 따라서 **현금으로 결제하거나 변동 가능한 수량의 기업 자신의 주식으로 결제하여야 하는 경우가, 지극히 드물고 예외적이며 사건이 일어날 가능성이 매우 낮은 경우로 한정되는 계약은 지분상품**이다. 마찬가지로 발행자가 통제할 수 없는 특정 상황에서는 확정 수량의 기업 자신의 주식으로 하는 결제가 계약에 의해 배제될 수 있지만, 실제로 그러한 상황이 벌어질 가능성이 없는 경우에는 지분상품으로 분류하는 것이 적절하다. *[K-IFRS 1032 AG28]*

사 례 조건부 결제 규정 : 주가지수의 증가에 따른 지급 조건

- A회사는 종합주가지수가 2개월 안에 2배 이상으로 상승하면 현금으로 상환하는 금융상품을 발행하였다. 일반적으로 종합주가지수에 대한 통제는 발행자가 할 수 없기 때문에 종합주가지수가 2개월 안에 일정비율 이상으로 상승하면 A회사는 그 결제의무를 회피할 수 없게 되므로 이러한 금융상품은 금융부채가 된다. 그러나 **종합주가지수가 2개월 안에 2배가 되는 것은 매우 드문 경우이며, 발생할 가능성이 극히 낮다.** 따라서 이러한 조건은 인위적이며 실질적으로 유효하지 않기 때문에 분류목적으로는 무시하는 것이 타당하다.

10.6. 결제옵션

- 여러 가지 결제방법(예 현금 차액결제 또는 현금과 주식의 교환) 중 **발행자나 보유자가 결제방법을 선택**할 수 있는 파생금융상품은 **금융자산이나 금융부채**이다. 다만, **어떤 결제방법을 선택하더라도 지분상품이 된다면 그렇지 않다**(이러한 경우는 선택 가능한 결제대안 중 **실물총액결제방법이 포함되어 있는 매도선도계약과 매도풋옵션**인 경우만 해당된다). *[K-IFRS 1032 문단 26]*
- 결제옵션이 있는 파생금융상품으로서 금융부채인 예로는, **발행자가 현금으로 차액결제하는 방법과 현금의 대가로 기업 자신의 주식을 교환하여 결제하는 방법 중에서 하나를 선택할 수 있는 있는 주식옵션**을 들 수 있다. 마찬가지로, 자기지분상품을 대가로 비금융항목을 매입하거나 매도하는 일부 계약은 비금융항목을 인도하여 결제하거나 현금 등 금융상품으로 차액결제할 수 있기 때문에 이러한 계약은 지분상품이 아니라 **금융자산이나 금융부채**에 해당한다. *[K-IFRS 1032 문단 27]*

| 금융부채와 지분상품(자본)의 차이 |

금융부채	지분상품(자본)
• 현금 등 금융자산을 지급하여야 할 의무 있음	• 현금 등 금융자산을 지급하여야 할 의무 없음
• 이자 및 평가손익은 손익계산서에 반영	• 배당 등은 자본에서 반영
• 타인자본	• 자기자본
• 이자(또는 배당)로 지급해야 하는 의무	• 배당은 강제적인 의무사항 아님

02
복합금융상품

1 자본요소와 부채요소의 구분

• 비파생금융상품의 발행자는 금융상품의 조건을 평가하여 당해 금융상품이 자본요소와 부채요소를 모두 가지고 있는지를 판단해야 하며 각 요소별로 금융부채, 금융자산 또는 지분상품으로 분류하여야 한다. *[K-IFRS 1032 문단 28]*

2 전환사채

2.1. 최초 발행시 자본요소와 부채요소의 구분

• 발행자는 (1) 금융부채를 발생시키는 요소와 (2) 발행자의 지분상품으로 전환할 수 있는 옵션을 보유자에게 부여하는 요소를 **별도로 분리**하여 인식한다. 예를 들면 **확정 수량의 발행자의 보통주로 보유자가 전환할 수 있는 사채나 이와 비슷한 금융상품은 복합금융상품**이다. **발행자의 관점**에서 이러한 금융상품은 **금융부채(현금 등 금융자산을 인도하는 계약)의 요소와 지분상품(확정 수량의 발행자의 보통주로 전환할 수 있는 권리를 정해진 기간에 보유자에게 부여하는 콜옵션)**의 요소로 구성된다. 이러한 금융상품을 발행하는 거래는 조기상환 조항이 있는 채무상품과 주식을 매입할 수 있는 주식매입권을 동시에 발행하는 거래나 분리형 주식매입권이 있는 채무상품을 발행하는 거래와 실질적으로 같은 경제적 효과가 있다. 따라서 발행자는 이러한 모든 거래를 **부채요소와 자본요소로 분리하여 재무상태표에 표시**한다. *[K-IFRS 1032 문단 29]*

2.1.1. 부채요소와 자본요소의 분리방법

• 전환사채와 같은 복합금융상품은 다음과 같이 부채요소와 자본요소로 분리하여 재무상태표에 표시한다. *[K-IFRS 1032 AG31]*

(1) 정해진 원금과 이자금액을 지급해야 하는 발행자의 의무는 **금융부채**로서 **전환사채가 전환되기 전까지 존재**한다. **최초 인식시점**에서 **부채요소의 공정가치**는 **계약상 정해진 미래현금흐름의 현재가치이며, 그 미래현금흐름은 해당 금융상품과 조건이 같고 신용상태가 비슷하며** 실질적으로 같은 현금흐름을 제공하지만 **전환권이 없는 채무상품에 적용되는 그 시점의 시장이자율**

로 할인한다.

(2) **지분상품**은 부채를 발행자의 자본으로 전환할 수 있는 **내재옵션인 전환권**이다. 최초 인식 시점에 전환권이 **외가격 상태에 있더라도 전환권의 가치는 존재한다**.

2.1.2. 전체 공정가치에서 부채요소를 차감하여 자본요소 계산

- 지분상품은 기업의 자산에서 모든 부채를 차감한 후의 잔여지분을 나타낸다. 따라서 복합금융상품의 최초 장부금액을 부채요소와 자본요소에 배분하는 경우 복합금융상품 전체의 공정가치에서 별도로 결정된 부채요소의 금액을 차감한 나머지 금액을 자본요소에 배분한다. *[K-IFRS 1032 문단 31]*
- 보통주로 전환할 수 있는 사채의 발행자는 (1) **자본요소를 포함하지 않은(내재되어 있는 비자본요소인 파생상품의 특성이 모두 포함된) 비슷한 사채의 공정가치를 측정하여 부채요소의 장부금액을 우선 결정한다**. (2) 그 다음, 지분상품(금융상품을 보통주로 전환할 수 있는 전환권)의 장부금액은 복합금융상품 전체의 공정가치에서 금융부채의 공정가치를 차감하여 결정한다. *[K-IFRS 1032 문단 32]*

| 전환사채의 구분 |

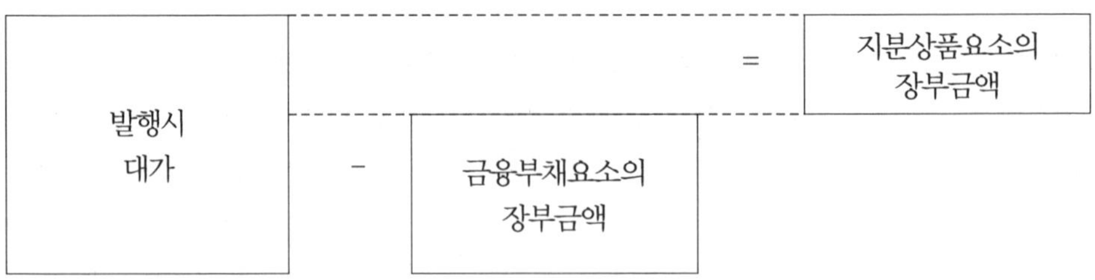

2.1.3. 복합금융상품의 발행과 관련된 거래원가

- 복합금융상품의 발행과 관련된 거래원가는 배분된 **발행금액에 비례하여 부채요소와 자본요소로 배분**한다. *[K-IFRS 1032 문단 38]*
- 둘 이상의 거래와 관련하여 공통으로 발생한 거래원가(예: 주식을 발행하는 동시에 해당 주식 외의 다른 주식을 증권거래소에 상장하는 경우의 거래원가)는 비슷한 거래와 일관되고 합리적인 배분기준을 적용하여 각 거래별로 배분한다. *[K-IFRS 1032 문단 38]*

예제 7.1 전환사채

A회사 2X01년 1월 1일에 2,000좌(좌당 액면금액 ₩1,000)의 전환사채를 액면금액으로 발행하였다. 이 사채의 만기는 3년이며, 발행시 ₩2,000,000을 수령하였다. 액면이자는 연 6%이며 매년말 후급이다. 전환사채 1좌는 만기 동안 언제든지 보통주 250주(주당 액면금액 ₩3)로 전환될 수 있다. 전환사채 발행시 전환권이 없는 사채에 적용되는 시장이자율은 연 9%이다. 발행시 발행원가는 ₩100,000이다. A회사는 이 전환사채를 당기손익-공정가치 측정 항목으로 분류하지 아니하였다.

요구사항

A회사가 전환사채 발행시 행하여야 할 회계처리를 나타내라.

해설

이자의 현재가치 : ₩2,000,000 × 6% × 2.53129(3년, 9% 연금현가계수) = ₩303,755

원금의 현재가치 : ₩2,000,000 × 0.77218(3년, 9% 현가계수) = ₩1,544,360

전환사채의 현재가치(부채요소) : ₩303,755 + ₩1,544,360 = ₩1,848,115

전환권대가(자본요소)의 가치 : ₩2,000,000 − ₩1,848,115 = ₩151,885

발행원가 ₩100,000은 지급한 대가와 거래원가를 거래의 발생시점의 부채요소와 자본요소에 배분한다. *[K-IFRS 1032 문단 38]*

	총수령금액	부채요소	자본요소
사채발행금액	2,000,000	1,848,115	151,885
발행원가	(100,000)	(92,405)	(7,595)
	1,900,000	1,755,710	144,290

구 분	회 계 처 리			
2X01.01.01.	(차) 현 금	1,900,000	(대) 전환사채(금융부채)	1,755,710
			전환권대가(자본)	144,290

보충설명 상환할증금과 보장수익률과의 관계

상환할증금은 전환사채 소유자가 권리행사기간 내에 권리행사를 하지 않을 경우 발행회사가 **일정한 수익률을 보장**하기 위해서 추가로 지급하기로 약정한 금액이다. 즉, 상환할증금은 전환사채의 소유자가 만기까지 전환권 또는 신주인수권을 행사하지 않으면 낮은 수준의 이자수익을 얻기 때문에 이를 보상하기 위해서 사채 발행회사가 소유자에게 만기에 원금 이외에 추가하여 지급하기로 약정한 금액을 말한다.

전환사채의 투자자는 전환사채를 보유함으로써 만기까지 부채로써 계속 보유할 것인지, 아니면 만기가 도래하기 전에 주식으로 전환할 것인지 전략적으로 결정할 수 있다. 그렇기 때문에 이러한 전환권으로 인하여 일반사채 이자율보다는 낮은 이자율을 감수할 것이다. 전환사채의 발행자 입장도 마찬가지다. 그런데 만약 전환사채의 투자자가 전환사채에 대한 투자에 있어서 어떠한 손실 위험을 부담하기 싫어서 일반사채의 투자수익률(시장수익률)을 보장해달라고 요구하면 전환사채 발행자 입장에서는 어떻게 대응할 것인가? 발행자는 이러한 요구를 거절하고 적어도 일반사채의 투자수익률(시장수익률)보다 낮게 책정할 것이다. 왜냐하면 발행자 입장에서 일반사채의 투자수익률을 보장해준다면 일반사채를 발행하는 것과 동일한 이자를 부담하면서, 주가가 올라가면 시가보다 낮은 가격으로 주식을 발행하는 데 따른 손실을 부담할 위험을 추가로 갖기 때문이다. 따라서 사채 발행자는 이러한 위험부담에 대한 대가로서 보장수익률을 일반사채의 시장수익률보다는 낮게 책정하게 된다. 결국 보장수익률은 전환사채의 표면이자율과 일반사채수익률 사이에 형성될 것이다.

전환사채의 표시이자율 〈 보장수익률 〈 일반사채수익률

다음의 경우에 상환할증금 및 상환할증률을 구해보자.

· 원금 : ₩200,000(액면발행) · 만기 : 3년
· 표면이자율 : 5% · 일반사채수익률 : 10%
· 보장수익률 : 7%

상환할증금(p)의 계산은 다음과 같다.

₩200,000 = ₩10,000 × 2.6243(3년 7%의 연금현가) + (₩200,000 + p) × 0.8163(3년 7%의 현가)
p = ₩12,859

상환할증금(p)은 매년 보장수익률과 표면이자율의 사채이자 차액을 만기에 받는 금액이기 때문에 다음과 같이 계산할 수도 있다.

₩200,000 × (0.07 − 0.05) × 3.2149(기간 3, 7%의 연금미래가치) = ₩12,859

따라서 만기까지 전환권을 행사하지 않으면 원금 이외에 추가로 ₩12,859를 지급하게 되며, 상환할증률은 ₩12,859 / ₩200,000 = 6.4295%가 된다.

2.2. 전환권 행사 가능성이 변동하는 경우에도 부채요소와 자본요소의 분류 수정하지 않음

- **전환권을 행사할 가능성이 변동하는 경우에도** (특히, 전환권의 행사로 일부 보유자가 경제적으로 유리해지는 경우에도) 전환상품의 **부채요소와 자본요소의 분류를 수정하지 않는다.** 예를 들면 전환으로 생기는 세금효과가 보유자마다 다를 수 있기 때문에 보유자는 예상대로 행동하지 않을 수 있다. 더욱이 전환 가능성은 때에 따라 달라진다. 발행자가 미래에 원리금을 지급할 계약상 의무는 전환, 금융상품 만기의 도래, 그 밖의 거래로 소멸되기 전까지는 미결제된 상태로 유지된다. *[K-IFRS 1032 문단 30]*

2.3. 복합금융상품의 자본요소가 아닌 파생상품의 특성에 해당하는 가치

• 복합금융상품의 **자본요소(예 보통주 전환권)가 아닌 파생상품의 특성(예 발행자가 행사할 수 있는 콜옵션)에 해당하는 가치**는 **부채요소의 장부금액에 포함**한다. 최초 인식시점에서 **부채요소와 자본요소에 배분된 금액의 합계**는 항상 금융상품 **전체의 공정가치와 같아야 한다**. 금융상품의 구성요소를 분리하여 인식하는 최초 인식시점에는 어떠한 손익도 발생하지 않는다. *[K-IFRS 1032 문단 31]*

사 례 복합금융상품의 자본요소가 아닌 파생상품의 특성에 해당하는 가치

• A회사는 2X09년 1월 1일에 액면금액이 ₩50,000이고 매년 말에 6%의 이자를 지급하는 전환사채를 액면금액으로 발행하였다. 이 전환사채에는 발행자가 언제든지 사채를 액면금액으로 상환할 수 있는 콜옵션이 내재되어 있다. 콜옵션 또는 전환옵션이 없는 유사한 사채의 가치는 ₩47,000이다. 전환옵션이 없는 유사한 사채에 대하여 발행자가 매입한 콜옵션의 가치를 옵션가격결정모형으로 구한 금액은 ₩3,000이다.

• 이 경우, 부채요소에 배분되는 가치와 자본요소에 배분되는 가치는 다음과 같다.
부채요소에 배분되는 가치 : ₩44,000(₩47,000 − ₩3,000) ➠ 부채요소에 내재파생상품의 가치를 포함한다.
자본요소에 배분되는 가치 : ₩6,000(₩50,000 − ₩44,000)

2.4. 만기시점에서 전환사채 전환되는 경우

• 만기시점에서 전환사채가 전환되는 경우에 발행자는 부채를 제거하고 자본으로 인식한다. 최초 인식시점의 자본요소는 자본의 다른 항목으로 대체될 수 있지만 계속하여 자본으로 유지된다. **만기시점에 전환사채의 전환에 따라 인식할 손익은 없다.** *[K-IFRS 1032 AG32]*

예제 7.2 만기 전에 전환사채 전환되는 경우

다음의 사항을 제외하고는 예제 7.1과 상황은 동일하다고 가정한다.

2X02년 12월 31일(2차년도 말)에 전환사채 보유자가 전환권을 행사하여 확정수량의 자기지분상품으로 전환되었다. A회사는 전환사채의 부채요소에 대하여 유효이자율법을 사용하여 상각후 원가로 측정해왔다.

요구사항

A회사가 2X02년 12월 31일에 전환사채 전환시 행하여야 할 회계처리를 나타내라.

해설

부채요소의 순발행금액 : ₩1,848,115 − ₩92,405 = ₩1,755,710

유효이자율 계산 :

$$₩1,755,710 = \frac{120,000}{(1+X)^1} + \frac{120,000}{(1+X)^2} + \frac{(120,000+2,000,000)}{(1+X)^3} \Rightarrow X = 10.998\%$$

상각표

	기초부채	유효이자	액면이자	상각	기말부채
1차년도	1,755,710	193,093	120,000	73,093	1,828,803
2차년도	1,828,803	201,132	120,000	81,132	1,909,935
3차년도	1,909,935	210,065	120,000	90,065	2,000,000
총이자비용		604,290			

구 분	회 계 처 리			
2X02.12.31.	(차) 이자비용	201,132	(대) 현금	120,000
			전환사채(금융부채)	81,132
	(차) 전환사채(금융부채)	1,909,935	(대) 자본금 주1)	1,500,000
			주식발행초과금	409,935
	주1) 250주 × 2,000좌 × ₩3 = ₩1,500,000			
	(차) 전환권대가(자본)	144,290	(대) 주식발행초과금	144,290

2.5. 조기상환이나 재매입으로 만기 전에 전환사채가 소멸되는 경우

- 최초의 전환권이 변동되지 않은 상태에서 **조기상환이나 재매입**을 통하여 **만기 전에 전환상품이 소멸**되는 경우 조기상환이나 재매입을 위하여 **지급한 대가와 거래원가**를 **거래 발생시점의 부채요소와 자본요소에 배분**한다. 지급한 대가와 거래원가를 각 요소별로 배분하는 방법은 **전환사채가 발행되는 시점에 발행금액을 각 요소별로 배분한 방법과 일관**되어야 한다. *[K-IFRS 1032 AG33]*
- 대가를 배분한 결과로 발생되는 손익은 관련 요소에 적용되는 회계원칙에 따라 다음과 같이 회계처리한다. *[K-IFRS 1032 AG34]*

  (1) **부채요소**에 관련된 손익은 **당기손익**으로 인식한다.

  (2) **자본요소**와 관련된 대가는 **자본**으로 인식한다.

예제 7.3 전환사채의 조기상환

다음의 사항을 제외하고는 예제 7.1과 상황은 동일하다고 가정한다. 2X02년 12월 31일(2차년도 말)에 A회사는 전환사채를 ₩2,100,000을 지급하고 조기상환하였다. 조기상환 시점에 만기가 1년이고 전환권이 없는 사채의 표시 이자율은 7%라는 것을 알 수 있다. A회사는 전환사채의 부채요소에 대하여 유효이자율법을 사용하여 상각후원가로 측정해왔다.

요구사항

A회사가 2X02년 12월 31일 조기상환시 행하여야 할 회계처리를 나타내라.

해설

	기초부채	유효이자	액면이자	상각	기말부채
1차년도	1,755,710	193,093	120,000	73,093	1,828,803
2차년도	1,828,803	201,132	120,000	81,132	1,909,935
3차년도	1,909,935	210,065	120,000	90,065	2,000,000
총이자비용		604,290			

	상환대가	장부금액	차 이
전체 공정가치	2,100,000		
부채요소			
이자의 현재가치	주1) 112,150		
원금의 현재가치	주2) 1,869,159		
	1,981,309	1,909,935	71,374
자본요소	주3) 118,691	주4) 144,290	(25,599)

주1) ₩120,000/(1+0.07)=₩112,150
주2) ₩2,000,000/(1+0.07)=₩1,869,159
주3) ₩2,100,000−₩1,981,309=₩118,691
주4) 최초 전환권대가

구 분	회 계 처 리			
2X02.12.31.	(차) 전환사채(금융부채)	1,909,935	(대) 현 금	1,981,309
	사채상환손실	71,374		
	(차) 전환권대가	118,691	(대) 현 금	118,691

전환권대가 나머지 잔액 ₩25,599은 자본 내 다른 항목으로 재분류할 수 있다.

2.6. 조기전환 유도시

- 발행자는 전환사채의 조기전환을 유도하기 위하여 좀 더 유리한 전환비율을 제시하거나 특정 시점 이전의 전환에는 추가 대가를 지급하는 등의 방법으로 전환사채의 조건을 변경할 수 있다. 조건이 변경되는 시점에 (1) **변경된 조건에 따라** 전환으로 **보유자가 수취하게 되는 대가의 공정가치**와 (2) **원래의 조건에 따라** 전환으로 **보유자가 수취하였을 대가의 공정가치의 차이**는 **손실(차변)**이며 당기손익으로 인식한다. *[K-IFRS 1032 AG35]*

보충설명 조기전환 유도시 대변 항목

상기 설명과 같이 조기전환 유도시 보유자가 수취하게 될 공정가치의 차이를 발행자 입장에서 손실로 처리하게 되는 경우 대변은 일반적으로 **자본(예 조기전환유도대가)항목**이 될 것이다. 왜냐하면, 조기전환으로 인하여 궁극적으로 자기지분상품이 발행될 것이며, 변경된 조건이 일반적으로 확정금액의 확정수량의 주식매도계약에 해당할 것이기 때문이다. 다만, 현금 등의 자산을 추가 지급하는 방식이라면 대변은 해당 자산 항목이 나오게 된다.

예제 7.4 **전환사채의 조기전환 유도**

다음의 사항을 제외하고는 예제 7.1과 상황은 동일하다고 가정한다.

2X01년 12월 31일(1차년도 말)에 A회사는 전환사채의 조기전환을 유도하기 위하여 2X02년 4월 30일 이전에 행사되는 전환권에 대해서는 다음 중 하나의 방법으로 조건을 변경하기로 하였다.

<방법 1> A회사는 전환사채 2,000단위의 전환으로 발행할 주식의 수를 당초 전환조건인 사채 1좌당 보통주 250주(주당 액면금액 ₩3)에서 280주로 변경하였다. 조건 변경일 시점 주식의 시장가격은 주당 ₩40이다.

<방법 2> A회사는 전환시 전환된 주식 1주당 ₩1을 추가로 지급하기로 하였다.

요구사항

1. <방법 1>에 따라 전환사채 보유자가 2X01년 12월 31일에 전액 조기전환을 하였다고 가정하는 경우 A회사가 2X01년 12월 31일에 행하여야 할 회계처리를 나타내라.
2. <방법 2>에 따라 전환사채 보유자가 2X01년 12월 31일에 전액 조기전환을 하였다고 가정하는 경우 A회사가 2X01년 12월 31일에 행하여야 할 회계처리를 나타내라.

해설

상각표

	기초부채	유효이자*	액면이자	상각	기말부채
1차년도	1,755,710	193,093	120,000	73,093	1,828,803
2차년도	1,828,803	201,132	120,000	81,132	1,909,935
3차년도	1,909,935	210,065	120,000	90,065	2,000,000
총이자비용		604,290			

1. (1) 조기전환유도 조건의 적용으로 인하여 발행되는 총 주식수 : 2,000좌 × 280주=560,000주
   (2) 최초 조건의 적용으로 인하여 발행되는 총 주식수 : 2,000좌 × 250주=500,000주
   (3) 조건변경으로 인하여 추가로 발행될 주식수 : 560,000주 − 500,000주 = 60,000주
   (4) 추가 발행될 주식수의 가치 : 60,000주 × ₩4 = ₩240,000

구 분	회 계 처 리			
2X01.12.31.	(차) 조기전환유도손실(비용)	240,000	(대) 조기전환유도대가(자본)	240,000
	(차) 전환사채	1,828,803	(대) 자본금 주1)	1,680,000
			주식발행초과금	148,803
	주1) 560,000주 × ₩3 = ₩1,680,000			
	(차) 조기전환유도대가(자본)	240,000	(대) 주식발행초과금	240,000
	(차) 전환권대가	144,290	(대) 주식발행초과금	144,290

조건이 변경되는 시점에 변경된 조건하에서 전환으로 인하여 보유자가 수취하게 되는 대가의 공정가치와 원래의 조건하에서 전환으로 인하여 보유자가 수취하였을 대가의 공정가치의 차이는 손실이며 당기손익으로 인식한다. *[K-IFRS 1032 AG35]*

2. 전환권 행사시 추가로 지급할 대가의 공정가치 : 500,000주 × ₩1 = ₩500,000

구 분	회 계 처 리			
2X01.12.31.	(차) 조기전환유도손실	500,000	(대) 현금	500,000
	(차) 전환사채	1,828,803	(대) 자본금	1,680,000
			주식발행초과금	148,803
	(차) 전환권대가	144,290	(대) 주식발행초과금	144,290

2.7. 발행자가 결제방법을 선택할 수 있는 경우

- 보유자가 전환사채 전환권 행사시, **발행자**가 보통주를 발행하여 결제하는 방법 또는 현금을 지급하여 결제하는 방법을 **선택할 수 있다면** 이는 **파생금융상품**에 해당한다. 따라서 발행자가 전환사채 최초 발행시 이러한 옵션(전환권)을 매도한 것을 **파생상품부채**로 회계처리한다.

[K-IFRS 1032 문단 26~27]

예제 7.5 결제방법을 선택할 수 있는 경우

다음의 사항을 제외하고는 예제 7.1과 상황은 동일하다고 가정한다.

A회사가 2X01년 1월 1일에 발행한 전환사채는 만기에 보유자의 재량에 따라 전환 가능하다. 그런데 보유자가 전환권 행사시 A회사는 다음 중 하나의 방법으로 결제할 수 있다.

<대안 1> 확정수량의 A회사 주식을 인도한다.

<대안 2> 전환권 행사시 발행될 확정수량의 A회사 주식수에 만기 종료시 보통주 종가를 곱하여 산정한 금액을 현금으로 지급한다.

2X01년 12월 31일 내재파생상품의 공정가치는 ₩200,000이라고 가정한다.

요구사항

A회사의 2X01년 1월 1일, 2X01년 12월 31일 회계처리를 나타내라.

해설

상각표

	기초부채	유효이자	액면이자	상각	기말부채
1차년도	1,755,710	193,093	120,000	73,093	1,828,803
2차년도	1,828,803	201,132	120,000	81,132	1,909,935
3차년도	1,909,935	210,065	120,000	90,065	2,000,000

전환사채에 내재되어 있는 전환옵션(발행자 입장에서 매도옵션)은 현금으로 결제될 수 있으므로 지분상품의 정의를 충족시키지 못한다. 따라서 이를 내재파생상품으로 회계처리하여야 한다. 이 내재파생상품은 주계약인 사채요소와 밀접한 관계에 있다고 보기 어려우므로 분리하여 별도의 파생상품부채로 회계처리하는 것이 타당하다. 한편, 파생상품부채는 당기손익-공정가치 측정 항목으로 분류하므로 상각후원가로 처리하지 않고 공정가치 변동을 당기손익에 반영한다.

구 분	회 계 처 리					
2X01.01.01.	(차)	현 금	1,900,000	(대)	전환사채(금융부채)	1,755,710
					파생상품부채	144,290
2X01.12.31.	(차)	이자비용	193,093	(대)	현금	120,000
					전환사채(금융부채)	73,093
	(차)	파생상품평가손실(손익)	55,710	(대)	파생상품부채 주1)	55,710
	주1) ₩200,000(2X01.12.31.의 공정가치) − ₩144,290 = ₩55,710					

2.8. 외화표시 전환사채

- 외화표시 전환사채와 관련하여서는 다음과 같은 회계이슈가 발생할 수 있다.
  (1) 외화로 표시된 확정금액의 현금을 대가로 확정수량의 지분상품과 교환하는 전환권(매도옵션)이 지분상품(자본)의 정의를 충족하는가?
  (2) 상기 (1)이 지분상품(자본)의 정의를 충족한다면 주계약인 차입계약에 적용하는 환율은 어떤 환율을 적용하여야 하는가?
- 아래에서는 상기 이슈에 대해서 보다 자세히 살펴보기로 한다.

2.8.1. 기능통화 기준으로 확정금액이고 확정수량인 매도 콜옵션만이 지분상품

- 외화표시 전환사채의 경우 발행자가 확정수량의 자기지분상품을 발행하여 수취한 대가가 기능통화의 관점에서는 금액이 변동하는 채무상품을 포기하는 것이라면 지분전환옵션이 자본의 정의를 충족하는지 여부에 대하여 의문이 제기될 수 있다.
- 확정 수량의 자기지분상품에 대한 총액 실물결제 파생상품은 지급하거나 수취할 현금 등 금융자산의 금액이 **발행자의 기능통화 기준으로 확정적인 경우에 한하여 자본의 정의를 충족한다**고 보는 것이 타당하다. 따라서 **기능통화가 아닌 외화로 확정적인 경우에는 금융부채에 해당한다**고 본다.

2.8.2. 주계약인 차입계약은 화폐성항목

- 외화전환사채의 주계약인 **차입계약은 화폐성항목**으로 보는 것이 타당하다. 이에 대한 근거로 K-IFRS 1021 '환율변동효과' 문단 16을 들 수 있다.

> 화폐성항목의 본질적 특징은 고정되거나 확정될 수 있는 화폐단위의 수량으로 받을 권리나 지급할 의무라는 것이다. 예를 들어, 현금으로 지급하는 연금과 그 밖의 종업원급여, 현금으로 상환하는 충당부채, 부채로 인식하는 현금배당 등이 화폐성항목에 속한다. *[K-IFRS 1021 문단 16]*
> 또 수량이 확정되지 않은 기업자신의 지분상품이나 금액이 확정되지 않은 자산을 받거나 주기로 한 계약의 공정가치가 화폐단위로 고정되거나 확정할 수 있다면 이러한 계약도 화폐성항목에 속한다. *[K-IFRS 1021 문단 16]*

- 기능통화가 아닌 외화로 표시된 전환사채의 부채요소인 차입계약은 외화로 고정되거나 확정될 수 있는 화폐단위의 수량을 받을 권리나 지급할 의무이므로 **화폐성항목**으로 보는 것이 타당하다.

2.8.3. 주계약과 전환옵션의 공정가치 결정 순서

- 발행자의 기능통화로 표시되는 전환사채의 경우에는 자본요소의 장부금액은 **복합금융상품 전체의 공정가치에서 금융부채의 공정가치를 차감**하여 결정한다. *[K-IFRS 1032 문단 32]*
- 그러나 외화표시 전환사채의 전환옵션은 내재파생상품부채이며 이는 일반적으로 옵션가격결정모형을 이용하여 결정하므로 이를 먼저 결정한 후 복합금융상품 전체의 공정가치에서 전환옵션의 공정가치를 차감하여 주계약의 공정가치를 결정하는 것이 타당하다.

예제 8 외화표시 전환사채

12월말 결산법인인 기능통화가 원화(₩)인 A회사는 2X05년 1월 1일에 다음과 같이 전환사채를 발행하였다.

- 발행좌수 : 36,000좌
- 좌당 발행가액 : US$ 1(액면금액과 동일)
- 표시이자율 : 연 4%(매년말 이자지급)
- 전환조건 : 2X09년 12월 31일 이전까지 보유자의 재량에 따라 각 US$ 1,000의 전환사채는 100주(주당액면 ₩1,000)로 전환할 수 있다.
- 환율 및 내재파생상품의 공정가치

	환율	내재파생상품의 공정가치*
2X05.01.01.	US$ 1=₩1,500	₩3,000,000
2X05.12.31.	US$ 1=₩1,400	₩4,000,000
2X05년 평균	US$ 1=₩1,460	

* 외화표시 전환사채의 내재파생상품은 (가) 원화로 표시되는 주가 및 (나) 환율 모두에 연계된다. 만약 전환옵션의 행사가격이 기능통화가 아닌 외화로 표시되지만 기초주식가격은 기능통화로 표시되는 경우 환율위험과 주가위험이 서로 관련되어 있으므로 이를 분리하여 평가하는 것은 불가능하다. 따라서 이 위험들은 함께 고려되어 단일의 파생상품으로 회계처리되어야 한다. 이 경우, 이러한 내재파생상품의 공정가치는 일반적으로 옵션가격결정모형을 이용하여 결정한다.

요구사항

A회사가 2X05년 1월 1일 및 2X05년 12월 31일에 행하여야 할 회계처리를 나타내라.

해설

발행자의 기능통화가 원화이고 전환사채가 US$로 표시되므로, 전환옵션은 지분상품이 아니라 주계약인 채무상품과 밀접하게 관련되지 않은 내재파생상품이다. 그러므로 전환옵션은 내재파생상품부채로 분리하여 회계처리 되어야 한다.

전환사채의 발행가액	36,000좌 × $1	$ 36,000
내재파생상품의 공정가치	₩3,000,000/₩1,500	$ 2,000
주계약인 채무상품의 장부금액		$ 34,000

주계약인 채무상품 $34,000은 보고기간 말의 환율의 적용하여 환산될 것이며 유효이자율법을 사용하여 상각후원가로 측정될 것이다. 유효이자율은 5.2936%가 된다.

연도	기초	유효이자	액면이자	상각	기말
2X05년	$34,000	$1,800	$1,440	$360	$34,360
2X06년	$34,360	$1,819	$1,440	$379	$34,739
2X07년	$34,739	$1,839	$1,440	$399	$35,138
2X08년	$35,138	$1,860	$1,440	$420	$35,558
2X09년	$35,558	$1,882	$1,440	$442	$36,000

US$로 지급하는 이자비용은 당기의 평균환율을 적용하여 손익으로 기록될 것이다. 기말 사채의 장부금액은 보고기간 말의 환율을 적용하여 환산될 것이다. 환율변동차이는 이자비용의 일부로 손익으로 인식될 것이다.

그러므로 2X05년 12월 31일에 주계약인 외화표시 채무상품의 상각후원가는 다음과 같이 계산된다.

기초 장부금액	(US$ 34,000 × ₩1,500)	₩51,000,000
이자비용	(US$ 1,800 × ₩1,460)	₩2,628,000
현금지급 이자	(US$ 1,440 × ₩1,400)	(₩2,016,000)
외환이익 주1)		(₩3,508,000)
기말 장부금액	(US$ 34,360 × ₩1,400)	₩48,104,000

주1) 외환이익의 구성내역은 다음과 같다.

① 기초 사채 장부금액의 외환차이 : US$ 34,000 × (₩1,500 − ₩1,400) = ₩3,400,000

② 이자비용의 외환차이 : US$ 1,800 × (₩1,460 − ₩1,400) = 108,000

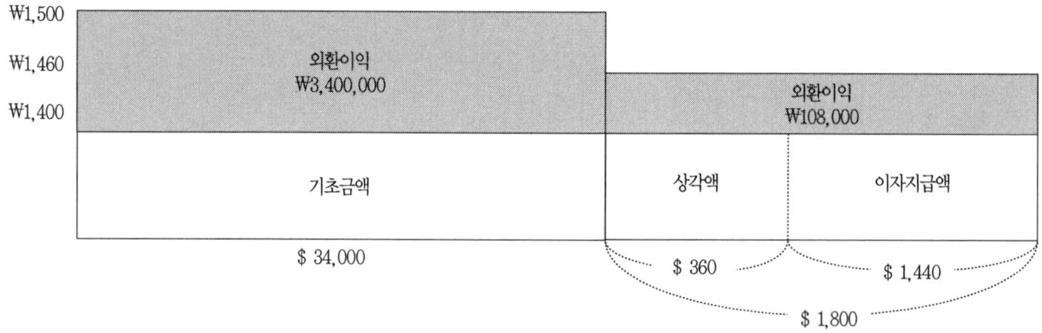

구 분	회 계 처 리
2X05.01.01.	(차) 현 금 주1) 54,000,000 (대) 전환사채(금융부채) 주3) 51,000,000 파생상품부채(금융부채) 주2) 3,000,000 주1) $36,000 × ₩1,500 = ₩54,000,000 주2) 내재파생상품의 공정가치(문제에서 주어짐) 주3) 대차평균
2X05.12.31.	(차) 이자비용 주4) 2,628,000 (대) 현 금 주5) 2,016,000 전환사채(금융부채) 주6) 504,000 외환이익 주7) 108,000 (차) 전환사채(금융부채) 3,400,000 (대) 외환이익 주8) 3,400,000 주4) $1,800 × ₩1,460(평균환율) = ₩2,628,000 주5) $1,440(이자지급액) × ₩1,400 = ₩2,016,000 주6) $360(상각액) × ₩1,400 = ₩504,000 주7) $1,800 × (₩1,460 − ₩1,400) = ₩108,000 주8) $34,000 × (₩1,500 − ₩1,400) = ₩3,400,000 (차) 파생상품부채평가손실(NI) 1,000,000 (대) 파생상품부채(금융부채) 주9) 1,000,000 주9) ₩4,000,000 − ₩3,000,000 = ₩1,000,000

03
신주인수권부사채

- 신주인수권부사채 역시 (1) 일반사채와 (2) 신주인수권의 두 가지 요소로 구성되는 복합적 성격을 지닌 금융상품이다. 따라서 신주인수권부사채를 발행한 경우에는 발행가액을 ① 일반사채에 해당하는 부채부분과 ② 신주인수권에 해당하는 자본부분으로 분리하여 자본부분의 가치를 신주인수권대가로 인식한다.
- 따라서 신주인수권부사채 발행자는 (1) 금융부채를 발생시키는 요소와 (2) 발행자의 지분상품으로 전환할 수 있는 옵션을 보유자에게 부여하는 요소를 **별도로 분리**하여 인식한다. *[K-IFRS 1032 문단 29]*

1 최초 발행시 자본요소와 부채요소의 구분 *[K-IFRS 1032 문단 29, AG31]*

- **발행자**의 관점에서 신주인수권부사채는 **금융부채(현금 등 금융자산을 인도하는 계약)의 요소**와 **지분상품(확정 수량의 발행자의 보통주로 전환할 수 있는 권리를 정해진 기간 동안 보유자에게 부여하는 콜옵션)**의 요소로 구성된다. 이러한 금융상품을 발행하는 거래는 조기상환규정이 있는 채무상품과 주식을 매입할 수 있는 주식매입권을 동시에 발행하는 거래 또는 분리형 주식매입권이 있는 채무상품을 발행하는 거래와 실질적으로 동일한 경제적 효과가 있다. 따라서 이러한 모든 거래들의 경우 발행자는 **재무상태표에 부채요소와 자본요소를 분리**하여 표시한다. *[K-IFRS 1032 문단 29]*

1.1. 부채요소와 자본요소의 분리방법

- **최초 인식시점**에서 **부채요소의 공정가치**는 **동일한 조건하에서 유사한 신용상태**와 실질적으로 동일한 현금흐름을 제공하지만 **신주인수권이 없는 채무상품의 정해진 미래현금흐름**을 **시장이자율**을 적용하여 할인한 현재가치이다.
- **지분상품**은 신주발행에 참여할 수 있는 **내재옵션인 신주인수권**이며, 신주인수권의 공정가치는 **시간가치와 내재가치**로 구성된다. 최초 인식시점에 신주인수권이 **외가격 상태에 있더라도 신주인수권의 가치는 존재한다.**

예제 9 신주인수권부사채 발행

12월말 결산법인인 A회사는 2X09년 1월 1일에 다음의 조건으로 신주인수권부사채를 발행하였다.

- 발행가액 : 액면 10,000백만원(액면발행)
- 표시이자율 : 연 9%
- 일반사채 시장수익률 : 13%
- 이자지급방법 : 매연도말 후급
- 신주인수권의 내용

  행사비율 : 사채권면액의 100%

  행사가액 : 15,000원

  행사기간 : 발행일로부터 1개월이 경과한 날부터 상환기일 30일 전까지
- 상환기일(만기) : 2X11. 12. 31.
- 원금상환방법 : 상환기일에 일시상환

한편, 2X09년 12월 31일에 액면 6,000백만원의 신주인수권을 행사하였다.

요구사항

1. 신주인수권부사채 발행시 부채요소와 자본요소를 구하라.
2. 신주인수권부사채 발행시 회계처리를 나타내라.

해설

1. 원금의 현재가치 : 10,000백만원 × 0.6931(3년, 13% 현가계수) = 6,931백만원

   이자의 현재가치 : 10,000백만원 × 9% × 2.3612(3년, 13% 연금현가계수) = 2,125백만원

   신주인수권부사채의 현재가치(부채요소) : 6,931백만원 + 2,125백만원 = 9,056백만원

   신주인수권대가(자본요소)의 가치 : 10,000백만원 − 9,056백만원 = 944백만원

2. 회계처리

(단위 : 백만원)

구 분	회계처리				
발행시	(차) 현금	10,000	(대)	신주인수권부사채	9,056
				신주인수권대가	944

예제 10 신주인수권부사채 발행 : 상환할증금

12월말 결산법인인 A회사는 1차년도 초에 다음의 조건으로 신주인수권부사채를 ₩928,283에 발행하였다.

- 액면금액 : ₩1,000,000
- 만기일 : 3차년도 12월 31일
- 표시이자율 : 연 7%
- 신주인수권이 없는 일반사채의 수익률(유효이자율) : 연 16%
- 3년 16% 연금현가계수 : 2.24589, 3년 16% 원금현가계수 : 0.64066
- 신주인수권청구기간 : 1차년도 4월 1일부터 3차년도 11월 30일까지
- 신주인수권 행사비율 : 사채권면액의 100%
- 신주인수권 행사가격 : ₩150
- 원금상환방법 : 만기일에 액면가액의 116.8721%를 일시에 상환

요구사항

1. 신주인수권부사채 발행시 부채요소와 자본요소를 구하라.
2. 신주인수권부사채 발행시 회계처리를 나타내라.

해설

1. 원금의 현재가치 : ₩1,000,000 × 0.64066(3년, 16% 현가계수) = ₩640,660
   이자의 현재가치 : ₩1,000,000 × 7% × 2.24589(3년, 16% 연금현가계수) = ₩157,212
   상환할증금의 현재가치 : ₩168,721 × 0.64066(3년, 16% 현가계수) = ₩108,093
   신주인수권부사채의 현재가치(부채요소) : ₩640,660 + ₩157,212 + ₩108,093 = ₩905,965
   신주인수권대가(자본요소)의 가치 : ₩928,283 − ₩905,965 = ₩22,318

2. 회계처리

구 분	회계처리			
발행시	(차) 현금	928,283	(대) 신주인수권부사채	905,965
			신주인수권대가	22,318

1.2. 신주인수권부사채의 이자비용

• 신주인수권부사채의 이자비용은 사채의 장부금액에 일반사채의 유효이자율을 적용하여 계산한다. 사채의 장부가액은 액면가액에 다음을 가감한 금액을 말한다.

(1) 사채발행차금

(2) 신주인수권조정

(3) 사채상환할증금(상환할증금 지급조건이 있는 경우) 사용하여 신뢰성 있게 평가한 금액

1.3. 신주인수권 행사시 주식의 발행가액

• 신주인수권 행사시 주식의 발행가액은 신주인수권의 행사에 따라 납입되는 금액과 신주인수권을 행사한 부분에 해당하는 신주인수권대가의 합계금액으로 한다. 다만, 상환할증금 지급조건이 있는 경우에는 신주인수권을 행사한 부분에 해당하는 사채상환할증금을 납입금액에 가산한다.

예제 11 신주인수권 행사시 주식의 발행가액

12월말 결산법인인 A회사는 1차년도 초에 다음의 조건으로 신주인수권부사채를 발행하였다.

- 액면가액 : 10,000백만원(=발행가액)
- 표시이자율 : 연 7%
- 일반사채 시장수익률 : 연 15%
- 이자지급방법 : 매연도말 후급
- 신주인수권의 내용
  - 행사비율 : 사채권면액의 100%
  - 행사가액 : 20,000원
  - 행사기간 : 발행일로부터 1개월이 경과한 날부터 상환기일 30일 전까지
  - 증서의 분리 여부 : 비분리형(그러나 사채의 소멸없이 신주인수권 행사 가능)
- 상환기일(만기) : 3차년도 말
- 원금상환방법 : 신주인수권 미행사분은 상환기일에 액면가액의 116.86%를 일시상환
- 주당 액면금액은 ₩5,000이다.

한편, 3차년도 초에 액면 5,000백만원의 신주인수권이 행사되었다.

요구사항

1. 1차년도 초 신주인수권부사채 발행시 회계처리를 하라.
2. 1차년도 말과 2차년도 말의 회계처리를 하라.
3. 3차년도 초 신주인수권 행사시의 회계처리를 나타내라.
4. 3차년도 말의 회계처리를 하라.

해설

1. 원금의 현재가치 : 10,000백만원 × 0.6575(3년, 15% 현가계수) = 6,575백만원
이자의 현재가치 : 700백만원 × 2.2832(3년, 15% 연금현가계수) = 1,598백만원
상환할증금의 현재가치 : 1,686백만원 × 0.65750.6575(3년, 15% 현가계수) = 1,109백만원
신주인수권부사채의 현재가치(부채요소) 9,282백만원
발행금액 10,000백만원
신주인수권대가(자본요소) 718백만원

만기 상환을 가정한 상각표 (단위 : 백만원)

	기초	유효이자(15%)	액면이자	상각	기말
1차년도	9,282	1,392	700	692	9,974
2차년도	9,974	1,496	700	796	주1) 10,770
3차년도	10,770	1,616	700	916	11,686
합계				2,404	

주1) 발행시 상환할증금의 현재가치는 1,109백만원인데 상환할증금은 2차년도 말에 1,109백만원 × $(1+0.15)^2$ = 1,466백만원 (또는 1,686백만원/(1+0.15) = 1,466백만원)으로 증가되었다. 결국 10,770백만원의 장부금액에는 상환할증금 1,466백만원이 포함되어 있으므로 신주인수권이 행사되면 1,466백만원 중 행사비율만큼은 상환할증금을 지급하지 않는다. 따라서 이 부분 만큼만 신주인수권행사시 신주인수권사채의 장부금액을 차감해 주어야 한다.

회계처리

구 분	회계처리 (단위 : 백만원)			
1차년도 초	(차) 현금	10,000	(대) 신주인수권부사채	9,282
			신주인수권대가	718

2. 1차년도 말 및 2차년도 말 회계처리

구 분	회계처리 (단위 : 백만원)			
1차년도 말	(차) 이자비용	1,392	(대) 현금	700
			신주인수권부사채	692
2차년도 말	(차) 이자비용	1,496	(대) 현금	700
			신주인수권부사채	796

3. 3차년도 초 회계처리

구 분	회계처리 (단위 : 백만원)			
3차년도 초	(차) 신주인수권대가 주1)	359	(대) 주식발행초과금	359
	주1) ₩718 × 50% = ₩359			

	(차) 현금 5,000 (대) 자본금 주2) 1,250 신주인수권부사채 주3) 733 주식발행초과금 주4) 4,483 주2) 5,000백만원/₩20,000 × ₩5,000 = 1,250백만원 주3) 1,686백만원/(1 + 0.15) = 1,466백만원, 1,466백만원 × 50% = 733백만원 주4) 대차평균

4. 3차년도 말 회계처리

구 분	회 계 처 리 (단위 : 백만원)
3차년도 말	(차) 이자비용 주1) 1,506 (대) 현금 700 신주인수권부사채 806 주1) (10,770백만원 − 733백만원) × 0.15 = 1,506백만원 (차) 신주인수권부사채 10,843 (대) 현금 10,843

1.4. 외화표시 신주인수권부사채

- 외화표시 신주인수권부사채의 경우 발행자가 확정수량의 자기지분상품을 발행하여 수취한 대가가 기능통화의 관점에서는 금액이 변동하는 채무상품을 포기하는 것이라면 지분전환옵션이 자본의 정의를 충족하는지 여부에 대하여 의문이 제기될 수 있다. 또한 독립적인 금융상품, 예를 들어 확정수량의 자기지분상품을 확정외화금액과 교환하여 실물로 결제되는 독립적인 매도 콜옵션에 대해서도 동일한 의문이 제기될 수 있다.
- 확정 수량의 자기지분상품에 대한 총액 실물결제 파생상품은 지급하거나 수취할 현금 등 금융자산의 금액이 **발행자의 기능통화 기준으로 확정적인 경우에 한하여 자본의 정의를 충족한다.** 따라서 **기능통화가 아닌 외화로 확정적인 경우에는 금융부채에 해당한다.**
- 우리나라는 외화표시 전환사채 발행시 전환환율을 고정하는 조건으로 발행하는 경우가 많다. 이 경우에는 기능통화(원화)로도 확정금액의 현금의 대가로 확정수량의 지분상품과 교환하게 되므로 지분상품으로 보는 것이 타당할 것이다.
- 기능통화가 아닌 외화로 표시된 신주인수권부사채의 부채요소인 차입계약은 외화로 고정되거나 확정될 수 있는 화폐단위의 수량을 받을 권리나 지급할 의무이므로 화폐성항목으로 보는 것이 타당하다.
- 기타 외화표시 신주인수권부사채의 회계처리는 외화전환사채와 회계처리와 유사하다.

예제 12 외화표시 신주인수권부사채

기능통화가 원화(₩)인 A회사는 2X05년 1월 1일에 다음과 같이 신주인수권부사채를 발행하였다.

- 발행좌수 : 36,000좌
- 좌당 발행가액 : US$ 1(액면금액과 동일)
- 표시이자율 : 연 4%(매년말 이자지급)
- 행사조건 :

－행사비율 : US$ 1,000의 신주인수권부사채에 대해서 100주(주당 액면 ₩1,000)를 행사

－행사기간 : 발행일로부터 만기 이전까지

- 환율 및 내재파생상품의 공정가치

	환율	내재파생상품의 공정가치*
2X05.01.01.	US$ 1=₩1,500	₩3,000,000
2X05.12.31.	US$ 1=₩1,400	₩4,000,000
2X05년 평균	US$ 1=₩1,460	

* 외화표시 신주인수권부사채의 내재파생상품은 (가) 원화로 표시되는 주가 및 (나) 환율 모두에 연계된다. 만약 신주인수권의 행사가격이 기능통화가 아닌 외화로 표시되지만 기초주식가격은 기능통화로 표시되는 경우 환율위험과 주가위험이 서로 관련되어 있으므로 이를 분리하여 평가하는 것은 불가능하다. 따라서 이 위험들은 함께 고려되어 단일의 파생상품으로 회계처리되어야 한다. 이 경우, 이러한 내재파생상품의 공정가치는 일반적으로 옵션가격결정모형을 이용하여 결정한다.

요구사항

A회사가 2X05년 1월 1일 및 2X05년 12월 31일에 행하여야 할 회계처리를 나타내라.

해설

발행자의 기능통화가 원화이고 신주인수권부사채의 신주인수권 행사조건이 US$이므로, 신주인수권은 지분상품이 아니라 주계약인 채무상품과 밀접하게 관련되지 않은 내재파생상품이다. 그러므로 신주인수권은 내재파생상품부채로 분리하여 회계처리되어야 한다.

신주인수권부사채의 발행가액	36,000좌×$1	$ 36,000
내재파생상품의 공정가치	₩3,000,000/₩1,500	$ 2,000
주계약인 채무상품의 장부금액		$ 34,000

주계약인 채무상품 $34,000은 보고기간 말의 환율의 적용하여 환산될 것이며 유효이자율법을 사용하여 상각후원가로 측정될 것이다. 유효이자율은 5.2936%가 된다.

연도	기초	유효이자	액면이자	상각	기말
2X05년	$34,000	$1,800	$1,440	$360	$34,360
2X06년	$34,360	$1,819	$1,440	$379	$34,739
2X07년	$34,739	$1,839	$1,440	$399	$35,138
2X08년	$35,138	$1,860	$1,440	$420	$35,558
2X09년	$35,558	$1,882	$1,440	$442	$36,000

US$로 지급하는 이자비용은 당기의 평균환율을 적용하여 손익으로 기록될 것이다. 기말 사채의 장부금액은 보고기간 말의 환율을 적용하여 환산될 것이다. 한편 환율변동차이는 이자비용의 일부로 손익으로 인식될 것이다. 그러므로 2X05년 12월 31일에 주계약인 외화표시 채무상품의 상각후원가는 다음과 같이 계산된다.

기초 장부금액	(US$ 34,000 × ₩1,500)	₩51,000,000
이자비용	(US$ 1,800 × ₩1,460)	₩2,628,000
현금지급 이자	(US$ 1,440 × ₩1,400)	(₩2,016,000)
외환이익 주1)		(₩3,508,000)
기말 장부금액	(US$ 34,360 × ₩1,400)	₩48,104,000

주1) 외환이익의 구성내역은 다음과 같다.
① 기초 사채 장부금액의 외환차이 : US$ 34,000 × (₩1,500 − ₩1,400) = ₩3,400,000
② 이자비용의 외환차이 : US$ 1,800 × (₩1,460 − ₩1,400) = 108,000

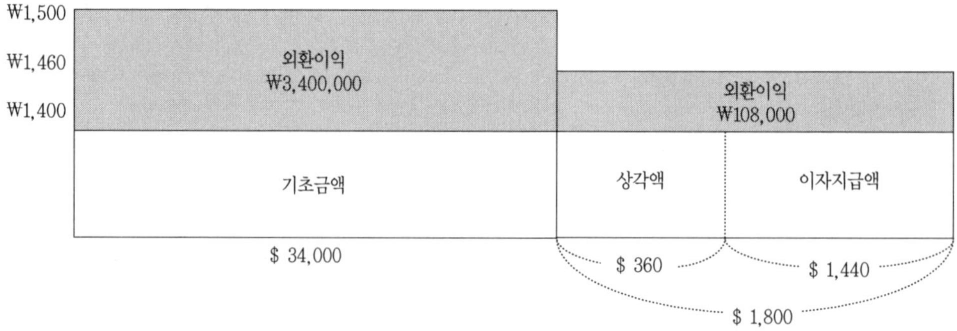

구 분	회 계 처 리			
2X05.01.01.	(차) 현 금 주1)	54,000,000	(대) 신주인수권부사채(금융부채) 주3)	51,000,000
			파생상품부채(금융부채) 주2)	3,000,000
	주1) \$36,000 × ₩1,500 = ₩54,000,000 주2) 내재파생상품의 공정가치(문제에서 주어짐) 주3) 대차평균			
2X05.12.31.	(차) 이자비용 주4)	2,628,000	(대) 현 금 주5)	2,016,000
			신주인수권부사채(금융부채) 주6)	504,000
			외환이익 주7)	108,000
	(차) 신주인수권부사채(금융부채)	3,400,000	(대) 외환이익 주8)	3,400,000
	주4) \$1,800 × ₩1,460(평균환율) = ₩2,628,000 주5) \$1,440(이자지급액) × ₩1,400 = ₩2,016,000 주6) \$360(상각액) × ₩1,400 = ₩504,000 주7) \$1,800 × (₩1,460 − ₩1,400) = ₩108,000 주8) \$34,000 × (₩1,500 − ₩1,400) = ₩3,400,000			

04 자기주식

- 기업이 자기지분상품을 재취득하는 경우 이러한 지분상품('자기주식')은 **자본에서 차감**한다. 자기지분상품을 매입 또는 매도하거나 발행 또는 소각하는 경우의 손익은 **당기손익으로 인식하지 아니한다**. 기업이나 연결실체 내의 다른 기업이 이러한 자기주식을 취득하여 보유하는 경우가 있을 수 있다. 이 경우 지급하거나 수취한 대가는 자본에서 직접 인식한다. *[K-IFRS 1032 문단 33]*
- 보유하는 자기주식의 금액은 K-IFRS 1001 '재무제표 표시'에 따라 **재무상태표나 주석**에 별도로 공시한다. 기업이 자기지분상품을 특수관계자에게서 재취득한 경우에는 K-IFRS 1024 '특수관계자 공시'에 따라 공시한다. *[K-IFRS 1032 문단 34]*
- 자기지분상품은 취득한 이유에 관계없이 **금융자산으로 인식할 수 없다**. 그러나 금융회사가 고객을 대신하여 자기지분상품을 보유하고 있는 것과 같이 다른 사람을 대신하여 자기지분상품을 보유하고 있는 경우에는 기업이 **대리인으로서의 역할**을 수행한 것이므로 **취득한 자기지분상품을 재무상태표에 포함하지 않는다**. *[K-IFRS 1032 AG36]*

보충설명 자기주식

자기주식에 대한 가장 큰 논란은 자기주식의 자산성 여부이다. 자산설에 의하면 자기주식은 재발행시 현금유입을 얻을 수 있기 때문에 미래 가능한 경제적효익이라는 자산의 요건을 충족한다는 점을 그 논거로 한다. 즉 자기주식도 다른 유가증권과 동일한 경제적 실질을 가지기 때문에 동일한 회계처리를 해야 한다는 것이다. 그러나 미발행 주식설에 의하면 자기주식은 배당청구권, 의결권, 잔여재산분배권 등이 없으며, 자기주식의 소각이 자산의 감소가 될 수 없기 때문에 자산으로 볼 수 없다는 점을 그 논거로 하고 있다. 자산설은 회사가 자신의 구성원이 되는 모순이 발생하고 재발행의 가능성을 확실하게 예측할 수 없기 때문에 미발행 주식설에 입각하여 자기주식을 자본에서 차감하도록 하고 있다. 자기주식의 구체적 회계처리 방법은 원가법과 액면법으로 구분할 수 있다.

원가법

원가법은 단일거래관에 따라 자기주식을 **재발행**한다는 가정에서 출발한다. 구체적인 회계처리는 다음과 같다.

(1) 취득시 : 취득원가로 자기주식(자본조정) 계정에 계상한다.

(2) 재발행시(처분시) : 처분가액과 취득원가를 비교하여 처분가액이 취득원가보다 크다면 그 차액을 자기주식자본잉여금으로 처리한다. 처분가액이 취득원가보다 작다면 그 차액을 먼저 자

기주식자본잉여금에서 상계하고 부족한 경우 이익잉여금에서 차감한다.

(3) 소각시 : 최초발행가액과 취득원가를 비교하여 최초발행가액이 취득원가보다 더 큰 경우 그 차액을 자기주식자본잉여금으로 처리한다. 최초발행가액이 취득원가보다 더 작은 경우는 먼저 자기주식자본잉여금에서 상계하고 부족한 경우 이익잉여금에서 차감한다.

1. 취득시

(차)	자기주식(취득원가)	× × ×	(대)	현금	× × ×

2. 재발행시(처분시) : 재발행가액(처분가액) 〉 취득원가

(차)	현금	× × ×	(대)	자기주식(취득원가)	× × ×
				자기주식자본잉여금	× × ×

재발행시(처분시) : 재발행가액(처분가액) 〈 취득원가

(차)	현금	× × ×	(대)	자기주식(취득원가)	× × ×
	자기주식자본잉여금	× × ×			
	(이익잉여금)	(× × ×)			

3. 소각시 : 최초발행가액 〉 취득원가

(차)	자본금	× × ×	(대)	자기주식(취득원가)	× × ×
	주식발행초과금	× × ×		자기주식자본잉여금	× × ×

소각시 : 최초발행가액 〈 취득원가

(차)	자본금	× × ×	(대)	자기주식(취득원가)	× × ×
	주식발행초과금	× × ×			
	자기주식자본잉여금	× × ×			
	(이익잉여금*)	(× × ×)			

* 소각을 위한 이익잉여금의 추가분배로 간주

액면법

액면법은 자기주식을 소각한다는 가정에서 출발한다. 구체적인 회계처리는 다음과 같다.

(1) 취득시 : 자기주식의 액면가액과 관련 주식발행초과금을 감소시키되, 취득가액보다 최초발행가액이 더 큰 경우 동 차액을 자기주식자본잉여금으로 분류한다. 만약 자기주식 취득시 취득가액보다 최초발행가액이 더 작은 경우에는 자기주식자본잉여금의 잔액과 우선 상계한 후 남은 잔액은 이익잉여금 계정에 차기한다.

(2) 재발행시(처분시) : 주식을 새롭게 발행하는 것과 같이 회계처리한다. 다만 자기주식을 액면이하로 처분하는 경우에는 주식할인발행차금을 계상하지 않고 자기주식자본잉여금에서 우선 상계하고 남은 잔액을 이익잉여금에서 차감한다.

(3) 소각시 : 자기주식을 소각하는 경우에는 자기주식과 자본금을 상계하면 된다.

1. 취득시 : 취득가액 〈 최초발행가액

(차) 자기주식(액면가액)	×××	(대)	현금	×××
주식발행초과금	×××		자기주식자본잉여금	×××

취득시 : 취득가액 〉 최초발행가액

(차) 자기주식(액면가액)	×××	(대)	현금	×××
주식발행초과금	×××			
자기주식자본잉여금	×××			
(이익잉여금)	(×××)			

2. 재발행시(처분시) : 액면가액 〈 재발행가액

(차) 현금	×××	(대)	자기주식	×××
			주식발행초과금	×××

재발행시(처분시) : 액면가액 〉 재발행가액

(차) 현금	×××	(대)	자기주식	×××
자기주식자본잉여금	×××			
(이익잉여금)	(×××)			

3. 소각시

(차) 자본금	×××	(대)	자기주식	×××

K-IFRS 1032에서는 자기지분상품을 매입 또는 매도하거나 발행 또는 소각하는 경우의 손익은 당기손익으로 인식하지 아니한다는 대원칙만 제시할 뿐 구체적인 회계처리에 대해서는 언급하고 있지 않다.

보충설명 자기주식의 무상수증

K-IFRS 1032에서는 자기주식의 무상수증에 대한 명시적인 설명은 없다. 이론적인 관점에서 자기주식을 무상수증하는 경우에는 취득에 따른 자산의 유출이나 부채의 부담이 발생하지 아니하므로 자기주식으로 인식할 금액은 없다. 무상수증받는 자기주식을 처분하는 경우의 회계처리는 다음과 같을 것이다.

(차) 현금	×××	(대)	자기주식처분이익	×××

한편, 무상수증받은 자기주식을 소각하는 경우의 회계처리는 다음과 같을 것이다.

(차) 자본금	×××	(대)	감자차익	×××

예제 13 자기주식

A회사는 2X06년 1월초에 보통주식 10,000주(주당액면가액 ₩1,500)를 ₩2,100에 발행하여 설립하였다. 2X06년 중 A회사의 자기주식관련 거래가 다음과 같이 발생하였다.

- 3월 1일 자기주식 100주를 주당 ₩2,200에 취득하였다.
- 4월 2일 자기주식 80주를 주당 ₩2,000에 취득하였다.
- 5월 3일 보유중인 자기주식 70주를 주당 ₩2,300에 재발행하였다.
- 6월 4일 자기주식 50주를 주당 ₩2,100에 취득하였다.
- 7월 5일 보유중인 자기주식 60주를 주당 ₩1,900에 재발행하였다.
- 9월 8일 보유중인 자기주식 70주를 소각하였다.
- 10월 11일 보유중인 자기주식 20주를 주당 ₩1,800에 재발행하였다.

2X06년도의 포괄이익은 ₩30,000,000이며 회사는 자기주식에 대하여 선입선출법을 적용한다고 가정한다.

요구사항

1. K-IFRS 1032에 따른 거래일자별 자기주식 회계처리를 나타내라.
2. 만약 3월 1일의 자기주식을 대주주로부터 증여받았고 증여당시 주식의 시장가격이 ₩2,200이라면 K-IFRS 1032에 따른 자기주식거래 일자별 회계처리를 하라.

해설

1. 회계처리

구 분	회 계 처 리				
2X06.03.01.	(차) 자기주식 주1)	220,000	(대)	현금	220,000
	주1) 100주 × ₩2,200 = ₩220,000				
2X06.04.02.	(차) 자기주식 주2)	160,000	(대)	현금	160,000
	주2) 80주 × ₩2,000 = ₩160,000				
2X06.05.03.	(차) 현금	161,000	(대)	자기주식 주3)	154,000
				자기주식처분이익	7,000
	주3) 70주 × ₩2,200(선입선출) = ₩154,000				
2X06.06.04.	(차) 자기주식 주4)	105,000	(대)	현금	105,000
	주4) 50주 × ₩2,100 = ₩105,000				
2X06.07.05.	(차) 현금	114,000	(대)	자기주식 주5)	126,000
	자기주식처분이익 주6)	7,000			
	자기주식처분손실	5,000			
	주5) 30주 × ₩2,200 + 30주 × ₩2,000 = ₩126,000				
	주6) 2X06년 5월 3일자 자기주식처분이익 잔액 우선 상계				

구 분	회 계 처 리			
2X06.09.08.	(차) 자본금 주8)	105,000	(대) 자기주식 주7)	142,000
	감자차손 주9)	37,000		
	주7) 50주 × ₩2,000 + 20주 × ₩2,100 = ₩142,000			
	주8) 70주 × ₩1,500 = ₩105,000			
	주9) 대차평균			
2X06.10.11.	(차) 현금	36,000	(대) 자기주식 주10)	42,000
	자기주식처분손실	6,000		
	주10) 20주 × ₩2,100 =₩42,000			

2. 회계처리

구 분	회 계 처 리			
2X06.03.01.	분개 없음			
2X06.04.02.	(차) 자기주식 주1)	160,000	(대) 현금	160,000
	주1) 80주 × ₩2,000 = ₩160,000			
2X06.05.03.	(차) 현금	161,000	(대) 자기주식처분이익 주2)	161,000
	주2) 전액 무상수증 주식의 재발행으로 유입된 금액임.			
2X06.06.04.	(차) 자기주식 주3)	105,000	(대) 현금	105,000
	주3) 50주 × ₩2,100 = ₩105,000			
2X06.07.05.	(차) 현금	57,000	(대) 자기주식처분이익 주4)	57,000
	(차) 현금	57,000	(대) 자기주식 주5)	60,000
	자기주식처분이익 주6)	3,000		
	주4) 30주 × ₩1,900 = ₩57,000			
	주5) 30주 × ₩2,000 = ₩60,000			
	주6) 2X06년 5월 3일자 자기주식처분이익 잔액 우선 상계			
2X06.09.08.	(차) 자본금 주8)	105,000	(대) 자기주식 주7)	142,000
	감자차손 주9)	37,000		
	주7) 50주 × ₩2,000 + 20주 × ₩2,100 = ₩142,000			
	주8) 70주 × ₩1,500 = ₩105,000			
	주9) 대차평균			
2X06.10.11.	(차) 현금	36,000	(대) 자기주식 주10)	42,000
	자기주식처분이익	6,000		
	수10) 20주 × ₩2,100 =₩42,000			

질의회신 : 분할법인이 분할시 자기주식을 분할신설법인에 이전하는 경우 분할신설법인의 회계처리 *[K-IFRS 질의회신 2017-I-KQA010]*

【배경】

A사(분할법인)는 각 사업 부문이 독립적으로 고유사업에 전념토록 하여 사업 부문별 경쟁력을 강화하고 경영 효율화를 도모하기 위하여 사업 부문을 분리하여 세개의 분할신설법인(B사, C사, D사)을 설립하였다.

분할방식은 분할법인의 주주가 분할신주배정기준일 현재의 지분율에 비례하여 각 분할신설법인의 주식을 배정받는 인적분할 방식으로 이루어졌다. 이 거래는 동일지배하의 거래에 해당하지 않는다.

D사는 A사의 자기주식(13.37%)을 이전받아 A사, B사, C사의 지분을 각각 13.37%씩 보유하게 되어 지분상품(유의적인 영향력은 없음)으로 분류하였으며, D사 자신의 발행주식 중 13.37%도 자기주식으로 보유하고 있다.

A사가 D사에 자기주식을 전부 이전하는 이유는 D사가 A사 및 다른 분할신설법인 B사, C사의 주식을 배정받도록 하여 D사를 그룹사의 지주사로 만들기 위함이었다.

【질의】

D사는 분할개시 재무상태표에서 A사, B사, C사 주식(지분증권)과 자기주식을 어떻게 측정해야 하는지? 또한 D사가 자기주식을 공정가치로 측정하는 경우, 공정가치 금액을 측정하는 방법은 무엇인지?

【회신】

D사는 분할일 현재 A사, B사, C사에 대하여 보유하게 되는 지분증권을 K-IFRS 1109 '금융상품'에 따라 측정하여 인식한다. 또한, D사는 분할일 현재 보유하게 되는 자기주식에 대해 영(0) 또는 그 밖의 적절한 금액으로 표시한다. 다만, 어떤 금액으로 표시하더라도 D사의 분할일 현재 순자산 금액에 영향을 미치지 않아야 한다.

【판단근거】

D사가 분할일 현재 A사, B사, C사에 대하여 보유하게 되는 지분상품은 D사가 A사로부터 분할로 이전받은 자산이 아니라 D사가 분할일에 분할로 이전받는 순자산에 추가하여 별도로 취득하는 금융자산으로서 그 최초 인식과 측정은 K-IFRS 1109 '금융상품'의 적용범위에 해당하므로 동 기준서에 따라 회계처리한다.

한편, D사가 분할일 현재 보유하게 되는 자기주식의 경우 K-IFRS 1032 '금융상품: 표시' 문단 33에서 자기주식을 취득하기 위해 지급한 대가를 자본으로 인식하도록 하고 있는 것 외에는 해당 질의에 적용할 수 있는 별도의 규정이 없다

따라서 D사는 분할일 현재 보유하는 자기주식을 K-IFRS 1008 '회계정책, 회계추정의 변경 및 오류' 문단 10~12에 따라 회계정책을 개발하여 적절한 금액으로 표시할 수 있다. 예를 들어, D사가 분할일 현재 보유하는 자기주식을 취득하기 위해 유출된 순자산이 없으므로 영('0')으로 표시할 수 있다. 또는 자기주식 금액을 재무제표 본문에 표시함으로써 분할을 통해 자기주식을 보유하게 되었

다는 사실을 알리는 것이 더 유용한 정보라고 판단된다면 액면금액으로 표시하거나 D사의 순자산 장부금액 등을 기초로 표시할 수도 있다. 다만, 어떠한 경우에도 D사의 분할일 현재 자본의 차감 항목으로 표시된 자기주식 금액이 D사의 순자산(총자본) 금액에 영향을 미치지 않도록 그 효과를 자본의 타 항목(예: 자본잉여금)에 반영한다.

05 이자 · 배당 · 손익의 회계처리

1 당기손익으로 인식

- 금융부채인 금융상품이나 금융상품의 구성요소와 관련하여 발생하는 이자, 배당, 손익은 수익 또는 비용으로 **당기손익**에서 인식한다. **지분상품의 보유자에 대한 분배는 자본으로 직접 인식한다. 자본거래의 거래원가는 자본에서 직접 차감**하여 회계처리한다. *[K-IFRS 1032 문단 35]*
- 지분상품의 보유자에 대한 분배와 관련된 법인세와 자본거래의 거래원가와 관련된 법인세는 K-IFRS 1012 '법인세'에 따라 회계처리한다. *[K-IFRS 1032 문단 35A]*

보충설명 지분상품의 보유자에 대한 배분과 자본거래 거래원가의 법인세 *[K-IFRS 1032 BC33C]*

> IASB는 IAS 12 문단 52B에 따른 배당에 대한 법인세 효과와 해당 기준서 문단 65A에 따른 배당에 대한 원천징수세금 간의 구분을 다루고자 의도한 것이 아니라고 하였다. 이러한 관점에서 IASB는 지분상품의 보유자에 대한 배분과 관련된 법인세 효과를 IAS 12 문단 52B에 따라 당기손익에 인식한다고 보았다. 따라서 원래 당기손익으로 인식되는 거래에서 발생하는 수익과 관련된 배분에 대한 법인세는 당기손익에 인식되어야 한다. 그러나 배분이 원래 기타포괄손익으로 인식되는 수익이나 자본으로 인식되는 거래와 관련된다면 IAS 12 문단 58(1)의 예외를 적용해야 하며 그러한 배분의 법인세 효과는 당기손익 외의 항목으로 인식되어야 한다. 또한 IASB는 문단 65A에 따라 기업이 주주에게 배당금을 지급할 때, 원천징수세금으로 과세당국에 납부되었거나 납부될 배당금의 일부는 자본에서 차감된다는 것을 알게 되었다.

- 금융상품의 분류결과(금융부채 또는 지분상품)에 따라 당해 금융상품과 관련하여 생기는 이자, 배당, 손익이 당기손익으로 인식할 것인지가 결정된다. **전체가 부채로 인식된 주식**에 대하여 지급한 배당은 **사채의 이자와 마찬가지로 비용**으로 인식한다. 이와 비슷하게 **금융부채의 상환 또는 차환**과 관련하여 생기는 손익은 **당기손익**으로 인식한다. 그러나 **지분상품의 상환이나 차환은 자본의 변동**으로 인식한다. **지분상품의 공정가치 변동은 재무제표에 인식하지 않는다.** *[K-IFRS 1032 문단 36]*

2 자기지분상품 발행시 발생하는 원가

- 일반적으로 자기지분상품을 발행하거나 취득하는 과정에서 다양한 원가가 발생한다. 이러한 원가는 **등록 및 그 밖의 감독과 관련된 수수료, 법률, 회계 및 그 밖의 자문수수료, 주권인쇄비, 인지세** 등을 포함한다. 이러한 자본거래의 거래원가 중 해당 자본거래가 없었다면 회피할 수 있고 **해당 자본거래에 직접 관련하여 생긴 증분원가는 자본에서 차감**하여 회계처리한다. **중도에 포기한 자본거래의 원가는 비용**으로 인식한다. *[K-IFRS 1032 문단 37]*
- 회계기간에 자본에서 차감하여 회계처리한 거래원가의 금액은 K-IFRS 제1001호에 따라 별도로 공시한다. *[K-IFRS 1032 문단 39]*

예제 14 주식발행 : 할인발행

다음상황은 각각 독립적이라고 가정한다.

<상황 1>

A회사는 2X09년에 주식 5,000주를 주당 ₩4,800에 발행하였다. A회사의 주식의 액면가액은 주당 ₩5,000이다.

<상황 2>

A회사는 2X09년에 주식 5,000주를 주당 ₩5,100에 발행하였다. A회사의 주식의 액면가액은 주당 ₩5,000이다. 한편, 신주를 발행하기 위하여 신주발행과 관련된 등록세 등이 ₩1,250,000이 발생하였다.

<상황 3>

A회사는 2X09년에 주식 5,000주를 주당 ₩5,100에 발행하였다. A회사의 주식의 액면가액은 주당 ₩5,000이다. 한편, 신주를 발행하기 위하여 신주발행과 관련된 등록세 등이 ₩400,000이 발생하였다.

요구사항

상기 상황별 거래에 대하여 회계처리를 하라.

해설

구 분	회 계 처 리			
1.	(차) 현금	24,000,000	(대) 자본금	25,000,000
	주식할인발행차금	1,000,000		

구 분	회 계 처 리			
2.	(차) 현금 주1)	24,250,000	(대) 자본금	25,000,000
	주식할인발행차금	750,000		
	주1) 5,000주 × ₩5,100 − ₩1,250,000 = ₩24,250,000			
3.	(차) 현금 주2)	25,100,000	(대) 자본금	25,000,000
			주식발행초과금	100,000
	주2) 5,000주 × ₩5,100 − ₩400,000 = ₩25,100,000			

3 복합금융상품 발행시 발생하는 원가

• 복합금융상품의 발행과 관련된 거래원가는 **배분된 발행금액에 비례**하여 **부채요소와 자본요소로 배분**한다. 둘 이상의 거래와 관련하여 발생한 공동의 거래원가(예 주식을 발행하는 동시에 당해 주식 이외의 다른 주식을 증권거래소에 상장하는 경우의 거래원가)는 비슷한 거래와 일관되고 **합리적인 배분기준**을 적용하여 각 거래별로 배분한다. *[K-IFRS 1032 문단 38]*

4 자본에서 차감한 거래원가의 공시

• 회계기간에 자본에서 차감하여 회계처리한 거래원가의 금액은 K-IFRS 1001에 따라 별도로 공시한다. 자본에 직접 인식한 법인세 금액은 K-IFRS 1012 '법인세'에 따라 자본에 가감한 당기법인세와 이연법인세를 합계한 금액에 포함하여 공시한다. *[K-IFRS 1032 문단 39]*

5 비용으로 분류하는 배당의 공시

• 비용으로 분류하는 배당은 **포괄손익계산서**에서 **다른 부채에서 생기는 이자와 함께 표시하거나 별도 항목으로 표시**할 수 있다. K-IFRS 1032상의 요구사항에 추가하여 이자 및 배당과 관련된 공시는 K-IFRS 1001와 K-IFRS 1107를 적용한다. 어떤 경우에는 이자와 배당에 대한 세무상 손금인정 여부 등의 차이 때문에 이자와 배당을 포괄손익계산서의 별도 항목으로 공시하는 것이 바람직할 수 있다. 법인세효과는 K-IFRS 1012에 따라 공시한다. *[K-IFRS 1032 문단 40]*

6 금융부채의 장부금액 변동과 관련된 손익

- **금융부채의 장부금액 변동과 관련된 손익**은 **당기손익**으로 인식한다. 기업의 자산에 대한 잔여지분과 교환하여 현금 등 금융자산의 지급을 요구할 수 있는 권리를 포함한 금융상품의 장부금액 변동과 관련된 손익도 **당기손익**으로 인식한다. K-IFRS 1001에 따라 기업의 성과를 설명하는 데 목적적합한 경우에는, 이러한 **금융부채의 재측정에 따라 생기는 손익**을 **포괄손익계산서**에 **별도로** 표시한다. *[K-IFRS 1032 문단 41]*

7 소유주에 대한 비현금자산의 분배

7.1. 적용범위

- 기업은 소유주로서의 자격을 행사하는 소유주에게 현금이 아닌 자산(비현금자산)을 배당으로 분배하는 경우가 있다. 그러한 경우에 기업은 비현금자산을 받거나 현금을 받을 수 있는 선택권을 소유주에게 부여할 수도 있다. *[K-IFRS 2117 문단 1]*
- K-IFRS 2117 '소유주에 대한 비현금자산의 분배'는 기업이 소유주로서의 자격을 행사하는 소유주에 대한 자산의 무상분배 중 다음 형태에 적용한다. *[K-IFRS 2117 문단 3]*
  (1) 비현금자산(예 유형자산 항목, K-IFRS 1103에서 정의된 사업, 다른 기업에 대한 소유지분 또는 K-IFRS 1105에서 정의된 처분자산집단)의 분배
  (2) 비현금자산을 받거나 현금을 받을 수 있는 선택권을 소유주에게 부여하는 분배
- K-IFRS 2117은 동일한 종류의 지분상품을 갖고 있는 모든 소유주가 동등하게 취급되는 분배에만 적용한다. *[K-IFRS 2117 문단 4]*

사 례 **매도가능증권의 분배** *[K-IFRS 2117 IE1~IE2]*

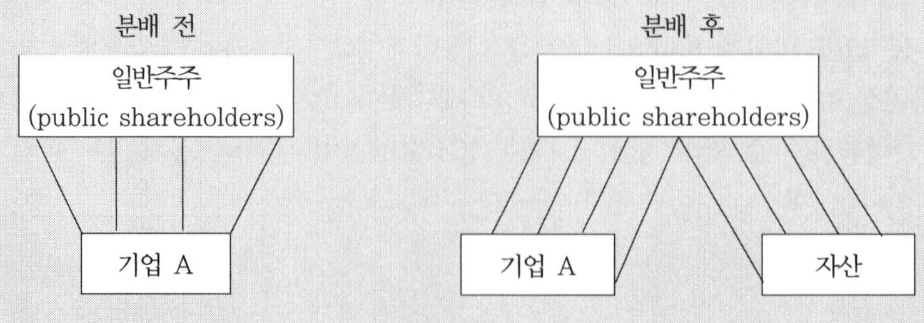

• 기업 A가 일반주주(public shareholders)에 의해 소유된다고 가정한다. 어느 단일 주주도 기업 A를 지배하지 않고, 어느 주주집단도 기업 A를 공동지배하기 위해 함께 행동하기로 하는 계약상 약정에 구속되지 않는다. 기업 A는 특정 자산(예 매도가능증권)을 주주에게 비례적으로 분배한다. 이러한 거래는 K-IFRS 2117의 적용범위에 해당한다.

• 그러나 만일 주주들 중 하나(또는 함께 행동하기로 하는 계약상 약정에 의해 구속되는 집단)가 이 거래 전.후에 기업 A를 지배한다면, 전체 거래(비지배 주주에 대한 분배 포함)는 K-IFRS 2117의 적용범위에 해당하지 아니한다. 이는 동일한 종류의 지분상품을 갖고 있는 모든 소유주에 대해 비례적으로 분배하는 경우, 지배 주주(또는 주주집단)는 분배 후에도 비현금자산을 계속 통제할 것이기 때문이다.

사 례 **종속기업 지분의 분배** *[K-IFRS 2117 IE3~IE4]*

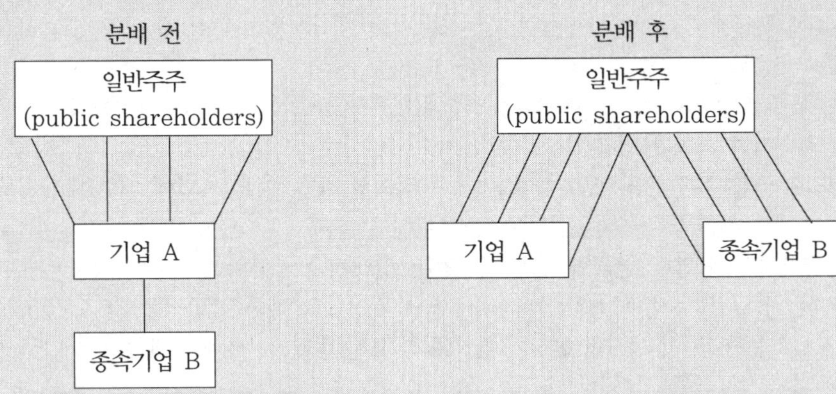

• 기업 A가 일반주주에 의해 소유된다고 가정한다. 어느 단일 주주도 기업 A를 지배하지 않고, 어느 주주집단도 기업 A를 공동지배하기 위해 함께 행동하기로 하는 계약상 약정에 구속되지 않는다. 기업 A는 종속기업 B의 모든 지분을 소유하고 있다. 기업 A는 종속기업 B에 대한 모든 지분을 자신의 주주들에게 비례적으로 분배하고, 이에 따라 종속기업 B에 대한 지배력을 상실한다. 이 거래는 K-IFRS 2117의 적용범위에 해당한다.

• 그러나 만일 기업 A가 종속기업 B에 대한 비지배지분으로 표시될 종속기업 B의 지분만을 자신의 주주들에게 분배하고 종속기업 B에 대한 지배력을 유지한다면, 해당 거래는 이 해석서의 적용범위에 해당하지 아니한다. 기업 A는 그러한 분배를 K-IFRS 1110 '연결재무제표'에 따라 회계처리한다. 기업 A는 이 거래 전.후에 종속기업 B를 지배하고 있다.

보충설명 **해석서의 적용범위** *[K-IFRS 2117 BC 4~BC 6]*

기업과 소유주간의 거래는 일반적으로 다음과 같이 세 가지로 유형화될 수 있다.

(1) 기업과 그 소유주간의 교환거래

(2) 기업의 소유주가 기업에게 행하는 자산의 무상이전. 그러한 이전은 보통 소유주의 출연으로 불리운다.

(3) 기업이 그 소유주에게 행하는 자산의 무상이전. 그러한 이전은 보통 소유주에 대한 분배로 불리운다.

K-IFRS 2117은 기업과 **소유주간의 교환거래는 다루지 않는다**. 만약 이를 다룬다면 모든 특수관계자 거래를 다루게 될 가능성이 높기 때문이다. K-IFRS 2117은 소유주로서의 자격을 행사하는 소유주에 대한 기업의 자산분배에 중점을 두고 있다.

또한, K-IFRS 2117은 **동일한 종류의 지분상품의 소유주가 모두 동등하게 취급되지 않는 분배는 다루지 않는다**. 왜냐하면, 그러한 분배는 적어도 분배를 받는 일부 소유주가 기업이나 다른 소유주에게 실제로 무엇인가를 포기하는 것을 의미할 수 있기 때문이다. 즉, 그러한 분배는 교환거래의 성격에 더 가까울 수 있기 때문이다.

기업이 소유주로서의 자격을 행사하는 소유주에게 무상분배하는 경우 다음 형태의 자산을 측정하는 데 유의적인 차이가 있을 수 있다.

(1) **비현금자산**(예 유형자산 항목, IFRS 3에서 정의된 사업, 다른 기업에 대한 소유지분 또는 IFRS 5에서 정의된 처분자산집단)을 소유주에게 분배

(2) **비현금자산을 받거나 현금을 받을 수 있는 선택권**을 소유주에게 부여하는 분배

모든 분배는 동일한 목적, 즉 기업의 소유주에게 자산을 분배하는 목적을 갖고 있다. 따라서 K-IFRS 2117 문단 5에서 제시한 한 가지를 제외한 모든 형태의 자산분배의 측정을 다루고 있다.

- K-IFRS 2117은 비현금자산의 분배 전·후에 그 자산이 궁극적으로 동일한 당사자 또는 당사자들에 의해 통제받는 경우의 분배에는 적용하지 않는다. 이러한 적용 제외는 그러한 분배를 하는 기업의 별도재무제표, 개별재무제표 그리고 연결재무제표에 해당한다. *[K-IFRS 2117 문단 5]*
- K-IFRS 1103 문단 B2에서는 '개인들의 집단이 계약상 합의의 결과, 기업의 활동에서 효익을 얻기 위하여 재무정책과 영업정책을 집합적으로 결정할 수 있는 능력이 있는 경우, 그 개인집단이 당해 기업을 지배하고 있다고 본다'라고 언급하고 있다. 따라서 동일한 당사자들이 분배 전·후에 자산을 통제한다는 것에 근거하여 K-IFRS 2117의 적용범위에서 제외되기 위해서는, 분배받는 개인주주의 집단이 분배하는 기업에 대해 계약상 약정의 결과로서 그러한 궁극적인 집합적 능력을 가져야 한다. *[K-IFRS 2117 문단 6]*

보충설명 비현금자산의 분배 전후에 동일한 당사자 또는 당사자들에 의해 통제받는 경우의 분배 *[K-IFRS 2117 BC9~]*

자산의 분배 전.후에 궁극적으로 동일한 당사자 또는 당사자들에 의해 통제받는 자산(예 종속기업에 대한 소유지분)의 분배는 대부분 연결실체(group) 구조조정(예 두 개의 다른 사업을 두 개의 다른 하위 연결실체로 분리하는 것)의 목적을 위해서 이루어진다. 그러한 분배 후에도 그 자산은 여전히 동일한 당사자 또는 당사자들에 의해 통제된다. 또한, 연결실체 내 자산의 분배에 대한 회계처리를 다루는 것은, 자산의 연결실체 내 이전이 연결실체기업들의 별도재무제표나 개별재무제표에서 어떻게 회계처리되어야 하는지에 대해 고려하는 것이다. 이러한 이유로 K-IFRS 2117에서 분배 전.후에 궁극적으로 동일한 당사자 또는 당사자들이 통제하는 자산의 분배를 다루어서는 안 된다고 결론내렸다.
결과적으로 분배하는 기업을 지배하기 위한 계약상 약정이 주주간에 없다면, 연결실체 내의 기업들의 주식이나 사업을 연결실체 외부의 주주에게 배분하는 거래(보통 기업분사, 기업분할 또는 기업분리로 언급됨)는 동일지배하에 있는 기업간 또는 사업간의 거래가 아니라고 결정하였다. 따라서 그러한 거래들은 K-IFRS 2117의 적용범위에 해당한다.

- K-IFRS 2117은 기업이 종속기업에 대한 소유지분의 일부를 분배하더라도, 그 종속기업의 지배력을 여전히 갖고 있는 경우에는 적용하지 않는다. 기업이 종속기업 지분을 분배하여 종속기업에 대한 비지배지분을 인식하게 되는 경우, 그 분배는 K-IFRS 1110에 따라 회계처리한다. *[K-IFRS 2117 문단 7]*

보충설명 지배기업에게 행하는 분배만 적용범위에서 제외한 이유 *[K-IFRS 2117 BC16]*

비지배지분이 있는 종속기업이 지배기업과 비지배지분 모두에게 자산을 분배하는 상황이 있음에도 불구하고 지배기업에게 행하는 분배만 K-IFRS 2117의 적용범위에서 제외한 이유는 지배기업이 거래 전.후에 종속기업을 지배하는 경우, 전체 거래(비지배지분에게 행하는 분배 포함)는 K-IFRS 2117의 적용범위가 아니고 K-IFRS 1110에 따라 회계처리된다고 보았기 때문이다.

보충설명 기업분할(split-off) *[K-IFRS 2117 BC17]*

소유주에 대한 분배에는 기업 영업의 유의적인 부분을 포함할 수 있다. 기업분할(split-off)의 경우에, 잔존하는 기업들 중 어느 기업이 분배를 행하였는지 결정하는 것이 어려울 수 있다. 그러나 IFRIC은 분배는 오로지 한 기업의 재무제표에 인식될 수 있다고 결론내렸다.

보충설명 **분배를 받는 주주들의 회계처리** *[K-IFRS 2117 문단 8]*

K-IFRS 2117은 비현금자산을 분배하는 기업의 회계처리만을 다루고 그러한 분배를 받는 주주들의 회계처리는 다루지 않는다. 분배를 받는 주주들의 회계처리는 K-IFRS 1032 및 1039에 따라 금융자산을 분류하며 측정하는 것으로 해석된다.

7.2. 미지급배당의 인식

- 배당을 지급해야 하는 부채는 그 배당이 적절하게 승인되고 더 이상 기업에게 재량이 없는 시점에 인식되며, 그 시점은 다음 중 하나이다. *[K-IFRS 2117 문단 10]*
  (1) 승인이 요구되는 국가의 경우, (예를 들어 경영진이나 이사회에 의한)배당의 선언이 (예를 들어 주주)관련기관에 의해 승인된 때
  (2) 추가적으로 승인이 요구되지 않는 국가의 경우, (예를 들어 경영진이나 이사회에 의한)배당이 선언된 때

7.3. 미지급배당의 측정

- 소유주에게 배당으로 비현금자산을 분배해야 하는 부채는 분배될 자산의 **공정가치**로 측정한다. *[K-IFRS 2117 문단 11]*
- 비현금자산을 받거나 현금을 받을 수 있는 선택권을 기업이 소유주에게 부여한다면, 기업은 각 대안의 공정가치와 소유주가 **각 대안을 선택할 확률을 고려**하여 미지급배당을 **추정**한다. *[K-IFRS 2117 문단 12]*
- 각 보고기간말과 결제일에, 기업은 미지급배당의 장부금액을 검토하고 조정한다. 이 경우 **미지급배당의 장부금액 변동**은 분배금액에 대한 조정으로 **자본**에서 인식한다. *[K-IFRS 2117 문단 13]*

보충설명 **미지급배당의 재측정** *[K-IFRS 2117 BC35~BC37]*

K-IFRS 1037 문단 59가 기업이 매 보고기간 말에 부채의 장부금액을 검토하고 부채의 현행 최선의 추성치를 반영하여 조성할 것을 요구하고 있다. 이와 유사하게 K-IFRS 1019와 같은 다른 IFRS는 추정에 기초하는 부채를 매 보고기간에 조정할 것을 요구하고 있다. 따라서 K-IFRS 2117은 분배될 자산의 공정가치에 대한 현행 최선의 추정치를 반영하여 매 보고기간말과 결제일에 미지급배당의 장부금액을 검토하고 조정하도록 결정하였다.
한편, 미지급배당의 최선의 추정치에 대한 조정은 분배의 추정된 가치의 변동을 반영하기 때문에, 그러한 조정은 분배금액에 대한 조정으로서 인식하여야 한다고 결론내렸다. 그러므로 분배금액의 조정도 자본변동표에 직접 인식한다.

> 일부 의견제출자들은 Framework에서 부채의 변동은 수익이나 비용의 정의를 충족하기 때문에, 분배의 추정된 가치의 변동은 당기손익으로 인식되어야 한다고 주장하였다. 그러나 IFRIC은 분배될 자산에 대한 차손익은 미지급배당이 결제될 때 당기손익으로 인식되어야 한다고 결정하였다. 이는 자산의 제거로부터 발생하는 차손익을 당기손익으로 인식하도록 요구하는 다른 IFRS(K-IFRS 1016, 1038, 1109)와 일관성이 있다. IFRIC은 미지급배당의 결제 전 변동은 분배의 추정치 변동과 관련되며, 미지급배당을 결제할 때까지는 자본(즉, 분배금액의 조정)으로 회계처리한다고 결론내렸다.

7.4. 미지급배당의 장부금액과 분배된 자산의 장부금액의 차이

- 기업이 미지급배당을 결제할 때, 분배된 자산의 장부금액과 미지급배당의 장부금액이 차이가 있다면 이를 당기손익으로 인식하며 별도의 당기손익항목으로 표시한다. *[K-IFRS 2117 문단 14와 15]*

7.5. 표시와 공시

- 해당되는 경우, 다음의 정보를 공시한다. *[K-IFRS 2117 문단 16]*
  (1) 기초와 기말의 미지급배당의 장부금액
  (2) 분배될 자산의 공정가치 변동의 결과로 문단 13에 따라 보고기간에 인식한 장부금액의 증감
- 보고기간 말 후부터 재무제표 발행승인일 전 사이에 비현금자산을 분배하는 배당을 선언하는 경우, 다음 사항을 공시한다. *[K-IFRS 2117 문단 17]*
  (1) 분배될 자산의 성격
  (2) 보고기간 말 현재 분배될 자산의 장부금액
  (3) 보고기간 말 현재 분배될 자산의 공정가치가 장부금액과 다른 경우, 그 공정가치 및 K-IFRS 1113 문단 93(2), (4), (7), (9)와 99에서 요구된 공정가치 측정 방법에 관한 정보

06 금융자산과 금융부채의 상계

1 상계의 조건

- 다음 조건을 **모두 충족**하는 경우에만 금융자산과 금융부채를 **상계**하고 재무상태표에 순액으로 표시한다. *[K-IFRS 1032 문단 42]*
  (1) 인식한 자산과 부채에 대해 **법적으로 집행 가능한 상계권리**를 현재 갖고 있다.
  (2) **차액으로 결제하거나, 자산을 실현하는 동시에 부채를 결제할 의도**를 가지고 있다.
  제거 조건을 충족하지 않는 금융자산의 양도에 관하여 회계처리하는 경우에 양도 자산과 이와 관련된 부채는 상계하지 않는다.
- 금융자산과 금융부채를 순액으로 표시하는 것이 둘 이상의 별도 금융상품의 결제에 따른 기업의 예상 미래현금흐름을 반영하는 경우에는 해당 금융자산과 금융부채를 순액으로 표시한다. 단일한 순액을 수취하거나 지급할 권리와 의도가 있는 경우에는 실질적으로 단일 금융자산이나 금융부채를 가지고 있는 것이다. 이러한 경우가 아니라면 자원의 특성이나 의무의 특성에 일관되게 금융자산과 금융부채를 각각 별도로 표시한다. *[K-IFRS 1032 문단 43]*

2 상계와 제거의 차이

- 인식한 금융자산과 금융부채를 상계하여 순액으로 표시하는 것과 금융자산이나 금융부채를 제거하는 것은 다르다. 금융자산과 금융부채를 **상계하면 손익이 발생하지 않는다**. 그러나 금융상품을 **제거하는 경우**에는 이미 인식한 항목이 재무상태표에서 제거될 뿐만 아니라 **손익도 발생할 수 있다**. *[K-IFRS 1032 문단 44]*

3 상계의 권리

- 상계 권리는 계약 등에 따라 채권자에게 지급할 금액의 전부나 일부를 해당 채권자에게서 받을 금액으로 충당함으로써 결제하거나 소멸시킬 수 있는 채무자의 법적 권리이다. 통상적인 경우는 아니지만 제삼자를 포함하는 당사자 사이의 합의로 채무자의 상계 권리를 명확하

게 설정하는 경우, 채무자는 채권자에게 지급할 금액을 제삼자에게서 받을 금액으로 충당할 수 있는 법적 권리를 가질 수 있다. 상계의 권리는 법적 권리이기 때문에 해당 권리를 보호하는 조건이 법적 관할구역에 따라 다를 수 있으며, 당사자들 사이에서 적용되는 법률을 고려할 필요가 있다. *[K-IFRS 1032 문단 45]*

- 금융자산과 금융부채를 상계할 수 있는 법적으로 집행 가능한 권리의 존재는 금융자산과 금융부채에 관련된 권리와 의무에 영향을 미치고, 기업이 신용위험과 유동성위험에 노출되는 정도에 영향을 미칠 수 있다. 그러나 이러한 **권리의 존재 자체가 상계의 충분조건은 아니다.** 이러한 권리를 행사하거나 동시에 결제할 의도가 없는 경우에는, 기업의 미래현금흐름의 금액과 시기는 영향을 받지 않는다. 이러한 권리를 행사하거나 동시에 결제할 의도가 있는 경우, 순액 기준으로 자산과 부채를 표시하는 것은 예상 미래현금흐름의 금액 및 시기와 이러한 현금흐름에 노출된 위험을 더욱 적절하게 반영한다. **금융자산과 금융부채를 차액 기준으로 결제할 법적 권리가 없이 거래당사자의 한 쪽이나 양쪽 모두가 차액 기준으로 결제하려는 의도만으로는 상계를 정당화하는 충분조건이 될 수 없다.** 이는 개별 금융자산과 금융부채에 관련된 권리와 의무가 변경되지 않기 때문이다. *[K-IFRS 1032 문단 46]*
- 특정 자산과 부채의 결제에 관한 기업의 의도는 정상적인 영업 관행이나 금융시장의 요구사항에 따라 영향을 받을 수 있으며, 차액결제하거나 동시에 결제할 수 있는 능력을 제약하는 그 밖의 상황에 따라 영향을 받을 수 있다. **상계할 수 있는 권리를 가지고 있으나, 차액결제할 의도가 없거나 자산을 실현하는 동시에 부채를 결제할 의도가 없는 경우에는 기업이 신용위험에 노출되는 정도에 이러한 권리가 미치는 영향**을 K-IFRS 1107 문단 36에 따라 공시한다. *[K-IFRS 1032 문단 47]*
- 조직화된 금융시장의 청산소를 이용하거나 당사자끼리 직접 교환하여 두 금융상품을 동시에 결제할 수 있다. 이러한 경우 그 현금흐름은 실질적으로 단일의 차액과 같으며, 신용위험이나 유동성위험에 노출되지 않는다. 이와는 달리, **별도 금액을 수취하고 지급함으로써 두 금융상품을 결제하는 경우에는 자산의 전체 금액에 대한 신용위험이나 부채의 전체 금액에 대한 유동성위험에 노출되게 된다.** 이러한 위험에 노출되는 기간이 **매우 짧더라도 유의적일 수 있으므로, 두 거래가 동시에 일어나는 경우에만 금융자산의 실현과 금융부채의 결제가 같은 시점에 이루어진 것으로 본다.** *[K-IFRS 1032 문단 48]*

4 상계의 조건을 충족하지 않는 경우

- 상계의 조건을 충족하지 않고 **상계가 적절하지 않은 일반적인 경우**는 다음과 같다.
  (1) **단일의 금융상품**('합성금융상품') 특성을 만들기 위해, **몇 개의 서로 다른 금융상품을 사용한 경우**
  (2) 주요 위험에 노출되는 정도는 같으나 금융상품에서 생기는 **금융자산과 금융부채**(예 선도계약

이나 그 밖의 파생상품의 포트폴리오에 속하는 자산과 부채)의 **거래상대방이 각각 다른 경우**

(3) 금융자산이나 비금융자산이 **상환청구권이 없는 금융부채의 담보**로 제공되는 경우

(4) **특정 금융자산으로 결제하는 것을 채권자가 받아들이지 않은 상태에서 채무자가 의무를 이행할 목적으로 그 금융자산을 신탁한 경우**(예 감채기금의 설정)

(5) 손실을 초래하는 사건의 결과로 생긴 의무를 **보험계약에 따른 청구로 제3자가 보전할 것으로 예상되는 경우** *[K-IFRS 1032 문단 49]*

보충설명 **합성금융상품** *[K-IFRS 1032 AG39]*

K-IFRS 1032는 다른 금융상품 특성을 만들기 위하여 취득하여 보유하고 있는 별도의 금융상품의 집합인 '합성금융상품'에 대하여 특별한 회계처리방법을 제시하고 있지 않다. 예를 들면, 변동 금액을 수취하고 확정 금액을 지급하는 이자율스왑과 변동금리부 장기채무를 결합하면, 고정금리부 장기채무를 합성할 수 있다. **'합성금융상품'을 구성하는 개별 금융상품은 각각의 조건을 보유한 계약상 권리 또는 의무를 나타내며 개별적으로 양도하거나 결제할 수 있다. 각각의 금융상품은 다른 금융상품이 노출되어 있는 위험과 다른 위험에 노출될 수 있다.** 따라서 '합성금융상품'에 포함된 하나의 금융상품이 자산이고 다른 하나의 금융상품이 부채인 경우에 **당해 자산과 부채가 상계조건을 충족시키는 경우가 아니라면**, 자산과 부채를 상계하여 재무상태표에 **순액으로 표시하지 아니한다.**

5 일괄상계계약

- 같은 상대방과 복수의 금융상품거래를 한 기업이 상대방과 **'일괄상계약정(master netting arrangement)'**을 체결할 수 있다. 이러한 일괄상계약정에 포함된 계약 중 하나의 채무를 이행하지 않거나 중단하는 경우에 일괄상계약정에 포함된 모든 금융상품을 단일 금액으로 차액결제할 수 있다. 거래상대방이 채무를 이행하지 못하는 파산이나 이와 비슷한 상황에서 생길 수 있는 손실에 대비하기 위하여 금융기관들은 통상적으로 이러한 일괄상계약정을 사용한다. 법적으로 집행가능하며, 개별적인 금융자산의 실현과 개별적인 금융부채의 결제에 영향을 주는 상계의 권리가 일괄상계약정에 따라 생길 수 있다. 그러나 이러한 경우는 채무불이행이라는 특정사건이 일어나는 경우나 정상적인 영업활동과정에서는 벌어질 것으로 예상되지 않는 그 밖의 상황에 국한되는 것이 일반적이다. **일괄상계약정이 상계의 조건을 모두 충족하는 경우가 아니라면 상계할 수 없다.** 일괄상계약정에 포함되는 금융자산과 금융부채가 상계되지 않는 경우에는 기업이 신용위험에 노출되는 정도에 해당 일괄상계약정이 미치는 영향을 K-IFRS 1107 문단 36에 따라 공시한다. *[K-IFRS 1032 문단 50]*

07 출자전환(K-IFRS 2119)

1 출자전환의 정의

• 출자전환이란, 채무자와 채권자가 금융부채의 조건을 재협상한 결과, 채무자가 채권자에게 지분상품을 발행하여 금융부채의 전부 또는 일부를 소멸시키는 것을 말한다. *[K-IFRS 2119 문단 1]*

2 출자전환 해석서의 적용범위

• K-IFRS 2119 '지분상품에 의한 금융부채의 소멸'은 금융부채 조건의 재협상 결과 금융부채의 전부 또는 일부를 소멸시키기 위하여 **채권자에게 지분상품을 발행하는 기업의 회계처리**를 다룬다. K-IFRS 2119는 **채권자의 회계처리를 다루지 않는다.** *[K-IFRS 2119 문단 2]*

보충설명 K-IFRS 2119가 출자전환시 채권자의 회계처리를 다루지 않는 이유

다른 K-IFRS에서 채권자의 회계처리에 관한 규정을 두고 있으므로 K-IFRS 2119에서는 채권자의 회계처리는 다루지 않는다. *[K-IFRS 2119 BC6]*

• K-IFRS 2119는 **다음 상황의 거래에 적용하지 않는다.**

(1) 직접적인 또는 간접적인 주주이기도 한 채권자가 직접적인 또는 간접적인 **기존 주주로서의 자격에서 행동한다.**

(2) 채권자와 채무자가 **거래 전후로 하나 이상의 동일한 당사자에 의해 지배**되며, **거래의 실질이 채무자의 지분 분배나 채무자에 대한 출자를 포함**한다.

(3) 주식을 발행하여 금융부채를 소멸시키는 것이 **금융부채의 최초 조건에 따른 것**이다.

3 출자전환 회계처리

3.1. 출자전환으로 발행한 지분상품은 지급한 대가

- 금융부채의 전부 또는 일부를 소멸시키기 위하여 채권자에게 발행한 지분상품은 **지급한 대가**[1]이다. 금융부채가 소멸되는 경우[2]에만 재무상태표에서 해당 금융부채(또는 금융부채의 일부)를 제거한다. *[K-IFRS 2119 문단 5]*

보충설명 출자전환으로 발행한 지분상품을 지급한 대가로 보는 이유 *[K-IFRS 2119 BC13]*

금융부채를 소멸시키기 위한 지분상품의 발행은 두 개의 거래로 구성된 것으로 분석될 수 있다. 즉 첫째, 현금을 대가로 채권자에게 새로운 지분상품을 발행하고 둘째, 금융부채를 소멸시키기 위한 그 금액의 현금지급을 채권자가 수용하는 두 개의 거래로 구성된다.

3.2. 출자전환으로 발행한 지분상품은 공정가치로 측정

- 금융부채의 전부 또는 일부를 소멸시키기 위하여 채권자에게 발행한 지분상품을 최초에 인식할 때, 해당 지분상품의 공정가치를 신뢰성 있게 측정할 수 없는 경우가 아니라면, **공정가치**로 측정한다. *[K-IFRS 2119 문단 6]*
- 발행된 지분상품의 공정가치를 신뢰성 있게 측정할 수 없다면 **소멸된 금융부채의 공정가치를 반영**하여 지분상품을 측정한다. 요구불 특성(예 요구불예금)을 가진 금융부채의 소멸시 공정가치를 측정하는 경우 K-IFRS 1113의 문단 47을 적용하지 않는다. *[K-IFRS 2119 문단 7]*

보충설명 요구불 특성을 가진 금융부채의 소멸시 공정가치를 측정하는 경우

K-IFRS 1113의 문단 47에 따르면 요구불 특성을 가진 금융부채(예 요구불예금)의 공정가치는 요구하면 지급요구가 가능한 최초일로부터 할인한 금액 이상이어야 한다. 이와 같은 규정이 대두된 배경은 요구불예금이라고 하여도 실질적으로는 예치될 것으로 기대되는 기간이라는 개념을 적용하여 이 기간 동안 할인하게 되면 요구불 금액보다 작은 금액으로 측정할 수 있다는 주장이 있었기 때문이었다. 이에 대해서 IASB는 요구불 특성을 가진 금융부채에 대하여 관측된 시장가격은 고객과 요구불예금 수취기관 사이에 최초로 발생한 가격, 즉 요구불 금액이라고 보았으며, 요구불 특성을 가진 금융부채를 요구불 금액 미만으로 인식하여 예금의 발생 즉시 이익을 발생시키는 것은 부적절하다고 보았다.
그러나 K-IFRS 2119 문단 7은 소멸된 금융부채의 공정가치를 반영하여 지분상품을 측정할 때

---

1) K-IFRS 1109 문단 3.3.3에 따라 지급한 대가를 말한다.
2) K-IFRS 1109 문단 3.3.1에 따라 금융부채가 소멸되는 경우를 말한다.

소멸된 금융부채가 요구불 특성을 가진 금융부채라면 요구불 금액 미만으로 인식할 수도 있다는 의미이다.

3.3. 금융부채의 일부만 소멸시키는 경우

- 금융부채의 일부만 소멸시키는 경우, 지급한 대가의 일부가 남아있는 부채의 조건변경과 관련되는지를 검토한다. **지급한 대가의 일부가 금융부채의 남아있는 부분의 조건변경과 관련된다면, 지급한 대가를 소멸된 부채의 부분과 남아있는 부채의 부분에 배분**한다. 이러한 배분을 할 때 거래와 관계된 모든 관련 사실과 상황을 고려한다. *[K-IFRS 2119 문단 8]*

보충설명 **금융부채의 일부 소멸** *[K-IFRS 2119 BC28-BC30]*

금융부채의 재조정이 **채권자에 대한 지분상품 발행에 의한 부채의 부분결제와 남아 있는 부채의 조건변경 모두를 포함할** 수 있다.
이 경우 **지급한 대가를 소멸된 부채 부분과 남아 있는 부채 부분에 배분**해야 한다. 기업은 이러한 배분을 소멸된 부채 부분에 대해 인식되어야 할 당기손익을 결정하는 데에 그리고 남아 있는 부채의 조건이 실질적으로 변경되었는지를 검토하는 데 고려할 것이다.

3.4. 소멸된 금융부채의 장부금액과 지급한 대가의 차이

- 소멸된 금융부채(또는 금융부채의 일부)의 장부금액과 지급한 대가의 차이는 **당기손익**으로 인식한다. 발행된 지분상품은 금융부채(또는 금융부채의 일부)가 소멸된 날에 최초로 인식하고 측정한다. *[K-IFRS 2119 문단 9]*
- 금융부채의 일부만 소멸되는 경우, 대가는 문단 8에 따라 배분한다. 남아있는 부채에 배분된 대가는 남아있는 부채의 조건이 실질적으로 변경되었는지에 대한 검토의 일부를 차지한다. 남아있는 부채가 실질적으로 변경된 경우, 조건변경을 기존 부채의 소멸과 새로운 부채의 인식으로 회계처리한다. *[K-IFRS 2119 문단 10]*

3.5. 당기손익의 별도항목이나 주석 공시

- 상기 3.4.에 따라 인식한 손익을 당기손익의 별도항목이나 주석에 공시한다. *[K-IFRS 2119 문단 10]*

예제 15 출자전환

A회사는 만기 10년, 액면금액 ₩50,000,000의 사채를 액면발행하였다. 발행 후 4년이 지나서 A회사는 재무적 어려움에 처하여 채무상환을 할 수 없게 되었다. 따라서 채권자와 출자전환계약을 체결하여 주당 액면 ₩1,000의 주식 10,000주를 수령하여 기존 사채를 결제하기로 하였다. 교환으로 발행한 주식의 공정가치는 ₩25,000,000이었다.

요구사항

출자전환시 A회사의 회계처리를 나타내라.

해설

구분	회 계 처 리			
	(차) 사채	50,000,000	(대) 자본금 주1)	10,000,000
			주식발행초과금 주2)	15,000,000
			채무조정이익	25,000,000
	주1) ₩1,000 × 10,000주 = ₩10,000,000			
	주2) ₩25,000,000−₩10,000,000 = ₩15,000,000			

예제 16 출자전환 : 금융부채의 일부 소멸 (1)

A회사는 특수관계자가 아닌 B회사로부터 ₩500,000,000을 차입하고 있는데 현재 재무적 어려움에 처하여 부채를 상환할 수 없게 되었다. A회사는 B회사와 채무조정협상을 하여 공정가치가 ₩200,000,000(액면가 ₩150,000,000)인 자신의 주식을 발행하여 차입금의 80%인 ₩400,000,000을 탕감받기로 하였고 잔여 부채에 대한 이자율을 재조정하였고 만기를 연장하였다. 채무조정 전 부채의 장부금액 ₩500,000,000이며 채무조정 후 부채의 공정가치는 ₩300,000,000이다. 한편, 잔여 부채의 공정가치는 ₩100,000,000이다.

채무조정협상 후 부채의 상대적 공정가치는 33.3%(₩100,000,000/₩300,000,000), 자본의 상대적 공정가치는 66.7%(₩200,000,000/₩300,000,000)이다.

요구사항

출자전환시 A회사의 회계처리를 나타내라.

해설

이 사례는 금융부채의 일부만 소멸시키는 경우에 해당한다. 따라서, 지급한 대가의 일부가 남아있는 부채의 조건변경과 관련되는지를 검토하여야 한다. 지급한 대가의 일부가 금융부채의 남아있는 부분의 조건변경과 관련된다면, 지급한 대가를 소멸된 부채의 부분과 남아있는 부채의 부분에 배분한다.

· 채무조정 전 부채의 장부금액 : ₩500,000,000
· 채무조정 후 부채의 공정가치 : ₩300,000,000
· 배분기준
① 소멸된 부채 부분 : 66.7%(₩200,000,000(주식)/₩300,000,000)
② 남아있는 부채 부분 : 33.3%(₩100,000,000(잔여부채)/₩300,000,000)
· 채무조정 전 부채의 배분
① 소멸된 부채 부분 : ₩500,000,000 × 66.7% = ₩333,333,333
② 남아있는 부채 부분 : ₩500,000,000 × 33.3% = ₩166,666,667

구분	회계처리				
출자전환	(차) 차입금(구)	333,333,333	(대)	자본금	150,000,000
				주식발행초과금	50,000,000
				채무조정이익	133,333,333
조건변경	(차) 차입금(구)	166,666,667	(대)	차입금(신) 주1)	100,000,000
				채무조정이익	66,666,667
	주1) 잔여 부채의 공정가치				

예제 17 출자전환 : 금융부채의 일부 소멸 (2)

A회사는 특수관계자가 아닌 B회사로부터 ₩500,000,000을 차입하고 있는데 현재 재무적 어려움에 처하여 부채를 상환할 수 없게 되었다. A회사는 B회사와 채무조정협상을 하여 공정가치가 ₩312,800,000(액면가 ₩150,000,000)인 자신의 주식을 발행하여 차입금의 80%인 ₩400,000,000을 탕감받기로 하였고 잔여 부채에 대한 이자율을 재조정하였고 만기를 연장하였다. 채무조정 전 부채의 장부금액 ₩500,000,000이며 채무조정 후 부채의 공정가치는 ₩400,000,000이다. 한편, 잔여 부채의 공정가치는 ₩87,200,000이다.

채무조정협상 후 부채의 상대적 공정가치는 21.8%(₩87,200,000/₩400,000,000), 자본의 상대적 공정가치는 78.2%(₩312,800,000/₩400,000,000)이다.

요구사항

출자전환시 A회사의 회계처리를 나타내라.

해설

이 사례는 금융부채의 일부만 소멸시키는 경우에 해당한다. 따라서, 지급한 대가의 일부가 남아있는 부채의 조건변경과 관련되는지를 검토하여야 한다. 지급한 대가의 일부가 금융부채의 남아있는 부분의 조건변경과 관련된다면, 지급한 대가를 소멸된 부채의 부분과 남아있는 부채의 부분에 배분한다.

· 채무조정 전 부채의 장부금액 : ₩500,000,000

· 채무조정 후 부채의 공정가치 : ₩400,000,000
· 배분기준
  ① 소멸된 부채 부분 : 78.2%(₩312,800,000(주식)/₩400,000,000)
  ② 남아있는 부채 부분 : 21.8%(₩87,200,000(잔여부채)/₩400,000,000)
· 채무조정 전 부채의 배분
  ① 소멸된 부채 부분 : ₩500,000,000 × 78.2% = ₩391,000,000
  ② 남아있는 부채 부분 : ₩500,000,000 × 21.8% = ₩109,000,000

구분	회 계 처 리			
출자전환	(차) 차입금	391,000,000	(대) 자본금	150,000,000
			주식발행초과금	162,800,000
			채무조정이익	78,200,000
조건변경	(회계처리 없음) 주1)			
	주1) 기존 금융부채의 조건이 실질적으로 변경되는 경우란 새로운 조건에 따른 현금흐름의 현재가치와 최초 금융부채의 잔여현금흐름의 현재가치의 차이가 적어도 10% 이상이라면, 계약조건이 실질적으로 달라진 것이다. ₩100,000,000 / ₩109,000,000 = 91.7%이므로 조건이 실질적으로 달라지지 않았다. 따라서 차입금 ₩109,000,000은 소멸되지 않으므로 채무조정 시점의 회계처리는 발생하지 않는다.			

※상기 회계처리를 다음과 같이 회계처리하면 안된다.

구분	회 계 처 리			
출자전환	(차) 차입금(구)	500,000,000	(대) 자본금	150,000,000
			주식발행초과금	162,800,000
			차입금(신)	87,200,000
			채무조정이익	100,000,000

제 04 장
K-IFRS 1109 금융상품 인식 및 제거

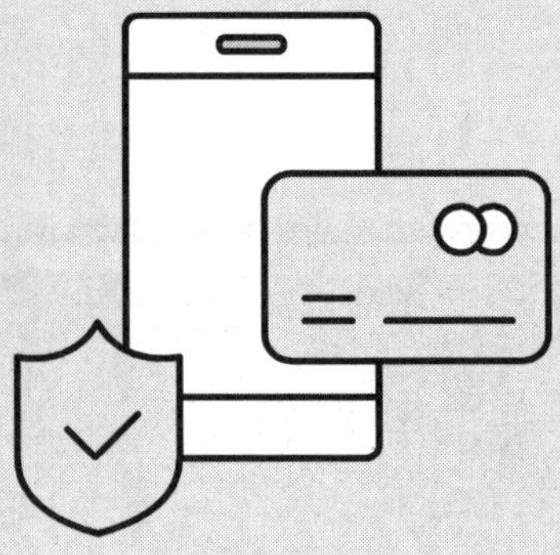

01
K-IFRS 1109 개 요

1 IAS 39(K-IFRS 1039 '금융상품 : 인식과 측정')의 대체

- 재무제표의 많은 이용자들과 그 밖의 이해관계자들은 IAS 39(K-IFRS 1039)의 요구사항이 이해하고, 적용하고, 해석하기 어렵다고 언급하였다. 이에 따라 IASB는 요구사항을 명확히 하고 지침을 추가하고 내부적 비일관성을 제거하기 위해 수차례 IAS 39를 개정하였으나, 전에는 금융상품의 재무보고를 근본적으로 재고하지는 않았다. *[K-IFRS 1109 IN2]*
- IASB는 IAS 39를 대체하는 이 과제를 세 가지 주요 단계로 구분하였다. IASB는 각 단계를 완료하면서 IFRS 9에 IAS 39의 해당 요구사항을 대체하는 장(chapter)을 신설하였다. *[K-IFRS 1109 IN5]*
- IAS 39를 대체하는 IASB 과제의 세 가지 주요 단계는 다음과 같다. *[K-IFRS 1109 IN6]*
  (1) 1 단계: 금융자산과 금융부채의 분류와 측정. 이 장에서는 금융자산이 속하는 사업모형과 계약상 현금흐름 특성에 기초하여 해당 금융자산을 분류하도록 하였으며, 금융부채의 분류와 측정에 대한 요구사항을 추가하였다.
  (2) 2 단계: 손상 방식. 금융자산과 신용대출약정의 기대신용손실 회계처리 요구사항을 추가하였다.
  (3) 3 단계: 위험회피회계에 대한 규정을 추가하였다.

1.1. 분류와 측정

- 2009년 11월에 IASB는 금융자산의 분류와 측정에 대한 장을 IFRS 9에 포함하여 발표하였다. 금융자산은 이를 보유하는 사업모형과 계약상 현금흐름 특성에 기초하여 분류한다. 2010년 10월에 IASB는 금융부채의 분류와 측정에 대한 요구사항을 IFRS 9에 추가하였다. 이 규정의 대부분은 IAS 39의 요구사항을 변경하지 아니하고 IFRS 9에 그대로 옮겼다. 그러나 금융부채의 공정가치선택권과 관련된 요구사항은 자기신용위험을 다루기 위해 변경되었다. 이 개선사항은 부채가 단기매매항목이 아닌 이상 부채의 신용위험 변동 효과가 당기손익에 영향을 미치지 않아야 한다는 재무제표이용자와 그 밖의 이해관계자들의 일관된 의견에 따라 이루어 졌다. 2013년 11월에 IASB는 IFRS 9의 그 밖의 요구사항을 적용하지 않고도 이 요구사항의 조기 적용을 허용하도록 IFRS 9를 개정하였다. *[K-IFRS 1109 IN7]*
- 2014년 7월에 IASB는 금융자산의 분류와 측정에 대한 IFRS 9의 요구사항을 제한적으로

개정하였다. 이 개정에서는 좁은 범위의 적용상 문제를 다루었고 특정한 단순 채무상품에 대한 '기타포괄손익-공정가치' 측정 범주를 신설하였다. 계약상 현금흐름의 수취와 금융자산의 매도 둘 다를 통해 사업목적을 이루는 사업모형에서 보유하는 금융자산에 대해 이 측정기준이 가장 목적 적합하다는 많은 보험회사를 포함한 이해관계자들의 해당 측정 범주에 대한 의견에 따라 제3의 측정 범주를 신설하였다. *[K-IFRS 1109 IN8]*

1.2. 분류와 측정

- 2014년 7월에 IASB는 금융자산과 신용대출약정의 기대신용손실에 대한 회계처리와 관련된 손상 요구사항을 IFRS 9에 추가하였다. 이 요구사항으로 IAS 39에 있었던 신용손실의 인식요건은 삭제된다. IFRS 9의 손상 접근법에서는 더 이상 신용손실을 인식하기 전에 신용사건이 생겼어야 할 필요가 없다. 그 대신에 항상 기대신용손실과 그 변동을 회계처리 한다. 기대신용손실액은 매 보고기간 말에 갱신되어 최초 인식 후에 신용손실 변동을 반영하므로 결과적으로 기대신용손실에 대한 더욱 적시성 있는 정보를 제공한다. *[K-IFRS 1109 IN9]*

1.3. 위험회피회계

- 2013년 11월에 IASB는 위험회피회계에 관한 요구사항을 IFRS 9에 추가하였다. 이 요구사항은 위험회피회계가 위험관리와 더욱 일관되게 하고, 위험회피회계가 더욱 원칙중심적인 접근법에 기반하게 한다. 또 이 규정은 IAS 39의 위험회피회계 모형의 비일관성과 단점을 보완하였다. IASB는 일반 위험회피회계의 요구사항에 대한 논의에서 개방형 포트폴리오 또는 매크로 위험회피에 대한 특정 회계처리는 다루지 않았다. 그 대신에 IASB는 현행 추진과제의 일부로 이들에 대한 회계처리안에 대해 논의하고 있으며 2014년 4월에 토론서 '동적위험관리에 대한 회계처리: 매크로 위험회피에 대한 포트폴리오 재평가접근법(Accounting for Dynamic Risk Management: a Portfolio Revaluation Approach to Macro Hedging)'을 발표했다. 따라서 IASB는 금융자산이나 금융부채 포트폴리오의 이자율 익스포저(exposure)에 대한 공정가치위험회피를 다루는 IAS 39의 예외사항을 계속 적용하도록 하였다. 또 IASB는 매크로 위험회피에 대한 회계처리를 다루는 과제를 아직 완성하지 못하였으므로, IFRS 9의 위험회피회계의 요구사항을 적용할 것인지 아니면 모든 위험회피회계에 대해 IAS 39의 현행 위험회피회계 요구사항을 계속 적용할 것인지를 기업이 회계정책으로 선택할 수 있도록 하였다.

02 K-IFRS 1109 적용범위

- K-IFRS 1109는 다음을 제외한 모든 유형의 금융상품에 적용한다. *[K-IFRS 1109 문단 2.1]*
  - (1) K-IFRS 1110 '연결재무제표', K-IFRS 1027 '별도재무제표', K-IFRS 1028 '관계기업과 공동기업에 대한 투자'에 따라 회계처리 하는 **종속기업, 관계기업, 공동기업 투자지분**. 그러나 K-IFRS 1110, 1027, 1028에서 종속기업, 관계기업, 공동기업 투자지분에 K-IFRS 1109의 일부나 전체 요구사항에 따라 회계처리 하도록 요구하거나 허용하는 경우도 있다. 종속기업, 관계기업, 공동기업 투자지분에 대한 파생상품 중 K-IFRS 1032 '금융상품: 표시'에서 정의하는 **기업 자신의 지분상품에 해당되지 않는 모든 파생상품**에도 이 기준서를 적용한다.
  - (2) K-IFRS 1116 '리스'를 적용하는 리스에 따른 권리와 의무. 다만 다음의 경우에는 이 기준서를 적용한다.
    - (가) 리스제공자가 인식하는 금융리스채권(금융리스 순투자) 및 운용리스채권의 제거와 손상
    - (나) 리스이용자가 인식하는 리스부채의 제거
    - (다) 리스에 내재된 파생상품
  - (3) K-IFRS 1019 '종업원급여'가 적용되는 종업원급여제도에 따른 사용자의 권리와 의무
  - (4) K-IFRS 1032의 지분상품(옵션과 주식매입권 포함)의 정의를 충족하거나 K-IFRS 1032의 문단 16A·16B나 16C·16D에 따라 지분상품으로 분류해야 하는 발행자의 금융상품. 다만 그 지분상품이 (1)의 적용 제외에 해당하지 아니하면 해당 지분상품의 보유자는 K-IFRS 1109를 적용한다.
  - (5) 다음 (가)와 (나)에 따라 발생한 권리와 의무
    - (가) K-IFRS 1104 '보험계약'에서 정의하는 보험계약. 다만 금융보증계약의 정의를 충족하는 보험계약 발행자의 권리와 의무에는 K-IFRS 1109를 적용한다.
    - (나) 임의배당요소를 가지고 있기 때문에 K-IFRS 1104의 적용범위에 포함되는 계약

    K-IFRS 1104의 적용범위에 포함되는 보험계약에 내재된 파생상품이 K-IFRS 1104의 적용범위에 포함되지 아니하면 해당 파생상품에는 K-IFRS 1109를 적용한다. 한편 금융보증계약의 발행자가 해당 계약을 보험계약으로 본다는 것을 사전에 명백히 하고 보험계약에 적용 가능한 회계처리를 하였다면, 그 발행자는 이러한 금융보증계약에 K-IFRS 1109나 K-IFRS 1104를 선택하여 적용할 수 있다(문단 B2.5~B2.6 참조). 발행자는 각 계약

별로 회계처리방법을 선택할 수 있으나 선택한 후에는 변경할 수 없다.

(6) 미래의 취득일에 K-IFRS 1103 '사업결합' 적용범위의 사업결합이 되는, 피취득대상을 매입하거나 매도하기로 하는 취득자와 매도주주 사이의 선도계약. 선도계약의 기간은 요구되는 승인을 받고 거래를 완성하기 위하여 통상 필요한 합리적인 기간을 초과할 수 없다.

(7) **K-IFRS 1109 문단 2.3**에서 설명한 대출약정 외의 대출약정. 다만 K-IFRS 1109의 적용범위에 포함되지 아니하는 대출약정의 제공자는 해당 대출약정에 K-IFRS 1109의 손상 요구사항을 적용한다. 또 모든 대출약정의 제거와 관련된 회계처리에는 K-IFRS 1109를 적용한다.

(8) K-IFRS 1102 '주식기준보상'이 적용되는 주식기준보상거래에 따른 금융상품, 계약, 의무. 다만 K-IFRS 1109 **문단 2.4~2.7**의 적용대상인 계약은 K-IFRS 1109를 적용한다.

(9) K-IFRS 1037 '충당부채, 우발부채 및 우발자산'에 따라 당기나 전기 이전에 인식한 충당부채의 결제에 필요한 지출과 관련하여 제3자에게서 보상받을 권리

(10) K-IFRS 1115 '고객과의 계약에서 생기는 수익'의 적용범위에 포함되며 금융상품인 권리와 의무. 다만 K-IFRS 1115에서 특정한 경우에는 K-IFRS 1109를 적용한다.

- K-IFRS 1115에서 손상차손(환입)의 인식 목적으로 K-IFRS 1109를 적용하도록 규정한 권리에 K-IFRS 1109의 손상 요구사항을 적용한다. *[K-IFRS 1109 문단 2.2]*
- 다음의 대출약정에는 K-IFRS 1109를 적용한다. *[K-IFRS 1109 문단 2.3]*

  (1) 당기손익-공정가치 측정 금융부채로 지정한 대출약정(**문단 4.2.2 참조**). 대출약정으로 생긴 자산을 최초 발생 후에 단기간에 매도한 과거 실무 관행이 있는 경우에는 같은 종류에 속하는 모든 대출약정에 K-IFRS 1109를 적용한다.

  (2) 현금으로 차액결제할 수 있거나 다른 금융상품을 인도하거나 발행하여 결제할 수 있는 대출약정. 이 대출약정은 파생상품이다. 대여금을 분할하여 지급한다는 이유만으로 차액결제한다고 볼 수는 없다(예 공사진행률에 따라 분할하여 지급하는 공사 관련 부동산담보대출).

  (3) 시장이자율보다 낮은 이자율로 대출하기로 한 약정(**문단 4.2.1(4) 참조**)

- 비금융항목을 매입하거나 매도하는 계약을 현금이나 다른 금융상품으로 차액결제할 수 있거나 금융상품의 교환으로 결제할 수 있는 경우에는 그 계약을 금융상품으로 보아 K-IFRS 1109를 적용한다. 다만 기업이 예상하는 매입, 매도, 사용의 필요에 따라 비금융항목을 수취하거나 인도할 목적으로 체결하여 계속 유지하고 있는 계약에는 K-IFRS 1109를 적용하지 아니한다. 그러나 **K-IFRS 1109 문단 2.5**에 따라 당기손익-공정가치 측정 항목으로 지정한 계약에는 K-IFRS 1109를 적용한다. *[K-IFRS 1109 문단 2.4]*
- 비금융항목을 매입하거나 매도하는 계약을 현금이나 다른 금융상품으로 차액결제할 수 있거나 금융상품의 교환으로 결제할 수 있어 금융상품으로 보는 경우에, 기업이 예상하는 매입,

매도, 사용의 필요에 따라 비금융항목을 수취하거나 인도할 목적으로 그 계약을 체결하더라도, 그 계약을 당기손익-공정가치 측정 항목으로 지정할 수 있다. 이러한 지정은 계약의 최초 인식시점에만 가능하며, 이렇게 지정하지 않는다면 K-IFRS 1109의 적용범위에서 제외되어 (문단 2.4 참조) 해당 계약을 인식하지 않기 때문에 생기는 인식의 불일치('회계불일치'라 말하기도 한다)를 제거하거나 유의적으로 줄이는 경우에만 가능하다. *[K-IFRS 1109 문단 2.5]*

- 비금융항목을 매입하거나 매도하는 계약이 현금이나 다른 금융상품으로 차액결제할 수 있거나 금융상품의 교환으로 결제할 수 있는 경우는 다양하며 그 예는 다음과 같다.
  (1) 계약 조건에 따라 거래 당사자 중 한쪽이 현금이나 다른 금융상품으로 차액결제할 수 있거나 금융상품의 교환으로 결제할 수 있는 경우
  (2) 현금이나 다른 금융상품으로 차액결제하거나 금융상품의 교환으로 결제할 수 있는 명시적인 계약조건은 없지만, (계약상대방과 상계하는 계약을 체결하거나 계약상 권리의 행사 또는 소멸 전에 계약을 매도하여) 기업이 비슷한 계약을 현금이나 다른 금융상품으로 차액결제하거나 금융상품의 교환으로 결제한 실무 관행이 있는 경우
  (3) 비슷한 계약을 단기 가격변동이익이나 중개이익을 얻을 목적으로, 기초자산 인수 후 단기간에 그 자산을 매도한 실무 관행이 있는 경우
  (4) 계약의 대상인 비금융항목을 현금으로 쉽게 전환할 수 있는 경우

  위의 (2)나 (3)에 해당하는 계약은 기업이 예상하는 매입, 매도, 사용의 필요에 따라 비금융항목을 수취하거나 인도할 목적으로 체결한 것이 아니기 때문에 K-IFRS 1109를 적용한다. **K-IFRS 1109 문단 2.4**가 적용되는 그 밖의 계약은 기업이 예상하는 매입, 매도, 사용의 필요에 따라 비금융항목을 수취하거나 인도할 목적으로 체결하여 계속 유지하는지를 평가하여 K-IFRS 1109의 적용 여부를 판단한다. *[K-IFRS 1109 문단 2.6]*
- 비금융항목을 매입하거나 매도할 수 있는 권리를 부여하여 발행한 옵션을 **K-IFRS 1109 문단 2.6(1)이나 2.6(4)**에 따라 현금이나 다른 금융상품으로 차액결제할 수 있거나 금융상품의 교환으로 결제할 수 있는 경우에는 K-IFRS 1109를 적용한다. 이러한 계약은 예상되는 비금융상품의 매입, 매도, 사용의 필요에 따라 비금융항목을 수취하거나 인도할 목적으로 체결할 수 없다. *[K-IFRS 1109 문단 2.7]*
- 어떤 계약은 기후, 지질 또는 그 밖의 물리적 변수에 기초하여 지급액이 결정된다. 기후변수에 기초한 계약은 때로는 '기후(날씨)파생상품'이라고 한다. 이러한 계약은 K-IFRS 1104 '보험계약'의 적용범위에 포함되지 아니하면, K-IFRS 1109를 적용한다. *[K-IFRS 1109 B2.1]*
- K-IFRS 1026 '퇴직급여제도에 의한 회계처리와 보고'에 따라 회계처리하는 종업원급여제도와 K-IFRS 1115 '고객과의 계약에서 생기는 수익'에 따라 회계처리하는 판매량이나 용역수익에 기초하는 로열티계약에는 K-IFRS 1109를 적용하지 아니한다. *[K-IFRS 1109 B2.2]*

- 피투자기업과 장기적 사업관계를 맺거나 유지하려는 의도로 다른 기업이 발행한 지분상품에 전략적으로 투자하는 경우에 투자기업이나 공동기업 참여자는 그러한 투자에 지분법을 적용하는 것이 적절한지를 K-IFRS 1028 '관계기업과 공동기업에 대한 투자'에 따라 결정한다. *[K-IFRS 1109 B2.3]*
- K-IFRS 1109는 보험자의 금융자산과 금융부채에 적용한다. 다만 K-IFRS 1104의 적용범위에 포함되어 K-IFRS 1109 **문단 2.1(5)**에서 적용을 제외하는 권리와 의무에는 적용하지 아니한다. *[K-IFRS 1109 B2.4]*
- 금융보증계약은 **보증, 신용장, 신용위험이전계약, 보험계약 등 다양한 법적 형식**으로 나타날 수 있으나, 이에 대한 회계처리는 법적 형식에 따라 달라지지 않는다. 금융보증계약에 대한 적절한 회계처리**(K-IFRS 1109 문단 2.1(5) 참조)**의 예는 다음과 같다. *[K-IFRS 1109 B2.5]*
  (1) 이전된 위험이 유의적이어서 금융보증계약이 K-IFRS 1104에 따른 보험계약의 정의를 충족하더라도 발행자는 해당 계약에 이 기준서를 적용한다. 그러나 발행자가 해당 계약을 보험계약으로 본다는 것을 사전에 명백히 하고 보험계약에 적용 가능한 회계처리를 하였다면 그 발행자는 이러한 금융보증계약에 이 기준서나 K-IFRS 1104를 선택하여 적용할 수 있다. 이 기준서를 적용하는 경우에는 금융보증계약은 최초 인식시점에 문단 5.1.1에 따라 공정가치로 인식한다. 금융보증계약이 독립된 당사자 사이의 거래에서 특수관계가 없는 자에게 발행된다면, 해당 계약의 최초 공정가치는 반증이 없는 한 수취한 대가와 같을 것이다. 발행자는 후속적으로 다음 ㈎와 ㈏ 중 큰 금액으로 금융보증계약을 측정한다. 다만 금융보증계약을 최초에 당기손익—공정가치 측정 항목으로 지정하거나 K-IFRS 1109 문단 3.2.15~23과 문단 B3.2.12~B3.2.17이 적용되면(금융자산의 양도가 제거조건을 충족하지 못하거나 지속적 관여 접근법이 적용되면) 관련 문단에 따라 처리한다.
    ㈎ 손상규정에 따라 산정한 금액
    ㈏ 최초 인식금액에서 K-IFRS 1115에 따라 인식한 이익누계액을 차감한 금액
  (2) 신용관련 보증계약 중에는 보증대상자산에 관하여 지급기일에 채무자의 지급불이행으로 인한 위험과 손실을 부담하는 것을 지급전제조건으로 하지 않는 계약도 있다. 예를 들면 특정 신용등급이나 신용지수의 변동에 따라 지급해야 하는 계약이다. 이러한 보증계약은 이 기준서에서 정의하는 금융보증계약도 아니고, K-IFRS 1104에서 정의하는 보험계약도 아니다. 이러한 보증계약은 파생상품으로 발행자는 이에 대해 K-IFRS 1109를 적용한다.
  (3) 재화의 판매와 관련하여 금융보증계약을 체결하였다면, 발행자는 K-IFRS 1115를 적용하여 재화의 판매와 보증에 따른 수익인식시기를 결정한다.
- 보험계약으로 본다는 발행자의 주장은 일반적으로 고객이나 감독기구와의 의사소통, 계약, 관련 문서, 재무제표에서 나타난다. 보험계약에는 다른 형태의 거래(예 은행이나 일반 기업이

발행하는 계약)에 적용하는 회계규정과는 분명히 다른 회계규정의 적용이 흔히 요구된다. 이 경우 보험계약 발행자는 일반적으로 그러한 보험관련 회계규정을 적용하였다는 내용을 재무제표에 포함한다. *[K-IFRS 1109 B2.6]*

03
금융자산과 금융부채의 인식

1 최초 인식

• 금융자산이나 금융부채는 금융상품의 계약당사자가 되는 때에만 재무상태표에 인식한다. *[K-IFRS 1109 문단 3.1.1]*

(1) 최초로 금융자산을 인식하는 때에, **K-IFRS 1109** 문단 4.1.1~4.1.5에 따라 분류하며 문단 5.1.1과 5.1.3에 따라 측정한다.

(2) 최초로 금융부채를 인식하는 때에, **K-IFRS 1109 문단 4.2.1~4.2.2**에 따라 분류하며 문단 5.1.1에 따라 측정한다.

• 문단 3.1.1의 원칙에 따라 파생상품에 따른 모든 계약상 권리와 의무는 재무상태표에 자산과 부채로 각각 인식한다. 다만 금융자산의 양도가 제거 조건을 충족하지 못하게 하는 파생상품은 제외한다. 금융자산의 양도가 제거 조건을 충족하지 못하면, 양수자는 해당 금융자산을 자산으로 인식하지 아니한다. *[K-IFRS 1109 B3.1.1]*

• 다음은 문단 3.1.1의 원칙을 적용하는 예이다. *[K-IFRS 1109 B3.1.2]*

(1) 무조건적인 채권과 채무는 계약의 당사자가 되어 현금을 수취할 법적 권리를 가지거나 현금을 지급할 법적 의무를 부담할 때 자산이나 부채로 인식한다.

(2) 재화나 용역을 매입하거나 매도하는 확정계약에 따라서 취득하는 자산과 부담하는 부채는 일반적으로 당사자 중 적어도 어느 한쪽이 계약을 이행할 때 비로소 인식한다. 예를 들면 확정주문을 받은 기업은 계약시점에는 일반적으로 자산을 인식하지 아니하며(주문한 기업도 부채를 인식하지 아니하며), 주문한 재화를 선적하거나 인도할 때 또는 용역을 제공할 때 비로소 인식한다. 비금융항목을 매입하거나 매도하는 확정계약이 문단 2.4~2.7에 따라 K-IFRS 1109의 적용범위에 포함된다면, 계약일에 계약의 순공정가치를 자산이나 부채로 인식한다. 또 미인식 확정계약을 공정가치위험회피의 위험회피대상항목으로 지정하면 회피대상위험에 따른 순공정가치의 변동은 위험회피의 개시 후에 자산이나 부채로 인식한다.

(3) K-IFRS 1109의 적용범위에 포함되는 선도계약은 결제일이 아닌 계약일에 자산이나 부채로 인식한다. 선도계약의 당사자가 되는 때에 일반적으로 권리와 의무의 공정가치는 같으므로 선도계약의 순공정가치는 영(0)이 된다. 권리와 의무의 순공정가치가 영(0)이

아닌 경우에는 해당 계약은 자산이나 부채로 인식한다.

(4) K-IFRS 1109의 적용범위에 포함되는 옵션계약은 그 보유자나 발행자가 계약의 당사자가 되는 때 자산이나 부채로 인식한다.

(5) 예정된 미래 거래는 그 발생 가능성에 관계없이 자산도 아니고 부채도 아니다. 그 이유는 기업이 현재 계약의 당사자가 된 것이 아니기 때문이다.

사 례 **인식 : 현금 담보** *[K-IFRS 1109 D.1.1.]*

- B사는 A사에게 A사와의 다른 거래(예 유가증권 차입거래)에 대한 담보로 현금을 양도한다. 현금은 A사의 자산과 법률적으로 분리되지 아니한다. A사가 담보로 수취한 현금을 자산으로 인식하여야 하는가?

➡ 자산으로 인식한다. 금융자산은 궁극적으로 금융자산이 현금으로 전환되는 때에 실현되는 것이며, B사가 양도한 현금의 경우 A사가 경제적 효익을 실현하기 위하여 추가 전환이 필요하지 않으므로, 수취한 현금을 자산으로 인식하여야 한다. 따라서 B사는 현금을 제거하고 A사에 대한 채권을 인식하며, A사는 현금을 자산으로 인식하고 B사에 대한 채무를 인식한다.

1.1. 금융자산의 정형화된 매입 또는 매도

- 금융자산의 정형화된 매입 또는 매도는 매매일이나 결제일에 인식하거나 제거한다. *[K-IFRS 1109 문단 3.1.2]*
- 금융자산의 정형화된 매입 또는 매도는 매매일 회계처리방법 또는 결제일 회계처리방법 중 하나를 사용하여 인식한다. 사용한 방법은 같은 방식으로 분류한 금융자산의 매입이나 매도 모두에 일관성 있게 같은 방법을 사용하여 적용한다. 이 경우에 의무적으로 당기손익-공정가치로 측정해야 하는 금융자산은 당기손익-공정가치 측정 금융자산으로 지정한 자산과는 별도의 범주로 구분한다. 또 **문단 5.7.5**의 선택권을 사용하여 회계처리하는 지분상품에 대한 투자도 별도의 범주로 구분한다. *[K-IFRS 1109 문단 B3.1.3]*

보충설명 **가치의 변동에 대하여 차액결제를 요구하거나 허용하는 계약** *[K-IFRS 1109 문단 B3.1.4]*

가치의 변동에 대하여 차액결제를 요구하거나 차액결제를 허용하는 계약은 정형화된 계약이 아니다. 그러한 계약은 매매일과 결제일의 기간 중에 **파생상품**으로 회계처리한다.

보충설명 **문단 5.7.5의 선택권을 사용하여 회계처리하는 지분상품에 대한 투자** *[K-IFRS 1109 문단 5.7.5]*

K-IFRS 1109의 적용범위에 포함되는 지분상품에 대한 투자로서 **단기매매항목이 아니고**, 사업결합에서 취득자가 인식하는 조건부 대가가 아닌 지분상품에 대한 투자의 후속적인 공정가치 변동을 기타포괄손익으로 표시할 수 있다. 이러한 선택은 최초 인식시점에만 가능하며 이후에 취소할 수 없다(외환손익의 지침은 K-IFRS 1109 문단 B5.7.3 참조).

1.1.1. 매매일 회계처리

- 매매일은 자산을 매입하거나 매도하기로 약정한 날을 말한다. 매매일 회계처리방법은 (1) 매매일에 수취할 자산과 그 자산에 대하여 지급할 부채를 인식하는 것 그리고 (2) 매매일에 매도한 자산을 제거하고 처분손익을 인식하며 매입자의 지급할 금액을 채권으로 인식하는 것을 말한다. 일반적으로 소유권을 이전하는 결제일까지는 자산과 그에 대응되는 부채에 이자가 생기지 아니한다. *[K-IFRS 1109 문단 B3.1.5]*

1.1.2. 결제일 회계처리

- 결제일은 자산을 인수하거나 인도하는 날을 말한다. 결제일 회계처리방법은 (1) 자산을 인수하는 날에 자산을 인식하는 것 그리고 (2) 자산을 인도하는 날에 자산을 제거하고 처분손익을 인식하는 것을 말한다. 결제일 회계처리방법을 적용하는 경우에는 이미 취득한 자산에 대한 회계처리와 같은 방법으로 수취할 자산의 공정가치에 대한 모든 변동을 매매일과 결제일의 기간 중에 회계처리한다. 따라서 상각후원가로 측정하는 자산의 가치변동은 인식하지 아니하고, 당기손익-공정가치 측정 금융자산으로 분류한 자산의 가치변동은 당기손익으로 인식하며, 문단 4.1.2A에 따른 기타포괄손익-공정가치 측정 금융자산과 문단 5.7.5에 따라 회계처리하는 지분상품의 투자에 대한 가치변동은 기타포괄손익으로 인식한다. *[K-IFRS 1109 문단 B3.1.6]*

사 례 **정형화된 계약: 조직화된 시장이 없는 경우** *[K-IFRS 1109 B.28]*

- 금융자산을 매입하는 계약이 거래되는 조직화된 시장이 없는 경우에도 해당 계약이 정형화된 계약이 될 수 있는가?
  - ➡ 정형화된 계약이 될 수 있다. K-IFRS 1109에서는 관련 시장의 규정이나 관행에 의하여 일반적으로 설정된 기간 내에 자산을 인도하는 계약조건을 언급하고 있다. 시장(marketplace)은 공식적인 증권거래소나 조직화된 장외시장에만 한정되는 것이 아니며, 금융자산의 관행적인 교환이 이루어지는 환경을 의미한다. 수용 가능한 기간은 거래당사자가 거래를 완료하고 이와 관련된 서류를 준비하고 유효화하는 데에 필요한 합리적이고 관행적인 기간이다. 예를 들어 금융상품의 사모 발행시장도 시장(marketplace)이 될 수 있다.

사 례 **정형화된 계약: 선도계약** *[K-IFRS 1109 B.29]*

- ABC사는 2개월 후에 M사의 보통주 1백만주를 주당 10원에 매입하는 선도계약을 체결하였다. 해당 계약은 개인과 체결되었으며, 거래소를 통하여 체결된 것은 아니다. 계약에 따라 ABC사는 주식을 수취하며, 거래상대방에게 10백만원의 현금을 지급하여야 한다. M사의 주식은 공개된 활성시장에서 1일 평균 100,000주가 거래되고 있다. 정형화된 거래의 인도기간은 3일이다. 해당 선도계약을 정형화된 계약으로 볼 수 있는가?

  ➡ 정형화된 계약으로 볼 수 없으며, 해당 계약은 파생상품으로 회계처리한다. 해당 계약을 관련 시장의 규정이나 관행에 의해 설정된 방법으로 결제하지 않기 때문이다.

사 례 **정형화된 계약: 어떠한 관행적인 결제규정을 적용하는가?** *[K-IFRS 1109 B.30]*

- 특정 기업의 금융상품이 2개 이상의 활성시장에서 거래되고 여러 활성시장의 결제규정이 서로 다른 경우에 이러한 금융상품을 매입하는 계약이 정형화된 계약인지를 어떠한 규정에 따라 평가하여야 하는가?

  ➡ 실제로 매입이 이루어지는 시장의 규정을 적용한다.

〈사례〉

- XYZ사는 미국의 증권거래소에 상장된 ABC사의 주식 1백만주를 중개인을 통하여 매입하였으며, 계약의 결제일은 6 영업일 후이다. 미국 증권거래소에 상장된 지분상품의 거래는 관행적으로 3 영업일 후에 결제된다. 거래가 6 영업일 후에 결제되기 때문에 해당 거래는 정형화된 거래에 해당하지 아니한다.
- 그러나 XYZ사가 관행적인 결제기간이 6 영업일인 외국의 거래소에서 같은 거래를 한다면 해당 계약은 정형화된 거래에 해당할 것이다.

사 례 **정형화된 계약: 콜옵션에 따른 주식매입** *[K-IFRS 1109 B.31]*

- A사는 향후 3개월 동안 언제든지 XYZ사 주식 100주를 주당 100원에 매입할 수 있는 콜옵션을 공개시장에서 매입하였다. A사가 해당 옵션을 행사하는 경우에는 옵션시장의 규정이나 관행에 따라 14일 이내에 결제하여야 한다. XYZ사 주식은 3일의 결제기간이 필요한 활성공개시장에서 거래되고 있다. 옵션의 행사에 의하여 주식을 매입하는 거래가 정형화된 거래인가?

  ➡ 정형화된 거래이다. 옵션의 결제는 옵션시장의 규정이나 관행에 따라 이루어진다. 따라서 14일 이내에 주식을 인도함으로써 결제하는 것은 정형화된 거래이기 때문에, 옵션을 행사하면 해당 거래는 더는 파생상품으로 회계처리하지 아니한다.

사 례 **매매일 회계처리방법이나 결제일 회계처리방법을 사용한 금융부채의 인식 및 제거** *[K-IFRS 1109 B.32]*

- K-IFRS 1109에는 매매일 회계처리방법이나 결제일 회계처리방법을 사용하여 금융자산을 인식하고 제거하는 것에 대한 특별한 규정이 있다. 이러한 규정을 금융부채로 분류하는 금융상품의 거래(예 예금부채와 단기매매금융부채의 거래)에도 적용하는가?

➡ 적용하지 아니한다. K-IFRS 1109에는 금융부채로 분류하는 금융상품의 거래에 대한 매매일 회계처리방법 및 결제일 회계처리방법과 관련된 구체적인 요구사항이 없다. 따라서 K-IFRS 1109 문단 3.1.1과 3.3.1의 일반적인 인식과 제거의 요구사항을 적용한다. K-IFRS 1109의 문단 3.1.1에서 금융부채는 '금융상품의 계약당사자가 되는 때에만' 인식한다고 기술하고 있다. 계약당사자 중 한쪽이 이행하지 아니한 계약인 경우나 K-IFRS 1109의 적용범위에 포함되는 파생상품이 아닌 경우에 해당 계약은 일반적으로 인식하지 아니한다. K-IFRS 1109의 문단 3.3.1는 금융부채가 소멸한 경우(계약상 의무가 이행되거나 취소되거나 만료된 경우)에만 금융부채를 제거하는 것으로 규정하고 있다.

예제 18 매매일 회계와 결제일 회계 *[K-IFRS 1109 D.2.1]*

2X01년 12월 29일에 금융자산을 약정(매매)일의 공정가치인 ₩1,000에 매입하는 계약을 체결하였다. 거래원가는 중요하지 아니하다. 2X01년 12월 31일(회계연도말)과 2X02년 1월 4일(결제일)에 자산의 공정가치는 각각 ₩1,002과 ₩1,003이다.

요구사항

1. 상기 금융자산이 상각후원가로 측정하는 금융자산인 경우 매매일, 보고기간말, 결제일의 회계처리를 매매일 회계와 결제일 회계로 구분하여 나타내라.
2. 상기 금융자산이 기타포괄손익—공정가치 측정 금융자산인 경우 매매일, 보고기간말, 결제일의 회계처리를 매매일 회계와 결제일 회계로 구분하여 나타내라.
3. 상기 금융자산이 당기손익-공정가치 측정 금융자산 경우 매매일, 보고기간말, 결제일의 회계처리를 매매일 회계와 결제일 회계로 구분하여 나타내라.

해설

1. 상각후원가로 측정하는 금융자산

	매매일 회계			결제일 회계		
2X01.12.29.	(차) 금융자산	1,000		분개 없음		
	(대) 금융부채		1,000			
2X01.12.31.	분개 없음			분개 없음		
2X02.01.04.	(차) 금융부채	1,000		(차) 금융자산	1,000	
	(대) 현금		1,000	(대) 현금		1,000

2. 기타포괄손익—공정가치 측정 금융자산

	매매일 회계			결제일 회계		
2X01.12.29.	(차) 금융자산	1,000		분개 없음		
	(대)금융부채		1,000			
2X01.12.31.	(차) 금융자산	2		(차) 수취채권	2	
	(대)기타포괄손익		2	(대) 기타포괄손익		2
2X02.01.04.	(차) 금융부채	1,000		(차) 금융자산	1,002	
	(대)현금		1,000	(대) 현금		1,000
				수취채권		2
	(차) 금융자산	1		(차) 금융자산	1	
	(대)기타포괄손익		1	(대) 기타포괄손익		1

3. 당기손익—공정가치 측정 금융자산

	매매일 회계			결제일 회계		
2X09.12.25.	(차) 금융자산	1,000		분개 없음		
	(대)금융부채		1,000			
2X09.12.31.	(차) 금융자산	2		(차) 수취채권	2	
	(대)당기손익		2	(대) 당기손익		2
2X10.01.05.	(차) 금융부채	1,000		(차) 금융자산	1,002	
	(대)현금		1,000	(대) 현금		1,000
				수취채권		2
	(차) 금융자산	1		(차) 금융자산	1	
	(대)당기손익		1	(대) 당기손익		1

예제 19 결제일회계 : 비현금 금융자산의 교환 *[K-IFRS 1109 D.2.3]*

12월말 결산법인인 A회사는 2X02년 12월 29일(매매일)에 다음과 같은 계약을 체결하였다.

- 받을어음(상각후원가를 장부금액으로 평가) : 매도
- 사채(단기매매금융자산 정의를 충족하고 공정가치로 측정) : 받을어음 매도대가로 수취

2X02년 12월 29일일 현재 받을어음의 상각후원가는 ₩1,000이고, 두 자산의 공정가치는 모두 ₩1,010이다. 한편, 받을어음과 사채의 회계처리 및 공정가치는 다음과 같다.

회계처리	받을어음 결제일 회계	사채 매매일 회계
2X02년 12월 29일 공정가치	₩1,010	₩1,010
2X02년 12월 31일 공정가치	₩1,012	₩1,009
2X03년 1월 4일(결제일) 공정가치	₩1,013	₩1,007

요구사항

상기와 같이 받을어음에 대해서는 결제일회계를 적용하고 사채에 대해서는 매매일회계를 적용하는 경우 2X02년 12월 29일, 2X02년 12월 31일, 2X03년 1월 4일의 회계처리를 나타내라.

해설

수취할 사채는 단기매매금융자산이므로 매매일회계를 적용하는 경우 수취할 자산을 매매일에 인식한다. 이러한 경우에 결제일에 인도할 금융자산의 장부금액과 동일한 금액을 부채로 인식한다. A회사의 회계처리는 다음과 같다.

일자	차변	금액	대변	금액
2X09.12.29.	(차) 사채 [주1)]	1,010	(대) 미지급금 [주2)]	1,010

주1) 매매일회계를 적용하므로 매매일에 인식함.

주2) 받을어음은 결제일 회계를 적용하므로 제거하지 않고 지급하여야 할 의무를 금융부채인 미지급금으로 인식함.

일자	차변	금액	대변	금액
2X09.12.31.	(차) 평가손실 [주3)]	1	(대) 사채	1

주3) 사채 공정가치의 변동
₩1,010(원가) − ₩1,009(2X09년 12월 31일 공정가치) = ₩1

일자	차변	금액	대변	금액
2X10.01.04.	(차) 미지급금	1,010	(대) 받을어음	1,000
			받을어음처분이익	10
	(차) 평가손실 [주4)]	2	(대) 사채	2

주4) 사채 공정가치의 변동
₩1,009(2X09년 12월 31일 공정가치) − ₩1,007(2X10년 12월 31일 공정가치) = ₩2

04
금융자산의 제거

- **제거**란 인식의 반대개념으로 이미 인식된 금융자산을 **재무상태표에서 삭제**하는 것을 말한다.
- 금융자산의 제거가 다른 유형의 자산과는 달리 복잡한 단계의 접근법이 적용되는 이유는 금융자산의 특징 때문이다. 다른 유형의 자산은 현금흐름과 관련이 있으나 자산 그 자체가 현금을 의미하지는 않고, 자산과 현금흐름이 물리적으로 연관성이 있기 때문에 제거에 대한 이슈가 그리 아주 복잡하지는 않다.
- 그러나 금융자산은 현금흐름과 관련성이 매우 높은 자산(현금 포함)이므로 여러 개로 분할 또는 다양한 금융기법에 따라 거래를 할 수 있다. 따라서 금융자산의 양도(transfer)가 해당 금융자산의 현금흐름에 대하여 다양한 영향을 미칠 수 있으므로 여러 단계의 접근법이 대두된 것이다.

1 금융자산의 제거 적용 단계

- 다음은 금융자산의 제거 여부와 제거 정도를 평가하는 방법의 순서도이다. *[K-IFRS 1109 문단 B3.2.1]*

| 제거 적용 단계 순서도(이하 "제거 순서도"라 한다) |

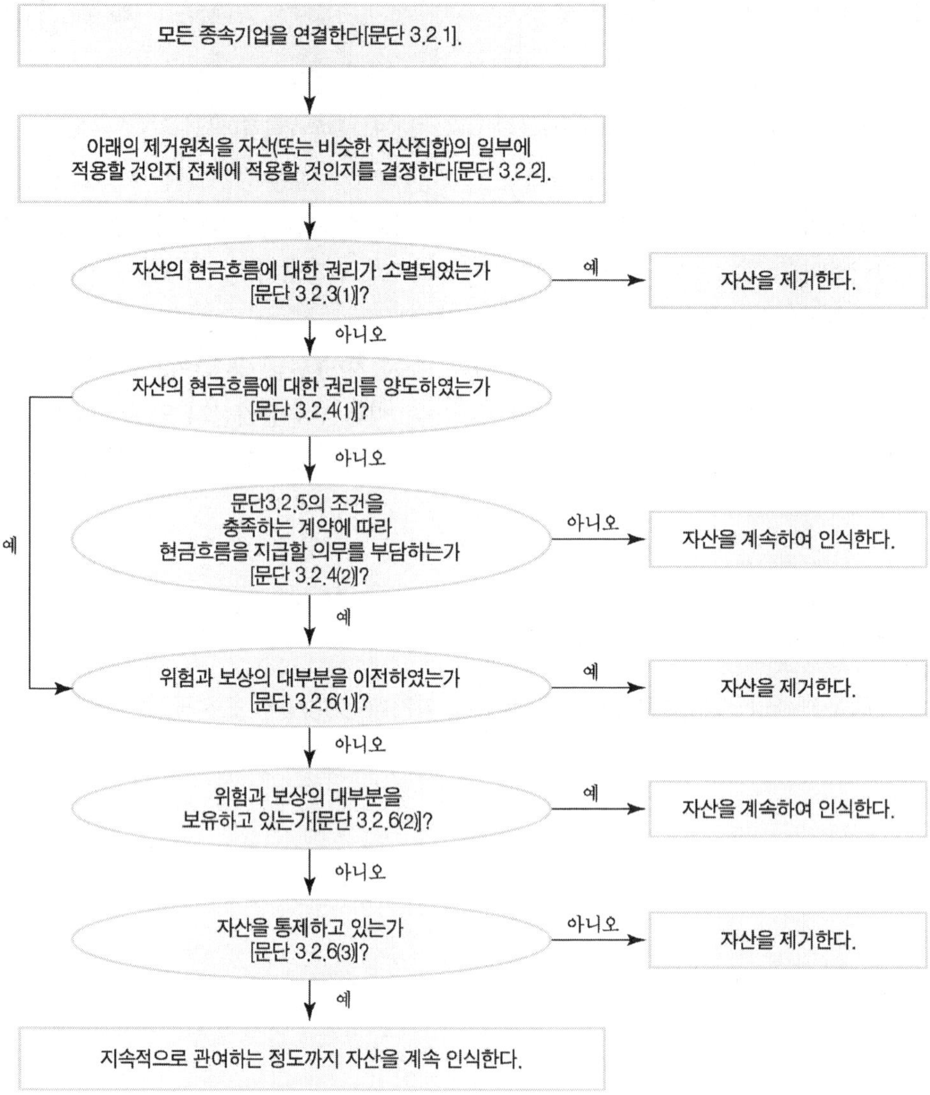

1.1. 모든 종속기업을 연결

- 연결재무제표를 작성하는 경우에 **문단 3.2.2~3.2.9, B3.1.1, B3.1.2, B3.2.1~B3.2.17**은 연결 관점에서 적용한다. 따라서 K-IFRS 1110에 따라 모든 종속기업을 연결한 후 해당 연결실체에 이러한 문단을 적용한다. *[K-IFRS 1109 문단 3.2.1]*

1.2. 금융자산의 일부가 제거 대상이 되는지 판단

- 제거 여부와 제거 정도의 적정성을 평가하기 전에 제거 조건을 금융자산(또는 비슷한 금융자산의 집합)의 **일부에 적용하여야** 하는지 아니면 **전체에 적용**하여야 하는지를 **다음과 같이** 결정한다.
[K-IFRS 1109 문단 3.2.2]

(1) 제거 대상이 **다음 세 가지 조건 중 하나를 충족하는 경우**에만 금융자산(또는 비슷한 금융자산의 집합)의 **일부**에 대하여 제거조건을 적용한다.

㈎ 제거 대상이 금융자산(또는 비슷한 금융자산의 집합)의 현금흐름에서 **식별된 특정 부분**만으로 구성된다. 예를 들면 이자율스트립채권 계약에서 거래상대방이 채무상품의 현금흐름 중 원금에 대한 권리는 없고 이자 부분에 대한 권리만 있는 경우에는 제거조건을 이자 부분에 적용한다.

㈏ 제거 대상이 금융자산(또는 비슷한 금융자산의 집합)의 현금흐름에 **완전히 비례하는 부분**만으로 구성된다. 예를 들면 거래상대방이 채무상품의 현금흐름 중 90%에 대한 권리를 가지는 계약을 체결하는 경우에는 제거조건을 현금흐름의 90%에 적용한다. 둘 이상의 거래상대방이 있는 경우라도 양도자가 현금흐름 중 완전히 비례하는 부분을 보유하고 있다면, 각 거래상대방이 현금흐름 중 비례하는 부분을 보유하여야 하는 것은 아니다.

㈐ 제거 대상이 금융자산(또는 비슷한 금융자산의 집합)의 현금흐름에서 **식별된 특정 부분 중 완전히 비례하는 부분**만으로 구성된다. 예를 들면 거래상대방이 채무상품의 현금흐름 중 이자 부분의 90%에 대한 권리를 가지는 계약을 체결하는 경우에는 거래조건을 해당 이자 부분의 90%에 적용한다. 둘 이상의 거래상대방이 있는 경우라도 양도자가 현금흐름 중 완전히 비례하는 부분을 보유하고 있다면, 각 거래상대방이 특정하여 식별된 현금흐름 중 비례하는 부분을 보유하여야 하는 것은 아니다.

(2) 위 (1) **외의 모든 경우**에는 제거조건을 **금융자산(또는 비슷한 금융자산의 집합)의 전체**에 적용한다. 예를 들면 ㈎ 금융자산(또는 비슷한 금융자산의 집합)에서 회수되는 현금 중 처음이나 마지막 90%에 대한 권리를 양도하거나 ㈏ 수취채권 집합의 현금흐름 중 90%에 대한 권리를 양도하면서 매입자에게 수취채권 원금의 8%까지 신용손실을 보상하기로 하는 지급보증을 제공하는 경우에는, 제거조건을 해당 금융자산(또는 비슷한 금융자산의 집합)의 전체에 적용한다.

| 금융자산의 일부에 대해서만 제거를 적용하기 위한 조건 |

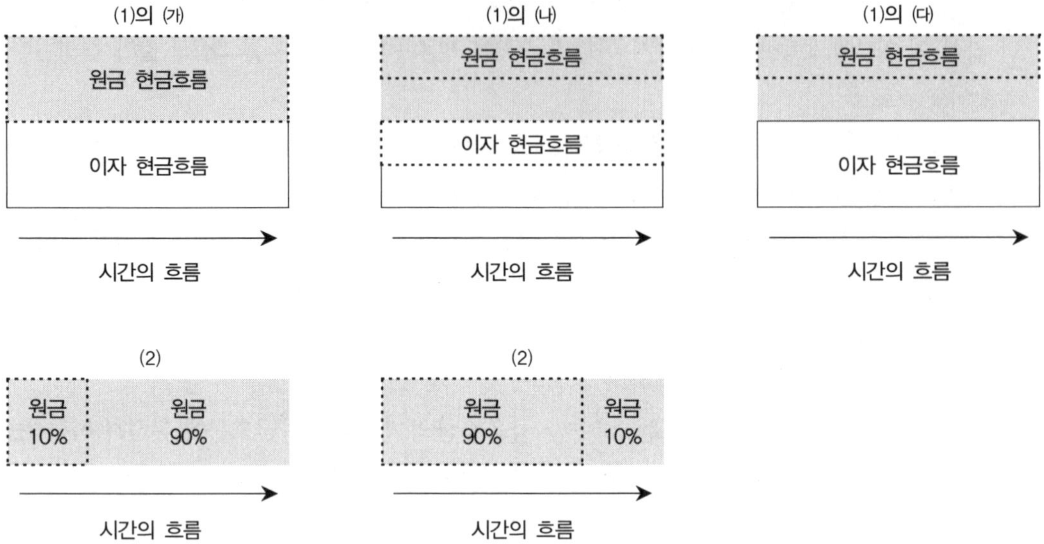

예제 20 금융자산의 일부 또는 전체의 제거

다음 상황은 각각 독립적이다.

<상황 1>

A회사는 ₩1,000,000의 공정가치를 가지는 금융자산의 현금흐름 중 최초 ₩800,000에 해당되는 부분을 양도하는 계약을 체결하였다.

<상황 2>

A회사는 수취채권 그룹의 현금흐름 중 90%에 해당되는 권리를 양도하는 계약을 체결하면서 그 수취채권 원금의 9%까지 신용손실에 대하여 양수자에게 보상하기로 하는 guarantee 조항을 삽입하였다.

요구사항

각 상황에 대하여 금융자산의 일부 또는 전체 제거 여부를 판단하라.

해설

<상황 1>

이 경우 A회사는 해당 부분에 대해서 제거 여부를 적용할 수 없다. 왜냐하면, 현금흐름의 첫 번째 ₩800,000은 해당 금융자산 중 어느 부분의 현금흐름인지가 식별 가능하지 않으며(즉, 특정 현금흐름이 아니며), 전체 현금흐름과 완전히 비례하지도 않기 때문이다. 따라서, 전체자산에 대하여 제거조건이 적용되어야 한다. 마지막 ₩800,000에 해당되는 부분을 양도하는 계약을 체결하여도 동일하다.

<상황 2>

이 경우 A회사는 수취채권 그룹의 현금흐름 중 90%를 양도하였지만 guarantee조항이 있다는 것은 A회사가 양도로 받은 대가 중 일부를 다시 지급하여야 할 의무가 있다는 것을 의미한다. 따라서, 전체자산에 대하여 제거조건이 적용되어야 한다.

1.3. 금융자산 제거 조건

• 다음 중 하나에 해당하는 경우에만 금융자산을 제거한다(금융자산의 정형화된 매도는 문단 3.1.2 참조). *[K-IFRS 1109 문단 3.2.3]*

(1) 금융자산의 현금흐름에 대한 **계약상 권리가 소멸**한 경우

(2) K-IFRS 1109 문단 3.2.4와 3.2.5에 따라 **금융자산을 양도**하며 그 양도가 K-IFRS 1109 문단 3.2.6에서 규정한 **제거의 조건을 충족**하는 경우

1.4. 양도 여부

• 금융자산의 양도는 다음 중 하나의 경우에만 해당된다. *[K-IFRS 1109 문단 3.2.4]*

(1) 금융자산의 현금흐름을 **수취할 계약상 권리**를 양도하는 경우

(2) 금융자산의 현금흐름을 **수취할 계약상 권리를 보유**하고 있으나, 해당 현금흐름을 **K-IFRS 1109 문단 3.2.5**의 조건을 충족하는 계약에 따라 하나 이상의 수취인에게 지급할 계약상 의무를 부담하는 경우(이를 pass-through라 한다)

• 금융자산('최초자산')의 현금흐름을 수취할 계약상 권리를 갖고 있으나 해당 현금흐름을 하나 이상의 거래상대방('최종 수취인')에게 **지급할 계약상 의무를 부담하는 경우**에 그 거래가 **다음 세 가지 조건을 모두 충족하는 경우에만 양도거래**로 본다. *[K-IFRS 1109 문단 3.2.5]*

(1) 최초 자산에서 최종 수취인에게 지급할 금액에 상응하는 금액을 회수하지 못한다면, 그 금액을 최종 수취인에게 지급할 의무가 없다. 양도자가 그 상당액을 단기간에 선급하면서 시장이자율에 따른 이자를 포함한 원리금을 전액 상환받는 권리를 가지는 경우에도 이 조건을 충족한다.

(2) 현금흐름을 지급할 의무를 이행하기 위해 최종 수취인에게 담보물로 제공하는 경우를 제외하고는, 양도자는 양도계약의 조건때문에 최초 자산을 매도하거나 담보물로 제공하지 못한다.

(3) 양도자는 최종 수취인을 대신해서 회수한 현금을 중요하게 지체하지 않고 최종 수취인에게 지급할 의무가 있다. 또 양도자는 해당 현금을 재투자할 권리가 없다. 다만 현금 회수

일부터 최종 수취인에게 지급하기까지의 단기결제유예기간에 현금이나 현금성자산(K-IFRS 1007 '현금흐름표'에서 정의함)에 투자하고 이러한 투자에서 생긴 이자를 최종 수취인에게 지급하는 경우는 제외한다.

- K-IFRS 1109 문단 3.2.4(2)에서 설명한 상황, 즉 금융자산의 현금흐름에 대한 계약상 권리를 보유하고 있으나, 하나 이상의 수취인에게 현금흐름을 지급할 계약상 의무를 부담하는 경우에 대해 예를 들면, 신탁기업이 소유하고 있는 금융자산을 기초자산으로 하여 그에 대한 수익지분을 투자자에게 발행하고, 해당 금융자산에 대한 관리용역을 제공할 때 생긴다. 이 경우 K-IFRS 1109 문단 3.2.5와 3.2.6의 조건을 충족한다면 해당 금융자산은 제거의 조건을 충족하는 것이다. *[K-IFRS 1109 B3.2.2]*
- K-IFRS 1109 문단 3.2.5를 적용하는 기업의 예는 다음과 같다. *[K-IFRS 1109 B3.2.3]*
  (1) 금융자산을 발생시킨 당사자
  (2) 금융자산을 취득하고 그 금융자산의 현금흐름을 독립적인 제3의 투자자에게 지급하는 종속기업을 포함한 연결실체

1.5. 양도 후 위험과 보상의 이전 여부

- 금융자산을 양도한 경우에 양도자는 금융자산의 소유에 따른 위험과 보상의 보유 정도를 평가하여 다음과 같이 회계처리한다. *[K-IFRS 1109 문단 3.2.6]*

1.5.1. 양도자가 금융자산의 소유에 따른 위험과 보상의 대부분을 이전하는 경우

- **양도자**가 금융자산의 소유에 따른 **위험과 보상의 대부분을 이전**한다면, 해당 금융자산을 **제거**하고 양도하여 생기거나 갖게 된 권리와 의무는 각각 자산과 부채로 인식한다. *[K-IFRS 1109 문단 3.2.6(1)]*
- 양도자가 소유에 따른 위험과 보상의 대부분을 이전하는 경우의 예는 다음과 같다.
  (1) 금융자산을 **아무런 조건 없이** 매도한 경우
  (2) 양도자가 매도한 금융자산을 **재매입시점의 공정가치로 재매입할 수 있는 권리**를 보유하고 있는 경우
  (3) 양도자가 매도한 금융자산에 대한 **콜옵션**을 보유하고 있거나 양수자가 해당 금융자산에 대한 **풋옵션**을 보유하고 있지만, 해당 콜옵션이나 풋옵션이 **현재까지 깊은 외가격 상태**이기 때문에 만기 이전에 해당 옵션이 **내가격 상태가 될 가능성이 매우 낮은 경우** *[K-IFRS 1109 B3.2.4]*
- 양도자가 금융자산을 양도한 결과 해당 자산의 소유에 따른 위험과 보상의 대부분을 이전하였다고 판단한 경우에 이후에 새로운 거래로 양도한 자산을 **재취득하는 경우가 아니라면** 해당 금융자산을 **다시 인식하지 아니한다.** *[K-IFRS 1109 B3.2.6]*

1.5.2. 양도자가 금융자산의 소유에 따른 위험과 보상의 대부분을 보유하는 경우

- **양도자**가 금융자산의 소유에 따른 **위험과 보상의 대부분을 보유**한다면, 해당 금융자산을 **계속 인식**한다. *[K-IFRS 1109 문단 3.2.6(2)]*
- 양도자가 소유에 따른 위험과 보상의 대부분을 보유하는 경우의 예는 다음과 같다.
  (1) 양도자가 매도 후에 **미리 정한 가격으로 또는 매도가격**에 양도자에게 금전을 대여하였더라면 그 대가로 받았을 **이자수익을 더한 금액**으로 양도자산을 **재매입**하는 거래의 경우
  (2) **유가증권대여계약**을 체결한 경우
  (3) **시장위험 익스포저를 양도자에게 다시 이전**하는 **총수익스왑** 체결과 함께 금융자산을 매도한 경우
  (4) 양도자가 매도한 금융자산에 대한 **콜옵션**을 보유하고 있거나 양수자가 해당 금융자산에 대한 **풋옵션**을 보유하고 있으며, 해당 콜옵션이나 풋옵션이 **현재까지 깊은 내가격 상태**이기 때문에 만기 이전에 해당 옵션이 외가격 상태가 될 가능성이 매우 낮은 경우
  (5) 양도자가 **발생 가능성이 높은 신용손실의 보상을 양수자에게 보증**하면서 **단기 수취채권**을 매도한 경우 *[K-IFRS 1109 B3.2.5]*

1.5.3. 위험과 보상의 이전 여부 판단

- 위험과 보상의 이전 여부(K-IFRS 1109 문단 3.2.6 참조)는 양도자산의 순현금흐름의 금액과 시기의 **변동**에 대한 **양도 전 · 후 양도자의 익스포저**를 비교하여 평가한다. *[K-IFRS 1109 문단 3.2.7]*
- 금융자산의 **미래 순현금흐름의 현재가치 변동**에 대한 **양도자의 익스포저**가 양도의 결과 **유의적으로 달라지지 않는다면(예 양도자가 확정가격이나 매도가격에 대여자의 이자수익을 더한 금액으로 재매입하기로 하고 금융자산을 매도한 경우)**, 양도자는 금융자산의 소유에 따른 위험과 보상의 대부분을 보유하고 있는 것이다. *[K-IFRS 1109 문단 3.2.7]*
- 그러나 금융자산과 관련된 미래 순현금흐름 현재가치의 변동성과 비교하여 해당 금융자산의 미래 순현금흐름의 현재가치 변동에 대한 **양도자의 익스포저가 더는 유의적이지 않다면[예 재매입 시점의 공정가치로 재매입할 수 있는 선택권을 가지면서 금융자산을 매도한 경우 또는 계약상 더 큰 금융자산의 현금흐름에 완전히 비례하는 부분을 양도(예 대출채권의 공동인수 후 분할)하되 그 거래가 K-IFRS 1109 문단 3.2.5의 조건을 충족하는 경우]**, 양도자는 금융자산의 소유에 따른 위험과 보상의 대부분을 이전한 것이다. *[K-IFRS 1109 문단 3.2.7]*
- 소유에 따른 위험과 보상의 대부분을 이전하였는지 아니면 보유하고 있는지가 명백하여 별도의 계산이 불필요한 경우가 흔히 있다. 한편 미래 순현금흐름의 현재가치 변동에 대한 **양도 전 · 후 양도자의 익스포저를 계산하여 비교할 필요가 있는 경우**가 있을 것이다. 이때 **적절한 현행 시장이자율**을 할인율로 사용하여 양도자의 익스포저 정도를 계산하고 비교한다. **가능성이 어느 정도 있는 모든 순현금흐름 변동을 고려하되 발생 가능성이 더 높은 결과에 비중을 더 둔다.**

[K-IFRS 1109 문단 3.2.8]

• 양도자가 양도자산을 통제하고 있는지는 **양수자가 그 자산을 매도할 수 있는 능력을 가지는지**에 따라 결정한다. 양수자가 **자산 전체를 독립된 제3자에게 매도할 수 있는 실질적 능력**을 가지고 있으며 **양도에 추가 제약을 할 필요 없이 그 능력을 일방적으로 행사할 수 있다면, 양도자는 양도자산에 대한 통제를 상실**한 것이다. **이 경우 외**에는 **양도자가 양도자산을 통제**하고 있는 것이다.

[K-IFRS 1109 문단 3.2.9]

보충설명 대부분(substantially)의 의미

K-IFRS 1109에서는 금융자산 제거시 위험과 보상의 '대부분(substantially)'의 명확한 기준을 제시하고 있지 않다. 이에 대해서 해외 자료에서는 금융부채 제거시 판단기준을 유추 해석하는 것으로 보인다.
K-IFRS 1109 문단 3.3.2에서는 기존 차입자와 대여자가 **실질적으로 다른 조건**으로 채무상품을 교환한 경우, 최초의 금융부채를 제거하고 새로운 금융부채를 인식하도록 하고 있다. 한편, K-IFRS 1109 B3.3.6에서는 K-IFRS 1109 문단 3.3.2을 적용할 때 새로운 조건에 따른 현금흐름의 현재가치와 최초 금융부채의 잔여현금흐름의 현재가치의 차이가 적어도 10% 이상이라면, 계약조건이 실질적으로 달라진 것으로 보고 있다.
K-IFRS 1109에서는 금융자산의 제거시 '대부분'의 판단기준으로 90% 기준을 사용하고 있지는 않지만 K-IFRS 1109 문단 3.3.2를 유추해석하여, 예상미래현금흐름에 대한 현재가치의 변동 정도에 대하여 양도자가 그 변동위험에 10% 이상 노출되어 있다면(즉, 변동위험을 90%를 넘게 이전하지 못하였다면) 양도자가 위험과 보상의 대부분을 이전하였다고 보기는 어려울 것이다.
예를 들어, A회사는 ₩2,000의 명목금액을 지닌 30일 만기 수취채권 포트폴리오를 제3자에게 판매하였다. A회사는 수취채권 포트폴리오의 1.25%까지 **최초 손실**에 대해서 보증하고 있다. 과거 10년 동안의 유사한 수취채권의 평균손실은 2%였다.
기대손실이 ₩40이고 A회사는 ₩25만큼 보증하였기 때문에, A회사는 기대손실의 62.5% (25/40)를 보증한 것이므로 소유에 따른 위험과 보상의 대부분을 보유하고 있는 것처럼 보일 수 있다. 그러나 위험과 보상의 이전은 이와 같이 기대손실의 대부분을 누가 보유하고 있느냐로 구해서는 아니되며 양도자산의 순현금흐름의 **금액과 시기의 변동**에 대한 **양도 전·후 양도자의 익스포저**를 비교하여 평가하여야 한다.
상기 예에서 A회사는 보증을 함으로써 수취채권의 후순위 부분을 사실상 보유하게 된다. 만약 후순위 부분이 순현금흐름의 발생 가능한 변동의 모두를 흡수한다면, A회사는 소유에 따른 위험과 보상을 보유하게 되는 것이며 계속하여 수취채권을 인식할 것이다. 그러나 상기 예에서는 상황이 다르다. 그러므로 위험과 보상 분석을 수행하기 위하여, **현재가치 기준으로 양도 전·후 순현금흐름의 금액과 시기의 변동을 결정할 필요가 있다**. 이를 위해서 다음과 같은 방법을 적용하여야 한다.
(1) ₩2,000의 수취채권 포트폴리오로부터의 현금흐름의 여러 시나리오를 모델링하여 양도 이전에 현금흐름의 금액 및 시기의 변동분을 반영하도록 한다.

(2)각 시나리오에서, 현금흐름의 현재가치를 현행 시장이자율을 사용하여 계산한다.
(3)발생하리라고 합리적으로 기대되는 모든 순현금흐름의 변동을 고려하여 각 시나리오에 확률을 반영한다.
(4)순현금흐름의 금액과 시기상의 총 변동을 반영하도록 기대 변동을 계산한다.
상기 단계는 양도 후에 남아 있는 현금흐름에 대해서 반복적으로 적용된다.
마지막으로, 양도의 결과로 현금흐름의 금액 및 시기의 중요한 변동이 있는지를 결정하기 위하여 양도 후의 기대변동을 양도 이전의 변동과 비교한다. 만약, 그 변동이 중요하지 않으면, 소유에 따른 위험과 보상의 대부분의 이전이 없다고 결론내릴 수 있다. 만약 그 변동이 중요하면, 소유에 따른 위험과 보상의 대부분이 이전되었다고 결론내릴 수 있다.

1.6. 위험과 보상의 대부분을 보유하지도 아니하고 이전하지도 아니하는 경우

1.6.1. 통제 여부에 따라 지속적 관여 접근법 적용

- 양도자가 금융자산의 소유에 따른 위험과 보상의 대부분을 보유하지도 이전하지도 않는다면, 양도자가 해당 금융자산을 **통제하는지를 판단**하여 다음과 같이 회계처리한다.
  (1) 양도자가 금융자산을 **통제하고 있지 않다면, 해당 금융자산을 제거**하고 양도하여 생기거나 보유하게 된 권리와 의무는 각각 자산과 부채로 인식한다.
  (2) 양도자가 금융자산을 **통제하고 있다면**, 해당 금융자산에 **지속적으로 관여하는 정도**까지 그 금융자산을 계속 인식한다. *[K-IFRS 1109 문단 3.2.6(3)]*

1.6.2. 금융자산에 대한 통제 판단 원칙

- **양수자**가 **양도자산을 매도할 수 있는 실질적인 능력을 보유**하고 있다면, 양도자가 양도자산에 대한 **통제를 상실**한 것이다. *[K-IFRS 1109 B3.2.7]*
- **양수자**가 **양도자산을 매도할 수 있는 실질적인 능력을 보유하고 있지 않다면**, 양도자가 양도자산에 대한 **통제를 보유**하고 있는 것이다. *[K-IFRS 1109 B3.2.7]*

1.6.3. 양수자가 양도자산을 매도할 수 있는 실질적인 능력을 보유하고 있는 경우

가. 활성시장의 존재 여부

- **양도자산이 활성시장에서 거래된다면** 양도자에게 자산을 돌려줄 필요가 있을 때 양수자가 시장에서 양도자산을 재매입할 수 있기 때문에 양수자는 양도자산을 매도할 수 있는 실질적인 능력을 보유한 것이다. 예를 들면 양도자가 양도자산을 재매입할 수 있는 옵션을 보유하고 있으나, 해당 옵션을 행사하더라도 양수자가 시장에서 해당 양도자산을 쉽게 매입할 수 있

다면, 양수자는 양도자산을 매도할 수 있는 실질적인 능력을 보유하고 있다고 볼 수 있다. *[K-IFRS 1109 B3.2.7]*

- 양도자가 양도자산을 재매입할 수 있는 옵션을 보유하고 있으며, 해당 옵션을 행사할 경우 **양수인이 시장에서 해당 양도자산을 쉽게 매입할 수 없다면, 양수자는 양도자산을 매도할 수 있는 실질적인 능력을 보유하고 있지 않다.** *[K-IFRS 1109 B3.2.7]*

나. 양수자가 양도자산 전체를 제3자에게 자유롭게 처분할 수 있는지 여부

- **양수자**가 양도자산 **전체**를 **독립적인 제3자에게 매도할 수** 있고, **양도할 때 추가 제약조건을 부가하지 않으면서** 그러한 능력을 **일방적으로 행사할 수 있다면**, 양수자는 **양도자산을 매도할 수 있는 실질적인 능력을 보유**한 것이다. *[K-IFRS 1109 B3.2.8]*
- 여기서 중요한 것은 양도자산에 대하여 양수자가 가지고 있는 계약상 권리나 존재하는 계약상 금지조항이 아니라 **양수자**가 양도자산에 대하여 **실질적으로 무엇을 할 수 있느냐**이다. 특히 이와 관련하여 다음 사항을 고려할 필요가 있다. *[K-IFRS 1109 B3.2.8]*
  (1) 양도자산을 **거래할 수 있는 시장이 없다면** 양도자산을 처분할 수 있는 **계약상 권리는 실질적으로 거의 효과가 없다.**
  (2) 양도자산을 **자유롭게 처분할 수 없다면**, 양도자산을 처분할 수 있는 **능력은 실질적으로 거의 효과가 없다.** 따라서 양수자가 양도자산을 자유롭게 처분할 수 있는 능력을 보유하기 위해서는 다음 두 가지 조건을 모두 충족해야 한다.
    ㈎ 양도자산을 처분할 수 있는 양수자의 능력은 다른 기업의 행동에 독립적이어야 한다. 즉, 일방적인 능력이어야 한다.
    ㈏ 양수자가 양도할 때에 제약조건이나 부대조건(예 대여금에 관리용역이 제공되는 방법에 대한 조건이나 양수자에게 자산을 재매입할 수 있는 권리를 부여하는 옵션)을 부가할 필요 없이 양도자산을 처분할 수 있어야 한다.

1.6.4. 양수자가 양도자산을 매도할 수 있는 실질적인 능력을 보유하고 있지 않은 경우

가. 양수자가 양도자산을 매도할 가능성이 낮다는 사실 그 자체의 영향 여부

- 양수자가 양도자산을 **매도할 가능성이 낮다는 사실 자체**가 양도자가 양도자산에 대한 **통제를 보유하고 있다는 것을 의미하지는 않는다.** *[K-IFRS 1109 B3.2.9]*

나. 양수자가 양도자산을 매도하는 데 제약이 있는 경우

- 그러나 **풋옵션이나 보증 때문에 양수자가 양도자산을 매도하는 데에 제약이 있다면, 양도자는 양도자산에 대한 통제를 보유**하고 있는 것이다. 예를 들면 풋옵션이나 보증의 가치가 충분하다면 양

수자가 실질적으로 비슷한 옵션이나 그 밖의 제약조건을 부가하지 않고 양도자산을 제3자에게 매도하지는 않을 것이므로, 그러한 풋옵션이나 보증 때문에 양수자는 양도자산을 매도하지 않을 것이다. 그 대신 양수자는 보증이나 풋옵션이 있는 지급액을 수취하기 위하여 양도자산을 보유하려고 할 것이다. 이 경우 **양도자**는 양도자산에 대한 **통제를 보유**하고 있는 것이다. *[K-IFRS 1109 B3.2.9]*

질의회신 : 피투자자의 분할합병시 투자자의 회계처리 *[K-IFRS 질의회신 2018-I-KQA006]*

【배경】

회사는 A사(3%), B사(8%), C사(6%) 및 D사(9%)의 주식을 보유하고 있으며, 기타포괄손익-공정가치 측정 금융자산으로 분류하고 있었다.

A사, B사, C사, D사는 동일자에 각각 투자부문과 사업부문으로 인적분할을 함과 동시에 A사의 투자부문은 B사, C사 및 D사의 투자부문을 흡수합병(동일지배하의 거래에 해당하지 않는다)하고 E사를 설립하였다.

분할합병 거래의 법적 취득자는 A사 투자부문이나, 회계상 취득자는 B사 투자부문으로 식별된다. A사 투자부문은 인적분할합병에 따라 B사 투자부문, C사 투자부문 및 D사 투자부문의 주주에게 A사 투자부문에 해당하는 주식(E사 주식)을 발행 및 교부하였다. 그 결과, 분할 전 A사, B사, C사, D사의 주주들은 해당 분할합병으로 인하여 A사, B사, C사, D사 사업부문에 해당하는 주식과 E사의 주식을 보유하게 되었다.

회사는 분할합병 이후에 분할합병 거래의 법적 취득자인 A사 투자부문(E사)에 해당하는 주식(7%), A사업부문(3%), B사업부문(8%), C사업부문(6%), D사업부문(9%)에 해당하는 주식을 보유하게 되었다.

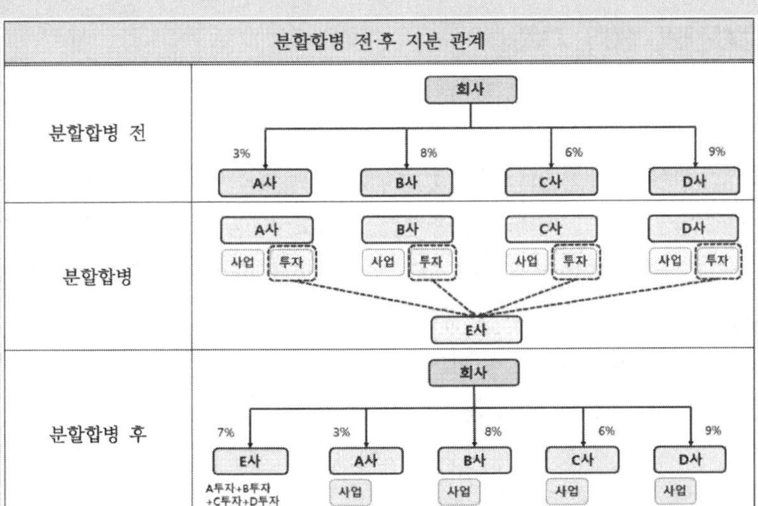

【질의】

분할합병 거래로 인하여 회사가 교부 받은 'E사 주식'과 기존에 보유하던 'A사, B사, C사, D사의 투자부문에 해당하는 주식'에 관련된 적절한 회계처리는 무엇인지?

【회신】

금융자산의 제거요건을 충족하는 B사, C사 및 D사의 투자부문에 해당하는 주식의 경우 장부금액을 제거하고, 동 주식과 교환하여 수취한 합병 후의 A사 투자부문(E사) 주식의 공정가치를 취득원가로 인식하며, 그 차액은 처분손익으로 인식한다. 반면, 금융자산의 제거요건을 충족하지 못하는 A사의 투자부문에 해당하는 주식의 경우 장부금액을 제거하지 않고 처분손익을 인식하지 않는다.

【판단근거】

A사, B사, C사, D사의 투자부문에 해당하는 주식이 K-IFRS 1109 '금융상품'의 적용범위에 포함되는 금융자산이라면, B사, C사 및 D사의 투자부문에 해당하는 주식에 대해서는 B사, C사 및 D사의 투자부문에 해당하는 주식을 E사 주식과 교환한 것이다. 그 결과 B사, C사 및 D사의 투자부문에 해당하는 주식의 현금흐름에 대한 계약상 권리가 소멸하였으므로 동 기준서 문단 3.2.3에 따른 금융자산의 제거요건을 충족한다. 이에 B사, C사 및 D사의 투자부문에 해당하는 주식의 장부금액을 제거하고 교환으로 교부받은 합병 후의 E사 주식의 공정가치를 취득원가로 인식하며 그 차액은 처분손익으로 인식한다.

반면, A사의 투자부문에 해당하는 주식에 대해서는 A사의 투자부문에 해당하는 주식의 현금흐름에 대한 계약상 권리가 소멸하지 않았고 양도거래도 발생하지 않았다. 따라서 해당 주식은 K-IFRS 1109 문단 3.2.3에 따른 금융자산의 제거요건을 충족하지 않으며, 이에 회사는 A사의 투자부문에 해당하는 주식의 장부금액을 제거하지 않고 처분손익을 인식하지 않는다.

2 금융자산의 제거 사례

2.1. 재매입약정과 유가증권대차계약

- [매도가격+양도자에게 금전을 대여하였더라면 그 대가로 받았을 이자수익] 또는 [미리 정한 가격]으로 재매입하는 계약에 따라 금융자산을 매도하거나, 양도자에게 돌려주기로 하는 계약에 따라 금융자산을 대여한다면, **양도자가 소유에 따른 위험과 보상의 대부분을 보유하고 있으므로**(제거 순서도 (7)에서 '예'에 해당) 당해 금융자산은 **제거하지 아니한다**. 그 자산을 매도하거나 담보로 제공할 권리를 양수자가 획득한다면, 양도자는 해당 자산을 대여자산이나 재매입수취채권 등으로 재분류한다.[3] *[K-IFRS 1109 B3.2.16(1)]*

3) 양수자가 단지 자산을 매도하거나 담보로 제공할 권리를 획득하였다는 사실 그 자체가 재매입약정과 유가증권대차계약이라는 전제조건보다 먼저 적용되지는 않는다는 것이다.

2.2. 실질적으로 같은 자산에 대한 재매입약정과 유가증권대차계약

- [매도가격+양도자에게 금전을 대여하였더라면 그 대가로 받았을 이자수익] 또는 [미리 정한 가격]으로 **동일한 자산 또는 실질적으로 동일한 자산**을 재매입하는 계약에 따라 금융자산을 매도하거나, 양도자에게 **같은 자산 또는 실질적으로 같은 자산**을 돌려주기로 하는 계약에 따라 금융자산을 차입하거나 대여한다면, **양도자가 소유에 따른 위험과 보상의 대부분을 보유하고 있으므로**(제거 순서도 (7)에서 '예'에 해당) 당해 금융자산은 **제거하지 아니한다.** *[K-IFRS 1109 B3.2.16(2)]*

2.3. 자산을 대체할 수 있는 권리가 있는 재매입약정과 유가증권대여계약.

- [매도가격+양도자에게 금전을 대여하였더라면 그 대가로 받았을 이자수익] 또는 [미리 정한 재매입가격]으로 재매입하는 계약 또는 비슷한 유가증권대차계약에 따라 양수자가 **양도자산과 비슷하고 재매입일 현재 양도자산과 같은 공정가치를 가진 자산**으로 양도자산을 대체할 수 있는 권리를 보유하고 있다면, **양도자가 소유에 따른 위험과 보상의 대부분을 보유하고 있으므로**(제거 순서도 (7)에서 '예'에 해당) 재매입 또는 유가증권대차계약에 따라 매도하거나 대여한 자산은 **제거하지 아니한다.** *[K-IFRS 1109 B3.2.16(3)]*

2.4. 공정가치로 재매입할 수 있는 우선권

- 양도자가 금융자산을 매도하고 그 이후 양수자가 그 자산을 매도할 경우 **공정가치로 당해 양도자산을 우선 재매입할 수 있는 권리만**을 보유하고 있다면, 양도자가 소유에 따른 위험과 보상의 **대부분을 이전**하였으므로 양도자는 당해 **자산을 제거**한다. *[K-IFRS 1109 B3.2.16(4)]*

2.5. 자전거래

- 금융자산을 매도한 직후에 그 자산을 재매입하는 것을 자전거래라고 한다. 해당 매도거래가 **제거의 조건을 충족한다면, 재매입거래가 있더라도** 제거 조건을 **충족할 수** 있다. *[K-IFRS 1109 B3.2.16(5)]*
- 그러나 금융자산을 매도하는 계약과 동일한 자산을 [매도가격+양도자에게 금전을 대여하였더라면 그 대가로 받았을 이자수익] 또는 [미리 정한 가격]으로 재매입하는 계약이 동시에 체결된다면 당해 자산은 **제거하지 아니한다.** *[K-IFRS 1109 B3.2.16(5)]*

2.6. 깊은 내가격 상태인 풋옵션과 콜옵션

- **양도자**가 양도한 금융자산에 대한 **콜옵션**을 보유하며 **해당 콜옵션이 깊은 내가격 상태**라면, **양도자**가 소유에 따른 위험과 보상의 **대부분을 보유**하고 있으므로 해당 양도는 **제거 조건을 충족하지 못한다.** *[K-IFRS 1109 B3.2.16(6)]*
- 이와 마찬가지로 양도한 금융자산에 대한 **풋옵션을 양수자가 보유**하며 해당 **풋옵션이 깊은 내가격 상태**라면, **양도자**가 소유에 따른 위험과 보상의 **대부분을 보유**하고 있으므로 해당 양도는 **제거 조건을 충족하지 못한다.** *[K-IFRS 1109 B3.2.16(6)]*

사 례 깊은 내가격의 콜옵션이 있는 양도자산

- 2X09년 1월 1일에 A회사는 B회사에게 금융자산을 양도하였다. A회사는 이 금융자산에 대하여 2X13년 12월 31일까지 언제든지 이 자산을 재매입할 수 있는 콜옵션을 보유하고 있다. 2X09년 1월 1일에 이 옵션은 깊은 내가격 상태에 있어 양도자산은 제거되지 아니하였다. 2X09년 12월 31일에 시장 상황이 상당히 변화하여 옵션은 깊은 외가격상태가 되었다.
- K-IFRS 1109 B3.2.6에서는 이전에 제거된 자산이 재인식되지 않는다는 것을 명확히 한 반면에, 이전에 제거를 충족시키지 않은 자산이 상황의 변화로 인하여 제거될 수 있는지에 대해서는 명시적인 규정이 없다.

2.7. 깊은 외가격 상태인 풋옵션과 콜옵션

- 양도한 금융자산에 대하여 양수자가 보유한 풋옵션이 깊은 외가격 상태이거나 양도자가 보유한 콜옵션이 깊은 외가격 상태라면, 당해 양도자산은 **제거한다**. 그 이유는 양도자가 소유에 따른 위험과 보상의 **대부분을 이전**하였기 때문이다. *[K-IFRS 1109 B3.2.16(7)]*

사 례 깊은 외가격의 콜옵션이 있는 양도자산

- 2X09년 1월 1일에 A회사는 B회사에게 금융자산을 양도하였다. A회사는 이 금융자산에 대하여 2X13년 12월 31일까지 언제든지 이 자산을 재매입할 수 있는 콜옵션을 보유하고 있다. 2X09년 1월 1일에 이 옵션은 깊은 외가격 상태에 있어 양도자산은 제거되었다. 2X09년 12월 31일에 시장 상황이 상당히 변화하여 옵션은 깊은 내가격상태가 되었다.
- 2X09년 12월 31일의 상황변화는 2X09년 1월 1일 제거 회계처리 결과에 영향이 없다. K-IFRS 1109 B3.2.6은 제거시점에 양도자산의 소유에 따른 위험과 보상의 대부분이 이전되어서 제거된 자산은 미래에 재취득하지 않는 한 재인식되지 않는다고 보고 있다. 대신에 콜옵션 가치의 증가는 공정가치변동을 당기손익에 반영하는 파생상품에 대한 요구사항에 따라 이익으로 재무제표에 인식되어야 한다.

2.8. 시장에서 용이하게 매입할 수 있는 자산으로, 그 자산에 대한 콜옵션이 깊은 내가격 상태도 아니고, 깊은 외가격 상태도 아닌 경우

- **시장에서 쉽게 매입할 수 있는** 자산에 대하여 **깊은 내가격 상태 또는 깊은 외가격 상태가 아닌 콜옵션**을 보유하고 있다면, **해당 자산은 제거**한다. 그 이유는 ㈎ 양도자가 양도자산의 소유에 따른 **위험과 보상의 대부분을 보유하고 있지도 않고 이전하지도 않았으며,** ㈏ 양도자산에 대한 **통제를 상실**하였기 때문이다. *[K-IFRS 1109 B3.2.16⑻]*
- 그러나 해당 자산을 **시장에서 쉽게 매입할 수 없다면,** 양도자가 해당 자산에 대한 **통제를 보유**하고 있으므로 콜옵션의 대상이 되는 자산 금액은 제거하지 아니한다(즉, 지속적 관여 정도까지 인식한다). *[K-IFRS 1109 B3.2.16⑻]*

사 례 깊은 외가격도 아니고 깊은 내가격도 아닌 콜옵션이 있는 양도자산

- 2X09년 1월 1일에 A회사는 B회사에게 금융자산(상장회사 주식)을 양도하였다. A회사는 이 금융자산에 대하여 2X13년 12월 31일까지 언제든지 이 자산을 재매입할 수 있는 콜옵션을 보유하고 있다. 2X09년 1월 1일에 이 옵션은 깊은 깊은 내가격도 아니고 깊은 외가격도 아니었다. 한편 양도자산은 시장에서 용이하게 매입할 수 있으므로 통제를 상실하여 A회사는 당해 자산을 제거하였다. 2X09년 12월 31일에 양도자산은 더 이상 상장되지 않으므로 시장에서 용이하게 매입할 수 없게 되었다.
- K-IFRS 1109 B3.2.6은 제거가 위험과 보상의 대부분을 이전함으로써 발생된 것이라면 이전에 제거된 자산은 재취득이 아니면 재인식되어서는 안 된다고 규정하고 있다. 위 사례는 위험과 보상의 이전이 아닌 통제의 상실로부터 제거가 발생된 것이므로 K-IFRS 1109 B3.2.6을 적용할 수 있는지 명확하지 않다. 그러나 K-IFRS 1008에 의한 오류수정이 아니라면 **최초의 제거 후에 재취득이 아니면 재인식되는 것은 안된다고 보는 것이 타당하다.** 왜냐하면, 양수자가 양도자산을 독립된 제3자에게 자유롭게 처분하고 양도자가 2X09년 12월 31일 이후에 콜옵션을 행사하면 양수자는 시장에서 매입하는 것이 어렵기 때문에 **그 자산을 인도하는 것이 어려울 것이며 아마도 현금으로 그 옵션을 결제하여야 할 것이기 때문이다.**

2.9. 시장에서 용이하게 매입할 수 없는 자산에 대한 풋옵션이 깊은 내가격 상태도 아니고 깊은 외가격 상태도 아닌 경우

- **시장에서 쉽게 매입할 수 없는** 금융자산을 양도하고 깊은 외가격 상태가 아닌 풋옵션을 발행한다면, 발행한 풋옵션 때문에 양도자는 양도자산의 소유에 따른 위험과 보상의 **대부분을 보유하고 있지도 않으며 이전하지도 않은 것이다.** *[K-IFRS 1109 B3.2.16⑼]*
- 해당 **풋옵션의 가치**가 양수자가 해당 자산을 매도하지 않도록 하기에 **충분하다면, 양도자는** 그

자산에 대한 **통제를 보유**하고 있는 것이다. 이 경우 양도자가 **지속적으로 관여하는 정도**까지 해당 자산을 계속 인식한다. *[K-IFRS 1109 B3.2.16(9)]*

- 해당 **풋옵션의 가치**가 양수자가 해당 자산을 매도하지 않도록 하기에 **충분하지 않다면**, 양도자는 그 자산에 대한 **통제를 이전**한 것이다. 이 경우 해당 자산은 제거한다. *[K-IFRS 1109 B3.2.16(9)]*

2.10. 공정가치 풋옵션·콜옵션, 선도재매입계약이 있는 자산

- 재매입 시점의 금융자산 **공정가치와 같은** 행사가격이나 재매입가격을 갖는 풋옵션, 콜옵션, 선도재매입계약만 있는 금융자산의 양도는 **제거 조건을 충족한다**. 그 이유는 양도자가 소유에 따른 위험과 보상의 **대부분을 이전**하였기 때문이다. *[K-IFRS 1109 B3.2.16(10)]*

2.11. 현금으로 결제하는 콜옵션이나 풋옵션

- 양도자는 **현금으로 차액결제**하는 풋옵션, 콜옵션 또는 선도재매입계약이 있는 금융자산의 양도를 평가하여 소유에 따른 위험과 보상의 대부분을 이전하였는지를 판단한다. 양도자산의 소유에 따른 위험과 보상의 대부분을 보유하고 있지 않다면, 해당 자산에 대한 통제를 보유하고 있는지를 판단한다. *[K-IFRS 1109 B3.2.16(11)]*
- **풋옵션, 콜옵션, 선도재매입계약을 현금으로 차액결제한다는 사실이 양도자가 양도자산에 대한 통제를 이전하였다는 것을 당연히 의미하는 것은 아니다.** *[K-IFRS 1109 B3.2.16(11)]*

보충설명 공정가치 선도재매입계약(2.2.10.)과 현금으로 차액결제하는 선도재매입계약(2.2.11.)의 차이

공정가치 선도재매입계약과 현금으로 차액결제하는 선도재매입계약은 차이가 있다.
공정가치 선도재매입계약은 공정가치 변동 위험과 보상의 대부분이 양수자에게 이전된 것이므로 당연히 제거조건을 충족한다. 그러나 현금으로 차액결제하는 선도재매입계약은 차액결제조건에 따라 소유에 따른 위험과 보상의 대부분을 이전하였는지 판단할 필요가 있다. 예를 들어 금융자산 장부금액 ₩100을 대가 ₩100에 양도하면서 1개월 후 ₩105에 재매입하기로 하였다면, 제거하지 아니하는 것이 타당하다. 그러나 1개월 후의 양도자산의 공정가치 ₩106이 되거나 ₩104가 될 수 있다. 만약 양도자산의 공정가치가 ₩106이 되었다면 양수자 입장에서 향후 이 금융자산의 가치가 더 상승할 것으로 기대할 수 있으므로 선도재매입가격인 ₩105와 공정가치인 ₩106의 차이인 1만큼 양도자에게 더 지급하고 소유권을 완전 이전하면서 약정을 종료시킬 수 있다. 반대로 양도자산의 공정가치가 104가 되었다면 양도자는 1만큼 양수자에게 더 지급하고 양도자산을 제거시킬 수 있다.

2.12. 제거조항(Removal of accounts provision)

- 제거조항은 **일정한 제약조건**에서 **양도자산을 회수할 수 있는 권리를 부여하는 무조건적인 재매입(콜)옵션**을 말한다. *[K-IFRS 1109 B3.2.16(12)]*
- 이러한 옵션 때문에 소유에 따른 위험과 보상의 **대부분을 보유하지도 않고 이전하지도 않은 것이라면, 양수인이 해당 자산을 매도할 수 없는 경우**에는 재매입가능금액을 **제거하지 아니한다.** *[K-IFRS 1109 B3.2.16(12)]*
- 예를 들면 대여금의 장부금액과 그 양도대가가 각각 ₩100,000이고, 그 중 어떤 대여금이라도 개별적으로 재매입할 수 있지만 그 총액이 ₩10,000을 초과할 수 없다면, 대여금 중 ₩90,000은 제거 조건을 충족할 것이다. *[K-IFRS 1109 B3.2.16(12)]*

2.13. 나머지 모든 부분을 매입할 수 있는 권리

- **관리용역의 보상에 비하여 관리용역의 원가가 초과하는 수준**으로 관리용역의 대상자산이 줄어드는 경우 **관리용역을 제공하는 기업(양도자일 수 있음)이 양도자산의 나머지 모든 부분을 매입할 수 있는 권리**를 보유할 수 있다. 이러한 권리를 보유하기 때문에 소유에 따른 위험과 보상을 **대부분 보유하지도 이전하지도 않으면서 양수자가 해당 자산을 매도할 수 없다면**, 이러한 콜옵션의 대상이 되는 **나머지 자산의 금액은 제거하지 아니한다.** *[K-IFRS 1109 B3.2.16(13)]*

2.14. 후순위지분과 신용보증

- 양도자는 양도자산에 대한 지분의 일부나 전부를 후순위로 보유하여 양수인에게 신용보강을 제공할 수 있다. 또는 양도자는 금액에 제한이 없거나 특정 금액으로 제한된 신용보증의 형태로 신용보강을 제공할 수도 있다. *[K-IFRS 1109 B3.2.16(14)]*
- 양도자가 양도자산의 소유에 따른 위험과 보상의 **대부분을 보유**하고 있다면, **해당 자산 전체를 계속 인식한다.** 양도자가 소유에 따른 위험과 보상의 대부분은 아니어도 **일부를 보유하고 있고 통제하고 있다면,** 현금이나 다른 자산으로 **상환을 요구받을 수 있는 해당 금액**은 제거하지 못한다. *[K-IFRS 1109 B3.2.16(14)]*

예제 21 후순위지분

A회사는 ₩20,000의 3년 만기 이자부 대여금 포트폴리오를 발생시켰다. A회사는 이 포트폴리오를 ₩18,000의 현금을 받고 B회사에게 양도하는 계약을 체결하였다. A회사는 이 대여금 포트폴리오로부터 회수하는 현금의 최초 ₩18,000(및 이자)를 B회사에게 지급하기로 약정하였다. A회사는 마지막 ₩2,000(및 이자)에 대한 권리를 보유하고 있다.

요구사항

A회사의 수취채권 포트폴리오 양도와 관련한 회계처리를 나타내라.

해설

금융자산에서 회수되는 현금 중 처음이나 마지막 90%에 대한 권리를 양도하는 경우에는 제거조건을 금융자산의 전체에 적용하도록 하고 있다. A회사는 ₩20,000중 ₩16,000만 회수하게 되면 ₩16,000전부를 B회사에게 지급하여야 하나 ₩19,000을 회수하게 되면 ₩18,000만 지급하고 나머지 ₩1,000은 A회사가 보유하게 되므로 대여금 포트폴리오의 현금흐름에 대한 A회사의 보유 부분은 후순위로 보유하게 되는 것이다.
이 문제에서는 A회사가 대여금 포트폴리오의 소유에 따른 위험과 보상의 대부분을 보유하고 있다면 당해 자산 전체를 계속하여 인식한다. A회사가 소유에 따른 위험과 보상의 대부분은 아니어도 일부를 보유하고 통제하고 있다면, 현금 등 자산으로 상환을 요구받을 수 있는 해당 금액은 제거하지 못한다.

2.15. 총수익스왑(total return swaps)

• 양도자는 양수자에게 금융자산을 매도하고 양수자와 총수익스왑계약을 체결할 수 있다. 이 계약으로 양도자는 확정 지급금액이나 변동이자와 교환하여 기초자산의 이자 현금흐름 전부를 수취하며, 기초자산의 공정가치 상승이나 하락을 향유하거나 부담한다. 이 경우 자산의 **제거는 금지된다**. 왜냐하면 이러한 거래는 자산의 소유에 따른 위험과 보상의 대부분을 양도자가 보유하게 되기 때문이다. *[K-IFRS 1109 B3.2.16(15)]*

| 총수익 스왑 전 |

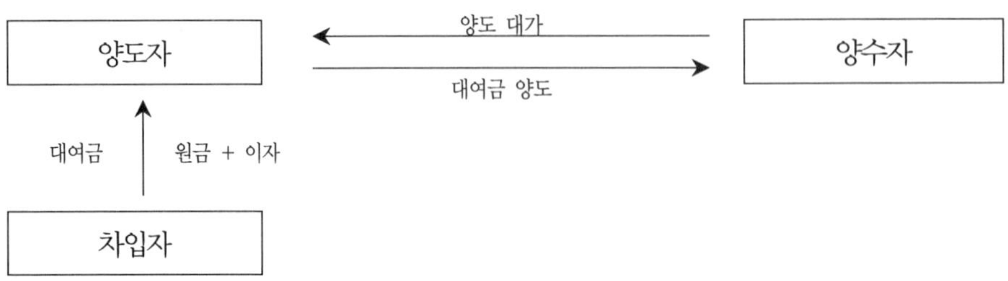

| 총수익 스왑 후 |

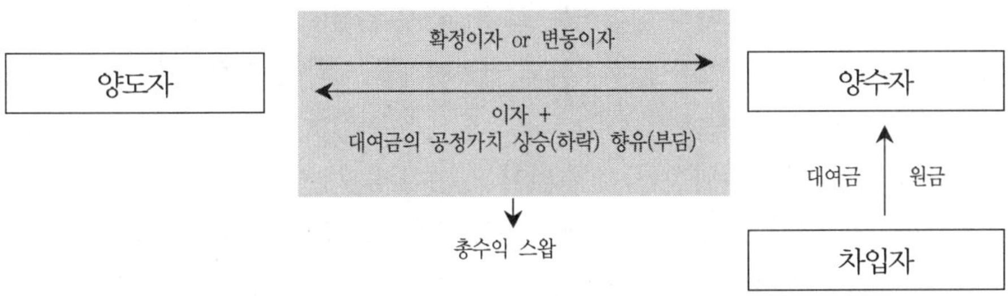

2.16. 이자율스왑

- 양도자는 양수자에게 **고정금리부 금융자산을 양도**한 후, 양도한 금융자산의 원금과 같은 계약단위의 수량에 따라 **확정이자를 수취**하고 변동이자를 지급하는 이자율스왑계약을 양수자와 체결할 수 있다. 이러한 스왑으로 인한 지급이 양도자산에 대한 지급을 조건으로 하지 않는다면 해당 양도자산은 **제거할 수 있다.** *[K-IFRS 1109 B3.2.16(16)]*

| 이자율 스왑 전 |

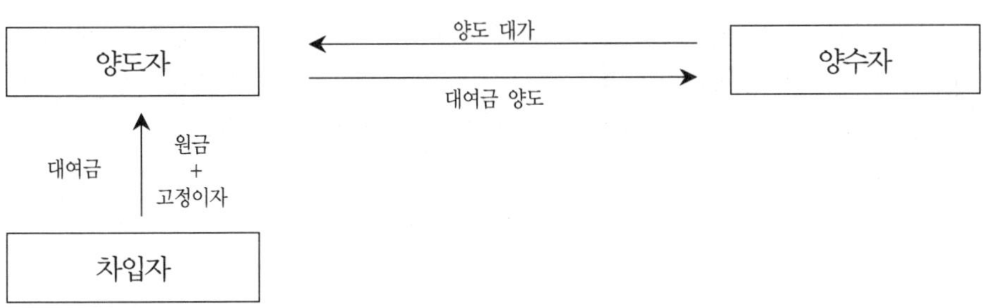

| 이자율 스왑 후 |

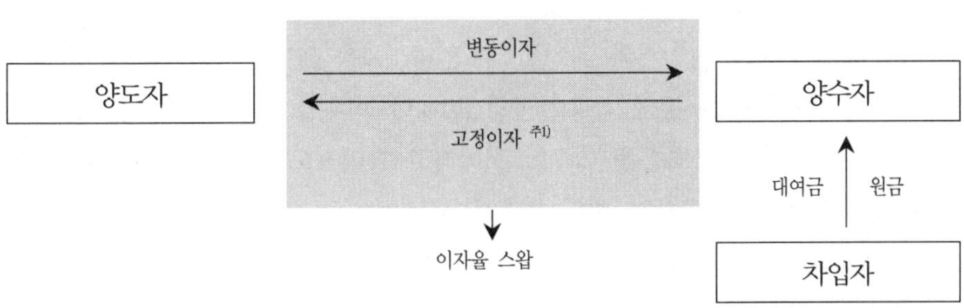

주1) 양수자가 양도자산에 대한 이자를 회수하여야만 스왑으로 인한 지급을 하는 것이 아닌 경우

2.17. 원금감소 이자율스왑

- 양도자는 시간이 경과함에 따라 상환하는 고정금리부 금융자산을 양수자에게 양도한 후, 계약단위의 수량에 따라 확정이자를 수취하고 변동이자를 지급하는 원금감소이자율스왑계약을 체결할 수 있다. *[K-IFRS 1109 B3.2.16(17)]*
- 스왑의 계약단위의 수량이 일정 시점에 남아 있는 금융자산의 원금과 같아지도록 줄어든다면, 해당 스왑으로 인해 양도자는 일반적으로 **상당한 중도상환위험**을 보유할 것이다(양수자가 보유하게 되는 금융자산이 중도상환으로 감소되면 양도자도 중도상환위험을 보유하게 되는 것이다). 이 경우 양도자는 **양도자산의 전부를 계속 인식**하거나 **지속적으로 관여하는 정도**까지 양도자산을 계속 인식한다. *[K-IFRS 1109 B3.2.16(17)]*
- 이와 반대로, 스왑의 계약단위 수량의 상각이 남아 있는 양도자산의 원금과 연계되어 있지 않다면, 해당 스왑이 있더라도 양도자는 해당 자산에 대한 **중도상환위험**을 보유하지 않을 것이다. 따라서 **스왑으로 인한 지급이 양도자산에 대한 이자의 지급을 조건으로 하지 않으며** 스왑 때문에 양도자가 양도자산의 소유에 따른 그 밖의 **유의적인 위험과 보상을 보유하게 되는 것이 아니라면**, 해당 양도자산은 **제거**한다. *[K-IFRS 1109 B3.2.16(17)]*

보충설명 중도상환위험(prepayment risk)

중도상환위험이란 예정된 만기 이전에 원금을 상환함에 따라 대출자 입장에서는 만기까지의 예상이자수입이 감소되는 위험을 말한다. 장기대출금을 일정 기간 이전에 조기상환하게 되면 대출자에게 조기상환수수료를 수령하는 것이 중도상환위험을 어느 정도 상쇄시키기 위한 일반적인 수단으로 이용된다.

2.18. 제각

- 금융자산의 계약상 현금흐름 전체 또는 일부의 회수에 대한 합리적인 기대가 없는 경우 해당 자산은 제거한다. *[K-IFRS 1109 B3.2.16(18)]*
- 제각은 금융자산의 전체나 일부와 관련될 수 있다. 예를 들면 기업이 금융자산의 담보권을 행사할 계획이며 담보물을 통해 금융자산의 30%만 회수할 것으로 예상한다. 이 경우에는 금융자산에서 이 이상 현금흐름을 회수할 것이라고 합리적으로 전망할 수 없다면 해당 금융자산의 나머지 70%는 제각해야 한다. *[K-IFRS 1109 B5.4.9]*

3 금융자산 제거의 회계처리

3.1. 제거 조건을 충족하는 양도

3.1.1. 금융자산 전체가 제거 조건을 충족하는 경우

가. 관리용역을 제공하는 경우

• **금융자산 전체**가 제거 조건을 충족하는 양도로 금융자산을 양도하고, **수수료를 대가**로 해당 **양도자산의 관리용역을 제공**하기로 한다면 **관리용역제공계약**과 관련하여 **자산이나 부채**를 다음과 같이 인식한다. *[K-IFRS 1109 문단 3.2.10]*

(1) 관리용역 수수료가 용역제공의 적절한 대가에 **미달**할 것으로 예상한다면 **용역제공의무에 따른 부채**를 **공정가치**로 인식한다.

(2) 관리용역 수수료가 용역제공의 적절한 대가를 **초과**할 것으로 예상한다면(즉, 용역제공원가를 초과하거나 시장에서 요구하는 이익이 포함된다면), **양도하기 전 금융자산 전체의 장부금액** 중 **관리용역에 배분된 금액**(문단 3.2.13에 따라 배분된 금액)을 기준으로 **용역제공 권리에 따른 자산**을 인식한다.

나. 새로운 금융자산/금융부채/관리용역부채를 인식하게 되는 경우

• 양도의 결과로 금융자산 전체를 제거하지만 **새로운 금융자산**을 취득하거나 **새로운 금융부채**나 **관리용역부채**를 부담한다면, 그 새로운 금융자산, 금융부채, 관리용역부채를 **공정가치**로 인식한다. *[K-IFRS 1109 문단 3.2.11]*

다. 회계처리 *[K-IFRS 1109 문단 3.2.12]*

• 금융자산 전체를 제거하는 경우에는 **다음 (1)과 (2)의 차액**을 **당기손익**으로 인식한다.

(1) 금융자산의 장부금액(제거일에 측정)

(2) 수취한 대가(새로 취득한 모든 자산에서 새로 부담하게 된 모든 부채를 차감한 금액 포함)

보충설명 관리용역자산과 관리용역부채

이론적인 관점에서 관리용역자산과 관리용역부채는 금융자산과 금융부채가 아니다. K-IFRS 1103 IE34에서는 관리용역계약을 계약에 기초한 무형자산의 예로 설명하고 있다. 그럼에도 불구하고 관리용역자산과 관리용역부채의 측정을 K-IFRS 1109에서 다루고 있는 이유는 금융자산의 제거와 밀접한 관련성이 있기 때문이다. 관리용역 수수료는 금융자산 제거시 수령하는 대가에 포함될 수도 있고 그렇지 않을 수도 있다. IFRS 1109 par 3.2.10의 원문은 "If the fee to be received is not expected to compensate the entity adequately for performing the servicing, a servicing liability for the servicing obligation shall be recognised at its fair value."이다. 여기서 밑줄 친 부분의 의미는 "수령한 수수료가 용역제공을 적절하게 보상한다고 예상되지 않는다면"으로 해석하는 것이 타당하다. 즉, 적절하게 보상한다고 예상되면 수령한 금액으로 관리용역부채를 인식하는 것이며, 적절하게 보상한다고 예상되지 않는다면 관리용역부채를 공정가치로 인식하며 해당되는 부분을 대가로 수령하였다고 간주하라는 의미이다.
그러나 관리용역수수료가 용역제공원가를 초과하거나 시장에서 요구하는 이익이 포함된다면 관리용역자산의 측정은 다음과 같은 절차를 통하여 구한다.
(1) 양도일 현재 관리용역자산은 계속 인식되는 부분으로 본다.
(2) 금융자산 전체의 장부금액을 계속 인식되는 부분(관리용역자산)과 제거되는 부분에 대해 양도일 현재 각 부분의 상대적 공정가치를 기준으로 배분한다.

예제 22 전체 금융자산의 제거 : 관리용역자산/부채 발생하는 경우

A회사는 상각후원가로 측정하는 대여금 포트폴리오를 보유하고 있으며 장부금액은 ₩5,000,000이다. 이 대여금 포트폴리오는 연 8%의 고정이자를 발생시키고 있다. 이 대여금 포트폴리오의 공정가치는 ₩5,000,000이다. A회사는 이 대여금 포트폴리오 전체를 조건없이 ₩5,150,000에 양도하였다. 그러나 A회사는 추가적인 대가 없이 대여금 포트폴리오의 잔여기간 동안 이 대여금을 회수하는 용역을 제공해주기로 하였다. 이러한 관리용역의 공정가치는 ₩200,000이다.

요구사항

A회사가 상기 양도거래에 대하여 행하여야 할 회계처리를 나타내라.

해설

A회사는 미래이자수익을 수령할 권리를 포함한 대여금 포트폴리오 전체를 양도하고 제거조건을 충족하므로 대여금 ₩5,000,000을 제거한다. 한편, 수령한 대가 중 금융자산의 대가는 공정가치인 ₩5,000,000으로 보는 것이 타당하므로 관리용역수수료는 ₩150,000(₩5,150,000 - ₩5,000,000)이므로 이는 관리용역의 공정가치인 ₩200,000보다 적으므로 적절하게 보상한다고 예상되지 않는다. 따라서 관리용역제공의무에 따른 부채를 공정가치인 ₩200,000으로 인식한다. 따라서 회계처리는 다음과 같다.

구 분	회 계 처 리			
양도시	(차) 현금	4,950,000	(대) 대여금	5,000,000
	대여금처분손실	50,000		
	(차) 현금	200,000	(대) 관리용역부채 주1)	200,000
	주1) 관리용역부채는 관리용역제공기간 동안 적절한 방법으로 용역제공수행정도에 따라 수익으로 인식한다.			

3.1.2. 금융자산 일부를 제거하는 경우

가. 계속 인식되는 부분과 제거되는 부분의 상대적 공정가치로 배분

- 양도자산이 양도하기 전 금융자산 전체 중 일부이고(예 채무상품의 현금흐름 중 이자 부분의 양도, 문단 3.2.2(1) 참조) 그 양도한 부분 전체가 제거 조건을 충족한다면, **양도하기 전 금융자산 전체의 장부금액**은 **계속 인식하는 부분**과 **제거하는 부분**에 대해 양도일 현재 **각 부분의 상대적 공정가치**를 기준으로 배분한다. 이 경우에 **관리용역자산은 계속 인식하는 부분**으로 처리한다. 다음 (1)과 (2)의 차액은 당기손익으로 인식한다.
  (1) 제거하는 부분에 배분된 금융자산의 장부금액(제거일에 측정)
  (2) 제거한 부분에 대하여 수취한 대가(새로 취득한 모든 자산에서 새로 부담하게 된 모든 부채를 차감한 금액 포함) *[K-IFRS 1109 문단 3.2.13]*
- 문단 3.2.13을 적용하기 위하여 계속 인식하는 부분과 제거하는 부분의 공정가치를 측정할 때, 양도자는 **문단 3.2.14뿐만 아니라 K-IFRS 1113 '공정가치 측정'에서 공정가치로 측정할 때 요구하는 사항**을 적용한다. *[K-IFRS 1109 B3.2.11]*

나. 계속 인식되는 부분 먼저 결정

- **양도하기 전 금융자산 전체의 장부금액**을 계속 인식하는 부분과 제거하는 부분에 배분할 때, **계속 인식하는 부분의 공정가치**를 측정해야 한다. 계속 인식하는 부분과 비슷한 부분을 매도한 경험이 있거나 해당 부분에 대한 그 밖의 시장 거래가 있는 경우에 **최근 거래가격**이 공정가치에 대한 최선의 추정치가 된다. 계속 인식하는 부분의 공정가치를 추정하기 위한 공시가격이나 최근 시장거래가 없는 경우에 **[양도하기 전 금융자산 전체의 공정가치 - 제거하는 부분에 대하여 양수자에게서 수취한 대가]**가 **계속 인식하는 부분의 공정가치**에 대한 최선의 추정치가 된다. *[K-IFRS 1109 문단 3.2.14]*

다. 관리용역의 대가로 양도자산의 이자 중 일부에 대한 권리 보유하는 경우

- 양도자는 **관리용역의 대가**로 **양도자산의 이자 중 일부에 대한 권리를 보유**할 수 있다. 양도자가 **관리용역계약을 종료하거나 해당 계약을 양도한다면 포기하게 될 해당 이자**는 **관리용역자산이나 관리용역부채에 배분**한다. **양도자가 포기하지 않게 될 이자 부분은 이자분리채권**이다. 예를 들면 양도자가 관리용역계약을 종료할 때나 해당 계약을 양도할 때 **어떤 이자도 포기하지 않는다면, 이자부분(spread) 전체가 이자분리채**권이다. **문단 3.2.13**을 적용할 때 채권의 장부금액을 제거하는 부분과 계속 인식하는 부분에 배분하기 위하여 **관리용역자산과 이자분리채권의 공정가치**를 사용한다. 특정된 관리용역수수료가 없거나 수취할 관리용역수수료가 양도자가 수행하는 관리용역을 적절하게 보상하지 못할 것으로 예상된다면, 관리용역의무에 대한 부채는 공정가치로 인식한다. *[K-IFRS 1109 B3.2.10]*

예제 23 금융자산의 일부 제거 : 관리용역자산/부채가 발생하지 아니하는 경우

A회사는 2X03년 1월 1일에 ₩1,000,000의 공정가치를 가지는 대여금을 ₩1,000,000에 취득하였다. 이 대여금은 매년 12월 31일에 ₩75,000의 이자를 지급하고 2X12년 12월 31일에 액면금액인 ₩1,000,000으로 상환될 것이다. A회사는 이 대여금을 상각후원가로 측정한다. 2X08년 1월 1일에 A회사는 잔여 5년 동안의 이자를 수령할 권리를 은행에 무조건적으로 양도하였다. K-IFRS 1109의 제거규정은 이자지급부분에 적용된다. 시장이자율은 5%라고 가정한다.

요구사항

1. A회사의 상기 양도거래에 대한 회계처리를 나타내라.
2. 만약, 양도자산이 기타포괄손익-공정가치로 측정하는 사채(社債)인 경우 A회사가 양도거래에 대하여 행하여야 할 회계처리를 나타내라.

해설

1. 2X08년 1월 1일의 대여금 공정가치

	공정가치	
미래 이자지급(수령대가)	324,710	⇐ ₩75,000 × 4.32947(5년 5% 연금현가계수)
원금	783,526	⇐ ₩1,000,000 × 0.783526(5년 5% 현가계수)
총계	1,108,236	

대여금의 배분

	공정가치	공정가치비율	배분된 장부금액
미래 이자	324,710	323,710/1,108,236	292,998
원금	783,526	783,526/1,108,236	707,002
총계	1,108,236	100.00	1,000,000

구 분	회 계 처 리			
양도시	(차) 현금	324,710	(대) 대여금	292,998
			처분이익	31,712

2. 만약 양도자산이 기타포괄손익-공정가치로 측정하는 사채라면, 이미 장부금액은 그 시점의 공정가치인 ₩1,108,236이 되었을 것이다. 또한 사채가 기타포괄손익-공정가치로 측정하는 자산으로 분류되기 때문에 ₩108,236의 평가이익 중 이자요소에 대한 부분을 분리하여야 할 것이다. 따라서 ₩108,236 × 324,710/1,108,237 = ₩31,713이 이자요소에 대한 평가이익일 것이다. 따라서 회계처리는 다음과 같다.

구 분	회 계 처 리			
양도시	(차) 현금	324,710	(대) 투자사채	324,710
	기타포괄손익(OCI)	31,713	처분이익	31,713

예제 24 금융자산의 전체 제거 : 관리용역자산/부채 및 이자분리채권이 발생하는 경우

A회사는 상각후원가로 측정하는 대여금을 보유하고 있으며 장부금액은 ₩10,000,000이다. 이 대여금은 연 8%의 고정이자를 발생시키고 있다. 이 대여금의 공정가치는 ₩10,000,000이다. A회사는 원금 전체와 6%의 이자를 받을 권리를 무조건적으로 양도하고 그 대가로 ₩9,800,000을 수령하였다. A회사는 잔여기간 동안 이 대여금을 회수하는 용역을 제공해주기로 하였다. 이러한 관리용역의 공정가치는 ₩400,000이다. A회사는 매각되지 않은 이자 2% 중 2분의 1에 해당하는 1%를 수령하는 권리를 관리용역의 대가로 보유하기로 하였으며 나머지 1% 권리를 이자분리채권으로 간주하고 있다. 양도시점에 이자분리채권의 공정가치는 ₩550,000이며 관리용역자산의 공정가치는 ₩150,000(수수료의 현재가치에서 용역수행에 대한 시장에서 결정되는 수수료를 차감한 금액. 즉, ₩550,000 − ₩400,000)이다.

요구사항

A회사의 양도시 회계처리를 나타내라.

해설

양도자가 관리용역계약을 종료하거나 당해 계약을 양도한다면 포기하게 될 당해 이자는 관리용역자산이나 관리용역부채에 배분한다. **양도자가 포기하지 아니하는 이자 부분은 이자분리채권이다.** 양도한 부분 전체가 제거 조건을 충족한다면 채권의 장부금액을 제거되는 부분과 계속 인식되는 부분에 배분하기 위하여 관리용역자산과 이자분리채권의 공정가치를 사용한다.

	공정가치	비율(%)	배분액
매각된 대여금(원금+6% 이자)	9,800,000	93.33	9,333,000
이자분리채권	550,000	5.24	524,000
관리용역자산	150,000	1.43	143,000
전체대여금	10,500,000	100.00	10,000,000

구 분	회 계 처 리			
양도시	(차) 현금	9,800,000	(대) 대여금	9,333,000
			처분이익	467,000
	(차) 이자분리채권	524,000	(대) 대여금	667,000
	관리용역자산	143,000		

3.1.3. 제거조건을 충족하지 않는 양도

- 양도자가 양도자산의 소유에 따른 위험과 보상의 대부분을 보유하고 있기 때문에 양도자산을 제거하지 않는다면, 그 **양도자산 전체**를 **계속 인식**하며 **수취한 대가**는 **금융부채**로 인식한다. 양도자는 후속기간에 양도자산에서 생기는 모든 수익과 금융부채에서 생기는 모든 비용을 인식한다.

[K-IFRS 1109 문단 3.2.15]

- 양도자가 **양도자산의 채무불이행에 따른 손실**을 보증하여 양도자산의 소유에 따른 위험과 보상의 대부분을 보유하기 때문에 해당 양도자산을 제거하지 못하면, 양도자산 전체를 계속 인식하고 수취한 대가를 부채로 인식한다. *[K-IFRS 1109 문단 B3.2.12]*

3.2. 양도자산에 대한 지속적 관여

3.2.1. 지속적 관여 자산과 관련부채를 함께 인식하고 측정함

- K-IFRS 1109에서는 양도자가 지속적 관여의 정도까지 양도자산을 계속 인식하는 경우 관련부채도 함께 인식하도록 요구하고 있으며, 양자를 일련의 항목으로 보아 측정하도록 요구하고 있다.

보충설명 양도자산과 관련부채를 함께 인식하는 이유

양도자가 지속적 관여의 정도까지 자산을 계속 인식하는 경우 관련부채도 함께 인식하는 이유는 다음과 같다. 예를 들어 양도자가 대여금(₩100)의 소유에 따른 위험과 보상의 대부분을 보유하고 있기 때문에 양도자산이 제거되지 아니하면, 그 양도자산 전체를 계속 인식하며 수취한 대가(₩100)를 차입금(금융부채)으로 인식한다.

	차변	금액	대변	금액
①	(차) 현금	100	(대) 차입금	100

만약, 양도자가 대여금(₩100)의 소유에 따른 위험과 보상의 일부를 이전하면서 일부를 보유하는 경우(채무불이행시 ₩10까지 보증) 다음과 같은 회계처리를 하였다고 가정하자.

	차변	금액	대변	금액
②	(차) 현금	100	(대) 대여금	100

상기 회계처리는 양도자가 양도자산에 대한 일부 위험과 보상을 보유 및 통제하고 있다는(₩10까지) 정보를 제공하지 못하는 단점이 있다. 따라서, 다음과 같은 회계처리를 요구한다.

	차변	금액	대변	금액
③	(차) 현금	100	(대) 대여금	100
	지속적 관여 자산	10	관련부채(associated liability)	10

상기와 같은 회계처리에 대해서 다음과 같은 회계처리를 주장할 수 있다.

	차변	금액	대변	금액
④	(차) 현금	100	(대) 대여금	90
			관련부채(associated liability)	10

즉, 양도자 입장에서 재무상태표에 자산(대여금)이 10(100－90), 관련부채 10만큼 인식하므로 결과적으로 ③과 동일한 결과를 초래하는 것이 아니냐는 것이다. 그러나 ④는 금융상품 현금흐름 전체에 대하여 제거조건을 적용하여야 하는 규정과 상충되므로 이 사례에 대한 적절한 회계처리가 아니라고 본다.

3.2.2. 양도자산과 관련부채의 인식

가. 양도자산의 인식

- 양도자가 양도자산의 소유에 따른 위험과 보상의 대부분을 보유하지도 이전하지도 않고, 양도자가 양도자산을 통제하고 있다면, 그 양도자산에 **지속적으로 관여하는 정도**까지 그 **양도자산을 계속 인식**한다. 이때 지속적 관여 정도는 **양도자산의 가치 변동**에 **양도자가 노출되는 정도**를 말한다. 예를 들면 다음과 같다. *[K-IFRS 1109 문단 3.2.16]*

  (1) 양도자가 양도자산에 **보증**을 제공하는 형태로 지속적으로 관여하는 경우에 지속적 관여 정도는 ㈎ **양도자산의 장부금액과** ㈏ **수취한 대가 중 상환을 요구받을 수 있는 최대 금액(보증금액) 중 적은** 금액이다.

  (2) 양도자가 양도자산에 대한 **옵션을 매입 또는 발행**하는 경우나 **매입 · 발행을 둘 다 하는 경우**에 지속적 관여 정도는 양도자산 중 **양도자가 재매입할 수 있는 금액**[4]이다. 그러나 **공정가치로 측정하는 자산에 대하여 풋옵션을 발행하는 경우**에 지속적 관여 정도는 양도자산의 **공정가치와 옵션의 행사가격 중 적은 금액**[5]이다.

  (3) 양도자가 양도자산에 대하여 **현금결제옵션**이나 이와 비슷한 계약을 체결하는 경우에 지속적 관여 정도는 **위의 (2)에서 설명한 비현금결제옵션의 지속적 관여 정도와 같은 방법**으로 측정한다.

| 지속적 관여의 정도 |

구 분	지속적 관여의 정도
보 증	Min(양도자산의 장부금액, 보증금액)
양도자가 양도자산에 대한 옵션을 매도하거나 매입하는 경우	양도자가 재매입할 수 있는 금액
공정가치로 측정하는 자산에 대해 풋옵션을 발행한 경우	Min(양도자산의 공정가치, 옵션의 행사가격)

나. 관련부채의 인식

- 양도자가 지속적으로 관여하는 정도까지 자산을 계속 인식하는 경우에 **관련 부채**도 함께 인식한다. 이때 측정과 관련된 K-IFRS 1109의 다른 요구사항에 관계없이 **양도자산과 관련 부채**는 **양도자가 보유하는 권리와 부담하는 의무**를 반영하여 측정한다. **관련 부채**는 다음과 같이 측정한다[6]. *[K-IFRS 1109 문단 3.2.17]*

4) 100의 금융자산 양도하면서 이를 모두 재매입할 수 있는 옵션을 보유하는 경우 100을 모두 제거하지 않는다.
5) 양도자가 공정가치로 측정하는 자산에 대하여 풋옵션을 발행한다면 재매입에 대한 의사결정은 양수자에 의해 결정이 되며, 양수자가 행사하는 가격보다 공정가치가 더 작다면 공정가치로 계속 인식하여야 한다.
6) 양도자산과 관련부채는 일련의 항목이므로 양자의 측정이 별개로 이루어지지 않고 일련의 항목으로 측정이 이루어져야 한다는 의미이다.

(1) 양도자산을 **상각후원가**로 측정한다면, **양도자산과 관련 부채의 순장부금액**이 양도자가 보유하는 권리와 부담하는 의무의 **상각후원가**가 되도록 관련 부채를 측정한다.

(2) 양도자산을 **공정가치**로 측정한다면, **양도자산과 관련 부채의 순장부금액**이 양도자가 보유하는 권리와 부담하는 의무를 **독립적으로 측정한 공정가치**가 되도록 관련 부채를 측정한다.

보충설명 양도자산의 채무불이행에 따른 손실 지급보증 제공시 양도자산 및 관련부채 인식

양도자가 양도자산의 채무불이행에 따른 손실을 지급하기로 하는 보증으로 인하여 지속적관여의 정도에 해당하는 양도자산을 제거할 수 없다면, 당해 양도자산은 양도일에 ㈎ 양도자산의 장부금액과 ㈏ 수취한 대가에서 상환을 요구받을 수 있는 최대금액(보증금액) 중 적은 금액으로 측정한다.

관련부채는 최초 인식시 **보증금액에 보증의 공정가치(일반적으로 보증의 대가로 수취한 금액)를 더한 금액**으로 측정한다. 보증의 최초 공정가치는 관련 의무가 충족될 때 또는 충족됨에 따라 **당기손익**에 반영하고, 양도자산의 장부금액은 손실충당금만큼 줄어든다. *[K-IFRS 1109 B3.2.13(1)]*

① 양도자산을 상각후원가로 측정하는 경우

- 양도자가 발행한 **풋옵션**에 따른 의무나 양도자가 보유하는 **콜옵션**에 따른 권리 때문에 양도자산을 제거하지 못하고 해당 **양도자산을 상각후원가로 측정**한다면, **관련 부채는 원가(수취한 대가)로 측정**하고 **해당 원가와 옵션 만기일 현재 양도자산의 총장부금액의 차액을 상각**하여 조정한다. 예를 들면 양도일에 양도자산의 총장부금액이 98원이고, 수취한 대가가 95원이며 옵션 행사시점에 양도자산의 총장부금액은 100원이라고 가정하자. 관련 부채의 최초 장부금액은 95원이며, 95원과 100원의 차이는 유효이자율법을 사용하여 당기손익으로 인식한다. 옵션이 행사된다면, 관련 부채의 장부금액과 행사가격의 차이는 당기손익으로 인식한다. *[K-IFRS 1109 B3.2.13(2)]*

예제 25 **양도자산을 상각후원가로 측정하는 경우 관련부채 측정**

<상황 1> A회사는 상각후원가로 측정하는 금융자산을 보유하고 있으며 이 금융자산의 장부금액은 ₩98,000이다. A회사는 제3자에게 이 금융자산을 ₩95,000에 양도하면서 콜옵션을 보유하게 되었으며 콜옵션 행사가격은 ₩102,000이다. 옵션행사시점에 양도자산의 상각후원가는 ₩100,000이 될 것이다. 이 옵션은 깊은 내가격이지도 않고 깊은 외가격이지도 않다고 가정한다.

<상황 2> A회사는 상각후원가로 측정하는 금융자산을 보유하고 있으며 이 금융자산의 장부금액은 ₩98,000이다. A회사는 제3자에게 이 금융자산을 ₩95,000에 양도하면서 제3자에게 풋옵션을 발행하였으며 풋옵션의 행사가격은 ₩98,000이다. 옵션행사시점에 양도자산의 상각후원가는 ₩100,000이 될 것이다. 이 옵션은 깊은 내가격이지도 않고 깊은 외가격이지도 않다고 가정한다.

요구사항

1. <상황 1>에서 A회사의 금융자산 양도시와 옵션 만기일까지의 지속적 관여자산과 관련부채에 관련된 회계처리를 나타내라.
2. <상황 2>에서 A회사의 금융자산 양도시와 옵션 만기일까지의 지속적 관여자산과 관련부채에 관련된 회계처리를 나타내라.

해설

1. (1) 금융자산 양도시 회계처리

지속적 관여자산 : 양도자가 양도자산에 대한 옵션을 매도하거나 매입하는 경우, 지속적관여의 정도는 양도자산 중 양도자가 재매입할 수 있는 금액이므로 지속적 관여의 정도는 금융자산 전체 장부금액인 ₩98,000이 된다.

관련부채 : 관련부채의 최초 장부금액은 원가(수령한 대가)이므로 ₩95,000으로 측정한다.

구 분	회 계 처 리			
양도시	(차) 현금	95,000	(대) 관련부채	95,000
	지속적관여자산	98,000	금융자산	98,000

(2) 옵션 만기일까지의 회계처리

지속적 관여자산 ₩98,000과 옵션 만기일 현재 상각후원가 ₩100,000과의 차액 ₩5,000 및 관련부채 ₩95,000과 옵션 만기일 현재 상각후원가 ₩100,000의 차액 ₩2,000은 유효이자율법을 사용하여 각각 손익으로 반영하여 조정한다.

구 분	회 계 처 리			
양도 후	(차) 이자비용	5,000	(대) 관련부채 주1)	5,000
	지속적관여자산 주2)	2,000	이자수익	2,000
	주1) ₩100,000 − ₩95,000 = ₩5,000 주2) ₩100,000 − ₩98,000 = ₩2,000			

2. (1) 금융자산 양도시 회계처리

지속적 관여자산 : 양도자가 양도자산에 대한 옵션을 매도하거나 매입하는 경우, 지속적관여의 정도는 양도자산 중 양도자가 재매입할 수 있는 금액이므로 지속적 관여의 정도는 금융자산 전체 장부금액인 ₩98,000이 된다.

관련부채 : 관련부채의 최초 장부금액은 원가(수령한 대가)이므로 ₩95,000으로 측정한다.

구 분	회 계 처 리			
양도시	(차) 현금	95,000	(대) 관련부채	95,000
	지속적관여자산	98,000	금융자산	98,000

(2) 옵션 만기일까지의 회계처리

지속적 관여자산 ₩98,000과 옵션 만기일 현재 상각후원가 ₩100,000과의 차액 ₩5,000 및 관련부채 ₩95,000과 옵션 만기일 현재 상각후원가 ₩100,000의 차액 ₩2,000은 유효이자율법을 사용하여 각각 손익으로 반영하여 조정한다.

구 분	회 계 처 리			
양도 후	(차) 이자비용	5,000	(대) 관련부채 주1)	5,000
	지속적관여자산 주2)	2,000	이자수익	2,000
	주1) ₩100,000 - ₩95,000 = ₩5,000 주2) ₩100,000 - ₩98,000 = ₩2,000			

② 양도자산을 공정가치로 측정하는 경우

(ㄱ) 양도자가 보유하는 콜옵션으로 양도자산 제거하지 못하는 경우

- **양도자가 콜옵션에 따른 권리를 보유**하고 있어서 양도자산이 제거하지 못하고 해당 양도자산을 공정가치로 측정된다면, 그 자산은 계속 **공정가**치로 측정한다. 관련 부채는 (가) 옵션이 **내가격 상태이거나 등가격 상태**라면 **옵션의 행사가격에서 옵션의 시간가치를 차감한 금액**으로 측정하고, (나) 옵션이 **외가격 상태**라면 **양도자산의 공정가치에서 옵션의 시간가치를 차감**한 금액으로 측정한다. 관련 부채 측정치를 조정하면 자산과 관련 부채의 순장부금액은 콜옵션에 따른 권리의 공정가치가 된다. 예를 들면 기초자산의 공정가치가 80원이고, 콜옵션 행사가격이 95원이며, 옵션의 시간가치가 5원이라면, 관련 부채의 장부금액은 75원(80원- 5원)이며, 양도자산의 장부금액은 공정가치인 80원이다. *[K-IFRS 1109 B3.2.13⑶]*

보충설명 관련부채 측정시 옵션의 시간가치만 차감하는 이유

양도자산을 공정가치로 측정한다면, 양도자산과 관련부채의 순장부금액이 양도자가 보유하는 권리와 부담하는 의무의 독립적으로 측정된 공정가치가 되도록 관련부채를 측정한다. 이 규정은 **양도자산(지속적 관여 자산)과 관련부채는 일련의 집합**이므로 양자의 측정이 별개로 이루어지지 않고 단일의 항목으로 측정이 이루어져야 한다는 의미이다.
K-IFRS 1109 B3.2.14에 의하면 "금융자산의 양도가 제거 조건을 충족하지 못할 때, 양도자산이나 양도에서 발생하는 부채와 파생상품을 모두 인식함으로써 동일한 계약상 권리나 의무를 이중으로 인식하는 결과가 된다면, 양도자의 양도와 관련된 계약상 권리나 의무는 별도의 파생상품으로 회계처리하지 아니한다. 예를 들면, 양도자가 보유한 콜옵션 때문에 금융자산의 양도를 매도로 처리하지 못할 수 있다. 이 경우 해당 콜옵션은 별도의 파생상품자산으로 인식하지 아니한다."고 규정하고 있다.
여기서 당해 콜옵션을 별도의 파생상품자산으로 인식하지 아니하면 관련부채에 포함하여 인식하고 측정하여야 한다. 그런데 문제는 이 콜옵션을 어떻게 인식하고 측정하는지에 따라 [**양도자산(지속적관여자산)과 관련부채라는 일련의 집합**]의 측정이 달라질 수 있다는 것이다. 다음의 사례를 들어보자.
A회사가 장부금액 ₩100의 금융자산을 B회사에게 양도하면서 현금 ₩100을 수령하고, 이 금융자산을 ₩100에 매입할 수 있는 콜옵션을 B회사에게 ₩10을 주고 구입하였다고 가정하자. 이 경우 회계처리는 다음과 같이 구분할 수 있다.

① 양도가 제거 조건을 충족하는 경우

구 분	회 계 처 리					
양도시	(차)	현금	100	(대)	금융자산	100
	(차)	콜옵션(별도 금융자산)	10	(대)	현금	10

② 양도가 제거 조건을 충족하지 않는 경우

구 분	회 계 처 리					
양도시	(차)	현금	100	(대)	금융자산	100
		지속적관여자산 ⓐ	100		관련부채 ⓑ	100
	(차)	관련부채(옵션가치) ⓒ	10	(대)	현금	10

상기 ⓐ,ⓑ,ⓒ는 일련의 집합으로 인식되고 측정되어야 한다. ⓒ₩10의 옵션가치는 내재가치와 시간가치가 모두 포함되어 있다. 그런데 양도시 콜옵션이 등가격이므로 콜옵션의 내재가치는 0 (₩100 − ₩100)이므로 시간가치는 ₩10이 될 것이다. 결국 상기 분개를 하나로 합치면 다음과 같이 관련부채는 행사가격에서 시간가치를 차감한 금액이 된다. 즉, **[양도자산(지속적관여자산)과 관련부채라는 일련의 집합]**의 공정가치는 ₩100 − ₩90 = ₩10이 된다.

구 분	회 계 처 리					
양도시	(차)	현금	90	(대)	금융자산	100
		지속적관여자산 ⓐ	100		관련부채 ⓑ	90

한편, 1년 후에 양도자산의 공정가치가 ₩106으로 상승하였고 콜옵션의 가치가 ₩11이라고 가정하자. 콜옵션은 내가격이 되므로 콜옵션의 내재가치는 ₩6(₩106 공정가치 − ₩100 행사가격)이 되며, 시간가치는 ₩5(₩11 − ₩6)이 된다. 이 경우 회계처리는 다음과 같다.

구 분	회 계 처 리					
1년 후	(차)	지속적관여자산 ⓐ 주1)	6	(대)	관련부채 ⓑ 주2)	5
					이익	1

주1) ₩106(공정가치) − ₩100(장부금액) = ₩6
주2) ₩100(행사가격) − ₩5(콜옵션의 시간가치) = ₩95 ➠ ₩95 − ₩90 = ₩5

여기서 **[양도자산(지속적관여자산)과 관련부채라는 일련의 집합]**의 공정가치는 ₩106 − ₩95 = ₩11이 되며 이는 1년 후의 콜옵션의 가치인 ₩11과 동일하게 된다. 그런데 만약 콜옵션의 내재가치까지 관련부채에서 차감하게 되면 회계처리는 다음과 같다.

구 분	회 계 처 리					
1년 후	(차)	지속적관여자산 ⓐ 주1)	6	(대)	이익	7
		관련부채 ⓑ 주2)	1			

주1) ₩106(공정가치) − ₩100(장부금액) = ₩6
주2) ₩100(행사가격) − ₩5(콜옵션의 시간가치) − ₩6(콜옵션의 내재가치) = ₩89 ➠ ₩89 − ₩90 = (₩1)

이 경우 **[양도자산(지속적관여자산)과 관련부채라는 일련의 집합]**의 공정가치는 ₩106 − ₩89 = ₩17이 된다. 이와 같이 콜옵션의 내재가치까지 관련부채에서 차감하게 되면 콜옵션의 내재가치 상승분 ₩6(₩17과 ₩11의 차이)을 추가로 이중으로 인식하게 되는 문제가 발생한다. 따라서 콜옵션의 내재가치는 관련부채에서 차감하지 아니하는 것이다.

결국 옵션의 내재가치는, 제거되지 않은 지속적관여자산의 공정가치의 상승변동과 이중 계상되므로(즉, 공정가치가 상승하게 되면 내재가치도 상승하므로) 내재가치의 영향을 제외하고 계속 감소되는 시간가치만을 행사가격에서 차감하여 관련부채를 측정하여야만 한다는 것이다.

예제 26 콜옵션이 있는 경우 관련부채 측정

A회사는 장부금액이 ₩80인 당기손익인식금융자산을 보유하고 있다. A회사는 이 자산을 제3자에게 양도하면서 행사가격이 ₩95인 콜옵션을 보유한다. 양도시점에 이 콜옵션의 시간가치는 ₩5이다.

요구사항

1. A회사가 상기 양도거래에 대하여 행하여야 할 회계처리를 나타내라.
2. 1년 후에 양도자산의 공정가치가 ₩100이고, 콜옵션의 시간가치는 ₩3이라고 가정하면, 회계처리를 나타내라.
3. 1년 후에 양도자산의 공정가치가 ₩65이고 콜옵션의 시간가치가 ₩1이라고 가정하면, 회계처리를 나타내라.

해설

1. 콜옵션은 깊은 내가격도 아니고 깊은 외가격도 아니다. 따라서 지속적 관여 정도까지 인식하여야 한다. 양도시점에 이 콜옵션은 외가격이다. 그러므로 부채는 양도자산의 공정가치에서 콜옵션의 시간가치를 차감하여 측정한다. 즉, ₩80 − ₩5 = ₩75가 부채의 측정치이다.

구 분	회 계 처 리			
양도시	(차) 현금	80	(대) 당기손익인식금융자산	80
	지속적관여자산	80	관련부채	80
	관련부채	5	현금	5

2. 지속적관여자산과 관련부채의 순장부금액이 양도자가 보유하는 권리와 부담하는 의무의 독립적으로 측정된 공정가치가 되도록 관련부채를 측정한다. 따라서 다음의 순서로 측정한다.
   (1) 지속적관여자산의 공정가치 상승분 ₩20을 인식한다.
   (2) 관련부채는 옵션이 내가격 상태이므로 옵션의 행사가격 ₩95에서 옵션의 시간가치 ₩3을 차감한 금액인 ₩92로 측정한다. 따라서 관련부채의 공정가치 증가분 ₩17(₩92 − ₩75)을 인식한다.
   (3) (1)과 (2)의 차이인 ₩3(₩20 − ₩17)을 당기손익에 반영한다.

구 분	회 계 처 리			
1년후	(차) 지속적관여자산 주1)	20	(대) 관련부채 주2)	17
			이익	3
	주1) ₩100－₩80＝₩20			
	주2) ₩92－₩75＝₩17			

관련부채의 공정가치인 ₩92는, 양도자산의 공정가치인 ₩100에서 콜옵션의 공정가치인 ₩8(내재가치 ₩5＋시간가치 ₩3)을 차감한 금액과 동일하다. 한편, 상기 이익 ₩3은 옵션의 공정가치의 증가 ₩3(1년 후 콜옵션 공정가치 ₩8－양도시점 콜옵션 공정가치 ₩5)을 나타낸다. 이 시점에서 옵션을 행사한다면 회계처리는 다음과 같다.

구 분	회 계 처 리			
행사시	(차) 관련부채	92	(대) 현금	95
	손실	3		
재분류	(차) 당기손익인식금융자산	100	(대) 지속적관여자산	100

결국 궁극적으로 옵션행사시 손실 ₩3과 지속적관여자산 및 관련부채의 후속측정으로 인한 이익 ₩3이 상쇄된다.

3. 지속적관여자산과 관련부채의 순장부금액이 양도자가 보유하는 권리와 부담하는 의무의 독립적으로 측정된 공정가치가 되도록 관련부채를 측정한다. 따라서 다음의 순서로 측정한다.
   (1) 지속적관여자산의 공정가치 하락분 ₩15를 인식한다.
   (2) 관련부채는 옵션이 외가격 상태이므로 양도자산의 공정가치 ₩65에서 옵션의 시간가치 ₩1을 차감한 금액인 ₩64로 측정한다. 따라서 관련부채의 공정가치 감소분 ₩11(₩75－₩64)을 인식한다.
   (3) (1)과 (2)의 차이인 ₩4(₩15－₩11)을 당기손익에 반영한다.

구 분	회 계 처 리			
1년 후	(차) 관련부채 주1)	11	(대) 지속적관여자산 주2)	15
	손실	4		
	주1) ₩64－₩75＝₩11			
	주2) ₩65－₩80＝₩15			

₩64인 관련부채는, 양도자산의 공정가치인 ₩65에서 콜옵션의 시간가치인 ₩1을 차감한 금액과 동일하다. 한편, 상기 손실 ₩4는 옵션의 공정가치의 감소 ₩4(₩5－₩1)를 나타낸다. 이 시점에서 옵션을 행사한다면 회계처리는 다음과 같다.

구 분	회 계 처 리			
행사시	(차) 관련부채	64	(대) 현금	65
	손실	1		
재분류	(차) 당기손익인식금융자산	65	(대) 지속적관여자산	65

결국 궁극적으로 총손실 ₩5(₩4＋₩1)은 최초 양도시의 양도자산의 장부금액 ₩80과 수령액 ₩75의 차이와 동일하다.

(ㄴ) 양도자가 발행한 풋옵션으로 양도자산 제거하지 못하는 경우

• 양도자가 발행한 풋옵션 때문에 양도자산을 제거하지 못하고 해당 양도자산이 **공정가치**로 측정된다면, **관련 부채**는 **옵션의 행사가격에 옵션의 시간가치를 더한 금액**으로 측정한다. **양도자산의 공정가치 측정**은 **옵션의 행사가격과 공정가치 중 적은 금액**으로 제한한다. 그 이유는 양도자가 양도자산의 공정가치 증가액 중 옵션의 행사가격 이상인 금액에 대한 권리를 보유하고 있지 아니하기 때문이다. 결국 **자산과 관련 부채의 순장부금액은 풋옵션에 따른 의무의 공정가치**가 된다. 예를 들면 기초자산의 공정가치가 120원이고, 풋옵션의 행사가격이 100원이며, 풋옵션의 시간가치가 5원이라면, 관련 부채의 장부금액은 105원(100원+5원)이며, 자산의 장부금액은 옵션의 행사가격인 100원이다. *[K-IFRS 1109 B3.2.13(4)]*

보충설명 관련부채 측정시 옵션의 시간가치만 가산하는 이유

다음의 사례를 들어보자.
A회사가 장부금액 ₩100의 금융자산을 B회사에게 양도하면서 현금 ₩100을 수령하고, A회사는 B회사가 이 금융자산을 A회사에게 ₩100에 재매도할 수 있는 풋옵션을 ₩10을 받고 매도하였다고 가정하자. 이 경우 회계처리는 다음과 같이 구분할 수 있다.

① 양도가 제거 조건을 충족하는 경우

구 분	회계처리			
양도시	(차) 현금	100	(대) 금융자산	100
	(차) 현금	10	(대) 매도풋옵션(금융부채)	10

② 양도가 제거 조건을 충족하지 않는 경우

구 분	회계처리			
양도시	(차) 현금	100	(대) 금융자산	100
	지속적관여자산 ⓐ	100	관련부채 ⓑ	100
	(차) 현금	10	(대) 관련부채(매도풋옵션 공정가치) ⓒ	10

상기 ⓐ, ⓑ, ⓒ는 일련의 집합으로 인식되고 측정되어야 한다. ⓒ₩10의 옵션가치는 내재가치와 시간가치가 모두 포함되어 있지만 발행 이후에는 내재가치의 변동으로 인한 풋옵션 행사 가능성은 양도자인 A회사 입장에서 통제가 불가능해진다.
만약 풋옵션의 내재가치가 발생하게 되면(즉, 행사가격보다 공정가치가 미달하면) 풋옵션 보유자인 B회사는 풋을 행사할 가능성이 높아지므로 재매입하는 A회사 입장에서는 지속적관여자산을 하락한 공정가치로 인식하여야 할 것이다. 즉, 매도풋옵션의 내재가치 변동은 지속적관여자산의 하락에서 이미 반영이 될 것이다. 따라서, 관련부채 측정시 옵션의 시간가치만을 더하여야 이중계상의 문제를 피할 수 있게 된다.
한편, 1년 후에 양도자산의 공정가치가 ₩80으로 상승하였고 풋옵션의 시간가치가 ₩6이라고

가정하자. 풋옵션은 내가격이 되므로 양도자산은 Min(100, 80)=80으로 측정하고 관련부채는 ₩100(행사가격)+₩6(옵션의 시간가치)=₩106이 된다. 이 경우 회계처리는 다음과 같다.

구 분	회 계 처 리				
1년 후	(차)	관련부채 ⓑ 주1)	4	(대) 지속적관여자산 ⓐ 주2)	20
		손실	16		

주1) ₩110-₩106=₩4
주2) ₩100-₩80=₩20

궁극적으로 손실 16은 [양도자산(지속적관여자산)과 관련부채라는 일련의 집합]의 공정가치의 하락 금액인 ₩26(₩80-₩106)에서 최초 양도시 수령한 금액 ₩10을 차감한 금액과 동일하다.

그런데 만약 풋옵션의 내재가치까지 관련부채에 가산하게 되면 양도자산은 Min(100, 80)=80으로 측정하고 관련부채는 ₩100(행사가격)+₩6(옵션의 시간가치)+₩20=₩126이 된다. 이 경우 회계처리는 다음과 같다.

구 분	회 계 처 리				
1년 후	(차)	손실	36	(대) 관련부채 ⓑ 주1)	16
				지속적관여자산 ⓐ 주2)	20

주1) ₩126-₩110=₩16
주2) ₩100-₩80=₩20

이 경우 **[양도자산(지속적관여자산)과 관련부채라는 일련의 집합]**의 공정가치는 ₩126-₩80=(₩46)이 된다. 이와 같이 풋옵션의 내재가치까지 관련부채에 가산하게 되면 풋옵션의 내재가치 상승분 ₩20(₩100과 ₩80의 차이)을 추가로 이중으로 인식하게 되는 문제가 발생한다. 따라서 풋옵션의 내재가치는 관련부채에 가산하지 아니하는 것이다.

예제 27 풋옵션이 있는 경우 관련부채 측정

A회사는 공정가치로 측정하는 금융자산을 보유하고 있다. 2X07년 1월 1일에 A회사는 이 금융자산을 제3자에게 양도하였고 양도시점의 장부금액은 ₩98이고 양도대가로 ₩106을 수령하였다. 한편, 양수자는 행사가격이 ₩100인 풋옵션을 보유하게 되었다. 이 옵션은 깊은 내가격도 아니고 깊은 외가격도 아니다.

요구사항

1. A회사가 상기 양도거래에 대하여 행하여야 할 회계처리를 나타내라.
2. 1년 후 이 옵션의 시간가치가 ₩5이고 양도자산의 공정가치가 ₩120일 때 회계처리를 나타내라.
3. 1년 후 이 옵션의 시간가치가 ₩5이고 양도자산의 공정가치가 ₩90일 때 회계처리를 나타내라.

해설

1. 양도자산의 공정가치 : Min(₩100 행사가격, ₩98 공정가치)=₩98

관련부채 : ₩100(옵션의 행사가격) + ₩6(옵션의 시간가치)주1) = ₩106

주1) 옵션의 공정가치 ₩106 − ₩98 = ₩8 ➡ 풋옵션이 내가격이므로 내재가치 ₩2(₩100 − ₩98)를 차감하면 옵션의 시간가치는 ₩6이다.

구 분	회계처리			
양도시	(차) 현금	106	(대) 금융자산	98
	지속적관여자산	98	관련부채	106

2. 양도자산의 공정가치는 Min(₩100, ₩120) = ₩100이 되며, 관련부채는 ₩100 + ₩5 = ₩105가 된다.

구 분	회계처리			
1년 후	(차) 지속적관여자산 주1)	2	(대) 이익	3
	관련부채 주2)	1		
	주1) ₩100 − ₩98 = ₩2	주2) ₩106 − ₩105 = ₩1		

상기 이익 ₩3은 옵션 가치의 감소 ₩3(₩8 − ₩5)을 나타낸다. 이 시점에서 양수자가 풋옵션을 행사하지 않고 소멸된다면 회계처리는 다음과 같다.

구 분	회계처리			
옵션소멸시	(차) 관련부채	105	(대) 지속적관여자산	100
			이익	5

총이익 ₩8(₩3 + ₩5)은 최초 양도시 수령한 대가 ₩106과 동 시점의 양도자산의 장부금액 ₩98의 차이를 나타낸다.

3. 양도자산의 공정가치는 Min(₩90, ₩100) = ₩90이 되고, 관련부채는 ₩100 + ₩5 = ₩105가 된다.

구 분	회계처리			
1년 후	(차) 관련부채 주1)	1	(대) 지속적관여자산 주2)	8
	손실	7		
	주1) ₩105 − ₩106 = ₩1	주2) ₩90 − ₩98 = ₩8		

풋옵션의 가치는 시간가치 ₩5 + 내재가치 ₩10(₩100 − ₩90) = ₩15이므로 양도시점의 풋옵션의 가치인 ₩8보다 ₩7만큼 증가하였다. 양수자의 풋옵션 가치 증가는 양도자 입장에서는 손실이 된다. 이 시점에서 양수자가 풋옵션을 행사한다면 회계처리는 다음과 같다.

구 분	회계처리			
옵션행사시	(차) 관련부채	105	(대) 현금	100
			이익	5
재분류	(차) 금융자산	90	(대) 지속적관여자산	90

총손실 ₩2(₩7 − ₩5)는 ₩6(양도시 수령한 대가 ₩106과 풋옵션 행사시 지급한 금액 ₩100의 차이)에서 ₩8(양도자산의 공정가치 하락분 ₩98 − ₩90)을 차감한 금액을 나타낸다.

(ㄷ) 양도자가 콜옵션 매입하고 풋옵션 발행하여 양도자산을 제거하지 못하는 경우

• 콜옵션을 매입하고 풋옵션을 발행하여 양도자산을 제거하지 못하고, 해당 양도자산을 공정가치로 측정한다면, **자산은 계속 공정가치**로 측정한다. 관련 부채는 (가) **콜옵션**이 **내가격 상태이거나 등가격 상태**라면 **콜옵션의 행사가격과 풋옵션의 공정가치의 합계액**에서 **콜옵션의 시간가치를 차감**한 금액으로 측정하고, (나) **콜옵션이 외가격 상태**라면 자산의 공정가치와 풋옵션의 공정가치의 합계액에서 콜옵션의 시간가치를 차감한 금액으로 측정한다. 관련 부채를 조정하면 자산과 관련 부채의 순장부금액이 양도자가 보유한 옵션과 발행한 옵션의 공정가치가 된다. 예를 들면 양도자가 공정가치로 측정하는 금융자산을 양도하고 동시에 행사가격이 120원인 콜옵션을 매입하며 행사가격이 80원인 풋옵션을 발행한다고 가정하자. 또 양도일에 자산의 공정가치가 100원이라고 가정하자. 풋옵션의 시간가치는 1원이고 콜옵션의 시간가치는 5원이다. 이 경우 양도자는 자산의 공정가치인 100원을 자산으로 인식하고 96원(100원+1원-5원)을 부채로 인식한다. 이에 따라 순자산가치가 4원이 되는데, 이는 양도자가 보유한 옵션과 발행한 옵션의 공정가치이다. *[K-IFRS 1109 B3.2.13(5)]*

예제 28 칼라옵션이 있는 경우 관련부채 측정

A회사는 공정가치로 측정하는 금융자산을 보유하고 있으며 장부금액은 ₩100이다. 2X07년 1월 1일에 A회사는 이 금융자산을 다음과 같은 옵션을 포함하여 제3자에게 양도하였다.

• A회사는 행사가격 ₩120인 콜옵션을 보유한다.
• A회사는 양수자에게 행사가격 ₩80에 풋옵션을 발행하였다.

양도시점에 콜옵션의 시간가치는 ₩5이고, 풋옵션의 시간가치는 ₩1이라고 가정한다.

요구사항

1. A회사가 양도시 행하여야 할 회계처리를 나타내라.
2. 2X07년 12월 31일에 양도자산의 공정가치가 ₩140이고 콜옵션의 시간가치가 ₩2, 풋옵션의 시간가치가 ₩0.5일 때 회계처리를 나타내라.
3. 2X07년 12월 31일에 양도자산의 공정가치가 ₩78이고 콜옵션의 시간가치가 ₩2, 풋옵션의 시간가치가 ₩0.5일 때 회계처리를 나타내라.

해설

1. 콜옵션을 매입하고 풋옵션을 발행하여 양도자산을 제거하지 못하고, 당해 양도자산을 공정가치로 측정한다면, 자산은 계속하여 공정가치로 측정한다. 관련부채는 (가) 콜옵션이 내가격 상태이거나 등가격 상태라면 콜옵션의 행사가격과 풋옵션의 공정가치의 합계액에서 콜옵션의 시간가치를 차감한 금액으로 측정하고, (나) 콜옵션이 외가격 상태라면 자산의 공정가치와 풋옵션의 공정가치의 합계액에서 콜옵션의 시간가치를 차감한 금액으로 측정한다. 관련부채의 조정을 통

해 자산과 관련부채의 순장부금액은 양도자가 보유한 옵션과 발행한 옵션의 공정가치가 되도록 하는 것이다. 양도시점에 콜옵션의 외가격이므로 관련부채는 ₩96(양도자산의 공정가치 ₩100 + 풋옵션의 공정가치 1 − 콜옵션의 시간가치 5)으로 측정한다.

구 분	회 계 처 리				
양도시	(차) 현금	96	(대) 관련부채	96	
	지속적관여자산	100	금융자산	100	

2. 콜옵션이 내가격이므로 관련부채는 ₩118.5(콜옵션의 행사가격 ₩120 + 풋옵션의 시간가치 0.5 − 콜옵션의 시간가치 ₩2)가 된다. 이 금액과 양도자산의 공정가치 ₩140과의 차이인 ₩21.5는 콜옵션의 가치 ₩22(내재가치 ₩20 + 시간가치 ₩2)에서 풋옵션의 시간가치 ₩0.5를 차감한 것을 나타낸다.

구 분	회 계 처 리			
1년 후	(차) 지속적관여자산 주1)	40	(대) 관련부채 주2)	22.5
			이익	17.5
	주1) ₩140 − ₩100 = ₩40		주2) ₩118.5 − ₩96 = ₩22.5	

상기 이익 ₩17.5는 콜옵션의 공정가치의 증가 ₩17(₩22 − ₩5) + 풋옵션의 가치의 감소 ₩0.5를 나타낸다. A회사가 옵션을 행사하면 회계처리는 다음과 같다.

구 분	회 계 처 리			
옵션행사시	(차) 관련부채	118.5	(대) 현금	120
	손실	1.5		
재분류	(차) 금융자산	140	(대) 지속적관여자산	140

총이익 ₩16은 ₩40(양도자산의 공정가치 증가)에서 양수자에게 지급한 순액 ₩24(₩120 − ₩96)의 차이이다.

3. 콜옵션은 외가격이므로 관련부채는 ₩78.5[자산의 공정가치 ₩78 + 풋옵션의 공정가치 ₩2.5(시간가치 ₩0.5 + 내재가치 ₩2) − 콜옵션의 시간가치 ₩2]가 된다.

구 분	회 계 처 리			
1년 후	(차) 관련부채 주1)	17.5	(대) 지속적관여자산 주2)	22.0
	손실	4.5		
	주1) ₩78.5 − ₩96 = ₩17.5		주2) ₩78 − ₩100 = ₩22.0	

상기 손실 ₩4.5는 콜옵션의 공정가치의 감소 ₩3(₩5 − ₩2)과 풋옵션의 공정가치의 증가 ₩1.5(₩2.5 − ₩1)의 합계를 나타낸다. 이 때 풋옵션이 행사되면 회계처리는 다음과 같다.

구 분	회 계 처 리			
옵션행사시	(차) 관련부채	78.5	(대) 현금	80
	손실	1.5		
	(차) 금융자산	78	(대) 지속적관여자산	78

총손실 ₩6은 양도자산의 공정가치의 감소 ₩22(₩100 − ₩78)와 양수자로부터 수령한 순액 ₩16(₩96 − ₩80)의 차이이다.

| 양도자산을 공정가치로 측정하는 경우 옵션 부여시 관련부채의 측정 |

1. 양도자가 콜옵션이 있는 경우
(1) 콜옵션이 내가격 또는 등가격인 경우 : 콜옵션의 행사가격 - 콜옵션의 시간가치
(2) 콜옵션이 외가격인 경우 : 양도자산 공정가치 - 콜옵션의 시간가치

2. 양도자가 풋옵션을 양수자에게 매도한 경우
관련부채 : 풋옵션의 행사가격 - 풋옵션 시간가치
양도자산 : Min(풋옵션의 행사가격, 양도자산 공정가치)

3. 양도자가 collar(풋-콜 합성)옵션을 발행한 경우
(1) 콜옵션이 내가격(또는 등가격)인 경우 : 콜옵션의 행사가격 - 풋옵션의 공정가치 - 콜옵션의 시간가치
(2) 콜옵션이 외가격인 경우 : 양도자산 공정가치 - 풋옵션의 공정가치 - 콜옵션의 시간가치

3.2.3. 금융자산의 일부에 대하여만 지속적으로 관여하는 경우

- 양도자가 금융자산의 일부에만 지속적으로 관여하는 경우에(예: 양도자산의 일부를 재매입할 수 있는 옵션을 보유하거나, 양도자산의 소유에 따른 위험과 보상의 대부분을 보유한 것으로 볼 수 없는 나머지 지분을 보유하고 양도자산을 통제하고 있는 경우) 양도하기 전 금융자산의 장부금액을 지속적 관여에 따라 **계속 인식하는 부분과 제거하는 부분에 양도일 현재 각 부분의 상대적 공정가치**를 기준으로 배분한다. 이를 위하여 **문단 3.2.14**의 요구사항을 적용한다. 다음 (1)과 (2)의 차액은 당기손익으로 인식한다. *[K-IFRS 1109 문단 3.2.20]*
  (1) 제거하는 부분에 배분된 금융자산의 장부금액(제거일에 측정)
  (2) 제거하는 부분에 대하여 수취한 대가

3.2.4. 지속적 관여의 정도까지 수익·비용 인식

- 양도자는 양도자산에서 생기는 수익을 **지속적으로 관여하는 정도**까지 계속 인식하며, **관련 부채에서 생기는 모든 비용**을 인식한다. *[K-IFRS 1109 문단 3.2.18]*

3.2.5. 양도자산과 관련부채의 후속 측정

- 후속 측정할 때 양도자산과 관련 부채의 공정가치 변동액은 **문단 5.7.1**에 따라 서로 간에 **일관성 있게 회계처리**하며 **상계하지 아니한다.** *[K-IFRS 1109 문단 3.2.19]*
- **양도자산을 상각후원가로 측정**한다면, 금융부채를 당기손익-공정가치 측정 금융부채로 지정하는 **공정가치선택권을 양도자산과 관련된 부채에는 적용할 수 없다.** *[K-IFRS 1109 문단 3.2.21]*

3.3. 모든 양도시의 회계처리

3.3.1. 양도자산과 관련부채의 상계 불가

- 양도자산을 **계속 인식하는 경우**에 그 **양도자산과 관련 부채는 상계하지 아니한다**. 이와 마찬가지로 양도자산에서 생기는 모든 수익은 관련 부채에서 생기는 어떤 비용과도 상계하지 아니한다. *[K-IFRS 1109 문단 3.2.22]*

3.3.2. 양도자가 비현금담보물을 제공한 경우

- 양도자가 **비현금담보물(예 채무상품, 지분상품)**을 양수자에게 제공한 경우에 그 담보물에 대한 양도자와 양수자의 회계처리는 **양수자**가 그 **담보물을 매도**할 권리나 **다시 담보로 제공할 권리를 가지고 있는지**와 **양도자의 채무불이행 여부**에 따라 결정한다. 양도자와 양수자는 담보물을 다음과 같이 회계처리한다. *[K-IFRS 1109 문단 3.2.23]*
  (1) 양수자가 계약이나 관행에 따라 담보물을 매도할 권리나 다시 담보로 제공할 권리를 가지고 있다면, 양도자는 그 담보자산을 그 밖의 자산과 구분하여 **재무상태표에 재분류(예 대여자산, 담보제공지분상품, 재매입수취채권)한다**.
  (2) 양수자가 담보물을 매도하면, 양수자는 매도로 수취한 대가와 그 담보물을 돌려줄 의무를 공정가치로 측정한 부채를 인식한다.

예 (차) 현금(수취대가)	110	(대) 부채(공정가치)	120
손실	10		

  (3) 양도자가 계약조건에 따른 채무를 이행하지 못하여 담보물을 돌려받을 권리가 없으면, 양도자는 그 담보물을 제거하며, 양수자는 그 **담보물을 공정가치**로 측정하여 **자산**으로 최초 인식하거나 담보물을 이미 매도하였다면 그 담보물을 돌려줄 의무를 제거한다.
  (4) 위 (3)의 경우를 제외하고는, 양도자는 담보물을 계속 자산으로 인식하며, 양수자는 해당 담보물을 자산으로 인식하지 아니한다.

예제 29 지속적 관여에 따른 자산 및 관련부채 인식

A회사는 장부금액이 ₩10,000이고 공정가치가 ₩10,500인 대여금 포트폴리오를 가지고 있다. A회사는 제3자에게 이 포트폴리오의 현금흐름의 100% 권리를 팔고 그 대가로 ₩10,550을 수령하였다. 이 대가에는 포트폴리오의 채무불이행 손실 ₩1,000을 부담하는 대가인 ₩50이 포함되어 있다. 이 대여금은 중요한 중도상환위험을 가진 고정금리 대여금이다. 이 포트폴리오는 제3자가 시장에서 용이하게 매입할 수 없다.

요구사항

A회사가 상기 양도에 대하여 행하여야 할 회계처리를 설명하라.

해설

A회사는 보상의 대부분은 이전하였으나 보증 때문에 위험의 대부분을 이전하지는 않았다. 그러나 중도상환위험이 양수자에게 이전되었으므로 A회사는 대여금의 중요한 위험을 보유하는 것은 아니다.

이 대여금 포트폴리오는 시장에서 양수인이 시장에서 당해 양도자산을 용이하게 매입할 수 없으므로 A회사가 이 자산을 통제하고 있는 것이다. 그러므로 지속적관여 정도까지 양도자산을 인식하여야 한다.

양도자가 양도자산의 채무불이행에 따른 손실을 지급하기로 하는 **보증**을 제공하는 형태로 지속적관여의 정도에 해당하는 양도자산을 제거할 수 없다면, 당해 양도자산은 양도일에 Min[**양도자산의 장부금액, 수취한 대가 중 상환을 요구받을 수 있는 최대금액(보증금액)**]이 된다. 따라서 계속 인식하여야 할 양도자산은 Min(₩10,000, ₩1,000) = ₩1,000이다.

또한, A회사는 관련부채를 측정하는데 이는 ₩1,000(보증금액) + ₩50(보증의 공정가치) = ₩1,050이 된다. 그러므로 회계처리는 다음과 같다.

(차)	현금	10,550	(대)	대여금	10,000
	지속적관여자산	1,000		관련부채	1,050
				이익	500

한편, A회사는 보증제공으로 수취한 대가인 ₩50을 기간 경과에 비례하여(time proportion basis) 수익으로 인식한다. 만약, 후속기간에 보증손실(신용손실)이 ₩200 발생한다면 회계처리는 다음과 같다.

(차)	보증손실	200	(대)	현금	200
	관련부채	200		지속적관여자산	200

3.4. 양도시 제거조건을 충족하지 못하는 경우 회계처리

- 금융자산의 양도가 제거 조건을 충족하지 못할 때, 양도자산이나 양도에서 생기는 부채와 파생상품을 모두 인식함으로써 동일한 계약상 권리나 의무를 이중으로 인식하는 결과가 된다면, 양도자의 양도와 관련된 계약상 권리나 의무는 별도의 파생상품으로 회계처리하지 아니한다. 예를 들면 양도자가 보유한 콜옵션 때문에 금융자산의 양도를 매도로 처리하지 못할 수 있다. 이 경우 해당 콜옵션은 별도의 파생상품자산으로 인식하지 아니한다. *[K-IFRS 1109 B3.2.14]*
- 금융자산의 양도가 제거 조건을 충족하지 못하면, 양수자는 양도자산을 양수자의 자산으로 인식하지 아니한다. 양수자는 지급한 현금이나 그 밖의 대가를 제거하고, 양도자에 대한 채권을 인식한다. 재매입약정 등에 따라 확정금액을 지급함으로써 양도자산 전체에 대한 통제를

다시 획득할 수 있는 권리와 의무를 양도자가 모두 보유하고 있고 해당 채권이 **문단 4.1.2**의 조건을 충족한다면, 양수자는 상각후원가로 측정할 수 있다. *[K-IFRS 1109 B3.2.15]*

사 례 지속적 관여 접근법 *[K-IFRS 1109 B3.2.17]*

- 액면이자율과 유효이자율이 10%이며, 원금과 상각후원가가 10,000원이고 중도상환이 가능한 대여금 포트폴리오를 기업이 보유하고 있다고 가정하자. 기업은 9,115원을 받고 양수자에게 원금 회수액 중 9,000원과 9,000원에 대한 이자 9.5%에 대한 권리를 부여하는 계약을 체결하였다. 기업은 원금 회수액 중 1,000원과 1,000원에 대한 10%의 이자, 원금의 나머지 부분인 9,000원에 대한 0.5%의 초과 스프레드에 대한 권리를 보유한다. 중도상환에 따른 회수액은 1 : 9의 비율로 기업과 양수자에게 배분되지만, 채무불이행이 생기면 기업의 지분인 1,000원이 소멸될 때까지 1,000원에서 차감하여 그 손실을 반영한다. 거래일에 해당 대여금의 공정가치는 10,100원이고, 0.5%인 초과 스프레드의 공정가치는 40원이다.
- 소유에 따른 유의적인 위험과 보상의 일부(예 유의적인 중도상환위험)는 이전하였지만, 일부는 보유하고 있으며(후순위 지분을 보유하고 있기 때문), 해당 금융자산에 대한 통제를 상실하지 아니하였다고 판단한다. 따라서 지속적 관여 접근법을 적용한다.
- 이 거래는 (1) 완전 비례적 지분인 1,000원을 보유하는 것과 (2) 신용손실에 대하여 양수자에게 신용을 보강해주기 위하여 해당 보유지분을 후순위로 보유하는 것으로 분석된다.
- 수취한 대가 9,115원 중 9,090원(10,100원×90%)을 전체 자산의 완전 비례적인 90%에 해당하는 대가로 계산한다. 수취한 대가 중 나머지 금액(25원)은 신용손실에 대하여 신용을 보강하기 위하여 보유지분을 후순위로 한 것에 대한 대가를 나타낸다. 또 0.5%의 초과 스프레드는 신용보강제공에 대하여 수취한 대가를 나타낸다. 따라서 신용보강에 대하여 수취한 대가의 총액은 65원(25원+40원)이다.
- 현금흐름의 90% 매도에 대하여 손익을 계산한다. 양도시점에서 양도한 90%와 보유하는 10% 각각에 대한 공정가치가 존재하지 아니하여, 문단 3.2.14에 따라 다음과 같이 해당 자산의 장부금액을 배분한다고 가정한다.

	공정가치	비율	배분한 장부금액
양도한 부분	9,090	90%	9,000
보유하는 부분	1,010	10%	1,000
합계	10,100		10,000

현금흐름의 90% 매도에 따른 손익을 수취한 대가에서 양도한 부분에 배분한 장부금액을 차감한 금액인 90원(9,090원—9,000원=90원)으로 계산한다. 보유하는 부분에 대한 장부금액은 1,000원이다.
- 또 신용손실에 대하여 보유지분을 후순위로 보유함에 따라 생기는 지속적 관여 정도를 인식한다. 따라서 자산 1,000원(수취하지 못할 수 있는 후순위 현금흐름의 최대 금액)과 관련 부채 1,065원(수취하지 못할 수 있는 후순위 현금흐름의 최대 금액인 1,000원에 후순위로 한 것의 공정가치인 65원을 더한 금액)을 인식한다.
- 위의 모든 정보를 사용하여 다음과 같이 회계처리한다.

	차변	대변
최초 자산	—	9,000
후순위 또는 나머지 지분에 대하여 인식한 자산	1,000	—
초과 스프레드의 형태로 수취한 대가에 해당하는 자산	40	—
당기손익(양도에 대한 이익)	—	90
부채	—	1,065
수취한 현금	9,115	—
합계	10,155	10,155

05 금융부채의 제거

- 금융부채의 제거는 금융자산의 제거에 비해서 상대적으로 덜 주관적이다. 금융자산의 제거가 여러 단계를 통한 제거로 주관적인 판단이 많이 개입되는 반면에 금융부채의 제거는 경제적 실질보다는 법률적인 의무에 초점이 맞추어져 있다.

1 금융부채의 소멸

- 금융부채(또는 금융부채의 일부)는 **소멸**한 경우(계약상 의무가 이행, 취소, 만료된 경우)에만 재무상태표에서 **제거**한다. *[K-IFRS 1109 문단 3.3.1]*

1.1. 금융부채의 소멸에 해당하는 경우

- 금융부채(또는 그 일부)는 다음 중 하나에 해당하는 경우에 소멸한다. *[K-IFRS 1109 B3.3.1]*
  (1) 채무자가 일반적으로 현금, 그 밖의 금융자산, 재화 또는 용역을 채권자에게 제공하여 **부채(또는 일부)를 이행**한 경우
  (2) 채무자가 채권자에게서 또는 법적 절차에 따라 부채(또는 그 일부)에 대한 **일차적 의무를 법적으로 유효하게 면제받은 경우**(채무자가 보증을 제공하는 경우에도 이 조건은 여전히 충족될 수 있다).
- 채무상품의 발행자가 당해 금융상품을 **재매입**한다면, 발행자가 당해 금융상품에 대한 시장조성자이거나 당해 금융상품을 단기간 내에 재매도할 의도가 있더라도 당해 금융부채는 **소멸**한다. *[K-IFRS 1109 B3.3.2]*

1.2. 법적 면제의 효력이 없는 경우

- 채무자가 제3자(신탁 포함)에게 지급('사실상 해제'라 함)하였더라도 **법적면제의 효력이 없다면**, 채권자에 대한 채무자의 **일차적 의무는 면제되지 아니한다.** *[K-IFRS 1109 B3.3.3]*

1.3. 제3자가 채무 의무를 인수하는 경우

- 채무자가 의무를 인수하는 제3자에게 그 대가를 지급하고, 제3자가 해당 채무를 인수하였다는 사실을 채권자에게 통지한 경우에도, **일차적인 의무를 법적으로 유효하게 면제받은 경우가 아니라면 채무자는 당해 채무를 제거하지 아니한다.** *[K-IFRS 1109 B3.3.4]*
- 채무자가 의무를 인수하는 제3자에게 그 대가를 지급하고 당해 채무에 대하여 채권자에게서 **법적 면제를 받는다면,** 채무자는 당해 채무를 **소멸**시킨다. 그러나 채무자가 채무에 대해 제3자에게 지급하기로 약정한다면, 채무자는 **제3자에 대한 새로운 채무**[7]를 인식한다. *[K-IFRS 1109 B3.3.4]*

사 례 법적 면제 여부에 따른 채무 소멸 여부

<상황1> A회사는 장부금액과 공정가치가 ₩1,000,000인 사채를 발행하였다. A회사는 B회사에게 ₩1,000,000을 지급하였으면 B회사는 이 사채의 원금과 이자를 사채보유자에게 지급할 의무를 인수하였다. 사채보유자는 B회사가 이 채무 의무를 인수하였다는 사실을 통보받았다. 그러나 A회사는 사채보유자에 의하여 원금과 이자를 지급해야 할 의무를 법적으로 면제받지 아니하였다. 따라서 만기에 B회사가 지급하지 아니하면 사채보유자는 A회사에게 지급을 요구할 수 있다.

<상황2> A회사는 장부금액과 공정가치가 ₩1,000,000인 사채를 발행하였다. A회사는 B회사에게 ₩1,000,000을 지급하였으면 B회사는 이 사채의 원금과 이자를 사채보유자에게 지급할 의무를 인수하였다. 사채보유자는 B회사가 이 채무 의무를 인수하였다는 사실을 통보받았으며 A회사는 사채보유자에 의하여 원금과 이자를 지급해야 할 의무를 법적으로 면제받았다. 그러나 A회사는 보증계약을 하여 B회사가 지급하지 아니하면 사채보유자는 A회사에게 지급을 요구할 수 있다.

상기 <상황1>과 <상황2>는 사채보유자 입장에서는 B회사가 채무 불이행시 A회사에게 소구권이 있으므로 그 경제적, 법적 실질이 동일하다고 볼 수 있다. 그러나 K-IFRS 1109에서는 상당히 다른 결과를 초래한다.

- 〈상황1〉은 A회사가 법적 면제를 받지 않았으므로 계속하여 채무를 인식한다.
- 〈상황2〉는 A회사가 채무를 제거하고 보증을 인식한다(이 보증의 결과 A회사 최초 사채에 대한 의무를 면제받지 않은 것과 같은 상황을 초래함에도 불구하고). 즉, 제3자에게 채무에 따르는 의무를 이전하고 채권자로부터 그 의무에 대한 법적 면제를 얻었지만, 제3자에게 지급하기로 약정을 하는 경우에는 최초 채무는 제거를 하고 제3자에 대한 새로운 채무를 인식하여야 한다.

---

7) 원문은 'debt obligation'으로 전후 문맥상 보증과 같은 의무를 의미한다.

2 채무조건 변경 또는 채무상품 교환

2.1. 실질적으로 다른 조건으로 채무상품 교환시

- 기존 차입자와 대여자가 **실질적으로 다른 조건**으로 채무상품을 교환한 경우에 **최초의 금융부채를 제거**하고 **새로운 금융부채를 인식**한다. *[K-IFRS 1109 문단 3.3.2]*

2.2. 기존 금융부채의 조건이 실질적으로 변경된 경우

- **기존 금융부채(또는 금융부채의 일부)의 조건이 실질적으로 변경된 경우(채무자의 재무적 어려움으로 인한 경우와 그렇지 아니한 경우를 포함)**에도 **최초의 금융부채를 제거**하고 **새로운 금융부채를 인식**한다. *[K-IFRS 1109 문단 3.3.2]*
- **새로운 조건에 따른 현금흐름의 현재가치**와 **최초 금융부채의 나머지 현금흐름의 현재가치**의 차이가 **적어도 10%이상**이라면, 계약조건이 **실질적으로 달라진 것**이다. 이때 새로운 조건에 따른 현금흐름에는 **지급한 수수료에서 수취한 수수료를 차감한 수수료 순액**이 포함되며, 현금흐름을 할인할 때에는 **최초의 유효이자율**을 사용한다. *[K-IFRS 1109 B3.3.6]*
- 채무상품의 교환이나 계약조건의 변경을 금융부채의 **소멸로 회계처리한다면(즉, 실질적으로 변경되는 경우라면), 발생한 원가나 수수료는 금융부채의 소멸에 따른 손익의 일부**로 인식한다. *[K-IFRS 1109 B3.3.6]*
- 채무상품의 교환이나 계약조건의 변경을 금**융부채의 소멸로 회계처리하지 아니한다면,** 발생한 **원가나 수수료**는 **부채의 장부금액**에서 **조정**하며, **변경된 부채의 남은 기간에 상각**한다. *[K-IFRS 1109 B3.3.6]*

보충설명 원가나 수수료

조건이 실질적으로 변경되었는지 판단하는 경우에 수수료나 원가는 새로운 조건에 따른 현금흐름에 포함시키지만, 판단 결과 후에는 수수료나 원가는 손익으로 처리하되, (1) 일시에 처리하든지, (2) 이연하여 잔여기간에 상각하든지 하여야 하는 것이다.
또한 최초의 유효이자율 역시 조건이 실질적으로 변경되었는지 판단하는 경우에 적용하는 것이고 그 판단 결과 후에는 새로운 유효이자율을 적용하여 상각하는 것이 타당하다.

예제 30 기존 금융부채의 조건이 실질적으로 변경되지 않는 경우

A회사는 2X03년 1월 1일에 ₩100,000,000을 연 이자율 7%(매년 말 후급)로 2X12년 12월 31일에 만기 상환하기로 하고 차입하였다. 거래원가는 ₩5,000,000 발생하였다. A회사는 ₩100,000,000에서 거래원가 ₩5,000,000을 차감한 금액을 차입금으로 기록하였으며 이에 따라 유효이자율은 7.736%가 나왔다. 따라서 상각표는 다음과 같다.

년도	기초	유효이자(7.736%)	지급	상각	기말
2X03.01.01.	95,000,000				95,000,000
2X03	95,000,000	7,349,200	7,000,000	349,200	95,349,200
2X04	95,349,200	7,376,214	7,000,000	376,214	95,725,414
2X05	95,725,414	7,405,318	7,000,000	405,318	96,130,732
2X06	96,130,732	7,436,673	7,000,000	436,673	96,567,406
2X07	96,567,406	7,470,454	7,000,000	470,454	97,037,860
2X08	97,037,860	7,506,849	7,000,000	506,849	97,544,709
2X09	97,544,709	7,546,059	7,000,000	546,059	98,090,768
2X10	98,090,768	7,588,302	7,000,000	588,302	98,679,069
2X11	98,679,069	7,633,813	7,000,000	633,813	99,312,882
2X12	99,312,882	7,687,118	7,000,000	687,118	100,000,000

2X07년에 A회사는 재무적 어려움이 발생하여 채권자와 채무조건의 변경을 협의하였다. 2X08년 1월 1일에 변경된 조건은 다음과 같이 합의 되었다.

(1) 2X08과 2X09년에는 이자를 지급하지 않는다.

(2) 2X10년부터는 매년 말에 9%의 이자를 계속하여 지급하고 만기는 2X14년 12월 31일로 2년 연장되었다.

(3) 2X08년 1월 1일에 ₩2,000,000의 법률수수료가 발생되었으며 이를 지급하였다.

요구사항

A회사가 상기 조건 변경에 대해서 어떻게 회계처리하여야 하는지 설명하라.

해설

A회사는 최초 유효이자율 7.736%를 사용하여 새로운 계약의 현재가치를 계산하여야 하며 이는 다음과 같이 조정된 채무의 현재가치를 나타낸다.

년도	내용	조정된 금액	현가계수(7.736%)	현재가치
2X08.01.01.	법률수수료	2,000,000	1	2,000,000
2X10	이자	9,000,000	$1/(1+7.736\%)^3$	7,197,140
2X11	이자	9,000,000	$1/(1+7.736\%)^4$	6,680,349

년도	내용	조정된 금액	현가계수(7.736%)	현재가치
2X12	이자	9,000,000	$1/(1+7.736\%)^5$	6,200,665
2X13	이자	9,000,000	$1/(1+7.736\%)^6$	5,755,425
2X14	이자와 원금	109,000,000	$1/(1+7.736\%)^7$	64,699,447
합계				92,533,026

이는 2X08년 1월 1일의 채무 장부금액인 ₩97,037,860의 95.36%에 해당된다. 따라서 현재가치 개념으로 최초 차입금과 4.64% 차이가 난다. 이는 10% 미만이므로 이 채무조건의 변경이 실질적인 조건변경이 아니다.

그러나 최초 부채의 순현가와 변경된 부채의 순현가와의 차이를 어떻게 조정할 것인가에 대한 문제가 발생한다. 만약 최초 부채에 최초 유효이자율을 적용하기로 한다면 새로운 미래현금흐름의 시기와 금액의 변화의 결과로 유의적인 미상각금액 ₩4,504,834(₩97,037,860－₩92,533,026)이 나타나게 된다. 따라서 이러한 문제를 해결하기 위해서는 부채의 장부금액을 조정하든지 유효이자율을 조정하든지 하여야 한다. 여기서 부채의 실질조건변경 규정과 유효이자율법의 일반 규정과의 충돌이 발생한다.

(1) K-IFRS 1109의 부채의 실질조건변경규정은 다음을 명확히 하고 있다.
채무상품의 교환이나 계약조건의 변경을 금융부채의 소멸로 회계처리하지 아니하면, 발생한 원가나 수수료는 부채의 장부금액에서 조정하며, 변경된 부채의 잔여기간에 상각한다. 즉, ₩97,037,860의 장부금액은 그대로 유지되며 유효이자율이 변경되어야 함을 의미한다.

(2) 반면에 유효이자율법의 일반규정은 다음을 명확히 하고 있다.
금융상품의 현금흐름에 대한 추정을 변경하는 경우 실제 현금흐름과 변경된 추정현금흐름을 반영하여 당해 금융자산이나 금융부채(또는 금융상품의 집합)의 장부금액을 조정한다. 이때 당해 금융상품의 최초 유효이자율로 추정미래현금흐름의 현재가치를 계산하는 방식으로 장부금액을 재계산한다. 이러한 조정금액은 수익 또는 비용으로서 당기손익에 인식한다.
이 경우 부채의 장부금액은 ₩92,533,026으로 재계산될 것이며 ₩4,504,834은 이익으로 인식될 것이다. 따라서 ₩92,533,026은 최초 유효이자율을 적용하여 상각될 것이다.

이론적인 관점에서 부채의 실질조건변경규정이 우선 적용되어야 할 것이다. 그렇지 않으면 실질적인 조건변경으로 보는 10%의 의미가 없어지게 된다(즉, 항상 조건변경처럼 손익을 인식하게 되는 결과를 초래하기 때문이다).

따라서 변경된 부채에 대하여 새로운 유효이자율을 적용하는 방법이 이론적으로 더 타당하다. 그러므로 2X08년 1월 1일의 차입금의 장부금액은 ₩97,037,860이 되며 법률수수료는 ₩2,000,000이므로 발생한 **원가나 수수료는 부채의 장부금액에서 조정하며**, 따라서 새로운 차입금은 ₩95,037,860(₩97,037,860－₩2,000,000)이 되며 유효이자율은 6.905%(시행착오법으로 구함)가 된다.

예제 31 기존 금융부채의 조건이 실질적으로 변경되는 경우

다음을 제외하고는 예제 30과 동일하다고 가정한다. 2X07년에 A회사는 재무적 어려움이 발생하여 채권자와 채무조건의 변경을 협의하였다. 2X08년 1월 1일에 변경된 조건은 다음과 같이 합의되었다.

(1) 2X08과 2X09년에는 이자를 지급하지 않는다.

(2) 2X10년부터는 매년말에 12.5%의 이자를 계속하여 지급하고 만기는 2X15년 12월 31일로 3년 연장되었다.

(3) 2X08년 1월 1일에 ₩2,000,000의 법률수수료가 발생되었으며 이를 지급하였다.

요구사항

A회사가 상기 조건 변경에 대해서 어떻게 회계처리하여야 하는지 설명하라.

해설

A회사는 최초 유효이자율 7.736%를 사용하여 새로운 계약의 현재가치를 계산하여야 하며 이는 다음과 같이 조정된 채무의 현재가치를 나타낸다.

년도	내용	조정된 금액	현가계수(7.736%)	현재가치
2X08.01.01.	법률수수료	2,000,000	1	2,000,000
2X10	이자	12,500,000	$1/(1+7.736\%)^3$	9,996,000
2X11	이자	12,500,000	$1/(1+7.736\%)^4$	9,278,250
2X12	이자	12,500,000	$1/(1+7.736\%)^5$	8,612,000
2X13	이자	12,500,000	$1/(1+7.736\%)^6$	7,993,625
2X14	이자	12,500,000	$1/(1+7.736\%)^7$	7,419,625
2X15	이자와 원금	112,500,000	$1/(1+7.736\%)^8$	61,981,875
합계				107,281,375

이는 2X08년 1월 1일의 채무 장부금액인 ₩97,037,860의 110.6%에 해당된다. 따라서 현재가치 개념으로 최초 차입금과 10.6% 차이가 난다. 따라서 채무조건의 변경이 실질적인 조건변경에 해당되므로 최초의 금융부채를 제거하고 새로운 금융부채를 인식한다. 여기서 새로운 금융부채를 얼마로 인식하여야 하는지가 문제가 될 수 있다. 여기서 새로운 금융부채는 상기 ₩107,281,375가 아니다. 왜냐하면 이는 거래수수료(법률수수료)가 포함되어 있기 때문이다. 또한 기존 금융부채의 소멸과 새로운 금융부채의 인식은 필연적으로 새로운 금융부채를 공정가치로 인식하고 그 후에는 A회사의 유효이자율을 적용하여 상각하여야 할 것이다. 만약 조건 변경된 차입금이 시장가격이 존재한다면 그나마 용이하지만 그렇지 않다면 변경된 차입금을 발생시킬 때 적용되는 이자율을 구해야 하는데 A회사가 재무적 어려움에 처해 있다는 사실을 반영하면 실무적으로 쉽게 구하기 어려울 것이다. 만약 조건변경된 차입금의 공정가치가 ₩98,000,000이라면 회계처리는 다음과 같을 것이다.

구 분	회 계 처 리					
2X08.01.01.	(차)	(구)차입금	97,037,860	(대)	(신)차입금	98,000,000
		채무소멸손실	2,962,140		현금	2,000,000

3 금융부채 제거 또는 보증의무 부담시 손익 인식

- 소멸하거나 제3자에게 양도한 **금융부채(또는 금융부채의 일부)의 장부금액과 지급한 대가(양도한 비현금자산이나 부담한 부채를 포함)의 차액**은 당기손익으로 인식한다. *[K-IFRS 1109 문단 3.3.3]*
- **금융부채의 일부를 재매입**하는 경우에 종전 금융부채의 장부금액은 **계속 인식하는 부분과 제거하는 부분에 대해 재매입일 현재 각 부분의 상대적 공정가치**를 기준으로 배분한다. 다음 (1)과 (2)의 차액은 당기손익으로 인식한다. *[K-IFRS 1109 문단 3.3.4]*
  (1) 제거하는 부분에 배분된 금융부채의 장부금액
  (2) 제거하는 부분에 대하여 지급한 대가(양도한 비현금자산이나 부담한 부채를 포함)
- 채권자가 채무자의 현재지급의무를 면제하였으나, 주채무의 인수자가 지급을 이행하지 못한다면 해당 채무자가 지급해야 하는 **보증의무**를 부담하는 경우가 있다. 이러한 상황에서 채무자는 해당 보증의무를 다음과 같이 처리한다. *[K-IFRS 1109 B3.3.7]*
  (1) **보증의무의 공정가치**에 근거하여 **새로운 금융부채**를 인식한다.
  (2) ㈎ **지급한 대가**와 ㈏ **(최초 금융부채의 장부금액 - 새로운 금융부채의 공정가치)**와의 차이를 **손익**으로 인식한다.

예제 32 금융부채의 일부 제거

A회사는 2X07년 1월 1일에 시장에서 거래되는 10년 만기 사채 5,000,000좌(좌당 ₩100)를 발행하였다. 발행원가는 ₩15,000,000이 발생하였고 2X08년 12월 31일의 사채 장부금액은 ₩490,000,000이다. 2X10년 12월 31일에 A회사는 시장에서 자신의 사채 중 일부인 1,200,000좌를 ₩116,400,000에 매입하였다.

요구사항

A회사의 사채 재매입에 대한 회계처리를 나타내라.

해설

구 분	회 계 처 리			
2X10.12.31.	(차) 사채 주1)	117,600,000	(대) 현금	116,400,000
			채무재매입이익	1,200,000
	주1) ₩490,000,000 × 1,200,000좌/5,000,000좌 = ₩117,600,000			

4 양도자산이 제거조건 충족 못하는 경우 새로운 금융부채 인식 가능

- 법적절차나 채권자에 의해 채무가 법적으로 면제되어 부채를 제거하더라도, 양도자산이 제거조건을 충족하지 못하면, 양도자는 새로운 부채를 인식하게 될 수 있다. 제거 조건을 충족하지 못하면 양도자산을 제거하지 아니하며, 양도자는 양도자산과 관련하여 새로운 부채를 인식한다. *[K-IFRS 1109 B3.3.5]*

제 05 장
K-IFRS 1109 금융상품의 분류

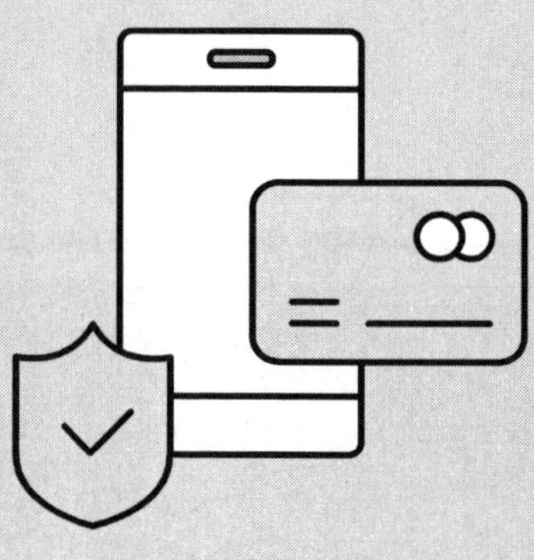

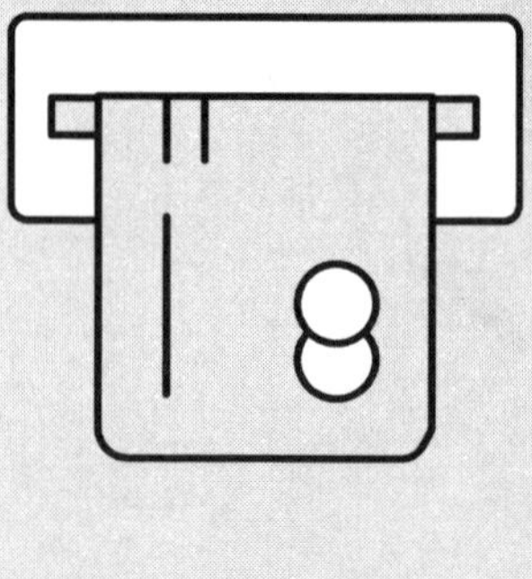

01 금융자산의 분류

1 금융자산의 분류 판단 근거

- K-IFRS 1109 문단 **4.1.5**를 적용하는 경우가 아니라면, 다음 두 가지 사항 모두에 근거하여 금융자산이 후속적으로 **상각후원가, 기타포괄손익-공정가치, 당기손익-공정가치**로 측정되도록 분류한다. *[K-IFRS 1109 문단 4.1.1]*
  (1) 금융자산의 관리를 위한 **사업모형**
  (2) 금융자산의 계약상 **현금흐름 특성**

2 금융자산의 분류

2.1. 상각후원가로 측정하는 금융자산

- **다음 두 가지 조건을 모두 충족한다면** 금융자산을 **상각후원가**로 측정한다. *[K-IFRS 1109 문단 4.1.2]*
  (1) 계약상 **현금흐름을 수취하기 위해 보유하는 것이 목적인 사업모형** 하에서 금융자산을 보유한다.
  (2) 금융자산의 계약 조건에 따라 **특정일에 원금과 원금잔액에 대한 이자 지급**(이하 '원리금 지급')만으로 구성되어 있는 현금흐름이 발생한다.

2.2. 기타포괄손익-공정가치로 측정하는 금융자산

- **다음 두 가지 조건을 모두 충족한다면** 금융자산을 **기타포괄손익-공정가치**로 측정한다. *[K-IFRS 1109 문단 4.1.2A]*
  (1) 계약상 **현금흐름의 수취**와 **금융자산의 매도 둘 다**를 통해 목적을 이루는 사업모형 하에서 금융자산을 보유한다.
  (2) 금융자산의 계약 조건에 따라 **특정일에 원리금 지급만으로 구성되어 있는 현금흐름**이 발생한다.

| 금융자산 분류 판단 순서도 |

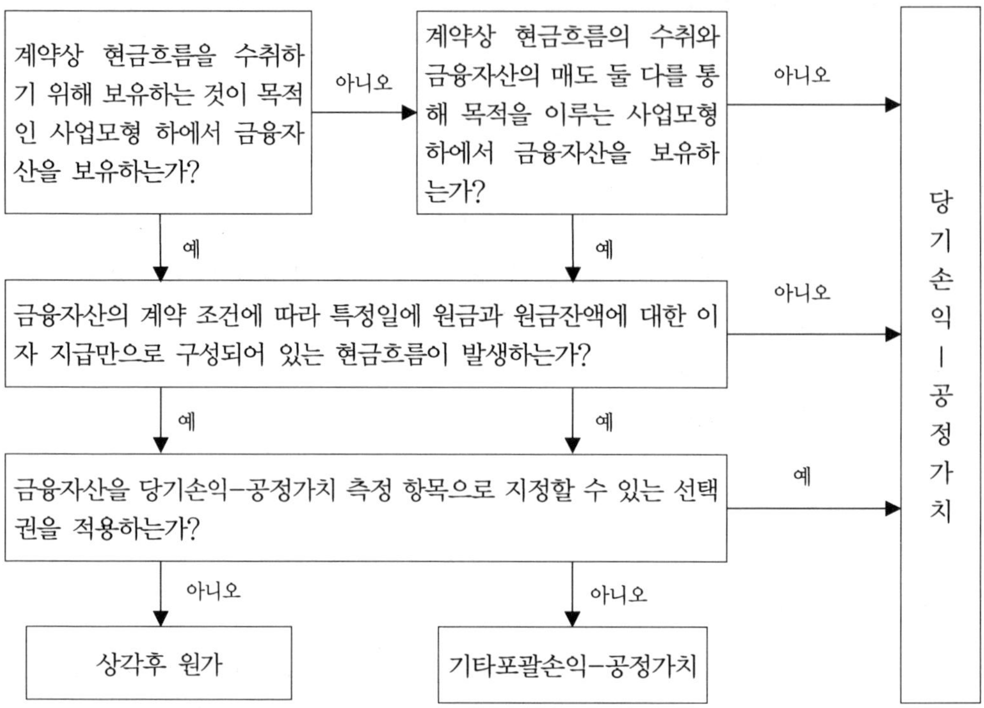

2.3. 원금과 이자의 의미

• K-IFRS 1109 **문단 4.1.2(2)와 4.1.2A(2)**를 적용할 때, 원금과 이자의 의미는 다음과 같다.

(1) **원금은 최초 인식시점의 금융자산의 공정가치**이다. 그러나 원금은 금융자산의 존속기간에 걸쳐 변동할 수 있다(예 원금의 상환이 있는 경우). *[K-IFRS 1109 B4.1.7B]*

(2) **이자는 화폐의 시간가치에 대한 대가, 특정 기간에 원금잔액과 관련된 신용위험에 대한 대가, 그 밖의 기본적인 대여 위험과 원가에 대한 대가뿐만 아니라 이윤**으로 구성된다. *[K-IFRS 1109 문단 4.1.3]*

2.3.1. 이자의 구성 요소

• 원리금 지급만으로 구성되는 계약상 현금흐름은 기본대여계약과 일관된다. 기본대여계약에서 **화폐의 시간가치**와 **신용위험에 대한 대가**는 일반적으로 이자의 가장 유의적인 요소이다. 그러나 그러한 기본대여계약에서 이자는 특정기간에 금융자산을 보유하는 것과 관련된 그 밖의 **기본대여계약의 위험(예 유동성 위험)과 원가(예 관리 원가)를 포함할 수도 있다.** 또 이자는 **기본대여**

계약과 일관되는 이윤을 포함할 수 있다. 극단적인 경제상황에서는, 예를 들어 금융자산의 보유자가 명시적으로나 암묵적으로 특정기간에 금전의 예치에 대해 대가를 지급한다면(그리고 그러한 수수료가 금융자산의 보유자가 화폐의 시간가치, 신용위험, 그 밖의 기본적인 대여의 위험과 원가에 대해 수취하는 대가를 초과한다면) **이자가 음(-)이 될 수 있다.** 그러나 주식가격이나 일반상품(commodity)가격의 변동에 대한 익스포저와 같이 기본대여계약과 관련 없는 계약상 현금흐름의 위험이나 변동성에 노출시키는 계약조건은 원리금 지급만으로 구성되는 계약상 현금흐름이 생기지 아니한다. 창출하거나 매입한 금융자산은 법적형식이 대여금인지와 상관없이 기본대여계약에 해당할 수 있다. *[K-IFRS 1109 B4.1.7A]*

2.3.2. 화폐의 시간가치에 대한 대가

- 화폐의 시간가치는 오직 시간 경과의 대가를 나타내는 이자의 요소이다. 즉, **화폐의 시간가치 요소는 금융자산의 보유와 관련된 그 밖의 위험이나 원가에 대한 대가가 아니다.** 화폐의 시간가치 요소가 오직 시간 경과의 대가를 나타내는지를 평가하기 위해서는 판단이 필요하고, **금융자산의 표시통화와 이자율이 설정되는 기간과 같은 관련 요소를 고려**한다. *[K-IFRS 1109 B4.1.9A]*
- 그러나 **일부 경우에 화폐의 시간가치 요소는 변형될(불완전할) 수도 있다.** 예를 들어 금융자산의 이자율이 정기적으로 재설정되지만 재설정의 빈도가 이자율의 기간과 일치하지 않는 경우(예를 들어 이자율이 1년 이자율로 매월 재설정되는 경우) 또는 금융자산의 이자율이 정기적으로 특정한 장단기 이자율의 평균으로 재설정되는 경우를 들 수 있다. 이러한 경우에는 계약상 현금흐름이 원리금 지급만을 나타내는지를 판단하기 위해 그 변경을 평가해야 한다. 일부 상황에서는 화폐의 시간가치 요소에 대한 질적평가를 통해 결정할 수 있는 반면 다른 상황에서는 양적평가가 필수적일 수 있다. *[K-IFRS 1109 B4.1.9B]*
- 변형된 화폐의 시간가치 요소를 평가하는 목적은 **(할인하지 아니한) 계약상 현금흐름**이 **화폐의 시간가치 요소가 변형되지 아니하였다면 생겼을 (할인하지 아니한) 현금흐름(기준 현금흐름)과 얼마나 다른지를 판단하는 것**이다. 예를 들어 평가대상인 금융자산이 1년 이자율로 매월 재설정되는 변동금리 조건이라면 1개월 이자율로 매월 재설정되는 변동금리 조건을 제외하고는 계약조건과 신용위험이 같은 금융상품과 비교한다. **변형된 화폐의 시간가치 요소 때문에 (할인하지 아니한) 계약상 현금흐름이 (할인하지 아니한) 기준 현금흐름과 유의적으로 다를 수 있다면 해당 금융자산은 K-IFRS 1109 문단 4.1.2(2)와 4.1.2A(2)의 조건을 충족하지 아니한다.** 이러한 판단을 하기 위해서는 **변형된 화폐의 시간가치 요소의 영향을 매 보고기간에 그리고 해당 금융자산의 존속기간에 걸쳐 누적적으로 고려**해야 한다. 이런 방식으로 이자율을 설정하는 이유와 해당 분석은 관련이 없다. 별도로 상세히 분석하지 않아도, 평가대상인 금융자산의 (할인하지 아니한) 계약상 현금흐름이 (할인하지 아니한) 기준 현금흐름과 유의적으로 다를 수 있는지(또는 다를 수 없는

지)가 명확하다면 상세한 평가를 수행할 필요가 없다. *[K-IFRS 1109 B4.1.9C]*

- 변형된 화폐의 시간가치 요소를 평가할 때 미래의 계약상 현금흐름에 영향을 미치는 요소를 고려해야 한다. 예를 들어 **매 6개월마다 5년 이자율로 재설정되는 5년 만기 변동금리 조건의 채권을 평가한다면 단순히 평가시점의 이자율 곡선에서 5년 이자율과 6개월 이자율의 차이가 유의적이지 않다는 이유만으로 계약상 현금흐름이 원리금 지급만으로 구성되는지를 결론내릴 수는 없다.** 그 대신에, **5년 이자율과 6개월 이자율의 관계가 해당 금융상품의 존속기간에 걸쳐 변동하여 (할인하지 아니한) 계약상 현금흐름이 (할인하지 아니한) 기준 현금흐름과 유의적으로 다르게 변동할 수 있는지도 고려해야 한다.** 그러나 모든 가능한 시나리오를 고려하는 것이 아니라 가능성이 어느 정도 있는 시나리오만을 고려해야 한다. **(할인하지 아니한) 계약상 현금흐름이 (할인하지 아니한) 기준 현금흐름과 유의적으로 다를 수 있고 결론내리면 해당 금융자산은 문단 4.1.2(2)와 4.1.2A(2)의 조건을 충족하지 못하고 이에 따라 상각후원가나 기타포괄손익-공정가치로 측정할 수 없다.** *[K-IFRS 1109 B4.1.9D]*
- **일부 국가에서는, 정부나 감독당국이 이자율을 정한다.** 예를 들어 이자율의 정부규제가 광범위한 거시경제 정책의 일부일 수 있거나 경제의 특정부문에 투자를 촉진하기 위함일 수 있다. **이러한 경우 중 일부는, 화폐의 시간가치 요소의 목적이 오직 시간 경과의 대가를 나타내는 것이 아니다.** 그러나 **K-IFRS 1109 문단 B4.1.9A~문단 B4.1.9D**에도 불구하고, **문단 4.1.2(2)와 4.1.2A(2)**의 조건을 적용할 때에는 **규제이자율이 시간의 경과에 대한 대가와 대체로 일관되고 기본대여계약과 상충되는 계약상 현금흐름의 위험이나 변동성에 노출시키지 않는다면, 규제이자율을 화폐의 시간가치 요소에 대한 대용치로 본다.** *[K-IFRS 1109 B4.1.9E]*

2.4. 당기손익-공정가치로 측정하는 금융자산

- 금융자산은 상각후원가로 측정하거나 기타포괄손익-공정가치로 측정하는 경우가 **아니라면, 당기손익-공정가치**로 측정한다. 그러나 **당기손익-공정가치로 측정되는 '지분상품에 대한 특정 투자'**에 대하여는 **후속적인 공정가치 변동을 기타포괄손익으로 표시하도록 최초 인식시점에 선택할 수도 있다.** 다만 **한번 선택하면 이를 취소할 수 없다.** *[K-IFRS 1109 문단 4.1.4]*

2.4.1. 금융자산을 당기손익-공정가치 측정 항목으로 지정할 수 있는 선택권

- 서로 다른 기준에 따라 자산이나 부채를 측정하거나 그에 따른 손익을 인식하는 경우에 측정이나 인식의 불일치('회계불일치'라 말하기도 한다)가 발생할 수 있다. **문단 4.1.1~4.1.4의 규정에도 불구하고** 금융자산을 **당기손익-공정가치 측정 항목으로 지정한다면 이와 같은 불일치를 제거하거나 유의적으로 줄이는 경우**에는 **최초 인식시점**에 **해당 금융자산을 당기손익-공정가치 측정 항목으로 지정**할 수 있다. 다만 **한번 지정하면 이를 취소할 수 없다.** *[K-IFRS 1109 문단 4.1.5]*

보충설명 당기손익-공정가치 측정 금융자산 또는 금융부채로 지정하는 선택권

당기손익—공정가치 측정 항목으로 지정하는 것이 더 목적적합한 정보를 제공하는 것이라면 K-IFRS 1109 **문단** 4.1.5**와** 4.2.2의 조건에 따라 금융자산, 금융부채, 금융상품집합(금융자산, 금융부채 또는 금융자산과 금융부채의 조합으로 구성된 집합)을 당기손익—공정가치 측정 항목으로 지정할 수 있다. *[K-IFRS 1109 B4.1.27]*

금융자산이나 금융부채를 당기손익—공정가치 측정 항목으로 지정하는 것은 회계정책의 선택과 비슷하다. 그러나 회계정책의 선택과는 달리 비슷한 모든 거래에 같은 회계처리를 반드시 적용하여야 하는 것은 아니다. 당기손익—공정가치 측정 항목으로 지정하면, K-IFRS 1008 문단 14 ⑵에 따라, 그 회계정책의 선택으로 인해 거래, 그 밖의 사건과 상황이 재무상태, 재무성과, 현금흐름에 미치는 영향에 대하여 신뢰성 있고 더 목적적합한 정보를 제공하는 재무제표를 작성할 수 있어야 한다. K-IFRS 1109 **문단** 4.2.2는 당기손익—공정가치 측정 항목으로 지정함으로써 더 목적적합한 정보를 제공할 수 있는 두 가지 상황을 제시하고 있다. 따라서 당기손익—공정가치 측정 항목으로 지정하려면 K-IFRS 1109 **문단** 4.2.2에서 제시하는 두 가지 상황 중 적어도 하나는 충족함을 제시하여야 한다. *[K-IFRS 1109 B4.1.28]*

지정을 함으로써 회계불일치를 제거하거나 유의적으로 줄일 수 있는 경우

금융자산이나 금융부채의 측정방법과 인식된 가치변동의 분류방법은 해당 항목의 분류와 위험회피관계 지정 여부에 따라 결정된다. 그 결과, 당기손익—공정가치 측정 항목으로 지정하지 않는다면 금융자산은 후속적으로 당기손익—공정가치로 측정하고, 이 자산과 관련되어 있다고 여기는 금융부채는 후속적으로 상각후원가로 측정(공정가치 변동은 인식하지 아니함)하는 경우에 인식과 측정의 불일치(때로 '회계불일치'라 말하기도 한다)가 나타날 수 있다. 이 경우 해당 금융자산과 금융부채를 모두 당기손익-공정가치 측정 항목으로 분류하면, 재무제표가 더 목적적합한 정보를 제공할 것이라는 판단을 할 수 있다. *[K-IFRS 1109 B4.1.29]*

이러한 조건을 충족할 수 있는 예는 다음과 같다. 모든 경우에 **문단** 4.1.5**나** 4.2.2⑴**의** 원칙이 충족되어야만 이러한 조건을 사용하여 금융자산이나 금융부채를 당기손익—공정가치 측정 항목으로 지정할 수 있다. *[K-IFRS 1109 B4.1.30]*

⑴ (K-IFRS 1104**의 문단 24에서 허용하는 바에 따라**) 현행 정보를 반영하여 측정하는 보험계약상 부채가 있으며, 이와 관련하여 당기손익-공정가치 측정 항목으로 지정하지 않으면 기타포괄손익—공정가치로 측정하거나 상각후원가로 측정하는 금융자산을 보유하는 경우

⑵ 공정가치가 반대로 움직여서 서로 상쇄되는 경향이 있는 위험(예 이자율 위험)을 공유하는 금융상품집합을 보유하고 있지만, 이러한 금융상품 중 일부에 대해서만 그 공정가치 변동을 당기손익으로 인식하는 경우(파생상품이거나 단기매매금융상품으로 분류). 문단 6.4.1의 위험회피효과에 관한 요구사항을 충족하지 못하는 등 위험회피회계의 적용조건을 충족하지 못하는 경우를 포함한다.

⑶ 공정가치가 반대로 움직여서 서로 상쇄되는 경향이 있는 위험(예 이자율 위험)을 공유하는 금융상품집합을 보유하고 있지만 그 집합에 당기손익—공정가치로 측정되는 금융상품이 없

어서 위험회피수단으로 지정하기 위한 조건을 충족하지 않는 경우. 또 위험회피회계를 적용하지 못하는 경우에 손익의 인식에 유의적인 불일치가 존재한다. 이러한 예로는 사채를 공모발행하여 특정 대여금 집합의 자금을 조달한 경우로서 해당 대여금과 사채의 공정가치 변동이 서로 상쇄되는 경향이 있는 경우를 들 수 있다. 기업이 사채는 정기적으로 매매하지만 대여금은 거의 매매하지 않는다면, 대여금과 사채를 모두 당기손익—공정가치 측정 항목으로 지정함으로써 두 항목을 모두 상각후원가로 측정하고 사채의 재매입 시점마다 손익을 인식하는 경우에 나타날 수 있는 손익인식시점의 불일치를 제거할 수 있다.

위 문단의 사례에서와 같이 최초 인식시점에 금융자산과 금융부채를 당기손익—공정가치 측정 항목으로 지정하면, 인식과 측정의 불일치를 제거하거나 유의적으로 줄이며 더 목적적합한 정보를 제공할 수 있다. 실무적으로 인식이나 측정의 불일치를 초래하는 자산과 부채 전부를 반드시 동시에 취득할 필요는 없다. 각 거래를 최초 인식시점에 당기손익—공정가치 측정 항목으로 지정하며, 이때 나머지 거래도 일어날 것으로 예상한다면, 합리적으로 가능한 지연은 허용된다. *[K-IFRS 1109 B4.1.31]*

불일치를 가져오는 금융자산과 금융부채 중 일부만을 당기손익—공정가치 측정항목으로 지정하는 것이 불일치를 제거하거나 유의적으로 줄이지 않아서 더 목적적합한 정보를 제공하게 되지 않는다면, 그러한 일부만의 지정은 인정될 수 없다. 그러나 비슷한 금융자산 집합이나 비슷한 금융부채 집합의 일부만을 지정하는 것이 불일치를 유의적으로 줄일 수 있는 경우(다른 지정보다 크게 불일치를 제거할 수 있는 경우)에는 해당 금융자산이나 금융부채의 일부만을 당기손익-공정가치 측정 항목으로 지정할 수 있다. 예를 들면 복수의 비슷한 금융자산과 복수의 비슷한 금융부채의 총액이 각각 50원과 100원이며, 금융자산과 금융부채의 측정기준이 서로 다르다면, 최초 인식시점에 금융자산 전체와 금융부채의 일부(예 개별 금융부채의 합계가 45원인 부분)를 당기손익—공정가치 측정 항목으로 지정하여 측정의 불일치를 유의적으로 제거할 수 있다. 그러나 개별 금융상품 전체가 지정의 대상이므로, 이 사례에서 하나 이상의 개별 금융부채 전체를 지정하여야 한다. 부채의 구성요소(예 기준금리 변동 등 특정위험에 따른 가치변동) 또는 특정부채의 비례적 부분(비율)만을 지정할 수는 없다. *[K-IFRS 1109 B4.1.32]*

금융상품집합을 공정가치 기준으로 관리하고 그 성과를 평가하는 경우

금융부채집합 또는 금융자산과 금융부채의 집합을 관리하고 평가하는 방법에 따라 이를 공정가치로 측정하고 당기손익으로 인식하는 것이 좀 더 목적적합한 정보를 제공하는 것일 수 있다. 이때 중요한 것은 금융상품의 특성이 아니라 관리방법과 성과평가방법이다. *[K-IFRS 1109 B4.1.33]*

예를 들면 K-IFRS 1109 **문단** 4.2.2(2)의 원칙을 충족하고, 하나 이상의 위험을 공유하는 금융자산과 금융부채를 가지고 있으며, 이러한 위험을 문서화된 자산부채관리방침에 따라 공정가치 기준으로 관리하고 평가한다면 금융부채를 당기손익—공정가치 측정 항목으로 지정하기 위해 이러한 조건을 사용할 수 있다. 이러한 경우의 예로서 복수의 내재파생상품을 포함하는 구조화된 금융상품을 발행하고, 파생상품과 비파생금융상품의 조합을 이용하여 해당 금융상품의 위험을 공정가치 기준으로 관리하는 경우를 들 수 있다. *[K-IFRS 1109 B4.1.34]*

위에서 설명한 바와 같이, 이러한 조건에서 중요한 것은 해당 금융상품집합의 관리방법과 성과

평가방법이다. 따라서 최초 인식시점의 지정요건에 따라 달라지지만, 금융부채를 당기손익—공정가치 측정 항목으로 지정한 경우에는 공동으로 관리하고 평가하는 모든 적격의 금융부채를 당기손익—공정가치 측정 항목으로 지정한다. *[K-IFRS 1109 B4.1.35]*
기업의 전략을 광범위하게 문서화할 필요는 없으나, K-IFRS 1109 **문단** 4.2.2(2)를 준수하고 있다는 것을 충분히 제시할 수 있어야 한다. 이러한 문서화를 각 항목별로 반드시 하여야 하는 것은 아니며, 포트폴리오별로 할 수도 있다. 예를 들면 주요 경영진이 승인한 특정부서의 성과관리시스템이 그 부서의 성과를 총수익기준으로 평가하는 것을 명백하게 보여준다면 K-IFRS 1109 **문단** 4.2.2(2)를 준수하였다는 사실을 제시하기 위하여 추가로 문서화할 필요는 없다. *[K-IFRS 1109 B4.1.36]*

2.5. 금융자산의 관리를 위한 사업모형

- 사업모형은 특정 사업 목적을 이루기 위해 **금융자산의 집합을 함께 관리하는 방식을 반영하는 수준**에서 결정한다. **사업모형은 개별 상품에 대한 경영진의 의도와는 무관하다.** 따라서 이 조건은 금융상품별 분류접근법이 아니며 더 높은 수준으로 통합하여 결정해야 한다. 그러나 **하나의 기업은 금융상품을 관리하는 둘 이상의 사업모형을 가질 수 있다.** 따라서 분류가 보고실체 수준에서 결정될 필요는 없다. *[K-IFRS 1109 B4.1.2]*
- 예를 들어 계약상 현금흐름을 얻기 위해 관리하는 투자 포트폴리오와 공정가치 변동을 실현하기 위해 거래할 목적으로 관리하는 또 다른 투자 포트폴리오를 보유하고 있을 수 있다. 이와 비슷하게 일부 상황에서는 금융자산을 관리하는 수준을 반영하기 위하여 금융자산의 포트폴리오를 하위 포트폴리오로 세분화하는 것이 적절할 수도 있다. 예를 들면 부동산담보대출 포트폴리오를 창출하거나 매입하여 일부 대출은 계약상 현금흐름의 수취 목적으로 관리하고 나머지 대출은 매도 목적으로 관리하는 경우가 이에 해당될 수 있다. *[K-IFRS 1109 B4.1.2]*
- 사업모형은 현금흐름을 창출하기 위해 금융자산을 관리하는 방식을 의미한다. 즉, **사업모형에 따라 현금흐름의 원천이 금융자산의 계약상 현금흐름의 수취인지, 매도인지 또는 둘 다 인지가 결정된다.** 따라서 사업모형은 **'최악의 상황' 시나리오 또는 '위기상황' 시나리오 같이, 발생할 것이라고 합리적으로 예상하지 아니하는 시나리오에 근거하여 평가하지 아니한다.** 예를 들면 특정 금융자산의 포트폴리오를 위기상황 시나리오에서만 매도할 것으로 예상하는 경우에 그러한 시나리오가 발생하지 않을 것이라고 합리적으로 예상한다면, 그 시나리오는 해당 금융자산 포트폴리오의 사업모형 평가에 영향을 미치지 아니한다. **현금흐름이 사업모형을 평가했던 시점의 예상과 다르게 실현되더라도(예 자산을 분류했을 때 예상했던 것보다 금융자산을 더 많이 또는 더 적게 매도한 경우), 사업모형을 평가할 때 이용할 수 있었던 모든 관련 정보를 고려하였다면 재무제표에 과거기간의 오류가 있는 것은 아니며**(K-IFRS 1008 '회계정책, 회계추정의 변경 및 오류' 참조), **그 사업모형에**

서 보유하고 있는 나머지 금융자산(과거기간에 인식하였고 여전히 보유하고 있는 금융자산)의 분류에 영향을 미치지 아니한다. 그러나 새로 창출하거나 새로 매입하는 금융자산에 대해 사업모형을 평가할 때는 과거에 현금흐름이 실현된 방식에 대한 정보를 관련되는 그 밖의 모든 정보와 함께 고려해야 한다. *[K-IFRS 1109 B4.1.2A]*

- 금융자산 관리를 위한 사업모형은 **단순한 주장이 아닌 사실에 근거**해야 한다. 이러한 사실은 대체로 사업모형의 목적을 이루기 위해 수행하는 활동을 통해 관찰할 수 있다. 금융자산을 관리하는 사업모형을 평가할 때는 판단이 필요하며 이러한 평가는 단일 요소나 단일 활동에 좌우되지 않는다. 그 대신에 **평가일에 이용할 수 있는 모든 관련 증거를 고려**해야 한다. 관련 증거는 다음 사항을 포함하며, 열거한 사항에만 한정되는 것은 아니다. *[K-IFRS 1109 B4.1.2B]*
  (1) **사업모형과 그 사업모형에서 보유하는 금융자산의 성과를 평가하고 그 평가내용을 주요 경영진에게 보고하는 방식**
  (2) **사업모형(그리고 사업모형에서 보유하는 금융자산)의 성과에 영향을 미치는 위험과 (특히) 그 위험을 관리하는 방식**
  (3) **그 사업의 경영진에 대한 보상방식(예 관리하는 자산의 공정가치에 기초하여 보상하는지 아니면 수취하는 계약상 현금흐름에 기초하여 보상하는지)**

2.5.1. 계약상 현금흐름을 수취하기 위해 자산을 보유하는 것이 목적인 사업모형

- 계약상 현금흐름을 수취하기 위해 자산을 보유하는 것이 목적인 사업모형에서 보유되는 금융자산은 해당 **금융상품의 존속기간**에 걸쳐 **계약상 지급액**을 수취하여 현금흐름을 실현하도록 관리한다. 즉, 금융자산 포트폴리오의 자산을 보유하기도 하고 매도하기도 하면서 금융자산 포트폴리오의 전반적인 수익을 관리하는 것이 아니라 **특정 계약상 현금흐름을 수취하기 위해 금융자산 포트폴리오의 자산을 관리**한다. 금융자산의 현금흐름이 계약상 현금흐름의 수취를 통해 실현되는지를 판단할 때 **과거기간 매도의 빈도, 금액, 시기, 이유, 미래의 매도활동에 대한 예상을 고려**할 필요가 있다. 그러나 **매도 자체가 사업모형을 결정하지는 아니하므로 이를 단독으로 고려해서는 안 된다.** 그 대신에 매도에 대한 과거 정보와 미래 예상은 금융자산을 관리하는 기업의 공식적인 목적이 어떻게 성취되는지 그리고 구체적으로 현금흐름이 어떻게 실현되는지와 관련된 증거를 제공한다. 과거 매도의 이유와 상황을 현재 상황과 비교하여 과거 매도의 정보를 고려해야 한다. *[K-IFRS 1109 B4.1.2C]*
- **사업모형의 목적이 계약상 현금흐름을 수취하기 위해 금융자산을 보유하는 것이더라도 그러한 모든 금융상품을 만기까지 보유할 필요는 없다.** 따라서 금융자산의 매도가 일어나거나 미래에 일어날 것으로 예상되는 경우에도 사업모형은 계약상 현금흐름을 수취하기 위해 금융자산을 보유하는 것일 수 있다. *[K-IFRS 1109 B4.1.3]*

- **금융자산의 신용위험이 증가하여 해당 금융자산을 매도하더라도 계약상 현금흐름을 수취하기 위해 자산을 보유하는 것이 목적인 사업모형일 수 있다.** 자산의 신용위험이 증가했는지를 판단하기 위해서는 미래전망 정보를 포함하여 합리적이고 뒷받침될 수 있는 정보를 고려한다. 매도의 빈도와 금액에 상관없이 신용위험의 증가로 인해 매도한다고 해서, 계약상 현금흐름을 수취하기 위해 금융자산을 보유하는 것이 목적인 사업모형과 상충되는 것이 아니다. 이는 금융자산의 신용의 질이 계약상 현금흐름을 수취할 수 있는 능력과 관련되기 때문이다. 신용악화로 인한 잠재적인 신용손실을 최소화하는 것이 목적인 신용위험관리활동은 이러한 사업모형에 필수적이다. 신용위험의 증가로 인한 매도의 예로서, 문서화한 투자방침에서 정한 신용 기준을 더는 충족하지 못하게 되어 금융자산을 매도하는 경우를 들 수 있다. 그러나 이러한 방침이 없는 경우에는 다른 방법으로 신용위험의 증가로 인한 매도임을 제시할 수도 있다. *[K-IFRS 1109 B4.1.3A]*
- **(자산의 신용위험증가로 인한 것이 아니라) 신용집중위험을 관리하기 위한 매도와 같이 그 밖의 이유로 인한 매도도 계약상 현금흐름을 수취하기 위해 금융자산을 보유하는 것이 목적인 사업모형과 일관될 수 있다. 특히, (매도 금액이 유의적이더라도) 이러한 매도가 빈번하지 않거나 (매도가 빈번하더라도) 개별적으로 또는 집합적으로 매도 금액이 유의적이지 않다면 계약상 현금흐름을 수취하기 위해 금융자산을 보유하는 것이 목적인 사업모형과 일관될 수 있다.** 하나의 포트폴리오에서 드물지 않게 매도가 일어나고 매도 금액이 (개별적으로 또는 집합적으로) 유의적인 경우에는 해당 매도가 계약상 현금흐름을 수취하는 목적과 일관되는지 그리고 어떻게 일관되는지를 평가할 필요가 있다. 제3자가 금융자산을 매도하도록 강제하는지 또는 그 활동이 기업의 재량에 따른 것인지는 이러한 평가와 관련이 없다. 특정 시기에 매도 빈도나 매도 금액이 증가한 이유를 설명하고 그러한 매도를 사업모형의 변경으로 반영해야 하는 것이 아님을 제시할 수 있다면 해당 매도가 반드시 계약상 현금흐름을 수취하기 위해 금융자산을 보유하는 목적과 상충되는 것은 아니다. 또 금융자산의 만기가 가까운 시점에 매도하고 매도로 수취하는 대가가 남은 계약상 현금흐름의 수취액과 거의 같다면 해당 매도는 계약상 현금흐름을 수취하기 위해 금융자산을 보유하는 목적과 일관될 수 있다. *[K-IFRS 1109 B4.1.3B]*

가. 계약상 현금흐름을 수취하기 위해 금융자산을 보유하는 것이 목적인 사업모형의 사례

- 다음은 사업모형의 목적이 계약상 현금흐름을 수취하기 위해 금융자산을 보유하는 것일 수 있는 경우의 사례이다. 이 사례가 모든 경우를 다 망라한 것은 아니다. 또 이 사례는 사업모형의 평가에 관련될 수 있는 모든 요소들을 논의하려거나 각 요인들의 상대적인 중요성을 특정하려고 한 것은 아니다. *[K-IFRS 1109 B4.1.4]*

사 례 계약상 현금흐름을 수취하기 위해 자산을 보유하는 것이 목적인 사업모형

〈사례 1〉

계약상 현금흐름을 수취하기 위해 투자상품을 보유한다. **자금 수요는 예측가능하며 해당 금융자산의 만기와 추정 자금 수요가 일치한다.**

신용손실을 최소화하기 위해 신용위험관리활동을 수행한다. **과거에 금융자산의 신용위험이 증가하여 문서화한 투자방침에서 정한 신용기준을 더는 충족하지 못하게 될 때 해당 금융자산을 매도하였다. 또 예상하지 못했던 자금 수요에 따라 금융자산을 빈번하게 매도하지는 않았다.**

주요 경영진에게는 금융자산의 신용의 질과 계약상 수익에 초점을 맞춰 보고한다. 기업은 그 밖의 정보 중 해당 금융자산의 공정가치도 관찰한다.

[분석]

그 밖의 다른 정보 중 특히 **유동성 관점에서 금융자산의 공정가치(자산을 매도할 필요가 있는 경우 실현될 현금액)**를 고려하더라도 기업의 목적은 금융자산을 보유하여 계약상 현금흐름을 수취하는 것이다. 예를 들어 **문서화한 투자방침에서 정한 신용기준을 충족하지 않는 경우와 같이 해당 금융자산의 신용위험이 증가하여 매도하더라도 계약상 현금흐름 수취 목적에 상충되지는 않는다. 예상하지 못했던 자금 수요(예 위기상황 시나리오)에 따라 빈번하지 않지만 유의적인 금액을 매도하더라도 이러한 매도 또한 계약상 현금흐름 수취목적에 상충되지는 않을 것이다.**

〈사례 2〉

사업모형은 **대여금과 같은 금융자산의 포트폴리오를 매입**하는 것이다. 그러한 포트폴리오는 신용이 손상된 금융자산을 포함할 수도 있고 포함하지 않을 수도 있다.

만일 대여금에 대한 지급이 적시에 이루어지지 않을 경우 기업은 다양한 방법(예 채무자와 서신, 전화, 그 밖의 다른 방법으로 연락을 취함)으로 계약상 현금흐름을 실현하려고 노력한다. 계약상 현금흐름을 수취하는 것이 목적이며 이러한 포트폴리오 내의 어떠한 대여금도 매도를 통해 현금흐름을 실현할 목적으로 관리하지 아니한다.

일부 경우에는 포트폴리오 내의 특정 금융자산들의 이자율을 변동금리에서 고정금리로 변경하기 위하여 **이자율스왑계약**을 체결한다.

[분석]

이 사업모형의 목적은 **계약상 현금흐름을 수취하기 위해 금융자산을 보유**하는 것이다.

계약상 모든 현금흐름을 수취할 것으로 예상하지 않더라도(예 금융자산의 일부에가 최초 인식시점에 신용이 손상되어 있는 경우) 똑같이 분석된다.

그 뿐만 아니라, 포트폴리오의 현금흐름을 변경하기 위하여 파생상품 계약을 체결하였다는 사실만으로 사업모형이 바뀌지는 않는다.

〈사례 3〉

기업은 **고객에 대한 대여금을 실행하고 그 후 증권화기구에 그 대여금을 매도하는 사업모형**을 가지고 있다. **증권화기구는 투자자에게 금융상품을 발행**한다.

대여금을 실행한 기업은 증권화기구의 지배기업이므로 그 증권화기구를 연결한다.
증권화기구는 대여금의 계약상 현금흐름을 수취하여 이를 증권화기구 투자자에게 전달한다.
이 사례의 목적상, 대여금은 증권화기구가 제거하지 않기 때문에 연결재무상태표에 계속 인식하는 것으로 가정한다.

[분석]

연결실체는 대여금을 보유하여 계약상 현금흐름을 수취할 목적으로 대여금을 실행하였다.
그러나 **대여금을 실행한 기업의 목적**은 **증권화기구에 대여금을 매도함으로써 대여금 포트폴리오의 현금흐름을 실현하는 것이다.** 따라서 **별도재무제표의 목적상 계약상 현금흐름을 수취할 목적으로 이 포트폴리오를 관리하는 것으로 볼 수 없을 것이다.**

〈사례 4〉

금융기관이 '위기상황' 시나리오(예 은행의 예금인출 사태)에서 발생할 수 있는 유동성 문제에 대비하기 위하여 금융자산을 보유한다. 금융기관은 '위기상황' 시나리오가 아니라면 해당 자산을 매도하지 않았을 것으로 예상한다.
금융자산의 신용의 질을 관찰하고 해당 금융자산을 관리하는 목적은 계약상 현금흐름의 수취이다.
해당 자산의 성과는 수취하는 이자수익과 실현된 신용손실에 기초하여 평가한다.
그러나 위기상황 시나리오에서 해당 자산을 매도해야 할 필요가 있는 경우 실현되는 현금흐름이 유동성 수요를 충족하기에 충분한지를 확인하기 위해 유동성 관점에서 금융자산의 공정가치도 관찰한다. 정기적으로 유동성을 입증하기 위해 경미한 금액을 매도한다.

[분석]

이 사업모형의 목적은 계약상 현금흐름을 수취하기 위해 금융자산을 보유하는 것이다.
과거의 위기상황 시나리오에서 유동성 요구를 충족하기 위한 유의적인 금액의 매도가 있었더라도 이러한 분석이 바뀌지는 않을 것이다. 이와 비슷하게 경미한 금액의 매도활동이 반복되더라도 계약상 현금흐름을 수취할 목적으로 금융자산을 보유하는 것과 상충되는 것은 아니다.
이와 달리, 매일의 유동성 수요를 충족하기 위해 금융자산을 보유하고 유의적인 금액의 빈번한 매도가 그러한 목적의 수단이 된다면, 사업모형의 목적은 계약상 현금흐름을 수취하기 위해 금융자산을 보유하는 것이 아니다.
이와 비슷하게 해당 자산의 유동성을 입증하기 위해 감독당국이 일상적인 금융자산의 매도를 요구하고 매도하는 금융자산의 가치가 유의적이라면, 사업모형의 목적은 계약상 현금흐름을 수취하기 위해 금융자산을 보유하는 것이 아니다. 금융자산의 매도를 제3자가 강제하는지 또는 해당 활동이 기업의 재량에 따른 것인지는 이러한 분석과 관련이 없다.

2.5.2. 계약상 현금흐름의 수취와 금융자산의 매도 둘 다를 통해 목적을 이루는 사업모형

- **계약상 현금흐름의 수취와 금융자산의 매도 둘 다를 통해 목적을 이루는 사업모형**에서 금융자산을 보유할 수 있다. 이러한 형태의 사업모형에서 주요 경영진은 계약상 현금흐름의 수취와 금융자산의 매도 둘 다가 사업모형의 목적을 이루는 데에 필수적이라고 결정한다. 다양한 목적이 이러한 형태의 사업모형과 일관될 수 있다. 예를 들면 사업모형의 목적이 **매일 유동성 수요를 관리하거나, 특정 이자수익률 수준을 유지하거나, 금융자산을 조달하는 부채의 듀레이션에 해당 금융자산의 듀레이션을 맞추는 것**일 수 있다. 이러한 목적을 이루기 위해 금융자산의 계약상 현금흐름을 수취하기도 하고 매도하기도 한다. *[K-IFRS 1109 B4.1.4A]*
- 계약상 현금흐름을 수취하기 위해 금융자산을 보유하는 것이 목적인 사업모형과 비교하면, 이러한 사업모형에서는 **대체로 더 빈번하게 더 많은 금액을 매도**할 것이다. 이 사업모형의 목적을 이루기 위해서는 금융자산의 매도가 부수적이 아니라 필수적이기 때문이다. 그러나 계약상 현금흐름 수취와 금융자산의 매도 둘 다가 사업모형의 목적을 이루는 데에 필수적이기 때문에 이**러한 사업모형에서 일어나야만 하는 매도의 빈도나 금액에 대한 기준은 없다.** *[K-IFRS 1109 B4.1.4B]*

가. 계약상 현금흐름의 수취와 금융자산의 매도 둘 다를 통해 목적을 이루는 사업모형의 사례

- 다음은 사업모형의 목적이 계약상 현금흐름의 수취와 금융자산의 매도 둘 다에 의해 이뤄질 수 있는 사례이다. 이 사례가 모든 경우를 망라하는 것은 아니다. 또 이 사례는 사업모형의 평가에 관련될 수 있는 모든 요소들을 설명하거나 각 요인들의 상대적인 중요성을 특정하려고 한 것은 아니다. *[K-IFRS 1109 B4.1.4C]*

사 례 계약상 현금흐름의 수취와 금융자산의 매도 둘 다를 통해 목적을 이루는 사업모형

〈사례 5〉

기업은 몇 년 내에 자본적 지출을 예상한다. 기업은 수요가 생겼을 때 해당 지출액에 투자할 수 있도록 잉여현금을 **단기금융자산과 장기금융자산**에 투자한다. 많은 **금융자산의 계약상 존속기간이 기업의 예상투자기간을 초과**한다.

계약상 현금흐름을 수취하기 위해 금융자산을 보유하며 기회가 있을 경우 높은 수익률의 금융자산에 투자하기 위해 해당 금융자산을 매도한다.

포트폴리오를 책임지는 관리자는 해당 포트폴리오에서 창출한 전체 수익에 기초하여 보상받는다.

[분석]

이 사업모형의 목적은 **계약상 현금흐름의 수취와 금융자산의 매도 둘 다를 통해 사업모형의 목적**을 이루는 것이다. 계약상 현금흐름의 수취와 금융자산의 매도 중 어느 것이 포트폴리오의 수익을 극대화하는지를 투자한 현금의 수요가 생길 때까지 **지속적으로 의사결정** 한다.

이와 달리, **5년 내에 자본적 지출을 위한 현금유출을 예상하고 잉여현금을 단기금융자산에 투자하**

는 경우를 가정한다. **해당 투자의 만기가 도래한 때 해당 현금으로 새로운 단기금융상품에 재투자한다.** 자금 수요가 생길 때까지 이러한 전략을 유지한다. 자금 수요가 생겼을 때 금융자산의 만기 도래에 따른 대가를 자본적 지출의 자금으로 사용한다. 신용위험이 증가한 경우를 제외하고는, 만기 전에는 경미한 금액만을 매도한다. **이렇게 대비되는 사업모형의 목적은 계약상 현금흐름을 수취하기 위해 금융자산을 보유하는 것이다.**

〈사례 6〉
금융기관이 매일의 유동성 수요를 충족하기 위해 금융자산을 보유한다. 유동성 수요를 관리하는 원가를 최소화 하려고 하며, 이에 따라 해당 포트폴리오의 수익을 적극적으로 관리한다. 해당 수익은 계약상 현금흐름의 수취뿐만 아니라 해당 금융자산의 매도에 따른 손익으로 구성된다.
따라서 **금융자산의 계약상 현금흐름을 수취할 목적으로, 그리고 좀 더 높은 수익을 가져오는 금융자산에 재투자하거나 관련 부채의 듀레이션과 더 잘 일치시키기 위해 금융자산을 매도할 목적으로 해당 금융자산을 보유한다.** 과거에 이러한 전략으로 인해 빈번하게 유의적인 금액의 매도활동이 있었다. 이러한 활동은 미래에도 계속될 것으로 예상한다.

[분석]
이 사업모형의 목적은 매일의 유동성 수요를 충족하기 위해 포트폴리오의 수익을 극대화하는 것이고 계약상 현금흐름의 수취와 금융자산의 매도 둘 다를 통해 이러한 목적을 이룬다. 다시 말하면, **계약상 현금흐름의 수취와 금융자산의 매도 둘 다가 사업모형의 목적을 이루는 데에 필수적이다.**

〈사례 7〉
보험자가 **보험계약부채의 상환자금 마련을 위해 금융자산을 보유**한다. 보험자는 금융자산의 계약상 현금흐름에서 생기는 대가를 지급기일이 도래한 보험계약부채를 상환하는 데에 사용한다. 금융자산에서 생기는 계약상 현금흐름이 관련 부채를 상환하기에 충분하도록 보험자는 정기적으로 자산 포트폴리오를 재조정하고 현금흐름수요를 충족하기 위해 유의적인 매매활동을 수행한다.

[분석]
이 사업모형의 목적은 보험계약부채의 상환자금을 마련하는 것이다. 이러한 목적을 이루기 위해, 목표로 하는 자산 포트폴리오의 구성이 유지되도록 금융자산의 지급기일이 도래한 때 계약상 현금흐름을 수취하고 해당 금융자산을 매도한다. 따라서 **계약상 현금흐름의 수취와 금융자산의 매도 둘 다가 사업모형의 목적을 이루는 데에 필수적이다.**

2.5.3. 그 밖의 사업모형

- 금융자산을 **계약상 현금흐름 수취목적의 사업모형이나 계약상 현금흐름 수취와 매도 둘 다가 목적인 사업모형에서 보유하지 않는 경우**에는 해당 금융자산은 **당기손익-공정가치**로 측정한다(단, 문단 5.7.5 참조). 당기손익—공정가치로 측정하게 되는 사업모형의 일례는 **자산의 매도를 통해 현금흐름을 실현할 목적**으로 금융자산을 관리하는 것이다. 해당 자산의 공정가치에 기초하여 의사결

정하고 해당 자산의 공정가치를 실현하기 위해 관리한다. 이러한 경우에는 기업의 목적에 따라 일반적으로 적극적으로 매입하고 매도하게 된다. 금융자산을 보유하는 동안에 계약상 현금흐름을 수취하더라도 그러한 사업모형의 목적은 계약상 현금흐름의 수취와 금융자산의 매도 둘 다를 통해 이뤄지는 것은 아니다. 이는 계약상 현금흐름의 수취가 사업모형의 목적을 이루는 데에 필수적이 아니라 부수적이기 때문이다. *[K-IFRS 1109 B4.1.5]*

- (**문단 4.2.2(2)에서** 기술된 것과 같이) **공정가치 기준으로 관리하고 그 성과를 평가하는 금융자산의 포트폴리오는 계약상 현금흐름을 수취하기 위해 보유하는 것이 아니며 계약상 현금흐름의 수취와 금융자산의 매도 둘 다를 위해 보유하는 것도 아니다**. 기업은 공정가치 정보에 우선적으로 중점을 두고 금융자산의 성과를 평가하고 의사결정을 하는 데 공정가치 정보를 이용한다. 또 단기매매의 정의를 충족하는 금융자산 포트폴리오는 계약상 현금흐름을 수취하기 위해 보유하는 것이 아니며 계약상 현금흐름의 수취와 금융자산의 매도 둘 다를 위해 보유하는 것도 아니다. 이러한 금융자산 포트폴리오는 계약상 현금흐름의 수취가 사업모형의 목적을 이루는 데에 부수적일 뿐이다. 따라서 이러한 금융자산 포트폴리오는 당기손익—공정가치로 측정해야 한다. *[K-IFRS 1109 B4.1.6]*

2.6. 금융자산의 계약상 현금흐름 특성

2.6.1. 원리금 지급만으로 구성되어 있는 계약상 현금흐름의 판단

- (당기손익—공정가치 측정 항목으로 지정할 수 있는 선택권을 적용하는 경우가 아니라면) **계약상 현금흐름을 수취하기 위해 자산을 보유하는 것이 목적인 사업모형**에서 또는 **계약상 현금흐름의 수취와 금융자산의 매도 둘 다를 위해 자산을 보유하는 것이 목적인 사업모형**에서 금융자산을 보유하는 경우에는 **금융자산의 계약상 현금흐름의 특성**에 기초하여 금융자산을 분류한다. 이를 위해 **문단 4.1.2(2)와 4.1.2A(2)는 해당 금융자산의 계약상 현금흐름이 원리금 지급만으로 구성되어 있는지를 판단하도록 요구한다.** *[K-IFRS 1109 B4.1.7]*

가. 금융자산의 표시통화로 평가

- 계약상 현금흐름이 원리금 지급만으로 구성되는지는 금융자산의 표시통화로 평가한다. *[K-IFRS 1109 B4.1.8]*

나. 레버리지를 포함하는 금융자산인 경우

- 레버리지(leverage)는 일부 금융자산의 계약상 현금흐름의 특성이다. **레버리지는 계약상 현금흐름의 변동성을 높이므로 이러한 계약상 현금흐름은 이자의 경제적 특성을 가지고 있지 않다.** 독립된 **옵션, 선도계약, 스왑계**약은 레버리지를 포함하고 있는 금융자산의 예이다. 따라서 그러한 계약은 **문단 4.1.2(2)와 4.1.2A(2)의 조건**을 충족하지 않으며 **후속적으로 상각후원가나 기타포괄손익-공**

정가치로 측정할 수 없다. *[K-IFRS 1109 B4.1.9]*

다. 계약상 현금흐름의 시기나 금액을 변경시키는 계약조건

- 금융자산이 **계약상 현금흐름의 시기나 금액을 변경시키는 계약조건을 포함**하고 있다면(예를 들어 해당 자산을 **만기 전에 중도상환하거나 만기를 연장할 수 있다면**), 그 계약조건 때문에 해당 금융상품의 존속기간에 걸쳐 생길 수 있는 **계약상 현금흐름이 원리금 지급만으로 구성되는지를 판단해야 한다.** 이러한 결정을 할 때, **계약상 현금흐름의 변경 전과 변경 후에 생길 수 있는 계약상 현금흐름 양쪽을 평가해야 한다.** 계약상 현금흐름의 시기와 금액을 변경시키는 우발사건(계기)의 특성에 대한 평가가 필요할 수도 있다. 계약상 현금흐름이 원리금 지급만을 나타내는지를 평가할 때 우발사건 특성은 그 자체로는 결정적 요소는 아니지만, 지표일 수는 있다. 예를 들어 **채무자가 특정 횟수를 지급하지 못한 경우에 높은 이자율로 재설정되는 이자율을 지닌 금융상품을 특정 주가지수가 특정 수준에 도달하게 되면 높은 이자율로 재설정되는 금융상품과 비교해 보자.** 금융상품의 존속기간에 계약상 현금흐름이 원리금 지급만으로 구성될 가능성은, **지급하지 못한 것과 신용위험의 증가 간의 관계 때문에 전자의 경우가 더 높다**(문단 **B4.1.18** 참조). *[K-IFRS 1109 B4.1.10]*

① 원리금 지급만으로 구성되는 계약상 현금흐름을 나타내는 계약조건

- 다음은 원리금 지급만으로 구성되는 계약상 현금흐름을 나타내는 계약조건의 사례이다.
  (1) **화폐의 시간가치, 특정 기간에 원금잔액과 관련된 신용위험**(신용위험에 대한 대가는 최초 인식시점에만 결정될 수 있고 따라서 고정될 수 있다), **그 밖의 기본적인 대여 위험과 원가에 대한 대가 및 이윤**으로 구성되는 변동이자율
  (2) **발행자(채무자)가 채무상품을 중도상환하거나 보유자(채권자)가 만기 이전에 채무상품을 발행자에게 환매할 수 있게 허용**하고, 중도상환금액이 미지급된 원리금을 실질적으로 나타내며, 이 중도상환금액에는 계약의 조기 청산에 대한 합리적인 추가 보상이 포함될 수 있는 계약조건
  (3) **발행자나 보유자가 채무상품의 계약기간을 연장할 수 있도록 허용하며(연장옵션)**, 이러한 연장옵션의 조건 때문에 연장된 기간의 계약상 현금흐름에는 원리금 지급만 존재하고, 이 금액에는 계약의 연장에 대한 합리적인 추가 보상이 포함될 수 있는 계약조건. *[K-IFRS 1109 B4.1.11]*
- 발행자가 채무상품을 중도상환할 수 있도록 허용(또는 요구)하거나 보유자가 만기 이전에 채무상품을 발행자에게 환매할 수 있도록 허용(또는 요구)하는 계약조건 때문에 원리금 지급만인 계약상 현금흐름에 해당하지 않지만 이를 제외하고는 **문단 4.1.2(2)와 4.1.2A(2)를 충족하는 금융자산**은, **문단 B4.1.10에도 불구하**고, **다음의 조건을 모두 충족하면 (문단 4.1.2(1)의 조건이나 문단 4.1.2A(1)의 조건을 충족한다는 전제하에)** 상각후원가나 기타포괄손익—공정가치로 측정할 수 있다. *[K-IFRS 1109 B4.1.12]*
  (1) **금융자산의 계약상 액면금액을 할증하거나 할인한 금액으로 매입하거나 발행**한다.

(2) **중도상환금액이 실질적으로 계약상 액면금액과 계약상 이자 발생액(그러나 미지급된)을 나타내며, 이 중도상환금액에는 계약의 조기 청산에 대한 합리적인 추가 보상이 포함될 수 있다.**

(3) **금융자산의 최초 인식시점에 중도상환특성의 공정가치가 경미**하다.

- 다음은 원리금 지급만으로 구성되는 계약상 현금흐름을 예시하는 사례이다. 이 사례가 모든 경우를 다 망라한 것은 아니다. *[K-IFRS 1109 B4.1.13]*

사 례 원리금 지급만으로 구성되는 계약상 현금흐름

〈금융상품 A〉

금융상품 A는 **명시된 만기일이 있는 채권**이다. 원리금 지급은 이 금융상품이 발행된 **통화의 인플레이션지수**와 연계되어 있다. 이러한 **인플레이션 연계는 레버리지되어 있지 않으며 원금은 보장**된다.

[분석]

계약상 현금흐름이 원리금 지급만으로 구성되어 있다. 원리금 지급을 레버리지되지 않은 인플레이션지수와 연계하는 것은 화폐의 시간가치를 현행 수준으로 재설정하는 것이다. 다시 말하면, 이 금융상품의 이자율은 '실질'이자를 반영한다. 따라서 이러한 이자금액은 원금잔액에 대한 화폐의 시간가치에 대한 대가이다.

그러나 만일 이자의 지급이 채무자의 성과(예 채무자의 순이익)나 주가지수와 같이 또 다른 변수와 연계되어 있다면 이러한 계약상 현금흐름은 원리금 지급이 아니다(다만 채무자의 성과와 연계함에 따라 보유자에게 신용위험의 변동에 대해서만 보상하고 계약상 현금흐름이 원리금 지급만 있는 현금흐름이 되도록 조정하는 경우는 제외). 계약상 현금흐름이 기본대여계약과 일관되지 않는 수익을 반영하기 때문이다(문단 B4.1.7A 참조).

〈금융상품 B〉

금융상품 B는 **명시된 만기일**이 있으며 **채무자가 지속적으로 시장이자율을 선택할 수 있는 변동금리 금융상품**이다. 예를 들어 채무자는 **각 이자율 재설정일에 3개월의 기간에 대해 3개월 LIBOR로 또는 1개월의 기간에 대해 1개월 LIBOR로 지급하는 것을 선택할 수 있다.**

[분석]

금융상품의 존속기간에 걸쳐 지급되는 이자가 화폐의 시간가치, 금융상품과 관련된 신용위험, 그 밖의 기본적인 대여 위험과 원가에 대한 대가 및 이윤을 반영한다면(문단 B4.1.7A 참조) 계약상 현금흐름에는 원리금 지급만 있다. 금융상품의 존속기간에 걸쳐 LIBOR 이자율이 재설정된다는 사실만으로 계약상 현금흐름 조건을 충족하지 못하는 것은 아니다.

그러나 만일 채무자가 3개월마다 재설정되는 1개월 금리 지급을 선택할 수 있다면, 그 이자율은 이자율의 기간과 일치하지 않는 빈도로 재설정되는 것이다. 결과적으로 화폐의 시간가치 요소가 변형되는 것이다. 이와 비슷하게 금융상품의 계약상 이자율이 금융상품의 남은 존속기간을 초과하는 기간에 기초한다면(예를 들어 만기가 5년인 상품으로서 정기적으로 재설정되는 변동금리를 지급하지만 항상 5년의 만기를 반영하는 경우), 화폐의 시간가치 요소가 변형된 것이다. 매기 지급될

이자가 이자기산기간과 연계되어 있지 않기 때문이다.
이러한 경우에는 해당 현금흐름이 원리금 지급만 있는지를 판단하기 위해, 이자율 기간이 이자기산기간과 일치하는 것을 제외하고는 모든 측면이 같은 금융상품과 비교하여 해당 계약상 현금흐름을 질적으로나 양적으로 평가해야 한다. (단 규제이자율에 대해서는 문단 B4.1.9E의 지침을 참조)
예를 들어 만기가 5년인 만기고정채권으로서 6개월마다 재설정되는 변동금리를 지급하지만 항상 5년의 만기를 반영하는 경우에는 6개월마다 6개월 이자율로 재설정하는 것을 제외하고는 모든 것이 같은 금융상품의 계약상 현금흐름을 고려한다.
차입자가 대여자의 다양한 공개된 이자율 중 선택할 수 있는 경우(예를 들어 채무자가 대여자의 공개된 1개월 변동이자율과 3개월 변동이자율 사이에서 선택할 수 있다), 같은 분석을 적용한다.

〈금융상품 C〉
금융상품 C는 명시된 만기일이 있으며 변동시장금리를 지급하는 채권이다. 이 변동이자율에는 상한이 있다.

[분석]
(1) 고정금리 금융상품과
(2) 변동금리 금융상품 모두의 계약상 현금흐름은,
이자가 금융상품의 만기까지 화폐의 시간가치, 금융상품과 관련된 신용위험, 그 밖의 기본적인 대여의 위험과 원가뿐만 아니라 이윤에 대한 대가를 반영한다면 원리금 지급을 나타낸다(문단 B4.1.7A 참조).
따라서 위 (1)과 (2)가 결합한 금융상품(예 이자율 캡(cap)이 있는 채권)의 현금흐름은 원리금 지급만의 현금흐름일 수 있다. 이러한 특성은 변동이자율에 제한[예 이자율 캡 또는 이자율 플로어(floor)]을 두어 현금흐름의 변동성을 줄이거나 고정이자율을 변동이자율로 바꾸기 때문에 현금흐름의 변동성을 높일 수 있다.

〈금융상품 D〉
금융상품 D는 채무자에게 무한 책임(소구의무)이 있으며 담보가 있는 대여금이다.

[분석]
무한 책임(소구의무)이 있는 대여금에 담보가 있다는 사실 자체는 계약상 현금흐름에 원리금 지급만 있는지를 분석하는 데에 영향을 미치지 아니한다.

〈금융상품 E〉
금융상품 E는 규제받는 은행이 발행하였으며 명시된 만기일이 있다. 고정금리를 지급하며 모든 계약상 현금흐름은 재량적이지 않다.
그러나 발행자는 특정 상황에서 감독당국이 금융상품 E를 포함하여 특정 금융상품의 보유자에게 손실을 부과하도록 허용하거나 요구하는 법규를 따른다. 예를 들어 감독당국이 발행자가 심각한 재무적 어려움이 있다고 결정하거나 규제자본을 확충할 필요가 있다고 결정하거나 발행자가 규제자본을 충족하지 못하였다고 결정한다면, 감독당국은 금융상품 E의 액면금액을 상각하거나 해당 금융상품을 확정수량의 발행자의 보통주로 전환시키는 힘을 보유한다.

[분석]

보유자는 계약조건이 원리금 지급만인 현금흐름을 구성하고 기본대여계약과 일관되는 현금흐름을 일으키는지를 결정하기 위해 금융상품의 계약조건을 분석한다.

금융상품 E의 보유자에게 손실을 부과할 수 있는 감독당국의 힘에 따라서만 생기는 지급은 분석할 때 고려하지 아니한다. 그러한 힘과 그에 따른 지급은 금융상품의 계약조건이 아니기 때문이다. 이와 달리, 금융상품의 계약조건이 발행자나 제3자가 보유자에게 손실을 부과하는 것을 허용하거나 요구한다면(예 액면금액을 제각하거나 해당 금융상품을 확정수량의 발행자의 보통주로 전환), 그러한 손실을 부과할 확률이 희박하더라도 이러한 계약조건이 실질적으로 유효하다면 계약상 현금흐름은 원리금 지급만이 아니다.

② 원리금 지급만으로 구성되어 있지 않은 계약상 현금흐름

- 다음은 원리금 지급만으로 구성되어 있지 않은 계약상 현금흐름을 예시하는 사례이다. 이 사례가 모든 경우를 다 망라한 것은 아니다. *[K-IFRS 1109 B4.1.14]*

사 례 원리금 지급만으로 구성되어 있지 않은 계약상 현금흐름

〈금융상품 F〉

금융상품 F는 확정수량의 발행자 지분상품으로 전환가능한 채권이다.

[분석]

보유자는 전환사채를 전체로 분석할 것이다.

계약상 현금흐름이 기본대여계약과 일관되지 아니하는 수익을 반영하기 때문에 이러한 계약상 현금흐름은 원리금 지급이 아니다(문단 B4.1.7A 참조). 즉, 수익이 발행자의 지분가치와 연계되어 있다.

〈금융상품 G〉

금융상품 G는 역변동금리(시장이자율과 반비례관계에 있는 이자율)를 지급하는 대여금이다.

[분석]

계약상 현금흐름이 원리금 지급만으로 구성되어 있는 것이 아니다.

이자금액은 원금잔액의 화폐의 시간가치에 대한 대가가 아니다.

〈금융상품 H〉

금융상품 H는 영구금융상품이지만 발행자는 어느 시점에든 재매입할 수 있으며 보유자에게 액면금액과 지급기일까지 발생한 이자를 지급한다.

금융상품 H는 시장금리를 지급하지만 발행자가 그러한 지급 직후 지급여력을 유지할 수 없다면 이자를 지급할 수 없다.

연체된 이자는 추가 이자를 생기게 하지 않는다.

[분석]

계약상 현금흐름은 원리금 지급이 아니다. 발행자는 이자 지급을 연기하도록 요구받을 수 있으며 연기된 이자금액에 대해서는 추가 이자가 생기지 않기 때문이다. 결론적으로 **이자금액은 원금잔액에 대한 화폐의 시간가치로서의 대가가 아니다.**

만일 연기된 금액에 이자가 생긴다면 계약상 현금흐름은 원리금 지급일 수 있다.

금융상품 H가 영구적이라는 사실만으로 계약상 현금흐름이 원리금 지급이 아니라는 것을 의미하지는 않는다. 사실상 영구금융상품은 계속적인(복수의) 연장옵션이 포함되어 있다. 이자지급이 의무사항이고 영구적으로 지급해야 한다면 그러한 옵션에 따른 계약상 현금흐름은 원리금 지급일 수 있다. 또 원리금 지급을 실질적으로 반영하지 않는 금액으로 재매입할 수 있는 경우가 아니라면, 금융상품 H가 재매입이 가능하다는 사실만으로, 계약상 현금흐름이 원리금 지급이 아니라는 것을 의미하지는 않는다. 재매입금액에 금융상품의 조기 청산에 대해 보유자에게 적정하게 보상하는 금액이 포함되어 있더라도 계약상 현금흐름은 원리금 지급일 수 있다(문단 B4.1.12 참조).

- 일부 금융자산의 경우에 계약상 현금흐름이 원금과 이자로 기술되어 있으나, 그러한 현금흐름이 K-IFRS 1109의 **문단 4.1.2(2), 4.1.2A(2), 4.1.3**에 기술되어 있는 **원리금 지급을 나타내지 않을 수 있다.** *[K-IFRS 1109 B4.1.15]*
- 금융자산이 특정 자산이나 현금흐름에 대한 투자를 나타내고 있어 계약상 현금흐름이 원리금 지급만으로 구성되지 않은 경우가 이에 해당할 수 있다. 예를 들면 **계약조건에서 자동차가 특정 유료도로를 많이 사용할수록 금융자산의 현금흐름이 증가한다고 명시하고 있다면 이러한 계약상 현금흐름은 기본대여계약과 일관되지 아니한다. 결과적으로 이러한 금융상품은 문단 4.1.2(2)와 4.1.2A(2)의 조건을 충족하지 못하게 될 것이다.** 채권자의 청구가 채무자의 특정 자산이나 특정 자산의 현금흐름으로 제한되는 경우(예 '소구권이 없는' 금융자산)가 이에 해당될 수 있다. *[K-IFRS 1109 B4.1.16]*
- 그러나 **금융자산에 소구권이 없다는 사실만으로 문단 4.1.2(2)와 4.1.2A(2)의 조건을 충족하지 않는 것은 아니다.** 그러한 상황에서 채권자는 분류대상 금융자산의 계약상의 현금흐름이 원리금 지급인지를 판단하기 위해 특정 기초 자산이나 현금흐름을 평가('세밀히 검토')해야 한다. 만일 **금융자산의 계약조건에 따라 원리금 지급과 일관되지 않는 방식으로 그러한 현금흐름이 제한되거나 다른 현금흐름이 생긴다면, 그 금융자산은 문단 4.1.2(2)와 4.1.2A(2)의 조건을 충족하지 못한다. 기초자산이 금융자산인지 또는 비금융자산인지는 그 자체로 이러한 평가에 영향을 미치지 않는다.** *[K-IFRS 1109 B4.1.17]*
- **계약상 현금흐름 특성이 금융자산의 계약상 현금흐름에 미치는 영향이 아주 미미한 경우에는 그러한 계약상 현금흐름 특성은 금융자산의 분류에 영향을 미치지 아니한다.** 이러한 결정을 하기 위해서는 매 보고기간에 그리고 해당 금융자산의 존속기간에 걸쳐 누적적으로 계약상 현금흐름에 미치는 가능한 영향을 고려해야 한다. 또 **계약상 현금흐름 특성이 아주 미미한 정도를 초과하여 영향을 미치지만(단일 보고기간에 또는 누적적으로) 계약상 현금흐름의 특성이 실질적으로 유효하지 않은 경**

우에는 그러한 특성이 금융자산의 분류에 영향을 미치지 아니한다. 극히 드물고 예외적이며 가능성이 매우 낮은 사건이 일어나는 경우에만 그러한 현금흐름의 특성이 금융상품의 계약상 현금흐름에 영향을 미친다면 해당 특성은 실질적으로 유효하지 않다. *[K-IFRS 1109 B4.1.18]*

- 거의 모든 대여 거래에서 채권자의 금융상품은 그 채무자의 다른 채권자들의 금융상품과 비교하여 우선순위가 정해진다. **채무자의 지급불이행이 계약 위반이며 채무자가 파산하는 경우에도 채권자가 미지급된 원리금에 대한 계약상 권리를 가지고 있는 경우에는 해당 금융상품이 다른 금융상품보다 후순위이더라도 원리금을 지급하는 계약상 현금흐름을 포함할 수 있다.** 예를 들면 **채권자가 일반 채권자의 순위로 분류되는 매출채권은 원리금 지급의 조건을 충족하게 된다.** 즉, 채무자가 담보를 제공하고 차입하여 채무자가 파산한다면 그 담보와 관련하여 대여자에게 일반 채권자의 청구권보다 우선순위를 주지만, 일반 채권자의 미지급된 원금과 지급의무가 있는 그 밖의 금액에 대한 계약상 권리에 영향을 주지 않는다면 이러한 경우에 해당한다. *[K-IFRS 1109 B4.1.19]*

2.7. 계약상 연계된 금융상품

- 일부 거래 유형에서, **계약상 연계된 복수의 금융상품[트랑슈(tranche)]을 이용하여 금융자산의 보유자들에게 지급에 대한 우선순위를 정하여 신용위험을 집중시키는 경우**가 있다. 각 트랑슈에는 후순위 등급이 있어서 발행자가 창출하는 현금흐름은 이 순서에 따라 트랑슈에 배분된다. 그러한 상황에서 **특정 트랑슈의 보유자는, 발행자가 더 상위의 트랑슈에 충당할 충분한 현금흐름을 창출한 경우에만 원리금의 지급에 대해 권리를 갖는다.** *[K-IFRS 1109 B4.1.20]*
- 그러한 거래에서, **특정 트랑슈는 다음의 조건을 모두 충족하는 경우에만** 현금흐름이 **원리금 지급의 특성**을 나타낸다. *[K-IFRS 1109 B4.1.21]*
  (1) (기초 금융상품 집합에 대한 세밀한 검토 없이) **분류를 위해 검토되는 트랑슈의 계약상 조건에 따라 원리금 지급만으로 구성된(예 트랑슈에 대한 이자율이 일반상품지수와 연계되어 있지 않은) 현금흐름**이 생긴다.
  (2) **기초 금융상품 집합**이 **문단 B4.1.23과 B4.1.24**에서 **설명하는 현금흐름의 특성**을 갖는다.
  (3) **트랑슈에 내재된 기초 금융상품 집합에 대한 신용위험 익스포저**가 **기초 금융상품 집합의 신용위험 익스포저보다 같거나 작다**(예 분류하기 위해 평가하는 트랑슈의 신용등급은 기초 금융상품 집합의 재원조달인 단일 트랑슈에 적용하는 신용등급과 같거나 높다).
- **현금흐름을 (단순 이전하는 것이 아니라) 창출하는 기초 금융상품 집합을 식별할 수 있을 때까지 세밀히 검토해야 한다. 이것이 기초 금융상품 집합이다.** *[K-IFRS 1109 B4.1.22]*
- **기초 금융상품 집합**은 **원리금 지급만으로 구성된 계약상 현금흐름을 갖는 금융상품을 하나 이상 포함해야 한다.** *[K-IFRS 1109 B4.1.23]*

• 기초 금융상품 집합에는 다음과 같은 금융상품도 포함될 수 있다. *[K-IFRS 1109 B4.1.24]*

(1) **문단 B4.1.23의 금융상품의 현금흐름 변동성을 줄이**고, **문단 B4.1.23의 금융상품과 결합될 경우 원리금 지급만으로 구성되어 있는 현금흐름을 일으키는 금융상품(예 문단 B4.1.23**에서의 금융상품 중 일부나 전부의 신용위험을 줄이는 이자율 캡, 이자율 플로어, 그 밖의 계약)

(2) **다음 중 하나에 해당하는 차이만을 다루기 위해 트랑슈의 현금흐름을 문단 B4.1.23에서의 기초 금융상품집합의 현금흐름과 일치시키는 금융상품**

㈎ **이자율이 고정인지 변동인지**

㈏ **현금흐름을 표시하는 통화(해당 통화의 물가상승률 포함)**

㈐ **현금흐름의 시기**

• **기초 금융상품 집합 중 문단 B4.1.23이나 문단 B4.1.24의 조건을 충족하지 않는 금융상품이 하나라도 포함된다면, 문단 B4.1.21(2)의 조건은 충족하지 않는다.** 이러한 평가를 수행할 때 기초 금융상품 집합의 금융상품별로 상세한 분석이 필요하지 아니할 수 있다. 그러나 기초 금융상품 집합의 금융상품이 **문단 B4.1.23~B4.1.24**의 조건을 충족하는지를 결정하기 위해서는 판단이 필요하고 충분히 분석해야 한다(아주 미미한 영향만 있는 계약상 현금흐름의 특성에 대한 지침은 문단 **B4.1.18** 참조). *[K-IFRS 1109 B4.1.25]*

• **최초 인식시점에 보유자가 문단 B4.1.21의 조건을 평가할 수 없다면 그 트랑슈를 당기손익-공정가치로 측정해야 한다. 최초 인식 후**에 **기초 금융상품 집합이 문단 B4.1.23~B4.1.24의 조건을 충족하지 않는 방식으로 변동될 수 있다면 그 트랑슈는 문단 B4.1.21의 조건을 충족하지 않으며 당기손익-공정가치로 측정해야 한다.** 그러나 기초 집합이 **문단 B4.1.23~B4.1.24의 조**건을 충족하지 않는 자산으로 담보된 금융상품을 포함하고 있는 경우, 해당 담보를 통제할 목적으로 트랑슈를 취득한 것이 아닌 한, 그 자산을 취득할 수 있는 능력은 이 문단을 적용할 때 무시한다. *[K-IFRS 1109 B4.1.26]*

02 금융부채의 분류

- 모든 금융부채는 다음을 제외하고는 후속적으로 상각후원가로 측정되도록 분류한다. *[K-IFRS 1109 문단 4.2.1]*
  (1) **당기손익-공정가치 측정 금융부채**. 파생상품부채를 포함한 이러한 부채는 후속적으로 공정가치로 측정한다.
  (2) **금융자산의 양도가 제거 조건을 충족하지 못하거나 지속적 관여 접근법이 적용되는 경우에 생기는 금융부채**. 이러한 금융부채는 K-IFRS 1109 **문단 3.2.15와 3.2.17**을 적용하여 측정한다.
  (3) **금융보증계약**. 최초 인식 후에 이러한 계약(**K-IFRS 1109 문단 4.2.1(1) 또는 (2)**를 적용하는 계약 제외)의 발행자는 해당 계약을 후속적으로 다음 중 큰 금액으로 측정한다.
     ㈎ 손상규정에 따라 산정한 **손실충당금**
     ㈏ **최초 인식금액**에서 K-IFRS 1115에 따라 인식한 **이익누계액을 차감**한 금액
  (4) **시장이자율보다 낮은 이자율로 대출하기로 한 약정**. 최초 인식 후에 이러한 약정(**K-IFRS 1109 문단 4.2.1(1)**을 적용하는 약정 제외)의 발행자는 후속적으로 해당 약정을 다음 중 큰 금액으로 측정한다.
     ㈎ 손상규정에 따라 산정한 **손실충당금**
     ㈏ **최초 인식금액**에서 K-IFRS 1115에 따라 인식한 **이익누계액을 차감**한 금액
  (5) K-IFRS 1103를 적용하는 **사업결합에서 취득자가 인식하는 조건부 대가**. 이러한 조건부 대가는 후속적으로 **당기손익-공정가치**로 측정한다.

보충설명 당기손익-공정가치 측정 금융부채 *[K-IFRS 1109 부록 A. 용어의 정의]*

당기손익—공정가치 측정 금융부채는 다음 중 하나의 조건을 충족하는 금융부채를 말한다.
(1) 단기매매항목의 정의를 충족한다.
(2) 문단 4.2.2 또는 4.3.5에 따라 최초 인식시점에 당기손익—공정가치 측정 항목으로 지정한다.
(3) 문단 6.7.1에 따라 최초 인식시점 또는 후속적으로 당기손익—공정가치 측정 항목으로 지정한다.
단기매매금융부채의 예는 다음과 같다. *[K-IFRS 1109 BA.7]*
(1) 위험회피수단으로 회계처리하지 아니하는 파생상품부채
(2) 공매자(차입한 금융자산을 매도하고 아직 보유하고 있지 아니한 자)가 차입한 금융자산을 인도할 의무
(3) 단기간에 재매입할 의도로 발행하는 금융부채(예 공정가치 변동에 따라 발행자가 단기간에 재매입할 수 있으며 공시가격이 있는 채무상품)

> ⑷ 최근의 실제 운용형태가 단기적 이익획득 목적이라는 증거가 있으며, 그리고 공동으로 관리하는 특정 금융상품 포트폴리오의 일부인 금융부채
>
> 부채를 단기매매활동의 자금조달에 사용한다는 사실만으로는 해당 부채를 단기매매금융부채로 분류할 수는 없다. *[K-IFRS 1109 BA.8]*

1 금융부채를 당기손익-공정가치 측정 항목으로 지정할 수 있는 선택권

- **문단 4.3.5**에서 허용하는 경우 또는 금융부채를 당기손익—공정가치 측정 항목으로 지정하는 것이 다음 중 하나 이상을 충족하여 정보를 더 목적 적합하게 하는 경우에는 금융부채를 최초 인식시점에 당기손익—공정가치 측정 항목으로 지정할 수 있다. 다만 한번 지정하면 이를 취소할 수 없다. *[K-IFRS 1109 문단 4.2.2]*
  (1) **당기손익-공정가치 측정 항목으로 지정하면,** 서로 다른 기준에 따라 자산이나 부채를 측정하거나 그에 따른 손익을 인식하여 생길 수 있는 **인식이나 측정의 불일치('회계불일치'라 말하기도 한다)를 제거하거나 유의적으로 줄인다.**
  (2) 문서화된 위험관리전략이나 투자전략에 따라, **금융상품 집합(금융부채, 금융자산과 금융부채의 조합으로 구성된 집합)을 공정가치 기준으로 관리하고 그 성과를 평가하며 그 정보를 이사회, 대표이사 등 주요 경영진**(K-IFRS 1024 '특수관계자 공시'의 정의 참조)에게 그러한 공정가치 기준에 근거하여 내부적으로 제공한다.

03 내재파생상품

- 내재파생상품은 파생상품이 아닌 주계약을 포함하는 복합상품의 구성요소로, 복합상품의 현금흐름 중 일부를 독립적인 파생상품의 경우와 비슷하게 변동시키는 효과를 가져온다. 내재파생상품은 내재파생상품이 포함되지 않았을 경우의 계약에 따른 현금흐름의 전부나 일부를 특정된 이자율, 금융상품가격, 일반상품가격, 환율, 가격 또는 비율의 지수, 신용등급이나 신용지수 또는 그 밖의 변수에 따라 변동시킨다. 이 때 해당 변수가 비금융변수인 경우는 계약의 당사자에게 특정되지 않아야 한다. 특정 금융상품에 부가되어 있더라도, 계약상 해당 금융상품과는 독립적으로 양도할 수 있거나 해당 금융상품과는 다른 거래상대방이 있는 파생상품은 내재파생상품이 아니며, 별도의 금융상품이다. *[K-IFRS 1109 문단 4.3.1]*

1 금융자산이 주계약인 복합계약

- 복합계약이 K-IFRS 1109의 적용범위에 포함되는 자산을 주계약으로 포함하는 경우에는 해당 복합계약 전체에 K-IFRS 1109 **문단 4.1.1~4.1.5**의 요구사항을 적용한다. *[K-IFRS 1109 문단 4.3.2]*

2 그 밖의 복합계약

- 복합계약이 K-IFRS 1109의 적용범위에 포함되는 자산이 아닌 주계약을 포함하는 경우에는 다음을 모두 충족하는 경우에만 내재파생상품을 주계약과 분리하여 K-IFRS 1109에 따른 파생상품으로 회계처리한다. *[K-IFRS 1109 문단 4.3.3]*
  (1) 내재파생상품의 경제적 특성·위험이 주계약의 경제적 특성·위험과 밀접하게 관련되어 있지 않다.
  (2) 내재파생상품과 조건이 같은 별도의 금융상품이 파생상품의 정의를 충족한다.
  (3) 복합계약의 공정가치 변동을 당기손익으로 인식하지 않는다(당기손익-공정가치 측정 금융부채에 내재된 파생상품은 분리하지 아니한다).
- 내재파생상품을 분리한 이후, 주계약은 적절한 기준서에 따라 회계처리한다. K-IFRS 1109에서는 내재파생상품을 재무상태표에 별도로 표시하여야 하는지는 다루지 아니한다. *[K-IFRS 1109 문단 4.3.4]*

- **K-IFRS 1109 문단 4.3.3과 4.3.4에 상관없이,** 계약이 하나 이상의 내재파생상품을 포함하고 주계약이 K-IFRS 1109의 적용범위에 포함되는 자산이 아닌 경우에는 복합계약 전체를 당기손익-공정가치 측정 항목으로 지정할 수 있다. 다만, 다음의 경우는 제외한다. *[K-IFRS 1109 문단 4.3.5]*
  (1) 내재파생상품으로 인해 복합계약의 현금흐름이 유의적으로 변경되지 않는 경우
  (2) 비슷한 복합상품을 고려할 때, 내재파생상품의 분리가 금지된 것을 별도로 상세하게 분석하지 않아도 명백하게 알 수 있는 경우. 이러한 내재파생상품의 예로는 차입자가 상각후원가에 가까운 금액으로 대출채권을 중도 상환할 수 있는 대출채권에 내재된 중도 상환 옵션이 있다.
- K-IFRS 1109에 따라 주계약과 분리하여야 하는 내재파생상품을 취득시점이나 그 후의 재무보고일에 주계약과 분리하여 측정할 수 없는 경우에는 복합계약 전체를 당기손익—공정가치 측정 항목으로 지정한다. *[K-IFRS 1109 문단 4.3.6]*
- 계약조건에 기초하여 내재파생상품의 공정가치를 신뢰성 있게 산정할 수 없는 경우에는 복합상품의 공정가치와 주계약의 공정가치의 차이를 내재파생상품의 공정가치로 산정한다. 이 방법으로 내재파생상품의 공정가치를 산정할 수 없는 경우에는 K-IFRS 1109 문단 4.3.6을 적용하여 복합계약을 당기손익—공정가치 측정 항목으로 지정한다. *[K-IFRS 1109 문단 4.3.7]*

04 재분류

- 금융자산을 관리하는 **사업모형을 변경하는 경우에**만, 영향 받는 모든 금융자산을 **K-IFRS 1109 문단 4.1.1~4.1.4에 따라 재분류한다.** *[K-IFRS 1109 문단 4.4.1]*
- **금융부채는 재분류하지 아니한다.** *[K-IFRS 1109 문단 4.4.2]*
- **다음의 상황 변화는 K-IFRS 1109 문단 4.4.1~4.4.2에서 의미하는 재분류가 아니다.** *[K-IFRS 1109 문단 4.4.3]*
  (1) 현금흐름위험회피 또는 순투자의 위험회피에서 위험회피수단으로 지정되고 위험회피에 효과적이었던 항목이 더는 위험회피회계의 적용조건을 충족하지 않는 경우
  (2) 특정 항목이 현금흐름위험회피 또는 순투자의 위험회피에서 위험회피수단으로 지정되고 위험회피에 효과적이 되는 경우
  (3) 신용 익스포저를 당기손익-공정가치 측정 항목으로 지정하기 위한 조건에 따른 측정의 변화
- 금융자산을 관리하는 **사업모형을 변경하는 경우에는 K-IFRS 1109 문단 4.4.1에 따라 금융자산을 재분류해야 한다.** 사업모형의 변경은 매우 드물 것으로 예상하며, 외부나 내부의 변화에 따라 기업의 고위 경영진이 결정해야 하고 기업의 영업에 유의적이고 외부 당사자에게 제시할 수 있어야 한다. 따라서 사업모형의 변경은 사업계열의 취득, 처분, 종결과 같이 영업에 유의적인 활동을 시작하거나 중단하는 경우에만 생길 것이다. 사업모형 변경의 예는 다음과 같다. *[K-IFRS 1109 B4.4.1]*
  (1) 단기 매도를 목적으로 상업 대여금의 포트폴리오를 보유하고 있는 기업이 있다. 기업은 상업 대여금을 관리하면서 계약상 현금흐름을 수취하기 위해 그러한 대여금을 보유하는 사업모형을 갖고 있는 회사를 취득한다. 상업 대여금의 포트폴리오는 더는 매도가 목적이 아니며, 이제는 취득한 상업 대여금과 함께 관리하는 동시에 계약상 현금흐름을 수취하기 위해 그 포트폴리오 전체를 보유한다.
  (2) 금융서비스회사가 소매부동산담보부대여업을 중단하기로 결정했다. 회사는 더 이상 새로운 사업을 수용하지 않고, 부동산담보대출 포트폴리오를 매도하기 위해 활발히 마케팅활동을 수행한다.
- 사업모형의 목적 변경은 재분류일 이전에 유효해야 한다. 예를 들면 금융서비스회사가 2월 15일에 소매부동산담보부대여업을 중단하기로 결정하고 이에 따라 4월 1일(다음 보고기간의 첫 번째 날)에 영향을 받는 모든 금융자산을 재분류해야 한다면, 2월 15일 후에 소매부동산담보부대여업 관련 새로운 고객과 거래하거나 종전 사업모형과 일관된 기타 활동에 관여해서

는 안 된다. *[K-IFRS 1109 B4.4.2]*

- **다음은 사업모형의 변경이 아니다.** *[K-IFRS 1109 B4.4.3]*
  (1) 특정 금융자산과 관련된 의도의 변경(시장 상황이 유의적으로 변경되는 경우도 포함)
  (2) 금융자산에 대한 특정 시장의 일시적 소멸
  (3) 기업 내 서로 다른 사업모형을 갖고 있는 부문 간 금융자산의 이전

사 례 금융자산의 재분류 *[K-IFRS 1109 IE104~IE114]*

- 채권포트폴리오를 공정가치(총 장부금액)인 500,000원에 매입한다.
- K-IFRS 1109의 문단 4.4.1에 따라 채권을 관리하는 사업모형을 변경한다. 재분류일에 채권포트폴리오의 공정가치는 490,000원이다.
- 재분류일 전에 해당 포트폴리오를 상각후원가나 기타포괄손익—공정가치로 측정하였다면 재분류일 현재 인식한 손실충당금은 6,000원일 것이다(최초 인식 후에 신용위험의 유의적 증가를 반영하여 전체기간 기대신용손실로 측정한다).
- 재분류일에 12개월 기대신용손실은 4,000원이다.
- 사례의 단순화를 위해 이자수익을 인식하는 분개는 생략한다.

<시나리오 1> : 상각후원가 측정 범주에서 당기손익—공정가치 측정 범주로 재분류

- 은행 A는 채권포트폴리오를 상각후원가 측정 범주에서 당기손익—공정가치 측정 범주로 재분류한다. 재분류일에 채권포트폴리오를 공정가치로 측정한다. 채권포트폴리오의 재분류 전 상각후원가와 공정가치의 차이에 따른 손익은 재분류일에 당기손익으로 인식한다.

구 분	회 계 처 리			
재분류시	(차) 채권 주1) (당기손익—공정가치 측정)	490,000	(대) 채권 (상각후원가 측정)	500,000
	손실충당금	6,000		
	재분류손실(당기손익)	4,000		
	주1) 상각후원가 측정 범주에서 당기손익-공정가치 측정 범주로 채권의 재분류를 인식하고, 손실충당금을 제거한다.			

<시나리오 2> : 당기손익-공정가치 측정 범주에서 상각후원가 측정 범주로 재분류

- 은행 A는 채권포트폴리오를 당기손익-공정가치 측정 범주에서 상각후원가 측정 범주로 재분류한다. 재분류일에 채권포트폴리오의 공정가치가 새로운 총 장부금액이 되며 이에 기초하여 유효이자율을 산정한다. 재분류일부터 채권에 손상 요구사항을 적용한다. 기대신용손실을 인식할 때 재분류일의 채권포트폴리오 신용위험이 미래의 신용위험 변동과 비교대상이 되는 신용위험이 된다.

구 분	회 계 처 리			
재분류시	(차) 채권 주1)	490,000	(대) 채권	490,000
	(상각후원가 측정)		(당기손익-공정가치 측정)	
	손상차손(당기손익)	4,000	손실충당금	4,000
	주1) 당기손익-공정가치 측정 범주에서 상각후원가 측정 범주로 채권의 재분류를 인식하고 손상 규정을 적용하기 시작한다.			

〈시나리오 3〉 : 상각후원가 측정 범주에서 기타포괄손익-공정가치 측정 범주로 재분류

- 은행 A는 채권포트폴리오를 상각후원가 측정 범주에서 기타포괄손익-공정가치 측정 범주로 재분류한다. 재분류일에 채권포트폴리오를 공정가치로 측정한다. 채권포트폴리오의 재분류 전 상각후원가와 공정가치의 차이에 따른 손익은 재분류일에 기타포괄손익으로 인식한다. 재분류 하더라도 유효이자율과 기대신용손실의 측정은 조정하지 아니한다. 재분류일부터 손실충당금을 채권의 총 장부금액에 대한 조정으로 인식하는 것을 중단하는 대신 누적손상금액으로 인식하고 공시한다.

구 분	회 계 처 리			
재분류시	(차) 채권 주1)	490,000	(대) 채권	500,000
	(기타포괄손익-공정가치 측정)		(상각후원가 측정)	
	손실충당금	6,000		
	기타포괄손익	4,000		
	주1) 상각후원가 측정 범주에서 기타포괄손익-공정가치 측정 범주로 채권의 재분류를 인식한다. 그러나 기대신용손실의 측정은 변경하지 아니한다. 사례의 단순화를 위해 손상과 관련된 금액을 구분하여 나타내지 않는다.			
	손상과 관련된 금액을 구분하는 경우			
	(차) 채권	490,000	(대) 채권	500,000
	(기타포괄손익-공정가치 측정)		(상각후원가 측정)	
	손실충당금	6,000		
	기타포괄손익 주1)	10,000	기타포괄손익 주2)	6,000
	주1) 공정가치 변동			
	주2) 누적손상금액			

〈시나리오 4〉 : 기타포괄손익—공정가치 측정 범주에서 상각후원가 측정 범주로 재분류

- 은행 A는 채권포트폴리오를 기타포괄손익—공정가치 측정 범주에서 상각후원가 측정 범주로 재분류한다. 채권포트폴리오를 공정가치로 재분류한다. 그러나 재분류 전에 기타포괄손익에 인식한 누적손익은 재분류일에 자본에서 제거하고 채권포트폴리오의 공정가치에서 조정한다. 결과적으로 재분류일에 채권포트폴리오를 항상 상각후원가로 측정했었던 것처럼 측정한다. 재분류하더라도 유효이자율과 기대신용손실의 측정은 조정하지 아니한다. 채권 신용위험의 변동을 평가할 때 최초 인식시점의 신용위험을 계속 사용한다. 재분류일부터 (상각후원가 금액을 반영하기 위해) 손실충당금을 채권의 총 장부금액에 대한 조정으로 인식한다.

<table>
<tr><th>구 분</th><th colspan="4">회 계 처 리</th></tr>
<tr><td>재분류시</td><td>(차) 채권
(상각후원가 측정)
채권
(상각후원가 측정)</td><td>490,000

10,000</td><td>(대) 채권
(기타포괄손익-공정가치 측정)
손실충당금
기타포괄손익 주1)</td><td>490,000

6,000
4,000</td></tr>
<tr><td></td><td colspan="4">주1) 상각후원가 금액을 산정하기 위해 손실충당금을 차감하여 인식하는 것을 포함하여, 기타포괄손익-공정가치 측정 범주에서 상각후원가 측정 범주로 채권의 재분류를 인식한다. 그러나 기대신용손실의 측정은 변경하지 아니한다.
재분류일에 기타포괄손익의 누적손실은 4,000원이었다. 해당 금액은 총공정가치 변동 10,000원(=500,000원-490,000원)에서 해당 자산을 기타포괄손익-공정가치로 측정했을 때 누적손상인식액 6,000원을 차감한 금액으로 구성된다.</td></tr>
</table>

〈시나리오 5〉 : 당기손익-공정가치 측정 범주에서 기타포괄손익-공정가치 측정 범주로 재분류

- 은행 A는 채권포트폴리오를 당기손익-공정가치 측정 범주에서 기타포괄손익-공정가치 측정 범주로 재분류한다. 채권포트폴리오를 계속 공정가치로 측정한다. 그러나 유효이자율을 적용할 때 재분류일의 채권의 공정가치가 새로운 총 장부금액이 되며 이에 기초하여 유효이자율을 산정한다. 재분류일부터 손상 요구사항을 적용한다. 기대신용손실을 인식할 때 재분류일의 채권포트폴리오 신용위험이 미래의 신용위험의 변동과 비교대상이 되는 신용위험이 된다.

<table>
<tr><th>구 분</th><th colspan="4">회 계 처 리</th></tr>
<tr><td>재분류시</td><td>(차) 채권
(기타포괄손익-공정가치 측정)
손상차손(당기손익)</td><td>490,000

4,000</td><td>(대) 채권
(당기손익-공정가치 측정)
기타포괄손익 주1)</td><td>490,000

4,000</td></tr>
<tr><td></td><td colspan="4">주1) 당기손익-공정가치 측정 범주에서 기타포괄손익-공정가치 측정 범주로 채권의 재분류를 인식하고 손상규정을 적용하기 시작한다. 기타포괄손익 금액은 재분류일의 손실충당금 4,000원(공시목적으로 적절한 누적손상금액)을 반영한다.</td></tr>
</table>

〈시나리오 6〉 : 기타포괄손익-공정가치 측정 범주에서 당기손익-공정가치 측정 범주로 재분류

- 은행 A는 채권포트폴리오를 기타포괄손익-공정가치 측정 범주에서 당기손익-공정가치 측정 범주로 재분류한다. 채권포트폴리오를 계속 공정가치로 측정한다. 그러나 재분류 전에 기타포괄손익에 인식한 누적손익은 재분류 조정으로 자본에서 당기손익으로 재분류한다(K-IFRS 1001 '재무제표 표시' 참조).

<table>
<tr><th>구 분</th><th colspan="4">회 계 처 리</th></tr>
<tr><td>재분류시</td><td>(차) 채권
(당기손익-공정가치 측정)
재분류손실(당기손익)</td><td>490,000

4,000</td><td>(대) 채권
(기타포괄손익-공정가치 측정)
기타포괄손익 주1)</td><td>490,000

4,000</td></tr>
<tr><td></td><td colspan="4">주1) 재분류일에 기타포괄손익의 누적손실은 4,000원이었다. 해당 금액은 총공정가치 변동 10,000원(=500,000원-490,000원)에서 해당 자산을 기타포괄손익-공정가치로 측정했을 때 손실충당금 인식액 6,000원을 차감한 금액으로 구성된다.</td></tr>
</table>

제 06 장
K-IFRS 1109 금융상품 측정

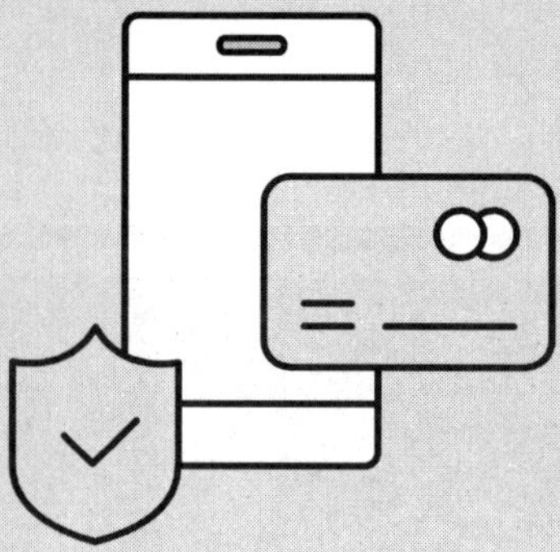

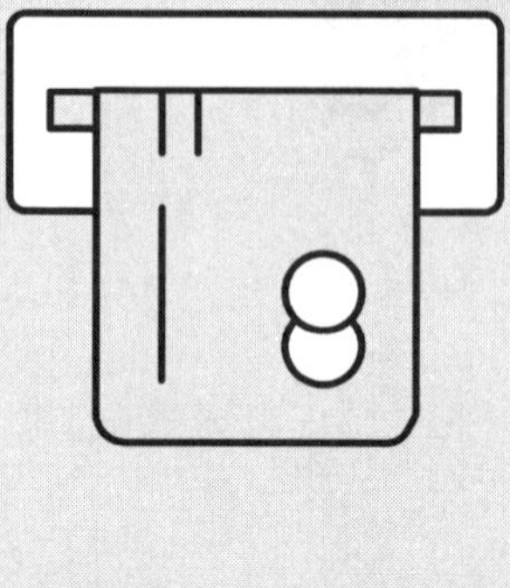

01
금융자산 및 금융부채의 측정

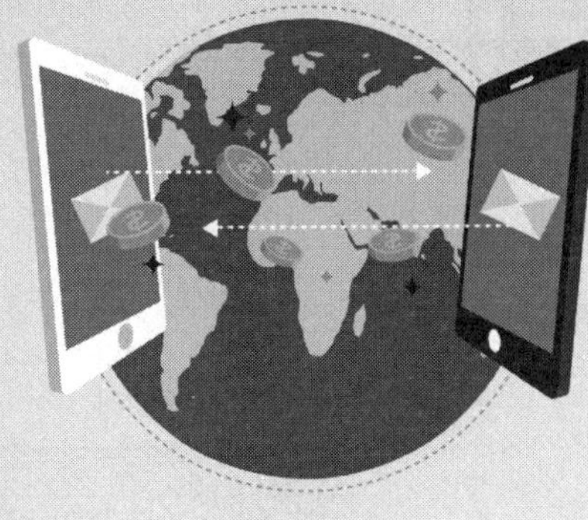

1 최초 측정

• **문단 5.1.3의 적용범위에 포함되는 매출채권을 제외하고**는, 최초 인식시점에 금융자산이나 금융부채를 **공정가치**로 측정하며, **당기손익-공정가치 측정 금융자산 또는 당기손익-공정가치 측정 금융부채가 아닌 경우**에 해당 금융자산의 취득이나 해당 금융부채의 발행과 직접 관련되는 **거래원가**는 **공정가치에 가감**한다. *[K-IFRS 1109 문단 5.1.1]*

사 례 최초 측정 : 거래원가 *[K-IFRS 1109 E.1.1]*

- 당기손익-공정가치로 측정하지 아니하는 금융자산의 거래원가는 최초 인식시점의 공정가치에 가산한다. 금융부채의 거래원가는 최초 인식시점의 공정가치에서 차감한다.
- 상각후원가로 측정하는 금융자산의 거래원가는 후속적으로 유효이자율법을 사용하여 상각후원가를 계산할 때 포함하여, 실질적으로 금융상품의 존속기간에 걸쳐 상각하여 당기손익에 반영한다.
- K-IFRS 1109 문단 4.1.2A와 5.7.10이나 문단 4.1.4와 5.7.5에 따라 기타포괄손익-공정가치로 측정하는 금융자산의 거래원가는 재측정 시 공정가치 변동의 일부분으로 기타포괄손익으로 인식한다. K-IFRS 1109의 문단 4.1.2A와 5.7.10에 따라 측정하는 금융자산의 거래원가는 유효이자율법으로 상각하여 당기손익으로 인식하므로, 실질적으로 금융상품의 기간에 걸쳐 상각하여 당기손익에 반영한다.
- 금융상품을 양도하거나 처분할 때 생길 것으로 예상되는 거래원가는 금융상품의 측정에 포함하지 아니한다.

예제 33 금융자산 취득원가

A회사는 액면금액 ₩10,000의 사채를 B회사로부터 액면취득 하였다. 취득과 관련된 수수료(거래원가)는 ₩300이었으며 다른 사항은 없다고 가정한다.

요구사항

1. 상기 사채가 당기손익-공정가치 측정 항목인 경우 취득시 회계처리를 하라.
2. 상기 사채가 상각후원가로 측정하는 자산인 경우 취득시 회계처리를 하라.

3. 상기 사채가 기타포괄손익-공정가치 측정 항목인 경우 취득시 회계처리를 하라.

해설

구 분	회 계 처 리
1.	(차) 당기손익-공정가치 측정 금융자산 주1) 10,000 (대) 현금 10,300 수수료 300 주1) 당기손익-공정가치 측정 금융자산은 거래원가를 가산하지 아니한다.
2.	(차) 상각후원가로 측정하는 금융자산 주2) 10,300 (대) 현금 10,300 주2) 당기손익-공정가치로 측정하지 아니하는 금융자산의 거래원가는 최초 인식시점의 공정가치에 가산한다.
3.	(차) 기타포괄손익-공정가치 측정 금융자산 주3) 10,300 (대) 현금 10,300 주3) 당기손익-공정가치로 측정하지 아니하는 금융자산의 거래원가는 최초 인식시점의 공정가치에 가산한다.

1.1. 최초 인식시점에 공정가치가 거래가격과 다른 경우

- 그러나 **최초 인식시점에 금융자산이나 금융부채의 공정가치가 거래가격과 다른 경우**에는 **문단 B5.1.2A**를 적용한다. *[K-IFRS 1109 문단 5.1.1A]*
- 시장이자율보다 낮은 이자율(예 비슷한 대여금의 시장이자율이 8%일 때 5%의 이자율)로 대여하고, 그 대가로 미리 수수료를 받는다면, 대여금은 공정가치(수취하는 수수료를 차감한 후 순액)로 인식한다. *[K-IFRS 1109 B5.1.2]*

사 례 시장이자율보다 낮은 이자율로 대여하고 그 대가로 선수수수료를 받는 경우

- A회사는 5년 만기의 대여금 ₩1,000을 B회사에게 대여하였다. 이 대여금의 액면이자율은 6%이며, 유사한 대여금에 대한 시장이자율 8%보다 낮다. 대여금의 현재가치는 다음과 같다.
  이자의 현가 : ₩1,000 × 6% × 3.9927(5년 10% 연금현가계수) = ₩240
  원금의 현가 : ₩1,000 × 0.68058(5년 10% 현가계수) = ₩680
  대여금의 현재가치 : ₩680 + ₩240 = ₩920
- A회사는 시장이자율보다 낮게 대여한 대가로 선수수수료 ₩80을 수령하였다.

(차)	대여금	1,000	(대) 현금	1,000
	손실	80	현재가치할인차금	80
(차)	현금	80	(대) 선수수수료	80

- A회사는 이 대여금을 ₩920의 공정가치(즉, 상기 음영을 상계한후 대여금에서 현재가치할인차금을 차감한 금액)로 최초 인식하여야 하며, 5년 동안 유효이자율 8%를 적용하여 만기 상환금액인 ₩1,000까지 증가시켜야 한다. 이 사례에서 8%를 적용한 할인한 금액이 정확히 ₩80이므로 최초 인식시 손익이 발생하지 아니한다.

1.2. 상각후원가로 측정하는 자산에 결제일 회계처리방법을 적용하는 경우

- 후속적으로 상각후원가로 측정하는 자산에 결제일 회계처리방법을 적용하는 경우에 해당 자산은 최초 인식시점에 **매매일의 공정가치**로 인식한다(문단 B3.1.3~B3.1.6 참조). *[K-IFRS 1109 문단 5.1.2]*

1.3. 매출채권이 유의적인 금융요소를 포함하지 않는 경우

- 문단 5.1.1의 요구사항에도 불구하고, 최초 인식시점에 **매출채권이 유의적인 금융요소**(K-IFRS 1115에 따라 결정)**를 포함하지 않는 경우**에는(또는 K-IFRS 1115 문단 63의 실무적 간편법을 적용하는 경우에는) (K-IFRS 1115에서 정의하는) **거래가격**으로 측정한다. *[K-IFRS 1109 문단 5.1.3]*

보충설명 **매출채권이 유의적인 금융요소를 포함하지 않는 경우 거래가격** *[K-IFRS 1115 문단 63]*

> 계약을 개시할 때 기업이 고객에게 약속한 재화나 용역을 이전하는 시점과 고객이 그에 대한 대가를 지급하는 시점 간의 기간이 1년 이내일 것이라고 예상한다면 유의적인 금융요소의 영향을 반영하여 약속한 대가(금액)를 조정하지 않는 실무적 간편법을 쓸 수 있다.

1.4. 제공하거나 수취한 대가 중 일부가 금융상품이 아닌 다른 것의 대가인 경우

- 최초 인식시점에 금융상품의 공정가치는 일반적으로 거래가격(제공하거나 수취한 대가의 공정가치)이다. 그러나 제공하거나 수취한 대가 중 일부가 금융상품이 아닌 다른 것의 대가라면, 금융상품의 공정가치를 측정한다. 예를 들면 이자를 지급하지 아니하는 장기대여금이나 장기수취채권의 공정가치는 비슷한 신용등급을 가진 비슷한 금융상품(통화, 기간, 이자율유형, 그 밖의 요소에 관하여 비슷함)의 시장이자율로 할인한 미래 모든 현금수취액의 현재가치로 측정할 수 있다. 추가로 지급한 금액이 어떤 형태로든 자산의 인식기준을 충족하지 못하면, 해당 금액은 비용으로 인식하거나 수익에서 차감한다. *[K-IFRS 1109 B5.1.1]*
- 최초 인식시점에 금융상품 공정가치의 최선의 증거는 일반적으로 거래가격(제공하거나 수취한 대가의 공정가치, K-IFRS 1113 참조)이다. 최초 인식시점에 **문단 5.1.1A**에 언급된 바와 같이 공정가치가 거래가격과 다르다고 결정한다면, 금융상품을 그 날짜에 다음과 같이 회계처리한다. *[K-IFRS 1109 B5.1.2A]*
  (1) 그러한 공정가치가 같은 자산이나 부채에 대한 활성시장의 공시가격(수준 1 투입변수)에 따라 입증되거나 관측 가능한 시장의 자료만을 사용하는 평가기법에 기초한다면, **문단 5.1.1**에 따라 회계처리한다. 최초 인식시점에 공정가치와 거래가격 간의 차이는 손익으로 인식한다.

(2) 그 밖의 모든 경우에는 최초 인식시점의 공정가치와 거래가격 간의 차이를 이연하기 위해 **문단 5.1.1**에서 요구하는 측정치에서 그러한 차이를 조정하여 회계처리한다. 최초 인식 후에는 시장참여자가 자산이나 부채의 가격을 결정하는 데에 고려하는 요소(시간 포함)의 변동에서 생기는 정도까지만 이연된 차이를 손익으로 인식한다.

보충설명 **시장이자율보다 낮은 이자율로 수령한 정부대여금** *[K-IFRS 1020 문단 10A]*

시장이자율보다 낮은 이자율의 정부대여금의 효익은 정부보조금으로 처리한다. 그 대여금은 기업회계기준서 제1109호 '금융상품'에 따라 인식하고 측정한다.
시장이자율보다 낮은 이자율의 효익은 기업회계기준서 제1109호에 따라 산정되는 정부대여금의 최초 장부금액과 수취한 대가의 차이로 측정한다.
예를 들어, A회사가 정부보조금으로 ₩500,000의 무이자 대여금을 수령하였다. 이 대여금은 3년 만기이다. K-IFRS 1109에 따라 이 차입금(금융부채)의 공정가치가 ₩450,000으로 추정된다고 가정하는 경우, 이 차입금의 최초 공정가치는 ₩450,000으로 측정될 것이다.

(차) 현금	500,000	(대)	차입금	450,000
			이연수익 주1)	50,000

주1) 이연수익은 조건 충족에 따라 일시에 수익으로 인식하거나, 차입금의 기간 동안 적절한 방법으로 배분하여 수익으로 인식한다.

2 금융자산의 후속측정

- 최초 인식 후에는 금융자산을 **문단 4.1.1~4.1.5**에 따라 다음 중 하나로 측정한다. *[K-IFRS 1109 문단 5.2.1]*
  (1) 상각후원가
  (2) 기타포괄손익-공정가치
  (3) 당기손익-공정가치
- **문단 4.1.2**에 따라 상각후원가로 측정하는 금융자산과 **문단 4.1.2A**에 따라 기타포괄손익-공정가치로 측정하는 금융자산에는 손상 요구사항을 적용한다. *[K-IFRS 1109 문단 5.2.2]*
- 위험회피대상항목으로 지정한 금융자산에는 **위험회피회계 요구사항**을 적용한다. *[K-IFRS 1109 문단 5.2.3]*

3 금융부채의 후속측정

- 최초 인식 후에는 금융부채를 **문단 4.2.1~4.2.2**에 따라 측정한다. *[K-IFRS 1109 문단 5.3.1]*
- 위험회피대상항목으로 지정한 금융부채에는 위험회피회계 요구사항을 적용한다. *[K-IFRS 1109 문단 5.3.2]*

사 례 당기손익-공정가치 측정 금융부채 *[K-IFRS 1109 IE1~IE5]*

A기업은 20X1년 1월 1일에 액면 금액이 ₩150,000이고 연간 고정 이자율이 8%이며 만기가 10년인 사채를 발행한다. 이 이자율은 특성이 비슷한 사채의 시장이자율과 일치한다.
A기업은 관측 가능한 기준 금리로 LIBOR를 사용한다. 사채의 발행 시점에 LIBOR는 5%이다.
1차 연도 말의 정보는 다음과 같다.
(1) LIBOR는 4.75%로 하락하였다.
(2) 사채의 공정가치는 153,811원이고, 이는 이자율 7.6%[8]와 일치한다.
이 기업은 수익률곡선이 수평이라고 가정하는데, 이자율의 모든 변동은 수익률곡선의 평행 이동에서 생기며, LIBOR의 변동만이 시장 상황과 관련된 변동이다.
이 기업은 시장위험을 일으키는 시장 상황의 변동에 기인하지 않는, 사채의 공정가치 변동 금액을 다음과 같이 추정한다.

[문단 B5.7.18(1)] 먼저 기초에 관측된 부채의 시장가격과 부채의 계약상 현금흐름을 이용하여 부채의 기초 내부수익률을 계산한다. 이 수익률에서 기초에 관측된 기준금리를 차감하여 해당 금융상품에 특유한 내부수익률 요소를 구한다.	기초에 만기 10년, 액면 이자율 8%인 사채의 내부수익률은 8%이다. 관측된 기준금리인 LIBOR는 5%이므로, 해당 상품에 특유한 내부수익률 요소는 3%이다.
[문단 B5.7.18(2)] 다음으로 기말에 다음 (가)와 (나)의 합계인 할인율과 부채의 계약상 현금흐름을 사용하여 부채와 관련된 현금흐름의 현재가치를 산출한다. (가) 기말에 관측된 기준금리 (나) 문단 B5.7.18(1)에 따라 결정한 금융상품에 특유한 내부수익률 요소	기말에 해당 상품의 계약상 현금흐름은 다음과 같이 구성된다. 이자: 매년 ₩12,000(1)(2차 연도~10차 연도) 원금: ₩150,000(10차 연도) 사채의 현재가치를 계산할 때 사용할 할인율은 7.75%인데, 이는 기말 시점의 LIBOR 4.75%에 해당 상품에 특유한 요소인 3%를 더한 것이다 이에 따라 현재가치는 ₩152,367(2)이 된다.
[문단 B5.7.18(3)] 기말에 관측된 부채의 시장가격과 문단 B5.7.18	기말 현재 부채의 시장가격은 ₩153,811(3)이다.

(2)에 따라 산정한 금액의 차이가 관측된 기준금리의 변동에 기인하지 않는 공정가치 변동금액이며, 이 금액을 문단 5.7.7(1)에 따라 기타포괄손익에 표시한다.	따라서 시장위험을 일으키는 시장 상황의 변동에 기인하지 않는, 사채의 공정가치 증가액으로 ₩1,444(=₩153,811−₩152,367)을 기타포괄손익에 표시한다.

(1) ₩150,000 × 8% = ₩12,000

(2) 현재가치 = [₩12,000 × (1 - (1 + 0.0775) - 9)/0.0775] + ₩150,000 × (1 + 0.0775)-9

(3) 시장가격 = [₩12,000 × (1 - (1 + 0.076) - 9)/0.076] + ₩150,000 × (1 + 0.076) - 9

- 이전에 금융자산으로 인식한 금융상품을 당기손익-공정가치로 측정하고, 그 공정가치가 영(0) 이하로 줄어든다면, 해당 금융상품은 **문단 4.2.1**에 따라 측정하는 금융부채가 된다. 그러나 K-IFRS 1109의 적용범위에 포함되는 자산을 주계약으로 하는 복합계약은 항상 **문단 4.3.2**에 따라 측정한다. *[K-IFRS 1109 B5.2.1]*
- 다음의 예는 **문단 5.7.5**나 **문단 4.1.2A**에 따른 기타포괄손익-공정가치 측정 금융자산의 최초측정과 후속적으로 측정할 때 거래원가의 회계처리에 관한 것이다. 자산을 ₩100과 매입수수료 ₩2을 합한 금액으로 취득하였다. 자산은 최초에 ₩102으로 인식한다. 다음 보고기간종료일은 1일 후인데, 그 시점의 자산의 시장공시가격은 ₩100이다. 자산이 처분된다면, ₩3의 수수료가 지급될 것이다. 보고기간종료일 현재, 자산은 처분할 때 예상되는 수수료를 고려하지 아니한 ₩100으로 측정하고, 손실 ₩2은 기타포괄손익으로 인식한다. **문단 4.1.2A**에 따라 금융자산을 기타포괄손익-공정가치로 측정한다면 거래원가는 유효이자율법에 따라 상각하여 당기손익으로 인식한다. *[K-IFRS 1109 B5.2.2]*
- **문단 5.1.2A**에 따른 금융자산이나 금융부채의 후속측정과 손익의 후속인식은 K-IFRS 1109의 요구사항과 일관되어야 한다. *[K-IFRS 1109 B5.2.2A]*

3.1. 지분상품에 대한 투자와 해당 투자에 대한 계약

- 지분상품에 대한 모든 투자와 해당 지분상품에 대한 모든 계약은 공정가치로 측정해야 한다. 그러나 제한된 상황에서 원가는 공정가치의 적절한 추정치가 될 수 있다. 공정가치를 결정하기 위해 이용할 수 있는 더 최근의 정보가 불충분하거나, 가능한 공정가치 측정치의 범위가 넓고 그 범위에서 원가가 공정가치의 최선의 추정치를 나타낸다면 그러한 경우에 해당할 수 있다. *[K-IFRS 1109 B5.2.3]*
- 원가가 공정가치를 나타내지 않을 수 있는 경우의 예는 다음과 같다. *[K-IFRS 1109 B5.2.4]*

---

8) 이는 LIBOR가 5%에서 4.75%로 하락한 것을 반영하며, 0.15%의 하락은 시장 상황과 관련하여 그 밖의 변동이 없다면, 이 금융상품의 신용위험 변동을 반영한다고 가정한다.

(1) 예산, 계획, 주요 일정과 비교해 볼 때 피투자자의 성과에 유의적인 변동이 있는 경우
(2) 피투자자가 이룰 제품의 기술적 수준에 대한 예상이 변동한 경우
(3) 피투자자의 지분이나 제품 또는 잠재 제품에 대한 시장에 유의적인 변동이 있는 경우
(4) 국제 경제나 피투자자의 경제적 영업 환경에 유의적인 변동이 있는 경우
(5) 비교 가능한 기업의 성과나 전반적인 시장에 내재된 가치평가에 유의적인 변동이 있는 경우
(6) 피투자자에게 부정, 상업분쟁, 소송, 경영진이나 전략의 변화와 같은 내부 문제가 있는 경우
(7) 피투자의 지분과 관련하여 제3자 간 지분상품의 이전이나 (새로운 주식의 발행과 같은) 피투자자가 외부와의 거래에 따른 증거가 있는 경우

- **문단 B5.2.4**의 목록이 모든 것을 망라하는 것은 아니다. 최초 인식 후에 피투자자의 성과와 영업에 관해 이용할 수 있는 모든 정보를 이용해야 한다. 그러한 관련 요소가 존재하는 경우에는 원가가 공정가치를 잘 나타내는 것이 아닐 수 있다. 그러한 경우 공정가치를 측정해야 한다. *[K-IFRS 1109 B5.2.5]*
- 원가는, 공시가격이 있는 지분상품의 투자(또는 공시가격이 있는 지분상품에 대한 계약)에 대한 공정가치의 최선의 추정치가 절대 아니다. *[K-IFRS 1109 B5.2.6]*

4 상각후원가 측정

4.1. 금융자산

4.1.1. 유효이자율법

- 이자수익은 금융자산의 **총 장부금액에 유효이자율을 적용하는 유효이자율법**으로 계산한다. 다만 다음의 경우는 제외한다. *[K-IFRS 1109 문단 5.4.1]*

(1) **최초 발생시점이나 매입할 때 신용이 손상되어 있는 금융자산**(이하 **'취득시 신용이 손상되어 있는 금융자산'**이라 한다). 그러한 금융자산의 경우에는 **최초 인식시점**부터 상각후원가에 **신용조정 유효이자율**을 적용한다.
(2) 취득시 신용이 손상되어 있는 금융자산은 아니지만 **후속적으로 신용이 손상된 금융자산**. 그러한 금융자산의 경우에는 **후속 보고기간에** 상각후원가에 **유효이자율**을 적용한다.

- 보고기간에 **문단 5.4.1**(2)에 따라 금융자산의 상각후원가에 유효이자율법을 적용하여 이자수익을 계산하는 경우에는 **해당 금융자산의 신용위험이 개선되어 더는 신용이 손상된 것으로 볼 수 없고**, 그 개선이 **문단 5.4.1(2)의 요구사항**을 **적용한 이후에 발생한 사건과 객관적으로 관련된다면 (예 차입자의 신용등급 개선)** 후속 보고기간에 **총 장부금액에 유효이자율을 적용**하여 이자수익을 계산한다. *[K-IFRS 1109 문단 5.4.2]*

- 유효이자율법을 적용할 때에는 금융상품 유효이자율의 주요 구성요소에 해당하는 수수료를 식별한다. 금융용역에 대한 수수료라고 기술되어 있더라도 그것이 제공받는 용역의 특성과 실질을 나타내지 못할 수도 있다. 금융상품을 공정가치로 측정하고 공정가치의 변동을 당기손익으로 인식하는 경우를 제외하고는, 금융상품 유효이자율의 주요 구성요소에 해당하는 수수료는 유효이자율의 조정으로 처리한다. 금융상품을 공정가치로 측정하고 공정가치의 변동을 당기손익으로 인식하는 경우에는 그 수수료는 해당 금융상품을 최초로 인식할 때 수익이나 비용으로 인식한다. *[K-IFRS 1109 B5.4.1]*
- 유효이자율의 주요 구성요소에 해당하는 수수료는 다음을 포함한다. *[K-IFRS 1109 B5.4.2]*
  (1) 금융자산을 창출하거나 취득할 때 수취하는 개설수수료. 이러한 수수료는 차입자 재무상태의 평가, 보증, 담보, 그 밖의 보장약정의 평가와 기록, 금융상품의 조건 협상, 문서 작성과 처리, 거래 종결과 같은 활동에 대한 보상을 포함할 수 있다. 이 수수료는 해당 금융상품에 대한 관여를 발생시키는 주요 구성요소이다.
  (2) 대출약정(loan commitment)을 **문단 4.2.1**(1)에 따라 측정하지 않고 특정 대여약정(lending arrangement)을 체결할 가능성이 높은 경우로서 대여금을 창출하기 위해 기업이 수취하는 약정수수료. 이러한 수수료는 금융상품의 취득에 대한 지속적 관여의 보상으로 본다. 회사가 대출을 실행하지 아니하고 해당 약정이 만료되는 경우에는 그 수수료는 약정이 만료될 때 수익으로 인식한다.
  (3) 상각후원가로 측정하는 금융부채를 발행할 때 지급한 발행수수료. 이러한 수수료는 금융부채에 대한 관여를 발생시키는 주요 구성요소이다. 금융부채 유효이자율의 주요 구성요소에 해당하는 수수료와 원가는 투자관리용역과 같은 용역을 제공하는 권리와 관련된 취급수수료 및 거래원가와 구분한다.
- 금융상품 유효이자율의 주요 구성요소에 해당하지 않고 K-IFRS 1115에 따라 회계처리하는 수수료는 다음을 포함한다. *[K-IFRS 1109 B5.4.3]*
  (1) 대여금의 관리 용역에 부과하는 수수료
  (2) 대출약정을 **문단 4.2.1**(1)에 따라 측정하지 않고 특정 대여약정을 체결할 가능성이 낮은 경우에 대여금을 창출하기 위한 약정수수료
  (3) 신디케이트론을 주선하지만 그 중 어떤 부분도 자신의 대여금으로 보유하지 아니하는 경우(또는 그 밖의 참여자로서 비교 가능한 위험에 대해 같은 유효이자율로 일부를 보유하는 경우)에 수취하는 신디케이트론 주선 수수료
- 유효이자율법을 적용하는 경우에 일반적으로 유효이자율의 계산에 반영되는 수수료, 지급되었거나 수취한 포인트, 거래원가, 그 밖의 할증액이나 할인액(이하 '수수료 등'이라 한다)을 해당 금융상품의 기대존속기간에 걸쳐 상각한다. 그러나 이러한 수수료 등과 관련된 기간이

기대존속기간 보다 더 짧은 경우에는 그 짧은 기간을 사용한다. 수수료 등과 관련된 변수가 해당 금융상품의 기대만기가 도래하기 전에 시장에서 적용되는 요율로 재결정되는 경우가 이에 해당할 수 있을 것이다. 이 경우 적절한 상각기간은 다음 재결정일까지가 된다. 예를 들면 변동금리부 금융상품의 할증액이나 할인액이 마지막 이자지급일 후에 발생하는 이자를 반영하거나 시장이자율에 따라 변동이자율을 재결정한 날 후의 시장이자율 변동을 반영한다면, 그 할증액이나 할인액은 다음 재결정일까지 상각한다. 이는 다음 이자율 결정일에 할증액이나 할인액과 관련된 변수, 즉 이자율이 시장이자율에 따라 재결정됨에 따라, 할증액이나 할인액은 다음의 이자율 재결정일까지의 기간과 관련되기 때문이다. 그러나 할증액이나 할인액이 해당 금융상품에 특정된 변동이자율의 신용위험 가산율의 변동으로 생기거나 시장이자율에 따라 재결정되는 변수가 아닌 그 밖의 변수의 변동으로 생긴다면, 그 할증액이나 할인액은 금융상품의 기대존속기간에 상각한다. *[K-IFRS 1109 B5.4.4]*

- 시장이자율의 변동을 반영하기 위하여 변동금리부 금융자산이나 변동금리부 금융부채의 현금흐름을 주기적으로 재추정하는 경우에는 유효이자율이 변동된다. 최초 인식시점에 변동금리부 금융자산이나 변동금리부 금융부채가 만기에 수취할 원금이나 지급할 원금과 같은 금액으로 인식된다면, 일반적으로 미래 이자지급액의 재추정은 해당 자산이나 부채의 장부금액에 유의적인 영향을 미치지 않는다. *[K-IFRS 1109 B5.4.5]*
- 금융상품의 현금흐름에 대한 추정을 변경하는 경우에(**문단 5.4.3**에 따른 변경과 기대신용손실에 대한 추정의 변경은 제외) 실제 현금흐름과 변경된 계약상 추정현금흐름을 반영하여 해당 금융자산의 총 장부금액이나 금융부채(또는 금융상품의 집합)의 상각후원가를 조정한다. 이때 해당 금융상품의 최초 유효이자율(또는 취득시 신용이 손상되어 있는 금융자산의 경우에는 신용조정 유효이자율)이나 (해당되는 경우) **문단 6.5.10**에 따라 계산한 수정 유효이자율로 계약상 추정미래현금흐름의 현재가치를 계산하는 방식으로 금융자산의 총 장부금액이나 금융부채의 상각후원가를 재계산한다. 이러한 조정금액은 수익이나 비용으로서 당기손익으로 인식한다. *[K-IFRS 1109 B5.4.6]*
- 금융자산의 최초 인식시점에 신용위험이 매우 높아서 크게 할인한 가격으로 매입했기 때문에, 최초 인식시점에 금융자산의 신용이 손상된 것으로 보는 경우가 있다. 취득시 신용이 손상되어 있는 금융자산에 대한 신용조정 유효이자율을 계산할 때에는 추정미래현금흐름에 최초의 기대신용손실을 포함한다. 그러나 최초 인식시점에 금융자산의 신용위험이 높다는 이유만으로 신용조정 유효이자율을 적용해야 하는 것은 아니다. *[K-IFRS 1109 B5.4.7]*

사례 총 장부금액의 정의 : 고정금리부 영구채무상품이나 시장에 기초한 변동금리부 영구채무상품 *[K-IFRS 1109 B.24]*

- 발행자가 총 장부금액을 상환할 의무가 없으며, 상각후원가로 측정하여야 하는 채무상품을 매입하거나 발행하는 경우가 있다. 이자율이 고정이자율이나 변동이자율일 수 있다. 이자율이 확정되거나 시장에 기초한 변동이자율로 정해진 경우에 최초 인식시점에 지급하거나 수취한 금액과 만기금액인 영(0)의 차이는 상각후원가의 산정을 위하여 최초 인식시점에 즉시 상각되어야 하는가?
  ➠ 그렇지 않다. 총 장부금액을 상환하지 않기 때문에, 이자율이 확정되었거나 시장에 기초한 변동이자율로 정해진 경우에 최초의 금액과 만기금액과의 차이는 상각할 필요가 없다. 이자지급액이 확정되거나 시장에 기초하여 정해지고, 해당 이자가 영구히 지급될 것이기 때문에 상각후원가(일련의 미래현금지급액을 유효이자율로 할인한 현재가치)는 매 기간별 총 장부금액과 같다.

사례 총 장부금액의 정의: 이자율이 줄어드는 영구채무상품 *[K-IFRS 1109 B.25]*

- 영구채무상품의 표시이자율이 기간의 경과에 따라 줄어드는 경우에 총 장부금액이 매기간별 계약상 원금과 같을 것인가?
  ➠ 같지 아니할 것이다. 경제적 관점에서 볼 때 계약상 이자지급액의 일부나 전부는 총 장부금액의 상환이다. 예를 들면 이자율이 처음 10년에는 16%로, 그 후에는 0%로 산정될 수 있다. 이 경우 계약상 이자지급액의 일부가 총 장부금액의 상환을 나타내기 때문에 최초의 금액을 유효이자율법을 사용하여 처음 10년 동안 상각한다. 10년 후에 미래현금지급액의 현재가치는 영(0)이기 때문에 10년 후의 총 장부금액은 영(0)이다. 이는 10년이 경과된 이후의 기간에는 추가적 현금 지급이 없기 때문이다.

사례 총 장부금액의 계산 사례: 금융자산 *[K-IFRS 1109 B.26]*

- K-IFRS 1109에 따라 상각후원가로 측정하는 금융자산의 총 장부금액을 어떻게 계산하는가?
  ➠ K-IFRS 1109에서 총 장부금액은 유효이자율법을 사용하여 계산한다. 금융상품에 내재된 유효이자율은 해당 금융상품의 기대존속기간이나 적절하다면 더 짧은 기간에 금융상품과 관련된 추정현금흐름의 현재가치를 최초 인식시점의 총 장부금액과 정확히 일치시키는 이자율이다. 유효이자율을 계산할 때에는 지급하거나 수취하는 수수료와 포인트(유효이자율의 주요 구성요소에 한함), 직접적으로 관련된 거래원가, 그 밖의 할증액과 할인액 등을 반영한다.
- 다음의 사례는 유효이자율법을 이용하여 어떻게 총 장부금액을 계산하는지를 보여준다. A사는 남은 기간이 5년인 채무상품을 거래원가를 포함하여 공정가치 1,000원에 매입하였다. 해당 금융상품의 계약상 액면금액은 1,250원이고, 연 4.7%의 확정이자(매년 59원=1,250원×4.7%)가 지급된다. 또 계약에 따라 차입자는 해당 금융상품을 액면으로 중도상환할 수 있는 권리를 갖고 있으며 중도상환권을 행사하는 경우에 중도상환위약금은 부과되지 않는다. 최초 취득시점에 A사는 차입자가 중도상환권을 행사하지 아니할 것으로 예상한다. 따라서 금융자산의 최초 인식시점에

중도상환할 수 있는 권리의 공정가치가 경미하다고 판단한다.

- 장부금액의 일정한 비율로 채무상품의 존속기간에 이자수취액과 최초 할인액을 배분하기 위해서는 이자수취액과 최초 할인액이 연 10%의 이자율로 발생되어야 한다는 것을 보일 수 있다. 아래 표에서는 채무상품의 매 보고기간별 총 장부금액, 이자수익 및 현금흐름에 대한 정보를 제공한다.

연도	(가)기초의 총 장부금액	(나=가 ×10%) 이자수익	(다)현금흐름	(라=가+나-다) 기말의 총 장부금액
20X0	1,000	100	59	1,041
20X1	1,041	104	59	1,086
20X2	1,086	109	59	1,136
20X3	1,136	113	59	1,190
20X4	1,190	119	1,250+59	—

20X2년 초에 A사는 현금흐름에 대한 추정을 변경하여 20X2년 말에 계약상 액면금액의 50%가 중도상환되고, 나머지 50%는 20X4년 말에 상환될 것으로 예상한다. 이 기준서 문단 B5.4.6에 따라 20X2년의 채무상품의 총 장부금액은 조정된다. 총 장부금액은 20X2년도와 그 후의 기간에 수취할 것으로 예상하는 금액을 최초 유효이자율(10%)로 할인하여 재계산한다. 따라서 20X2년의 새로운 총 장부금액은 1,138원이 된다. 조정된 52원(=1,138원—1,086원)은 20X2년도의 당기손익으로 기록한다. 아래 표에서는 추정의 변경을 고려하여 조정된 총 장부금액, 이자수익, 현금흐름에 대한 정보를 제공한다.

연도	(가)기초의 총 장부금액	(나=가 ×10%) 이자수익	(다)현금흐름	(라=가+나-다) 기말의 총 장부금액
20X0	1,000	100	59	1,041
20X1	1,041	104	59	1,086
20X2	1,086+52	114	629+59	568
20X3	568	57	30	595
20X4	595	60	625+30	—

사 례 **총 장부금액의 계산 사례: 이자지급액이 단계적으로 변동하는 채무상품** *[K-IFRS 1109 B.27]*

- 채무상품의 존속기간에 이자율이 사전에 산정된 방식에 따라 점진적으로 상승하거나 하락하는 ['단계적 이자(stepped interest)'] 채무상품을 매입하거나 발행하는 경우가 있다. 단계적으로 이자를 지급하는 채무상품이 1,250원에 발행되었고 만기금액이 1,250원인 경우에 채무상품의 기간에 매 보고기간의 총 장부금액은 1,250원과 일치할 것인가?

➡ 일치하지 아니한다. 최초의 장부금액과 만기금액은 같지만, 채무상품의 기간에 이자수익은 장부금액에 대하여 일정률이 유지되도록 유효이자율법을 사용하여 이자지급액을 배분한다.

- 다음의 사례는, 채무상품의 기간에 이자율이 사전에 산정된 방식에 따라 상승하거나 하락하는 ['단계적 이자(stepped interest)'] 채무상품에 대하여 유효이자율법을 적용하여 총 장부금액을 계산하는 방법을 보여준다.

20X0년 1월 1일에 A사는 채무상품을 1,250원에 발행하였으며, 계약상 액면금액은 1,250원이고 20X4년 12월 31일에 상환된다. 채무계약에서 결정된 연도별 이자율은 20X0년, 20X1년, 20X2년, 20X3년, 20X4년에 각각 계약상 액면금액의 6.0%(75원), 8.0%(100원), 10.0%(125원), 12.0%(150원), 16.4%(205원)이다. 이 경우에 만기까지의 미래현금지급액을 정확히 할인하는 이자율은 10%이다. 따라서 매 보고기간의 총 장부금액을 산정하기 위하여 이자지급액은 채무상품의 기간에 재배분된다. 매 보고기간에 기초의 총 장부금액에 유효이자율 10%를 곱한 금액을 총 장부금액에 더하며, 기중에 현금으로 지급된 금액은 차감한다. 따라서 매 보고기간의 총 장부금액은 다음과 같다.

연도	(가)기초의 총 장부금액	(나=가 ×10%) 이자수익	(다)현금흐름	(라=가+나-다) 기말의 총 장부금액
2000	1,250	125	75	1,300
2001	1,300	130	100	1,330
2002	1,330	133	125	1,338
2003	1,338	134	150	1,322
2004	1,322	133	1,250+205	-

4.1.2. 계약상 현금흐름의 변경

- 금융자산의 계약상 현금흐름이 **재협상되거나 변경**되었으나 그 금융자산이 K-IFRS 1109에 따라 **제거되지 아니하는 경우**에는 해당 금융자산의 **총 장부금액을 재계산**하고 **변경손익을 당기손익으로 인식한다**. 해당 금융자산의 총 장부금액은 **재협상되거나 변경된 계약상 현금흐름**을 해당 금융자산의 **최초 유효이자율**(또는 취득시 신용이 손상되어 있는 금융자산의 경우에는 **신용조정 유효이자율**) 또는 **문단 6.5.10**에 따라 계산한 **수정 유효이자율**로 **할인한 현재가치**로 재계산한다. **발생한 원가나 수수료**는 **변경된 금융자산의 장부금액에 반영**하여 해당 금융자산의 **남은 존속기간에 상각**한다. *[K-IFRS 1109 문단 5.4.3]*

4.1.3. 제각

- 금융자산 전체나 일부의 **회수를 합리적으로 예상할 수 없는 경우**에는 해당 금융자산의 **총 장부금액을 직접 줄인다. 제각은 금융자산을 제거하는 사건으로 본다.** *[K-IFRS 1109 문단 5.4.4]*

5 손 상

5.1. 기대신용손실의 인식

5.1.1. 일반적인 접근법

- **문단 4.1.2나 4.1.2A에 따라** 측정하는 금융자산, **문단 2.1**(7), **4.2.1**(3), **4.2.1**(4)에 따라 손상 요구사항을 적용하는 리스채권, 계약자산, 대출약정, 금융보증계약의 **기대신용손실**을 **손실충당금**으로 인식한다. *[K-IFRS 1109 문단 5.5.1]*
- **문단 4.1.2A에** 따른 **기타포괄손익-공정가치 측정 금융자산**의 **손실충당금**을 인식하고 측정하는 데 손상 요구사항을 적용한다. 그러나 **해당 손실충당금**은 **기타포괄손익**에서 인식하고 **재무상태표에서 금융자산의 장부금액을 줄이지 아니한다.** *[K-IFRS 1109 문단 5.5.2]*

예제 34 기타포괄손익-공정가치로 측정하는 채무상품

A회사는 20X0년 12월 15일에 공정가치가 1,000원인 채무상품을 매입하고 기타포괄손익-공정가치로 측정한다. 해당 채무상품의 이자율은 10년의 계약기간에 5%이며 유효이자율도 5%이다. 취득시 신용이 손상되어 있는 금융자산으로 보지 아니한다.

20X0년 12월 31일(보고기간 말)에 시장이자율의 변동에 따라 해당 채무상품의 공정가치가 950원으로 하락하였다. 최초 인식 후에 신용위험이 유의적으로 증가하지 않았다고 판단하고 12개월 기대신용손실에 해당하는 금액인 30원으로 기대신용손실을 측정한다.

A회사는 20X1년 1월 1일에 해당 채무상품을 그 시점의 공정가치인 950원에 처분하기로 결정한다.

요구사항

A회사의 20X0년 12월 15일, 20X0년 12월 31일(보고기간 말), 20X1년 1월 1일 회계처리를 나타내라.

해설

구 분	회 계 처 리			
20X0.12.15.	(차) 금융자산 (FVOCI) 주1)	1,000	(대) 현금	1,000
	주1) 기타포괄손익—공정가치는 공정가치로 측정하고 공정가치 변동을 기타포괄손익으로 인식하는 것을 의미한다.			
20X0.12.31.	(차) 손상차손(당기손익)	30	(대) 금융자산 (FVOCI)	50
	기타포괄손익 주1)	20		
	주1) ₩20은 가치의 변동 ₩50(=₩1,000—₩950)에서 이미 인식한 12개월 기대신용손실을 나타내는 누적손상금액의 변동(₩30)을 차감하여 계산된다.			
20X1.01.01.	(차) 현금	950	(대) 금융자산 (FVOCI)	950

	손실(당기손익) 주1)	20	기타포괄손익	20
	주1) 기타포괄손익—공정가치 측정 자산을 제거하고 기타포괄손익누계액을 당기손익으로 재분류한다			

- **문단 5.5.13~5.5.16의 경우를 제외하고, 최초 인식 후에 금융상품의 신용위험이 유의적으로 증가한 경우**에는 **매 보고기간 말**에 **전체기간 기대신용손실**에 해당하는 금액으로 **손실충당금**을 측정한다. *[K-IFRS 1109 문단 5.5.3]*

가. 전체기간 기대신용손실의 인식시점

- **문단 5.5.13~5.5.16의 경우를 제외하고,** 최초 인식 후에 **금융상품의 신용위험이 유의적으로 증가하지 아니한 경우**에는 **보고기간 말**에 **12개월** 기대신용손실에 해당하는 금액으로 손실충당금을 측정한다. *[K-IFRS 1109 문단 5.5.5]*
- 대출약정과 금융보증계약에 손상 요구사항을 적용할 때는, **취소 불가능한 약정의 당사자가 된 날**을 **최초 인식일**로 본다. *[K-IFRS 1109 문단 5.5.6]*
- 전기에 전체기간 기대신용손실에 해당하는 금액으로 금융상품에 대한 손실충당금을 측정하였으나 당기에 더는 **문단 5.5.3**을 충족하지 않는다고 판단하는 경우에는 당기 말에 12개월 기대신용손실에 해당하는 금액으로 손실충당금을 측정한다. *[K-IFRS 1109 문단 5.5.7]*
- 보고기간 말에 K-IFRS 1109에 따라 인식해야 하는 금액으로 **손실충당금을 조정하기 위한 기대신용손실액(또는 환입액)**은 **손상차손(환입)**으로 **당기손익**에 인식한다. *[K-IFRS 1109 문단 5.5.8]*
- 전체기간 기대신용손실을 인식하여야 하는지는 보고기간 말에 금융자산의 신용이 손상되었다는 증거나 실제 채무불이행 발생에 기초하는 것이 아니라, (금융상품의 가격이 신용위험의 증가를 반영하기 위해 재설정되는지와 상관없이) 최초 인식 후에 채무불이행 발생 가능성이나 그 발생 위험의 유의적인 증가에 기초하여 평가한다. 일반적으로 금융자산의 신용이 손상되기 전이나 채무불이행이 실제로 발생하기 전에 신용위험이 유의적으로 증가할 것이다. *[K-IFRS 1109 B5.5.7]*
- 대출약정의 경우에 해당 약정과 관련한 대여금의 채무불이행 발생 위험의 변동을 고려한다. 금융보증계약의 경우에는 특정 채무자가 계약을 이행하지 못할 위험의 변동을 고려한다. *[K-IFRS 1109 B5.5.8]*
- 최초 인식 후에 신용위험 변동의 유의성은 최초 인식시점의 채무불이행 발생 위험에 따라 달라질 수 있다. 따라서 절대치 기준으로 최초의 채무불이행 발생 위험이 높았던 금융상품보다 낮았던 금융상품의 채무불이행 발생 위험의 변동이 더 유의적일 것이다. *[K-IFRS 1109 B5.5.9]*
- 금융상품의 신용위험이 비슷하더라도 기대존속기간이 길수록 해당 금융상품의 채무불이행 발생 위험이 높다. 예를 들면 기대존속기간 10년의 AAA 등급 채권의 채무불이행 발생 위험

은 기대존속기간 5년의 AAA 등급 채권의 채무불이행 발생 위험보다 높다. *[K-IFRS 1109 B5.5.10]*

- 기대존속기간과 채무불이행 발생 위험은 관련되어 있으므로 단순히 시간 경과에 따른 채무불이행 발생 위험의 절대적인 변동만을 비교해서는 신용위험의 변동을 평가할 수 없다. 예를 들면 최초 인식시점에 기대존속기간이 10년인 금융상품의 최초 인식시점의 채무불이행 발생 위험이 그 후 5년이 지난 시점의 채무불이행 발생 위험과 같다면 이는 신용위험의 증가를 나타낼 수 있다. 이는 일반적으로 만기에 가까워지면서도 금융상품의 신용위험이 변동하지 않는다면 기대존속기간에 걸친 채무불이행 발생 위험은 시간이 경과함에 따라 줄어들기 때문이다. 그러나 유의적인 지급의무가 만기 근처에만 있는 금융상품의 경우에는 시간이 경과함에 따라 채무불이행 발생 위험이 반드시 줄어드는 것은 아니다. 이러한 경우에는 최초 인식 후에 신용위험의 유의적인 증가를 나타내는 그 밖의 질적인 요인도 고려해야 한다. *[K-IFRS 1109 B5.5.11]*
- 최초 인식 후에 금융상품의 신용위험이 유의적으로 증가하였는지를 평가할 때나 기대신용손실을 측정할 때 다양한 접근법을 적용할 수 있다. 서로 다른 금융상품에 서로 다른 방식을 적용할 수 있다. 채무불이행 발생 위험의 변동을 기대신용손실의 그 밖의 동인(예 담보)의 변동과 구분할 수 있다면, 신용손실률 접근법과 같이 명시적인 채무불이행 발생확률을 투입변수 그자체로 포함하지 않는 방식도 K-IFRS 1109의 요구사항과 일관될 수 있다. 이러한 평가를 할 때에는 다음 사항을 고려한다. *[K-IFRS 1109 B5.5.12]*
  (1) 최초 인식 후에 채무불이행 발생 위험의 변동
  (2) 금융상품의 기대존속기간
  (3) 과도한 원가나 노력 없이 이용할 수 있는 합리적이고 뒷받침될 수 있는 정보로서 신용위험에 영향을 미칠 수 있는 정보
- 최초 인식 후에 신용위험이 유의적으로 증가하였는지를 판단할 때 사용하는 방식은 금융상품(또는 금융상품의 집합)의 특성과 비교 가능한 금융상품의 과거 채무불이행 발생 양상을 고려해야 한다. **문단 5.5.9에도 불구하고,** 채무불이행 발생 양상이 기대존속기간의 특정 시점에 집중되지 않는 금융상품의 경우에는 향후 12개월 채무불이행 발생 위험 변동이 전체기간 채무불이행 발생 위험 변동의 합리적인 근사치일 수 있다. 이러한 경우에 전체기간 평가가 필요한 상황이 아니라면 최초 인식 후에 신용위험이 유의적으로 증가하였는지를 판단하기 위해 향후 12개월의 채무불이행 발생 위험의 변동을 사용할 수 있다. *[K-IFRS 1109 B5.5.13]*
- 그러나 일부 금융상품이나 일부 상황의 경우에는 전체기간 기대신용손실을 인식하여야 하는지를 판단할 때 향후 12개월 채무불이행 발생 위험의 변동을 사용하는 것이 적절하지 않을 수 있다. 예를 들면 다음의 경우에는 향후 12개월 채무불이행 발생 위험의 변동은 만기가 12개월을 초과하는 금융상품의 신용위험이 증가하였는지를 판단함에 있어 적합한 기준이 아닐 수 있다. *[K-IFRS 1109 B5.5.14]*

(1) 향후 12개월을 넘어선 기간에만 금융상품의 유의적인 지급의무가 있는 경우
(2) 관련 거시경제적 요인이나 그 밖의 신용 관련 요인의 변동을 향후 12개월의 채무불이행 발생 위험이 적절하게 반영하지 못하는 경우
(3) 신용 관련 요인의 변동이 향후 12개월을 넘어선 기간의 금융상품 신용위험에만 영향을 미치거나 좀 더 현저하게 영향을 미치는 경우

나. 최초 인식 후에 신용위험이 유의적으로 증가하였는지의 판단

- 전체기간 기대신용손실을 인식해야 하는지를 판단할 때, **문단 5.5.17(3)**에 따라 금융상품의 신용위험에 영향을 미칠 수 있고 과도한 원가나 노력 없이 이용할 수 있는 합리적이고 뒷받침될 수 있는 정보를 고려해야 한다. 최초 인식 후에 신용위험이 유의적으로 증가하였는지를 판단할 때 빠짐없이 모든 정보를 찾을 필요는 없다. *[K-IFRS 1109 B5.5.15]*
- 신용위험분석은 다원적 분석이며 총체적 분석이다. 특정 요인이 적절한지와 다른 요인에 비해 특정 요인에 가중치를 달리해야 하는지는 지역적 위치 뿐만 아니라 금융상품의 형태와 특성, 차입자에 따라 달라진다. 평가하는 특정 금융상품과 관련되고 과도한 원가나 노력 없이 이용할 수 있는 합리적이고 뒷받침될 수 있는 정보를 고려해야 한다. 그러나 일부 요인이나 지표는 개별 금융상품 수준에서 식별하지 못할 수 있다. 이러한 경우에 전체기간 기대신용손실을 인식하기 위한 **문단 5.5.3**의 요구사항을 충족하는지를 판단할 때 해당 요인이나 지표는 금융상품의 적절한 포트폴리오, 포트폴리오의 집합 또는 포트폴리오의 일부 수준에서 평가해야 한다. *[K-IFRS 1109 B5.5.16]*
- 다음은 신용위험의 변동을 평가할 때 적절할 수 있는 정보의 예시이며, 이에 한정되는 것은 아니다. *[K-IFRS 1109 B5.5.17]*

(1) 최초 인식 후에 신용위험의 변동에 따른 신용위험의 내부 가격지표의 유의적인 변동. 이러한 내부 가격지표의 예로서 보고기간 말에 만기와 거래상대방이 같은 특정 금융상품이나 비슷한 금융상품을 새로 창출하거나 발행한다면 부과될 신용스프레드가 포함되며, 이에 한정되는 것은 아니다.
(2) 최초 인식 후에 금융상품의 신용위험이 변동하여 보고기간 말에 해당 금융상품을 새로 창출하거나 발행한다면, 기존 금융상품과 유의적으로 다를 이자율이나 조건의 그 밖의 변동(예 좀 더 엄격한 계약조건, 담보금액이나 보증금액의 증가, 이익 보장금액의 증가)
(3) 기대존속기간이 같은 특정 금융상품이나 비슷한 금융상품의 신용위험에 대한 외부 시장지표의 유의적인 변동. 신용위험에 대한 시장지표의 변동은 다음 사항을 포함하며, 이에 한정되는 것은 아니다.
　(가) 신용스프레드

(나) 차입자에 대한 신용부도 스왑가격

(다) 금융자산의 공정가치가 상각후원가에 미달하는 기간이나 정도

(라) 차입자와 관련한 그 밖의 시장정보(예 차입자의 채무상품과 지분상품의 가격변동)

(4) 금융자산 외부 신용등급의 실제 또는 예상되는 유의적인 변동

(5) 차입자 내부 신용등급의 실제 또는 예상되는 강등이나 신용위험의 평가에 내부적으로 사용되는 행동평점의 감소. 내부 신용등급과 내부 행동평점은 외부등급과 연계되거나 채무불이행의 연구로 뒷받침될 때 좀 더 신뢰할 수 있다.

(6) 현재에 존재하거나 미래에 예측되는 사업적, 재무적, 경제적 상황의 불리한 변동으로서 차입자가 채무를 지급할 수 있는 능력에 유의적인 변동을 일으킬 것으로 예상되는 변동 (예 실제 또는 예상되는 이자율의 증가나 실업률의 유의적인 증가)

(7) 차입자의 영업성과의 실제 또는 예상되는 유의적 변동. 예를 들면 실제 또는 예상되는 수익·이윤 감소, 영업위험 증가, 운전자본 부족, 자산의 질 하락, 증가하는 재무상태표상 레버리지, 유동성, 경영상 문제, 차입자가 채무를 지급할 수 있는 능력에 유의적인 변동을 일으키는 사업범위·조직구조 변경(예 사업부문의 중단)이 포함된다.

(8) 같은 차입자의 그 밖의 금융상품에 대한 신용위험의 유의적인 증가

(9) 차입자의 규제상·경제적·기술적 환경의 실제 또는 예상되는 유의적인 불리한 변동으로서 차입자가 채무를 지급할 수 있는 능력에 유의적인 변동을 일으키는 변동(예 기술변화에 따른 차입자 판매 제품의 수요 감소)

(10) 채무에 대한 담보가치의 유의적인 변동, 제삼자의 보증이나 신용보강의 질의 유의적인 변동으로서 차입자가 지급하기로 한 계약상 금액을 지급할 경제적 유인을 줄이거나 채무불이행 발생확률에 영향을 미칠 수 있는 변동. 예를 들면 주택가격의 하락으로 담보가치가 하락한다면, 일부 국가의 경우에는 차입자가 주택담보대출을 상환하지 않을 유인이 더 커지게 된다.

(11) 주주(또는 개별 기업의 지배기업)가 자본이나 현금을 투입하여 채무불이행을 방지할 유인과 그러한 재무적 능력이 있다면, 그 제공하는 보증의 질의 유의적인 변동

(12) 지배기업이나 그 밖의 계열기업의 재무적 지원의 감소나 신용보강의 질의 실제 또는 예상되는 유의적인 변동으로서 차입자가 지급하기로 한 계약상 금액을 지급할 경제적 유인을 줄일 것으로 예상되는 변동. 신용의 질의 보강이나 지원에는 보증자의 재무적 상태에 대한 고려, 유동화에서 발행된 지분의 경우에 후순위 지분이(예 유동화증권의 기초가 되는 대여금) 기대신용손실을 흡수할 수 있는지가 포함된다.

(13) 대여금 약정의 예상변동. 이는 계약 사항의 포기나 변경을 일으키는 예상되는 계약위반, 이자지급유예(interest payment holidays), 이자율의 단계적 인상(step-ups), 추가 담보나

보증의 요구, 그 밖에 계약구조의 변경을 포함한다.

⒁ 집단 내 차입자의 지급 상황 변동을 포함한 차입자의 예상 성과와 행동의 유의적인 변동(예 계약상 지급의 예상 지연 횟수나 정도의 증가, 신용한도를 거의 다 쓰거나 초과하거나 매월 최소금액만을 지급할 것으로 예상되는 신용카드 차입자 수의 유의적인 증가)

⒂ 금융상품에 대한 신용관리방식의 변경. 즉 금융상품의 신용위험 변동에 대한 최근의 지표에 기초하여, 금융상품을 좀 더 상세히 감시 또는 통제하거나 차입자와 특별히 협상하는 것을 포함하여 해당 금융상품의 신용위험 관리 업무가 좀 더 활발해 지거나 집중될 것으로 예상하는 경우

⒃ 연체 정보(**문단 5.5.11**의 반증 가능한 간주규정 관련 사항 포함)

- 일부의 경우에는 금융상품이 전체기간 기대신용손실에 해당하는 금액으로 손실충당금을 인식하는 기준을 충족하는지를 판단할 때 이용할 수 있는 질적 정보와 비통계적인 양적 정보만으로 충분할 수 있다. 즉 금융상품의 신용위험이 유의적으로 증가하였는지를 판단하기 위해 통계적 모형이나 신용등급 검토과정을 거칠 필요가 없는 경우가 있다. 다른 경우에는 통계적 모형이나 신용등급 검토과정에서 얻은 정보를 포함한 그 밖의 정보를 고려할 필요가 있을 수 있다. 또 다른 방법으로는 두 가지 형태의 정보(보고기간 말의 특정한 내부등급범주와 내부등급 검토과정에서 알아낼 수 없는 질적 요인) 모두가 목적 적합한 경우에는 최초 인식시점의 신용위험의 특성을 고려하고 이들 정보에 기초하여 평가할 수도 있다. *[K-IFRS 1109 B5.5.18]*

다. 30일 초과 연체의 반증 가능한 간주규정

- **문단 5.5.11의 반증 가능한 간주규정**은 전체기간 기대신용손실을 인식해야 하는 절대적인 지표가 아니라 미래전망 정보(포트폴리오 수준에서 거시경제적 요인을 포함)를 사용할 때에도 전체기간 기대신용손실을 인식해야 하는 가장 나중의 시점을 추정하는데 적용된다. *[K-IFRS 1109 B5.5.19]*
- 이러한 간주규정은 반증할 수 있다. 그러나 계약상 지급이 30일을 초과하여 연체되었지만 금융상품의 신용위험이 유의적으로 증가하지 아니하였음을 제시하는 합리적이고 뒷받침될 수 있는 이용 가능한 정보가 있는 경우에만 반증할 수 있다. 이러한 예로 차입자의 재무적인 어려움 때문이 아니라 관리상 부주의로 인하여 지급하지 않은 경우 또는 과거의 입증자료가 채무불이행 발생 위험의 유의적인 증가와 계약상 지급이 30일을 초과하여 연체된 금융자산 간에 상관관계가 없음을 나타내는 반면에 계약상 지급이 60일을 초과하여 연체된 경우에는 그러한 상관관계가 있음을 보여준다. *[K-IFRS 1109 B5.5.20]*
- 신용위험이 유의적으로 증가하였다고 보아 전체기간 기대신용손실을 인식하는 시기를 금융자산의 신용이 손상되었다고 보거나 기업이 정의한 채무불이행으로 보는 시기에 맞출 수는 없다. *[K-IFRS 1109 B5.5.21]*

라. 보고기간 말에 신용위험이 낮은 금융상품

- **문단 5.5.10을 적용할 때** 금융상품의 채무불이행 발생 위험이 낮고, 단기적으로 차입자가 계약상 현금흐름 지급의무를 이행할 수 있는 강한 능력을 갖고 있으며, 장기적으로는 경제 환경과 사업 환경의 불리한 변화 때문에 차입자가 계약상 현금흐름 지급의무를 이행할 수 있는 능력이 약해질 수도 있으나 반드시 약해지지는 않는 경우에 신용위험이 낮은 것으로 본다. 단순히 담보가치 때문에 금융상품의 손실에 대한 위험이 낮다고 해서 신용위험이 낮은 것으로 보지는 않고, 그러한 담보가 없는 금융상품이라고 해서 신용위험이 낮은 것으로 보지 않을 것이다. 또 단순히 같은 기업이 보유하고 있는 다른 금융상품의 신용위험에 비하여 또는 해당 기업이 영업활동을 수행하고 있는 국가의 신용위험에 비해 채무불이행 발생 위험이 낮다는 이유로 신용위험이 낮은 것으로 보지 아니한다. *[K-IFRS 1109 B5.5.22]*
- 금융상품의 신용위험이 낮은지를 판단하기 위해 낮은 신용위험에 대한 국제적 통념과 일관되고 평가대상 금융상품의 위험과 형태를 고려한 기업 내부 신용위험등급이나 그 밖의 방식을 사용할 수 있다. '투자등급'에 해당하는 외부등급은 금융상품의 신용위험이 낮은 것으로 볼 수 있는 예이다. 그러나 금융상품의 신용위험이 낮다고 판단하기 위해 반드시 외부평가를 받아야 하는 것은 아니다. 그렇지만 금융상품의 모든 계약조건을 고려한 시장참여자들의 관점에서 해당 금융상품의 신용위험이 낮다고 판단되어야 한다. *[K-IFRS 1109 B5.5.23]*
- 단순히 이전 보고기간에 금융상품의 신용위험이 낮다고 보았으나 보고기간 말에 신용위험이 낮다고 보지 않는다고 해서 전체기간 기대신용손실을 인식하는 것은 아니다. 이러한 경우에 최초 인식 후에 신용위험이 유의적으로 증가하였는지를 판단해야 하고 따라서 **문단 5.5.3**에 따라 전체기간 기대신용손실을 인식해야 하는지를 판단해야 한다. *[K-IFRS 1109 B5.5.24]*
- 손상 요구사항의 목적은 최초 인식 후에 신용위험이 유의적으로 증가한 모든 금융상품에 대해 미래전망 정보를 포함하는 합리적이고 뒷받침될 수 있는 모든 정보를 고려하여, 개별평가나 집합평가로 전체기간 기대신용손실을 인식하는 것이다. *[K-IFRS 1109 문단 5.5.4]*

마. 집합평가와 개별평가

- 최초 인식 후 신용위험이 유의적으로 증가한 경우에 전체기간 기대신용손실을 인식하게 되는데 그 목적을 충족시키기 위해서는, 예를 들면 금융상품의 집합 또는 하위집합의 신용위험이 유의적으로 증가하였는지를 나타내는 정보를 고려하여 집합기준으로 신용위험의 유의적인 증가를 평가해야 할 필요가 있다. 이는 개별 금융상품 수준에서는 신용위험의 유의적인 증가에 대한 증거가 아직 없더라도 (집합적으로) 신용위험이 유의적으로 증가할 때 전체기간 기대신용손실을 인식하는 목적을 충족시키기 위한 것이다. *[K-IFRS 1109 B5.5.1]*
- 전체기간 기대신용손실은 일반적으로 금융상품이 연체되기 전에 인식될 것이다. 신용위험은

일반적으로 금융상품이 연체되기 전이나 그 밖의 후행하는 차입자 특유의 요인(예 계약조건의 변경이나 재조정)이 관측되기 전에 유의적으로 증가한다. 따라서 연체 정보보다 미래 전망적이고 합리적이며 뒷받침될 수 있는 정보를 과도한 원가나 노력 없이 이용할 수 있을 때 그러한 정보를 사용하여 신용위험의 변동을 평가해야 한다. *[K-IFRS 1109 B5.5.2]*

- 그러나 금융상품의 특성과 금융상품의 특정 집합에 대해 이용할 수 있는 신용위험 정보에 따라서는 금융상품이 연체되기 전에는 개별 금융상품에 대한 신용위험의 유의적인 증가를 식별하지 못할 수도 있다. 소매대여금과 같은 금융상품이 이에 해당할 수 있는데, 그러한 금융상품의 경우 고객이 계약조건을 위반하기 전까지는 일상적으로 얻거나 관찰할 수 있는 개별 상품의 갱신된 신용위험 정보가 없거나 거의 없다. 개별 금융상품이 연체되기 전에는 신용위험의 변동을 알아챌 수 없는 경우에는 개별 금융상품 수준의 신용정보에만 기초한 손실충당금은 최초 인식 후에 신용위험의 변동을 충실하게 나타내지 못할 것이다. *[K-IFRS 1109 B5.5.3]*
- 일부 상황에서는, 개별 금융상품의 전체기간 기대신용손실을 측정하기 위해 필요한 과도한 원가나 노력 없이 이용할 수 있는 합리적이고 뒷받침될 수 있는 정보가 없을 수 있다. 이 경우에 전체기간 기대신용손실은 포괄적인 신용위험 정보를 고려하는 집합기준으로 인식한다. 개별 금융상품 수준에서 최초 인식 후에 신용위험이 유의적으로 증가하였을 때 전체기간 기대신용손실을 인식하는 것과 비슷한 결과를 도출하기 위해, 이러한 포괄적인 신용위험 정보는 연체 정보뿐만 아니라 미래전망적인 거시경제 정보를 포함하여 모든 목적 적합한 신용정보를 포함해야 한다. *[K-IFRS 1109 B5.5.4]*
- 집합기준으로 신용위험이 유의적으로 증가하였는지를 판단하고 손실충당금을 인식할 때, 신용위험의 유의적인 증가를 적시에 식별할 수 있도록 분석하기 위해 공통의 신용위험 특성에 기초하여 금융상품을 묶을 수 있다. 위험 특성이 서로 다른 금융상품을 묶어서 이러한 정보를 이해하기 어렵게 해서는 안 된다. 공통의 신용위험 특성은 다음 사항을 포함하며, 이에 한정되는 것은 아니다. *[K-IFRS 1109 B5.5.5]*

  (1) 상품의 형태
  (2) 신용위험 등급
  (3) 담보의 형태
  (4) 최초 인식일
  (5) 만기까지 남은 기간
  (6) 산업
  (7) 차입자의 지역적 위치
  (8) 담보가 채무불이행 발생확률에 영향을 미치는 경우에 금융자산 대비 담보의 가치(예 일부 국가의 소구권이 없는 대여금이나 담보인정비율)

- **문단 5.5.4에** 따라 최초 인식 후에 신용위험이 유의적으로 증가한 모든 금융상품에 대하여 전체기간 기대신용손실을 인식한다. 이러한 목적을 충족하기 위해, 최초 인식 후에 신용위험이 유의적으로 증가한 것으로 판단되는 금융자산들을 공통의 신용위험 특성에 기초하여 묶을 수 없는 경우에는 해당 금융자산들 중 신용위험이 유의적으로 증가한 것으로 보이는 일부에 대해서만 전체기간 기대신용손실을 인식해야 한다. 집합기준으로 신용위험이 변동되었는지를 평가하기 위한 금융상품 묶음은 시간이 지나면서 금융상품 집합이나 개별 금융상품에 대한 새로운 정보를 이용할 수 있게 됨에 따라 변동할 수 있다. *[K-IFRS 1109 B5.5.6]*

5.1.2. 신용위험의 유의적인 증가에 대한 판단

- 최초 인식 후에 금융상품의 신용위험이 유의적으로 증가하였는지를 매 보고기간 말에 평가한다. 신용위험의 유의적인 증가를 평가할 때 기대신용손실액의 변동이 아니라 금융상품의 기대존속기간에 걸친 채무불이행 발생 위험의 변동을 사용한다. 이러한 평가를 하기 위해, 보고기간 말의 금융상품에 대한 채무불이행 발생 위험을 최초 인식일의 채무불이행 발생 위험과 비교하고 최초 인식 후에 신용위험의 유의적인 증가를 나타내는 정보로서 과도한 원가나 노력 없이 이용할 수 있고 합리적이고 뒷받침될 수 있는 정보를 고려한다. *[K-IFRS 1109 문단 5.5.9]*

가. 채무불이행(default)의 정의

- **문단 5.5.9**에서는 금융상품의 신용위험이 유의적으로 증가하였는지를 판단할 때 최초 인식 후의 채무불이행 발생 위험의 변동을 고려하도록 하고 있다. *[K-IFRS 1109 B5.5.36]*
- 채무불이행 발생 위험을 판단하기 위한 채무불이행을 정의할 때, 관련되는 금융상품의 내부 신용위험 관리 목적으로 사용하는 정의와 일관된 채무불이행의 정의를 적용하고, 적절하다면 질적지표(예 재무약정)를 고려한다. 그러나 채무불이행은 금융자산이 연체된 후 90일보다 늦게 발생하지 않는다고 간주한다. 다만 채무불이행이 연체된 후 90일 보다 늦게 발생한다는 것을 입증하는 합리적이고 뒷받침될 수 있는 정보가 있다면 위의 간주규정을 반증할 수 있다. 특정 금융상품에 다른 채무불이행의 정의가 더 적절하다는 것을 입증하는 이용할 수 있는 정보가 있는 경우를 제외하고는, 채무불이행의 정의는 모든 금융상품에 일관되게 적용한다. *[K-IFRS 1109 B5.5.37]*

나. 보고기간 말에 금융상품의 신용위험이 낮다고 판단하는 경우

- 보고기간 말에 금융상품의 신용위험이 낮다고 판단된다면 최초 인식 후에 해당 금융상품의 신용위험이 유의적으로 증가하지 않았다고 볼 수 있다. *[K-IFRS 1109 문단 5.5.10]*
- 최초 인식 후에 신용위험이 유의적으로 증가하였는지를 판단할 때 합리적이고 뒷받침될 수 있는 미래전망 정보를 과도한 원가나 노력 없이 이용할 수 있다면 연체 정보에만 의존해서는 안 된다. 그러나 연체상태(개별평가 또는 집합평가에 기초) 보다 더 미래 전망적인 정보를 이용하기 위해 과도한 원가나 노력이 필요한 경우에는 연체 정보를 사용하여 최초 인식 후에 신용위험이 유의적으로 증가하였는지를 판단할 수 있다. 신용위험의 유의적인 증가를 평가하는 방식과는 상관없이, 계약상 지급의 연체일수가 30일을 초과하는 경우에는 최초 인식 후에 금융상품의 신용위험이 유의적으로 증가했다는 반증 가능한 간주규정을 적용할 수 있다. 다만 계약상 지급의 연체일수가 30일을 초과하였더라도 최초 인식 후에 신용위험이 유의적으로 증가하지 아니하였다는 것을 제시하는 합리적이고 뒷받침될 수 있는 정보를 갖고 있고, 해당 정보를 과도한 원가나 노력 없이 이용할 수 있다면 그 간주규정을 반증할 수 있다. 계약상 지급의 연체일수가 30일을 초과하지 않았다면 신용위험이 유의적으로 증가하였는지를 판단할 때 이 간주규정을 적용하지 않는다. *[K-IFRS 1109 문단 5.5.11]*

5.1.3. 변경된 금융자산

- 금융자산의 계약상 현금흐름이 재협상되거나 변경되지만 그 금융자산이 제거되지 않는다면 **문단 5.5.3**에 따라 금융상품의 신용위험이 유의적으로 증가하였는지를 다음의 (1)과 (2)를 비교하여 평가한다. *[K-IFRS 1109 문단 5.5.12]*
  (1) 보고기간 말의 채무불이행 발생 위험(변경된 계약조건에 기초함)
  (2) 최초 인식시점의 채무불이행 발생 위험(변경되기 전 최초 계약조건에 기초함)

5.1.4. 취득시 신용이 손상되어 있는 금융자산

- **문단 5.5.3과 5.5.5에도 불구하**고, **취득시 신용이 손상되어 있는 금융자산**은 보고기간 말에 **최초 인식 이후 전체기간 기대신용손실의 누적변동분**만을 **손실충당금**으로 인식한다. *[K-IFRS 1109 문단 5.5.13]*
- 매 보고기간 말에 전체기간 기대신용손실의 변동액을 손상차손(환입)으로 당기손익에 인식한다. 전체기간 기대신용손실이 최초 인식시점의 추정현금흐름에 포함되었던 기대신용손실액보다 작다 하더라도 전체기간 기대신용손실의 유리한 변동을 손상환입으로 인식한다. *[K-IFRS 1109 문단 5.5.14]*

가. 변 경

- 일부 상황에서, K-IFRS 1109에 따라 금융자산의 계약상 현금흐름의 재협상이나 변경 때문에 해당 금융상품이 제거될 수 있다. 금융자산의 변경으로 해당 금융자산이 제거되고, 후속적으로 변경된 금융자산을 인식하는 경우에 변경된 금융자산은 '새로운' 금융자산으로 본다. *[K-IFRS 1109 B5.5.25]*
- 따라서 변경된 금융자산에 손상 요구사항을 적용할 때 변경일을 해당 금융자산의 최초 인식일로 본다. 이는 **문단 5.5.3**의 전체기간 기대신용손실의 인식요건을 충족할 때까지는 손실충당금을 12개월 기대신용손실 상당액으로 측정하는 것을 의미한다. 그러나 변경으로 최초의 금융자산이 제거되는 일부 흔하지 않은 상황에서, 최초 인식시점에 변경된 금융자산의 신용이 손상되었다는 증거가 있어 신용이 손상된 채로 창출된 금융자산으로 인식해야 할 수 있다. 예를 들면 부실자산(distressed asset)의 실질적인 변경으로 인해 최초의 금융자산을 제거해야 하는 상황에서 이러한 경우가 생길 수 있다. 이러한 경우에는 변경에 따른 새로운 금융자산이 최초 인식시점에 신용이 손상된 것으로 볼 수도 있다. *[K-IFRS 1109 B5.5.26]*
- 금융자산의 계약상 현금흐름이 재협상되거나 변경되지만 제거되지 않는다고 해서 자동적으로 해당 금융자산의 신용위험이 낮다고 보는 것은 아니다. 과도한 원가나 노력 없이 이용할 수 있는 합리적이고 뒷받침될 수 있는 모든 정보에 기초하여 최초 인식 후에 신용위험이 유의적으로 증가하였는지를 평가해야 한다. 이에는 과거정보, 미래전망 정보, 금융자산 기대존속기간의 신용위험 평가를 포함하며, 변경을 초래한 상황 정보도 포함된다. 전체기간 기대신용손실의 인식조건을 더는 충족하지 않는 증거로는 변경된 계약조건에 따라 제때 지급한 최근까지의 실적을 들 수 있다. 일반적으로 고객이 일정 기간에 계속해서 제때 지급하고 있다는 것을 입증해야 신용위험이 줄어든 것으로 보게 된다. 예를 들면 계약조건의 변경 후에 단순히 제때 한 번 지급했다고 해서 일반적으로 과거의 미지급이나 불완전한 지급 실적이 지워지지는 않는다. *[K-IFRS 1109 B5.5.27]*

5.2. 매출채권, 계약자산, 리스채권에 대한 간편법

- **문단 5.5.3과 5.5.5에도 불구하고**, 다음 항목은 항상 전체기간 기대신용손실에 해당하는 금액으로 손실충당금을 측정한다. *[K-IFRS 1109 문단 5.5.15]*
  (1) 다음 중 하나를 충족하는, K-IFRS 1115의 적용범위에 포함되는 거래에서 생기는 매출채권이나 계약자산
    ㈎ K-IFRS 1115에 따른 유의적인 금융요소를 포함하고 있지 않은 경우 (또는 K-IFRS 1115 문단 63의 실무적 간편법을 적용하는 경우)

(나) K-IFRS 1115에 따라 유의적인 금융요소가 있으나, 전체기간 기대신용손실에 해당하는 금액으로 손실충당금을 측정하는 것을 회계정책으로 선택한 경우. 해당 회계정책은 모든 해당 매출채권이나 계약자산에 적용해야 하지만 매출채권과 계약자산에 각각 구분하여 적용할 수 있다.

(2) K-IFRS 1017의 적용범위에 포함되는 거래에서 생기는 리스채권으로서, 전체기간 기대신용손실에 해당하는 금액으로 손실충당금을 측정하는 것을 회계정책으로 선택한 경우. 해당 회계정책은 모든 리스채권에 적용해야 하지만 금융리스채권과 운용리스채권에 각각 구분하여 적용할 수 있다.

- 매출채권, 리스채권, 계약자산에 각각 독립적으로 회계정책을 선택할 수 있다. *[K-IFRS 1109 문단 5.5.16]*

5.3. 기대신용손실의 측정

- 금융상품의 기대신용손실은 다음 사항을 반영하도록 측정한다. *[K-IFRS 1109 문단 5.5.17]*
  (1) 일정 범위의 발생 가능한 결과를 평가하여 산정한 금액으로서 **편의가 없고 확률로 가중한 금액**
  (2) **화폐의 시간가치**
  (3) **보고기간 말에 과거사건, 현재 상황과 미래 경제적 상황의 예측에 대한 정보로서 합리적이고 뒷받침될 수 있으며 과도한 원가나 노력 없이 이용할 수 있는 정보**
- 기대신용손실을 측정할 때 가능한 시나리오를 모두 고려할 필요는 없다. 그러나 신용손실의 발생 가능성이 매우 낮더라도 신용손실이 발생할 가능성과 발생하지 아니할 가능성을 반영하여 신용손실이 발생할 위험이나 확률을 고려한다. *[K-IFRS 1109 문단 5.5.18]*
- 기대신용손실을 측정할 때 고려하는 가장 긴 기간은 신용위험에 노출되는 최장 계약기간(연장옵션 포함)이며, 이 보다 더 긴 기간이 사업관행과 일관된다고 하더라도 최장 계약기간을 넘어설 수 없다. *[K-IFRS 1109 문단 5.5.19]*
- 그러나 일부 금융상품은 대여금과 미사용 한도약정 요소를 모두 포함하며, 대여금의 상환을 요구할 수 있고 미사용 한도약정을 취소할 수 있는 계약상 능력을 기업이 가지고 있더라도 기업의 신용손실에 대한 익스포저가 계약상 예고기간으로 한정되지 아니한다. 그러한 금융상품에 대해서만은, 신용위험에 노출되어 있으면서 신용위험 관리 조치로 기대신용손실이 경감되지 않을 기간에 대해 기대신용손실을 측정한다. 이 기간이 최장 계약기간을 넘어서 연장되는 경우라도 그 연장된 기간에 대해 기대신용손실을 측정한다. *[K-IFRS 1109 문단 5.5.20]*

5.3.1. 확률가중결과

- 기대신용손실을 추정하는 목적은 최악의 시나리오나 최선의 시나리오를 추정하는 것이 아니다. 그 대신에 기대신용손실의 추정은 발생 가능성이 가장 큰 결과가 신용손실이 없는 것이라고 하더라도 신용손실이 발생할 가능성과 신용손실이 발생하지 아니할 가능성을 항상 반영해야 한다. *[K-IFRS 1109 B5.5.41]*
- **문단 5.5.17(1)**은 가능한 결과의 범위를 평가하여 편의가 없고 확률가중한 금액을 산정하고 이를 반영하여 기대신용손실을 추정하도록 요구한다. 실무적으로는 복잡한 분석이 필요하지 않을 수 있다. 일부의 경우에, 시나리오의 상세한 시뮬레이션을 많이 수행할 필요 없이 상대적으로 단순한 방식으로도 충분할 수 있다. 예를 들면 공통의 신용특성을 지닌 큰 규모의 금융상품 집합에 대한 신용손실의 평균치는 확률가중금액의 합리적인 추정치 일 수 있다. 다른 상황에서, 특정 결과별 현금흐름의 금액, 시기와 해당 결과의 추정 확률을 특정하는 시나리오의 식별이 필요할 것이다. 이러한 상황에서, **문단 5.5.18**에 따라 기대신용손실은 적어도 두 개의 결과를 반영해야 한다. *[K-IFRS 1109 B5.5.42]*
- 전체기간 기대신용손실의 경우에 기대존속기간에 금융상품의 채무불이행 발생 위험을 추정해야 한다. 12개월 기대신용손실은 전체기간 기대신용손실의 일부이며, 보고기간 말 후 12개월 (또는 금융자산의 기대존속기간이 12개월보다 짧은 경우에는 보다 짧은 그 기간) 내에 채무불이행이 발생한다면 초래될 전체기간 현금 부족액을 채무불이행 발생확률로 가중한 것을 의미한다. 따라서 12개월 기대신용손실은 향후 12개월 내 채무불이행이 발생할 것으로 예측하는 금융상품의 전체기간 기대신용손실이 아니며 향후 12개월 내 발생할 것으로 예측하는 현금 부족액도 아니다. *[K-IFRS 1109 B5.5.43]*

5.3.2. 화폐의 시간가치

- 기대신용손실은 최초 인식시점에 산정한 유효이자율이나 이에 근사한 이자율로 보고기간 말을 기준으로 할인하며, 예상되는 채무불이행 발생일이나 그 밖의 날짜를 기준으로 할인하지 않는다. 변동금리 조건부 금융상품의 경우에 기대신용손실은 **문단 B5.4.5**에 따라 산정한 현행 유효이자율을 사용하여 할인한다. *[K-IFRS 1109 B5.5.44]*
- 취득시 신용이 손상되어 있는 금융자산에 대한 기대신용손실은 최초 인식시점에 산정한 신용조정 유효이자율로 할인한다. *[K-IFRS 1109 B5.5.45]*
- 리스채권의 기대신용손실은 K-IFRS 1017에 따라 리스채권의 측정에 사용한 것과 같은 할인율로 할인한다. *[K-IFRS 1109 B5.5.46]*
- 대출약정의 기대신용손실은 대출약정의 실행으로 금융자산을 인식할 때 적용할 유효이자율이나 이에 근사한 이자율로 할인한다. 이는 손상 요구사항을 적용할 때, 대출약정의 후속적인

실행으로 인식하는 금융자산은 새로운 금융상품이 아니라 그 대출약정이 지속되는 것으로 보기 때문이다. 따라서 그 금융자산의 기대신용손실은 취소 불가능한 약정의 당사자가 된 날에 대출약정의 최초 신용위험을 고려하여 측정한다. *[K-IFRS 1109 B5.5.47]*

- 유효이자율을 산정할 수 없는 금융보증계약이나 대출약정의 기대신용손실은 화폐의 시간가치에 대한 현행 시장의 평가와 금융보증계약이나 대출약정의 현금흐름에 특유한 위험에 대한 현행시장의 평가를 반영하는 할인율로 할인하되, 그러한 특유한 위험을 할인대상인 현금 부족액에서 조정하는 것이 아니라 할인율을 조정하여 고려하는 경우에 한정한다. *[K-IFRS 1109 B5.5.48]*

5.3.3. 합리적이고 뒷받침 될 수 있는 정보

- K-IFRS 1109를 적용할 때, 합리적이고 뒷받침될 수 있는 정보는 보고기간 말에 과도한 원가나 노력 없이 합리적으로 이용할 수 있는 정보이며 과거사건, 현재 상황, 미래 경제상황 예측의 정보를 포함한다. 재무보고 목적으로 이용할 수 있는 정보는 과도한 원가나 노력 없이 이용할 수 있어야 한다고 본다. *[K-IFRS 1109 B5.5.49]*
- 금융상품의 전체 기대존속기간에 걸쳐 미래 상황을 예측할 필요는 없다. 기대신용손실을 추정하는 데 필요한 판단의 정도는 상세한 정보의 이용 가능성에 따라 달라진다. 예측 기간이 길어질수록 상세한 정보의 이용 가능성은 줄어들고 기대신용손실을 추정하는 데 필요한 판단의 정도는 증가한다. 기대신용손실을 추정할 때 상당히 먼 미래의 기간을 상세히 추정할 필요는 없다. 상당히 먼 미래의 기간에 대해서는 이용 가능하고 상세한 정보를 확장하여 추정할 수 있다. *[K-IFRS 1109 B5.5.50]*
- 관련 정보를 빠짐없이 모두 조사할 필요는 없으나 예상 중도상환의 영향과 같이 기대신용손실의 추정에 관련성이 있고 과도한 원가나 노력 없이 이용할 수 있는 합리적이고 뒷받침될 수 있는 모든 정보를 고려해야 한다. 이용하는 정보에는 차입자 특유의 요인, 일반적인 경제 환경, 보고기간 말에 현재 상황에 대한 평가뿐만 아니라 미래에 상황이 어떻게 변동할 것인지에 대한 평가가 포함된다. 내부(기업 특유의) 자료, 외부 자료와 같이 다양한 자료 원천을 사용할 수 있다. 가능한 자료 원천으로서 내부적인 과거 신용손실 경험, 내부 등급, 다른 기업의 신용손실 경험, 외부 등급, 보고서, 통계치를 들 수 있다. 기업 특유의 자료 원천이 없거나 충분하지 않은 경우에는 비교 가능한 금융상품(또는 금융상품 집합)에 대한 비슷한 기업들의 경험을 사용할 수 있다. *[K-IFRS 1109 B5.5.51]*
- 과거 정보는 기대신용손실을 측정하는 데 중요한 기점이나 기초이다. 그러나 신용손실 경험 같은 과거 자료의 기초가 된 기간에 영향을 미치지 아니하였던 현재 상황과 미래 상황에 대한 예측이 미치는 영향을 그 과거 자료에 반영하고, 미래 계약상 현금흐름과 관련이 없는 과거의 상황이 미치는 영향을 제거하기 위해 현행의 관측 가능한 자료에 기초하여 조정한다.

일부의 경우에 과거 정보의 특성과 산출 시기에 따라 다를 수 있지만, 보고기간 말의 상황과 고려대상 금융상품의 특성에 비추어 봤을 때 조정하지 아니한 과거 정보가 합리적이고 뒷받침될 수 있는 최선의 정보일 수 있다. 기대신용손실 변동의 추정은 실업률, 부동산 가격, 일반 상품 가격, 지급 상태, 금융상품이나 금융상품 집합의 신용손실을 나타내는 그 밖에 요인의 변동과 그러한 변동의 크기와 같은 시계열로 관측 가능한 자료의 변동을 반영하여야 하며 방향성 측면에서 일관되어야 한다. 기업은 신용손실 경험에 대한 추정치와 실제치의 차이를 줄이기 위해 기대신용손실의 추정에 사용한 방식과 가정을 정기적으로 검토한다. *[K-IFRS 1109 B5.5.52]*

- 기대신용손실의 추정에 과거 신용손실 경험을 사용할 때 과거 신용손실률 정보를 과거 신용손실률이 관측되었던 집합과 일관된 방식으로 정의한 집합에 적용하는 것이 중요하다. 따라서 이러한 방식은 금융자산의 개별 집합이 비슷한 위험특성을 지닌 금융자산 집합의 과거 신용손실 경험정보와 현재 상황을 반영하는 관측 가능한 관련 자료와 연계될 수 있게 할 것이다. *[K-IFRS 1109 B5.5.53]*
- 기대신용손실은 신용손실에 대한 기업 자체의 예상을 반영한다. 그러나 기대신용손실의 추정을 위해 과도한 원가나 노력 없이 이용할 수 있는 합리적이고 뒷받침될 수 있는 모든 정보를 고려할 때 특정 금융상품이나 비슷한 금융상품의 신용위험에 대한 관측 가능한 시장 정보도 고려해야 한다. *[K-IFRS 1109 B5.5.54]*

5.3.4. 담 보

- 기대신용손실을 측정하기 위해 기대 현금 부족액을 추정할 때 계약조건의 일부이지만 별도로 인식하지 않는 담보나 그 밖의 신용보강에서 기대되는 현금흐름을 반영해야 한다. 담보권 행사가 확실한지 아닌지와 관계없이(기대현금흐름의 추정에 담보권의 행사확률과 그에 따른 현금흐름을 고려한다), 담보부 금융상품의 기대 현금 부족액의 추정은 담보물에 대한 담보권 행사로 기대되는 현금흐름에서 담보물을 획득하고 처분하는 데 소요되는 원가를 차감한 금액과 시기를 반영한다. 따라서 계약상 만기를 초과한 기간에 담보물의 실현으로 기대되는 현금흐름을 이러한 분석에 포함해야 한다. K-IFRS 1109나 다른 기준서에서의 자산 관련 인식기준을 충족하는 경우가 아니라면, 담보권 행사로 받은 담보물은 담보부 금융상품과 구분되는 별도의 자산으로 인식하지 않는다. *[K-IFRS 1109 B5.5.55]*

보충설명 기대신용손실

K-IFRS 1109 **문단** 5.5.19**에** 따라, 기대신용손실을 측정하는 가장 긴 기간은 신용위험에 노출된 최장 계약기간이다. 대출약정과 금융보증계약의 경우는 신용을 제공하는 계약상 현재의무를 부담하는 최장 계약기간이다. *[K-IFRS 1109 B5.5.38]*

그러나 K-IFRS 1109 **문단** 5.5.20에 따라 일부 금융상품은 대여금과 미사용 한도약정요소를 모두 포함하며 기업에게 상환을 요구하고 미사용 한도약정을 취소할 수 있는 계약상 능력이 있더라도 신용손실에 대한 익스포저가 계약상 예고기간으로 한정되지 않는다. 예를 들면 신용카드와 당좌대월 같은 회전신용한도약정의 경우에는 대여자가 하루 전에 통지하여 계약을 취소할 수 있다. 그러나 실무적으로 대여자는 더 긴 기간에 신용을 계속 제공하며, 차입자의 신용위험이 증가한 후에만 해당 한도약정을 취소할 수도 있는데, 이 시점은 기대신용손실의 전부나 일부를 막기에는 너무 늦은 시점일 수 있다. 이러한 금융상품은 그 특성, 관리방식, 신용위험의 유의적인 증가에 대한 이용할 수 있는 정보의 특성으로 인해 일반적으로 다음과 같은 특성을 지닌다. *[K-IFRS 1109 B5.5.39]*

(1) 확정 만기나 상환구조가 없고 일반적으로 계약 취소기간이 단기이다(예 하루).
(2) 계약을 취소할 수 있는 계약상 능력은 보통의 일상적인 금융상품 관리에서는 행사되지 않으며, 그러한 계약은 해당 약정 수준에서 신용위험 증가를 알게 된 경우에만 취소할 수 있다.
(3) 집합방식으로 관리된다.

신용위험에 노출될 것으로 예상하지만 보통의 신용위험 관리 조치로 기대신용손실을 경감하지 못하는 기간을 산정할 때, 다음 사항에 대한 과거 정보와 경험 같은 요인을 고려해야 한다. *[K-IFRS 1109 B5.5.40]*

(1) 비슷한 금융상품의 경우에 신용위험에 노출되었던 기간
(2) 신용위험의 유의적인 증가 이후 비슷한 금융상품에 관련 채무불이행이 발생하기까지의 기간
(3) 미사용 한도를 줄이거나 없애는 것과 같이 금융상품의 신용위험이 증가되면 취해질 것으로 예상하는 신용위험 관리 조치

기대신용손실은 금융상품의 기대존속기간에 걸친 신용손실(모든 현금 부족액의 현재가치)의 확률가중추정치이다. 현금 부족액은 계약상 수취하기로 한 현금흐름과 수취할 것으로 기대하는 현금흐름의 차이다. 기대신용손실은 지급액과 지급시기를 고려하기 때문에, 전부 지급받을 것으로 예상하더라도 그 예상시기가 계약상 지급 시점보다 늦다면 신용손실이 발생한다. *[K-IFRS 1109 B5.5.28]*

금융자산의 신용손실은 다음 (1)과 (2)의 차이의 현재가치이다. *[K-IFRS 1109 B5.5.29]*

(1) 계약상 수취하기로 한 현금흐름
(2) 수취할 것으로 예상하는 현금흐름

미사용 대출한도약정의 신용손실은 다음 (1)과 (2)의 차이의 현재가치이다. *[K-IFRS 1109 B5.5.30]*

(1) 대출약정의 보유자가 실제로 대출하는 경우에 기업이 지급할 계약상 현금흐름
(2) 실제로 대출하는 경우에 기업이 수취할 것으로 예상하는 현금흐름

대출약정에 대한 기대신용손실의 추정은 해당 약정이 실제 대출로 이어질 것이라는 예상과 일관되어야 한다. 즉 12개월 기대신용손실을 추정하는 경우에는 보고기간 말 후 12개월 내 대출이 이루어질 것으로 예상하는 대출약정 부분을 고려해야 하고, 전체기간 기대신용손실을 추정하는 경우에는 해당 약정의 기대존속기간에 걸쳐 대출이 이루어질 것으로 예상하는 대출약정 부분을 고려해야 한다. *[K-IFRS 1109 B5.5.31]*

금융보증계약과 관련하여, 보증대상 금융상품의 계약조건에 따라 채무자의 채무불이행 사건에 대해서만 지급해야 한다. 따라서 현금 부족액은 발생한 신용손실에 대해 피보증인에게 변제할 것으로 예상하는 금액에서 피보증인, 채무자, 그 밖의 제삼자에게서 수취할 것으로 예상하는 금액을 차감한 것이다. 금융자산 전체를 보증한 경우에 금융보증계약의 현금 부족액 추정은 보증대상 자산의 현금흐름 부족분의 추정과 일관될 것이다. *[K-IFRS 1109 B5.5.32]*
보고기간 말에 신용이 손상된 금융자산(취득시 신용이 손상되어 있는 금융자산은 제외)의 기대신용손실은 (1) 해당 자산의 총 장부금액과 (2) 추정미래현금흐름을 최초 유효이자율로 할인한 현재가치의 차이로 측정한다. 조정금액은 손상차손(환입)으로 당기손익에 인식한다. *[K-IFRS 1109 B5.5.33]*
리스채권의 손실충당금을 측정할 때 기대신용손실을 산정하는 데 사용하는 현금흐름은 K-IFRS 1017 '리스'에 따라 리스채권을 측정할 때 사용하는 현금흐름과 일관되어야 한다. *[K-IFRS 1109 B5.5.34]*
K-IFRS 1109 **문단** 5.5.17의 원칙과 일관된다면 기대신용손실을 측정할 때 실무적 간편법을 사용할 수 있다. 실무적 간편법의 예로서 충당금 설정률표를 사용한 매출채권 기대신용손실의 계산을 들 수 있다. 적절하다면, 매출채권의 과거 신용손실 경험(문단 K-IFRS 1109 B5.5.51~B5.5.52에 따라 적절하게 수정한)을 금융자산의 12개월 기대신용손실이나 전체기간 기대신용손실을 추정하는 데 사용한다. 예를 들면 충당금 설정률표는 매출채권의 연체 일수에 따라 고정된 충당률을 설정할 수 있다(예 연체가 없는 경우에 1%, 연체 일수가 30일 미만인 경우에 2%, 30일 초과 90일 미만인 경우에 3%, 90일과 180일 사이인 경우에 20% 등). 고객층의 다양성에 따라 달라지지만, 과거 신용손실 경험상 서로 다른 고객부분이 유의적으로 서로 다른 손실양상을 보이는 경우에는 부문별로 적절하게 묶는다. 자산을 묶는 데 사용할 수 있는 기준의 예로서 지역적 위치, 상품형태, 고객등급, 담보나 거래신용보험, 고객형태(도매상이나 소매상)를 들 수 있다. *[K-IFRS 1109 B5.5.35]*

6 금융자산의 재분류

- **문단 4.4.1**에 따라 금융자산을 재분류하는 경우에 그 재분류를 재분류일부터 전진적으로 적용한다. 재분류 전에 인식한 손익[손상차손(환입) 포함]이나 이자는 다시 작성하지 않는다. **문단 5.6.2~5.6.7**에서 재분류에 대해 규정한다. *[K-IFRS 1109 문단 5.6.1]*
- 금융자산을 상각후원가 측정 범주에서 당기손익—공정가치 측정 범주로 재분류하는 경우에 재분류일의 공정가치로 측정한다. 금융자산의 재분류 전 상각후원가와 공정가치의 차이에 따른 손익은 당기손익으로 인식한다. *[K-IFRS 1109 문단 5.6.2]*
- 금융자산을 당기손익—공정가치 측정 범주에서 상각후원가 측정 범주로 재분류하는 경우에 재분류일의 공정가치가 새로운 총장부금액이 된다(재분류일의 유효이자율과 손실충당금의 산정 지침은 문단 B5.6.2 참조). *[K-IFRS 1109 문단 5.6.3]*
- 금융자산을 상각후원가 측정 범주에서 기타포괄손익—공정가치 측정 범주로 재분류하는 경

우에 재분류일의 공정가치로 측정한다. 금융자산의 재분류 전 상각후원가와 공정가치의 차이에 따른 손익은 기타포괄손익으로 인식한다. 유효이자율과 기대신용손실 측정치는 재분류로 인해 조정되지 않는다. *[K-IFRS 1109 문단 5.6.4]*

- 금융자산을 기타포괄손익—공정가치 측정 범주에서 상각후원가 측정 범주로 재분류하는 경우에 재분류일의 공정가치로 측정한다. 그러나 재분류 전에 인식한 기타포괄손익누계액은 자본에서 제거하고 재분류일의 금융자산의 공정가치에서 조정한다. 따라서 최초 인식시점부터 상각후원가로 측정했었던 것처럼 재분류일에 금융자산을 측정한다. 이러한 조정은 기타포괄손익에 영향을 미치지만 당기손익에는 영향을 미치지 아니하므로 재분류조정에 해당하지 아니한다(K-IFRS 1001 '재무제표 표시' 참조). 재분류에 따라 유효이자율과 기대신용손실 측정치는 조정하지 않는다. *[K-IFRS 1109 문단 5.6.5]*
- 금융자산을 당기손익—공정가치 측정 범주에서 기타포괄손익—공정가치 측정 범주로 재분류하는 경우에 계속 공정가치로 측정한다(재분류일의 유효이자율과 손실충당금의 산정 지침은 문단 B5.6.2 참조). *[K-IFRS 1109 문단 5.6.6]*
- 금융자산을 기타포괄손익—공정가치 측정 범주에서 당기손익—공정가치 측정 범주로 재분류하는 경우에 계속 공정가치로 측정한다. 재분류 전에 인식한 기타포괄손익누계액은 재분류일에 재분류조정(K-IFRS 1001 참조)으로 자본에서 당기손익으로 재분류한다. *[K-IFRS 1109 문단 5.6.7]*

보충설명 **금융자산의 재분류**

문단 4.4.1에 따라 금융자산을 재분류하는 경우에 **문단** 5.6.1은 재분류를 재분류일부터 전진적으로 적용하도록 하고 있다. 상각후원가 측정 범주와 기타포괄손익—공정가치 측정 범주에서는 최초 인식시점에 유효이자율을 산정해야 한다. 또 이러한 측정 범주에 대해서는 같은 방식으로 손상 요구사항을 적용한다. 따라서 상각후원가 측정 범주와 기타포괄손익—공정가치 측정 범주 간에 금융자산을 재분류하는 경우에는 다음과 같이 회계처리 한다. *[K-IFRS 1109 B5.6.1]*

(1) 이자수익의 인식은 변경하지 않으며 계속 같은 유효이자율을 사용한다.

(2) 두가지 측정 범주가 같은 손상 방식을 적용하므로 기대신용손실의 측정은 변경하지 아니한다. 그러나 금융자산을 기타포괄손익—공정가치 측정 범주에서 상각후원가 측정 범주로 재분류하는 경우의 손실충당금은 재분류일부터 금융자산의 총장부금액에 대한 조정으로 인식한다. 금융자산을 상각후원가 측정 범주에서 기타포괄손익—공정가치 측정 범주로 재분류하는 경우 손실충당금은 제거(즉, 총 장부금액에 대한 조정으로 더 이상 인식하지 않는다)하는 대신에 (같은 금액의) 누적손상금액을 기타포괄손익으로 인식하고 재분류일부터 공시한다.

그러나 당기손익—공정가치 측정 금융자산에 대하여 이자수익이나 손상차손(환입)을 구분하여 인식할 필요는 없다. 따라서 금융자산을 당기손익—공정가치 측정 범주에서 다른 측정 범주로 재분류하는 경우의 유효이자율은 재분류일의 금융자산 공정가치에 기초하여 산정한다. 또 손상 규정을 재분류일의 금융자산에 적용할 때 재분류일을 최초 인식일로 본다. *[K-IFRS 1109 B5.6.2]*

7 손 익

- 공정가치로 측정하는 금융자산이나 금융부채의 손익은 다음의 경우를 제외하고는 당기손익으로 인식한다. *[K-IFRS 1109 문단 5.7.1]*
  (1) 위험회피관계가 적용되는 경우
  (2) 지분상품에 대한 투자로서 **K-IFRS 1109 문단 5.7.5**에 따라 그러한 투자의 손익을 기타포괄손익으로 표시하도록 선택한 경우
  (3) 당기손익—공정가치 측정 항목으로 지정한 금융부채로서 **K-IFRS 1109 문단 5.7.7**에 따라 그러한 부채의 신용위험 변동 효과를 기타포괄손익으로 표시하는 경우
  (4) **K-IFRS 1109 문단 4.1.2A**에 따라 기타포괄손익—공정가치로 측정하는 금융자산으로서 **K-IFRS 1109 문단 5.7.10**에 따라 일부 공정가치의 변동을 기타포괄손익으로 인식해야 하는 경우
- 배당은 다음을 모두 충족한 경우에만 당기손익으로 인식한다. *[K-IFRS 1109 문단 5.7.1A]*
  (1) 배당을 받을 권리가 확정되었다.
  (2) 배당과 관련된 경제적 효익의 유입가능성이 높다.
  (3) 배당액을 신뢰성 있게 측정할 수 있다.
- 상각후원가로 측정하는 금융자산으로서 위험회피관계의 적용 대상이 아닌 금융자산의 손익은, 해당 금융자산을 제거할 때, **K-IFRS 1109 문단 5.6.2**에 따라 재분류할 때, 상각과정을 통해 또는 손상차손(환입)의 인식을 위해 당기손익으로 인식한다. 금융자산을 상각후원가 측정 범주에서 다른 측정 범주로 재분류하는 경우에 **K-IFRS 1109 문단 5.6.2와 5.6.4**를 적용한다. 상각후원가로 측정하는 금융부채로서 위험회피관계의 대상이 아닌 금융부채의 손익은, 해당 금융부채를 제거할 때와 상각과정을 통해 당기손익으로 인식한다(외환손익의 지침은 문단 **B5.7.2** 참조) *[K-IFRS 1109 문단 5.7.2]*
- 위험회피회계의 위험회피대상항목인 금융자산이나 금융부채의 손익은 **K-IFRS 1109 문단 6.5.8~6.5.14**와, 해당사항이 있다면 이자율위험의 포트폴리오 위험회피에 대한 공정가치위험회피회계를 규정하는 **K-IFRS 1039 문단 89~94**에 따라 인식한다. *[K-IFRS 1109 문단 5.7.3]*
- 결제일 회계처리방법을 적용하여 금융자산을 인식한다면, 상각후원가로 측정하는 자산의 매매일과 결제일 사이의 기간 중의 공정가치 변동은 인식하지 아니한다. 그러나 공정가치로 측정하는 자산의 해당 공정가치 변동은 **K-IFRS 1109 문단 5.7.1**에 따라 적절하게 당기손익이나 기타포괄손익으로 인식한다. 손상 요구사항을 적용할 때에는 매매일을 최초 인식일로 본다. *[K-IFRS 1109 문단 5.7.4]*

7.1. 지분상품에 대한 투자

- K-IFRS 1109의 적용범위에 포함되는 지분상품에 대한 투자로서 **단기매매항목이 아니고**, 사업결합에서 취득자가 인식하는 조건부 대가가 아닌 지분상품에 대한 투자의 후속적인 공정가치 변동을 기타포괄손익으로 표시할 수 있다. 이러한 선택은 최초 인식시점에만 가능하며 이후에 취소할 수 없다(외환손익의 지침은 문단 B5.7.3 참조). *[K-IFRS 1109 문단 5.7.5]*
- **K-IFRS 1109 문단 5.7.5**의 선택을 하는 경우에 지분상품에 대한 투자의 배당은 **K-IFRS 1109 문단 5.7.1A**에 따라 당기손익으로 인식한다. *[K-IFRS 1109 문단 5.7.6]*

보충설명 단기매매항목의 정의 *[K-IFRS 1109 부록 A. 용어의 정의]*

단기매매항목은 다음 중 하나에 해당하는 금융자산이나 금융부채를 말한다.
(1) 주로 단기간에 매각하거나 재매입할 목적으로 취득하거나 부담한다.
(2) 최초 인식시점에 공동으로 관리하는 특정 금융상품 포트폴리오의 일부로 운용 형태가 단기적 이익 획득 목적이라는 증거가 있다.
(3) 파생상품이다(다만 금융보증계약인 파생상품이나 위험회피수단으로 지정되고 위험회피에 효과적인 파생상품은 제외한다).
단기매매는 일반적으로 매입과 매도가 적극적이고 빈번하게 이루어지는 것을 말하며, 단기매매금융상품은 일반적으로 단기간의 매매차익을 얻기 위하여 취득한 금융상품을 말한다. *[K-IFRS 1109 BA.6]*

사 례 단기매매항목의 정의 *[K-IFRS 1109 B.11]*

- 단기매매금융자산이나 단기매매금융부채의 정의에서 '최근의 실제 운용형태가 단기적 이익획득 목적이라는 증거가 있으며, 그리고 공동으로 관리되는 특정 금융상품 포트폴리오의 일부인 금융자산이나 금융부채는 단기매매항목으로 분류한다.'라고 기술하고 있다. 이러한 정의를 적용하는 목적상 '포트폴리오'는 무엇인가?
  ➡ K-IFRS 1109에서 포트폴리오라는 용어를 명시적으로 정의하고 있지는 않지만, 포트폴리오라는 용어가 사용되는 문맥상 포트폴리오는 금융자산이나 금융부채로 구성되는 집합이며, 그 집합의 일부로서 금융자산이나 금융부채가 관리된다. 이러한 포트폴리오에 포함된 금융상품의 최근 실제 운용형태가 단기적 이익획득 목적이라는 증거가 있는 경우에는, 비록 포트폴리오에 속하는 개별 금융상품이 실제로는 더 긴 기간동안 보유될 수 있더라도 그러한 금융상품은 단기매매항목의 조건을 충족한다.

보충설명 지분상품에 대한 투자

K-IFRS 1109 **문단** 5.7.5에 따라 단기매매가 아닌 지분상품에 대한 투자의 공정가치 변동을 기타포괄손익으로 표시하는 취소 불가능한 선택을 할 수 있다. 이러한 선택은 상품별(주식별)로

하게 된다. 기타포괄손익으로 표시하는 금액은 후속적으로 당기손익으로 이전되지 않는다. 그러나 자본 내에서 누적손익을 이전할 수는 있다. 그러한 투자에서의 배당금이 명확하게 투자원가의 회수를 나타내지 않는다면 그러한 배당금은 K-IFRS 1109 **문단** 5.7.6에 따라 당기손익으로 인식한다. *[K-IFRS 1109 B5.7.1]*

K-IFRS 1109 **문단** 4.1.5를 적용하는 경우를 제외하고, K-IFRS 1109 **문단** 4.1.2A는 금융자산의 계약조건에 따라 원리금 지급만으로 구성되어 있는 현금흐름이 생기며 해당 자산을 계약상 현금흐름의 수취와 금융자산의 매도 둘 다를 통해 목적을 이루는 사업모형에서 보유하는 경우에는 기타포괄손익—공정가치으로 측정하도록 하고 있다. 이러한 측정 범주는 금융자산을 상각후원가로 측정한 것처럼 당기손익에 정보를 인식하는 반면, 재무상태표에는 공정가치로 측정한다. K-IFRS 1109 **문단** 5.7.10~5.7.11에 따라 당기손익으로 인식하는 항목이 아닌 손익은 기타포괄손익으로 인식한다. 이러한 금융자산을 제거할 때 기타포괄손익에 인식했던 누적 손익은 당기손익으로 재분류한다. 이는 해당 금융자산을 상각후원가로 측정하였다면 제거할 때 당기손익으로 인식되었을 손익을 반영한다. *[K-IFRS 1109 B5.7.1A]*

K-IFRS 1021 '환율변동효과'에 따른 화폐성 항목이며 외화로 표시하는 금융자산은 K-IFRS 1021를 적용한다. K-IFRS 1021에 따르면, 화폐성 자산과 부채의 모든 외환손익은 당기손익으로 인식해야 한다. 다만 현금흐름위험회피, 순투자의 위험회피, **문단** 5.7.5에 따라 공정가치의 변동을 기타포괄손익에 표시하도록 선택한 지분상품에 대한 공정가치위험회피에서 위험회피수단으로 지정된 화폐성 항목은 예외이다. *[K-IFRS 1109 B5.7.2]*

K-IFRS 1021에 따라 외환손익을 인식할 때, K-IFRS 1109 **문단** 4.1.2A에 따라 기타포괄손익—공정가치 측정 금융자산은 화폐성 항목으로 본다. 따라서 이러한 금융자산은 외화 기준의 상각후원가로 측정하는 자산으로 본다. 상각후원가에 대한 외환차이는 당기손익으로 인식하고 장부금액의 그 밖의 변동은 K-IFRS 1109 **문단** 5.7.10에 따라 인식한다. *[K-IFRS 1109 B5.7.2A]*

K-IFRS 1109 **문단** 5.7.5에 따라 지분상품에 대한 특정 투자의 공정가치 후속변동을 기타포괄손익으로 표시하는 취소 불가능한 선택을 할 수 있다. 그러한 투자는 화폐성 항목이 아니다. 따라서 K-IFRS 1109 **문단** 5.7.5에 따라 기타포괄손익으로 표시한 손익에는 관련되는 외화요소를 포함한다. *[K-IFRS 1109 B5.7.3]*

비파생화폐성 자산과 비파생화폐성 부채 사이에 위험회피관계가 있다면, 이러한 금융상품의 외화요소의 변동은 당기손익으로 표시한다. *[K-IFRS 1109 B5.7.4]*

7.2. 당기손익—공정가치 측정 항목으로 지정한 부채

- 당기손익—공정가치 측정 항목으로 지정한 금융부채의 손익은 **K-IFRS 1109 문단 4.2.2나 4.3.5**에 따라 다음과 같이 표시한다. *[K-IFRS 1109 문단 5.7.7]*

  (1) 금융부채의 **신용위험 변동에 따른 금융부채의 공정가치 변동**은 **기타포괄손익**으로 표시한다.

  (2) 해당 부채의 **나머지 공정가치 변동**은 **당기손익**으로 표시한다.

  다만 위 (1)에서 설명한 부채의 신용위험 변동효과의 회계처리가 당기손익의 회계불일치를 일으키거나 확대하는 경우는 제외한다.

- **K-IFRS 1109 문단 5.7.7의** 요구사항이 당기손익의 회계불일치를 일으키거나 확대하는 경우에는 해당 부채의 모든 손익(해당 부채의 신용위험 변동 효과를 포함)을 당기손익으로 표시한다. *[K-IFRS 1109 문단 5.7.8]*
- **K-IFRS 1109 문단 5.7.7과 5.7.8**의 요구사항에도 불구하고, 당기손익-공정가치 측정 항목으로 지정한 대출약정과 금융보증계약의 모든 손익은 당기손익으로 표시한다. *[K-IFRS 1109 문단 5.7.9]*

보충설명 신용위험의 의미

K-IFRS 110은 신용위험을 '금융상품의 당사자 중 어느 한 편이 의무를 이행하지 않아 상대방에게 재무손실을 입힐 위험'으로 정의한다. K-IFRS 1109 문단 5.7.7(1)의 요구사항은 발행자가 특정 부채에 대해 의무를 이행하지 못할 위험과 관련된다. 이는 발행자의 신용상태와 반드시 관련된 것은 아니다. 예를 들어 발행자가 담보부 부채와 (담보를 제외하고는 동일한) 비담보부 부채를 발행하는 경우에 같은 기업이 발행하더라도, 두 부채의 신용위험은 다를 것이다. 담보부 부채의 신용위험은 비담보부 부채의 신용위험보다 작을 것이다. 담보부 부채의 신용위험은 영(0)에 가까울 수도 있다. *[K-IFRS 1109 B5.7.13]*

K-IFRS 1109 문단 5.7.7(1)의 요구사항을 적용할 때 신용위험은 자산 특유의 성과위험과 다르다. 자산 특유의 성과위험은 특정 의무를 이행하지 못할 위험과 관련되는 것이 아니라 오히려 하나의 자산이나 자산집합의 성과가 저조하거나 전혀 없을 위험과 관련된다. *[K-IFRS 1109 B5.7.14]*

다음은 자산 특유의 성과위험의 사례이다. *[K-IFRS 1109 B5.7.15]*

(1) 계약상 투자자에게 지급하는 금액이 특정 자산의 성과에 기초하여 산정되는 단위연계특성이 있는 부채. 이러한 단위연계특성이 부채의 공정가치에 미치는 영향은 신용위험이 아니라 자산 특유의 성과위험이다.

(2) 구조화기업이 법률적으로 분리되어 있어서 비록 파산하더라도 그 기업의 자산은 투자자의 이익을 위해서만 사용하도록 지정되는 특성이 있는 구조화기업이 발행한 부채. 이 구조화기업은 그 밖의 거래를 체결하지 않으며 그 기업의 자산은 담보로 제공될 수 없다. 사용이 지정된 자산에서 현금흐름이 창출되는 경우에만 구조화기업의 투자자에게 지급할 금액이 발생한다. 따라서 부채의 공정가치 변동은 주로 자산의 공정가치 변동을 반영한다. 그 자산의 성과가 부채의 공정가치에 미치는 영향은 신용위험이 아니라 자산 특유의 성과위험이다.

7.3. 기타포괄손익-공정가치로 측정하는 자산

- **손상차손(환입)과 외환손익을 제외하고는,** 문단 4.1.2.A에 따른 **기타포괄손익-공정가치 측정 금융자산의 손익**은 해당 금융자산을 제거하거나 재분류할 때까지 **기타포괄손익**으로 인식한다. 금융자산을 제거할 때에는 인식한 기타포괄손익누계액을 재분류조정으로 자본에서 당기손익으로 재분류한다. 금융자산을 기타포괄손익-공정가치 측정 범주에서 다른 측정 범주로 재분류하는

경우에는 재분류 전에 인식한 기타포괄손익누계액은 **문단 5.6.5와 5.6.7**에 따라 회계처리한다. 유효이자율법을 사용하여 계산한 이자는 당기손익으로 인식한다. *[K-IFRS 1109 문단 5.7.10]*

- **K-IFRS 1109 문단 5.7.10**에서 설명하는 바와 같이, 금융자산을 **K-IFRS 1109 문단 4.1.2A**에 따라 기타포괄손익-공정가치로 측정하는 경우에 당기손익으로 인식하는 금액은 해당 금융자산을 상각후원가로 측정하였더라면 당기손익으로 인식하였을 금액과 같다. *[K-IFRS 1109 문단 5.7.11]*

보충설명 **당기손익-공정가치 측정 항목으로 지정한 부채**

금융부채를 당기손익—공정가치 측정 항목으로 지정하는 경우에 부채의 신용위험 변동 효과를 기타포괄손익에 표시하는 것이 당기손익의 회계불일치를 일으키거나 확대하는지 판단하여야 한다. 부채의 신용위험 변동 효과를 기타포괄손익에 표시하는 것이, 그 금액을 당기손익에 표시하는 것보다 당기손익에서 더 큰 불일치를 초래하게 되는 경우에 회계불일치를 일으키거나 확대하는 것이다. *[K-IFRS 1109 B5.7.5]*

이러한 결정을 위해, 부채의 신용위험 변동 효과가 당기손익—공정가치 측정 항목인 다른 금융상품의 공정가치 변동과 당기손익에서 상쇄될 것으로 예상하는지를 평가하여야만 한다. 이러한 예상은 부채의 특성과, 다른 금융상품의 특성 사이의 경제적 관계에 기초해야만 한다. *[K-IFRS 1109 B5.7.6]*

이러한 결정은 최초 인식시점에 이루어지며 재평가하지 않는다. 실무적으로 회계불일치를 초래하는 자산과 부채 전부를 반드시 동시에 취득할 필요는 없다. 나머지 거래가 일어날 것으로 예상한다면 합리적인 지연은 허용된다. 부채의 신용위험 변동 효과를 기타포괄손익에 표시하는 것이 당기손익의 회계불일치를 일으키거나 확대하는지를 판단하는 방법은 일관되게 적용해야 한다. 그러나 당기손익—공정가치 측정 항목으로 지정한 부채의 특성과 다른 금융상품의 특성 사이에 다른 경제적 관계가 존재하는 경우에는 다른 방법을 사용할 수 있다. K-IFRS 1107에 따르면 그러한 결정을 위해 사용한 방법에 관하여 재무제표의 주석에 질적 공시를 제공하여야 한다. *[K-IFRS 1109 B5.7.7]*

이러한 불일치가 일어나거나 확대된다면, 부채의 신용위험 변동 효과를 포함한 모든 공정가치 변동을 당기손익에 표시한다. 이러한 불일치가 일어나거나 확대되지 않는다면, 부채의 신용위험 변동 효과를 기타포괄손익에 표시한다. *[K-IFRS 1109 B5.7.8]*

기타포괄손익으로 표시하는 금액은 후속적으로 당기손익으로 이전하지 않는다. 그러나 자본 내에서 누적 손익을 이전할 수는 있다. *[K-IFRS 1109 B5.7.9]*

다음의 사례는 부채의 신용위험 변동 효과를 기타포괄손익에 표시하는 경우에 당기손익의 회계불일치가 일어나는 상황을 나타낸다. 부동산담보대출은행은 고객에게 대여금을 제공하고 시장에서 특성(미상환 금액, 상환일정, 만기, 통화)이 일치하는 채권을 매각하여 그 대여금의 자금을 조달한다. 대여금의 계약 조건에 따라 부동산담보대출고객이 대여금에 대응하는 채권을 시장에서 공정가치로 매입하고 해당 채권을 은행에 인도함으로써 중도상환(은행에 대한 의무를 이행)하는 것을 허용한다. 계약상 중도상환권리 때문에 채권의 신용상태가 악화되는 경우 (따라서 담보대출은행의 부채의 공정가치가 줄어들면), 담보대출은행의 대출자산 공정가치도 줄어든다. 이 자산의 공정가치 변동은, 기초채권을 (이 사례에서는 하락된) 공정가치로 매입하고 그 채권을 담보대출은행에 인도함으로써 담보대여금을 중도상환하는 담보대출고객의 계약상 권리를 반영한다. 따라서 부채(채권)의 신용위험 변동 효과는 대응되는 금융자산(대여금)의 공정가치 변동에 따라 당기손익에서 상쇄된다. 부채의 신용위험 변동 효과가 기타포괄손익에 표시되는 경우에는 당기손익에 회계불일치가 존재하게 될 것이다. 따라서 담보대출은행은 부채의 (신용위험 변동 효과를 포함한) 공정가치 변동 전부를 당기손익으로 인식해야 한다. *[K-IFRS 1109 B5.7.10]*

K-IFRS 1109 **문단** B5.7.10의 사례에서, 부채의 신용위험 변동 효과와 금융자산의 공정가치 변동은 (공정가치로 채권을 매입하고 해당 채권을 부동산담보대출은행에 인도함으로써 대여금을 중도상환할 수 있는 부동산담보대출고객의 계약상 권리로 인한) 계약상 연계되어 있다. 그러나 회계불일치는 계약상 연계가 없는 경우에도 생길 수 있다. *[K-IFRS 1109 B5.7.11]*

K-IFRS 1109 **문단** 5.7.7**과** 5.7.8의 요구사항을 적용하는 목적상, 부채의 신용위험 변동 효과를 결정하는 데에 사용하는 측정방법만으로는 회계불일치가 생기지는 않는다. 당기손익의 회계불일치는 부채의 신용위험 변동 효과(K-IFRS 1107에서 정의)가 다른 금융상품의 공정가치변동에 따라 상쇄될 것으로 예상하는 경우에만 생길 것이다. 측정방법만으로 생기는 불일치는 (부채의 신용위험 변동을 부채의 공정가치 변동 중 다른 부분과 구분하지 않기 때문에) K-IFRS 1109 **문단** 5.7.7**과** 5.7.8에서 요구하는 결정에 영향을 미치지 아니한다. 예를 들어 부채의 신용위험 변동을 유동성위험의 변동과 구분하지 않는 경우가 있을 수 있다. 이 두 가지 요소가 결합된 효과를 기타포괄손익에 표시한다면, 유동성위험의 변동이 금융자산의 공정가치 측정치에 포함될 수 있고 이러한 자산의 전체 공정가치 변동이 당기손익에 표시되기 때문에 불일치가 생길 수 있다. 그러나 이러한 불일치는 측정의 부정확함 때문이지, K-IFRS 1109 **문단** B5.7.6에서 설명하는 상쇄관계가 아니므로 K-IFRS 1109 **문단** 5.7.7**과** 5.7.8**에서** 요구하는 결정에 영향을 미치지 않는다. *[K-IFRS 1109 B5.7.12]*

보충설명 신용위험 변동 효과의 결정

K-IFRS 1109 **문단** 5.7.7⑴의 요구사항을 적용할 때 부채의 신용위험 변동에 따른 공정가치 변동금액은 다음 중 하나의 방법으로 산정한다. *[K-IFRS 1109 B5.7.16]*

⑴ 부채의 공정가치 변동금액 중 시장위험을 일으키는 시장상황의 변동으로 인한 것이 아닌 변동금액(문단 **B5.7.17** 및 **B5.7.18** 참조)

⑵ 부채의 신용위험 변동에 따른 공정가치 변동금액을 더 충실하게 표현할 것으로 여겨지는 대체적인 방법의 사용

시장위험을 일으키는 시장상황의 변동에는 기준금리, 다른 기업의 금융상품 가격, 일반상품의 가격, 환율이나 가격지수 또는 비율지수 등의 변동이 포함된다. *[K-IFRS 1109 B5.7.17]*

부채와 관련된 시장상황의 유의적인 변동요인이 관측된 (기준)금리의 변동에 국한된다면, K-IFRS 1109 **문단** B5.7.16⑴의 금액은 다음과 같이 추정할 수 있다. *[K-IFRS 1109 B5.7.18]*

⑴ 먼저, 기초의 부채의 공정가치와 부채의 계약상 현금흐름을 이용하여 기초시점의 부채의 내부수익률을 계산한다. 이 수익률에서 기초에 관측된 (기준)금리를 차감하여 당해 금융상품 특유의 내부수익률 요소를 구한다.

(2) 다음으로, 다음 (가)와 (나)의 합계인 할인율과 기말의 부채의 계약상 현금흐름을 사용하여 부채와 관련된 현금흐름의 현재가치를 산출한다.
(가) 기말에 관측된 (기준)금리
(나) 위 (1)에서 결정한 금융상품 특유의 내부수익률 요소
(3) 기말의 부채의 공정가치와 위의 (2)에서 결정한 금액의 차이는 관측된 (기준)금리의 변동과 관련되지 않은 공정가치 변동금액이며, 이 금액을 문단 5.7.7(1)에 따라 기타포괄손익으로 표시한다.
K-IFRS 1109 **문단** B5.7.18의 사례는 금융상품의 신용위험 변동이나 관측된 (기준)금리 변동 외의 요소에 따른 공정가치의 변동이 유의적이지 않다는 것을 가정한 것이다. 이 방법은 다른 요소에 따른 공정가치 변동이 유의적이라면 적절하지 않을 것이다. 그러한 경우에는 부채의 신용위험 변동 효과를 더 충실하게 측정하는 대체적인 방법을 사용하여야 한다(문단 **B5.7.16**(2) 참조). 예를 들어 사례의 금융상품이 내재파생상품을 포함한다면, 내재파생상품의 공정가치 변동은 K-IFRS 1109 **문단** 5.7.7(1)에 따라 기타포괄손익으로 표시되는 금액을 결정할 때 제외한다. *[K-IFRS 1109 B5.7.19]*
모든 공정가치 측정에서와 같이, 부채의 신용위험 변동에 따른 공정가치 변동 부분을 결정하기 위한 측정방법에서는 관련되는 관측 가능한 투입변수를 최대한 사용하고 관측이 불가능한 투입변수는 최소한으로 사용해야 한다. *[K-IFRS 1109 B5.7.20]*

사 례 신용위험의 유의적인 증가 *[K-IFRS 1109 IE7~IE11]*

기업 Y는 서로 다른 트랑슈[9]의 선순위 담보대여금을 포함하는 자금조달구조를 지니고 있다. **은행 X는 기업 Y**에 그러한 대여금 트랑슈를 제공한다. 은행 X는 대여금 창출시점에 비록 기업 Y의 레버리지가 비슷한 신용위험을 지닌 다른 발행자들에 비해 상대적으로 높지만 기업 Y는 해당 금융상품의 존속기간에 계약조건을 이행할 수 있을 것으로 예상하였다. 또 선순위 금융상품의 존속기간에 기업 Y가 속해 있는 산업에서 안정적인 수익과 현금흐름이 창출될 것으로 예상되었다. 그러나 기업 Y의 현재 사업 범위에서 총 이윤을 증가시키는 능력과 관련한 사업위험이 일부 있었다. 상기의 사항을 고려할 경우에 은행 X는 최초 인식시점의 신용위험 수준에도 불구하고, 최초 인식시점에 해당 대여금이 신용이 손상된 금융자산의 정의를 충족하지 못하기 때문에 신용이 손상된 채로 창출된 대여금으로 보지 않는다.
최초 인식 후에 **거시 경제적 변동이 총 매출액에 부정적인 영향을 미쳤으며 기업 Y는 수익과 순현금흐름 창출을 위한 사업계획보다 미달되는 성과**를 이루었다. 재고 소비가 늘었지만 예상했던 매출이 실현되지 아니하였다. **기업 Y는 유동성을 높이기 위해 별도의 회전신용한도약정을 사용하였고 레버리지 비율이 높아졌다.** 결과적으로 **기업 Y는 현재 은행 X와의 선순위 담보대여금에 대한 계약 위반에 가까운 상황**이다.
은행 X는 보고기간 말에 최초 인식 후 신용위험의 증가 정도에 대한 평가와 관련되고 과도한 원가나 노력 없이 이용할 수 있는 합리적이고 뒷받침될 수 있는 모든 정보를 고려하여 기업 Y에 대한 대여금의 신용위험을 전반적으로 평가한다. 이러한 평가에는 다음의 요인을 포함한다.

(1) **은행 X는 거시 경제적 상황의 악화가 가까운 미래에 계속될 수도 있어 기업 Y의 현금흐름 창출 능력과 레버리지 감소 능력에 좀 더 부정적인 영향을 미칠 것이라고 예상한다.**
(2) **기업 Y는 계약 위반에 가까운 상황**이며 대여금 계약조건을 재설정하거나 대여금을 재조정하는 것이 필요할 수 있다.
(3) **기업 Y의 채권 거래가격이 하락**하였고 새로 창출한 대여금의 신용마진이 증가하였다는 은행 X의 평가는 신용위험의 증가를 반영하며 이러한 변동은 시장상황의 변동으로 설명될 수 없다(예 기준 이자율이 변동 없이 유지되고 있음). 추가로 기업 Y와 비슷한 기업들의 채권 가격과 비교한 결과, 기업 Y 채권 가격 하락과 해당 대여금의 신용마진 증가는 기업 특유의 요인에 의한 것이라는 것을 보여준다.
(4) 은행 X는 신용위험의 증가를 반영하기 위해 이용할 수 있는 정보에 기초하여 **대여금의 내부위험등급을 재평가**하였다.

은행 X는 **K-IFRS 1109 문단 5.5.3**에 따라 대여금의 최초 인식 후에 **신용위험이 유의적으로 증가했다고 판단한다.** 따라서 은행 X는 기업 Y의 선순위 **담보대여금에 대해 전체기간 기대신용손실을 인식한다.** 은행 X가 대여금의 내부위험등급을 아직 변경하지 아니하였더라도 여전히 이러한 결론을 내릴 수 있다. 위험등급의 변동 여부 자체만으로는 최초 인식 후에 신용위험이 유의적으로 증가하였는지가 결정되지 않는다.

사 례 신용위험의 유의적인 증가가 아닌 경우 *[K-IFRS 1109 IE12~IE17]*

기업 C는 경기에 민감한 제조산업에서 영업하는 그룹의 지주회사이다. 은행 B는 기업 C에 대출하였다. 대출 당시에 전 세계적으로 해당 산업의 제품 수요가 더 증가할 것으로 예상되었기 때문에 해당 산업의 전망은 긍정적이었다. 그러나 투입 가격의 변동이 심했으며 경기순환주기상 매출이 감소될 수 있을 것으로 예측되었다.

또 기업 C는 과거에 외적 성장과 관련 분야 기업에 대한 최대 지분 취득에 집중해 왔다. 따라서 그룹의 구조가 복잡하고 변화해 왔으며 투자자가 그룹의 예상 성과를 분석하고 지주회사 수준에서 이용할 수 있는 현금흐름을 예측하기가 어려워졌다. 은행 B가 대출하는 시점에 기업 C의 레버리지는 채권자들이 수용할 정도의 수준이기는 하지만 현재 차입금의 만기까지 남은 존속기간이 짧기 때문에 채권자들은 기업 C가 부채를 재조달할 수 있는 능력에 대해 우려한다. 기업 C가 운영 중인 종속기업에서 받는 배당으로 이자를 계속 지급할 수 있는 능력에 대한 우려도 있다.

은행 B가 대출하는 시점에 기업 C의 레버리지는 그 밖의 고객들과 비슷한 수준이었고, 대출금의 기대존속기간에 걸친 예측에 기초하여 채무불이행 사건을 유발하기 전까지 이용할 수 있는 충당금 적립률(coverage ratio)에 여유가 많았다. 은행 B는 신용위험을 판단하는 데 자체 내부등급 방식을 적용하고 각 대출금에 특정한 내부등급 점수를 부여한다. 은행 B의 내부등급 범주는 과거, 현재, 미래전망 정보에 기초하며 대출금의 남은 기간의 신용위험을 반영한다. 은행 B는 최초 인식시점에

---

9) 대여금에 대한 보장은 채무불이행이 발생할 경우에 실현되는 손실에 영향을 미치기 때문에 K-IFRS 1109의 문단 5.5.3에 따라 최초 인식 후에 신용위험이 유의적으로 증가하였는지를 판단할 때 고려하지 아니한다.

대출금이 신용위험에 상당히 노출되어 있고 투기적 요소가 있으며, 현금흐름 창출에 대한 그룹의 불확실한 전망을 포함하여 기업 C에 영향을 미치는 불확실성 때문에 채무불이행이 발생할 수 있다고 판단한다. 그러나 은행 B는 해당 대출금이 K-IFRS 1109 부록 A의 취득시 신용이 손상되어 있는 금융자산의 정의를 충족하지 않기 때문에 신용이 손상된 채로 창출된 것으로 보지 않는다.

기업 C는 최초 인식 후에 시장상황의 악화 때문에 다섯 개의 주요 종속기업 중 세 개 종속기업의 매출이 유의적으로 줄어들었다고 발표하였으나 산업의 예상주기에 따라 다음 수개월이 지나면 개선될 것으로 예상한다. 나머지 두 종속기업의 매출은 안정적이었다. 기업 C는 운영 중인 종속기업의 효율성을 높이기 위해 기업구조 개편을 발표하였다. 이러한 구조 개편으로 현재 차입금을 재조달할 수 있는 유연성과 운영 중인 종속기업이 기업 C에 배당을 지급할 수 있는 능력이 높아질 것이다.

시장상황이 계속 악화될 것이라는 예상에도 불구하고, **K-IFRS 1109 문단 5.5.3**에 따라 은행 B는 기업 C의 대출금의 신용위험이 최초 인식 후에 **유의적으로 증가하지 아니하였다고 판단한다.** 이러한 판단은 다음의 요인들로 입증된다.

(1) **현재 매출이 하락하였으나, 이는 은행 B가 최초 인식시점에 예상한 것이다. 또 매출은 다음 수개월이 지나면 개선될 것으로 예상한다.**

(2) **기업 구조개편으로, 운영 중인 종속기업의 현재 차입금을 재조달할 수 있는 유연성이 증가하고 기업 C에 배당을 지급할 수 있는 여력이 증가하므로, 은행 B는 이를 신용보강으로 본다.** 현재 차입금을 재조달할 수 있는 지주회사의 능력에 대한 계속된 일부 우려에도 불구하고 신용보강으로 본다.

(3) **기업 C를 관찰하는 은행 B의 신용위험 관리부서는 최근 국면이 내부 신용위험 등급을 변경할 만큼 유의적이지 않다고 판단하였다.**

따라서 **은행 B는 대출금에 전체기간 기대신용손실에 해당하는 금액으로 손실충당금을 인식하지 아니한다.** 그러나 향후 12개월 내 발생할 채무불이행 발생 위험의 증가와 채무불이행이 발생할 경우에 신용손실에 대한 현재의 예상을 반영하여 12개월 기대신용손실의 측정을 갱신한다.

사 례 충분히 담보된 금융자산 *[K-IFRS 1109 IE18~IE23]*

기업 H는 은행 Z에서 **담보인정비율(loan-to-value, LTV)이 50%인 5년 만기 대출금으로 조달한 현금으로 취득한 부동산을 갖고 있다. 해당 대출금은 부동산에 대한 1순위 담보로 보증된다.** 은행 Z는 최초 인식시점에 해당 대출금이 신용이 손상된 채로 창출된 것으로 보지 않는다.

최초 인식 후에 경기침체 때문에 기업 H의 수익과 영업이익이 줄어들었다. 또 예상되는 규제 강화가 수익과 영업이익에 추가로 부정적인 영향을 미칠 수도 있을 것으로 예상한다. 기업 H에 미치는 이러한 부정적인 영향은 유의적이고 지속될 수 있다.

이러한 최근의 사건과 예상되는 불리한 경제상황 때문에 기업 H의 잉여현금흐름은 예정된 대출금의 지급이 빠듯해질 정도까지 줄어들 것으로 예상한다. 은행 Z는 기업 H의 현금흐름이 더 악화될 경우에는 지급하기로 한 대출금의 계약 금액을 지급하지 못하여 연체될 수도 있다고 추정한다.

최근 제삼자의 평가에 따르면 부동산 가치 하락의 징후가 있었고, 따라서 현행 LTV는 70%가 되었다.

보고기간 말에 **K-IFRS 1109 문단 5.5.10**에 따라 **기업 H에 대한 대출금은 신용위험이 낮은 것으로 보지 않는다.** 따라서 은행 Z는 **K-IFRS 1109 문단 5.5.3에 따라** 보유하고 있는 담보가치와 상관없이 최초 인식 후에 신용위험이 유의적으로 증가하였는지를 평가할 필요가 있다. **기업 H는 현금흐름이 조금만 악화되는 경우에도 대출금에 대한 계약상 지급을 못할 수 있기 때문에 보고기간 말에 상당한 신용위험에 노출되어 있다. 따라서 은행 Z는 최초 인식 후에 신용위험(채무불이행 발생 위험)이 유의적으로 증가하였다고 판단한다. 따라서 은행 Z는 기업 H의 대출금에 전체기간 기대신용손실을 인식한다.**

전체기간 기대신용손실을 인식해야 하지만, **K-IFRS 1109 문단 B5.5.55에 따라 기대신용손실의 평가는 부동산 담보에서 예상되는 회수분(담보물을 획득하고 매각하는 원가를 조정하여)을 반영할 것이고, 따라서 대출금에 대한 기대신용손실이 매우 작아질 수 있다.**

사 례 투자등급 공모채권 *[K-IFRS 1109 IE24~IE28]*

기업 A는 국내에서 물류업을 하는 상장 대기업이다. 자본구조상 유일한 채무는 **5년 만기 공모채권**이며 **채권 계약에 따른 유일한 제약은 추가 차입 제한**이다. 기업 A는 주주에게 분기별로 보고한다. 기업 B는 많은 채권 투자자 중 하나이다. 기업 B는 **K-IFRS 1109 문단 5.5.10**에 따라 **최초 인식시점에 해당 채권의 신용위험이 낮은 것으로 본다.** 이는 **해당 채권의 채무불이행 발생 위험이 낮으며 기업 A가 단기적으로 그 채무를 이행할 강한 능력을 갖고 있다고 보기 때문이다.** 기업 B는 장기적으로 경제 환경과 사업 환경의 불리한 변화 때문에 해당 채권의 의무를 이행할 수 있는 기업 A의 능력이 반드시 약해지지는 않지만 약해질 수도 있다고 본다. 또 최초 인식시점에 해당 채권은 **투자등급에 해당하는 국제적인 외부신용등급과 상호연계된 내부신용등급을 지니고 있었다.**

보고기간 말에 기업 B의 신용위험에 대한 주된 우려사항은 기업 A의 영업현금흐름 감소를 일으켰던 매출총량에 대한 지속적인 압박이다.

기업 B는 분기 공시정보에만 의존하고 사적인 신용위험정보에 접근할 수 없기 때문에 (기업 B는 채권투자자이기 때문에) 신용위험 변동의 평가는 공식적인 발표(신용평가기관이 신용전망을 갱신하는 보도자료 포함)와 정보에 의존한다.

기업 B는 **문단 5.5.10에 따라 '낮은 신용위험'의 간편법을 적용한다.** 따라서 보고기간 말에 **기업 B는 과도한 원가나 노력 없이 이용할 수 있는 합리적이고 뒷받침될 수 있는 모든 정보를 이용하여 해당 채권의 신용위험이 낮은지를 평가한다.** 이때 기업 B는 해당 채권의 내부신용등급을 재평가하고 다음과 같은 이유로 더는 투자등급으로 볼 수 없다고 결론 내린다.

(1) **기업 A의 최근 분기보고서에서 전분기 대비 수익이 20% 감소하였고 영업이익은 12% 감소한 것으로 나타났다.**

(2) **신용평가기관이 기업 A가 발표한 이익감소에 대해 부정적으로 반응하였고 신용등급을 투자등급에서 투자 부적격 등급으로 강등할 가능성에 대해 검토하고 있다.** 그러나 보고기간 말에 외부신용위험 등급은 변경되지 아니하였다.

(3) **채권가격도 유의적으로 하락하였고 그 결과 만기수익률이 높아졌다.** 기업 B는 채권가격이 기업

A의 신용위험 증가 때문에 하락하였는지를 평가한다. 이는 시장상황이 변동되지 아니하였고 비슷한 기업의 채권가격과 비교해 볼 때 해당 채권가격의 하락은 기업 특유의 요인(예를 들면 기업 특유의 신용위험 지표로 보지 않는 기준 이자율의 변동이 아님)에 기인할 수 도 있기 때문이다.
기업 A는 현재 약정을 이행할 수 있는 능력을 갖고 있으나, 불리한 사업 환경과 경제 환경에 노출됨에 따른 큰 불확실성이 해당 채권의 채무불이행 발생 위험을 증가시켰다. **기업 B는 문단 상기 요인을 고려하여 보고기간 말에 해당 채권의 신용위험이 낮지 않다고 판단한다.** 따라서 기업 B는 최초 인식 후에 신용위험이 유의적으로 증가하였는지를 판단해야 한다. **기업 B는 이러한 평가에 기초하여 최초 인식 후에 신용위험이 유의적으로 증가하였으며 전체기간 기대신용손실에 해당하는 금액으로 손실충당금을 인식해야 한다고 판단한다.**

사 례 신용위험의 변동에 대한 반응 정도 *[K-IFRS 1109 IE29~IE39]*

은행 ABC는 **세 개의 서로 다른 지역**에 주거용 부동산 자금조달을 위한 주택담보대출을 제공한다. 수입금액이 **다양한 대출자에게 다양한 LTV**로 주택담보대출을 실행하였다. 고객은 주택담보대출 신청절차의 일부로서 고객이 고용된 산업, 주택담보대출의 담보인 부동산의 우편번호 등의 정보를 제공해야 한다.
은행 ABC는 **신용점수에 기초한 승인기준**을 정하고 있다. '승인수준'을 넘는 신용점수를 받은 대출자들은 계약상 지급의무를 이행할 수 있다고 보기 때문에 해당 대출을 승인한다. 은행 ABC는 새로운 주택담보대출을 실행할 때 최초 인식시점의 채무불이행 발생 위험을 판단하기 위해 신용점수를 이용한다.
은행 ABC는 보고기간 말에 **모든 지역의 경제상황이 유의적으로 악화될 것으로 예상된다고 판단한다. 실업률 수준이 높아지는 반면 주택 가치는 하락하여 LTV가 높아질 것으로 예상한다.** 따라서 은행 ABC는 예상되는 경제상황의 악화에 따라 주택담보대출 포트폴리오의 채무불이행 발생률이 높아질 것으로 예상한다.

〈개별평가〉
지역 1에서, 은행 ABC는 **개별 주택담보대출을 자동화된 행동평점절차(behavioural scoring process)에 따라 매월 평가한다.** 이러한 평점모형은 **현재와 과거의 연체 상태, 고객의 채무수준, LTV, 은행 ABC의 그 밖의 금융상품에 대한 고객의 행동, 대출규모, 대출실행 후의 경과기간에 기초한다.** 은행 ABC는 개별 우편번호 지역의 **최근 매매 정보와 과도한 원가나 노력 없이 이용할 수 있는 합리적이고 뒷받침될 수 있는 미래전망 정보를 이용하여 부동산 가치를 재추정하는 자동화된 절차를 거쳐 정기적으로 LTV를 갱신한다.**
은행 ABC는 **주택 가격과 주택담보대출의 채무불이행률 간에 강한 상관관계를 나타내는 과거 자료를 갖고 있다.** 즉 **주택 가격이 하락할 때 고객은 지급하기로 한 주택담보대출을 지급할 경제적 유인이 줄어들고 이에 따라 채무불이행 발생 위험이 증가한다.**
LTV가 행동평점모형에 영향을 미치며 예상되는 주택 가격의 하락에 따른 채무불이행 발생 위험이 증가하는 경우에 행동평점을 조정한다. 주택담보대출이 만기에만(그리고 향후 12개월을 초과하여)

가장 유의적인 지급이 있는 만기일시상환대출(bullet loan)인 경우에도 예상되는 주택 가격의 하락에 따라 행동평점이 조정될 수 있다. LTV가 높은 주택담보대출은 주택 가격의 변동에 더 민감하며, 은행 ABC는 행동평점이 나빠진 경우에 주택담보대출이 연체되기 전에 공식적인 발표(신용평가기관이 신용전망을 갱신하는 보도자료 포함)와 식별할 수 있다.

신용위험이 유의적으로 증가했을 때, 전체기간 기대신용손실에 해당하는 금액으로 손실충당금을 인식한다. 은행 ABC는 손실의 정도[채무불이행이 발생하는 경우의 손실(loss given default, LGD)]를 추정하기 위해 LTV를 이용하여 손실충당금을 측정한다. **다른 모든 것이 동일하다면 LTV가 높아질수록 기대신용손실은 증가한다.**

은행 ABC가 주택 가격 하락에 대한 예상을 반영하기 위한 행동평점을 갱신할 수 없다면 최초 인식 후에 신용위험이 유의적으로 증가하였는지를 판단하고 해당 대출에 대한 전체기간 기대신용손실을 인식하기 위해 집합평가를 수행할 때 과도한 원가나 노력 없이 이용할 수 있는 합리적이고 뒷받침될 수 있는 정보를 이용한다.

〈집합평가〉

은행 ABC는 **지역 2와 지역 3**에 대해서는 **자동화된 행동평점절차가 없다.** 그 대신에 은행 ABC는 신용위험 관리 목적으로 **과거의 연체 행태를 이용하여 채무불이행 발생 위험을 추적한다. 연체 일수가 30일을 초과한 모든 대출에 대해 전체기간 기대신용손실에 해당하는 금액으로 손실충당금을 인식한다.** 은행 ABC가 차입자 특유의 정보로서만 과거의 연체 정보를 사용하지만, 연체 일수가 30일을 초과하지 않은 대출에 전체기간 기대신용손실을 인식해야 하는지를 평가하기 위해 과도한 원가나 노력 없이 이용할 수 있는 그 밖의 합리적이고 뒷받침될 수 있는 미래전망 정보도 고려한다. 이는 신용위험의 모든 유의적인 증가에 대해 전체기간 기대신용손실을 인식하는 **K-IFRS 1109 문단 5.5.4의** 목적을 충족하기 위해 필요하기 때문이다.

[지역 2]

지역 2에는 석탄과 관련 제품의 수출에 대부분 의존하는 **광업지구**가 있다. 은행 ABC는 **석탄 수출이 유의적으로 감소하였음을 알게 되고 일부 석탄광산의 폐쇄를 예상한다. 차입자가 보고기간 말에 연체하지 않았더라도, 실업률의 증가가 예상되기 때문에 석탄광산에서 일하는 차입자에 대한 담보대출의 채무불이행 발생 위험이 유의적으로 증가되었다고 판단한다.** 따라서 은행 ABC는 석탄광산에서의 수입에 의존하는 고객을 식별하기 위해(대출을 공통 위험요소에 기초하여 식별하는 '상향식(bottom up)' 접근법) **주택담보대출 포트폴리오를** (주택담보대출 신청절차의 일부로서 기록된 정보를 이용하여) **고객이 종사하는 산업별로 구분**한다. 은행 ABC는 **이러한 주택담보대출**에는 **전체기간 기대신용손실**에 해당하는 금액으로 손실충당금을 인식하는 반면, **지역 2의 그 밖의 모든 주택담보대출**에는 **12개월 기대신용손실**에 해당하는 금액으로 손실충당금을 계속 인식한다.[10] 그러나 **이 광업지구의 석탄광산에서 직업적으로 일하는 차입자에게 신규로 실행한 주택담보대출**은 최초 인식 후에 유의적인 신용위험의 증가를 경험하지 아니하였기 때문에 **12개월 기대신용손실에 해당하는 금액으로 손실충당금을 인식한다.** 그러나 이러한 주택담보대출 중 일부는 석탄광산의 폐쇄에 대한 예상 때문에 최초 인식 후에 곧바로 신용위험의 유의적인 증가를 경험할 수 있다.

[지역 3]

은행 ABC는 **지역 3** 주택담보대출의 기대존속기간에 이자율 상승을 예상하므로 채무불이행 발생 위험과 신용위험의 증가를 예상한다. 과거에 이자율의 상승은 특히 고객의 주택담보대출이 고정금리 조건이 아닌 경우에 지역 3 주택담보대출의 미래 채무불이행으로 이어지는 주요 지표였다. 은행 ABC는 지역 3의 변동금리 조건의 주택담보대출 포트폴리오는 동질적이고 지역 2와 다르며, 신용위험이 유의적으로 증가한 고객을 나타내는 공통의 위험특성에 기초하여 특정한 하위 포트폴리오를 식별하는 것이 불가능하다고 판단한다. 은행 ABC는 지역 3 주택담보대출의 동질적인 특성에 따라 최초 인식 후에 전체 포트폴리오의 비례적 부분의 신용위험이 유의적으로 증가하였다고 평가할 수 있다고 판단한다('하향식(top down)' 접근법을 사용할 수 있다). 은행 ABC는 과거 정보에 기초할 경우에 이자율이 200 베이시스 포인트(basis point) 상승함에 따라 **변동금리 조건부 포트폴리오 중 20%가 신용위험이 유의적으로 증가할 것으로 추정한다.** 따라서 은행 ABC는 이자율 상승에 대한 예상에 따라 지역 3 주택담보대출 중 20%가 신용위험이 최초 인식 후에 유의적으로 증가했다고 판단한다. 따라서 은행 ABC는 **변동금리 조건부 주택담보대출 포트폴리오 중 20%에 전체기간 기대신용손실**을 인식하고 해당 포트폴리오의 **나머지 주택담보대출은 12개월 기대신용손실**에 해당하는 금액으로 손실충당금을 인식한다.[11]

사 례 최초 신용위험의 최대치와 비교 *[K-IFRS 1109 IE40-IE42]*

- 은행 A는 지역 W에서 **비슷한 자동차담보대출 포트폴리오 두 개**를 가지고 있다. 은행 A는 개별 대출을 결정할 때 내부 방침에 따라 **내부 신용등급시스템에 기초**한다.
- 해당 시스템은 고객의 신용이력, 은행 A의 그 밖의 상품에 대한 지급행동, 그 밖의 요인을 고려하고 발행할 때 **개별 대출에 1(가장 낮은 신용위험)부터 10(가장 높은 신용위험)까지 내부 신용등급**을 매긴다.
- **채무불이행 발생 위험은 신용위험 등급이 악화됨에 따라 기하급수적으로 증가한다.** 따라서 예를 들면 신용위험 등급점수 1과 2의 차이는 신용위험 등급점수 2와 3의 차이보다 작다.
- 포트폴리오 1의 대출은 내부 신용위험 등급이 비슷한 기존의 고객에게만 제공되었으며, **최초 인식시점에 모든 대출의 내부 등급점수는 3이나 4였다. 은행 A는 최초 인식시점에 포트폴리오 1에 받아들일 수 있는 최초 신용위험 등급의 최대치를 내부 신용위험 등급점수 4로 정한다.**
- 포트폴리오 2의 대출은 **자동차 담보대출 광고를 보고 연락한 고객에게 제공되었고 해당 고객의 내부 신용위험 등급점수는 4와 7 사이**였다. 은행 A는 내부 신용위험 등급점수가 7보다 높은 경우(내부 신용위험 등급점수가 8과 10 사이) 자동차담보대출을 실행하지 않는다.
- 은행 A는 신용위험이 유의적으로 증가하였는지를 평가할 때 포트폴리오 1의 모든 대출의 최초

---

10) 연체 일수가 30일을 초과하는 등 개별평가에 기초하여 신용위험이 유의적으로 증가하였다고 판단한 주택담보대출은 제외한다. 이러한 주택담보대출에도 전체기간 기대신용손실을 인식한다.

11) 연체 일수가 30일을 초과하는 등 개별평가에 기초하여 신용위험이 유의적으로 증가하였다고 판단한 주택담보대출은 제외한다. 이러한 주택담보대출에도 전체기간 기대신용손실을 인식한다.

신용위험을 **비슷하다고 판단**한다. 채무불이행 위험이 내부 위험등급에 반영된다면, 내부 신용위험 등급점수가 3에서 4로 바뀌는 것은 신용위험의 유의적인 증가를 나타내지는 않지만, 내부 신용위험 등급점수가 5보다 높은 해당 포트폴리오에 속하는 대출은 신용위험이 유의적으로 증가하였다고 판단한다. 이는 은행 A가 최초 인식 후에 신용위험의 변동을 평가하기 위해 포트폴리오의 개별 대출에 대한 최초의 신용등급을 알 필요는 없음을 뜻한다. K-IFRS 1109 문단 5.5.3에 따라 **전체기간 기대신용손실을 인식해야 하는지를 판단하기 위해 보고기간 말에 신용위험 등급점수가 5보다 높은지만 판단하면 된다.**

- 그러나 **포트폴리오 2의 최초 인식시점에 받아들일 수 있는 최초 신용위험의 최대치를 내부 신용위험 등급점수 7로 정하는 것은 K-IFRS 1109 문단 5.5.4의 목적을 충족하지 못한다.** 은행 A는 신용위험의 유의적인 증가가 새로운 금융자산을 창출하는 시점의 신용위험 수준 이상으로 신용위험이 증가할 때에만(내부 신용위험 등급점수가 7보다 높은 경우) 발생하는 것은 아니라고 판단하기 때문이다.
- 은행 A는 내부 신용위험 등급점수가 7보다 높은 자동차담보대출은 절대로 대출하지 않지만, 포트폴리오 2 대출의 최초 신용위험은 포트폴리오 1에서 이용한 접근법을 적용할 만큼 충분히 비슷하지 않다. 이는 신용위험이 유의적으로 증가하였는지를 판단하기 위해 은행 A가 보고기간 말의 신용위험을 최초 인식시점의 가장 낮은 신용의 질과 단순히 비교(예: 포트폴리오 2의 내부 신용위험 등급점수를 내부 신용위험 등급점수 7과 비교)할 수 없음을 뜻한다. **이는 포트폴리오 내의 대출에 대한 최초 신용의 질이 너무 다양하기 때문이다.** 예를 들면 당초 신용위험 등급점수 4인 대출의 경우에 내부 신용등급점수가 6으로 변동한다면 그 대출의 신용위험이 유의적으로 증가했다고 볼 수도 있다.

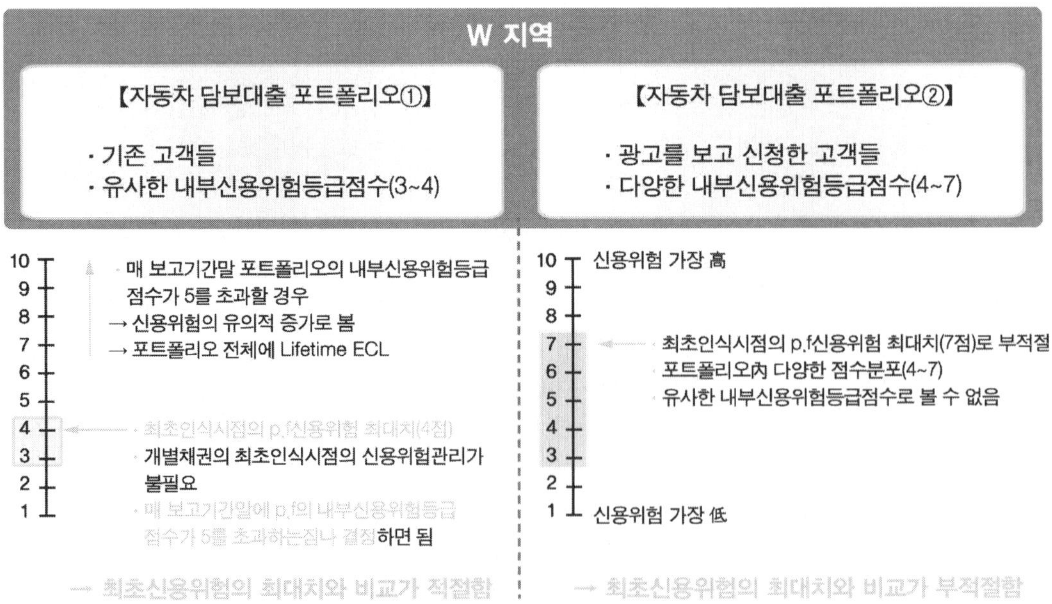

사 례 **거래상대방 신용위험의 평가** *[K-IFRS 1109 IE43~IE47]*

〈시나리오 1〉

- 20X0년에 은행 A는 기업 Q에게 15년 만기로 10,000원을 대출하였고 대출시점에 **기업 Q의 내부 신용위험 등급점수는 1(가장 낮은 신용위험)에서 10(가장 높은 신용위험)중 4였다.** 채무불이행 발생 위험은 신용위험 등급이 악화됨에 따라 기하급수적으로 증가한다. 따라서 예를 들면 신용위험 등급점수 1과 2의 차이는 신용위험 등급점수 2와 3의 차이보다 작다. 20X5년에 기업 Q의 내부 신용위험 등급점수가 6이었을 때, 은행 A는 기업 Q에게 10년 만기로 5,000원을 추가로 대출하였다. 20X7년에 기업 Q는 주요 고객과 계약을 유지하는 데 실패하여 수익의 급감을 경험하고 있다. 은행 A는 기업 Q가 계약을 상실함에 따라 대출금을 상환할 수 있는 능력이 유의적으로 약해질 것으로 보아 **내부 신용등급 점수를 8**로 변경한다.
- 은행 A는 신용위험 관리 목적으로 계약상대방의 신용위험을 평가하고 **기업 Q의 신용위험 증가가 유의적이라고 판단한다.** 은행 A가 최초 인식 후에 개별 대출의 신용위험 변동을 개별적으로 평가하지는 않았지만 계약상대방의 신용위험을 평가하고 **기업 Q에 제공한 모든 대출에 전체기간 기대신용손실을 인식하는 것은 문단 5.5.4의 손상 요구사항의 목적을 충족한다.** 이는 기업 Q가 대출금에 신용위험이 가장 높았을 때인 (20X7년의) 가장 최근 대출 후에도 신용위험이 유의적으로 증가하였기 때문이다. 따라서 계약상대방 평가는 개별 대출의 신용위험 변동을 개별적으로 평가했을 때와 같은 결과가 된다.

〈시나리오 2〉

- 20X0년에 은행 A는 기업 X에게 20년 만기로 150,000원을 대출하였고 대출시점에 기업 X의 **내부 신용위험 등급점수는 4**였다. **20X5년에 경제상황이 악화**되고 **기업 X의 제품 수요가 유의적으로 줄어들었다.** 매출 감소에 따른 현금흐름의 감소로 기업 X는 은행 A에 대한 차입금의 분할지급을 완전히 이행할 수는 없었다. 은행 A는 보고기간 말에 기업 X의 내부 신용위험 등급을 재평가하고 **해당 등급점수를 7**로 결정한다. 은행 A는 내부 신용위험 등급의 변경을 고려하는 것을 포함하여 대출의 신용위험 변동을 고려하였고, 신용위험이 유의적으로 증가하였다고 판단하고 150,000원의 대출에 전체기간 기대신용손실을 인식한다.
- 최근의 내부 신용위험 등급의 하락에도 불구하고, **20X6년에 은행 A는 기업 X에게 5년 만기로 50,000원을 추가로 대출**하였는데, 이 시점에 신용위험이 더 높았었음을 고려하였다.
- **기업 X의 신용위험(계약상대방 기준으로 평가)이 유의적으로 증가하였다고 이전에 평가하였던 사실 때문에 새로운 대출에 전체기간 기대신용손실을 인식해야 하는 것은 아니다.** 새로운 대출의 신용위험은 최초 인식 후에 유의적으로 증가하지 아니하였기 때문이다. 은행 A가 신용위험의 변동에 대한 결론을 같은 고객에게 제공한 모든 개별 금융상품에 적용할 수 있는지를 고려하지 않고 계약상대방 수준으로만 신용위험을 평가하면 **K-IFRS 1109 문단 5.5.4의 목적을 충족하지 못할 것이다.**

개별채권 신용위험 평가결과 = 거래상대방 신용위험 평가결과

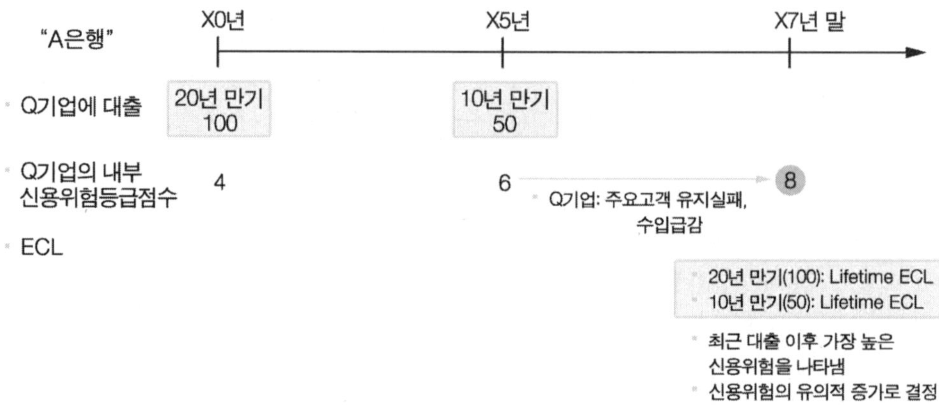

- 개별채권에 대해 신용위험 평가하지 않고, 거래상대방의 신용위험만 평가
- 거래상대방에 대한 신용위험평가를 그 거래상대방에 대한 모든 채권에 대해 동일하게 적용
- Q기업에 대한 모든 채권에 대해 Lifetim ECL 측정

→ 거래상대방 신용위험 평가가 적절함

※ 내부신용위험등급점수

10 ─ 신용위험 가장 高

1 ─ 신용위험 가장 低

개별채권 신용위험 평가결과 ≠ 거래상대방 신용위험 평가결과

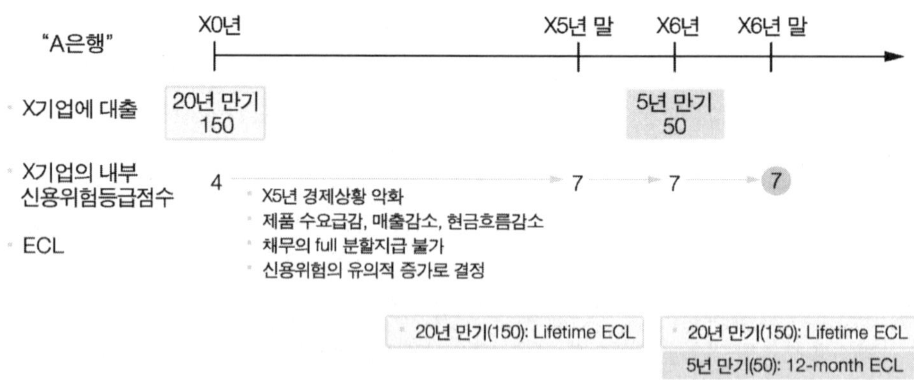

- 개별채권에 대해 신용위험을 평가하지 않고, 거래상대방의 신용위험만 평가하지만,
- 과거에 신용위험의 유의적 증가가 있었다고 하여, 새로운 대출에 무조건 Lifetime ECL 인식하는 것은 아님
- X6년의 새로운 대출의 경우, 최초 인식 후 신용위험의 유의적 증가가 없음

→ 거래상대방 신용위험 평가가 적절하지 아니함

사례 채무불이행 발생확률 접근법을 명시적으로 이용한 12개월 기대신용손실의 측정 *[K-IFRS 1109 IE49~IE52]*

〈시나리오 1〉

- 기업 A는 10년 만기, **원리금 분할상환 조건으로 1,000,000원**을 대출한다. 기업 A는 신용위험이 비슷한 금융상품, 차입자의 신용위험, 향후 12개월의 경제 전망에 대한 예상을 고려하여, 최초 인식시점에 대출의 **채무불이행 발생확률(probability of default, PD)을 향후 12개월에 0.5%로 추정한다.** 또 기업 A는 최초 인식 후에 신용위험이 유의적으로 증가하였는지를 판단할 때 그 **12개월 PD 변동을 전체기간 PD 변동의 합리적인 근사치로 본다.**
- 보고기간 말에(대출금의 지급기일 전[12]) **12개월 채무불이행 발생 확률에는 변동이 없었으며 기업 A는 최초 인식 후에 신용위험이 유의적으로 증가하지 않았다고 판단한다.** 기업 A는 대출금에 **채무불이행이 발생할 경우에 총 장부금액의 25%의 손실을 볼 것으로 판단한다(채무불이행이 발생할 경우의 손실률(LGD)이 25%).**[13] 기업 A는 0.5%의 12개월 채무불이행 발생확률을 이용하여 12개월 기대신용손실에 해당하는 금액으로 손실충당금을 측정한다. 이러한 계산에는 채무불이행이 발생하지 아니할 확률이 99.5%라는 것이 내재되어 있다. **보고기간 말에 12개월 기대신용손실에 해당하는 손실충당금은 1,250원(0.5% × 25% × 1,000,000원)**이다.

〈시나리오 2〉

- 기업 B는 5년 만기, **만기일시상환 대출 1,000개(단위당 1,000원)의 포트폴리오(총 1,000,000원)를 취득하며 해당 포트폴리오의 평균 12개월 PD는 0.5%**이다. 기업 B는 해당 대출채권이 향후 12개월 후에만 유의적인 지급의무가 있으므로 최초 인식 후에 신용위험이 유의적으로 증가하였는지를 판단할 때 12개월 PD의 변동을 고려하는 것이 적절하지 않다고 판단한다. 따라서 보고기간 말에 기업 B는 최초 인식 후에 해당 포트폴리오의 신용위험이 유의적으로 증가하였는지를 판단할 때 **전체기간 PD의 변동을 이용**한다.
- 기업 B는 **최초 인식 후에 신용위험이 유의적으로 증가하지 않았다고 판단하고 해당 포트폴리오의 평균 LGD를 25%로 추정한다.** 기업 B는 K-IFRS 1109에 따라 집합기준으로 손실충당금을 측정하는 것이 적절하다고 판단한다. **보고기간 말에 12개월 PD는 여전히 0.5%**이다. 따라서 기업 B는 **평균 0.5%의 12개월 PD에 기초하여 집합기준으로 12개월 기대신용손실에 해당하는 금액으로 손실충당금을 측정한다.** 이러한 계산에는 채무불이행이 발생하지 아니할 확률이 99.5%라는 것이 내재되어 있다. 보고기간 말에 **12개월 기대신용손실에 해당하는 금액의 손실충당금은 1,250원(0.5% × 25% × 1,000,000원)**이다.

사례 손실률 접근법에 기초한 12개월 기대신용손실의 측정 *[K-IFRS 1109 IE53~IE57]*

- 은행 A는 총 장부금액이 **500,000원인 만기일시상환 대출 2,000개**를 실행한다. 은행 A는 최초 인식시점에 공통의 위험특성에 기초하여 해당 포트폴리오를 차입자별 그룹으로 나눈다(그룹 X

12) 사례의 단순화를 위해 대출금의 상각은 없다고 가정한다.
13) LGD가 총 장부금액 대비 현재가치의 비율을 나타내므로 이 사례에서는 화폐의 시간가치를 고려하지 않는다.

와 그룹 Y). **그룹 X는 총 장부금액이 200,000원인 1,000개의 대출채권(고객당 200원)으로 이루어져 있다. 그룹 Y는 총 장부금액이 300,000원인 1,000개의 대출채권(고객당 300원)으로 이루어져 있다.** 거래원가는 없으며 해당 대출계약은 옵션(예 중도상환이나 콜옵션), 할증액 또는 할인액, 포인트, 그 밖의 수수료를 포함하지 않는다.

- 은행 A는 그룹 X와 그룹 Y의 기대신용손실을 **손실률 접근법**에 기초하여 측정한다. 은행 A는 손실률을 개발하기 위해 **자체의 과거 채무불이행 표본과 해당 대출채권에서 경험한 손실을 고려한다.** 또 은행 A는 **미래전망 정보를 고려하고 현재 경제상황뿐만 아니라 미래 경제상황에 대한 합리적이고 뒷받침될 수 있는 예측을 고려하여 과거 정보를 갱신**한다. 과거에 각 그룹의 1,000개 대출채권에 대하여, 그룹 X의 과거 손실률은 4개 대출채권의 채무불이행에 기초하여 0.3%이며, 그룹 Y의 과거 손실률은 2개 대출채권의 채무불이행에 기초하여 0.15%이다.

	샘플 내 고객의 수	채무불이행이 발생할 경우에 고객당 총 장부금액 추정치	채무불이행이 발생할 경우에 총 장부금액 추정치 합계	채무불이행에 대한 예상	채무불이행이 발생할 경우에 총 장부금액 합계액의 추정	관측된 손실의 현재가치 주1)	손실률
그룹	A	B	C = A × B	D	E = B × D	F	G = F ÷ C
X	1,000개	200원	200,000원	4개	800원	600원	0.3%
Y	1,000개	300원	300,000원	2개	600원	450원	0.15%

주1) 문단 5.5.17(2)에 따라 기대신용손실은 유효이자율로 할인해야 한다. **그러나 이 사례에서는 관측된 손실을 현재가치로 가정한다.**

- 보고기간 말에 은행 A는 **과거 손실률에 비해 향후 12개월의 채무불이행이 증가할 것으로 예상한다.** 따라서 은행 A는 그룹 X의 대출채권에 대하여 향후 12개월에 5개의 채무불이행을 추정하고 그룹 Y에 대하여 3개의 채무불이행을 추정한다. 고객당 관측된 신용손실의 현재가치는 과거의 고객당 손실률과 일관되게 유지될 것으로 추정한다.
- 은행 A는 대출채권의 기대존속기간에 기초하여, **채무불이행의 증가에 대해 예상한 결과 최초 인식 후에 해당 포트폴리오 신용위험의 유의적인 증가를 나타내지 않는다고 판단한다.** 은행 A는 이러한 예측에 기초하여 각 그룹 1,000개의 대출채권에 대하여 12개월 기대신용손실에 해당하는 금액인 750원과 675원으로 손실충당금을 각각 측정한다. 따라서 그룹X의 첫 해 손실률은 0.375%, 그룹 Y의 첫 해 손실률은 0.225%이다.

	샘플 내 고객의 수	채무불이행이 발생할 경우에 고객당 총 장부금액 추정치	채무불이행이 발생할 경우에 총 장부금액 추정치 합계	채무불이행에 대한 예상	채무불이행이 발생할 경우에 총 장부금액 합계액의 추정	관측된 손실의 현재가치	손실률
그룹	A	B	C = A × B	D	E = B × D	F	G = F ÷ C
X	1,000개	200원	200,000원	5개	1,000원	750원	0.375%
Y	1,000개	300원	300,000원	3개	900원	675원	0.225%

- 은행 A는 **해당 연도와 최초 인식 후에 신용위험이 유의적으로 증가하지 아니한 기간에 그룹 X와 그룹 Y의 새로 창출한 대출채권에 대하여 12개월 기대신용손실을 추정하기 위해 각각 0.375%와 0.225%의 손실률을 이용한다.**

사 례 계약상 현금흐름의 변경 *[K-IFRS 1109 IE66~IE73]*

- 은행 A는 만기에 계약상 잔액 전체의 상환을 요구하는 5년 만기 대출채권을 창출한다. 매년 5%의 이자를 지급하며 계약상 액면금액은 1,000원이다. 유효이자율은 5%이다. 첫 번째 보고기간(기간 1) 말에 은행 A는 최초 인식 후에 신용위험이 유의적으로 증가하지 아니하였기 때문에 12개월 기대신용손실에 해당하는 금액으로 손실충당금을 인식한다. 해당 손실충당금 20원을 인식한다.
- 은행 A는 후속 보고기간(기간 2)에 대출채권의 신용위험이 최초 인식 후에 유의적으로 증가하였다고 판단한다. 따라서 은행 A는 해당 대출채권에 전체기간 기대신용손실을 인식한다. 해당 손실충당금 잔액은 30원이다.
- 은행 A는 세 번째 보고기간(기간 3) 말에 차입자의 유의적인 재무적 어려움에 따라 해당 대출채권의 계약상 현금흐름을 변경한다. 계약상 만기를 1년 연장하여 변경일에 남은 기간은 3년이 된다. 은행 A는 이러한 변경에도 해당 대출채권을 제거하지 않는다.
- 은행 A는 이러한 변경에 따라 변경된 계약상 현금흐름을 해당 대출채권의 최초 유효이자율인 5%로 할인한 현재가치로 총 장부금액을 재계산한다. **K-IFRS 1109 문단 5.4.3에 따라** 재계산한 총 장부금액과 변경 전 장부금액의 차이는 변경손익으로 인식한다. 은행 A는 해당 대출채권의 총 장부금액에 대한 변경손실 300원을 당기손익으로 인식하고 총 장부금액을 700원으로 줄인다.
- 은행 A는 변경된 계약상 현금흐름을 고려하여 손실충당금도 재측정하고, 해당 대출채권의 손실충당금을 전체기간 기대신용손실에 해당하는 금액으로 계속 인식해야 하는지를 평가한다. 은행 A는 (변경된 현금흐름을 고려한) 현재의 신용위험과 (최초의 변경되지 아니한 현금흐름에 대한) 최초 인식시점의 신용위험을 비교한다. 은행 A는 보고기간 말에 해당 대출채권의 신용이 손상되지 않았다고 판단하지만 최초 인식시점의 신용위험에 비해 신용위험이 여전히 유의적으로 증가하였으므로 계속 전체기간 기대신용손실에 해당하는 금액으로 손실충당금을 인식한다. 보고기간 말에 전체기간 기대신용손실에 대한 손실충당금 잔액은 100원이다.

기간	기초 총 장부금액	손상	변경 손익	이자 수익	현금 흐름	기말 총 장부금액	손실 충당금	기말 상각후원가
	A	B	C	D 총액: A ×5%	E	F = A + C + D - E	G	H = F - G
1	1,000원	(20원)		50원	50원	1,000원	20원	980원
2	1,000원	(10원)		50원	50원	1,000원	30원	970원
3	1,000원	(70원)	(300원)	50원	50원	700원	100원	600원

- 은행 A는 후속 보고기간 말마다 **K-IFRS 1109 문단 5.5.12**에 따라 해당 대출채권의 최초 인식시점의 신용위험(최초의 변경되지 아니한 현금흐름에 기초)과 보고기간 말의 신용위험(변경된 현

금흐름에 기초)을 비교하여 신용위험이 유의적으로 증가하였는지를 평가한다.

- 해당 대출채권의 변경 후 두 보고기간이 경과되어(기간 5) 차입자가 변경일의 예상과 비교할 때 당초 사업계획의 성과를 유의적으로 초과 달성하였다. 또 사업 전망이 과거 예상에 비해 긍정적이다. 은행 A는 과도한 원가나 노력 없이 이용할 수 있는 합리적이고 뒷받침될 수 있는 모든 정보를 평가한 결과, 대출채권의 전반적인 신용위험이 줄어들었으며 기대존속기간에 채무불이행 발생 위험이 줄어들었음을 나타내므로 보고기간 말에 차입자의 내부 신용등급을 조정한다.
- 은행 A는 긍정적인 전반적 개선을 고려하여 상황을 다시 평가하고 해당 대출채권의 신용위험이 줄어들었으며 최초 인식 후에 신용위험의 유의적인 증가가 더는 없다고 결론 내린다. 따라서 은행 A는 다시 12개월 기대신용손실에 해당하는 금액으로 손실충당금을 측정한다.

사 례 회전신용한도약정 *[K-IFRS 1109 IE58~IE65]*

- 은행 A는 지역 **백화점과 연계된 고객에게 공동브랜드 신용카드**를 발급한다. 이 신용카드는 하루의 예고기간을 가진 후에 은행 A가 신용카드(사용한 부분과 사용하지 아니한 부분 모두)를 취소할 수 있는 계약상 권리를 갖게 된다. 그러나 은행 A는 금융상품의 보통의 일상적인 관리에서는 신용카드를 취소할 수 있는 계약상 권리를 행사하지 않으며 **신용위험의 증가를 알게 되고 고객을 개별 기준으로 관찰하기 시작하는 때에만 한도약정을 취소한다.** 은행 A는 신용카드를 취소할 수 있는 계약상 권리에 따라 신용손실에 대한 익스포저가 계약상 예고기간으로 제한된다고 보지 않는다.
- 은행 A는 신용위험 관리 목적으로 **평가대상 고객들의 계약상 현금흐름이 하나의 집합만 있다고 보며, 보고기간 말에 사용한 잔액과 사용하지 아니한 잔액을 구분하지 않는다.** 따라서 해당 포트폴리오의 경우 한도약정 수준에서 관리하고 기대신용손실도 그 수준에서 측정한다.
- 보고기간 말에 **신용카드 포트폴리오의 사용 잔액은 60,000원이며 사용할 수 있는 미사용 한도약정 잔액은 40,000원**이다. 은행 A는 다음 사항을 고려하여 보고기간 말에 해당 한도약정의 신용위험에 노출될 것으로 예상하는 기간을 추정하여 포트폴리오의 기대존속기간을 산정한다.
  (1) 비슷한 신용카드 포트폴리오가 신용위험에 노출되었던 기간
  (2) 비슷한 금융상품에서 관련 채무불이행이 발생하기까지의 기간
  (3) 비슷한 금융상품의 신용위험 증가로 인한 신용위험 관리조치(예 미사용 회전신용한도의 축소나 취소)를 취하게 했던 과거사건
- 은행 A는 상기에서 열거한 정보에 기초하여 **신용카드 포트폴리오의 기대존속기간을 30개월로 산정**한다.
- 은행 A는 보고기간 말에 해당 포트폴리오의 최초 인식 후에 신용위험의 변동을 평가하고 **K-IFRS 1109 문단 5.5.3에** 따라 최초 인식 후에 **그 포트폴리오의 25%에 해당하는 신용카드 포트폴리오 일부의 신용위험이 유의적으로 증가하였다고 판단한다. 이러한 한도약정을 사용한 잔액 20,000원에 전체기간 기대신용손실을 인식해야 하고 사용할 수 있는 미사용 한도약정 잔액의 경우는 10,000원이다.**
- **K-IFRS 1109 문단 5.5.20**에 따라 기대신용손실을 측정할 때, 은행 A는 **K-IFRS 1109 문단**

B5.5.31에 따라 포트폴리오의 기대존속기간(30개월)의 미래 사용액에 대한 예상을 고려하고 고객의 채무불이행이 발생한 경우에 포트폴리오의 예상 사용잔액(채무불이행에 대한 익스포저)을 추정한다. 은행 A는 이러한 신용위험모형을 이용하여 **전체기간 기대신용손실**을 인식해야 하는 신용카드 약정의 **채무불이행에 대한 익스포저를 25,000원**으로 산정한다**(사용 잔액 20,000원과 사용할 수 있는 미사용 한도약정의 추가 사용액 5,000원의 합계). 12개월 기대신용손실**을 인식하는 신용카드에서 **채무불이행에 대한 익스포저는 45,000원**이다**(사용 잔액 40,000원과 향후 12개월에 미사용 약정의 추가 사용액 5,000원의 합계).**

- 은행 A가 산정한 채무불이행에 대한 익스포저와 기대존속기간은 신용카드 포트폴리오의 전체기간 기대신용손실과 12개월 기대신용손실을 측정하기 위해 사용된다.
- 은행 A는 **한도약정 수준에서 기대신용손실을 측정하므로 대출금 요소의 기대신용손실과 미사용 한도약정요소의 기대신용손실을 구분하여 별도로 식별할 수 없다.** 미사용 한도약정요소의 기대신용손실은 대출금 요소에 대한 손실충당금과 함께 재무상태표에 인식한다. **기대신용손실의 합계가 해당 금융자산의 총 장부금액을 초과한다면 (K-IFRS 1107 '금융상품: 공시'에 따라) 기대신용손실을 충당부채로 표시해야 한다.**

- A은행, 대출채권, 액면 1,000, 5년 만기, 액면/유효이자율 5%

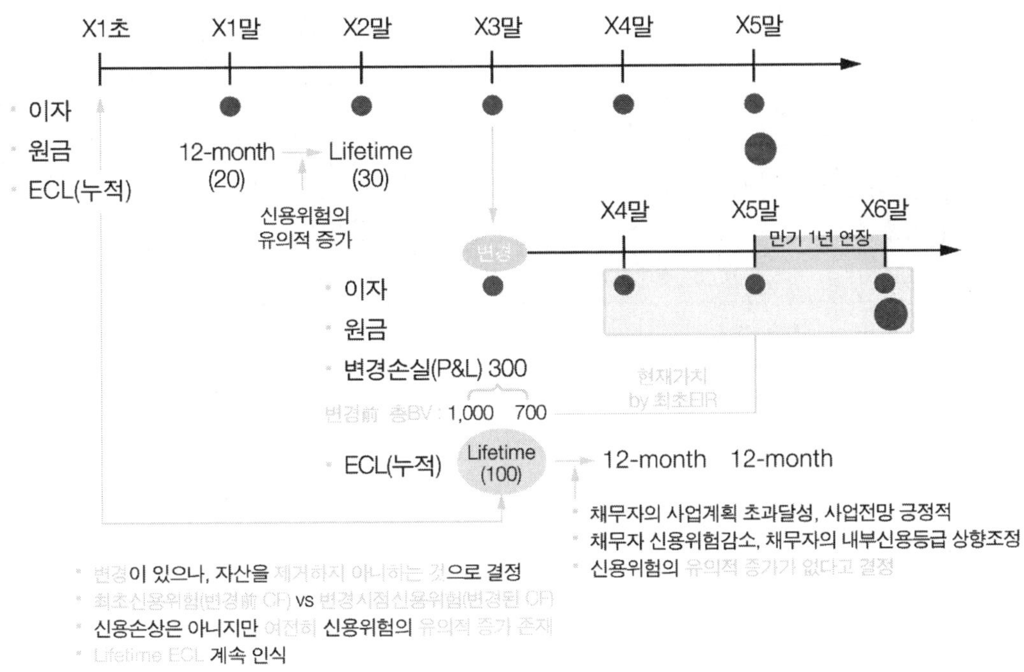

사 례 **충당금 설정률표** *[K-IFRS 1109 IE74~IE77]*

- 제조업체인 기업 M은 20X1년에 ₩30,000,000에 해당하는 매출채권 포트폴리오를 갖고 있으며 한 지역에서만 영업한다. 고객들은 다수의 작은 고객들로 구성되어 있으며 매출채권은 계약에 따른 모든 금액을 지급할 수 있는 고객의 능력을 나타내는 공통의 위험특성으로 범주화 된다. 매출채권은 K-IFRS 1115에 따른 유의적인 금융요소가 없다. **K-IFRS 1109 문단 5.5.15**에 따라 유의적인 금융요소가 없는 **매출채권의 손실충당금은 항상 전체기간 기대신용손실에 해당하는 금액**으로 측정한다.
- 기업 M은 포트폴리오의 기대신용손실을 산정하기 위해 **충당금 설정률표**를 이용한다. 충당금 설정률표는 과거에 매출채권의 기대존속기간에 관측된 채무불이행률에 기초하며 미래전망적인 추정을 위해 조정된다. 매 보고기간 말에 과거에 관측된 채무불이행률을 갱신하며 미래전망 추정치의 변동을 분석한다. 이 사례의 경우 경제상황이 내년에 악화될 것으로 예측한다.
- 이러한 기준으로 기업 M은 다음의 충당금 설정률표를 추정한다.

	현재	1—30 일 연체	31—60일 연체	61—90일 연체	90일 초과 연체
채무불이행률	0.3%	1.6%	3.6%	6.6%	10.6%

- 다수의 작은 고객들로 구성된 매출채권들은 ₩30,000,000이고 충당금 설정률표를 이용하여 측정한다.

	총 장부금액	전체기간 기대신용손실 충당금 (총 장부금액 × 전체기간 기대신용손실률)
연체되지 않음	₩15,000,000	₩ 45,000
1-30일 연체	₩7,500,000	₩120,000
31-60일 연체	₩4,000,000	₩144,000
61-90일 연체	₩2,500,000	₩165,000
90일 초과 연체	₩1,000,000	₩106,000
	₩30,000,000	₩580,000

| 보고기간 말에 손상 요구사항의 적용 절차 |

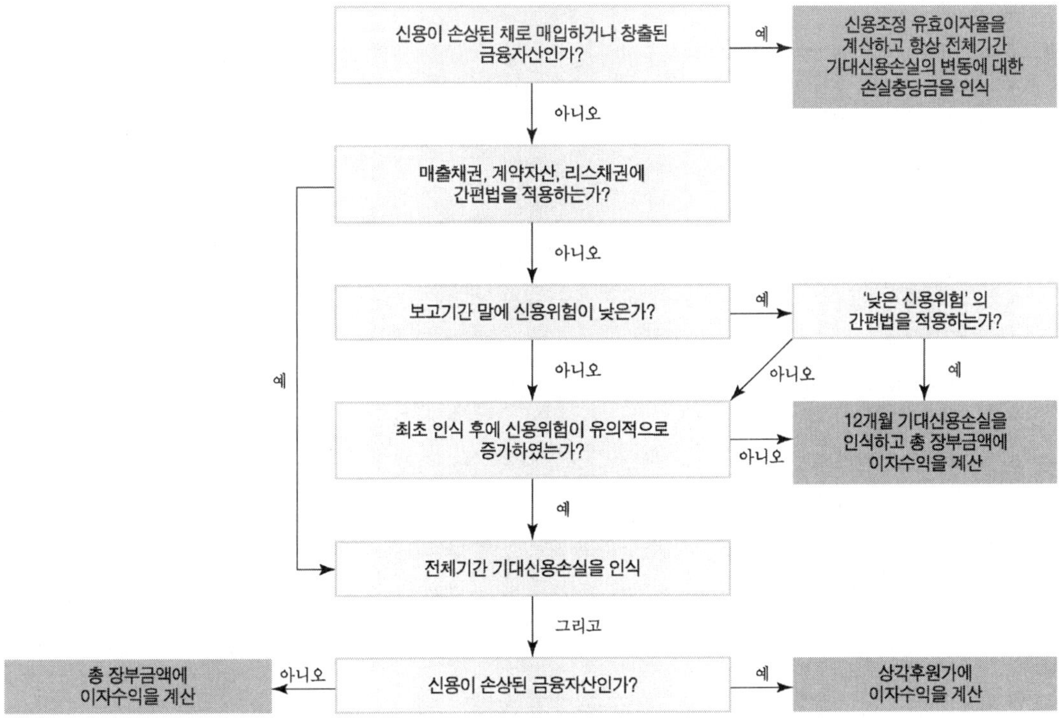

제 07 장
K-IFRS 1109 파생상품

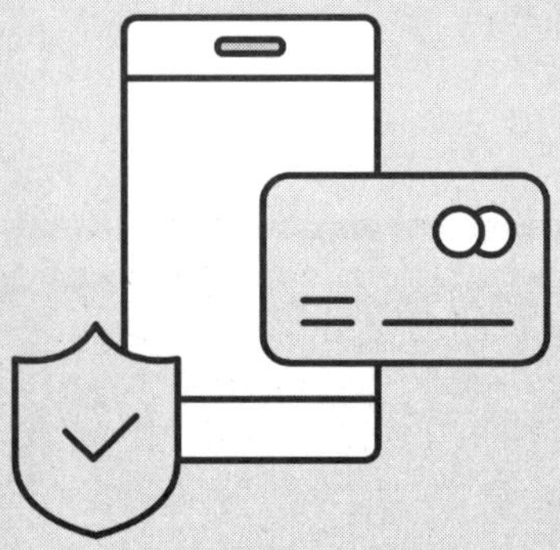

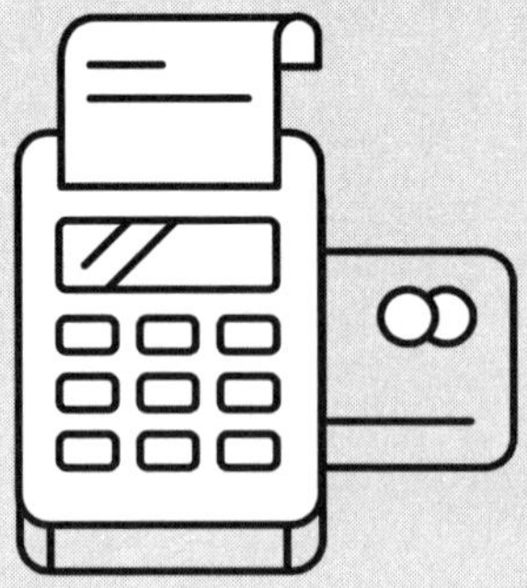

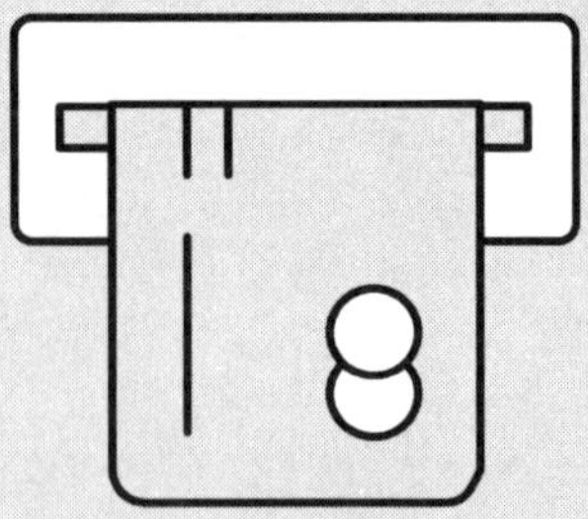

01
파생상품의 의의

- 파생상품은 다양하게 개발되고 있을 뿐 아니라, 기업의 재무상태에 미치는 위험도 매우 크다. 또한 위험회피를 위한 파생상품거래에 대해서 기존의 회계처리기준으로는 재무상태에 미치는 영향을 적절히 표시하기가 어렵기 때문에 K-IFRS 1109에서는 파생상품의 정의 및 회계처리에 대해서 자세하게 설명하고 있다.

1 파생상품의 정의

- 파생상품이란 K-IFRS 1109의 적용범위에 해당하면서 다음의 세 가지 특성을 **모두** 가진 **금융상품**이나 **기타계약**을 말한다. *[K-IFRS 1109 부록 A]*

(1) **기초변수(underlying)의 변동**에 따라 가치가 변동한다. 기초변수는 이자율, 금융상품가격, 일반상품가격, 환율, 가격 또는 비율의 지수, 신용등급이나 신용지수 또는 기타 변수를 말한다. 다만, 비금융변수의 경우에는 계약의 당사자에게 특정되지 아니하여야 한다.

(2) **최초 계약시 순투자금액이 필요하지 않거나 시장요소의 변동에 유사한 영향을 받을 것으로 예상되는 다른 유형의 계약보다 적은 순투자금액이 필요하다.**

(3) **미래에 결제된다.**

아래에서는 상기 특성에 대해 보다 자세히 설명하기로 한다.

1.1. 기초변수의 변동에 따른 가치 변동

1.1.1. 기초변수

- 기초변수는 해당파생상품의 결제금액을 결정하기 위한 변수로서 이자율, 주가, 상품가격, 환율, 각종 지수 등을 예로 들 수 있다.
- 계약단위의 수량은 해당 파생상품의 결제금액을 결정하기 위하여 기초변수에 적용될 특정단위의 수량을 말하며 금액이 될 수도 있고 수량이 될 수도 있다.

| 기초변수의 예 *[K-IFRS 1109 B.2]* |

계약의 형태	기초변수(주요 가격결제 변수)
이자율스왑	이자율
통화스왑(환율스왑)	환율
일반상품스왑	일반상품 가격
지분스왑	지분가격(타 기업의 지분)
신용스왑	신용등급, 신용지수 또는 신용가격
총수익률스왑	준거 자산의 총 공정가치와 이자율
매수 또는 매도된 국채옵션(콜 또는 풋)	이자율
매수 또는 매도된 통화옵션(콜 또는 풋)	환율
매수 또는 매도된 일반상품 옵션(콜 또는 풋)	일반상품 가격
매수 또는 매도된 주식옵션(콜 또는 풋)	지분가격 (타 기업의 지분)
정부채권 연계 금리선물(국채선물)	이자율
통화선물	환율
일반상품선물	일반상품가격
정부채권연계 이자율선도(국채선도)	이자율
통화선도	환율
일반상품선도	일반상품가격
지분선도	지분가격 (타 기업의 지분)

1.1.2. 계약단위(nominal amount)

- 파생상품의 가장 대표적인 예는 선물, 선도, 스왑계약 및 옵션계약이다. *[K-IFRS 1109 BA.1]*
- 파생상품은 보통 화폐금액, 주식 수, 무게나 부피의 단위 또는 계약에서 정해진 그 밖의 단위를 계약단위의 수량(notional amount)으로 한다. 그러나 파생상품의 투자자나 발행자가 최초 계약시에 계약단위의 수량을 투자하거나 수취하여야 하는 것은 아니다. *[K-IFRS 1109 BA.1]*
- 이와는 달리 계약단위의 수량과 관계없는 미래사건의 결과에 따라 변동하는 금액(기초변수의 변동에 비례적이지 않음)이나 확정된 금액을 지급해야 하는 파생상품이 있을 수 있다. 예를 들면, 6개월 LIBOR가 100 베이시스 포인트 증가하면 1,000원을 정액으로 지급하는 계약은 비록 정해진 계약단위의 수량이 없더라도 파생상품이다. *[K-IFRS 1109 BA.1]*

| 기초변수 및 계약단위의 수량 예 |

파생상품	기초변수	계약단위	수 량	계약단위의 수량
US$10,000를 1,000원/$에 매입하기로 한 통화선도계약	환율 (₩/1US$)	US$	10,000	US$10,000
1,000,000원에 대하여 변동이자율을 지급하고 고정이자율을 수취하기로 한 이자율스왑계약	변동이자율	원	1,000,000	1,000,000원
금1,000OZ를 300,000,000원에 구입하기로 한 금선도계약	금의가격	OZ	1,000	1,000OZ
CD금리선물 2계약	100－유통수익률 (연율)	5억원	2	2계약 (또는 10억원)

사 례 **매출규모에 근거한 외환계약** *[K-IFRS 1109 B.8 수정]*

- 기능통화가 원화인 A회사가 유로화로 표시된 제품을 프랑스에서 판매하고 있다. A회사는 B은행과 고정환율로 유로화를 원화로 환전하는 계약을 체결하였다. 계약에 따라 A회사는 프랑스에서의 매출규모에 근거한 유로화를 송금하여야 하며, 유로화는 ₩1,200의 확정환율로 원화와 교환될 것이다.
- 이러한 계약은 파생상품에 해당한다. 당해 계약의 경우 환율과 매출규모로 구성되는 2개의 기초변수가 존재하고, 지급규정이 있으며, 당해 계약의 최초 계약시 순투자금액이 필요하지 않거나, 시장가격 변동에 유사한 영향을 받을 것으로 기대되는 다른 유형의 계약보다 적은 순투자금액이 필요하다. K-IFRS 1109에서는 매출규모에 기초하는 파생상품을 적용범위에서 제외하지 않는다.

1.1.3. 비금융변수

- 파생상품의 정의에서는 계약의 당사자에게 특정되지 아니한 비금융변수를 언급하고 있다. 이러한 비금융변수에는 특정 지역의 지진손실지수와 특정 도시의 기온지수 등이 포함된다. 계약의 당사자에게 특정된 비금융변수에는 계약 당사자의 자산을 소멸되게 하거나 훼손하는 화재의 발생이나 미발생이 포함된다. *[K-IFRS 1109 BA.5]*
- 공정가치가 해당 자산의 시장가격(금융변수)의 변동뿐만 아니라 보유하고 있는 특정 비금융자산의 상태(비금융변수)를 반영한다면, **당해 비금융자산의 공정가치 변동은 소유자에게 특정**되는 것이다. 예를 들면, 특정 자동차의 잔존가치를 보증함으로써 보증자가 당해 자동차의 물리적 상태의 변동위험에 익스포저된다면, 해당 잔존가치의 변동은 자동차 소유자에게 특정되는 것이다. *[K-IFRS 1109 BA.5]*

1.2. 순투자금액

- 파생상품을 정의하는 특성 중의 하나는 시장요인의 변동에 유사하게 반응할 것으로 기대되는 다른 유형의 계약에 필요한 최초 순투자금액보다 적은 금액이 필요하다는 점이다. *[K-IFRS 1109 BA.3]*
- 옵션이 연계된 기초금융상품을 취득하는 데 필요한 투자금액보다 옵션프리미엄이 작으므로, 옵션계약은 파생상품의 정의를 충족한다. *[K-IFRS 1109 BA.3]*
- 처음 계약할 때 공정가치가 같은 다른 통화를 교환하는 통화스왑은 최초 순투자금액이 영(0)이므로, 파생상품의 정의를 충족한다. *[K-IFRS 1109 BA.3]*

사 례 **증거금** *[K-IFRS 1109 B.10]*

- 선물계약과 거래소에서 거래되는 발행된 옵션과 같은 파생상품에는 증거금이 필요하다. 증거금 계정이 최초 계약시 순투자금액에 해당하지 아니한다. 증거금은 파생상품에 대한 최초 계약시 순투자금액의 일부가 아니다. 증거금은 거래 상대방 또는 청산소에 대한 일종의 담보물이며, 현금, 유가증권 또는 기타의 특정화된 자산, 특히 유동화 자산의 형태를 가질 수 있다. 증거금은 별도자산으로 회계처리한다.

사 례 **선도계약의 선급(prepaid forward)** *[K-IFRS 1109 B.9]*

- 1년 후에 선도가격으로 주식을 매수하는 선도계약을 체결하면서, 최초 계약시점에 주식의 현행 가격에 기초하여 지급의무를 선급하였다. 이 경우 당해 선도계약은 파생상품에 해당하지 아니한다. 이 선도계약은 '최초 계약시 순투자금액이 필요하지 않거나, 시장요소의 변동에 유사한 영향을 받을 것으로 기대되는 다른 유형의 계약보다 적은 순투자금액이 필요하다'는 조건을 충족하지 아니한다.
- 예를 들어, A회사는 1년 후에 B회사 보통주 1백만주를 매수하는 선도계약을 체결하였으며, B회사 주식에 대한 현행 시장가격은 주당 50원이고, 1년 후의 선도가격은 주당 55원이다. A회사는 최초 계약시 선도계약에 대하여 50백만원을 선급하여야 한다. 선도계약에 대한 최초 순투자금액인 50백만원은 기초자산인 1백만주에 적용되는 선도금액(계약단위수량)인 55백만원(55원 × 1백만주)보다 적다. 그러나 최초 계약시 순투자금액은 시장요소의 변동에 유사한 영향을 받는 다른 유형의 거래에 필요한 투자금액과 거의 동일하다. 그 이유는 최초 계약시 B회사 주식을 순투자금액과 동일한 가격인 50원에 매수할 수 있기 때문이다. 따라서, 선급한 선도계약은 파생상품의 조건 중 최초 계약시 순투자금액에 관한 요건을 충족하지 아니한다.

사 례 선급 이자율스왑 *[K-IFRS 1109 B.4~B.5]*

- 고정금리를 지급하고, 변동금리를 수취하는 이자율스왑의 최초 계약시점에 기업이 의무(고정금리의 지급)를 선급하는 경우에도 당해 이자율스왑은 파생상품에 해당한다.*(예제 1 참조)*
- 변동금리를 지급하고, 고정금리를 수취하는 이자율스왑의 최초 계약시점 또는 그 후에 기업이 변동금리를 지급할 의무를 선급하는 경우에는 당해 이자율스왑은 파생상품에 해당하지 아니한다. 변동금리를 지급하고 고정금리를 수취하는 이자율스왑에서 지급의무를 최초 계약시점에 선급하는 경우 당해 이자율스왑은 파생상품이 아니며, 최초 계약시점 후에 선급하는 경우에는 더 이상 파생상품의 정의를 충족하지 못한다. 이는 당해 스왑이 확정된 현금흐름을 가지는 채무상품의 수익과 대등한 수익을 선급(투자)한 금액에 대하여 제공하기 때문이다. 이러한 선급금액은 파생상품의 조건 중 '최초 계약시 순투자금액이 필요하지 않거나, 시장요소의 변동에 유사한 영향을 받을 것으로 기대되는 다른 유형의 계약보다 적은 순투자금액이 필요하다'는 요건을 충족하지 아니한다.*(예제 2 참조)*

예제 35 선급 이자율스왑(최초 계약시 또는 그 후에 고정이자율 지급의무를 선급하는 경우)

A사가 B사와 고정금리를 지급하고 변동금리를 수취하는 이자율스왑(명목금액 100백만원, 만기 5년)계약을 체결하였다. 스왑의 변동금리는 매분기마다 3개월 LIBOR에 따라 재설정되며, 고정금리는 연 10%이다. 최초 계약시점에 A사는 스왑계약에 따라 고정금리를 지급하여야 하는 의무에 해당하는 50백만원(100백만원 × 10% × 5년)을 시장이자율로 할인하여 선급하였으며, 스왑의 계약기간 중 100백만원에 대해 매 분기마다 3개월 LIBOR에 기초하여 재설정되는 변동이자를 수취할 권리를 보유한다.

요구사항

1. 상기 스왑계약이 파생상품에 해당하는가?
2. 최초 인식시점 후에 고정금리의 지급의무를 선급하는 경우에도 당해 이자율스왑이 파생상품에 해당되는가?

해설

1. 이러한 이자율스왑의 경우 최초 계약시점의 순투자금액은 변동이자의 계산기초가 되는 명목금액보다 상당히 적으며, 변동금리부 사채와 같이 시장요소의 변동에 유사한 영향을 받을 것으로 기대되는 다른 유형의 계약보다 적은 순투자금액을 필요로 한다. 따라서 이 계약은 K-IFRS 1109의 '최초 계약시 순투자금액이 필요하지 않거나, 시장요소의 변동에 유사한 영향을 받을 것으로 기대되는 다른 유형의 계약보다 적은 순투자금액이 필요하다'는 조건을 충족한다. A사가 미래에 이행할 의무가 없지만, 계약의 최종적 결제는 미래에 이루어지고, LIBOR의 변동에 따라 당해 계약의 가치가 변동한다. 따라서 이 계약은 파생상품계약이다.

2. 계약기간 중 고정금리부분을 선급하는 경우에는 기존의 스왑은 종료되고 새로운 금융상품이 발생되는 것으로 보며, 새로운 계약은 K-IFRS 1109를 적용한다.

예제 36 변동이자 지급, 고정이자 수취 이자율 스왑의 선급

A은행은 C은행과 변동금리를 지급하고 고정금리를 수취하는 이자율스왑(명목금액 100백만원, 만기 5년)계약을 체결하였다. 스왑의 변동금리는 매분기마다 3개월 LIBOR에 따라 재설정되며, 고정금리는 연 10%이다. 최초 계약시점에 S사는 현행 시장이자율로 스왑의 변동금리 지급의무를 선급하고, 매년 100백만원에 대한 10%의 고정금리를 수취할 권리를 보유한다.

요구사항

상기 스왑계약이 파생상품에 해당하는가?

해설

이 계약에 따른 매년의 현금유입액은 연간 확정 현금흐름을 갖는 연금 금융상품의 현금유입액과 같은데 이는 A은행이 스왑의 계약기간 동안 매년 10백만원을 수취할 것을 알 수 있기 때문이다. 그러므로 다른 모든 조건이 동일하다면, 계약의 최초 투자액은 확정 연금으로 구성된 기타의 금융상품의 최초 투자액과 동일하여야 한다. 따라서 변동금리를 지급하고 고정금리를 수취하는 이자율스왑의 최초 계약시 순투자액은 시장상황의 변동에 유사한 영향을 받는 비파생상품 계약에서 요구되는 투자액과 동일하다. 이러한 이유로 당해 스왑은 파생상품 조건 중 '최초 계약시 순투자금액이 필요하지 않거나, 시장요소의 변동에 유사한 영향을 받을 것으로 기대되는 다른 유형의 계약보다 적은 순투자금액이 필요하다'는 조건을 충족하지 아니한다. 그러므로 이 계약은 파생상품으로 회계처리하지 아니한다. 변동이자 지급의무를 선급함에 따라 A은행이 C은행에게 대여금을 제공한 것과 실질적으로 같은 효과가 발생한다.

보충설명 예제 35과 예제 36의 차이

예제 35와 예제 36은 외관상으로 유사하지만 전혀 다른 결과를 초래하고 있다. 근본적인 차이는 예제 35에서는 5년치의 고정의무를 시장이자율로 할인한 현금흐름 즉, 최초 순투자액금액과 관련된 현금흐름의 변동성이 제거되어 최초 순투자액 금액(50백만원)이 계약단위의 수량(100백만원)에 비해 중요하게 작다는 것을 알 수 있다. 그러나 예제 36에서는 매분기마다 LIBOR에 의해 결정되는 변동이자 선급액, 즉 최초 순투자금액은 시장상황의 변동에 유사한 영향을 받는 비파생상품(즉, 대여금) 계약에 요구되는 투자액(즉, 고정이자)과 동일할 수밖에 없다는 것이다. 만약 예제 36에서 5년치의 변동이자의무를 시장이자율로 할인한 현금흐름을 지급한다면 예제 35와 같은 논리로 최초 순투자액 금액이 계약단위의 수량에 비해 중요하게 작다는 것을 알 수 있겠지만 상식적으로 5년치의 변동이자의무를 시장이자율로 할인한 금액을 선급하면서 고정이자를 수취하는 스왑계약은 스왑계약 체결의 의미가 없어지므로 체결될 가능성이 거의 없을 것이다.

1.3. 미래결제

- K-IFRS 1109에서 정의하고 있는 파생상품은 기초항목을 인도함으로써 총액으로 결제되는 계약(예 고정금리부 채무상품을 매입하는 선도계약)을 포함한다. *[K-IFRS 1109 BA.2]*
- 기업은 현금 등 금융상품으로 차액결제할 수 있거나 금융상품의 교환으로 결제할 수 있는, 비금융항목을 매입하거나 매도하는 계약(예 미래에 고정가격으로 일반상품을 매입하거나 매도하는 계약)을 체결할 수 있다. 이러한 계약이, 예상되는 매입, 매도 또는 사용 필요에 따라 비금융항목을 수취하거나 인도할 목적으로 체결되어 계속 유지되고 있는 계약이 아니라면, 당해 계약에 K-IFRS 1109를 적용한다. 그러나 K-IFRS 1109 문단 2.5에 따라 지정하는 경우에는 예상되는 매입, 매도 또는 사용을 위한 계약에 K-IFRS 1109를 적용한다. *[K-IFRS 1109 BA.2]*

보충설명 K-IFRS 1109 문단 2.5에 따라 지정하는 경우

비금융항목을 매입하거나 매도하는 계약을 현금이나 다른 금융상품으로 차액결제할 수 있거나 금융상품의 교환으로 결제할 수 있어 금융상품으로 보는 경우에, 기업이 예상하는 매입, 매도, 사용의 필요에 따라 비금융항목을 수취하거나 인도할 목적으로 그 계약을 체결하더라도, 그 계약을 당기손익-공정가치 측정 항목으로 지정할 수 있다

사 례 차액결제 실무관행 : 일반상품의 매입을 위한 선도계약 *[K-IFRS 1109 A.1]*

- XYZ사는 예상되는 사용에 대비하기 위하여 구리 1백만kg을 확정된 가격으로 매입하기로 하는 선도계약을 체결하였다. 계약에 따르면, 12개월 후에 기업은 실물을 인수하거나 구리의 공정가치 변동에 근거하여 결정된 금액을 현금으로 차액결제할 수 있다. 이러한 계약은 파생상품으로 회계처리하여야 하는가?

  ➠ 이러한 계약은 파생상품의 정의를 충족하지만, 반드시 파생상품으로 회계처리해야 하는 것은 아니다. 이 계약은 최초 계약시 순투자금액이 필요 없고, 구리의 가격에 기초하고 있으며, 미래에 결제될 것이므로 파생상품이다. 그러나 기업이 실물을 인수함으로써 계약을 결제할 의도가 있고, 비슷한 계약을 현금으로 차액결제한 실무관행이 없고 단기 가격변동이익이나 중개이익을 목적으로 구리를 인수한 후 단기간 내에 당해 자산을 매도한 실무경험이 없는 경우에는 이 기준서에 따라 파생상품으로 회계처리하지 않고, 미이행계약으로 회계처리한다(다만 당기손익-공정가치로 측정하도록 취소불가능한 지정을 한 경우는 제외한다).

사 례 **비금융자산에 대한 풋옵션** *[K-IFRS 1109 A.2]*

- XYZ사는 업무용 건물을 소유하고 있다. XYZ사는 150백만원에 그 건물을 매도할 수 있는 풋옵션 계약을 투자자와 체결한다. 건물의 현행 가치는 175백만원이며, 풋옵션의 만기는 5년이다. 옵션이 행사되는 경우, XYZ사의 선택에 따라 실물을 인도하거나 현금으로 차액결제할 수 있다. XYZ사와 투자자는 이 옵션을 어떻게 회계처리하는가?
  ➠ XYZ사의 회계처리는 XYZ사의 결제에 대한 의도와 과거 실무관행에 따라 다르다. 이 계약은 파생상품의 정의를 충족하지만, XYZ사가 옵션행사시 건물을 인도할 의도가 있고, 과거에 차액결제한 실무관행이 없다면 이 계약은 파생상품으로 회계처리하지 않는다.
  그러나 투자자는 건물의 인도를 강제할 수 없기 때문에, 투자자의 예상되는 매입, 매도 또는 사용필요에 따라 이 옵션계약을 체결하였다고 결론지을 수 없다. 그리고 옵션은 현금으로 차액결제될 수 있다. 따라서 투자자는 이 계약을 파생상품으로 회계처리하여야 한다. 과거 실무관행에 관계없이, 투자자의 의도는 결제가 실물자산의 인도로 이루어지느냐 혹은 현금으로 이루어지느냐에 영향을 미치지 아니한다. 투자자가 옵션을 발행하였고 옵션 보유자가 실물결제 또는 차액결제 여부를 선택할 수 있는 경우에는 옵션의 발행자가 실물의 인도를 요구할 수 없기 때문에, 기업이 예상하는 매수 또는 사용의 필요에 따라 건물을 취득하는 경우에 해당되지 않으며, 이 기준서의 적용에서 배제되지 않는다.
  그러나 그 계약이 옵션이 아닌 선도계약이고 계약에 따라 실물 인도를 요구할 수 있으며 투자자가 차액결제하거나 단기 가격변동이익 또는 중개이익을 목적으로 건물을 인수한 후 단기간 내에 매도한 과거 실무관행이 없는 경우에는 그 계약을 파생상품으로 회계처리하지 않는다.

사 례 **미래에 결제되는, 차액 또는 총액으로 결제되는 이자율스왑** *[K-IFRS 1109 B.3]*

- 이자율스왑이 K-IFRS 1109에 따른 파생상품에 해당되는지를 결정하는 경우에 거래당사자가 서로 이자금액을 지급(총액 결제)하는지 또는 순액으로 결제하는지가 영향을 주지 아니한다. 파생상품의 정의는 결제방법(총액결제 또는 차액결제)에 영향받지 않는다.
- 예를 들어, ABC사는 XYZ사와 8%의 고정이자금액을 지급하고, 매분기마다 3개월 LIBOR에 기초하는 변동이자금액을 수취하는 이자율스왑계약을 체결하였다. 고정 및 변동금액은 100백만원의 명목금액에 기초하여 결정된다. 두 기업은 당해 명목금액을 교환하지는 않는다. ABC사는 매분기에 8%와 3개월 LIBOR의 차이에 기초하여 결정된 순액의 현금을 수수한다. 또한 결제는 총액기준으로 이루어질 수도 있다. 이 계약은 그 가치가 기초변수(LIBOR)의 변동에 따라 변하고, 최초 계약시 순투자금액이 없으며, 미래에 결제되기 때문에, 결제방법(총액결제 또는 차액결제)과 무관하게 파생상품의 정의를 충족한다.

사 례 행사될 것으로 기대되지 아니하는 옵션 *[K-IFRS 1109 B.7]*

- 옵션이 외가격(out of the money) 상태이기 때문에 행사될 것으로 기대되지 아니하는 경우에도 미래 결제조건을 충족한다. 옵션은 행사시점 또는 만기에 결제된다. 대가의 추가적인 교환이 없다 하더라도 만기에 소멸하는 것은 결제의 한 형태이다.

2 파생상품과 실질적으로 동일한 비파생상품거래

- 비파생상품 거래들이 실질적으로 파생상품과 동일한 결과를 초래하는 경우에는 거래들을 병합하여 파생상품으로 회계처리한다. *[K-IFRS 1109 B.6]*
- 비파생상품 거래들이 실질적으로 파생상품과 동일한 결과를 초래하는 지표의 예는 다음과 같다. *[K-IFRS 1109 B.6]*
  (1) 거래들이 동시에, 그리고 서로를 고려하여 체결된다.
  (2) 거래들의 상대방이 동일하다.
  (3) 거래들이 동일한 위험과 관련되어 있다.
  (4) 거래들을 구분하여 설계할 명백한 경제적 이유 또는 실질적 사업목적이 존재하지 않으며 단일의 거래로는 그러한 목적을 달성할 수도 없었을 것이다.

예제 37 대여금의 상계(offsetting loans) *[K-IFRS 1109 B.6]*

A회사는 B회사에게 5년간 고정금리로 대여하는 동시에 B회사는 A회사에게 동일한 금액을 5년간 변동금리로 대여한다. 기업 A와 기업 B의 상계약정에 따라 대여시점에 수수되는 원금은 없다.

요구사항

1. 상기와 같은 상계약정이 파생상품에 해당하는가?
2. 상기와 같은 상계약정을 체결하지 않는다면 파생상품에 해당하는가?

해설

1. 파생상품에 해당한다. 이 계약은 파생상품의 정의를 충족한다. (즉, 기초변수가 존재하고, 최초계약시 순투자금액이 필요하지 않거나, 시장요소의 변동에 유사한 영향을 보일 것으로 기대되는 다른 유형의 계약보다 적은 순투자금액이 필요하며, 미래에 결제된다) 두 대출계약의 효과는 최초 계약시 순투자금액이 필요 없는 이자율스왑과 동일하다. 비파생상품 거래들이 실질적으로 파생상품과 동일한 결과를 초래하는 경우에는 거래들을 병합하여 파생상품으로 회계처리한다. 이러한 결과를 가져오는 지표의 예는 다음과 같다.
   - 거래들이 동시에 그리고 서로를 고려하여 체결된다.

- 거래들의 상대방이 동일하다.
- 거래들이 동일한 위험과 관련되어 있다.
- 거래들을 구분하여 설계할 명백한 경제적 이유 또는 실질적 사업목적이 존재하지 않으며 단일의 거래로는 그러한 목적을 달성할 수도 없었을 것이다.

2. A회사와 B회사가 상계약정을 체결하지 아니하였다 하더라도 당해 거래들은 파생상품에 해당된다. 이는 K-IFRS 1109에서 파생상품의 정의가 차액결제를 요구하지 않기 때문이다.

3 정형화된 매매거래

- 정형화된 매매거래는 매매일과 결제일 사이에 거래가격을 고정하는 거래이며 파생상품의 정의를 충족한다. 그러나 계약기간이 짧기 때문에 **파생금융상품으로 인식하지 아니한다.** *[K-IFRS 1109 BA.4]*

02 내재파생상품

1 내재파생상품의 기본개념

1.1. 파생상품 회계처리 회피 방지

- 내재파생상품과 관련된 요구사항의 논리는 기업이 비파생금융상품이나 그 밖의 계약에 파생상품을 포함시켜(예 채무상품에 내재된 일반상품선도계약) 파생상품의 인식과 측정에 관한 요구사항을 우회할 수 있도록 해서는 안된다는 데 있다. 즉, 파생상품의 회계처리를 회피하기 위하여 다른 계약에 숨기는 것을 방지하고자 하는 것이다. 그러한 내재파생상품에 대한 회계처리에 일관성을 유지하기 위하여 공정가치로 측정하여 관련 손익을 당기손익으로 인식하지 않는 금융상품에 내재된 모든 파생상품은 분리하여 파생상품으로 회계처리하여야 한다. 다만, 실무적인 편의를 위하여 **내재파생상품이 주계약과 밀접하게 관련된 것으로 간주되는 경우에는 내재파생상품을 분리할 필요가 없다.** 예를 들면 대여금의 이자율에 대한 이자율 상한(cap) 또는 이자율 하한(floor)과 같이 내재파생상품이 주계약과 밀접한 경제적 관계에 있는 경우에는 파생상품이 특정한 회계처리 결과를 얻기 위하여 내재되었을 가능성이 높지 않다. *[K-IFRS 1109 BCZ4.92]*

1.2. 복합상품의 구성요소이며 현금흐름을 변동시킴

- 내재파생상품은 파생상품이 아닌 주계약을 포함하는 복합상품의 구성요소로, 복합상품의 현금흐름 중 일부를 독립적인 파생상품의 경우와 비슷하게 변동시키는 효과를 가져온다. *[K-IFRS 1109 문단 4.3.1]*
- 내재파생상품은 내재파생상품이 포함되지 않았을 경우의 계약에 따른 현금흐름의 전부나 일부를 특정된 이자율, 금융상품가격, 일반상품가격, 환율, 가격 또는 비율의 지수, 신용등급이나 신용지수 또는 그 밖의 변수에 따라 변동시킨다. 이 때 해당 변수가 비금융변수인 경우는 계약의 당사자에게 특정되지 않아야 한다. *[K-IFRS 1109 문단 4.3.1]*
- 특정 금융상품에 부가되어 있더라도, 계약상 해당 금융상품과는 독립적으로 양도할 수 있거나 해당 금융상품과는 다른 거래상대방이 있는 파생상품은 내재파생상품이 아니며, 별도의 금융상품이다. *[K-IFRS 1109 문단 4.3.1]*

2 내재파생상품의 분리

2.1. 내재파생상품의 분리조건

• 내재파생상품의 기본개념에서 설명한 이유로 **다음을 모두 충족하는 경우**에만 내재파생상품을 주계약과 분리하여 K-IFRS 1109에 따른 파생상품으로 회계처리한다. *[K-IFRS 1109 문단 4.3.3]*

(1) 내재파생상품의 경제적 특성 · 위험이 **주계약의 경제적 특성 · 위험과 밀접하게 관련되어 있지 않다.**

(2) **내재파생상품과 조건이 같은** 별도의 금융상품이 **파생상품의 정의를 충족한다.**

(3) **복합상품의 공정가치 변동을 당기손익으로 인식하지 않는다**(즉, 당기손익-공정가치 측정 금융부채에 내재된 파생상품은 분리하지 아니한다).

2.2. 내재파생상품의 재평가

• K-IFRS 1109 문단 4.3.3에 따라 기업은 최초로 계약당사자가 되는 시점에 내재파생상품을 주계약과 분리하여 파생상품으로 회계처리해야 할지 판단한다. 계약조건이 변경되어 계약상 필요한 현금흐름이 유의적으로 수정되어 재검토해야 하는 경우가 아니라면 후속적인 재검토는 금지된다. 현금흐름이 유의적으로 수정되었는지는 다음 모두를 고려하여 판단한다. *[K-IFRS 1109 B4.3.11]*

(1) 내재파생상품, 주계약 또는 둘 다의 미래예상현금흐름이 변동된 정도

(2) 이전에 예상되었던 계약상 현금흐름에 비추어볼 때 현금흐름의 변동이 유의적인지

• 문단 B4.3.11에서는 다음의 경우에 취득한 계약 내의 내재파생상품이나 취득일에 있을 수 있는 내재파생상품의 재평가 문제를 다루지 아니한다.[14] *[K-IFRS 1109 B4.3.12]*

(1) (K-IFRS 1103 '사업결합' 에서 정의된) 사업결합

(2) K-IFRS 1103 문단 B1~B4에 언급된 동일지배 하에 있는 기업이나 사업 간의 결합

(3) K-IFRS 1111 '공동약정'에 정의된 공동기업의 구성

3 주계약의 성격

3.1. 지분상품 성격

• 주계약에 만기가 표시되어 있거나 예정되어 있지 않고, 주계약이 순자산에 대한 잔여지분을 나타낸다면, 그 주계약의 경제적 특성과 위험은 지분상품의 경제적 특성과 위험이 되며, 내재파생상품이 주계약과 밀접하게 관련되어 있는 것으로 보기 위해서는 그 내재파생상품이 같은 기업에 관련된 지분특성을 보유하여야 한다. *[K-IFRS 1109 B4.3.2]*

---

14) 기업회계기준서 제1103호에서는 사업결합에서 내재파생상품을 포함한 계약의 취득을 다룬다.

3.2. 채무상품 성격

- 주계약이 지분상품은 아니지만 금융상품의 정의를 충족한다면, 그 주계약의 경제적 특성과 위험은 채무상품의 경제적 특성과 위험이 된다. *[K-IFRS 1109 B4.3.2]*

4 주계약과의 밀접한 관련성

4.1. 외화 화폐성항목(Foreign currency monetary items)

- 기능통화가 아닌 통화로 표시된 화폐성항목의 외환손익은 K-IFRS 1021에 따라 당기손익에 반영되므로 주계약인 채무상품(예 이중통화 회사채)에 포함된 내재외화파생상품으로서 외화로 표시된 일련의 원금이나 이자를 지급하는 경우, 당해 내재외화파생상품은 주계약과 밀접하게 관련되어 있다. 따라서, 이러한 내재파생상품은 **주계약과 분리하지 아니한다.** *[K-IFRS 1109 B4.3.8 (3)]* ➡ *내재파생상품 분리조건 (3) 참조*

4.2. 이자율이나 이자율 지수(Interest rate indices)

4.2.1. 이자율이나 이자율 지수의 예

- 많은 채무상품은 지급하거나 수령할 이자금액을 변동시킬 수 있는 내재이자율지수를 포함하고 있다. 가장 간단한 예로 이자가 3개월 LIBOR에 근거하여 분기별로 지급되는 변동금리부 대출금을 들 수 있다. 보다 복잡한 예는 다음과 같다.
  - inverse floater : (고정이자 - LIBOR) = 표시이자
  - levered inverse floater : (고정이자 - LIBOR) × 1보다 큰 배수 = 표시이자
  - range floater : LIBOR가 특정 범위에 있는 기간 동안의 일수만큼만 고정이자 지급

4.2.2. 주계약과의 밀접한 관련성 판단

- **주계약인 이자부 채무상품이나 보험계약**[15]에 따라 지급하거나 수령하였을 **이자금액을 바꿀 수 있는 이자율이나 이자율지수가 기초변수인 내재파생상품**은 주계약과 **밀접하게 관련**되어 있다. 다만, **다음 각 경우**에는 **주계약과 밀접하게 관련되어 있지 아니하다.** *[K-IFRS 1109 B4.3.8 (1)]*
  (1) 복합상품이 보유자가 인식한 투자금액의 **대부분(substantially all)을 회수하지 못할 방법으로 결제될 수 있는 경우** ➡ *회수가능성 조건*
  (2) 내재파생상품으로 인하여 복합상품의 수익률이 주계약의 **최초 수익률의 최소 두 배**가 될 수

15) 보험계약은 본질적으로 채무상품적 성격이기 때문에 포함된 것이다.

있고 동시에 주계약과 조건이 같은 계약의 **시장수익률의 최소 두 배**가 될 수 있는 경우[16]

➡ *레버리지 조건*

사 례 보유자가 대부분을 회수하지 못할 방법으로 결제하는 선택이 허용되는 경우 *[K-IFRS 1109 C.10]*

- 인식한 투자금액의 대부분을 회수하지 못하는 결과를 초래하는 방식으로 복합계약을 결제하는 것이 보유자의 선택에 의하여 허용되지만, 발행자는 이러한 결제를 요구할 권리(예 풋가능 채무상품)가 없는 복합상품의 계약은 '복합상품이 보유자가 투자금액의 대부분을 회수하지 못할 방법으로 결제될 수 있는 경우'에 해당되지 않는다. 따라서 이러한 조건의 금리 관련 내재파생상품은 이자부 채무상품인 주계약과 밀접하게 관련된 것으로 보아야 한다. '보유자가 인식한 투자금액의 대부분을 회수할 수 없다'는 조건은 보유자가 인식한 투자금액의 대부분을 회수하지 못하는 금액으로 결제하는 것을 받아들일 수밖에 없는 경우에 적용된다.

사 례 차입금의 이자율이 LIBOR+신용 스프레드인 경우

- A회사는 은행으로부터 변동이자율로 차입하였다. 차입계약상 이자율은 3개월 CD금리+1.5%(신용 스프레드 반영)이다. 이와 같이 3개월 마다 재설정되며 정상적인 신용 스프레드를 가지는 변동이자율 채무상품의 이자율 또는 이자율 지수는 CD금리에 따라 변동되는(즉,지급하거나 수령할 이자금액을 변동시킬 수 있는) 이자율이나 이자율지수이므로 3개월 CD금리+1.5%라는 내재파생상품은 주계약과 밀접하게 관련되어 있어 분리하지 아니한다.

4.3. 채무상품이나 보험계약에 내재된 콜, 풋, 중도상환옵션

- 주계약인 채무상품이나 보험계약에 내재된 콜, 풋, 중도상환옵션은 **주계약과 밀접하게 관련되어 있지 아니하다**. 다만, 다음의 경우는 제외한다. *[K-IFRS 1109 B4.3.5(5)]*
  - ㈎ 옵션의 **행사가격**이 옵션 행사일 현재 주계약인 **채무상품의 상각후원가나 주계약인 보험계약의 장부금액과 거의 같다.**
  - ㈏ **중도상환옵션의 행사가격**이 주계약의 나머지 기간에 해당하는 **상실이자의 현재가치에 근사한 금액**으로 대여자에게 보상하는 금액이다. 상실이자는 이자율 차이에 중도상환한 원금을 곱한 금액이다. 이자율 차이는 중도상환된 원금을 주계약의 나머지 기간에 유사한 계약에 재투자했다면 중도상환일에 받게 될 유효이자율을 초과하는 주계약의 유효이자율 부분이다.

---

16) 전단과 후단의 조건을 모두 동시에 충족시켜야 하는 것을 의미한다. 따라서 둘 중에 하나만 충족시킨다면 주계약과 밀접한 관계에 있다고 간주된다.

K-IFRS 1032에 따라 전환채무상품의 자본요소를 분리하기 전에 내재된 콜옵션이나 풋옵션이 주채무계약과 밀접하게 관련되어 있는지를 판단한다.

- **이자스트립이나 원금스트립에 내재된 중도상환옵션**은 다음의 조건을 **모두** 충족하는 주계약과 밀접하게 **관련**되어 있다.[17] *[K-IFRS 1109 B4.3.8(5)]*
  - ㈎ 내재파생상품을 포함하지 않는 금융상품의 계약상 현금흐름을 수취할 권리를 분리함에 따라 주계약(이자스트립이나 원금스트립)이 최초로 생긴다.
  - ㈏ 원래의 주계약인 채무계약에 존재하지 아니한 어떠한 조건도 주계약(이자스트립이나 원금스트립)에 포함되지 아니한다.

사 례 전환사채의 현금결제 풋옵션

- A회사는 3년 만기에 액면금액 100만원의 전환사채를 발행하였다. 표시이자율은 연 5%의 고정이자율이며 만기까지 언제든지 A회사의 보통주로 전환할 수 있다. 이 전환사채의 보유자는 A회사에게 액면금액으로 행사할 수 있는 풋옵션을 보유하고 있다. 유사한 신용상태이며 실질적으로 동일한 현금흐름을 가지고 있는 전환권이 없는 사채에 대한 시장이자율은 6%이다.
- 이 경우 A회사는 이 전환사채의 지분요소와 부채요소를 구분하여야 한다. 전환권(옵션)은 A회사의 지분상품이며 파생상품으로 회계처리되지 아니한다. 그러므로 A회사는 7%의 할인율을 적용하여 전환사채를 할인하여 지분요소 금액을 구분하여야 한다.
- 전환사채 보유자의 풋옵션은 내재파생상품이다. 이 풋옵션의 행사가격은 사채의 상각후원가와 거의 동일하기 때문에 주계약인 채무상품과 밀접한 관련성이 있다.

사 례 풋가능 우선주

- A회사는 매년 7%의 고정배당을 지급하는 상환우선주 100백만원을 액면금액으로 발행하였다. 이 우선주의 보유자는 시장이자율이 10%를 초과하게 되면 액면금액으로 A회사에게 풋옵션을 행사할 수 있다. 발행자 입장에서 이 상환우선주는 K-IFRS 1032에 의하면 부채로 분류된다. 한편 내재풋옵션의 행사가격이 액면금액이므로 이는 우선주의 상각후원가와 거의 유사하게 된다. 따라서 이 내재풋옵션은 가치가 거의 없게 되므로 주계약과 밀접하게 관련되어 있으며 분리하지 아니한다.

---

17) 이자스트립이나 원금스트립에 내재된 중도상환옵션에 대해서 K-IFRS 1109 B4.3.8(5)와 같은 예외를 준 것은 일종의 완화규정이라고 볼 수 있다. 왜냐하면 이자스트립과 원금스트립 자체가 원래의 주계약인 채무계약과 밀접한 관계를 가질 수밖에 없기 때문이다.

4.4. 풋가능 금융상품

4.4.1. 정의

- 풋가능 금융상품이란 '금융상품의 보유자가 발행자에게 환매를 요구하여 현금 등 금융자산을 수취할 권리가 부여된 금융상품'을 말한다. *[K-IFRS 1032 문단 18(2)]*

4.4.2. 배경

- 풋가능 금융상품이 이슈가 된 배경은, 순자산가치 중 비례적인 지분상당액의 현금으로 언제든지 재매입을 요구할 수 있는 금융상품(예 개방형 뮤추얼펀드, 단위연계투자상품 등)의 등장 때문이었다.
- 풋가능 금융상품과 4.3에서 설명하는 채무상품에 내재된 풋옵션은 **다음과 같은 점에서 차이**가 있다.

4.3에서 설명하는 채무상품에 내재된 풋옵션	풋가능 금융상품
풋옵션의 행사가격 존재	(1) 지분이나 일반상품의 가격·지수의 변동에 기초 (2) 풋의 행사가격이 순자산 가치 그 자체인 경우
예 전환사채 등의 전환채무상품	예 (2) 개방형 뮤추얼펀드, 단위연계투자상품 등

- 따라서 풋가능 금융상품 중 다음을 구분할 필요가 있다.
  (1) 발행자에게 **지분이나 일반상품의 가격 또는 지수의 변동에 기**초하여 변동되는 금액에 해당하는 현금으로 재매입하도록 요구하는 풋가능 금융상품
  (2) **순자산가치 중 비례적인 지분상당액**의 현금으로 언제든지 재매입을 요구할 수 있는 풋가능 금융상품

4.4.3. 발행자 입장

- 풋가능 금융상품은 발행자 입장에서 **금융부채**로 분류한다. *[K-IFRS 1032 문단 18(2)]*
- 풋가능 금융상품의 보유자가 환매를 요구하는 현금 등 금융자산의 금액이 지수 또는 다른 항목의 변동에 기초하여 증가하거나 감소될 수 있는 경우에도 이러한 금융상품은 금융부채이다. 예를 들어 개방형 뮤추얼펀드, 단위형 투자신탁, 파트너십 및 일부 조합의 경우, 지분보유자나 조합원은 보유자지분을 언제든지 현금으로 상환받을 권리를 보유하고 있으므로 지분보유자나 조합원의 지분은 부채로 분류되는 결과를 가져온다. *[K-IFRS 1032 문단 18(2)]*
- 이러한 금융상품을 금융부채로 분류하더라도, 개방형 뮤추얼펀드나 단위형 투자신탁 등과 같이 실질적으로 불입된 자본이 없는 기업이 재무제표에 '지분보유자 귀속 순자산' 또는 '지분보유자 귀속 순자산 변동액'과 같은 용어를 사용할 수 있으며, 자본의 정의를 충족하는 적립금 등과 같은 항목과 자본의 정의를 충족하지 못하는 풋가능 금융상품으로 구성되는 총조합원지분의 내역을 추가적으로 공시할 수 있다. *[K-IFRS 1032 문단 18(2)]*

4.4.4. 주계약과의 관련성

가. 지분·일반상품의 가격/지수의 변동에 기초하여 재매입 요구할 수 있는 풋가능 금융상품

- 금융상품의 보유자가 발행자에게 **지분이나 일반상품의 가격 또는 지수의 변동**에 기초하여 변동되는 금액에 해당하는 현금 등 금융자산으로 당해 금융상품을 재매입하도록 요구할 수 있는 **내재풋옵션**은 주계약인 채무상품(발행자 입장)과 **밀접하게 관련되어 있지 아니하다.** *[K-IFRS 1109 B4.3.5(1)]*
- 상기와 같은 풋가능 금융상품은 **발행자가 최초 인식시 풋가능 금융상품을 당기손익인식-공정가치로 측정하는 금융부채로 지정하지 아니하면,** 주계약은 기타채무상품이고 내재풋옵션(지수연계원금지급약정)은 주계약인 채무상품과 밀접하게 관련되어 있지 않으므로 **주계약으로부터 분리**하여야 한다. 원금지급액이 증가하거나 감소할 수 있으므로, 이 내재파생상품은 기초변수에 연계되어 가치가 변동하는 **비옵션 파생상품**이다. *[K-IFRS 1109 B4.3.6]*

나. 순자산가치 중 비례적인 지분상당액의 현금을 재매입 요구할 수 있는 풋가능 금융상품

- 순자산가치 중 비례적인 지분상당액의 현금으로 언제든지 재매입을 요구할 수 있는 풋가능 금융상품(예 개방형 뮤추얼펀드, 단위연계투자상품 등)의 경우, **내재파생상품을 분리하여 각 구성요소별로 회계처리한다면,** 보유자가 그 금융상품을 발행자에게 재매입하도록 요구할 수 있는 권리를 행사하는 경우 보고기간 말에 상환 받을 금액으로 복합계약을 측정하는 효과가 있다. *[K-IFRS 1109 B4.3.7]*

다. 단위연계특성

- 펀드자산의 공정가치를 반영하는 현재의 단위당 가치로 단위당 지급금액을 측정한다면 주계약인 금융상품이나 보험계약에 내재된 단위연계특성은 주계약과 밀접하게 관련되어 있다. 단위연계특성은 내부투자펀드나 외부투자펀드의 단위당 지급금액이 표시되는 계약조건이다. *[K-IFRS 1109 B4.3.8(7)]*

보충설명 상기 가.와 다.의 차이

가.는 보유자가 지분이나 일반상품의 가격/지수의 변동에 기초하여 변동되는 금액을 재매입하도록 요구하므로 주계약인 채무상품과 밀접하게 관련되어 있지 않지만 **다.**는 펀드자산의 공정가치를 반영하여 재매입하도록 요구하므로 주계약과 밀접하게 관련된 것이다.

4.5. 만기연장 옵션 또는 자동연장 조항

- 채무상품의 만기를 연장할 수 있는 옵션이나 자동연장조항은 주계약인 채무상품과 **밀접하게 관련되어 있지 아니하다**. 다만, 만기를 연장하는 시점에 현행 시장이자율에 따라 이자율을 동시에 조정하는 경우에는 주계약인 채무상품과 밀접하게 관련되어 있다. *[K-IFRS 1109 B4.3.5(2)]*
- 발행된 채무상품의 보유자가 그 채무상품을 기초자산으로 하는 콜옵션을 제삼자에게 발행하는 경우에는 콜옵션의 행사로 채무상품의 발행자에게 그 채무상품의 재판매에 참여하거나 재판매를 용이하게 하도록 요구할 수 있다면, 채무상품의 발행자는 그 콜옵션을 만기연장 콜옵션으로 본다. *[K-IFRS 1109 B4.3.5(2)]*

예제 38 만기연장옵션과 중도상환옵션

<상황 1> Z회사는 A은행으로부터 1,000백만원을 차입하였으며 매년 50백만원의 이자를 지급하여야 한다. 차입계약조건상 Z회사는 1,000백만원을 3년 안에 상환하여야 한다. 다만, 상환시점에서 상환기간을 추가 2년 연장할 수 있는 옵션을 행사할 수 있다. 이 옵션이 행사된다면 추가 2년 동안 매년 50백만원의 이자를 지급하여야 한다.

<상황 2> Z회사는 A은행으로부터 1,000백만원을 차입하였으며 매년 50백만원의 이자를 지급하여야 한다. 차입계약조건상 Z회사는 1,000백만원을 5년안에 상환하여야 한다. 다만, 3년 말에 1,000백만원에 상환할 수 있는 옵션을 행사할 수 있다.

요구사항

<상황 1>과 <상황 2> 각각의 경우 옵션이 주계약과 밀접한 관련이 있는가?

해설

<상황 1>과 <상황 2>는 내재된 옵션의 조건이 표시되는 방법의 차이 이외에는 동일한 것처럼 보이지만 주계약과의 밀접한 관계가 있는지에 대한 결론은 다르다. <상황 1>은 현행 시장이자율에 따라 이자율을 동시에 조정하지 아니하므로 만기연장옵션이 차입금과 밀접하게 관련되어 있지 않다. 그러나 <상황 2>는 4.3과 같이 옵션의 행사가격인 1,000백만원이 옵션행사일 현재(즉, 3년말 시점) 주계약인 차입금 상각후원가와 거의 동일할 것이므로(왜냐하면, 합리적인 옵션 보유자라면 이 옵션을 행사하기 위해서는 차입금의 3년말 상각후원가가 1,000백만원과 당연히 거의 동일하여야만 할 것이므로) 이 옵션은 주계약인 채무상품과 밀접하게 관련되어 있다.

4.6. 금리 캡과 금리 플로어[18)]

4.6.1. 금리 캡의 정의

- '금리 캡'은 변동이자율의 상한을 두는 옵션계약이다. '금리 캡'은 주로 향후 **금리상승을 우려하는 차입자**가 보유하는 경향이 높다. '금리 캡'의 보유자는 현행 변동이자율이 '금리캡'의 행사이자율을 초과하면 옵션을 행사하여 [(현행 변동이자율 - '금리 캡'의 행사이자율) × 계약단위]를 받게 된다.

4.6.2. 금리 플로어의 정의

- '금리 플로어'는 변동이자율의 하한을 두는 옵션계약이다. '금리 플로어'는 주로 향후 **금리하락을 우려하는 대출자**가 발행(written)하는 경향이 높다. '금리 플로어'의 매도자[19)]는 현행 변동이자율이 '금리 캡'의 행사이자율에 하회한다면 [('금리 캡'의 행사이자율 - 현행 변동이자율) × 계약단위]를 지급하게 된다.

4.6.3. 금리 칼라의 정의

- '금리 캡'과 '금리 플로어'가 결합된(즉, '금리 캡' 매입, '금리 플로어' 매도) 것을 '금리 칼라(collar)'라고 한다.
- '금리 칼라(collar)'의 보유자가 차입자라면 금리가 상승할 경우에는 차입금리 지급상승분을 캡으로 상쇄할 수 있으며, 금리가 하락할 경우에는 플로어 계약에 따라 차액을 지급하여야 하나 대출계약에 따른 차입금리 지급하락분으로 충당할 수 있다. 따라서 '금리 캡' 매입시 지급하여야 하는 프리미엄을 '금리플로어' 매도시 수취하는 프리미엄으로 상쇄할 수 있는 이점이 있다. 특히 '금리 캡'의 매입 프리미엄과 '금리 플로어'의 매도 프리미엄이 동일하여 '금리 칼라'거래시 초기비용이 없는 칼라를 '무비용 칼라(Zero cost collar)'라고 한다.

4.6.4. 내가격과 외가격

- '금리 캡'은 시장이자율이 행사이자율을 초과할 때 내가격이 되며, 시장이자율이 행사이자율 미만일 때 외가격이 된다.
- '금리 플로어'는 시장이자율이 행사이자율 미만일 때 내가격이 되며, 시장이자율이 행사이자율을 초과할 때 외가격이 된다.
- '금리 칼라'는 상한과 하한의 2가지 행사가격을 가지게 되며 시장이자율이 2가지 행사가격 사이에 있게 되면 외가격이 되며, 그렇지 않으면 내가격이 된다.

---

18) 이는 이자율 상한과 이자율 하한이라고도 한다.

19) 여기서 매도자는 대출자에게 금리 플로어에 대한 대가를 받고 금리 플로어를 판매한 자를 말한다.

| 금리 캡금리 플로어금리 칼라의 관계 |

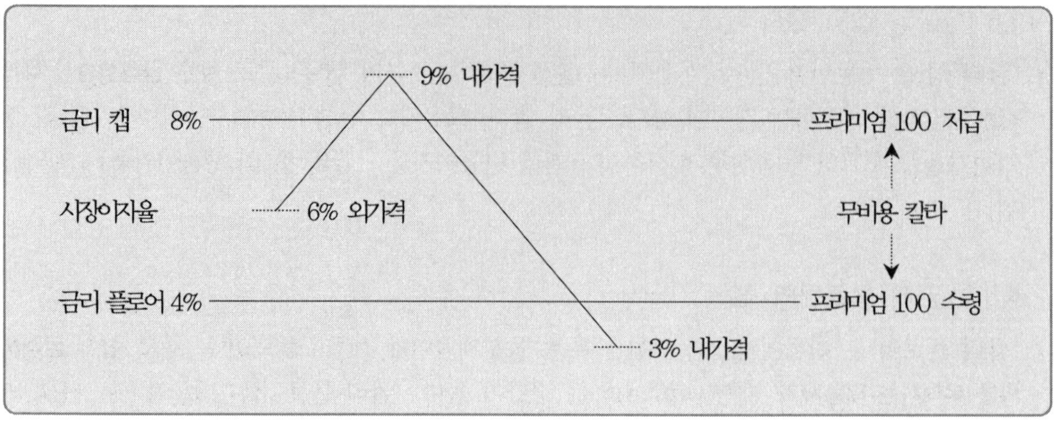

4.6.5. 주계약과의 관련성

- 복합상품을 **발행**할 때, 다음의 조건을 **모두 충족**하면 **채무상품**이나 보험계약에 **내재된 금리 캡이나 금리 플로어**는 주계약과 **밀접하게 관련**되어 있다.[20] *[K-IFRS 1109 B4.3.8(2)]*

  (1)'금리 캡'의 행사이자율(이자율 상한)이 시장이자율 이상이거나
  (2)'금리 플로어'의 행사이자율(이자율 하한)이 시장이자율 이하이며
  (3)이자율 상한이나 하한이 주계약에 관하여 레버리지되지 않는다.[21]

  외가격임. 칼라는 (1), (2) 모두 충족해야 함.

- 이와 마찬가지로, 일반상품과 같은 자산을 매입하거나 매도하는 계약에 포함된 조항으로서 그 자산에 대하여 지급하거나 수취할 가격에 대한 상한이나 하한이 설정된 경우에는 가격에 대한 캡이나 플로어가 계약시점에 외가격 상태이며 레버리지되지 않았다면, 가격에 대한 해당 캡이나 플로어는 주계약과 밀접하게 관련되어 있다. *[K-IFRS 1109 B4.3.8(2)]*

4.7. 지분 연계 이자와 일반상품 연계 이자

- 주계약인 **채무상품**이나 **보험계약**에 내재된 **지분연계 이자 또는 원금 지급계약**은 이자나 원금이 **지분상품의 가치에 연계되어 결정되는 계약**으로서, 주계약과 내재파생상품에 내재된 위험이 다르기 때문에 그 내재파생상품은 **주계약과 밀접하게 관련되어 있지 아니하다.** *[K-IFRS 1109 B4.3.5(3)]*
- 주계약인 채무상품이나 보험계약에 내재된 일반상품연계 이자나 원금 지급계약은 이자나 원

---

20) 이와 같이 관련성을 평가하는 것은 최초 발행시에 평가하는 것이므로 후속적으로 변경되는 것을 의미하지 않는다.

21) 발행시부터 이자율 상한이나 하한이 주계약에 관하여 레버리지가 될 수 있다면 상한과 하한이 상당히 큰 폭으로 변동될 수 있으므로 금리 캡이나 금리 플로어가 즉시 내가격이 될 수 있는 가능성이 있기 때문이다.

금이 일반상품(예 금)가격에 연계되어 결정되는 계약으로서, 주계약과 내재파생상품에 내재된 위험이 서로 다르기 때문에 해당 내재파생상품은 주계약과 밀접하게 관련되어 있지 아니하다. *[K-IFRS 1109 B4.3.5(4)]*

사 례 지분연계이자 : 종합주가지수 연계

- A회사는 4년 만기의 액면금액으로 채무상품을 발행하였다. 이 채무상품은 2년 후부터 발행자에 의하여 콜이 가능하다. 만약 콜이 되면, 보유자는 채무상품의 액면금액 이상 또는 종합주가지수의 증가 퍼센트에 의하여 조정된 액면금액을 수령하게 된다.
- 이 내재파생상품(콜옵션)은 지분연계이므로 주계약인 채무상품과 밀접한 관련성이 없다. 지분연계요소는 투자자에게 가치상승기회를 제공하며 이는 일반적인 채무상품의 위험과는 다른 위험을 나타낸다. 그러므로 이 내재파생상품은 주계약과 분리하여야 한다.

사 례 지분연계이자 : 개별회사주가 연계

- A회사는 4년 만기의 액면금액으로 채무상품을 발행하였다. 이 채무상품은 액면금액으로 상환가능하다. 그러나 차입계약에 의하면 차입기간 동안 A회사는 제3자인 B상장회사의 보통주 주가변동에 따라 변동되는 금액을 수령 또는 지급하게 된다.
- 이와 같이 이자지급이 지분상품 가격의 변동에 따라 변동되므로 주계약인 채무상품과는 밀접한 관련성이 없다. 따라서 이 내재파생상품은 주계약과 분리하여야 한다.

4.8. 신용파생상품

- K-IFRS 1109는 발행자의 채무불이행 또는 신용등급의 하락 등의 결과로 주계약인 채무상품의 조건에 조정이 발생되는 경우 이러한 조건과 주계약과의 관련성에 대해서 직접적으로 명확히 설명하고 있지 않다. 그러나 발행자의 신용수준(예 발행자의 채무불이행, 신용등급 하락 등)과 관련된 특성(credit features)은 주계약인 채무계약에 밀접한 관련성이 있다고 보는 것이 합리적이다. 경제적인 관점에서 이러한 신용파생상품은 주계약인 채무계약의 가치에 직접적인 영향을 주기 때문이다.
- 채무상품이 신용특성(credit features)을 갖고 있는 경우 그 신용특성(신용파생상품)을 주계약과 분리할 수 있는지는 이 신용특성이 발행자 자체의 신용등급 변동과 관련이 있는지 아니면 제3자의 신용등급의 변동이 있는지에 달려 있다.
- 그러므로 주계약인 채무상품에 내재되어 있고, 당사자 중 일방('수익자')이 특정 준거자산의 소유 여부와 관계없이 당해 준거자산의 신용위험을 제3자('보증자')에게 이전하는 신용파생상품은 주계약과 밀접하게 관련되어 있지 아니하다. 이러한 신용파생상품으로 인해 준거자산을 직접 소유하지 않는 보증자도 당해 준거자산의 신용위험을 부담할 수 있다. *[K-IFRS 1109 B4.3.5(6)]*

보충설명 신용파생상품

1. 정의

신용파생상품(credit derivatives)은 금융회사 등이 보유하고 있는 대출채권 등 준거자산(reference obligation)이 포함하고 있는 신용위험의 일부 혹은 전부를 기타위험과 분리하여 신용파생상품 거래의 상대방에게 이전하고 그 상대방은 위험부담에 따른 수수료를 받는 금융거래계약으로 정의할 수 있다.

2. 신용위험의 분리

일반적으로 대출채권 등 금융자산은 금리.환율 등 가격변수의 변동에 따라 자산가치가 변화하는 시장위험(market risk)과 차주의 부도 또는 신용등급 변동 등에 따라 자산가치가 등락하는 신용위험(credit risk)를 내포하고 있다. 신용파생상품은 바로 이러한 준거자산이 포함하고 있는 신용위험을 다른 위험과 분리하여 신용파생상품거래의 계약 당사자들 간에 이전하는 역할을 한다. 따라서 신용파생상품의 underlying은 대출계약상의 채무를 부담하는 자(준거기업 : reference entity)의 신용상태(credit standing)라 할 수 있다. 다시 말해 신용파생상품은 특정 차주의 신용위험을 분리하여 신용위험을 부담하는 자(보장매도자)에게 이전하고 신용위험을 전가한 자(보장매입자)는 위험의 이전대가로 수수료를 지급하는 금융거래계약이다. 신용파생상품은 보장매도자가 보장매입자에 대해 준거기업의 신용사건(credit event) 발생시 그 손실을 보상하는 일종의 보증보험과 같은 역할을 수행함으로써 보유자산 포트폴리오의 신용위험을 헤지하는 수단으로 활용된다.

3. 신용연계채권

신용파생상품은 채권에 포함될 수 있는데 이를 신용연계채권(Credit Linked Note : CLN)이라고 한다. 신용연계채권은 채권의 수익률이 준거자산의 신용상황과 연계된 채권을 의미한다.

예를 들어, 은행이 유동성이 낮은 준거자산(대출채권 또는 유동성이 낮은 보유채권 등) 자체를 시장에서 매각하는 것은 현실적으로 매우 어렵다. 그러나 유동성이 낮은 준거자산을 보유한 은행이 신용파생상품거래를 통해 준거자산에 대한 보장을 매입하면 준거자산의 신용위험에 따른 손실에 대해 보호받을 수 있게 된다. 특히 신용파생상품은 은행 등 금융회사가 준거자산을 계속 보유하면서(즉, 고객관계를 계속 유지하면서) 신용위험만을 분리하여 제거할 수 있는 수단을 제공한다는 측면에서 재무구조의 건전성 제고를 위한 유용한 방편이다. 보장매도자(투자자)의 입장에서 보면, 신용파생상품은 수익성이 높은 대출시장에 간접적으로 참여할 수 있는 기회를 줄 뿐만 아니라 거의 자금부담 없이 신용위험만을 부담하는 레버리지 효과를 통해 고수익을 겨냥할 수 있는 투자수단을 제공한다. 즉, 대출관리 등에 소요되는 비용을 꺼리는 투자자는 신용파생상품을 이용하면 직접 은행의 대출채권을 매입하지 않고도 매입한 것과 마찬가지의 효과를 누릴 수 있기 때문이다(단, 준거기업의 신용위험을 감수하여야 한다).

4. 신용연계채권의 발행구조

CLN 거래에서 은행(보장매입자)은 대출채권 등 준거자산을 근거로 CDS(credit default swap)계약을 CLN 발행자(주로 SPC)와 체결하고, 보장매도자는 CLN을 발행하여 투자자에게 매각하면서 보증료에 상당하는 이자를 투자자(궁극적인 보장매도자)에게 추가 지급하게 된다. CDS에서는 원금에 대한 자금부담없이 보증료만이 수수되는 반면, CLN은 자금조달이 수반된 구조(funded structure)를 가지고 있다. 투자자가 SPC에 지급한 원금은 보증이행을 담보하는 역할을 수행하게 되어 신용사건이 발생하면 CLN 투자자는 손실보상액을 공제한 잔액을 중도상환 받거나(현금결제) 또는 기초자산을 액면가액에 인수(실물결제)하며, 신용사건이 발생하지 않으면 원금 전액을 상환 받는다. CLN은 기본적으로 CDS를 활용하여 구조화한 상품의 한 종류로써 SPC를 이용할 경우 거래상대방 위험을 제거할 수 있으며 규제나 거래비용 등으로 인해 CDS에 직접 투자가 불가능했던 투자자들이 신용위험에 대한 간접투자를 할 수 있게 된다. 한편 CLN 발행기관은 SPC가 발행하는 것이 일반적인 구조이며, SPC는 준거자산 보유자와 CDS계약을 체결하여 CLN의 underlying인 신용위험을 확보하게 된다. 따라서 CLN은 CDS가 결부된 채무수단이라 할 수 있다.

CLN의 기본구조

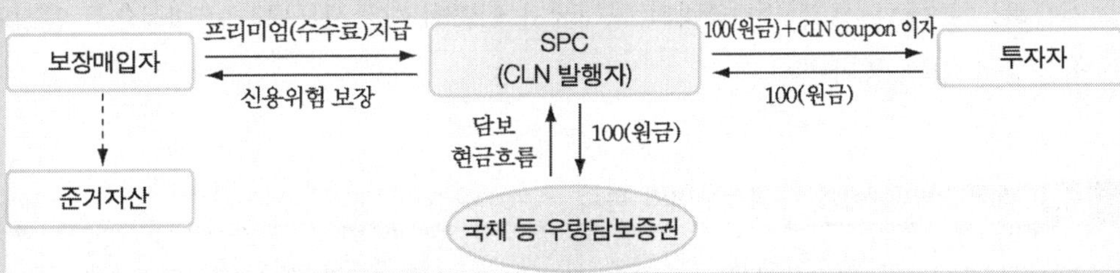

4.9. 채무상품에 내재된 주식수령계약

- 벤처캐피털이 후순위대여금을 제공하면서 차입자가 주식을 증권거래소에 상장한다면, 그 때에 계약상 지급액에 추가하여 차입기업의 주식을 대가 없이 수취하거나 매우 낮은 가격으로 수취하기로 하는 경우('equity kicker')가 있다. 이러한 권리가 부여된 후순위대여금의 이자율은 일반 대여금의 이자율보다 낮아지게 된다. *[K-IFRS 1109 C.4]*
- 이러한 후순위 대여금이 당기손익인식금융상품으로 분류되지 않는다면 equity kicker는 파생상품의 정의를 충족한다. 왜냐하면 equity kicker는 차입기업의 주식가치의 변동에 연동되고 최초 계약시 순투자액을 필요로 하지 않거나 시장요소의 변동에 비슷한 영향을 받을 것으로 기대되는 다른 유형의 계약보다 적은 순투자금액을 필요로 하며, 미래에 결제되기 때문이다. 이러한 권리는 차입기업의 향후 상장이 주식을 수령할 권리에 영향을 미친다고 하더라도 파생상품의 정의를 충족한다. *[K-IFRS 1109 C.4]*
- 그러므로 채무상품에 내재된 이러한 equity kicker는 주계약과 밀접한 관련성이 없다고 보는 것이 타당하다.

4.10. 재화나 용역의 제공과 관련된 계약

4.10.1. 외화 파생상품(Foreign currency derivatives)

• 내재외화파생상품이 레버리지되지 아니하고, 옵션의 특성을 포함하지 아니하며, 지급하는 통화가 다음 중 하나인 경우에는 주계약인 보험계약이나 비금융상품(예 가격이 외화로 표시되는 비금융항목을 매입하거나 매도하는 계약)에 포함된 내재외화파생상품은 주계약과 밀접하게 관련되어 있다. *[K-IFRS 1109 B4.3.8(4)]*

(가) 실질적인 계약당사자의 기능통화

(나) 국제 상거래에서 매입하거나 매도하는 재화나 용역의 가격을 일반적으로 표시하는 통화 (예 원유 거래의 경우 미국 달러)

(다) 거래가 발생하는 경제환경에서 비금융항목을 매입하거나 매도하는 계약에서 일반적으로 사용하는 통화. 예를 들면, 국내외 거래에서 일반적으로 사용되는 상대적으로 안정되고 유동성이 있는 통화[22)]

사 례 내재외화파생상품 : 국제무역의 통화 *[K-IFRS 1109 C.9]*

• '국제 상거래에서 재화나 용역의 가격을 일반적으로 표시하는 통화'에 실질적인 계약당사자 일방의 지역 내에서 이루어지는 거래에서 해당 재화 또는 용역에 대하여 사용되는 통화는 포함될 수 없다. '국제 상거래에서 재화나 용역의 가격을 일반적으로 표시하는 통화'는 비슷한 거래에 대하여 어느 특정 지역만이 아니라 전세계적으로 사용되어지는 통화에 국한된다. 예를 들어, 북미 국가들 사이의 천연가스 거래에는 일반적으로 USD로 표시되고 유럽지역의 천연가스거래에는 일반적으로 유로화로 사용되지만, 이러한 경우 USD나 유로화가 국제 상거래에서 재화 또는 용역의 가격을 일반적으로 표시하는 통화는 아니다.

22) (다)는 많은 개발도상국 국가에서 지지하였던 IAS 39의 개정사항이었다. 그러나 어떤 통화가 이러한 요구사항을 충족할 수 있는지 여부는 실무적으로 여전히 판단해야 할 사항이다.

사 례 내재파생상품 : 외화매매계약 *[K-IFRS 1109 C.7]*

• 한국회사인 A회사는 프랑스에 있는 B회사에게 원유를 판매하기로 계약하였다. 일반적으로 국제적인 원유계약은 USD로 표시되고, 원화는 한국 내에서 비금융상품을 판매하는 계약시에 적용되지만 이 계약은 스위스 프랑으로 표시되었다. A회사와 B회사 모두 스위스 프랑으로 유의적 활동을 수행하지 않는다.(즉, 기능통화가 스위스프랑이 아니다) 이러한 경우 한국회사인 A회사는 이 판매계약을 스위스 프랑을 매입하는 통화선도계약이 내재된 주계약으로 보면, 프랑스 회사인 B회사는 스위스 프랑을 매도하는 통화선도계약이 내재된 주계약으로 본다. 보고기업이 통화선도계약을 현금흐름위험회피수단으로 지정한 경우를 제외하고는 당해 통화선도의 공정가치를 주계약과 분리하여 당기손익으로 반영하여야 한다.

사 례 내재외화파생상품 : 관련성 없는 환차조정조항 *[K-IFRS 1109 C.8]*

• 재무제표 작성기준으로 기능통화인 유로를 사용하는 기업 A가, 기능통화가 노르웨이 크로네인 기업 B와 6개월 이후 원유를 USD1,000에 매입하는 계약을 체결하였다. 주계약인 원유거래계약은 예상되는 비금융항목의 매입, 매도, 사용에 따라 비금융항목을 인도할 목적으로 체결되어 계속 유지되고 있는 계약에 해당하므로 이 기준서가 적용되지 않으며(이 기준서의 문단 2.4와 문단 BA.2) 기업은 이 기준서 문단 2.5에 따라 당기손익—공정가치로 측정하도록 취소불가능한 지정을 하지 않았다. 그러나 원유에 대한 지급과 관련된 기존 조건에 부가하여 미국 달러화에 대한 노르웨이 크로네의 환율 변동을 명목금액 USD100,000에 적용하여 산출한 금액을 교환하는 조항을 포함한다. 이러한 내재파생상품(레버리지된 환차조정조항)을 이 기준서의 문단 4.3.3에 따라 주계약인 원유거래계약에 밀접하게 관련된 것으로 볼 수 있는가?

➠ 볼 수 없다. 이러한 내재파생상품(레버리지된 환차조정조항)은 주계약인 원유거래계약과 밀접하게 관련되지 않으므로, 주계약인 원유거래계약과 분리하여야 한다(이 기준서 문단 B4.3.8(4)). 기업 A와 기업 B의 기능통화가 미국 달러화가 아니므로, USD1,000 상당의 원유거래계약의 지급조항을 통화관련 파생상품으로 볼 수 있지만, 미국 달러화로 결제하는 원유거래계약은 통화관련 파생상품이 내재된 주계약으로 보지 아니하는 관련규정(이 기준서 문단 B4.3.8(4))에 따라 분리하지 아니한다. 미국 달러화에 대한 노르웨이 크로네의 환율 변동을 명목금액 USD100,000에 적용하여 산출한 금액을 교환하는 방식으로 레버리지된 환차조정조항이 원유거래계약에 부가되어 있다. 이 경우 레버리지된 환차조정조항은 주계약인 원유거래계약과 관련되지 않으므로, 이 기준서의 문단 4.3.3에 따라 내재파생상품으로 분리하여 회계처리하여야 한다.

4.10.2. 투입요소 또는 재료 등

- 일반적으로 재화나 용역 또는 기타 비금융항목을 공급하는 계약의 가격은 투입요소 또는 재료 등의 비금융항목의 가격에 근거하여 결정된다. 예를 들어, 콜센터 서비스 제공자는 특정국가의 종업원원가가 그 서비스의 주요 원가가 될 것이다. 따라서 서비스를 공급하는 장기계약의 가격을 관련 임금 지표와 연결하여 종업원원가의 변동위험을 회피하려고 할 것이다. 이와 유사하게 재화의 제공자 역시 자신의 제품 가격을 생산과정에 투입되는 원재료의 시장가격에 연계시킬 것이다.
- K-IFRS 1109에서는 이러한 가격요소가 주계약과 밀접한 관계에 있는지에 대한 명확한 설명이 없다. 그러나 K-IFRS 1109에서 (경제적 특성과 위험을 평가하는데 있어) 일반적으로 요구하는 사항을 토대로 판단한다면 이러한 가격요소는 중요하게 레버리지화되지 않는다면 주계약과 밀접하게 관련이 있다고 보는 것이 타당하다.

4.10.3. 인플레이션 연계 특성

- K-IFRS 1109에서는 리스와 관련된 경우를 제외하고, 인플레이션과 관련된 지급조건을 포함하는 계약에 대한 실무지침은 없지만 일반물가지수의 변동에 따라 지급이 증가하는 서비스를 제공하고 레버리지화되지 않는 장기계약은 그 내재인플레이션 파생상품이 일반적으로 주계약과 밀접하게 관련되어 있다고 보는 것이 타당하다.

4.11. 리 스

- 리스계약에 내재된 파생상품은 **다음 중 하나**에 해당하는 경우[23]에 주계약과 **밀접하게 관련**되어 있다. *[K-IFRS 1109 B4.3.8(6)]*
  - ㈎ 소비자물가지수에 리스료를 연계하는 등의 인플레이션 관련 지수로서 당해 리스가 레버리지되지 아니하고 당해 지수가 기업이 속한 경제환경의 인플레이션과 관련되어 있는 경우
  - ㈏ 관련 매출액에 따른 조정리스료인 경우
  - ㈐ 변동이자율에 따른 조정리스료인 경우

23) 특별한 반증이 없는 한 이는 금융리스와 운용리스 모두에 해당되는 것이 타당하다.

보충설명 리스와 관련된 외화내재파생상품

금융리스채권과 금융리스부채는 금융상품에 해당된다. 그러므로 외화로 표시된 금융리스는 일반적으로 내재외화파생상품계약을 주계약과 분리하지 않을 것이다. 왜냐하면 금융리스채권과 금융리스부채는 K-IFRS 1021의 적용범위에 해당되는 화폐성항목이기 때문이다(즉, 외환차이가 당기손익에 반영되므로).
그러나 운용리스는 일종의 미완성계약이면서 미이행계약(executory contract)이다. 따라서 운용리스가 외화로 표시되는 경우 주계약이 비금융상품(예 가격이 외화로 표시되는 비금융항목을 매입하거나 매도하는 계약)이고 이에 포함된 내재외화파생상품이 레버리지되거나, 옵션의 특성을 포함하거나, 지급하는 통화가 상기 (가), (나), (다)에 해당하지 않는다면 분리를 고려하여야 할 것이다.

4.12. 보험계약과의 상호 의존성

- 내재파생상품과 주계약인 보험계약이 상호의존적이어서 내재파생상품을 분리하여(즉, 주계약을 고려하지 않고) 측정할 수 없다면, 주계약인 보험계약에 내재된 파생상품은 주계약과 밀접하게 관련되어 있다. *[K-IFRS 1109 B4.3.8(8)]*

5 내재파생상품의 회계처리

5.1. 내재파생상품의 분리 이후 회계처리

- 내재파생상품을 분리한 이후, 주계약은 K-IFRS 1109에 따라 회계처리한다. K-IFRS 1109에서는 내재파생상품을 재무상태표에 별도로 표시하여야 하는지에 대하여는 다루지 아니한다. *[K-IFRS 1109 문단 4.3.4]*
- 분리한 내재파생상품에 대한 회계처리는 앞서 설명한 개별 파생상품 회계처리와 동일하다.

5.2. 분리되지 않는 경우

- K-IFRS 1109에 따라 주계약과 분리하여야 하는 내재파생상품을 취득시점이나 그 후의 재무보고일에 주계약과 분리하여 측정할 수 없는 경우에는 **복합계약 전체를 당기손익-공정가치 측정 항목으로 지정**한다. *[K-IFRS 1109 문단 4.3.6]*
- 계약조건에 기초하여 내재파생상품의 공정가치를 신뢰성 있게 산정할 수 없는 경우에는 복합상품의 공정가치와 주계약의 공정가치의 차이를 내재파생상품의 공정가치로 산정한다. 이 방법으로 내재파생상품의 공정가치를 산정할 수 없는 경우에는 K-IFRS 1109 문단 4.3.6을 적용하여 복합계약을 당기손익-공정가치 측정 항목으로 지정한다. *[K-IFRS 1109 문단 4.3.7]*

• 내재파생상품의 분리조건에도 불구하고, 계약이 하나 이상의 내재파생상품을 포함하고 주계약이 이 기준서의 적용범위에 포함되는 자산이 아닌 경우에는 복합계약 전체를 당기손익-공정가치 측정 항목으로 지정할 수 있다. 다만, 다음의 경우는 제외한다.
  (1) 내재파생상품으로 인해 복합계약의 현금흐름이 유의적으로 변경되지 않는 경우
  (2) 비슷한 복합상품을 고려할 때, 내재파생상품의 분리가 금지된 것을 별도로 상세하게 분석하지 않아도 명백하게 알 수 있는 경우. 이러한 내재파생상품의 예로는 차입자가 상각후원가에 가까운 금액으로 대출채권을 중도 상환할 수 있는 대출채권에 내재된 중도 상환 옵션이 있다. *[K-IFRS 1109 문단 4.3.5]*

보충설명 내재파생상품을 포함하는 복합상품(복합계약)의 당기손익 지정

K-IFRS 1109 문단 B4.3.1에 기술된 바와 같이 이 기준서의 적용범위에 포함되는 자산이 아닌 주계약과 하나 이상의 내재파생상품을 포함하는 복합계약의 거래당사자가 되는 경우에는 문단 4.3.3에 따라 이러한 내재파생상품을 식별하고 주계약에서 분리해야 하는지를 판단하며 분리대상 내재파생상품은 최초 인식시점과 그 이후 기간에 공정가치로 측정한다. K-IFRS 1109 문단 4.3.3에서 요구하는 사항은 전체 상품을 공정가치로 측정하여 당기손익으로 인식하는 것보다 더 복잡하거나 신뢰성이 더 낮은 측정치를 이끌어낼 수 있다. 따라서 이 기준서에서는 그러한 복합계약 전체를 당기손익—공정가치로 측정하도록 지정할 수 있게 허용하고 있다. *[K-IFRS 1109 B4.3.9]*
이러한 지정은 K-IFRS 1109 문단 4.3.3에 따라 주계약과 분리해야 하는 내재파생상품이나 분리할 수 없는 내재파생상품 모두에 적용할 수 있다. 그러나 K-IFRS 1109 문단 4.3.5(1)과 (2)에 해당하는 경우는 당기손익—공정가치로 측정하도록 지정하는 것이 복잡성을 줄이거나 신뢰성을 높이는 것이 아니므로, 복합계약을 당기손익인식금융상품으로 지정할 수 없다. *[K-IFRS 1109 B4.3.10]*

5.3. 비옵션 내재파생상품

• 비옵션 내재파생상품(예 내재된 선도계약이나 스왑)은 명시적이거나 묵시적인 실질조건에 기초하여 최초 인식시점의 공정가치가 영(0)이 되도록 주계약에서 분리한다.[24] *[K-IFRS 1109 B4.3.3]*

예제 39 비옵션 내재파생상품의 분리 *[K-IFRS 1109 C.1]*

비옵션형 내재파생상품을 주계약과 분리하는 경우 주계약과 내재파생상품의 개별 조건을 어떻게 식별하는가? 예를 들어, 채무상품인 주계약은 고정금리부 채무상품, 변동금리부 채무상품 또는 무이표채 채무상품 중 어느 것에 해당한다고 보아야 하는가?

---

24) '최초 인식시점의 공정가치가 영(0)이 되도록 주계약에서 분리한다'는 것이 '분리하지 않는다'는 것은 아니다.

해설

주계약인 채무상품의 조건은 복합계약에 명시된 조건이 함축된 실질적인 조건을 반영한다. 명시되거나 함축된 조건이 없는 경우 기업이 조건을 판단한다. 그러나 기업은 특정되지 않는 요소를 식별하거나 복합계약에 명백히 존재하지 않는 내재파생상품을 분리하는 방식, 즉 존재하지 않는 현금흐름을 창출하는 방식으로 주계약인 채무상품의 조건을 설정할 수는 없다. 예를 들어, 매년 40,000원의 고정금리를 지급하고, 만기에 1,000,000원에 주가지수의 변동을 곱한 계약상의 금액을 상환하는 5년 만기의 채무상품의 경우 주계약을 고정금리부 채무상품으로 식별하지 아니하고, 변동금리부 주계약과 변동금리를 상쇄시키는 내재 지분스왑으로 식별하는 것은 적절치 않다. 이 경우 복합계약에는 변동이자의 현금흐름이 없기 때문에, 주계약은 매년 40,000원을 지급하는 고정금리부 채무상품이 된다.

또한, 복합계약에 포함된 선도나 스왑과 같은 비옵션형 내재파생상품의 조건은 최초 계약시점에 내재파생상품의 공정가치가 영(0)이 되도록 결정하여야 한다. 만약 이와 다른 조건으로 비옵션형 내재파생상품을 분리하는 것을 허용한다면, 하나의 복합계약을 무수히 많은 조합의 주계약인 채무상품과 내재파생상품으로 분리할 수 있을 것이다. 예를 들면, 복합계약에는 존재하지 않았던 레버리지나 비대칭 또는 기타 위험을 창출하는 조건을 갖도록 내재파생상품을 분리한다면, 이러한 다양한 조합방식이 가능하게 된다. 따라서 복합계약의 최초 계약시점에 비옵션형 내재파생상품의 공정가치를 영(0)이 아닌 조건으로 분리하는 것은 적절하지 않다. 내재파생상품의 조건은 복합계약이 발행되었던 시점에 존재하는 조건에 기초하여 판단되어야 한다.

예를 들어, X회사가 Y회사에게 매년 5%의 이자를 받는 원금 ₩1,000을 대여하였으며 동시에 Z회사 주식의 현행시장가격(₩100)이 증가하면 증가분을 추가로 수령하고, 감소하면 감소분만큼 받지 않는 지분연계파생상품계약을 체결하였다. Z회사 주식의 1년 선도가격은 ₩200이다. 이러한 두 거래(대여와 파생상품)는 채무상품과 내재파생상품의 무한한 조합으로 분리될 수 있는 하나의 구조화된 상품에 합쳐질 수 있다. X회사가 ₩1,000을 주고 구입할 것으로 기대되는 구조화된 상품의 가장 대표적인 예는 다음과 같이 3가지 조건을 들 수 있다.

✓ X회사가 1차년도 말에 다음의 금액 수령

① ₩1,050(1,000 × 1.05) +(1년 후의 Z회사 주가 − ₩200)

② ₩1,150(1,000 × 1.05 + 100) +(1년 후의 Z회사 주가 − ₩300)

③ ₩851 +(1년 후의 Z회사 주가 − ₩1)

상기 세 경우 모두 동일한 현금흐름을 갖고 있다. 예를 들어 Z회사 주가가 ₩200이라면 세 경우 모두 ₩1,050을 받게 된다. 또한 Z회사 주가가 ₩300이라면 3경우 모두 ₩1,150을 받게 된다. 이와 같이 어떤 경우에도 현금흐름은 동일하지만 조건은 재량에 따라 무한히 구분할 수 있다. 그러므로 상기계약은 매년 6%의 고정이자를 지급하는 ₩900의 장부금액을 가지는 채무계약과 최초 공정가치가 영(0)인 선도가격이 ₩200인 내재선도계약으로 구분할 수 있다. 만약 주채무상품의 비옵션 내재파생상품의 조건이 최초 인식시점에 영(0)이 아닌 공정가치로 결정된다면 그 금액은 필연적으로 차입 또는 대여를 나타낼 수밖에 없다. 왜냐하면 발행자 입장에서는 그 공정가치에 해당하는 금액만큼 최초 발행시 더 받으려고 할 것이며 특정일에 반드시 이 내재파생상품 조건의 발생으로 이를 상환하거나 결제하여야 할 것이기 때문이다.

예를 들어, 선도가격이 ₩200인 내재선도계약의 공정가치가 ₩10이라면 1년 후의 주가가 어떻게 되든지 간에 선도계약을 통하여 결제받을 금액은 ₩10이 된다는 것을 의미하기 때문이다.

5.4. 옵션 내재파생상품

- 옵션에 기초하는 내재파생상품(예 내재된 풋, 콜, 캡, 플로어, 스왑션)은 옵션특성의 명시적인 조건에 기초하여 주계약에서 분리한다. 주계약의 최초 장부금액은 내재파생상품을 분리한 후에 남은 금액이다. *[K-IFRS 1109 B4.3.3]*

예제 40 내재파생상품 : 내재옵션의 분리

예제 7에 따르면 복합상품에 포함된 비옵션형 내재파생상품의 조건은 최초 계약시점에 비옵션 내재파생상품의 공정가치가 영(0)이 되도록 결정하여야 한다. 옵션형 내재파생상품이 분리되는 경우에도 복합계약의 최초 계약시점에 옵션형 내재파생상품의 공정가치가 영(0)이 되도록 내재가치가 영(0)이 되도록(등가격조건으로) 내재옵션의 조건을 결정하여야 하는가?

해설

그렇지 않다. 옵션형 내재파생상품을 가진 복합계약의 경제적 실질은 당해 옵션의 행사가격(또는 행사율)에 따라 달라지므로, 풋, 콜, 캡, 플로어, 캡션, 플로션, 스왑션 등과 같은 옵션형 내재파생상품은 복합계약에 명시된 옵션의 조건에 따라 분리한다. 따라서 복합계약의 최초인식시점에 옵션형 내재파생상품의 공정가치 또는 내재가치가 영(0)이 아닐 수 있다.

만약 옵션형 내재파생상품의 공정가치가 영(0)이 되도록 조건을 식별하여야 한다면, 일반적으로 옵션의 행사가격(또는 행사율)은 옵션이 무한정하게 외가격의 형태가 되도록 결정되어야 할 것이다. 이는 옵션이 행사될 확률이 전혀 없는 상태를 의미하게 된다. 그러나 일반적으로 복합계약에 포함된 옵션의 확률은 영(0)이 아니기 때문에, 옵션형 내재파생상품의 공정가치를 영(0)으로 가정하는 것은 복합계약의 경제적 실질에 부합하지 않는다. 마찬가지로 옵션형 내재파생상품의 내재가치가 영(0)이 되도록 옵션형 내재파생상품의 조건을 식별하여야 한다면, 행사가격(또는 행사율)이 복합계약을 최초 인식하는 시점의 기초변수의 가격(또는 비율)과 동일하다고 가정하여야 한다. 이 경우의 옵션의 공정가치는 시간가치로만 이루어져 있다. 그러나 복합계약의 최초 인식시점의 기초변수의 가격(또는 비율)과 합의된 행사가격이 실제로 일치하지 않는다면, 이러한 가정은 옵션의 행사확률을 포함하는 복합계약의 경제적 실질에 부합하지 않는다.

옵션형 내재파생상품과 선도(계약)형 내재파생상품(선도, 스왑 등)은 경제적인 실질이 근본적으로 다르다. 선도거래의 경우 특정일의 선도가격과 현물가격의 차이에 기초하여 결제되는 반면, 옵션의 경우에는 특정일 혹은 미래의 일정 시점에 합의된 행사가격과 현물가격 사이의 관계에 따라 현물가격과 옵션행사가격의 차이에 기초하여 결제가 이루어질 수도 있고 이루어지지 않을 수도 있기 때문이다. 따라서 옵션형 내재파생상품의 행사가격을 조정하게 되면, 복합계약의 성격 자체가 바뀌게 된다. 한편, 주계약인 채무상품에 포함된 비옵션형 내재파생상품의 조건을 복합금융상품의 최초인식시점에 비옵션형 내재파생상품의 공정가치가 영(0)이 되도록 결정하지 않는 경우 당해 금액은 실질적인 차입 또는 대여를 의미하게 된다. 따라서 C.1에서 언급한 바와 같이 최초 인식시점에 복합계약에 포함된 비옵션형 내재파생상품을 공정가치가 영(0)이 아닌 다른 금액이 되도록 분리하는 것은 적절하지 않다.

5.5. 복수의 내재파생상품

- 일반적으로 하나의 복합계약에 포함된 복수의 내재파생상품은 하나의 복합내재파생상품으로 처리한다. 그러나 자본으로 분류되는 내재파생상품(K-IFRS 1032 참조)은 자산이나 부채로 분류되는 내재파생상품과 분리하여 회계처리한다. 또 복합계약에 포함된 둘 이상의 내재파생상품이 서로 다른 위험 익스포저와 관계가 있으며, 각각 쉽게 분리할 수 있고 서로 독립적인 경우에는 각각의 내재파생상품을 분리하여 회계처리한다. *[K-IFRS 1109 B4.3.4]*

제 08 장
K-IFRS 1109 위험회피회계

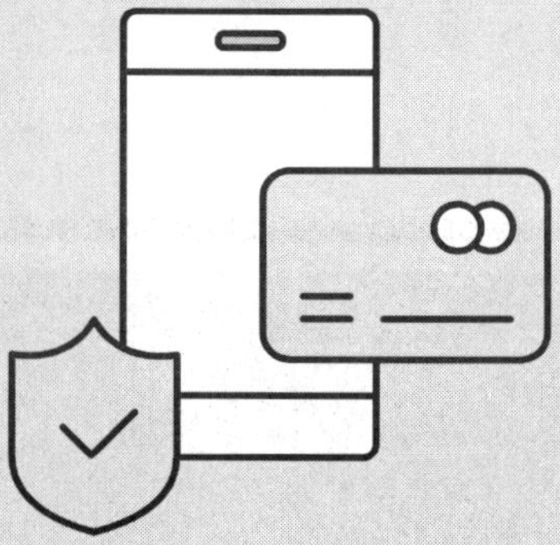

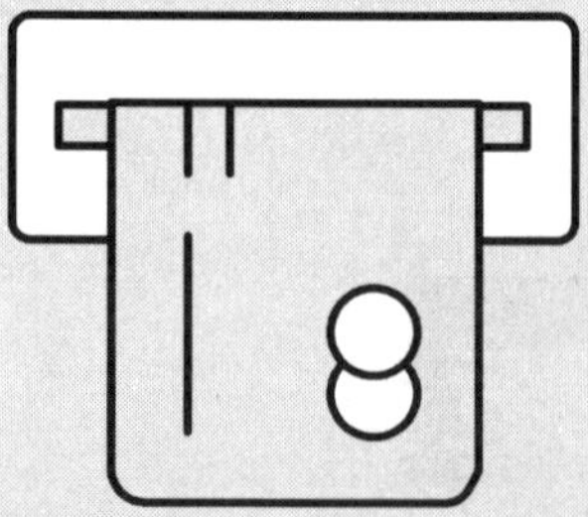

01
위험회피회계의 개요

1 위험회피회계의 등장 배경

- 기업의 영업활동은 본질적으로 위험을 내포하고 있다. 예를 들어, 외화매출채권을 보유하고 있다고 가정하자. 환율의 변동으로 인하여 외화매출채권을 원화로 환산시 그 가치는 매출 발생시점과 결제시점의 환율에 따라 달라질 수 있다. 또한 고정이자율 차입금을 발생시킨 후 시장이자율을 하락시 차입금의 공정가치 변동위험을 부담할 수 있다.
- 위험회피회계는 전통적회계와는 상당히 다르다. 가장 대표적인 예로 미이행계약을 들 수 있다. 예를 들어, A회사가 6개월 후에 원유 100만톤을 US$ 10,000,000에 매입하기로 하는 계약을 체결하였다고 가정하자. 이러한 계약은 미이행계약으로 전통적 회계에서는 회계처리를 하지 않는다. 그러나 회계처리를 하지 않는다 하더라도 A회사는 향후 ₩/US$의 환율 변동에 따라 환율위험에 노출된다. 즉, 계약을 체결하는 시점부터 환율위험에 노출되는 것이다. 이러한 환율위험을 회피하고자 통화선도계약을 체결할 수 있다. 이 경우 전통적회계에서는 위험회피를 위하여 통화선도계약을 체결하였지만, 통화선도계약의 공정가치 변동만 당기손익에 반영하고, 원유매입계약은 회계처리를 하지 않기 때문에 그 가치변동도 인식하지 못하는 문제점이 발생한다.
- 이와 같은 이유로 위험회피회계에서는 원유매입계약이라는 확정계약도 재무제표에 인식하여 그 가치변동을 손익으로 인식함으로써 통화선도계약의 손익과 상쇄하여 회계적으로도 위험회피결과를 재무제표에 보여주게 하려는 것이 위험회피회계의 핵심이다. 즉, 위험회피회계는 기업이 일정조건을 충족하는 경우 위험회피결과를 재무제표에 보여주기 위한 회계처리이다. 여기서 다음과 같은 위험회피회계의 중요한 개념이 대두된다.

  (1) 위험회피대상

  (2) 위험회피수단

  (3) 위험회피효과
- 이와 같이 위험회피회계의 목적은 당기손익(또는 문단 5.7.5에 따라 지분상품 투자의 공정가치의 변동을 기타포괄손익에 표시하기로 선택한 경우에는 기타포괄손익)에 영향을 미칠 수 있는 특정 위험으로 생긴 익스포저를 관리하기 위하여 금융상품을 활용하는 위험관리 활동의 효과를 재무제표에 반영하는 것이다. 이 접근법은 위험회피수단의 목적과 효과에 대한 이해

를 보여주기 위하여 위험회피회계가 적용된 위험회피수단에 대한 정보를 전달하는 것을 목적으로 하고 있다. *[K-IFRS 1109 문단 6.1.1]*

- 금융자산이나 금융부채 포트폴리오의 이자율 익스포저에 대한 공정가치위험회피의 경우에만, K-IFRS 1109의 규정 대신 K-IFRS 1039의 위험회피회계 요구사항을 적용할 수 있다. 이 경우에는 포트폴리오의 이자율위험에 대한 공정가치위험회피에 대해 특정 요구사항을 적용해야 하며 통화금액으로 일부를 위험회피대상항목으로 지정해야 한다(K-IFRS 1039 문단 81A, 89A, AG114-AG132 참조). *[K-IFRS 1109 문단 6.1.3]*

2 위험회피회계의 적용조건

- 위험회피회계는 위험회피결과를 재무제표에 표시하지 못하는 전통적회계의 단점을 보완하기 위하여 대두되었기 때문에 그 적용조건이 매우 까다롭다. 그러므로 위험회피회계를 적용하기 위해서는 위험회피대상 및 위험회피수단으로 지정할 수 있는 조건을 충족하여야 하며 더 나아가 위험회피대상과 위험회피수단 간의 위험회피효과도 상당한 (-)관계를 유지하여야 한다. K-IFRS 1109의 위험회피회계 규정은 상기 개념에 대한 정의와 조건 및 위험회피회계처리를 어떻게 표시하여야 하는지에 대해서 자세하게 설명하고 있다.
- 이하에서는 위험회피대상, 위험회피수단, 위험회피효과, 위험회피회계처리 순으로 K-IFRS 1109에서의 규정을 중심으로 설명할 것이다.

02 위험회피수단

1 조건을 충족하는 위험회피수단

1.1. 당기손익-공정가치 측정 파생상품

• 일부 발행한 옵션을 제외하고, 당기손익-공정가치 측정 파생상품은 위험회피수단으로 지정할 수 있다(K-IFRS 1109 문단 B6.2.4 참조). *[K-IFRS 1109 문단 6.2.1]*

1.2. 당기손익-공정가치 측정 비파생금융자산이나 비파생금융부채

• **당기손익-공정가치 측정 비파생금융자산이나 비파생금융부채는 위험회피수단으로 지정할 수 있다.** 다만, **당기손익-공정가치로 측정하도록 지정한 금융부채**로서 **신용위험의 변동으로 생기는 공정가치의 변동 금액을 K-IFRS 1109 문단 5.7.7에 따라 기타포괄손익으로 표시하는 금융부채는 제외한다.** *[K-IFRS 1109 문단 6.2.2]*

• 외화위험회피의 경우 비파생금융자산이나 비파생금융부채의 외화위험 부분은 위험회피수단으로 지정할 수 있다. 다만, K-IFRS 1109 문단 5.7.5에 따라 **공정가치의 변동을 기타포괄손익으로 표시하기로 선택한 지분상품의 투자는 제외**한다. *[K-IFRS 1109 문단 6.2.2]*

1.3. 보고실체의 외부 당사자와 체결한 계약

• 위험회피회계의 목적상, **보고실체의 외부 당사자(보고하는 연결실체 또는 개별기업의 외부 당사자)와 체결한 계약만을 위험회피수단으로 지정할 수 있다.** *[K-IFRS 1109 문단 6.2.3]*

1.4. 위험회피수단으로 지정할 수 없는 경우

• **분리하여 회계처리하지 않는 복합계약에 내재된 파생상품**은 별도의 **위험회피수단으로 지정할 수 없다.** *[K-IFRS 1109 B6.2.1]*

• 자기지분상품은 해당 기업의 금융자산이나 금융부채가 아니므로 위험회피수단으로 지정할 수 없다. *[K-IFRS 1109 B6.2.2]*

1.5. 외화위험회피시 비파생금융상품의 외화위험요소

- 외화위험회피의 경우에 비파생금융상품의 외화위험요소는 K-IFRS 1021에 따라 판단한다. *[K-IFRS 1109 B6.2.3]*

1.6. 발행한 옵션

- K-IFRS 1109에서는 당기손익-공정가치 측정 파생상품(일부 발행한 옵션 제외)을 위험회피수단으로 지정할 수 있는 상황을 한정하지 않는다. *[K-IFRS 1109 B6.2.4]*
- 발행한 옵션은 매입한 옵션(다른 금융상품에 내재된 매입한 옵션을 포함)을 상쇄하기 위해 위험회피수단으로 지정하는 경우(예 중도상환할 수 있는 부채의 위험회피에 사용된 매도콜옵션)를 제외하고는 위험회피수단의 조건을 충족하지 못한다. *[K-IFRS 1109 B6.2.4]*

보충설명 발행한 옵션이 위험회피수단의 조건을 충족하지 못하는 이유

A회사가 기타포괄손익-공정가치 측정 상장주식을 보유하고 있다고 가정하자. 이 상장주식의 현재주가는 ₩100이다. 매도가능금융자산의 평가손익은 기타포괄손익으로 반영될 것이다. A회사가 행사가격 ₩100인 콜옵션을 제3자에게 ₩5에 발행하였다(발행한 콜옵션). 만약 주가가 ₩150이 된다면 A회사는 ₩5(옵션 프리미엄)만큼만 이익을 인식하지만, 주가가 ₩50이 되면 ₩45(₩50－₩5)의 손실을 인식하게 된다. 결국 위험회피대상(상장주식)의 손익변동위험 중 손실위험에는 전부 노출되며 이익은 제한적으로 인식하게 되므로 발행한 콜옵션은 위험회피수단으로 비효과적이다.

그러나 A회사가 행사가격 ₩100인 풋옵션을 ₩5에 매입(매입옵션)한 경우 만약 주가가 ₩150이 되면 A회사는 ₩45(₩100－₩50－₩5)만큼 이익을 인식하지만, 주가가 ₩50이 되면 손실을 ₩5(옵션 프리미엄)만큼만 인식하게 된다. 결국 위험회피대상(상장주식)의 손익변동위험 중 이익은 전액 인식하며 손실위험은 제한적으로 인식하게 되므로 매입한 풋옵션은 위험회피수단으로 효과적이다.

2 위험회피수단의 지정

- 조건을 충족하는 금융상품은 **전체**를 위험회피수단으로 지정해야 한다. **다음의 경우에만 예외가 허용**된다. *[K-IFRS 1109 문단 6.2.4]*
  (1) **옵션계약**의 내재가치와 시간가치를 구분하여 **내재가치의 변동만을 위험회피수단으로 지정하고 시간가치의 변동은 제외하는 경우**(문단 6.5.15와 B6.5.29~B6.5.33 참조)
  (2) **선도계약**에서 **선도요소와 현물요소를 구분**하고 **선도계약의 현물요소의 공정가치 변동만을 위험**

회피수단으로 지정하는 경우. 이와 비슷하게 **외화 베이시스 스프레드는 분리하여 위험회피수단으로 지정하지 않을 수 있다**(문단 6.5.16과 B6.5.34~B6.5.39 참조).

(3) **전체 위험회피수단의 비례적 부분(예 명목금액의 50%)을 위험회피관계에서 위험회피수단으로 지정하는 경우**. 그러나 위험회피수단의 잔여 만기 중 일부 기간에서만 생긴 공정가치의 일부 변동을 위험회피수단으로 지정할 수 없다(예 10년 만기 외화차입금의 최초 3년간의 현금흐름을 동일 외화에 의한 최초 3년간의 매출에 대한 위험회피수단으로 지정할 수 없다).

- 다음 항목의 결합(일부 위험회피수단에서 생기는 위험이 다른 위험회피수단에서 생기는 위험을 상쇄하는 상황을 포함)을 위험회피수단으로 지정할 수 있다. *[K-IFRS 1109 문단 6.2.5]*
  (1) 복수의 파생상품이나 복수의 파생상품의 비례적 부분
  (2) 복수의 비파생상품이나 복수의 비파생상품의 비례적 부분
- 그러나 발행한 옵션과 매입한 옵션이 결합된 파생상품(예 이자율 칼라)이 지정일에 실질적으로 발행한 옵션인 경우에는 위험회피수단으로 지정할 수 없다(다만, K-IFRS 1109 문단 B6.2.4에 따라 조건을 충족하는 경우는 제외한다). 이와 비슷하게 결합된 둘 이상의 금융상품(또는 이들 금융상품의 비례적 부분)은 지정일에 실질적으로 발행한 옵션이 아닌 경우에만 위험회피수단으로 결합하여 지정할 수 있다(다만, K-IFRS 1109 문단 B6.2.4에 따라 조건을 충족하는 경우는 제외한다). *[K-IFRS 1109 문단 6.2.6]*

2.1. 외화위험회피 외의 위험회피

- 외화위험회피 외의 위험회피에서, 당기손익-공정가치 측정 비파생금융자산이나 비파생금융부채를 위험회피수단으로 지정하는 경우에는 그 비파생금융상품 전체 또는 비례적 부분만을 지정할 수 있다. *[K-IFRS 1109 B6.2.5]*

2.2. 하나의 위험회피수단을 여러 가지 종류에 위험회피수단으로 지정

- 위험회피수단과 위험회피대상항목이 되는 여러 위험 포지션을 특정하여 지정한다면 하나의 위험회피수단을 여러 가지 종류의 위험에 대한 위험회피수단으로 지정할 수 있다. 그러한 위험회피대상항목들은 여러 위험회피관계에 있을 수 있다. *[K-IFRS 1109 B6.2.6]*

03 위험회피대상항목

1 조건을 충족하는 위험회피대상항목

- **인식된 자산이나 부채, 인식되지 않은 확정계약, 예상거래** 또는 **해외사업장순투자**는 위험회피대상항목이 될 수 있다. 위험회피대상항목은 다음 (1) 또는 (2)일 수 있다. *[K-IFRS 1109 문단 6.3.1]*

  (1) 단일 항목

  (2) 항목의 집합(이 경우 K-IFRS 1109 문단 6.6.1~6.6.6과 B6.6.1~B6.6.16을 충족하여야 한다)

  또 단일 항목의 구성요소나 항목 집합의 구성요소는 위험회피대상항목이 될 수 있다(문단 6.3.7과 문단 B6.3.7~B6.3.25 참조).

1.1. 위험회피대상항목의 조건

- 위험회피대상항목은 **신뢰성 있게 측정할 수** 있어야 한다. *[K-IFRS 1109 문단 6.3.2]*
- 위험회피대상항목이 예상거래(또는 예상거래의 구성요소)인 경우 그 거래는 **발생 가능성이 매우 커야 한다.** *[K-IFRS 1109 문단 6.3.3]*
- K-IFRS 1109 문단 6.3.1에 따라 **위험회피대상항목의 조건을 충족할 수 있는 익스포저와 파생상품이 결합된 통합 익스포저는 위험회피대상항목으로 지정할 수 있다**(문단 B6.3.3~B6.3.4 참조). 예상거래가 포함된 통합 익스포저(확정되지 않았지만 예상되는 미래 거래로서 익스포저를 생기게 할 거래와 파생상품)의 경우에는 **통합 익스포저의 발생 가능성이 매우 커야**하며, 발생되어 더 이상 예상거래가 아니게 되는 경우에도 위험회피대상항목으로서 적격해야 한다. *[K-IFRS 1109 문단 6.3.4]*
- 위험회피회계의 목적상 보고기업의 외부 당사자와 관련된 자산, 부채, 확정계약 또는 발생가능성이 매우 높은 예상거래만을 위험회피대상항목으로 지정할 수 있다. **연결실체 내의 개별기업 사이의 거래는 연결실체 내의 개별기업의 개별재무제표나 별도재무제표에서 위험회피대상항목으로 지정할 수 있으나, 연결재무제표에서는 위험회피대상항목으로 지정할 수 없다**(투자기업과 당기손익-공정가치로 측정하는 그 종속기업간의 거래가 연결재무제표상 제거되지 않는 K-IFRS 1110에서 정의하는 투자기업의 연결제무제표에서는 지정 가능함). *[K-IFRS 1109 문단 6.3.5]*
- 그러나 K-IFRS 1109 문단 6.3.5의 예외로서, 연결실체 내의 화폐성항목(예 종속기업 사이의 지급채무와 수취채권)이 K-IFRS 1021 '환율변동효과'에 따라 연결재무제표에서 모두 제거

되지 않는 외환손익에 노출되어 있다면, 그러한 항목의 외화위험은 연결재무제표에서 위험회피대상항목으로 지정할 수 있다. K-IFRS 1021에 따라, 연결실체 내의 화폐성항목이 기능통화가 서로 다른 연결실체 내의 개별기업 사이에서 거래되는 경우에는 연결실체 내의 화폐성항목의 외환손익이 연결재무제표에서 모두 제거되는 것은 아니다. 또 예상거래가 해당 거래를 체결한 기업의 기능통화가 아닌 통화로 표시되며 외화위험이 연결손익에 영향을 미친다면, 발생가능성이 매우 큰 연결실체 내 해당 예상거래의 외화위험은 연결재무제표에서 위험회피대상항목으로 지정할 수 있다. *[K-IFRS 1109 문단 6.3.6]*

1.2. 유형별 위험회피대상항목 가능 여부

1.2.1. 사업결합에서 사업을 취득하기로 하는 확정계약

- **사업결합에서 사업을 취득하기로 하는 확정계약**은 **위험회피대상항목이 될 수 없다.** 다만, **외화위험에 대하여는 위험회피대상항목으로 지정할 수 있다.** 그 이유는 **외화위험이 아닌 다른 회피대상위험은 특정하여 식별할 수도 없고 측정할 수도 없기 때문이다.** 이러한 다른 위험은 일반적인 사업위험이다. *[K-IFRS 1109 B6.3.1]*

1.2.2. 지분법적용투자주식 및 연결대상 종속기업에 대한 투자주식

- **지분법적용투자주식은 공정가치위험회피의 위험회피대상항목이 될 수 없다.** 그 이유는 **지분법은 투자주식의 공정가치 변동 대신에 피투자기업의 손익 중 투자기업의 몫을 당기손익으로 인식하기 때문이다.** 이와 마찬가지로, **연결대상 종속기업에 대한 투자주식은 공정가치위험회피의 위험회피대상항목이 될 수 없다.** 그 이유는 연결은 투자주식의 공정가치 변동 대신에 종속기업의 손익을 당기손익으로 인식하기 때문이다. *[K-IFRS 1109 B6.3.2]*

1.2.3. 해외사업장순투자의 위험회피

- 해외사업장순투자의 위험회피는 이와 다른데, 이는 **투자지분의 공정가치 변동에 대한 공정가치위험회피가 아니라 외화 익스포저에 대한 위험회피이므로 위험회피대상항목이 될 수 있기 때문이다.** *[K-IFRS 1109 B6.3.2]*

1.2.4. 익스포저와 파생상품이 결합된 통합 익스포저

• K-IFRS 1109 문단 6.3.4에 따라 **익스포저와 파생상품이 결합된 통합 익스포저를 위험회피대상항목으로 지정할 수 있다.** 그러한 위험회피대상항목을 지정하는 경우에 **익스포저와 파생상품이 결합된 통합 익스포저가 특정 위험에 대해 하나의 익스포저로 관리되는 다른 통합 익스포저를 창출하는지를 평가한다.** 그 경우에 통합된 익스포저에 기초하여 위험회피대상항목을 지정할 수 있다. **예를 들면 다음과 같다.** *[K-IFRS 1109 B6.3.3]*

(1) **15개월 후에 특정 수량을 매입할 가능성이 매우 큰 커피의 가격(미국 달러화) 변동위험을 15개월물 커피 선물계약을 이용해 회피할 수 있다.** 위험 관리 목적상 발생 가능성이 매우 큰 커피 매입과 커피 선물계약은 15개월 후의 미국 달러화로 금액이 **고정된 외화위험 익스포저(15개월 후의 미국 달러화로 고정된 금액의 현금유출)**로 볼 수 있다.

(2) **외화 표시 고정금리 채무의 10년 만기 전체의 외화위험을 회피할 수 있다.** 그러나 중단기 기간(예 2년)에만 기능통화로 고정금리의 익스포저가 필요하며 나머지 기간에는 기능통화로 변동금리의 익스포저가 필요하다. 2년마다(2년 주기로) 각 기간의 말에 그 다음 2년 동안의 이자율 익스포저를 고정시킨다(이자율 수준이 이자율을 고정시키고 싶은 수준인 경우). 이 상황에서 고정금리 외화채무를 변동금리 기능통화 익스포저로 바꾸는 10년 만기 고정 대 변동금리의 이종통화이자율스왑의 계약을 체결할 수 있다. 여기에 기능통화기준의 변동금리 채무를 고정금리 채무로 바꾸는 2년 만기 이자율스왑을 덧붙인다. 결국 사실상 고정금리 외화채무와 10년 만기 고정 대 변동금리의 이종통화이자율스왑의 결합은 위험관리목적상 기능통화로 표시된 10년 만기 변동금리 채무 익스포저로 본다.

• 통합 익스포저를 위험회피대상항목으로 지정하는 경우에는 **위험회피에 효과적인 부분과 비효과적인 부분을 측정하기 위해 통합 익스포저를 구성하는 항목들의 결합 효과를 고려한다. 그러나 통합 익스포저를 구성하는 항목들은 여전히 별도로 회계처리한다.** 이것은 **예를 들면** 다음을 의미한다.

(1) **통합 익스포저의 일부인 파생상품은 공정가치로 측정하는 별도의 자산이나 부채로 인식한다.**

(2) **통합 익스포저를 구성하는 항목 간에 위험회피관계가 지정되는 경우에 통합 익스포저의 일부로서 파생상품을 포함하는 방식은 통합 익스포저의 수준에서 그 파생상품을 위험회피수단으로 지정하는 것과 일관성이 있어야 한다.** 예를 들면 통합 익스포저를 구성하는 항목 간의 위험회피관계를 위해 파생상품의 선도 요소를 위험회피수단의 지정에서 제외한다면, 그 파생상품이 통합 익스포저의 일부로서 위험회피대상항목에 포함되는 경우에도 선도 요소를 제외하여야 한다. 그 외에는 파생상품의 전체 또는 비례적 부분을 통합 익스포저에 포함해야 한다.

[K-IFRS 1109 B6.3.4]

• K-IFRS 1109 문단 6.3.6에 따르면, 발생가능성이 매우 큰 연결실체 내 예상거래의 외화위험은 해당 예상거래가 거래를 체결한 기업(지배기업, 종속기업, 관계기업, 공동기업 또는 지점)

의 기능통화가 아닌 통화로 표시되며 외화위험이 연결당기손익에 영향을 미친다면, 연결재무제표에서 현금흐름위험회피의 위험회피대상항목으로 지정할 수 있다. **연결실체 내 예상거래의 외화위험이 연결당기손익에 영향을 미치지 않는다면, 그 연결실체 내 거래는 위험회피대상항목이 될 수 없다. 이러한 거래의 예로는 관련된 외부거래가 없는 경우의 연결실체 내 기업 간 로열티, 이자, 경영자문수수료의 지급을 들 수 있다.** 그러나 **연결실체 내 예상거래의 외화위험이 연결당기손익에 영향을 미친다면, 그 연결실체 내 거래는 위험회피대상항목이 될 수 있다. 이러한 거래의 예로는 연결실체의 외부당사자에게 재고자산을 매도하기로 하는 경우에 연결실체 내 기업 간 재고자산에 대한 예상매출이나 예상매입을 들 수 있다.** 마찬가지로, 유형자산을 제조하는 연결실체 내의 한 기업이 유형자산을 영업에 사용할 연결실체 내 다른 기업에게 유형자산을 매도하는 연결실체 내 예상거래도 연결당기손익에 영향을 미칠 수 있다. 예를 들면, 연결실체 내 예상거래가 매입기업의 기능통화가 아닌 통화로 표시된다면, 그 유형자산의 최초 인식 금액이 달라질 수 있고 매입기업은 그 유형자산을 감가상각하기 때문에 이러한 경우가 발생할 수도 있다. *[K-IFRS 1109 B6.3.5]*

- **연결실체 내 예상거래에 대한 위험회피가 위험회피회계의 적용조건을 충족**한다면, K-IFRS 1109 문단 6.5.11에 따라 손익을 **기타포괄손익으로 인식하고 당기손익으로 재분류**한다. 위험회피대상거래의 외화위험이 당기손익에 영향을 미치는 기간은 위험회피대상거래의 외화위험이 연결손익에 영향을 미치는 기간이다. *[K-IFRS 1109 B6.3.6]*

2 위험회피대상항목의 지정

- 위험회피관계에서 **항목 전체나 항목의 구성요소**를 위험회피대상항목으로 지정할 수 있다. **전체 항목은 항목의 모든 현금흐름 변동이나 모든 공정가치 변동**을 말한다. **항목의 구성요소**는 **항목의 전체 공정가치 변동이나 현금흐름의 변동보다 적은 부분**을 말한다. 이 경우에는 **다음 항목의 구성요소(항목의 구성요소의 결합 포함)만을 위험회피대상항목으로 지정할 수 있다.** *[K-IFRS 1109 문단 6.3.7]*

  (1) 특정 시장 구조에 대한 평가에 근거했을 때, 위험요소를 별도로 식별할 수 있고 신뢰성 있게 측정할 수 있는 경우에 한하여 **특정 위험이나 복수의 위험(위험요소)으로 생긴 항목의 현금흐름 변동분 또는 공정가치 변동분**(문단 B6.3.8~B6.3.15 참조). 위험요소는 위험회피대상항목의 현금흐름이나 공정가치의 변동 중 특정된 가격이나 그 밖의 변수를 초과하거나 미달하는 변동(일방의 위험)만을 지정하는 것을 포함한다.

  (2) **하나 이상의 선택된 계약상 현금흐름**

  (3) **명목금액의 구성요소**. 즉, 항목 금액의 특정 부분(문단 B6.3.16~B6.3.20 참조)

2.1. 항목의 구성요소

- 구성요소는 **전체 항목보다 더 작은 위험회피대상항목**이다. 따라서 구성요소는 항목의 위험 중 **일부 위험만을 반영하거나 위험의 일부분만을 반영**한다(예 **항목의 비례적 부분을 지정**하는 경우). *[K-IFRS 1109 B6.3.7]*

2.2. 위험 구성요소

- 위험회피대상항목으로 지정하기 위해서는 위험 구성요소는 금융항목이나 비금융항목의 별도로 식별할 수 있는 구성요소이어야 하며 위험 구성요소의 변동으로 인한 항목의 현금흐름이나 공정가치의 변동은 신뢰성 있게 측정할 수 있어야 한다. *[K-IFRS 1109 B6.3.8]*
- 어떤 위험 구성요소를 위험회피대상항목으로 지정할 수 있는지를 확인할 때 위험과 관련되거나 위험회피활동이 벌어지는 특정 시장의 구조에 근거하여 그러한 위험요소를 평가한다. 그러한 결정을 위해서는 위험과 시장에 따라 다르게 나타나는 관련된 사실과 상황에 대한 평가가 필요하다. *[K-IFRS 1109 B6.3.9]*
- 위험 구성요소를 위험회피대상항목으로 지정하는 경우에 위험 구성요소가 계약에 명시적으로 특정(계약상 특정된 위험 구성요소)되어 있는지 또는 항목의 공정가치나 현금흐름의 일부를 묵시적으로 구성(계약상 특정되지 않은 위험 구성요소)하는지를 고려한다. 계약상 특정되지 않은 위험 구성요소는 계약이 아닌 항목(예 예상거래)이나 구성요소를 명시적으로 특정하지 않는 계약(예 다른 기초항목을 참조하는 가격산정식 대신 단일의 가격만을 포함하는 확정계약)과 관련될 수 있다. 예를 들면 다음과 같다. *[K-IFRS 1109 B6.3.10]*

  (1) 기업 A는 일반 상품과 그 밖의 요소(예 경유, 연료유, 수송비와 같은 다른 구성요소)를 참조하여 계약상 특정 산식으로 가격을 정하는 천연가스 장기공급계약을 하였다. 경유 선도계약을 사용해 공급계약의 경유 구성요소를 위험회피한다. 경유 구성요소는 공급계약 조건으로 특정되어 있으므로 계약상 특정된 위험 구성요소이다. 가격결정산식이 있으므로 기업 A는 경유 가격 위험이 별도로 식별 가능하다고 결론짓는다. 이와 동시에 경유 선도계약 시장이 존재한다. 그렇기 때문에 기업 A는 경유 가격위험을 신뢰성 있게 측정할 수 있다고 결론짓는다. 따라서 공급계약의 경유 가격 익스포저는 위험회피대상항목으로 지정될 수 있는 위험 구성요소이다.

  (2) 기업 B는 생산 예측에 근거해 장래 커피 매입의 위험을 회피한다. 위험회피는 예상 매입수량의 인도 15개월 전부터 부분적으로 시작한다. 기업 B는 위험회피되는 수량을 시간이 지나면서 (인도 날짜가 가까워질수록) 늘려간다. 기업 B는 커피의 가격 위험을 관리하기 위해 두 가지 다른 유형의 계약을 한다.

(가) 거래소에서 거래되는 커피 선물 계약.

(나) 특정 제조 장소로 인도되는 콜롬비아산 아라비카 커피 공급 계약. 이 계약에서는 커피 1톤의 가격을 가격산정식에 따라 거래소에서 거래되는 커피 선물 계약의 가격에 고정된 가격 차이와 물류 서비스 요금(변동)을 가산하여 산정한다. 이 커피 공급 계약은 기업 B가 이에 따라 실제로 커피를 인도 받는 미이행 계약이다. 올해의 수확물을 인도하는 경우에는 커피 공급계약을 체결함으로써 기업 B는 실제로 구입한 커피(콜롬비아산 아라비카 커피)의 품질과 거래소에서 거래되는 선물계약의 기초가 되는 표준 품질 사이의 가격 차이를 고정시킬 수 있다. 그러나 다음해의 수확물의 인도에 대한 커피 공급계약은 아직 없으므로 가격 차이를 고정시킬 수 없다. 기업 B는 거래소에서 거래되는 커피 선물계약을 활용하여 올해의 수확물과 다음해의 수확물의 인도와 관련된 커피 가격 위험의 표준 품질 요소의 위험을 회피한다. 기업 B는 세 가지 다른 위험에 노출되어 있다고 본다. 즉 표준 품질을 반영하는 커피 가격 위험, 표준 품질의 커피와 실제로 받는 콜롬비아산 특정 아라비카 커피 사이의 가격 차이(스프레드)를 반영하는 커피 가격 위험, 변동 물류 원가이다. 올해의 수확물을 인도하는 경우에 기업 B가 커피 공급계약을 체결한 후에는, 가격산정식에 거래소에서 거래되는 커피 선물 계약의 가격에 연계되어 결정되므로 표준 품질을 반영하는 커피 가격 위험은 계약상 특정된 위험 구성요소이다. 기업 B는 이 위험 구성요소를 별도로 식별할 수 있고 신뢰성 있게 측정할 수 있다고 판단한다. 다음해의 수확물을 인도하는 경우에 기업 B는 아직 커피 공급계약을 체결하지 않았다(그러한 인도는 예상거래이다). 따라서 표준 품질을 반영하는 커피 가격 위험은 계약상 특정되지 않은 위험 구성요소이다. 기업 B는 시장구조를 분석할 때 기업 B가 받는 특정 커피의 최종 인도 가격이 어떻게 결정될지를 고려한다. 따라서 표준 품질을 반영하는 커피 가격 위험은 계약상 특정되지 않은 위험 구성요소이다. 기업 B는 시장구조를 분석할 때 기업 B가 받는 특정 커피의 최종 인도 가격이 어떻게 결정될지를 고려한다. 따라서 이 시장구조 분석을 바탕으로 기업 B는 이 예상거래가, 계약상 특정되어 있지는 않지만 별도로 식별할 수 있고 신뢰성 있게 측정할 수 있는 위험 구성요소로서 표준 품질을 반영하는 커피 가격위험을 포함하고 있다고 판단한다. 결론적으로 기업 B는 커피 공급계약뿐만 아니라 예상거래에 대해서도 (표준 품질을 반영하는 커피 가격 위험에 해당하는) 위험 구성요소에 대한 위험회피관계를 지정할 수 있다.

(3) 기업 C는 인도 전 24개월까지의 소비 예측에 기초하여 미래 항공유 구입의 일부를 위험회피하고 위험회피하는 수량을 시간이 지나면서 늘려간다. 위험회피의 기간은 파생상품의 시장 유동성에 영향을 미치며 기업 C는 위험회피기간에 따라 다른 형태의 계약을 사

용하여 이러한 익스포저를 회피한다. 기업 C는 더 긴 기간(4~12개월)에 대해 유일하게 시장 유동성이 충분한 원유계약을 사용한다. 2~6개월에 대하여 유동성이 충분한 경유 파생상품을 사용한다. 기업 C는 6개월까지의 기간에 대해서는 항공유 계약을 사용한다. 원유와 원유 제품의 시장구조에 대한 기업 C의 분석과 관련 사실 및 상황에 대한 기업 C의 평가는 다음과 같다.

㈎ 기업 C는 브렌트 원유가 기준물인 지역에서 영업하고 있다. 원유는 가장 기본적인 투입물로서 다양한 정유제품 가격에 영향을 미치는 원재료 기준물이다. 경유는 정유제품의 기준물이며 원유 추출물의 가격을 결정하는 데 더 일반적으로 참조된다. 또 이것은 기업 C가 영업하는 환경인 원유 및 정유제품 시장에 대한 파생금융상품의 유형에 반영되어 있다. 예를 들면 다음과 같다.

✓ 브렌트 원유에 대한 기준 원유 선물계약

✓ 추출물의 가격결정에 참조하는 기준 경유 선물계약. 예를 들면 항공유 스프레드 파생상품은 항공유와 기준 경유 간의 가격 차이로 결정된다.

✓ 브렌트 원유에 연동되는 기준 경유 크랙 스프레드 파생상품(원유와 경유의 가격 차이(정제 마진)에 대한 파생상품)

㈏ 정유 제품(예 경유, 항공유)은 표준화된 제품이기 때문에 정유 제품의 가격결정은 특정 정제소가 특정 원유를 처리하는지 영향을 받지 않는다.

따라서 기업 C는 원유와 경유는 계약상 약정에 특정되어 있지는 않지만 항공유 구입에 대한 가격위험은 브렌트 원유에 기초한 원유 가격 위험 구성요소와 경유 가격 위험 구성요소를 포함한다고 결론 내린다. 기업 C는 이 두 위험 구성요소는 계약상 특정되어 있지는 않지만 별도로 식별할 수 있으며 신뢰성 있게 측정할 수 있다고 결론 내린다. 따라서 기업 C는 위험 구성요소(원유 또는 경유)에 기초하여 예상 항공유 구입에 대해 위험회피관계를 지정할 수 있다. 이러한 분석은 예를 들면, 기업 C가 서부 텍사스 중질유(West Texas Intermediate, WTI)에 기초한 원유 파생상품을 사용한다면 브렌트 원유와 WTI 간의 가격 차이의 변동은 비효과적인 위험회피를 야기한다는 의미이기도 하다.

(4) 기업 D는 고정금리 채무상품을 보유하고 있다. 이 상품은 다양한 종류의 비슷한 채무상품이 기준금리(예 LIBOR)에 대한 스프레드에 근거하여 비교되는 시장 환경에서 발행되며 그러한 환경에서 변동금리상품은 일반적으로 그 기준금리에 연동되어 있다. 이자율스왑은 기준금리에 대한 채무상품의 스프레드와 관계없이 그 기준금리에 기초하여 이자율위험을 관리하기 위해 종종 사용된다. 고정금리 채무상품의 가격은 기준금리가 변동하는 대로 직접 반응하여 변동한다. 기업 D는 기준금리가 별도로 식별할 수 있고 신뢰성 있게 측정될 수 있는 구성요소라고 결론 내린다. 따라서 기업 D는 기준금리 위험에 대하여

위험요소에 근거해 고정금리 채무상품에 대한 위험회피관계를 지정할 수 있다.

- 위험 구성요소를 위험회피대상항목으로 지정할 때에는 위험 구성요소가 아닌 다른 위험회피대상항목에 위험회피회계에 관한 요구사항을 적용하는 것과 똑같이 해당 위험 구성요소에도 적용한다. 예를 들면 위험회피관계는 위험회피 효과성에 대한 요구사항을 충족해야 하며 위험회피에 비효과적인 부분은 측정하여 인식해야 한다는 등의 적용조건을 적용한다. *[K-IFRS 1109 B6.3.11]*
- 위험회피대상항목의 현금흐름이나 공정가치의 변동 중 특정된 가격이나 그 밖의 변수를 초과하거나 미달하는 변동('일방의 위험')만을 지정할 수 있다. 매입한 옵션 위험회피수단(지정된 위험과 주요 조건이 같다고 가정)의 내재가치(시간가치 아님)는 위험회피대상항목의 일방의 위험을 반영한다. 예를 들면 예상 상품 매입의 가격 상승으로 인한 미래 현금흐름 결과의 변동성을 지정할 수 있다. 그러한 상황에서 특정된 수준을 초과하는 가격의 상승에서 비롯된 현금흐름의 손실만을 지정한다. 시간가치는 당기손익에 영향을 미치는 예상거래의 구성요소가 아니기 때문에 회피대상위험은 매입한 옵션의 시간가치를 포함하지 않는다. *[K-IFRS 1109 B6.3.12]*
- 인플레이션 위험은 계약상 특정되어 있지 않는 한, 별도로 식별할 수 없으며 신뢰성 있게 측정할 수 없어 금융상품의 위험 구성요소로서 지정할 수 없다는 반증 가능한 가정이 있다. 그러나 제한적으로, 인플레이션 환경과 관련된 채무 시장의 특정 상황 때문에 인플레이션 위험을 별도로 식별할 수 있고 신뢰성 있게 측정할 수 있어 위험 구성요소로서 식별 가능한 경우가 있다. *[K-IFRS 1109 B6.3.13]*
- 예를 들면 물가연동채권의 물량과 만기구조에 근거하여 충분히 유동성 있는 시장이 형성되어 만기별 무이표 실질이자율의 생성이 가능한 환경에서 기업이 채무상품을 발행하고 있다. 이것은 해당 통화에 대하여 인플레이션이 채무상품시장에서 별도로 고려되는 관련 요인이라는 것을 의미한다. 그러한 상황에서 인플레이션 위험 구성요소는 만기별 무이표 실질이자율을 사용하여 위험회피대상 채무상품의 현금흐름을 할인함[무위험(명목) 이자율 구성요소가 결정될 수 있는 방식과 비슷한 방식]으로써 결정될 수 있다. 이에 반해, 많은 경우에 인플레이션 위험 구성요소는 별도로 식별할 수 없으며 신뢰성 있게 측정할 수 없다. 예를 들면 기업이 물가연동채권 시장의 유동성이 만기별 무이표 실질이자율의 생성을 가능하게 할 정도가 되지 않는 환경에서 명목 이자율 채무상품만을 발행하고 있다. 이 경우에 기업은 시장구조와 사실 및 상황의 분석에서 인플레이션이 채무상품시장에서 별도로 고려되는 관련 요인이라고 결론 내리기 어렵다. 따라서 기업은 계약상 특정되어 있지 않은 인플레이션 위험을 별도로 식별할 수 없고 신뢰성 있게 측정할 수 없다는 반증 가능한 가정을 뒤집을 수 없다. 따라서 인플레이션 위험 구성요소는 위험회피대상항목으로 지정할 수 없을 것이다. 이것은 기업이 실제로 어떠한 인플레이션 위험회피수단에 대하여 계약을 체결했는지와 관계없이 적용된다. 특히, 실제 인플레이션 위험회피수단의 계약조건을 투영하는 방법으로 그 계약조건을 명목 이자율

채무상품에 포함된 계약조건이라고 여길 수는 없다. *[K-IFRS 1109 B6.3.14]*

- 인식된 물가연동채권(내재파생상품을 분리하여 회계처리하라는 요구사항은 없다고 가정)의 현금흐름 중 계약상 특정된 인플레이션 위험 구성요소는 그 상품의 다른 현금흐름이 인플레이션 위험 구성요소의 영향을 받지 않는다면 별도로 식별할 수 있으며 신뢰성 있게 측정할 수 있다. *[K-IFRS 1109 B6.3.15]*

2.3. 명목금액의 구성요소

- 위험회피관계에서 위험회피대상항목으로 지정할 수 있는 명목금액 구성요소는 두 가지 유형이 있다. 이는 전체 항목의 비례적 부분인 구성요소와 계층 구성요소이다. 구성요소의 유형에 따라 회계처리의 결과는 달라진다. 회계목적상 구성요소의 지정은 위험관리목적과 일관되도록 한다. *[K-IFRS 1109 B6.3.16]*
- 비례적 부분이 구성요소인 예로는 대출금의 계약상 현금흐름 중 50 퍼센트를 들 수 있다. *[K-IFRS 1109 B6.3.17]*
- 계층 구성요소는 정의되어 있으나 개방되어 있는 모집단 또는 정의된 명목금액에서 특정될 수 있다. 예를 들면 다음과 같다. *[K-IFRS 1109 B6.3.18]*
  (1) 화폐기준 거래량의 일부(예 외화표시 매출의 201X년 3월 현금흐름 중 첫 FC20[25] 다음의 FC10)
  (2) 물리적 수량의 일부(예 XYZ지역에 저장된 천연가스 중 5백만 세제곱미터의 하부 계층)
  (3) 물리적 수량이나 그 밖의 거래량의 일부(예 201X년 6월의 석유 구입 중 첫 100 배럴, 201X년 6월 전력 판매량 중 첫 100MWh)
  (4) 위험회피대상항목의 명목금액 중 계층[예 100백만원의 확정계약 중 마지막 80백만원 또는 공정가치로 중도상환될 수 있는 100백만원의 고정금리 채권 중 20백만원의 하부 계층이나 총 100백만원의 고정 금리 채무 중 30백만원의 상부 계층(정의된 명목금액은 100백만원이다)]
- 공정가치위험회피에서 계층 구성요소를 지정하는 경우에는 정의된 명목금액 중에서 특정해야 한다. 공정가치위험회피의 적용조건을 충족하기 위한 요구사항을 따르기 위해서는 위험회피대상항목을 공정가치 변동에 대해 다시 측정해야 한다(회피대상위험으로 인한 공정가치 변동에 대해 해당 항목을 다시 측정한다). 공정가치위험회피의 조정금액은 해당 항목을 제거할 때까지 당기손익으로 인식해야 한다. 따라서 공정가치위험회피의 조정금액과 관련된 항목은 추적할 필요가 있다. 공정가치위험회피에서 계층 구성요소에 대하여 정의된 명목금액을 추적해야 한다. 예를 들면 문단 B6.3.18(4)에서 정의된 100백만원의 명목금액 전체는 하부 계층

---

25) 여기서 화폐금액은 '원'으로, 외화금액은 'FC'로 표시한다.

20백만원 또는 상부 계층 30백만원을 추적하기 위하여 추적되어야 한다. *[K-IFRS 1109 B6.3.19]*

- 중도상환권을 포함하는 계층 구성요소는, 중도상환권의 공정가치가 회피대상위험의 변동에 영향을 받는다면 공정가치위험회피의 위험회피대상항목으로 지정할 수 없다. 다만 지정된 계층이 위험회피대상항목의 공정가치 변동을 산정할 때 관련 중도상환옵션의 영향을 포함하는 경우는 제외한다. *[K-IFRS 1109 B6.3.20]*

2.4. 항목의 구성요소와 전체 현금흐름 간의 관계

- 금융항목이나 비금융항목의 현금흐름의 구성요소를 위험회피대상항목으로 지정하는 경우에 해당 구성요소는 전체 항목의 현금흐름 총액보다 적거나 같아야 한다. 그러나 전체 항목의 현금흐름 모두를 위험회피대상항목으로 지정하되 특정 위험에 대해서만(예 LIBOR 또는 기준 상품 가격의 변동으로 인한 변동에 대해서만) 위험회피할 수 있다. *[K-IFRS 1109 B6.3.21]*
- 예를 들면 유효이자율이 LIBOR보다 낮은 금융부채의 경우에는 다음과 같이 지정할 수는 없다. *[K-IFRS 1109 B6.3.22]*

  (1) LIBOR 금리와 같은 해당 부채의 구성요소 (공정가치위험회피의 경우에는 원금을 가산)

  (2) 음(-)의 잔여 구성요소
- 그러나 (예를 들면) 유효이자율이 LIBOR보다 100 베이시스 포인트(bp) 낮은 고정금리 금융부채의 경우에는 LIBOR의 변동에 따른 전체 부채[원금에 LIBOR 마이너스 100bp (LIBOR-100bp)의 이자를 가산]의 가치 변동을 위험회피대상항목으로 지정할 수 있다. 고정금리부 금융상품이 발행된 후 일정 기간이 경과된 시점에 위험회피를 시작하였고 그 사이에 이자율이 바뀌었다면, 해당 금융상품의 계약상 이자율보다 높은 기준금리에 상당하는 이자율 구성요소를 위험회피대상항목으로 지정할 수 있다. 이러한 지정은 최초로 위험회피대상항목으로 지정하는 시점에 해당 금융상품을 매입하였다는 가정에서 계산된 유효이자율보다 기준금리가 낮은 경우에 가능하다. 예를 들면 LIBOR가 4%일 때, 고정금리부 금융자산 100원을 유효이자율 6%로 매입하고 일정 기간이 지나 LIBOR가 8%로 상승하고, 해당 자산의 공정가치가 90원으로 떨어진 시점에 위험회피를 시작하는 경우를 가정한다. 만약 관련 LIBOR 이자율 위험을 최초로 위험회피대상항목으로 지정하는 시점에 매입했다면, 그 때의 고정가치 90원에 기초한 자산의 유효수익률은 9.5%가 되었을 것이다. LIBOR가 유효수익률보다 낮으므로 다음과 같은 항목으로 구성되는 LIBOR 8%에 해당하는 구성요소를 위험회피대상항목으로 지정할 수 있다. *[K-IFRS 1109 B6.3.23]*

  (1) 계약상 이자 현금흐름

  (2) 현재 공정가치(90원)와 만기 상환금액(100원)의 차이

- (예를 들면) 3개월 LIBOR-20bp의 변동금리조건 금융부채의 경우(0bp 플로어 포함), LIBOR의 변동에 따른 전체 부채의 현금흐름(즉, 플로어 포함한 3개월 LIBOR-20bp)의 변동을 위험회피대상항목으로 지정할 수 있다. 따라서 해당 부채의 나머지 기간에 3개월 LIBOR 선도 이자율 곡선이 20bp 이하로 떨어지지 않는 한 위험회피대상항목의 현금흐름의 변동은 금리가 3개월 LIBOR에 영(0) 또는 양(+)의 스프레드인 부채와 같다. 그러나 해당 부채의 나머지 기간에 3개월 LIBOR 선도 이자율 곡선이 20bp 이하로 떨어진다면 위험회피대상항목은 금리가 3개월 LIBOR에 영(0) 또는 양(+)의 스프레드인 부채보다 현금흐름의 변동성이 더 낮다. *[K-IFRS 1109 B6.3.24]*
- 비금융항목과 비슷한 예는 특정 유전에서 특정 종류의 원유 가격을 관련 기준 원유 가격보다 낮게 정하는 경우이다. 1배럴 당 가격을 기준 원유 가격 마이너스 10원 (15원의 플로어 포함)으로 정하는 가격산정식을 사용하는 계약에 따라 원유를 판매한다면, 기준 원유 가격의 변동으로 인한 판매계약의 전체 현금흐름의 변동을 위험회피대상항목으로 지정할 수 있다. 그러나 기준 원유가격 전체 변동에 상응하는 구성요소는 지정할 수 없다. 따라서 (각 인도에 대한) 선도 가격이 25원 아래로 하락하지 않는 한 위험회피대상항목의 현금흐름의 변동은 기준 원유가격[또는 양(+)의 스프레드 포함]으로 원유를 판매한 경우의 현금흐름 변동과 같다. 그러나 어떤 인도에 대한 선도 가격이 25원 이하로 떨어진다면 위험회피대상항목은 기준 원유가격(또는 양(+)의 스프레드 포함)으로 원유를 판매하는 것보다 현금흐름의 변동성이 더 작다. *[K-IFRS 1109 B6.3.25]*

04
위험회피회계 적용조건

1 위험회피회계 적용조건 *[K-IFRS 1109 문단 6.4.1]*

- 다음의 조건을 **모두 충족**하는 위험회피관계에 대해서만 위험회피회계를 적용한다.
  (1) 위험회피관계는 적격한 위험회피수단과 적격한 위험회피대상항목으로만 구성된다.
  (2) 위험회피의 개시시점에 위험회피관계와 위험회피를 수행하는 위험관리의 목적과 전략을 공식적으로 지정하고 문서화한다. 이 문서에는 위험회피수단, 위험회피대상항목, 회피대상위험의 특성과 위험회피관계가 위험회피효과에 대한 요구사항을 충족하는지를 평가하는 방법(위험회피의 비효과적인 부분의 원인 분석과 위험회피비율의 결정 방법 포함)이 포함되어야 한다.
  (3) 위험회피관계는 다음의 위험회피효과에 관한 요구사항을 모두 충족한다.
    (가) 위험회피대상항목과 위험회피수단 사이에 경제적 관계가 있다(문단 B6.4.4~B6.4.6 참조).
    (나) 신용위험의 효과가 위험회피대상항목과 위험회피수단의 경제적 관계로 인한 가치 변동 보다 지배적이지 않다(문단 B6.4.7~6.4.8 참조).
    (다) 위험회피관계의 위험회피비율은 기업이 실제로 위험을 회피하는 위험회피대상항목의 수량과 위험회피대상항목의 수량의 위험을 회피하기 위해 기업이 실제 사용하는 위험 회피수단의 수량의 비율과 같다. 그러나 위험회피대상항목과 위험회피수단의 가중치의 불균형은 위험회피의 비효과적인 부분(인식 여부와 관계없이)을 만들어 내고 위험회피회계의 목적과 일치하지 않는 회계처리 결과를 가져올 수 있으므로 지정할 때 가중치의 불균형을 반영해서는 안 된다(문단 B6.4.9~B6.4.11 참조).

2 위험회피효과

- 위험회피효과는 위험회피수단의 공정가치나 현금흐름의 변동이 위험회피대상항목의 공정가치나 현금흐름의 변동(예 위험회피대상항목이 위험 구성요소인 경우에는 항목의 관련 공정가치나 현금흐름의 변동이 회피대상위험에서 비롯된 것임)을 상쇄하는 정도이다. 위험회피에 비효과적인 부분은 위험회피수단의 공정가치나 현금흐름의 변동이 위험회피대상항목의 공정가치나 현금흐름의 변동보다 더 크거나 더 작은 정도이다. *[K-IFRS 1109 B6.4.1]*

- 위험회피관계를 지정할 때와 위험회피기간 중 지속적으로 위험회피관계에 영향을 미칠 것으로 예상하는 위험회피에 비효과적인 부분의 원인을 분석해야 한다. 이러한 분석(위험회피관계를 재조정하는 경우 K-IFRS 1109 문단 B6.5.21에 따른 업데이트 포함)은 기업이 위험회피효과에 관한 요구사항을 충족하는지를 판단하는 기초가 된다. *[K-IFRS 1109 B6.4.2]*
- 의문의 여지를 없애기 위하여, K-IFRS 1109 문단 6.5.6에서 설명하는 바와 같이, 청산 계약상대방으로 원래의 계약상대방을 교체하고 관련된 변경을 한 효과는 위험회피수단의 측정에 반영하고, 위험회피효과의 평가와 측정에 반영해야 한다. *[K-IFRS 1109 B6.4.3]*

3 위험회피대상항목과 위험회피수단 사이의 경제적 관계

- 경제적 관계가 존재한다는 것은 위험회피수단과 위험회피대상항목이 같은 위험, 즉 회피대상위험으로 인하여 일반적으로 반대 방향으로 변동하는 가치를 가지고 있다는 것을 의미한다. 따라서 위험회피수단의 가치와 위험회피대상항목의 가치는 같은 기초변수 또는 회피대상위험에 비슷하게 반응하는 경제적으로 관련되어 있는 기초변수들(예 브렌트 원유와 WTI 원유)의 움직임에 반응하여 체계적으로 변동할 것이라고 예상할 수 있어야 한다. *[K-IFRS 1109 B6.4.4]*
- 기초변수가 같지는 않지만 경제적으로 관련이 있다면 위험회피수단의 가치와 위험회피대상항목의 가치가 같은 방향으로 변동하는 상황(예 기초변수들 그 자체는 유의적으로 변동하지 않지만, 두 개의 관련된 기초변수 사이의 가격 차이가 변동하기 때문)이 있을 수 있다. 기초변수의 변동에 따라 위험회피수단과 위험회피대상항목의 가치가 전형적으로 반대 방향으로 변동할 것이라고 여전히 예상된다면 여전히 위험회피수단과 위험회피대상항목 사이에는 경제적 관계가 있다. *[K-IFRS 1109 B6.4.5]*
- 경제적 관계가 존재하는지에 대한 판단은, 위험회피기간에 위험회피관계가 위험관리목적을 달성할 것이라고 예상할 수 있는지를 확인하기 위하여 위험회피관계의 가능한 행태에 대한 분석도 포함한다. 두 변수 간에 통계적 상관관계가 존재한다는 것만으로 경제적 관계가 존재한다고 결론 내리기는 어렵다. *[K-IFRS 1109 B6.4.6]*

4 신용위험의 효과

- 위험회피회계모형은 위험회피수단과 위험회피대상항목의 손익이 서로 상계되는 일반 개념에 기초하기 때문에, 위험회피효과는 이 항목들 사이의 경제적 관계(기초변수의 변동)뿐만 아니라 위험회피수단과 위험회피대상항목의 가치에 신용위험이 미치는 영향에 따라 결정된다. 신

용위험의 효과는 위험회피수단과 위험회피대상항목 사이에 경제적 관계가 있더라도 상계의 정도는 일정하지 않을 수 있다는 것을 의미한다. 이것은 위험회피수단이나 위험회피대상항목의 신용위험의 변동이 매우 커서 신용위험이 경제적 관계로 인한 가치 변동(기초변수의 변동효과) 보다 영향이 지배적인 경우 발생할 수 있다. 지배적인지를 결정하는 규모의 수준은 기초변수의 변동이 유의적인 경우에도 신용위험으로부터의 손실(또는 이익)이 위험회피수단이나 위험회피대상항목의 가치에 기초변수의 변동이 미치는 영향을 압도하는 것을 말한다. 이에 반해, 특정 기간에 기초변수의 변동이 거의 없을 때, 신용위험 관련 작은 변동이 기초변수의 변동보다 위험회피수단이나 위험회피대상항목의 가치에 더 영향을 미치더라도 이로 인해 신용위험의 변동이 지배적이라고 볼 수는 없다. *[K-IFRS 1109 B6.4.7]*

- 신용위험이 위험회피관계를 지배하는 예로는 담보가 없는 파생상품을 사용하여 일반상품가격위험에 대한 익스포저를 위험회피하는 경우를 들 수 있다. 파생상품의 거래상대방의 신용수준이 심각하게 낮아진다면 주로 일반상품가격변동에 따라 가치가 변동하는 위험회피대상항목과는 달리, 위험회피수단의 공정가치에는 일반상품가격의 변동 효과 보다 거래상대방의 신용수준의 변동 효과가 더 크게 영향을 미칠 수 있다. *[K-IFRS 1109 B6.4.8]*

5 위험회피비율

- 위험회피효과에 관한 요구사항에 따르면, 위험회피관계의 위험회피비율은 실제로 위험회피를 하는 위험회피대상항목의 수량과 기업이 그 수량을 위험회피하기 위해 사용하는 위험회피수단의 수량에 따른 위험회피비율과 같아야 한다. 따라서 만일 위험회피대상항목의 익스포저 중 100% 미만(예 85%)을 위험회피한다면 그 익스포저의 85%와 이 85%를 위험회피하기 위해 실제로 사용하는 위험회피수단의 수량에 따른 위험회피비율과 같은 위험회피비율을 사용하여 위험회피관계를 지정한다. 이와 비슷하게, 금융상품 40단위의 명목금액을 사용하여 익스포저를 위험회피한다면 40단위의 수량과 40단위로 실제로 위험회피를 하는 위험회피대상항목의 수량에 기초한 위험회피비율을 사용하여 위험회피관계를 지정한다(보유하고 있는 추가적인 단위 수량 또는 더 적은 단위 수량에 기초한 위험회피비율을 사용해서는 안 된다). *[K-IFRS 1109 B6.4.9]*
- 위험회피대상항목의 수량과 실제로 사용하는 위험회피수단의 수량에 따른 비율에 기초한 위험회피비율을 사용하여 위험회피관계를 지정할 경우에 위험회피의 비효과적인 부분(인식 여부와 관계없이)이 생기게 하는 위험회피대상항목과 위험회피수단 간의 가중치의 불균형을 반영해서는 안 된다. 그러한 불균형을 위험회피관계의 지정에 반영한다면 위험회피회계의 목적에 부합하지 않는 회계처리 결과를 초래할 수 있다. 따라서 그러한 불균형을 회피하기 위해

필요하다면 위험회피관계의 지정을 위해 위험회피대상항목의 수량과 실제로 사용하는 위험회피수단의 수량에 기초한 위험회피비율을 조정해야만 한다. *[K-IFRS 1109 B6.4.10]*

- 회계처리 결과가 위험회피회계의 목적에 부합하지 않는지를 평가할 때 고려할 관련 사항의 예는 다음과 같다. *[K-IFRS 1109 B6.4.11]*

  (1) 의도하고 있는 위험회피비율이 현금흐름위험회피에서 위험회피의 비효과적인 부분을 인식하지 않기 위한 목적으로 설정된 것인지 혹은 위험회피수단의 공정가치 변동의 상쇄 없이 더 많은 위험회피대상항목에 대해 공정가치위험회피의 조정을 하여 공정가치회계의 사용을 늘이기 위한 것인지를 고려한다.

  (2) 위험회피의 비효과적인 부분이 나타나더라도 위험회피대상항목과 위험회피수단에 특정한 가중치를 두는 상업적인 이유가 있는지를 고려한다. 표준 수량으로만 위험회피수단에 대한 거래를 체결해야 한다면 위험회피대상항목에 대한 최상의 위험회피를 위한 정확한 수량으로 위험회피수단의 계약을 체결할 수 없기 때문에 최상의 위험회피가 아닌 수량으로 위험회피수단의 계약을 체결하고 지정하게 된다('계약단위 문제'). 예를 들면 계약단위가 37,500파운드인 표준 커피 선물계약으로 100톤의 커피 매입을 위험회피하려고 한다고 가정하자. 100톤의 매입 규모를 위험회피하기 위해 5건이나 6건의 계약(각각 85.0톤과 102.1톤에 해당)만을 사용할 수 있다. 그 경우에 실제로 사용하는 커피 선물계약의 수량으로 위험회피비율을 사용해 위험회피관계를 지정한다. 그 이유는 위험회피대상항목과 위험회피수단의 가중치가 일치하지 않아 생기는 위험회피의 비효과적인 부분은 위험회피회계의 목적에 부합하지 않는 회계처리 결과를 불러오지는 않을 것이기 때문이다.

6 위험회피효과 요구사항을 충족하는지를 평가하는 빈도

- 위험회피관계가 위험회피효과의 요구사항을 충족하는지 여부는 위험회피관계의 개시시점부터 지속적으로 평가한다. 이러한 지속적인 평가는 최소한 매 보고일이나 위험회피효과에 관한 요구사항에 영향을 미치는 상황의 유의적 변동이 있는 시점 중에서 이른 날에 수행한다. 이러한 평가는 위험회피효과에 관한 예상과 관련되므로 전진적으로만 수행한다. *[K-IFRS 1109 B6.4.12]*

7 위험회피효과 요구사항을 충족하는지를 판단하는 방법

- K-IFRS 1109는 위험회피관계가 위험회피효과 규정을 충족하는지를 평가하는 방법을 특정하지 않는다. 그러나 사용하는 방법은 위험회피의 비효과적인 부분의 원인을 포함하여 위험회피관계의 관련 특성을 포착해야 한다. 그러한 요인에 따라 정성적 평가방법이나 정량적 평가방법이 될 수 있다. *[K-IFRS 1109 B6.4.13]*
- 위험회피수단과 위험회피대상항목의 주요 조건(예 명목금액, 만기, 기초변수)이 일치하거나 매우 유사한 경우에는 동일한 위험으로 인해 위험회피대상항목과 위험회피수단의 가치가 일반적으로 반대 방향으로 변동할 것이므로 위험회피대상항목과 위험회피수단 사이에 경제적 관계가 존재한다는 결론을 주요 조건에 대한 정성적 평가에 기초하여 내릴 수 있다(K-IFRS 1109 문단 B6.4.4~B6.4.6 참조). *[K-IFRS 1109 B6.4.14]*
- 파생상품이 위험회피수단으로 지정되었을 때 내가격 상태이거나 외가격 상태라는 사실 자체만으로 정성적 평가가 부적절하다는 것을 의미하지는 않는다. 정성적 평가가 충분하지 않은지는 그러한 사실에 따른 위험회피의 비효과적인 부분이 정성적 평가로 충분히 포착되지 못할 정도로 클 수 있는 상황인지에 따라 달라진다. *[K-IFRS 1109 B6.4.15]*
- 이에 반하여, 위험회피수단과 위험회피대상항목의 주요 조건이 매우 유사하지 않다면, 상쇄되는 정도에 대한 불확실성의 정도가 높아진다. 따라서 위험회피 기간 동안의 위험회피효과를 예측하기 더욱 어렵다. 그러한 상황에서는 위험회피대상항목과 위험회피수단 사이에 경제적 관계가 존재한다는 것을 정량적 평가에 기초하여서 결론 내릴 수 있을 것이다(K-IFRS 1109 문단 B6.4.4~B6.4.6). 어떤 경우에는 위험회피관계를 지정하기 위해 사용되는 위험회피비율이 위험회피효과에 관한 요구사항을 충족하는지를 판단하기 위해 정량적 평가가 필요할 수 있다(K-IFRS 1109 문단 B6.4.9~B6.4.11 참조). 그러한 두 가지의 다른 목적을 위해 같거나 다른 방법을 사용할 수 있다. *[K-IFRS 1109 B6.4.16]*
- 위험회피효과에 영향을 미치는 상황의 변동이 있는 경우에는 위험회피관계가 위험회피효과에 관한 요구사항을 충족하는지를 평가하는 방법을 위험회피의 비효과적인 부분의 원인을 포함하여 위험회피관계의 관련된 특성이 계속 잘 포착될 수 있도록 변경해야 될 수 있다. *[K-IFRS 1109 B6.4.17]*
- 위험회피관계가 위험회피효과에 관한 요구사항을 충족하는지를 평가하기 위한 정보의 주요 원천은 기업의 위험관리이다. 즉 의사결정을 위해 사용하는 경영 정보(또는 분석)를 위험회피관계가 위험회피효과에 관한 요구사항을 충족하는지를 평가할 때에 근거로 사용할 수 있다는 것을 의미한다. *[K-IFRS 1109 B6.4.18]*
- 위험회피관계의 문서화에는 위험회피효과를 평가하기 위해 사용하는 방법을 포함해 위험회피효과에 관한 요구사항을 어떻게 평가할 것인지를 포함한다. 위험회피관계의 문서화는 평가방법의 변경에 따라 갱신되어야 한다(K-IFRS 1109 문단 B6.4.17 참조). *[K-IFRS 1109 B6.4.19]*

05 적용조건을 충족하는 위험회피관계에 대한 회계처리

1 위험회피관계의 세가지 종류

- 위험회피회계 적용조건인 K-IFRS 1109 문단 6.4.1의 적용조건(위험회피관계를 지정하는 기업의 결정 포함)을 충족하는 위험회피관계에 위험회피회계를 적용한다. *[K-IFRS 1109 문단 6.5.1]*
- 위험회피관계에는 세 가지 종류가 있다. *[K-IFRS 1109 문단 6.5.2]*
  (1) **공정가치위험회피**: 특정 위험에 기인하고 당기손익에 영향을 줄 수 있는 것으로서, 인식된 자산이나 부채 또는 인식되지 않은 확정계약 또는 이러한 항목의 구성요소의 공정가치 변동 익스포저에 대한 위험회피
  (2) **현금흐름위험회피**: 특정 위험에 기인하고 당기손익에 영향을 줄 수 있는 것으로서, 인식된 자산이나 부채(예 변동금리부 채무상품의 미래이자지급액의 전체나 일부) 또는 발생 가능성이 매우 큰 예상거래의 현금흐름 변동 익스포저에 대한 위험회피
  (3) K-IFRS 1021에서 정의하는 해외사업장순투자의 위험회피
- 위험회피대상항목이 지분상품이며 K-IFRS 1109 문단 5.7.5에 따라 공정가치의 변동을 기타포괄손익에 표시하기로 선택한 경우에는 K-IFRS 1109 문단 6.5.2(1)에 언급된 위험회피대상 익스포저는 기타포괄손익에 영향을 미칠 수 있는 것이어야 한다. 그 경우에만, 인식된 위험회피의 비효과적인 부분을 기타포괄손익에 표시한다. *[K-IFRS 1109 문단 6.5.3]*
- 확정계약의 외화위험회피에 공정가치위험회피회계나 현금흐름위험회피회계를 적용할 수 있다. *[K-IFRS 1109 문단 6.5.4]*
- 위험회피관계가 위험회피비율과 관련된 위험회피 효과성의 요구사항(K-IFRS 1109 문단 6.4.1(3)(다) 참조)을 더는 충족하지 못하지만 지정된 위험회피관계에 대한 위험관리의 목적이 동일하게 유지되고 있다면, 위험회피관계가 다시 적용조건을 충족할 수 있도록 위험회피관계의 위험회피비율을 조정해야 한다(이를 '재조정'이라고 한다. K-IFRS 1109 문단 B6.5.7~B6.5.21 참조). *[K-IFRS 1109 문단 6.5.5]*
- 확정계약의 위험회피(예 고정가격으로 연료를 구입하기로 하는 미인식 확정계약과 관련된 연료가격 변동에 대한 위험회피)는 공정가치의 변동 익스포저에 대한 위험회피이다. 따라서 이러한 위험회피는 공정가치위험회피이다. 그러나 K-IFRS 1109 문단 6.5.4에 따르면 확정계약의 외화위험에 대한 위험회피는 선택적으로 현금흐름위험회피로 회계처리할 수 있다. *[K-IFRS 1109 B6.5.3]*
- 위험회피관계(또는 위험회피관계의 일부)가 (해당사항이 있다면, 위험회피관계의 재조정을

고려한 후에도) 적용조건을 충족하지 않는 경우에만 전진적으로 위험회피회계를 중단한다. 위험회피수단이 소멸·매각·종료·행사된 경우도 이에 해당한다. 이러한 목적상 위험회피수단을 다른 위험회피수단으로 대체하거나 만기 연장하는 것이 위험관리목적에 관한 문서에 포함되어 있고 그러한 목적과 일치한다면, 그러한 위험회피수단의 대체나 만기 연장은 소멸이나 종료가 아니다. 또 이러한 목적상, 다음 조건을 충족하는 경우는 위험회피수단의 소멸이나 종료가 아니다. *[K-IFRS 1109 문단 6.5.6]*

(1) 법령이나 규정의 결과로 또는 법령이나 규정의 도입으로, 원래의 계약상대방을 교체하여 하나 이상의 청산 계약상대방이 각 당사자들의 새로운 계약상대방이 되도록 위험회피수단의 당사자들이 합의한다. 이러한 목적상, 청산 계약상대방은 중앙청산소(종종 '청산기구'나 '청산기관'이라고 부름)이거나 중앙청산소와의 청산 효과를 내기 위하여 거래상대방의 역할을 하는 하나의 기업이나 기업들(예 청산기구의 청산회원이나 청산기구의 청산회원의 고객)이다. 그러나 위험회피수단의 당사자들이 원래의 계약상대방을 각자 다른 계약상대방으로 교체하는 경우라면 각 당사자들이 같은 중앙청산소와 청산하는 효과가 있는 경우에만 이 문단을 적용한다.

(2) 위험회피수단에 대한 그 밖의 변경은 계약상대방의 교체효과를 내기 위해 필요한 경우로 제한된다. 그러한 변경은 원래부터 위험회피수단이 교체된 청산 계약상대방과 청산되었을 경우에 예상되는 계약조건과 일치하는 것으로 제한된다. 이러한 변경은 담보요건, 수취채권과 지급채무 잔액의 상계권리, 부과된 부담금의 변경을 포함한다.

위험회피회계의 중단은 위험회피관계 전체나 일부(이 경우 위험회피회계는 나머지 위험회피관계에 계속 적용된다)에만 영향을 미칠 수 있다.

• 위험회피대상항목이 상각후원가로 측정하는 금융상품(또는 그 구성요소)인 공정가치위험회피회계를 중단하는 경우에는 K-IFRS 1109 문단 6.5.10을 적용하며, 현금흐름위험회피회계를 중단하는 경우에는 K-IFRS 1109 문단 6.5.12를 적용한다. *[K-IFRS 1109 문단 6.5.7]*

2 위험회피의 비효과적인 부분의 측정

• 위험회피의 비효과적인 부분을 측정할 때 화폐의 시간가치를 고려한다. 따라서 현재가치를 기초로 위험회피대상항목의 가치를 산정하므로 위험회피대상항목의 가치 변동은 화폐의 시간가치에 대한 효과도 포함한다. *[K-IFRS 1109 B6.5.4]*

• 위험회피의 비효과적인 부분을 측정할 목적으로 위험회피대상항목의 가치 변동을 계산하기 위하여 위험회피대상항목의 주요 조건과 일치하는 조건을 갖는 파생상품(일반적으로 '가상의 파생상품'이라고 말함)을 사용할 수 있으며, 이러한 예로 예상거래에 대한 위험회피를 위해

회피대상이 되는 가격(또는 비율)에 따라 조정된 파생상품을 사용할 수 있다. 예를 들면, 위험회피가 현행 시장 수준에서 양 방향의 위험에 대한 것이라면 가상의 파생상품은 위험회피관계의 지정시점에 영(0)의 가치로 조정된 가상의 선도계약에 해당할 것이다. 만일, 위험회피가 일방의 위험에 대한 것이라면 위험회피관계의 지정시점에 위험회피되는 가격 수준이 현행 시장 수준인 경우 등가격인 가상 옵션의 내재가치를 나타내고 위험회피되는 가격 수준이 현행 시장 수준보다 높은 경우(또는 매입 포지션에 대한 위험회피라면, 더 낮은 경우) 외가격인 가상 옵션의 내재가치를 나타낼 것이다. 가상의 파생상품을 사용하는 것은 위험회피대상항목의 가치 변동을 계산하는 가능한 방법 중 하나이다. 가상의 파생상품은 위험회피대상항목을 복제하는 것으로 가치 변동이 다른 방식에 따라 산정된 것과 같은 결과를 가져온다. 따라서 '가상의 파생상품'의 사용은 그 자체로 평가방법이 아니라 위험회피대상항목의 가치를 계산하기 위해서만 사용될 수 있는 수학적 수단이다. 따라서 '가상의 파생상품'은 위험회피수단에만 존재하는(위험회피대상항목에는 존재하지 않는) 특성을 위험회피대상항목의 가치에 포함하기 위해 사용할 수는 없다. 일례로 (고정금리 채무이든 변동금리 채무이든 관계없이) 외화로 표시된 채무가 있다. 그러한 채무의 가치 변동이나 현금흐름의 누적 변동의 현재가치를 계산하기 위해 가상의 파생상품을 사용하는 경우에는 실제 파생상품(예 이종통화이자율스왑)에는 서로 다른 통화의 교환에 따른 대가가 포함되더라도 가상 파생상품에는 그러한 대가를 그대로 가정하여 포함할 수는 없다. *[K-IFRS 1109 B6.5.5]*

- 가상의 파생상품을 사용하여 산정한 위험회피대상항목의 가치 변동은 위험회피관계가 위험회피효과 요구사항을 충족하는지를 평가하기 위해서도 사용할 수 있다. *[K-IFRS 1109 B6.5.6]*

3 위험회피관계의 재조정과 위험회피비율의 변동

- 재조정은 이미 존재하는 위험회피관계의 위험회피대상항목이나 위험회피수단의 지정된 수량을 위험회피효과에 관한 요구사항에 부합하도록 위험회피비율을 유지하기 위하여 조정하는 것을 말한다. 다른 목적을 위해 위험회피대상항목으로 지정된 수량이나 위험회피수단으로 지정된 수량을 변경하는 것은 이 기준서의 재조정에 해당하지 않는다. *[K-IFRS 1109 B6.5.7]*
- 재조정은 K-IFRS 1109 문단 B6.5.9~B6.5.21에 따라 위험회피관계가 지속되는 것으로 회계처리한다. 재조정하는 시점에 위험회피관계에서 위험회피의 비효과적인 부분은 위험회피관계를 조정하기 전에 산정하여 즉시 인식한다. *[K-IFRS 1109 B6.5.8]*
- 위험회피비율을 조정함으로써, 기업은 기초변수나 위험변수 때문에 위험회피수단과 위험회피대상항목 사이의 관계에 생긴 변동에 대응할 수 있다. 예를 들어, 위험회피관계에서 위험회피수단과 위험회피대상항목의 기초변수가 서로 다르지만 관련된 경우 그러한 두 변수(예 서로 다르

지만 관련된 참조 지수, 비율, 가격) 사이의 관계가 바뀜에 따라 위험회피관계가 달라진다. 따라서 재조정으로 위험회피수단과 위험회피대상항목의 관계의 변동이 위험회피비율의 조정으로 보정될 수 있는 상황에서는 재조정으로 위험회피관계를 지속할 수 있다. *[K-IFRS 1109 B6.5.9]*

- 예를 들면 외화 A와 B가 고정되는 (중앙은행이나 그 밖의 기관에서 환율을 일정 구간 안에 유지하거나 특정 환율로 유지한다) 상황에서 외화 B를 참조하는 통화파생상품을 사용하여 외화 A에 대한 익스포저를 위험회피한다. 외화 A와 외화 B 사이의 환율이 변동하는(새로운 구간 또는 환율로 설정되는) 경우에는 새로운 환율을 반영하여 위험회피관계를 재조정한다면 위험회피관계가 새로운 상황에서 위험회피비율에 관한 위험회피효과의 요구사항을 계속 충족하게 될 것이다. 이와는 반대로, 통화파생상품에 채무불이행이 일어난다면, 위험회피비율을 변경하더라도 위험회피관계가 위험회피효과의 요구사항을 계속 충족한다고 확신하지는 못할 것이다. 따라서 위험회피수단과 위험회피대상항목의 관계가 위험회피비율의 조정으로 보정될 수 없는 방식으로 변동하는 상황에서는 재조정으로 위험회피관계를 지속할 수 없다. *[K-IFRS 1109 B6.5.10]*
- 위험회피수단의 공정가치나 현금흐름의 공정가치 변동과 위험회피대상항목의 공정가치나 현금흐름의 공정가치 변동 사이에서 상쇄되는 정도의 변동이 모두 위험회피수단과 위험회피대상항목 사이의 관계의 변동을 나타내는 것은 아니다. 위험회피기간에 위험회피관계에 영향을 미칠 것이라고 예상하는 위험회피의 비효과적인 부분의 원인을 분석하고 상쇄 정도의 변동이 다음 중 어느 것에 해당하는지를 평가한다. *[K-IFRS 1109 B6.5.11]*
  (1) 여전히 유효한 위험회피비율의 변동(위험회피수단과 위험회피대상항목의 관계를 계속 적절히 반영)
  (2) 위험회피비율이 더 이상 위험회피수단과 위험회피대상항목의 관계를 적절하게 반영하지 않는다는 징후

  위험회피대상항목과 위험회피수단의 가중치의 불균형은 위험회피의 비효과인 부분(인식 여부와 관련 없음)을 만들어 내고 위험회피회계의 목적에 부합하지 않는 회계처리 결과를 초래할 수 있다. 따라서 위험회피관계가 불균형을 반영하지 않는다는 것을 확인할 수 있도록 위험회피비율에 대한 위험회피효과에 관한 요구사항에 비추어 평가한다. 이러한 평가에는 판단이 필요하다.
- 일정한 위험회피비율의 변동(이로 인한 관련 위험회피의 비효과적인 부분)은 각각의 특정 결과에 따라 위험회피비율을 조정함으로써 줄일 수는 없다. 따라서 그러한 상황에서 상쇄되는 정도의 변화는 위험회피의 비효과적인 부분을 측정하고 인식할 문제이지 재조정이 필요한 것은 아니다. *[K-IFRS 1109 B6.5.12]*
- 이와는 반대로, 상쇄 정도의 변동이 위험회피관계를 위해 현재 사용하고 있는 위험회피비율이 아닌 다른 위험회피비율로 변동된 것을 나타내거나 현재 사용하고 있는 위험회피비율에서

멀어지는 추세를 나타내는 경우에는 위험회피비율을 조정함으로써 위험회피의 비효과적인 부분을 줄일 수 있는 반면, 위험회피비율을 유지한다면 위험회피의 비효과적인 부분이 점차로 늘어나게 된다. 위험회피대상항목과 위험회피수단의 가중치의 불균형은 위험회피의 비효과적인 부분(인식 여부와 관련 없음)을 만들어내고 위험회피회계의 목적에 부합하지 않는 회계처리 결과를 초래할 수 있다. 따라서 그러한 상황에서 위험회피관계가 이러한 불균형을 반영하는지를 파악해야 한다. 위험회피비율을 조정하는 경우에 이러한 조정은 위험회피의 비효과적인 부분의 측정과 인식에도 영향을 미친다. 왜냐하면 재조정하는 시점에 위험회피관계의 위험회피의 비효과적인 부분은 문단 B6.5.8에 따라 위험회피관계를 조정하기 직전에 산정하여 인식하기 때문이다. *[K-IFRS 1109 B6.5.13]*

- 재조정이란 위험회피관계를 시작한 후 위험회피관계의 위험회피비율에 영향을 미치는 상황의 변동에 대응하여 위험회피수단이나 위험회피대상항목의 수량을 위험회피회계의 목적상 조정하는 것을 말한다. 일반적으로 그러한 조정에는 실제로 사용되는 위험회피수단과 위험회피대상항목의 수량의 조정을 반영해야 한다. 그러나 다음의 경우에는 실제로 사용하는 위험회피대상항목이나 위험회피수단의 수량에 따른 위험회피비율을 조정해야만 한다. *[K-IFRS 1109 B6.5.14]*
  (1) 실제로 사용하는 위험회피수단이나 위험회피대상항목의 수량의 변동에 따른 위험회피비율이 불균형을 나타내는 경우. 이러한 불균형은 위험회피의 비효과적인 부분을 만들어 내고 위험회피회계의 목적에 부합하지 않는 회계처리 결과를 초래할 수 있다.
  (2) 실제로 사용하는 위험회피수단과 위험회피대상항목의 수량을 새로운 상황에서도 유지함으로써 위험회피비율이 불균형을 나타내는 경우. 이러한 불균형은 위험회피의 비효과적인 부분을 만들어 내고 위험회피회계의 목적에 부합하지 않는 회계처리 결과를 초래할 수 있다(위험회피비율의 조정을 생략하여 불균형을 야기해서는 안 된다).
- 위험회피관계에 대한 위험관리목적이 바뀌었다면 재조정하는 것이 아니라 그 위험회피관계에 대한 위험회피회계를 중단한다(이에 불구하고 K-IFRS 1109 문단 B6.5.28에서 설명하는 바와 같이 종전 위험회피관계의 위험회피수단이나 위험회피대상항목을 새로운 위험회피관계에 지정할 수 있다). *[K-IFRS 1109 B6.5.15]*
- 위험회피관계를 재조정할 경우 위험회피비율은 다음과 같은 다른 방법으로 조정할 수 있다.
  (1) 다음 ㈎나 ㈏에 따라 위험회피대상항목의 가중치가 증가(동시에 위험회피수단의 가중치가 감소)할 수 있다.
    ㈎ 위험회피대상항목의 수량 증가
    ㈏ 위험회피수단의 수량 감소
  (2) 다음 ㈎나 ㈏에 따라 위험회피수단의 가중치가 증가(동시에 위험회피대상항목의 가중치가 감소)할 수 있다.

(가) 위험회피수단의 수량 증가

(나) 위험회피대상항목의 수량 감소

수량의 변동은 위험회피관계의 일부인 수량을 말한다. 따라서 수량의 감소가 반드시 항목이나 거래가 더 이상 존재하지 않거나 더 이상 발생할 것으로 예상되지 않는 것을 의미하는 것은 아니지만, 항목이나 거래가 위험회피관계의 일부가 아니라는 것을 의미한다. 예를 들면, 위험회피수단의 수량 감소는 파생상품은 계속 보유하지만 파생상품의 일부만을 위험회피관계의 위험회피수단으로 유지하는 경우일 수 있다. 이러한 경우는 위험회피관계에서 더 이상 필요 없는 수량을 계속 보유하면서 위험회피수단의 수량을 줄여서만 재조정이 달성될 수 있는 경우에 생길 수 있다. 그러한 경우에는 위험회피에 지정되지 않은 파생상품의 일부분은 당기손익-공정가치 측정 항목으로 회계처리될 것이다(다만, 다른 위험회피관계에 위험회피수단으로 지정된 경우는 제외한다). *[K-IFRS 1109 B6.5.16]*

- 위험회피대상항목의 수량을 늘려 위험회피비율을 조정하는 것은 위험회피수단의 공정가치 변동을 측정하는 방식에 영향을 주지 않는다. 종전에 지정된 수량과 관련된 위험회피대상항목의 가치변동분에 대한 측정도 영향을 받지 않는다. 그러나 재조정한 날부터 위험회피대상항목의 가치변동에 추가된 수량의 위험회피대상항목의 가치변동도 포함한다. 이러한 변동분은 위험회피관계가 지정된 날부터가 아니라 재조정일을 참조하여 재조정한 날부터 측정한다. 예를 들면 당초에 80원의 선도가격(위험회피관계의 개시시점의 선도가격)으로 상품 100톤의 수량을 위험회피하고 선도가격이 90원인 재조정 시점에 10톤의 수량을 추가했다면 재조정한 후 위험회피대상항목은 두 개의 층(80원에 위험회피된 100톤과 90원에 위험회피된 10톤)으로 구성된다. *[K-IFRS 1109 B6.5.17]*
- 위험회피수단의 수량을 줄여 위험회피비율을 조정할 경우에는 위험회피대상항목의 가치 변동을 측정하는 방식에 영향을 주지 않는다. 계속 지정된 수량과 관련된 위험회피수단의 공정가치 변동에 대한 측정도 영향을 받지 않는다. 그러나 재조정한 날 이후부터 줄어든 위험회피수단의 수량은 더 이상 위험회피관계의 일부가 아니다. 예를 들면 당초에 위험회피수단으로 100톤의 파생상품을 사용하여 상품의 가격위험을 회피했고 재조정 시점에 10톤을 줄인다면 위험회피수단 90톤의 명목금액은 여전히 남아있다(더 이상 위험회피관계의 일부가 아닌 파생상품 수량(즉 10톤)에 대한 결과는 K-IFRS 1109 문단 B6.5.16 참조). *[K-IFRS 1109 B6.5.18]*
- 위험회피수단의 수량을 늘려 위험회피비율을 조정하는 것은 위험회피대상항목의 가치 변동을 측정하는 방식에 영향을 주지 않는다. 종전에 지정된 수량과 관련된 위험회피수단의 공정가치 변동에 대한 측정도 영향을 받지 않는다. 그러나 재조정한 날부터 위험회피수단의 공정가치변동에 추가된 수량의 위험회피수단의 가치변동도 포함한다. 이러한 변동분은 위험회피관계가 지정된 날부터가 아니라 재조정한 날을 참조하여 재조정한 날부터 측정한다. 예를 들어, 당초

에 위험회피수단으로 100톤의 파생상품을 사용하여 상품의 가격위험을 회피했고 재조정 시점에 10톤을 늘린다면 재조정한 후 위험회피수단은 총 110톤의 파생상품으로 구성된다. 위험회피수단의 공정가치변동분은 총 110톤의 파생상품의 공정가치변동분이다. 이들 파생상품은 다른 시점에 계약이 체결(최초로 인식한 후 파생상품을 위험회피관계에 지정할 가능성 포함)되었기 때문에 선도 금리 등 주요 조건이 다를 수 있다(다를 것이다). *[K-IFRS 1109 B6.5.19]*

- 위험회피대상항목의 수량을 줄임으로써 위험회피비율을 조정하는 경우 위험회피수단의 공정가치 변동을 측정하는 방식에 영향을 미치지 않는다. 계속 지정된 수량과 관련된 위험회피대상항목의 가치변동분에 대한 측정 또한 영향을 받지 않는다. 그러나 재조정한 날 이후부터 줄어든 위험회피대상항목의 수량은 더 이상 위험회피관계의 일부가 아니다. 예를 들어, 당초에 80원의 선도가격으로 상품 100톤의 수량을 위험회피하고 재조정 시점에 10톤의 수량을 줄였다면 재조정한 후 위험회피대상항목은 80원에 위험회피된 90톤이 될 것이다. 더 이상 위험회피관계의 일부가 아닌 위험회피대상항목 10톤은 위험회피회계의 중단에 관한 요구사항에 따라 회계처리될 것이다(K-IFRS 1109 문단 6.5.6~6.5.7과 문단 B6.5.22~B6.5.28 참조). *[K-IFRS 1109 B6.5.20]*
- 위험회피관계를 재조정하는 경우 (남은) 위험회피기간에 위험회피관계에 영향을 미칠 것으로 예상되는 위험회피의 비효과적인 부분의 원인 분석을 업데이트한다(K-IFRS 1109 문단 B6.4.2 참조). 이에 따라 위험회피관계에 관한 문서화를 업데이트한다. *[K-IFRS 1109 B6.5.21]*

4 위험회피관계의 중단

- 위험회피회계의 중단은 적용조건을 충족하지 못하는 날부터 전진적으로 적용한다. *[K-IFRS 1109 B6.5.22]*
- 다음에 모두 해당되는 경우의 위험회피관계에 대하여 지정을 취소하여 중단해서는 안 된다.
  - (1) 기존에 위험회피회계의 적용조건을 충족하는 데에 근거가 된 위험관리목적에 여전히 부합한다(즉 여전히 해당 위험관리목적을 추구한다).
  - (2) (필요하다면, 위험회피관계에 관한 재조정을 고려한 후) 모든 다른 적용조건을 계속해서 충족한다. *[K-IFRS 1109 B6.5.23]*
- K-IFRS 1109의 목적상 위험관리전략은 위험관리목적과 구분된다. 위험관리전략은 기업이 위험을 어떻게 관리할 것인지를 결정하는 것으로 기업의 최고 수준에서 설정된다. 일반적으로 위험관리전략에서 기업은 노출되어 있는 위험을 식별하고 기업이 위험에 대응하는 방법을 정한다. 위험관리전략은 일반적으로 더 긴 기간에 대해 수립하며 그러한 전략을 수립하는 동안 일어나는 상황의 변동에 대응하기 위한 약간의 유연성을 포함할 수 있다(예 이자율이나 상품가격의 수준이 다르다면 위험회피의 정도도 다르다). 위험관리전략은 일반적으로 일반문서에 나타나 있는데, 여기에 더 구체적인 지침을 포함하는 정책을 통해 기업의 하부로 전달

된다. 이에 반해 위험회피관계에 대한 위험관리목적은 특정 위험회피관계의 수준에서 적용된다. 이것은 지정된 특정 위험회피수단이 위험회피대상항목으로 지정된 특정 익스포저를 위험회피하기 위하여 어떻게 사용되는지와 관련이 있다. 따라서 위험관리전략은 전체적인 위험관리전략의 실행과 관련된 위험관리목적을 갖는 다수의 위험회피관계와 관련이 있을 수 있다. 예를 들면 다음과 같다.

(1) 부채로 자금을 조달하는 경우에 기업은 전체적인 변동금리 자금조달과 고정금리 자금조달의 구성 비율을 일정 범위로 정하여 이자율 위험을 관리하는 전략을 가지고 있다. 이 전략은 고정금리 부채 비율을 20%에서 40%의 수준에서 유지하는 것이다. 기업은 이자율의 수준에 따라 때때로 이 전략을 어떻게 실행할지를 결정한다(즉 고정금리 이자율 익스포저에 대해 20%에서 40%의 범위에서 자신의 포지션을 결정한다). 이자율이 낮다면 이자율이 높을 때보다 더 많은 부채를 고정금리로 조정한다. 기업의 부채는 변동금리 부채 100원이며 이 중 30원을 고정금리로 바꾼다. 저금리를 활용하여 중요한 투자자금을 조달하기 위해 추가로 50원의 고정금리 채권을 발행한다. 낮은 이자율을 고려하여 과거 변동금리위험에 대해 위험회피를 했던 금액 중 20원을 줄여 총 부채의 40%까지 고정금리 위험에 익스포저하기로 결정함으로써 60원은 고정금리 위험에 노출되도록 한다. 이러한 상황에서 위험관리전략 자체에는 변동이 없다. 그러나 이와 달리 그러한 전략의 실행방법은 바뀌어서, 종전에 변동금리 위험이 회피되었던 20원에 대한 위험관리목적이 (즉 위험회피관계의 수준에서) 바뀌었다. 결론적으로 이러한 상황에서 종전에 변동금리 위험이 회피되었던 20원에 대한 위험회피회계는 중단되어야 한다. 이로써 명목금액 20원의 스왑 포지션을 줄일 수 있으나 상황에 따라 스왑의 수량을 유지하여 다른 위험을 회피하기 위해 사용하거나 매매목적으로 보유할 수도 있다. 반대로 신규 고정금리 부채의 일부를 변동금리 익스포저로 바꾼다면 종전의 변동금리 익스포저에 대한 위험회피회계는 지속되어야 할 것이다.

(2) 일부 익스포저는 자주 바뀌는 포지션과 관련되어 있다. 이러한 예로 채무상품으로 구성된 개방형 포트폴리오의 이자율 위험을 들 수 있다. 새로운 채무상품이 추가되고 채무상품이 제거되어 지속적으로 익스포저가 변동된다(즉 단순히 만기가 도래하여 포지션에서 빠지는 경우와는 다르다). 익스포저와 이를 관리하기 위해 사용하는 위험회피수단 모두 오랫동안 동일하게 유지되지 않는 동적 과정이다. 따라서 그러한 위험을 가지고 있는 기업은 위험이 변동할 때 이자율위험을 관리하기 위해 사용하는 위험회피수단을 빈번하게 조정한다. 예를 들어, 잔존만기가 24개월인 채무상품들을 이자율위험에 대해 24개월 동안 위험회피대상항목으로 지정한다. 동일한 절차를 다른 기간별로 또는 만기별로 적용한다. 짧은 기간이 지난 후 만기별로 종전에 지정된 위험회피관계의 전부나 일부를 중단하

고 위험회피관계의 크기와 그 시점에 존재하는 위험회피수단을 기초로 만기별로 새로운 위험회피관계를 지정한다. 이러한 상황에서 위험회피회계의 중단은 종전에 지정했던 위험회피수단과 위험회피대상항목 대신에 새로운 위험회피수단과 새로운 위험회피대상항목에 대한 기업의 관점을 반영하여 위험회피관계가 수립된다는 것을 나타낸다. 위험관리전략은 같지만 종전에 지정한 위험회피관계를 지속하게 하는 위험관리 목적은 없어져서 더 이상 존재하지 않는다. 그러한 상황에서 위험관리 목적이 변경된 만큼 위험회피회계를 중단한다. 이것은 기업의 상황에 따라 달라서 일정 만기의 전부나 일부의 위험회피관계에만 영향을 미치거나 특정 위험회피관계 중 일부에만 영향을 미칠 수 있다.

(3) 예상매출과 이에 따른 채권의 외화위험을 관리하는 위험관리전략을 가지고 있다. 이 위험관리전략에 따라, 채권이 인식되는 시점까지만 특정 위험회피관계로서 외화위험을 관리하고 있다. 그 후에는 그 특정 위험회피관계에 기초하여 외화위험을 관리하지는 않는다. 그 대신에 같은 외화로 표시된 (아직 발생하지 않은 예상거래와 무관한) 채권, 채무, 파생상품의 외화위험을 함께 관리한다. 회계 목적상 그러한 모든 항목의 외화위험으로 인한 손익은 당기손익으로 즉시 인식되기 때문에 '자연(natural)' 위험회피로서의 역할을 한다. 따라서 회계 목적상 지급일까지의 기간에 위험회피관계가 지정되었다면 채권을 인식할 때 위험회피관계는 중단하여야 한다. 왜냐하면 처음의 위험회피관계의 위험관리목적은 더 이상 적용되지 않기 때문이다. 외화위험은 똑같은 전략으로 관리하지만 그 근거는 다르다. 반대로, 다른 위험관리목적을 가지고 있고 예상 매출 금액과 이에 따른 채권의 결제일까지의 외화위험을 하나의 지속적인 위험회피관계로 관리한다면 그 위험회피회계는 그 날까지 지속될 것이다. *[K-IFRS 1109 B6.5.24]*

- 위험회피회계의 중단은 다음 중 하나에 영향을 미칠 수 있다. *[K-IFRS 1109 B6.5.25]*
  (1) 위험회피관계 전체
  (2) 위험회피관계의 일부(이는 나머지 위험회피관계에 대하여 위험회피회계를 지속한다는 것을 의미한다.)
- 위험회피관계가 전체적으로 적용조건을 충족하지 못하는 경우에는 위험회피관계 전체를 중단한다. 예를 들면 다음과 같다. *[K-IFRS 1109 B6.5.26]*
  (1) 위험회피관계가 위험회피회계를 적용할 수 있었던 근거인 위험관리목적을 더 이상 충족하지 않는다(즉 더 이상 해당 위험관리목적을 추구하지 않는다).
  (2) 위험회피수단이 (위험회피관계의 일부였던 전체 수량이) 매각되거나 종료되었다.
  (3) 위험회피대상항목과 위험회피수단 사이의 경제적 관계가 더 이상 존재하지 않거나 신용위험의 효과가 경제적 관계에서 비롯된 가치 변동보다 지배적이 되기 시작한다.

- 위험회피관계의 일부만이 적용조건을 더 이상 충족하지 못하는 경우에 일부 위험회피관계를 중단한다(나머지 위험회피관계에 대하여 위험회피회계를 지속한다). 예를 들면 다음과 같다.
  (1) 위험회피관계를 재조정할 때 위험회피대상항목의 수량 중 일부가 더 이상 위험회피관계의 일부가 되지 않도록 위험회피비율을 조정할 수 있다(K-IFRS 1109 문단 B6.5.20 참조). 따라서 더 이상 위험회피관계의 일부가 아닌 위험회피대상항목의 수량에 대해서만 위험회피회계를 중단한다.
  (2) 위험회피대상항목인 예상거래(또는 그 구성요소) 수량의 일부가 더 이상 발생할 가능성이 매우 크지 않다면 더 이상 발생할 가능성이 매우 크지 않은 위험회피대상항목의 수량에 대해서만 위험회피회계를 중단한다. 그러나 예상거래에 대해 위험회피를 지정했었고 후속적으로 예상거래가 더 이상 발생되지 않을 것이라고 결정한 관행이 있다면 예상거래를 정확하게 예측하는 기업의 능력은 비슷한 예상거래를 예측할 때 의문시 된다. 이는 비슷한 예상거래가 발생할 가능성이 매우 큰지에 대한 평가(K-IFRS 1109 문단 6.3.3 참조)에 영향을 미치고 이에 따라 그러한 예상거래가 위험회피대상항목으로 적격한지에 대한 평가에도 영향을 미친다. *[K-IFRS 1109 B6.5.27]*
- 위험회피회계가 (일부나 전체가) 중단된 종전의 위험회피관계의 위험회피수단이나 위험회피대상항목을 새로운 위험회피관계로 지정할 수 있다. 이는 위험회피관계의 지속이 아니라 재시작이다. 예를 들면 다음과 같다. *[K-IFRS 1109 B6.5.28]*
  (1) 위험회피수단의 신용도가 심각하게 악화되어 새로운 위험회피수단으로 대체한다. 이는 본래의 위험회피관계가 위험관리목적을 달성하지 못하여 전체적으로 중단되는 것을 의미한다. 종전에 위험회피되었던 같은 익스포저에 대한 위험회피를 위해 새로운 위험회피수단을 지정하고 새로운 위험회피관계를 형성한다. 따라서 위험회피대상항목의 공정가치나 현금흐름의 변동은 종전 위험회피관계가 지정된 날이 아니라 새로운 위험회피관계를 지정한 날을 참조하여 그날부터 측정한다.
  (2) 위험회피관계가 위험회피기간이 종료되기 전에 중단된다. 해당 위험회피관계의 위험회피수단은 다른 위험회피관계의 위험회피수단으로 지정할 수 있다(예: 위험회피수단의 수량을 늘림으로써 재조정하여 위험회피비율을 조정하는 경우 또는 완전히 새로운 위험회피관계를 지정하는 경우).

06
유형별 위험회피 회계처리

1 공정가치위험회피회계의 개요

- 만일 위험회피대상인 자산/부채의 공정가치의 변동이 모두 당기손익으로 인식되고, 위험회피수단의 공정가치 변동이 당기손익으로 인식되면 양자의 손익의 상쇄되는 효과가 발생될 가능성이 크므로 별도의 위험회피회계를 적용하지 않아도 될 것이다.
- 그러나 위험회피대상항목이 상각후원가로 후속 측정되어서 공정가치로 평가되지 않거나 공정가치로 후속 측정되더라도 공정가치의 변동이 기타포괄손익으로 인식하는 경우, 위험회피수단의 공정가치변동만이 당기손익에 반영되므로 경제적인 측면에서는 위험이 제거되질라도 회계적으로는 위험회피결과를 제대로 반영할 수 없게 된다. 이러한 회계적인 문제점을 해결하고자 전통적 회계처리와 다른 특수한 회계처리가 필요하게 된 것이다.
- 공정가치위험회피회계는 특정위험으로 인한 위험회피대상의 공정가치 변동이 위험회피수단인 파생상품의 공정가치 변동과 상계되도록, 특정위험으로 인한 위험회피대상의 평가손익을 위험회피수단의 평가손익과 동일한 회계기간에 대칭적으로 인식하도록 하는 것이다. 즉, 공정가치위험회피회계는 위험회피수단의 평가손익 뿐만 아니라 위험회피대상에 대해서도 평가손익을 인식하게 함으로써, 이 두 가지의 평가손익이 서로 반대로 인식되도록 하는 회계처리이다.

1.1. 완전한 위험회피효과가 있는 경우

- 아래의 예시는 파생상품을 이용하여 완전한 위험회피를 하였으나, 위험회피대상을 공정가치로 평가하지 않는 항목인 경우이다. 이 경우, 공정가치위험회피회계를 적용하지 않으면, 평가이익이 서로 다른 연도에 인식된다. 즉, 위험회피수단의 공정가치변동은 1차년도에 인식되지만, 위험회피대상의 공정가치 변동분은 실현(처분)되는 시점인 2차년도에 인식된다.

구 분	평가손익의 인식		
	1차년도	2차년도	총계
위험회피대상항목	—	(10)	(10)
위험회피수단	10	—	10
당기순이익	10	(10)	—

- 상기 위험회피대상항목과 위험회피수단에 대하여 공정가치위험회피회계를 적용하는 효과는 다음과 같다.

구 분	평가손익의 인식		
	1차년도	2차년도	총계
위험회피대상항목	(10) ←	~~(10)~~	(10)
위험회피수단	10	—	10
당기순이익	—	—	—

- 이 예시에서 보는 바와 같이 위험회피대상의 공정가치 변동분을 1차년도에 미리 인식함으로써, 1차년도에 특정위험으로 인한 위험회피대상항목의 평가손익 (10)을 파생상품 평가손익 10과 대칭적으로 인식하는 것이 공정가치 위험회피회계의 핵심이다. 즉, 위험회피수단의 공정가치 변동분과 함께 인식함으로써, 특정위험으로 인한 위험회피대상항목의 공정가치변동을 위험회피수단인 파생상품의 공정가치변동과 상계시켜 위험회피효과를 보여주는 것이다.

1.2. 위험회피효과가 높지 않은 경우

- 만약 위험회피효과가 높지 않고 위험회피대상과 위험회피수단의 손익의 발생 시기가 다음과 같다고 가정하면 공정가치위험회피회계를 적용할 수 없다.

구 분	평가손익의 인식		
	1차년도	2차년도	총계
위험회피대상항목	(X) ←	(10)	(10)
위험회피수단	10	—	10
당기순이익	10	(10)	—

- 위험회피효과가 위험회피회계의 적용조건을 충족시키지 못하면 공정가치위험회피회계를 적용하지 못하므로 위험회피대상의 공정가치변동분을 1차년도에 인식하지 못하게 된다.

2 K-IFRS 1109상 공정가치위험회피 회계처리

2.1. 위험회피수단과 위험회피대상의 손익 상쇄

- 공정가치위험회피가 위험회피회계 적용조건인 K-IFRS 1109 문단 6.4.1의 적용조건을 충족한다면 위험회피관계는 다음과 같이 회계처리한다. *[K-IFRS 1109 문단 6.5.8]*
  (1) 위험회피수단의 손익은 당기손익(또는 K-IFRS 1109 문단 5.7.5에 따라 공정가치의 변동을 기타포괄손익에 표시하기로 선택한 지분상품의 위험회피수단의 손익은 기타포괄손익)으로 인식한다.
  (2) 회피대상위험으로 인한 위험회피대상항목의 손익은 (해당사항이 있다면) 위험회피대상항목의 장부금액에서 조정하고 당기손익으로 인식한다. 위험회피대상항목이 K-IFRS 1109 문단 4.1.2A에 따라 기타포괄손익-공정가치 측정 금융자산(또는 그 구성요소)인

경우에는 회피대상위험으로 인한 위험회피대상항목의 손익은 당기손익으로 인식한다. 그러나 위험회피대상항목이 K-IFRS 1109 문단 5.7.5에 따라 공정가치변동을 기타포괄손익에 표시하기로 선택한 지분상품인 경우에는 그 금액을 기타포괄손익에 남겨둔다. 위험회피대상항목이 인식되지 않은 확정계약(또는 그 구성요소)인 경우에는 지정 후 위험회피대상항목의 공정가치 누적변동분을 자산이나 부채로 인식하고, 이에 상응하는 손익은 당기손익으로 인식한다.

2.2. 위험회피대상항목이 자산 취득 또는 부채 인수의 확정계약인 경우

- 공정가치위험회피회계의 위험회피대상항목이 자산을 취득하거나 부채를 인수하는 확정계약(또는 그 구성요소)인 경우에는 확정계약을 이행한 결과로 인식하는 자산이나 부채의 최초 장부금액이 재무상태표에 인식된 위험회피대상항목의 공정가치 누적변동분을 포함하도록 조정한다. *[K-IFRS 1109 문단 6.5.9]*

2.3. 위험회피대상항목이 상각후원가로 측정하는 금융상품인 경우

- 위험회피대상항목이 상각후원가로 측정하는 금융상품(또는 그 구성요소)인 경우에 K-IFRS 1109 문단 6.5.8(2)에 따른 장부금액의 조정액은 상각하여 당기손익으로 인식한다. 상각은 조정액이 생긴 직후에 시작할 수 있으며, 늦어도 위험회피 손익에 대한 위험회피대상항목의 조정을 중단하기 전에는 시작하여야 한다. 상각을 시작하는 시점에 다시 계산한 유효이자율에 기초하여 상각한다. K-IFRS 1109 문단 4.1.2A에 따라 기타포괄손익-공정가치 측정 금융자산(또는 그 구성요소)이 위험회피대상항목인 경우에 상각은 장부금액을 조정하는 대신에 K-IFRS 1109 문단 6.5.8(2)에 따라 이미 인식한 누적손익을 나타내는 금액에 같은 방식으로 적용한다. *[K-IFRS 1109 문단 6.5.10]*

2.4. 공정가치위험회피의 예

- 공정가치위험회피의 예로 이자율의 변동으로 인한 고정금리 채무상품의 공정가치 변동 익스포저를 위험회피하는 경우가 있다. 그러한 위험회피는 발행자나 보유자가 행할 수 있다. *[K-IFRS 1109 B6.5.1]*
- 예를 들어 고정금리 5%의 채권의 경우, 이자지급과 원금상환의 현금흐름은 변하지 않는다. 그러나 시장이자율의 변화에 따라 채무상품의 공정가치가 변동한다. 시장금리가 올라가면 채권의 공정가치는 내려갈 것이고 시장금리가 내려가면 채권의 공정가치는 올라갈 것이다.
- 이 위험을 회피하기 위해서는 고정금리 채무상품을 변동금리 채무상품과 스왑할 수 있다. 그

러면 시장이자율의 변동에 따라서 채무상품의 이자율도 변동하기 때문에 공정가치 위험을 회피할 수 있다.

예제 41 공정가치위험회피 : 기타포괄손익-공정가치 측정 금융자산이 위험회피대상인 경우

1차년도 동안에 A회사는 고정금리 금융자산을 ₩150,000으로 구입하고, 이를 기타포괄손익-공정가치측정 금융자산으로 분류하였다. 1차년도 말, 이 자산의 공정가치는 ₩165,000이다.

2차년도 초에 공정가치 변동위험을 회피하기 위하여, A회사는 변동금리 금융자산과 3년간 스왑하는 계약을 체결하고 위험회피회계를 적용하기로 하였다(이 스왑의 계약시점 공정가치는 0이다).

2차년도 말, 위험회피수단(스왑)의 공정가치는 ₩7,000이고 고정금리 금융자산의 공정가치는 동일한 금액만큼 하락하였다(고정금리 금융상품의 공정가치는 이자율 이외의 요소의 영향으로는 변동하지 않는다).

요구사항

1차년도와 2차년도의 위험회피회계와 관련된 회계처리를 나타내라.

해설

구 분	회 계 처 리	
	차입금	스왑계약
1차년도 초	(차) 금융자산 150,000 (기타포괄손익공정가치 측정) (대) 현 금 150,000	
1차년도 말	(차) 금융자산 주1) 15,000 (기타포괄손익공정가치 측정) (대) 기타포괄손익 15,000 주1) ₩165,000 - ₩150,000 = ₩15,000	
2차년도 초		분개 없음
2차년도 말	(차) 평가손익(당기손익) 7,000 (대) 금융자산 7,000	(차) 파생상품 7,000 (대) 파생상품평가이익 7,000 (당기손익)

위험회피회계를 적용하기 전인 1차년도 말까지는 일반적인 기타포괄손익—공정가치 측정 금융자산 회계처리를 적용하게 된다. 2차년도 초부터 공정가치 위험회피회계를 적용하기로 하였기 때문에 위험회피수단으로 지정된 파생상품(스왑 계약)의 공정가치 변동을 손익으로 표시하여야 하고, 위험회피대상항목으로 지정된 기타포괄손익—공정가치 측정 금융자산의 공정가치 변동을 당기손익으로 표시한다.

예제 42 공정가치위험회피 : 공정가치변동을 기타포괄손익에 표시하기로 선택한 지분상품측정 금융자산이 위험회피대상인 경우

1차년도 동안에 A회사는 거래소에서 상장되어 있는 주식을 ₩150,000으로 구입하고, 이에 대한 공정가치변동을 기타포괄손익에 표시하기로 선택하였다. 1차년도 말, 이 자산의 공정가치는 ₩165,000이다.

2차년도 초에 이 주식의 공정가치 변동위험을 회피하기 위하여, A회사는 2년 후에 ₩165,000으로 매각하기로 하는 선도계약을 체결하고 위험회피회계를 적용하기로 하였다(이 선도계약의 계약시점 공정가치는 0이다).

2차년도 말, 선도계약의 공정가치는 (₩7,000)이고 주식의 공정가치는 동일한 금액만큼 상승하였다.

요구사항

1차년도와 2차년도의 위험회피회계와 관련된 회계처리를 나타내라.

해설

구 분	회 계 처 리	
	차입금	스왑계약
1차년도 초	(차) 금융자산 150,000 (기타포괄손익-공정가치 지정) (대) 현 금 150,000	
1차년도 말	(차) 금융자산 주1) 15,000 (기타포괄손익-공정가치 지정) (대) 기타포괄손익 15,000 주1) ₩165,000 – ₩150,000 = ₩15,000	
2차년도 초		분개 없음
2차년도 말	(차) 금융자산 7,000 (대) 기타포괄손익 7,000	(차) 파생상품평가손익 7,000 (기타포괄손익) (대) 파생상품 7,000

예제 43 공정가치위험회피 : 상각후원가로 측정하는 금융상품

A회사는 2X08년 1월 1일에 ₩10,000,000을 차입하였다. 차입조건은 만기 3년, 고정금리 7%(매년 말 이자지급), 만기 일시상환조건이다. 차입시 유효이자율은 7%였다. 차입을 한 후 동일한 명목가액(nominal amount)을 가지는 이자율스왑계약[고정이자 7% 수취/변동이자(LIBOR+2%) 지급]을 1년간만 체결하여 이자율 변동에 따른 공정가치변동위험을 회피하려고 한다.

2X08년 1월 1일 LIBOR	5%
2X08년 12월 31일 LIBOR	6%
2X08년 12월 31일 스왑 정산시 적용할 LIBOR	6%
2X08년 12월 31일 스왑의 공정가치(부채)	178,315
2X09년 12월 31일 LIBOR	7%
2X09년 12월 31일 스왑 정산시 적용할 LIBOR	7%
2X09년 12월 31일 스왑의 공정가치(부채)	5,184
2X10년 12월 31일 LIBOR	8%
2X10년 12월 31일 스왑 정산시 적용할 LIBOR	8%

요구사항

2X10년 12월 31일에 차입금 상환시까지 위험회피관계가 유지되었다고 가정하는 경우 2X08년도와 2X09년도의 위험회피회계와 관련된 회계처리를 나타내라.

해설

구 분	회 계 처 리	
	차입금	스왑계약
2X08.01.01.	(차) 현 금 10,000,000 (대) 차입금 10,000,000	분개 없음
2X08.12.31.	(차) 이자비용 700,000 (대) 현 금 주1) 700,000 주1) ₩10,000,000×7% = ₩700,000	(차) 이자비용 100,000 (대) 현 금 주1) 100,000 주1)고정이자 수령 10,000,000×7% = 700,000 변동이자 지급 10,000,000×(6%+2%)= 800,000
	(차) 차입금 주2) 178,315 (대) 차입금평가이익(NI) 178,315 주2) 2X08.12.31. 차입금 공정가치 원금현가 : 10,000,000×0.85734 (2년, 8% 현가계수) = 8,573,400 이자현가 : 10,000,000×7%×1.78326 (2년, 8% 현가계수) = 1,248,285 9,821,685 10,000,000 - 9,821,685 = 178,315	(차) 이자율스왑평가손실 178,315 (대) 이자율스왑부채(F/S) 178,315
2X09.12.31.	(차) 이자비용 700,000 (대) 현 금 주3) 700,000 주3) ₩10,000,000×7% = ₩700,000	(차) 이자비용 200,000 (대) 현 금 주3) 200,000 주3)고정이자 수령 10,000,000×7% = 700,000 변동이자 지급 10,000,000×(7%+2%)= 900,000
	(차) 차입금주 주4) 5,184 (대) 차입금평가이익(NI) 5,184 주4) 2X09.12.31. 차입금 공정가치 원금현가 : 10,000,000×0.91743 (1년, 9% 현가계수) = 9,174,300 이자현가 : 10,000,000×7%×0.91743 (1년, 9% 현가계수) = 642,201 9,816,501 9,821,685 – 9,816,501 = 5,184	(차) 이자율스왑평가손실 5,184 (대) 이자율스왑부채(F/S) 5,184
2X10.12.31.	(차) 이자비용 700,000 (대) 현 금주5) 700,000 주5) ₩10,000,000×7% = ₩700,000	(차) 이자비용 300,000 (대) 현 금주5) 300,000 주5)고정이자 수령 10,000,000×7% = 700,000

		변동이자 지급 10,000,000×(8%+2%)= 1,000,000
	(차) 차입금평가이익(NI) 183,499 (대) 차입금 183,499	(차) 이자율스왑부채(F/S) 183,499 (대) 이자율스왑평가손실 183,499
	(차) 차입금 10,000,000 (대) 현 금 10,000,000	

사 례 기타포괄손익-공정가치 측정 범주와 외화환산, 공정가치 위험회피회계, 손상의 상호관계 *[K-IFRS 1109 사례 14]*

- 20X0년 1월 1일에 외화(Foreign Currency, FC)로 표시된 채무상품(채권)을 공정가치인 FC100,000에 매입하고 기타포괄손익—공정가치 측정 자산으로 분류한다. 채권의 남은 기간은 5년, 계약상 원금은 FC100,000, 계약기간에 고정금리는 5%이다. 채권의 최초 인식시점에 유효이자율은 5%이다. 기능통화는 현지통화(원)이다. 20X0년 1월 1일의 환율은 FC1 대 1원이다. 최초 인식시점에 해당 채권은 취득시 신용이 손상되어 있는 금융자산이 아니라고 판단한다. 또 20X0년 1월 1일에 12개월 기대신용손실을 FC1,200으로 산정한다. 20X0년 1월 1일에 FC 기준 상각후원가는 총 장부금액 FC100,000에서 12개월 기대신용손실을 차감한 금액(=FC100,000-FC1,200)과 같다.
- 기업은 다음과 같은 위험에 노출되어 있다.
  (1) 외화(FC)에 대한 공정가치 이자율위험: 고정금리 금융상품의 매입에 따른 익스포저
  (2) 외환위험: 현지통화(원)로 측정되는 환율 변동에 따른 익스포저
- 기업은 다음의 위험관리전략을 이용하여 위험 익스포저를 회피한다.
  (1) 외화표시(FC) 고정금리 위험: 외화로 수취하는 이자를 외화표시 현행 변동이자율에 연계시키기로 결정한다. 따라서 외화로 고정금리를 지급하고 외화로 변동금리를 수취하는 외화표시 이자율스왑을 이용한다.
  (2) 외환위험: 환율의 변동에 따라 발생하는 현지통화(원)의 어떠한 변동에 대해서도 위험회피를 하지 않기로 결정한다.
- 외화의 기준금리 변동위험을 회피대상위험으로 하고 외화채권을 위험회피대상항목으로 하는 공정가치위험회피관계[26]를 지정한다. 같은 날에 고정금리를 지급하고 변동금리를 수취하는 시장에서 거래되는 스왑(on-market swap)을 체결하고 그 스왑을 위험회피수단으로 지정한다. 스왑의 남은 기간은 위험회피대상항목의 만기와 일치한다(5년).
- 사례의 단순화를 위해 위험회피관계에서 위험회피의 비효과성이 발생하지 않는 것으로 가정한다. 이러한 가정은 공정가치위험회피회계 관계에 지정된 외화표시 금융상품을 기타포괄손익-공정가치 로 측정하는 상황의 회계처리방식을 제시하는 데 중점을 두고 해당 금융상품의 손상차손(환입)의 인식에도 중점을 두기 위해서이다.
- 다음은 20X0년 1월 1일에 채권과 스왑을 인식하기 위한 분개이다.

회 계 처 리			
〈채권을 공정가치로 인식〉			
(차) 금융자산(FVOCI)	100,000	(대) 현금	100,000

〈12개월 기대신용손실을 인식〉 주1)

(차) 손상차손(당기손익) 1,200 (대) 기타포괄손익 1,200

주1) 기능통화로 측정하는 항목의 경우 기대신용손실을 인식하는 분개는 일반적으로 기말에 수행한다.

〈스왑을 공정가치로 인식〉

(차) 스왑 – (대) 현금 –

- 20X0년 12월 31일(보고기간 말)에 시장이자율의 상승에 따라 채권의 공정가치가 FC100,000에서 FC96,370으로 하락하였다. 스왑의 공정가치는 FC1,837로 증가하였다. 또 20X0년 12월 31일에 채권의 최초 인식 후 신용위험에 변동이 없다고 판단하고 12개월 기대신용손실에 해당하는 손실충당금 FC1,200[27]을 계속 유지한다. 20X0년 12월 31일의 환율은 FC1 대 1.4원이다. 이는 다음의 표에서 반영된다.

	20x0년 1월 1일	20x0년 12월 31일
채권		
공정가치(FC)	100,000	96,370
공정가치(원)	100,000	134,918
상각후원가(FC)	98,800	98,800
상각후원가(원)	98,800	138,320
이자율스왑		
이자율스왑(FC)	–	1,837
이자율스왑(원)	–	2,572
손상: 손실충당금		
손실충당금(FC)	1,200	1,200
손실충당금(원)	1,200	1,680
환율(FC:원)	1:1	1:1.4

- 채권은 화폐성자산이다. 따라서 환율의 움직임에 따른 변동은 K-IFRS 1021 '환율변동효과'의 문단 23(1)과 문단 28에 따라 당기손익으로, 그 밖의 변동은 이 기준서에 따라 인식한다. K-IFRS 1021의 문단 28을 적용할 때 해당 자산을 외화표시 상각후원가 측정 자산으로 본다.
- 상기 표에서와 같이, 20X0년 12월 31일에 채권의 공정가치는 134,918원(=FC96,370×1.4)이고 상각후원가는 138,320원[=FC(100,000–1,200)×1.4]이다.
- 당기손익으로 인식하는 환율변동이익은 39,520원(=138,320원–98,800원)이다. 즉 20X0년에 원화표시 채권의 상각후원가 변동이다. 원화표시 채권의 공정가치 변동 34,918원은 장부금액의 조정으로 인식한다. 원화표시 채권의 공정가치와 상각후원가의 차이는 3,402원(=134,918원–138,320원)이다. 그러나 20X0년에 기타포괄손익의 감소로서 기타포괄손익에 인식하는 누적손익변동액은 4,602원(=3,402원+1,200원)이다.
- 위험회피의 비효과성이 없다고 가정하므로 스왑의 이익 2,572원(=FC1,837×1.4)은 당기손익으로 인식하고, 같은 기간에 같은 금액이 기타포괄손익에서 당기손익으로 재분류 된다. 사례의 단순화를 위해 이자수익의 분개는 생략한다. 발생한 이자를 당기에 수취한다고 가정한다.
- 20X0년 12월 31일의 분개는 다음과 같다.

회 계 처 리			
〈채권의 외환손익, 원화표시 공정가치로 측정하는 장부금액의 조정, 환율변동에 따른 누적손상금액의 변동을 인식〉			
(차) 금융자산(FVOCI)	34,918	(대) 현금	39,520
기타포괄손익	4,602		
〈스왑을 공정가치로 재측정〉			
(차) 스왑	2,572	(대) 당기손익	2,572
〈회피대상위험에 따른 채권의 공정가치 변동을 당기손익으로 인식〉			
(차) 당기손익	2,572	(대) 기타포괄손익	2,572

- K-IFRS 1107 문단 16A에 따라 기타포괄손익-공정가치로 측정하는 금융자산의 손실충당금은 장부금액의 차감항목으로 구분하여 별도로 표시하지 아니한다. 그러나 기타포괄손익으로 인식한 누적손상금액을 공시한다.
- 20X1년 12월 31일(보고기간 말)에 시장이자율의 상승과 채권의 신용위험의 증가에 따라 채권의 공정가치가 FC87,114로 하락하였다. 스왑의 공정가치는 FC2,092로 FC255만큼 상승하였다. 또 20X1년 12월 31일에 최초 인식 후 채권의 신용위험이 유의적으로 증가했다고 판단하고 전체기간 기대신용손실에 해당하는 금액으로 손실충당금을 인식한다.[28] 20X1년 12월 31일에 전체기간 기대신용손실을 FC9,700으로 추정한다. 20X1년 12월 31일에 환율은 FC1 대 1.25원이다. 이를 반영한 표는 다음과 같다.

	20x0년 12월 31일	20x1년 12월 31일
채권		
공정가치(FC)	96,370	87,114
공정가치(원)	134,918	108,893
상각후원가(FC)	98,800	90,300
상각후원가(원)	138,320	112,875
이자율스왑		
이자율스왑(FC)	1,837	2,092
이자율스왑(원)	2,572	2,615
손상: 손실충당금		
손실충당금(FC)	1,200	9,700
손실충당금(원)	1,680	12,125
환율(FC:원)	1:1.4	1:1.25

- 표에서 보는 바와 같이, 20X1년 12월 31일에 채권의 공정가치는 108,893원(=FC87,114×1.25)이고 상각후원가는 112,875원[=FC(100,000–9,700)×1.25)]이다.
- 20X1년 12월 31일에 채권의 전체기간 기대신용손실을 FC9,700으로 측정한다. 따라서 원화표시 당기손익으로 인식하는 손상차손은 10,625원[=FC(9,700–1,200)x1.25)]이다.
- 당기손익으로 인식하는 환율변동손실은 14,820원(=112,875원–138,320원+10,625원)이고 이 금액은 20X1년에 원화표시 상각후원가(손상차손 조정 후)에 기초한 채권의 장부금액의 변동과 같다. 20X1년 12월 31에 기능통화로 표시한 채권의 공정가치와 상각후원가의 차이는 3,982원

(=108,893원-112,875원)이다. 그러나 20X1년에 기타포괄손익의 감소로서 기타포괄손익에 인식한 누적손익의 변동은 11,205원(=3,982원-3,402원+10,625원)이다.

- 위험회피의 비효과성이 없다고 가정하므로 스왑의 이익 43원(=2,615원-2,572원)은 당기손익으로 인식하고, 같은 기간에 같은 금액을 기타포괄손익에서 당기손익으로 재분류한다.
- 20X1년 12월 31일의 분개는 다음과 같다.

회 계 처 리					
<채권의 외환손익, 원화표시 공정가치로 측정하는 장부금액의 조정, 환율변동에 따른 누적손상금액의 변동을 인식>					
(차)	기타포괄손익	11,205	(대)	금융자산(FVOCI)	26,025
	당기손익	14,820			
<스왑을 공정가치로 재측정>					
(차)	스왑	43	(대)	당기손익	43
<회피대상위험에 따른 채권의 공정가치 변동을 당기손익으로 인식>					
(차)	당기손익	43	(대)	기타포괄손익	43
<전체기간 기대신용손실을 인식>					
(차)	당기손익(손상차손)	10,625	(대)	기타포괄손익(누적손상금액)	10,625

- 20X2년 1월 1일에 채권을 그 날의 공정가치인 FC87,114에 매도하기로 결정하고 스왑도 공정가치로 청산하기로 결정한다. 20X2년 1월 1일의 환율은 20X1년 12월 31일의 환율과 같다. 채권을 제거하고 기타포괄손익에 인식한 누적손익을 재분류하는 분개는 다음과 같다.

회 계 처 리					
<채권의 제거>					
(차)	현금	108,893	(대)	금융자산(FVOCI)	108,893
	처분손실(당기손익) 주1)	1,367		기타포괄손익	1,367
주1) 이 금액은 기타포괄손익으로 인식한 채권의 공정가치 변동, 누적손상금액, 환율변동손익으로 구성되며 (2,572원+1,200원+43원+10,625원-4,602원-11,205원=-1,367원), 당기손익(손실)으로 재분류한다.					
<스왑의 청산>					
(차)	현금	2,615	(대)	스왑	2,615

26) 기말 기타포괄손익의 누적손실은 20원이었다. 이 금액은 총공정가치 변동액 50원(=1,000원-950원)에서 12개월 기대신용손실을 나타내는 누적손상금액의 변동 30원을 차감하여 계산한다. 이 사례는 위험회피회계를 적용하기 위한 모든 조건을 충족한다고 가정한다.

27) 사례의 단순화를 위해 기대신용손실을 계산할 때 할인효과는 무시한다.

28) 사례의 단순화를 위해 신용위험이 공정가치위험회피관계 보다 지배적이지 않다고 가정한다.

3 현금흐름위험회피회계의 개요

- 전통적인 회계를 따르면 위험회피대상항목의 현금흐름변동평가액은 재무제표에 나타나지 않고 위험회피수단인 파생상품의 현금흐름변동평가액만이 재무제표에 나타나게 되어, 현금흐름위험회피의 실질을 보여주지 못하는 문제점이 발생한다.
- 예를 들어, 위험회피대상항목이 변동금리 채무상품이며 위험회피수단이 변동금리 채무상품을 고정금리 채무상품과 스왑하는 계약이라고 가정하자. 변동금리 채무상품을 위험회피대상항목으로 지정하지 않으면 시장이자율의 변동에 따라서 변동금리 채무상품의 이자율도 변동하므로 공정가치 위험을 회피할 수 있을 것이다. 그러나 고정된 이자를 받지 못하므로 현금흐름의 위험은 존재하게 된다. 이러한 현금흐름의 위험을 회피하고자 변동금리 채무상품을 고정금리 채무상품과 스왑하는 계약을 체결한 것이다. 각각의 손익 발생시기는 다음과 같고 위험회피효과는 높다고 가정하자.

구 분	평가손익의 인식		
	1차년도	2차년도	총계
위험회피대상항목	—	10	10
위험회피수단	(10)	—	(10)
당기순이익	(10)	10	—

- 그러나 현금흐름위험회피대상으로 지정하게 되면 고정금리 채무상품과 같이 현금흐름이 일정하게 됨에 따라 1차년도에는 공정가치변동으로 인한 손익을 인식하지 않고 2차년도(실현시점)에 손익을 인식하게 된다. 그러나 위험회피수단의 공정가치는 1차년도부터 변동함에 따라 위험회피활동의 효과를 보여주지 못하게 된다.
- 이러한 문제를 해결하기 위해서는 위험회피수단의 평가손익을 ㈎ 인식된 자산이나 부채 또는 ㈏ 발생가능성이 매우 큰 예상거래가 당기손익에 영향을 미치는 회계연도로 이연함으로써, 위험회피의 효과를 보여주고자 하는 것이 현금흐름위험회피회계의 기본원리이다. 아래의 표는 이를 나타낸 것이다.

구 분	평가손익의 인식		
	1차년도	2차년도	총계
위험회피대상항목	—	10	10
위험회피수단	(10) →	(10)	(10)
당기순이익	—	—	—

- 위험회피대상항목의 평가손익을 이연하기 위하여, 현금흐름위험회피회계에서는 1차년도 위험회피수단의 평가손익(10)을 기타포괄손익으로 인식한 후 위험회피대상항목이 당기손익에 영향을 미치는 2차년도에 당기손익으로 인식한다. 이에 대한 회계처리는 다음과 같다.

구 분	회 계 처 리	
	위험회피대상항목	위험회피수단
1차년도 계약체결시	분개 없음	분개 없음
1차년도 말	분개 없음	(차) 현금흐름위험회피적립금(OCI) 10 (대) 파생상품(F/S) 10
계약이행시	(차) 현금 10 (대) 이익 10	(차) 파생상품(F/S) 10 (대) 현금 10 (차) 위험회피수단평가손실(NI) 10 (대) 현금흐름위험회피적립금(OCI) 10

4 K-IFRS 1109상 현금흐름위험회피 회계처리

- 현금흐름위험회피가 위험회피회계 적용조건인 K-IFRS 1109 문단 6.4.1의 적용조건을 충족한다면 위험회피관계는 다음과 같이 회계처리한다. *[K-IFRS 1109 문단 6.5.11]*

4.1. 위험회피대상항목과 관련된 별도의 자본 요소(현금흐름위험회피적립금)

- 위험회피대상항목과 관련된 별도의 자본 요소(현금흐름위험회피적립금)는 다음 중 적은 금액(절대금액 기준)으로 조정한다. *[K-IFRS 1109 문단 6.5.11]*
  (1) 위험회피 개시 이후 위험회피수단의 손익누계액
  (2) 위험회피 개시 이후 위험회피대상항목의 공정가치(현재가치) 변동 누계액(위험회피대상 미래예상현금흐름의 변동 누계액의 현재가치)

| 현금흐름위험회피적립금의 조정(누적개념) |

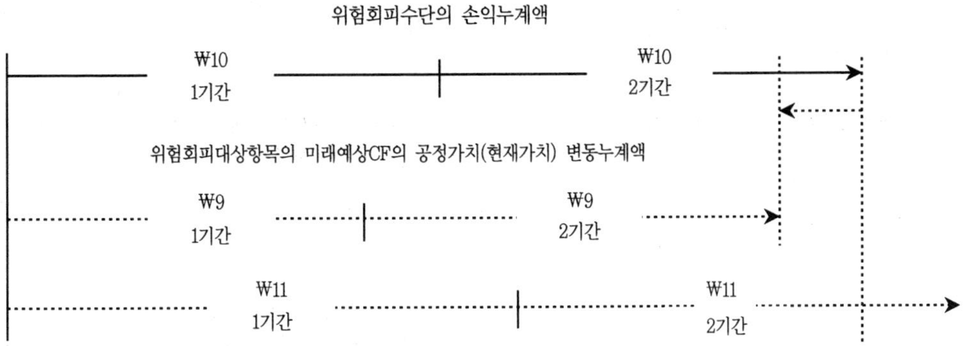

누적기타포괄손익으로 인식할 금액 = Min(A, B), 잔여손익 ➡ 당기손익
A = 위험회피수단의 손익누계액
- 위험회피효과 평가시 제외된 손익의 특정요소(옵션의 시간가치 등)
B = 위험회피대상항목의 미래예상현금흐름의 공정가치(현재가치) 변동누계액

4.2. 위험회피수단의 회계처리

- 위험회피수단의 손익 중 위험회피에 효과적인 부분((1)에 따라 계산된 현금흐름위험회피적립금의 변동에 따라 상쇄되는 부분)은 기타포괄손익으로 인식한다. *[K-IFRS 1109 문단 6.5.11(2)]*
- 위험회피수단의 손익의 나머지(또는 (1)에 따라 계산된 현금흐름위험회피적립금의 변동을 맞추기 위한 손익)는 위험회피에 비효과적인 부분이며 당기손익으로 인식한다. *[K-IFRS 1109 문단 6.5.11(3)]*

보충설명 위험회피에 효과적인 부분만이 있는 경우

위험회피대상항목과 위험회피수단의 손익의 발생시기는 다음과 같으며 위험회피대상항목과 위험회피수단은 높은 위험회피효과를 가지고 있다고 가정한다.

구 분	평가손익의 인식		
	1차년도	2차년도	총계
위험회피대상항목	—	10	10
위험회피수단	(9) →	(9)	(9)
당기순이익	—	1	1

1차년도의 위험회피수단 평가손익 9를 위험회피에 '효과적인 부분'이라 부른다. 위험회피대상의 평가손익 변동분 10 중 9만큼의 변동을 효과적으로 회피하게 해 주기 때문에 효과적이지 못한 부분(즉, 위험회피대상항목의 평가변동보다 큰 금액)은 **없다. 따라서 효과적인 부분 전액을 자본(현금흐름위험회피적립금)**으로 계상한 후 위험회피대상항목이 당기손익에 영향을 미치는 2차년도에 당기손익으로 재분류한다. 이를 회계처리하면 다음과 같다.

구 분	회계처리	
	위험회피대상항목	위험회피수단
1차년도 계약체결시	분개 없음	분개 없음
1차년도 말	분개 없음	(차) 현금흐름위험회피적립금(OCI) 9 (대) 파생상품(F/S) 9
계약이행시	(차) 현금 10 (대) ××이익 10	(차) 파생상품(F/S) 9 (대) 현금 9 (차) 파생상품평가손실(손익) 9 (대) 현금흐름위험회피적립금(OCI) 9

보충설명 위험회피에 효과적인 부분과 비효과적인 부분이 함께 있는 경우

위험회피대상항목과 위험회피수단의 손익의 발생시기는 다음과 같다고 가정한다.

구 분	평가손익의 인식		
	1차년도	2차년도	총계
위험회피대상항목	–	10	10
위험회피수단	(11) 중 (10) →	(10)	(11)
당기순이익	(1)	–	(1)

상기 사례는 위험회피대상항목과 위험회피수단이 높은 위험회피효과를 가지고 있지만 1차년도의 위험회피수단의 평가손익(11)이 위험회피에 효과적인 부분(10)과 위험회피에 효과적이지 못한 부분(1)을 모두 내포하고 있다. 이 경우, 위험회피에 비효과적인 부분(1)은 당기손익으로 인식하고, 위험회피에 효과적인 부분(10)은 별도의 자본요소(현금흐름위험회피적립금)로 인식한 후 위험회피대상항목이 당기손익에 영향을 미치는 2차년도에 당기손익으로 재분류한다. 이를 회계처리하면 다음과 같다.

구 분	회 계 처 리	
	위험회피대상항목	위험회피수단
1차년도 계약체결시	분개 없음	분개 없음
1차년도 말	분개 없음	(차) 현금흐름위험회피적립금(OCI) 10 파생상품평가손실(손익) 1 (대) 파생상품(F/S) 11
계약이행시	(차) 현금 10 (대) ××이익 10	(차) 파생상품(F/S) 11 (대) 현금 11 (차) 파생상품평가손실(손익) 10 (대) 현금흐름위험회피적립금(OCI) 10

4.3. 현금흐름위험회피적립금 누계액의 후속 회계처리

- 현금흐름위험회피적립금 누계액은 다음과 같이 회계처리한다. *[K-IFRS 1109 문단 6.5.11(4)]*
  - (1) 위험회피대상 예상거래로 인해 후속적으로 비금융자산이나 비금융부채를 인식하게 되거나, 비금융자산이나 비금융부채에 대한 위험회피대상 예상거래가 공정가치위험회피회계를 적용하는 확정계약이 된다면, 현금흐름위험회피적립금에서 그 금액을 제거하고 관련 자산 또는 부채의 최초 원가나 그 밖의 장부금액에 그 금액을 직접 포함한다. 이것은 재분류조정이 아니며, 따라서 기타포괄손익에 영향을 미치지 않는다.
  - (2) (1)이 적용되지 않는 현금흐름위험회피의 경우에 해당 금액은 위험회피대상 미래예상현금흐름이 당기손익에 영향을 미치는 기간(예 이자수익이나 이자비용을 인식하는 기간이나 예상매출이 생긴 때)에 재분류조정으로 현금흐름위험회피적립금에서 당기손익에 재분류한다.
  - (3) 그러나 현금흐름위험회피적립금이 차손이며 그 차손의 전부나 일부가 미래 기간에 회복되지 않을 것으로 예상된다면, 회복되지 않을 것으로 예상되는 그 금액을 재분류조정으로 즉시 당기손익으로 재분류한다.

4.4. 현금흐름위험회피회계의 중단

- 현금흐름위험회피회계를 중단하는 경우에는 K-IFRS 1109 문단 6.5.11(1)에 따른 현금흐름위험회피적립금 누계액은 다음과 같이 회계처리한다. *[K-IFRS 1109 문단 6.5.12]*
  - (1) 위험회피대상의 미래 현금흐름이 **여전히 발생할 것으로 예상되는 경우**에 현금흐름위험회피적립금 누계액은 미래 현금흐름이 생길 때까지 또는 K-IFRS 1109 문단 6.5.11(4)(다)를 적용할 때까지 현금흐름위험회피적립금에 남겨둔다. 미래 현금흐름이 생길 때 K-IFRS 1109 문단 6.5.11(4)를 적용한다.
  - (2) 위험회피대상의 미래현금흐름이 **더 이상 발생할 것으로 예상되지 않는 경우**에 현금흐름위험회피적립금 누계액은 재분류조정으로 당기손익으로 즉시 재분류한다. 더 이상 발생할 가능성이 매우 크지 않은 위험회피대상 미래현금흐름도 여전히 발생할 것으로 예상될 수 있다.

4.5. 현금흐름위험회피 대상항목으로 지정할 수 없는 경우

- 현금흐름위험회피의 목적은 위험회피수단의 손익을 위험회피대상항목에서 예상되는 미래현금흐름이 당기손익에 영향을 미치는 기간으로 이연하는 것이다. 현금흐름위험회피의 예로는 변동금리 채무(상각후원가 또는 공정가치로 측정)를 고정금리 채무로 변경하기 위해 스왑을 사용하는 것이 있다(위험회피되는 미래 현금흐름이 미래의 이자지급인 미래 거래에 대한 위

험회피). 이에 반하여 취득 후 당기손익-공정가치로 회계처리하는 지분상품의 예상매입은 현금흐름위험회피에서 위험회피대상항목으로 지정할 수 없다. 이연될 위험회피수단의 손익은 상쇄될 기간에 당기손익으로 적절히 재분류될 수 없기 때문이다. 같은 이유로 취득 후 공정가치로 측정하고 공정가치의 변동을 기타포괄손익으로 회계처리하는 지분상품의 예상매입은 현금흐름위험회피에서 위험회피대상항목이 될 수 없다. *[K-IFRS 1109 B6.5.2]*

보충설명 취득 후 당기손익-공정가치로 회계처리하는 지분상품의 예상매입

예를 들어, 상장기업의 주식이 현재가가 100원인데 3개월 후에 가격상승할 것을 기대하여 100원으로 매입할 선도계약을 체결하였다고 가정하자. 3개월 후에 주가가 상승하여 150원이 되었으면 선도계약 만기 시점에 해당 선도계약의 공정가치는 (50원)이 될 것이다. 선도계약의 손익을 당기손익으로 재분류한다면 상장기업의 주식을 150원에서 50원 차감한 100원으로 인식하게 되는 결과를 초래하므로 선도계약(위험회피수단)의 손익을 당기손익으로 적절하게 재분류할 수 없다는 의미이다.

예제 44 전기까지 손익으로 인식한 파생상품평가손익이 존재하는 경우

12월 결산법인인 A회사는 제조공정에 사용하기 위한 구리를 시장을 통하여 매입하고 있는데, 향후 예상매출을 고려했을 때 2X08년 1월 31일에 구리 1,000톤을 매입할 것이 거의 확실하다. 한편 A회사는 2X07년 12월 1일에 구리의 시장가격변동에 따른 미래현금흐름위험회피를 위하여 구리선물계약을 체결하였다. 구리선물계약의 2X07년 12월 31일자 위험회피수단평가손익과 예상거래현금흐름변동액 현가는 다음과 같다. 아래 상황은 각각 독립적이라고 가정한다.

〈상황 1〉

회계연도	예상거래현금흐름변동액 현가	위험회피수단 평가이익
2X07년 당기	(₩70)	₩ 75
2X07.12.31.까지 누적	(₩70)	₩ 75
2X08년 당기	(₩75)	₩ 70
2X08.12.31.까지 누적	(₩145)	₩145

〈상황 2〉

회계연도	예상거래현금흐름변동액 현가	위험회피수단 평가이익
2X07년 당기	(₩70)	₩ 75
2X07.12.31.까지 누적	(₩70)	₩ 75
2X08년 당기	(₩75)	₩ 65
2X08.12.31.까지 누적	(₩145)	₩140

〈상황 3〉

회계연도	예상거래현금흐름변동액 현가	위험회피수단 평가이익
2X07년 당기	(₩70)	₩ 75
2X07.12.31.까지 누적	(₩70)	₩ 75
2X08년 당기	(₩75)	₩ 75
2X08.12.31.까지 누적	(₩145)	₩150

요구사항

1. <상황 1>에서 A회사의 2X07년 12월 31일 및 2X08년 1월 31일의 현금흐름위험회피회계처리를 하되, 구리선물거래에 대한 회계처리만을 나타내라.
2. <상황 2>에서 A회사의 2X07년 12월 31일 및 2X08년 1월 31일의 현금흐름위험회피회계처리를 하되, 구리선물거래에 대한 회계처리만을 나타내라.
3. <상황 3>에서 A회사의 2X07년 12월 31일 및 2X08년 1월 31일의 현금흐름위험회피회계처리를 하되, 구리선물거래에 대한 회계처리만을 나타내라.

해설

1. <상황 1>

구 분	회 계 처 리 (위험회피수단)
2X07.12.01.	분개없음 구리선물계약은 시장가격에 따라 이루어져 계약체결일에 별도의 현금수수액이 없었으므로 공정가치는 '0'이고 따라서 계약체결일에 별도의 회계처리 없음(계약금액 등을 비망기록).
2X07.12.31.	(차) 구리선물(F/S) 75 (대) 구리선물평가이익(OCI) 주1) 70 구리선물평가이익(NI) 주2) 5 주1) Min[₩70(위험회피수단 손익누계액), ₩75(예상거래현금흐름변동액 현가 누적액)] = ₩70 주2) 나머지 5는 위험회피에 효과적이지 못한 부분으로, 당기이익으로 인식한다.
2X08.01.31.	(차) 구리선물(F/S) 70 구리선물평가손실(NI) 주2) 5 (대) 구리선물평가이익(OCI) 주1) 75 주1) Min[₩145(위험회피수단손익누계액), ₩145(예상거래현금흐름변동액 현가누적액]= ₩145 ₩145 - ₩70(2X07년 기타포괄이익 인식액) = ₩75 주2) 당기 위험회피수단평가이익은 ₩70에 불과하므로 전기에 이미 당기이익으로 인식한 ₩5만큼을 기타포괄손익으로 인식하며 동시에 당기손실로 인식한다.

2. <상황 2>

구 분	회 계 처 리 (위험회피수단)		
2X07.12.01.	분개없음		
2X07.12.31.	(차) 구리선물(F/S)	75	
	(대) 구리선물평가이익(OCI) 주1)		70
	구리선물평가이익(NI) 주2)		5
	주1) Min[₩70(위험회피수단 손익누계액), ₩75(예상거래현금흐름변동액 현가 누적액)] = ₩70 주2) 나머지 5는 위험회피에 효과적이지 못한 부분으로, 당기이익으로 인식한다.		
2X08.01.31.	(차) 구리선물(F/S)	65	
	구리선물평가손실(NI)	5	
	(대) 구리선물평가이익(OCI) 주1)		70
	주1) Min[₩140(위험회피수단손익누계액), ₩145(예상거래현금흐름변동액 현가누적액]= ₩140 ₩140 - ₩70(2X07년 기타포괄이익 인식액) = ₩70		

3. 〈상황 3〉

구 분	회 계 처 리 (위험회피수단)		
2X07.12.01.	분개없음		
2X07.12.31.	(차) 구리선물(F/S)	75	
	(대) 구리선물평가이익(OCI) 주1)		70
	구리선물평가이익(NI) 주2)		5
	주1) Min[₩70(위험회피수단 손익누계액), ₩75(예상거래현금흐름변동액 현가 누적액)] = ₩70 주2) 나머지 5는 위험회피에 효과적이지 못한 부분으로, 당기이익으로 인식한다.		
2X08.01.31.	(차) 구리선물(F/S)	75	
	(대) 구리선물평가이익(OCI) 주1)		75
	주1) Min[₩150(위험회피수단손익누계액), ₩145(예상거래현금흐름변동액 현가누적액]= ₩145 ₩145 - ₩70(2X07년 기타포괄이익 인식액) = ₩75		

예제 45 예상거래 현금흐름위험회피

12월 결산법인인 A회사는 제조공정에 사용하기 위한 금을 시장을 통하여 매입하고 있는데, 향후 예상매출을 고려했을 때 금 10온스 (OZ, ounces)를 2X09년 2월 28일에 매입할 것이 거의 확실하다. 한편, A회사는 2X09년 2월 28일에 매입할 금의 시장가격변동에 따른 미래현금위험을 회피하기 위하여 다음과 같은 조건으로 장외시장에서 금선도계약을 체결하였다.

· 금선도거래계약 체결일 : 2X08.09.01.

· 계약기간 : 6개월(2X08.09.01. ~ 2X09.02.28.)

· 계약조건 : 결제일에 금 10온스(OZ)의 선도거래 계약금액과 결제일 시장가격과의 차액을 현금으로 수수함 (금선도계약가격 ₩310,000/1OZ)

금의 현물가격, 선도가격 및 선도계약의 공정가치에 대한 자료는 다음과 같다.

일 자	현물가격(₩/1OZ)	선도가격(₩/1OZ)	금선도거래의 공정가치*
2X08.09.01.	300,000	310,000(만기6개월)	-
2X08.12.31.	310,000	315,000(만기2개월)	49,531
2X09.02.28.	330,000	-	200,000

* 금선도거래의 계약가격과 현행 금선도거래가격과의 차액을 적절한 할인율 6%를 가정하여 현재가치로 구한 금액임.

한편, 금선도거래는 위험회피에 효과적이며, 현재시점의 현물가격은 미래시점의 기대현물가격과 같다고 가정한다. A회사는 기타포괄손익으로 인식된 관련 손익을 제거하여, 관련 자산이나 부채의 최초 원가 또는 장부금액에 포함하는 장부금액조정법을 선택하고 있다.

요구사항

현금흐름위험회피회계와 관련된 A회사의 2X08년 9월 1일, 2X08년 12월 31일, 2X09년 2월 28일의 회계처리를 나타내라.

해설

<table>
<tr><th rowspan="2">구 분</th><th colspan="2">회 계 처 리</th></tr>
<tr><th>예상거래</th><th>금선도계약</th></tr>
<tr><td>2X08.09.01.</td><td>분개 없음</td><td>분개 없음
금선도거래계약은 시장가격에 따라 이루어져 계약체결일에 별도의 현금수수액이 없었으므로 공정가치는 '0'이고 따라서 계약체결일에 별도의 회계처리 없음 (계약금액 등을 비망기록)</td></tr>
<tr><td>2X08.12.31.</td><td>분개 없음</td><td>(차) 금 선 도(F/S) 49,531
(대) 금선도평가이익(OCI) 49,531
현재시점의 현물가격이 미래기대가격과 일치한다고 가정하였으므로 누적미래예상 현금흐름변동액 현가는 ₩99,063[=₩100,000/(1.06)$^{59/365}$]이고, 금선도계약의 누적평가이익 ₩49,531은 ₩99,063 이내이므로 전액을 기타포괄손익으로 인식함.</td></tr>
<tr><td>2X09.02.28.</td><td>(차) 금 3,300,000
(대) 현금 3,300,000</td><td>(차) 금 선 도(F/S) 150,469
(대) 금선도평가이익(OCI) 150,469
금선도계약의 누적평가이익은 ₩200,000으로 위험회피대상 재고자산구입거래에 따른 현금흐름변동액의 현가 ₩300,000[(₩330,000 – ₩300,000)×10OZ] 이내이므로 이미 계상한 ₩49,531을 제외한 차액 ₩150,469(₩200,000-₩49,531)을 기타포괄손익으로 인식함.

(차) 현금 200,000
(대) 금 선 도(F/S) 200,000
금선도계약에서 차액[(₩330,000 - ₩310,000) × 10oz] 으로 수취한 금액

(차) 금선도평가이익(OCI) 200,000
(대) 금 200,000
이에 따라 금의 취득시 장부금액은 취득당시의 공정가치가 ₩3,300,000일지라도 금선도평가이익 ₩200,000을 차감한 ₩3,100,000으로 인식하게 된다.</td></tr>
</table>

5 해외사업장순투자의 위험회피

- 해외사업장순투자의 위험회피(K-IFRS 1021에 따라 순투자의 일부로 회계처리하는 화폐성항목의 위험회피 포함)는 다음과 같이 현금흐름위험회피와 비슷하게 회계처리한다. [K-IFRS 1109 문단 6.5.13]
  (1) 위험회피수단의 손익 중 위험회피에 효과적인 것으로 결정된 부분은 기타포괄손익으로 인식한다(K-IFRS 1109 문단 6.5.11 참조).
  (2) 비효과적인 부분은 당기손익으로 인식한다.
- 외화환산적립금에 누적된 위험회피에 효과적인 부분과 관련된 위험회피수단의 누적손익은 해외사업장을 처분하거나 일부를 처분할 때 K-IFRS 1021 문단 48과 49에 따라 재분류조정으로 자본에서 당기손익으로 재분류한다. [K-IFRS 1109 문단 6.5.14]

6 옵션의 시간가치에 대한 회계처리

- 옵션계약의 내재가치와 시간가치를 구분하고 옵션의 내재가치 변동만을 위험회피수단으로 지정하는 경우에 옵션의 시간가치는 다음과 같이 회계처리한다. [K-IFRS 1109 문단 6.5.15]
  (1) 옵션으로 위험회피하는 위험회피대상항목의 유형별로 옵션의 시간가치를 구분한다.
    (가) 거래 관련 위험회피대상항목
    (나) 기간 관련 위험회피대상항목
  (2) 거래 관련 위험회피대상항목의 위험을 회피하는 옵션의 공정가치 중 시간가치 변동에서 위험회피대상항목과 관련된 부분을 기타포괄손익으로 인식하고 자본의 별도 항목에 누적한다. 자본의 별도 항목에 누적한 옵션의 시간가치에서 생긴 공정가치 누적변동분(그 금액)은 다음과 같이 회계처리한다.
    (가) 위험회피대상항목으로 인해 후속적으로 비금융자산이나 비금융부채를 인식하게 되거나 공정가치위험회피회계를 적용하는 비금융자산이나 비금융부채에 대한 확정계약을 인식하게 된다면, 자본의 별도 항목에서 그 금액을 제거하고 관련 자산 또는 부채의 최초 원가나 그 밖의 장부금액에 그 금액을 직접 포함한다. 이것은 재분류조정이 아니며, 따라서 기타포괄손익에 영향을 미치지 않는다.
    (나) 위 (가)가 적용되지 않는 위험회피관계의 경우에 그 금액은 위험회피대상 미래예상현금흐름이 당기손익에 영향을 미치는 기간(예 예상매출이 생긴 때)에 재분류조정으로 자본의 별도 항목에서 당기손익으로 재분류한다.
    (다) 그러나 그 금액의 전부나 일부가 미래 기간에 회복되지 않을 것으로 예상된다면, 회

복되지 않을 것으로 예상되는 금액을 재분류조정으로 당기손익으로 즉시 재분류한다.

(3) 기간 관련 위험회피대상항목의 위험을 회피하는 옵션의 공정가험회피수단으로 지정한 날의 시간가치 중 위험회피대상항목과 관련된 부분은 옵션의 내재가치에 대한 위험회피 조정이 당기손익(또는 위험회피대상항목이 K-IFRS 1109 문단 5.7.5에 따라 공정가치의 변동을 기타포괄손익에 표시하는 것으로 선택한 지분상품인 경우는 기타포괄손익)에 영향을 미칠 수 있는 기간에 걸쳐 체계적이고 합리적인 기준에 따라 상각한다. 따라서 보고기간마다 상각금액은 재분류조정으로 자본의 별도 항목에서 당기손익으로 재분류한다. 그러나 옵션의 내재가치 변동분을 위험회피수단으로 하는 위험회피관계에서 위험회피회계의 적용을 중단하게 되는 경우에 자본의 별도 항목으로 인식해 온 순금액(누적 상각액 포함)은 즉시 재분류조정으로 당기손익으로 재분류한다.

6.1. 옵션의 시간가치에 대한 회계처리

- **옵션의 시간가치**는 **일정 기간 옵션 보유자를 보호하는 것에 대한 수수료**를 나타내기 때문에 일정 기간과 관련된 것으로 볼 수 있다. 그러나 옵션이 거래 관련 위험회피대상항목의 위험을 회피하는지 또는 기간 관련 위험회피대상항목의 위험을 회피하는지를 판단하기 위한 목적과 관련이 있는 것은 해당 위험회피대상항목이 언제 그리고 어떻게 당기손익에 영향을 미치는지 등 해당 위험회피대상항목의 특성이다. 따라서 위험회피대상항목의 특성에 기초하여(위험회피관계가 현금흐름위험회피인지 또는 공정가치위험회피인지에 상관없이) 위험회피대상항목의 유형(K-IFRS 1109 문단 6.5.15(1) 참조)을 평가한다. *[K-IFRS 1109 B6.5.29]*

(1) 위험회피대상항목의 특성상 **옵션의 시간가치가 해당 거래의 원가의 성격을 가지는 거래라면 옵션의 시간가치는 거래 관련 위험회피대상항목에 관련된다.** 예를 들면, 옵션의 시간가치가 최초 측정할 때 거래원가를 포함하여 인식하게 되는 위험회피대상항목에 관련되는 경우이다(예 예상거래 또는 확정계약인 상품 매입을 상품가격위험에 대해 위험회피하고 재고자산을 최초 측정할 때 거래원가를 포함한다). 특정 위험회피대상항목을 처음으로 측정할 때 옵션의 시간가치를 포함하게 되면 시간가치가 해당 위험회피대상항목과 같은 시점에 당기손익에 영향을 미치게 된다. 이와 비슷하게 예상거래 또는 확정계약인 상품의 매도를 위험회피하는 경우 해당 매도와 관련된 원가의 일부로 옵션의 시간가치를 포함하게 될 것이다(이에 따라 시간가치는 위험회피대상 매도에서 생기는 수익과 같은 기간에 당기손익으로 인식된다).

(2) 위험회피대상항목의 특성상 **옵션의 시간가치가 특정 기간의 위험에 대해 얻은 보호에 대한 원가의 성격(그러나 위험회피대상항목으로 인해 위 (1)에 따른 거래원가의 개념을 포함하는 거래가**

발생하지는 않는 경우)이 있다면 옵션의 시간가치는 기간 관련 위험회피대상항목에 관련된다. 예를 들어, 상품 재고자산을 6개월 동안 6개월 만기 상품 옵션을 이용해 공정가치 하락 위험을 위험회피하는 경우에는 옵션의 시간가치를 6개월에 걸쳐 당기손익에 배분(즉 체계적이고 합리적으로 상각)한다. 또 다른 예로, 외환옵션을 이용해 18개월 동안 위험회피를 하는 해외사업순투자에 대한 위험회피가 있다. 이 경우 옵션의 시간가치를 18개월에 걸쳐 배분한다.

- 위험회피대상항목이 당기손익에 영향을 미치는 방법과 시기 등 위험회피대상항목의 특성은 기간 관련 위험회피대상항목을 위험회피하는 옵션의 시간가치가 상각되는 기간에 영향을 미치며 이 기간은 위험회피회계에 따라 옵션의 내재가치가 당기손익에 영향을 미칠 수 있는 기간과 일치한다. 예를 들어 이자율옵션(캡)을 변동금리 채권의 이자비용 증가를 보호하기 위해 사용한다면 해당 캡의 시간가치는 캡의 내재가치가 당기손익에 영향을 미치는 기간과 같은 기간에 걸쳐 상각하여 당기손익으로 인식한다.
  (1) 캡이 5년 만기 변동금리 채권의 처음 3년 동안의 이자율 상승에 대해 위험회피를 한다면 해당 캡의 시간가치를 처음 3년 동안 상각한다.
  (2) 캡이 5년 만기 변동금리 채권의 2차 연도와 3차 연도의 이자율 상승에 대한 위험을 회피하기 위해 미래시점에 시작하는 옵션이라면 해당 캡의 시간가치를 2차 연도와 3차 연도에 상각한다. *[K-IFRS 1109 B6.5.30]*
- K-IFRS 1109 문단 6.5.15에 따른 옵션의 시간가치에 대한 회계처리는 위험회피수단으로 지정된 날에 순시간가치가 영(0)인 매입한 옵션과 발행한 옵션(하나는 풋옵션이고 다른 하나는 콜옵션)의 결합(통상 '제로 코스트 칼라(zero-cost collar)'로 불림)에도 적용한다. 그 경우에는 위험회피관계의 전 기간에 걸친 누적 시간가치의 변동이 영(0)이더라도, 시간가치의 변동을 기타포괄손익으로 인식한다.
  (1) 옵션의 시간가치가 거래 관련 위험회피대상항목에 관련된다면 위험회피관계의 종료 시점에 위험회피대상항목을 조정하거나 당기손익으로 재분류되는(문단 6.5.15(2) 참조) 시간가치 금액은 영(0)이 될 것이다.
  (2) 옵션의 시간가치가 기간 관련 위험회피대상항목에 관련된다면, 시간가치와 관련된 상각비용은 영(0)이 될 것이다. *[K-IFRS 1109 B6.5.31]*
- K-IFRS 1109 문단 6.5.15에 따른 옵션의 시간가치에 대한 회계처리는 시간가치가 위험회피대상항목에 관련 되는 정도(대응된 시간가치)에만 적용한다. 옵션의 주요 조건(예 명목금액, 만기, 기초변수)이 위험회피대상항목과 일치하는 경우에 옵션의 시간가치는 위험회피대상항목과 관련이 있다. 따라서 옵션과 위험회피대상항목의 주요 조건이 완벽하게 일치하지 않는다면 대응된 시간가치, 즉 프리미엄에 포함된 시간가치(실제 시간가치) 중 어느 정도가 위험

회피대상항목과 관련되는지를 결정한다(그리고 K-IFRS 1109 문단 6.5.15에 따라 회계처리해야 한다). 위험회피대상항목과 완벽히 일치하는 주요 조건을 갖는 옵션의 가치평가를 활용해 대응된 시간가치를 결정한다. *[K-IFRS 1109 B6.5.32]*

- 실제 시간가치와 대응된 시간가치가 다르다면, K-IFRS 1109 문단 6.5.15에 따라 자본의 별도 구성요소에 누적되는 금액을 다음과 같이 결정한다.
  (1) 위험회피관계의 시작 시점에 실제 시간가치가 대응된 시간가치보다 높을 경우에는 ㈎ 대응된 시간가치에 기초하여 자본의 별도 구성요소에 누적되는 금액을 결정하고 ㈏ 두 시간가치의 공정가치 변동분의 차이를 당기손익으로 회계처리한다.
  (2) 위험회피관계의 시작 시점에 실제 시간가치가 대응된 시간가치보다 낮을 경우에는 다음 ㈎와 ㈏의 공정가치 변동누계액 중 작은 금액을 참조하여 자본의 별도 구성요소에 누적되는 금액을 결정한다.
    ㈎ 실제 시간가치
    ㈏ 대응된 시간가치

  실제 시간가치의 공정가치 변동분 중 나머지 부분은 당기손익으로 인식한다. *[K-IFRS 1109 B6.5.33]*

7 선도계약의 선도요소와 금융상품의 외화 베이시스 스프레드에 대한 회계처리

- 선도계약의 선도요소와 현물요소를 구분하여 선도계약의 현물요소의 가치 변동만을 위험회피수단으로 지정하는 경우나 금융상품을 위험회피수단으로 지정할 때 금융상품에서 외화 베이시스 스프레드를 구분하여 이를 제외하는 경우에는(K-IFRS 1109 문단 6.2.4(2) 참조) 옵션의 시간가치에 K-IFRS 1109 문단 6.5.15를 적용하는 것과 같이 K-IFRS 1109 문단 6.5.15를 선도계약의 선도요소와 외화 베이시스 스프레드에 적용할 수 있다. 이 경우에는 K-IFRS 1109 문단 B6.5.34~B6.5.39의 적용지침을 적용한다. *[K-IFRS 1109 문단 6.5.16]*
- 선도계약의 선도요소는 기간(선도요소의 결정 기준이 되는 기간)에 대한 수수료를 나타내므로 선도계약은 기간에 관련되는 것으로 볼 수 있다. 그러나 위험회피수단이 거래 관련 위험회피대상항목의 위험을 회피하는지 또는 기간 관련 위험회피대상항목의 위험을 회피하는지는 위험회피대상항목이 당기손익에 영향을 미치는 방식과 시기 등 위험회피대상항목의 특성과 관련된다. 따라서 (위험회피관계가 현금흐름위험회피인지 또는 공정가치위험회피인지에 상관없이) 위험회피대상항목의 특성에 기초하여 위험회피대상항목의 유형(K-IFRS 1109 문단 6.5.16과 문단 6.5.15(1) 참조)을 평가한다. *[K-IFRS 1109 B6.5.34]*
  (1) 위험회피대상항목의 특성상 선도요소가 해당 거래 원가의 성격을 가지는 거래라면 선도계약의 선도요소는 거래 관련 위험회피대상항목에 관련된다. 예를 들면 처음 측정할 때

의 거래원가를 포함하여 인식하게 되는 위험회피대상항목에 관련되는 선도요소의 경우이다(예 예상거래 또는 확정계약인 외화 표시 재고자산의 매입을 외화위험에 대해 위험회피하고 재고자산을 최초 측정할 때의 거래원가를 포함한다). 특정 위험회피대상항목을 최초 측정할 때 선도요소를 포함하게 되면 선도요소가 해당 위험회피대상항목과 같은 시점에 당기손익에 영향을 미치게 된다. 이와 비슷하게 예상거래 또는 확정계약인 외화 표시의 상품 매도를 외화위험에 대하여 위험회피하는 경우에 해당 매도와 관련 있는 원가의 일부로 선도요소를 포함하게 될 것이다(이에 따라 선도요소는 위험회피대상 매도에서 생기는 수익과 같은 시기에 당기손익으로 인식된다).

(2) 위험회피대상항목의 특성상 선도요소가 특정 기간의 위험에 대해 얻은 보호에 대한 원가의 성격(그러나 위험회피대상항목으로 인해 위 (1)에 따른 거래원가의 개념을 포함하는 거래가 발생하지는 않는 경우)이 있다면 선도계약의 선도요소는 기간 관련 위험회피대상항목에 관련 된다. 예를 들어, 상품 재고자산의 6개월 동안의 공정가치 변동을 6개월 만기 상품 선도계약을 이용해 위험회피하는 경우에는 선도계약의 선도요소를 6개월에 걸쳐 당기손익으로 배분(즉 체계적이고 합리적으로 상각)한다. 또 다른 예로, 외환선도계약을 이용해 18개월 동안 위험회피를 하는 해외사업장순투자에 대한 위험회피가 있다. 이 경우 선도계약의 선도요소를 18개월에 걸쳐 배분한다.

- 위험회피대상항목이 당기손익에 영향을 미치는 방식과 시기 등 위험회피대상항목의 특성은 기간 관련 위험회피대상항목을 위험회피하는 선도계약의 선도요소가 상각되는 기간에 영향을 미치며 이 기간은 선도요소가 관련되는 기간이다. 예를 들어, 선도계약이 6개월 후에 시작되는 3개월 동안의 3개월물의 이자율 변동 익스포저를 회피한다면 선도요소는 일곱 번째 달부터 아홉 번째 달까지의 기간에 상각한다. *[K-IFRS 1109 B6.5.35]*
- K-IFRS 1109 문단 6.5.16에 따른 선도계약의 선도요소에 대한 회계처리는 선도계약을 위험회피수단으로 지정하는 날에 선도요소가 영(0)인 경우에도 적용한다. 그 경우에는 위험회피관계의 총 기간에 걸친 선도요소에서 비롯된 누적 공정가치변동이 영(0)이더라도, 선도요소에서 비롯된 공정가치변동을 기타포괄손익으로 인식한다.

(1) 선도계약의 선도요소가 거래 관련 위험회피대상항목에 관련된다면 위험회피관계의 종료 시점에 위험회피대상항목을 조정하거나 당기손익으로 재분류하는(K-IFRS 1109 문단 6.5.15(2)와 6.5.16 참조) 선도요소와 관련된 금액은 영(0)이 될 것이다.

(2) 선도계약의 선도요소가 기간 관련 위험회피대상항목에 관련된다면, 선도요소와 관련된 상각 금액은 영(0)이 될 것이다. *[K-IFRS 1109 B6.5.36]*

- K-IFRS 1109 문단 6.5.16에 따른 선도계약의 선도요소에 대한 회계처리는 선도요소가 위험회피대상항목에 관련되는 정도(대응된 선도요소)만 적용한다. 선도계약의 주요 조건(예: 명목

금액, 만기, 기초변수)이 위험회피대상항목과 일치하는 경우에 선도계약의 선도요소는 위험회피대상항목과 관련이 있다. 따라서 선도계약과 위험회피대상항목의 주요 조건이 완벽하게 일치하지 않는다면 대응된 선도요소, 즉 선도계약에 포함된 선도요소(실제 선도요소) 중 어느 정도가 위험회피대상항목과 관련되는지를 결정한다(그리고 K-IFRS 1109 문단 6.5.16에 따라 회계처리해야 한다). 위험회피대상항목과 완벽하게 일치하는 주요 조건을 갖는 선도계약의 가치평가를 활용해 대응된 선도요소를 결정한다. *[K-IFRS 1109 B6.5.37]*

- 실제 선도요소와 대응된 선도요소가 다르다면, K-IFRS 1109 문단 6.5.16에 따라 자본의 별도 구성요소에 누적되는 금액을 다음과 같이 결정한다. *[K-IFRS 1109 B6.5.38]*
  (1) 위험회피관계의 시작 시점에 실제 선도요소의 절대금액이 대응된 선도요소의 절대금액보다 크면 (가) 대응된 선도요소에 기초하여 자본의 별도 구성요소에 누적되는 금액을 결정하고 (나) 두 선도요소의 공정가치 변동분의 차이를 당기손익으로 회계처리한다.
  (2) 위험회피관계의 시작 시점에 실제 선도요소의 절대금액이 대응된 선도요소의 절대금액보다 작으면 다음의 (가)와 (나)의 공정가치 변동누계액 중 작은 금액을 참조하여 자본의 별도 구성요소에 누적되는 금액을 결정한다.
    (가) 실제 선도요소의 절대금액
    (나) 대응된 선도요소의 절대금액

  실제 선도요소의 공정가치 변동분 중 나머지 부분은 당기손익으로 인식한다.
- 금융상품을 위험회피수단으로 지정할 때 금융상품에서 외화 베이시스 스프레드를 분리하여 이를 제외하는 경우에는(K-IFRS 1109 문단 6.2.4(2) 참조) K-IFRS 1109 문단 B6.5.34~B6.5.38의 적용지침을 선도계약의 선도요소에 적용한 것과 같은 방식으로 외화 베이시스 스프레드에 적용한다. *[K-IFRS 1109 B6.5.39]*

사 례 결합된 일반상품가격위험과 외화위험의 회피(현금흐름위험회피/현금흐름위험회피 결합) *[K-IFRS 1109 사례16]*

〈사실관계〉

- 기업 A는 발생할 가능성이 매우 큰 예상커피구매거래(기간 5의 말에 발생할 것으로 예상됨)의 위험을 회피하고자 한다. 기업 A의 기능통화는 현지통화(LC)이며, 커피는 외화(FC)로 거래된다. 기업 A의 위험 익스포저는 다음과 같다.
  (1) 일반상품가격위험: 외화(FC) 표시 커피 현물가격의 변동으로 생기는 구매가격의 현금흐름 변동성
  (2) 외화(FX)위험: 현지통화(LC)와 외화(FC) 간의 현물환율의 변동으로 생기는 현금흐름 변동성
- 기업 A는 다음의 위험관리전략을 이용하여 위험 익스포저를 회피하고자 한다.
  (1) 기업 A는 커피를 인수하기 전 네 기간 동안 커피구매의 위험을 회피하기 위해 외화 표시 벤치마크 상품선도계약을 이용한다. 구매를 위하여 기업 A가 실제 지급하는 커피가격은 커피의 종류, 위치, 인도 약정의 차이로 인해 벤치마크가격과 다르다.[29] 이에 따라 두 커피가격의 관

계(종종 '베이시스 위험'으로 언급)에서 변동위험이 생기며, 이러한 변동은 위험회피관계의 효과성에 영향을 미친다. 기업 A는 비용.효익 관점에서 경제적이라고 판단되지 않기 때문에 이 위험을 회피하지 않는다.

(2) 기업 A는 외화위험도 회피한다. 그러나 외화위험이 회피되는 기간은 달라서 단지 인수 전 세 기간이다. 기업 A는 외화 표시 커피구매에서 지급액의 변동으로 인한 외화 익스포저와 외화 표시 일반상품선도계약의 손익을 하나의 통합 외화 익스포저로 본다. 따라서 기업 A는 예상커피구매와 관련 일반상품선도계약에서 생기는 외화현금흐름을 위험회피하기 위해 단 하나의 외화선도계약을 이용한다.

- 다음 표는 사용한 매개변수들을 기술한다('베이시스 스프레드'는 기업 A가 실제로 구매하는 커피가격과 벤치마크 커피가격의 차이로 백분율로 표시한다).

매개변수 기간	1	2	3	4	5
남아있는 만기에 대한 이자율 [FC]	0.26%	0.21%	0.16%	0.06%	0.00%
남아있는 만기에 대한 이자율[LC]	1.12%	0.82%	0.46%	0.26%	0.00%
선도가격 [FC/lb]	1.25	1.01	1.43	1.22	2.15
베이시스 스프레드	−5.00%	−5.50%	−6.00%	−3.40%	−7.00%
환율(현물) [FC/LC]	1.3800	1.3300	1.4100	1.4600	1.4300

<회계처리방식>

- 기업 A는 다음의 두 위험회피관계를 현금흐름위험회피로 지정한다:[30)]

(1) 회피대상위험이 일반상품가격위험이고, 커피가격의 변동에 따라 현금흐름이 변동하는 외화 표시 예상커피구매거래가 위험회피대상항목이며, 외화 표시 일반상품선도계약이 위험회피수단인 위험회피관계('1단계 위험회피관계'). 이 위험회피관계는 제5기간 말까지의 기간을 위험회피기간으로 하며 제1기간 말에 지정한다. 기업 A가 실제로 구매하는 커피 가격과 벤치마크 커피 가격의 베이시스 스프레드 때문에 기업 A는 위험회피수단으로 커피 112,500 파운드(lbs)의 수량과 위험회피대상항목으로 118,421 파운드의 수량을 지정한다.[31)]

(2) 회피대상위험이 외화위험이고, 통합 익스포저가 위험회피대상항목이며, 외화선도계약이 위험회피수단인 위험회피관계('2단계 위험회피관계'). 이 위험회피관계는 제5기간 말까지의 기간을 위험회피기간으로 하며 제2기간 말에 지정한다. 위험회피항목으로 지정한 통합 익스포저는 외화위험을 나타내며 이 외화위험은 제2기간 말(외화위험 위험회피관계를 지정한 시점)의 선도환율과 비교하여 환율변동이 일반상품가격 위험회피관계에서 지정한 두 개의 외화 표시 항목(예상커피구매와 일반상품선도계약)이 결합된 외화 현금흐름에 미치는 영향을 의미한다. 기업 A가 실제로 구매하는 커피 가격과 벤치마크 커피 가격 간의 베이시스 스프레드에 대한 기업 A의 장기적 관점은 제1기간 말 이후 바뀌지 않았다. 결과적으로 기업 A가 체결하는 위험회피수단의 실제 수량(명목금액 FC140,625의 외화선도계약)은 −5%의 관점이 바뀌지 않은 베이시스 스프레드와 관련한 현금흐름 익스포저를 반영한다. 그러나 기업 A의 실제 통합 익스포저는 베이시스 스프레드의 변동에 영향을 받는다. 베이시스 스프레드가 제2기간 중 −5%에서 −5.5%로 변동하였기 때문에 제2기간 말에 기업 A의 실제 통합 익스포저는

FC140,027이다.

- 다음 표는 파생상품의 공정가치, 위험회피대상항목의 가치변동, 현금흐름위험회피적립금과 위험회피의 비효과적인 부분의 계산을 보여준다.[32]

계산 기간			1	2	3	4	5
일반상품가격위험회피관계(1단계 관계)							
커피 매입선도계약							
수량 (lbs)	112,500						
선도가격 [FC/lb]	1.25	가격(선도)[FC/lb]	1.25	1.01	1.43	1.22	2.15
공정가치 [FC]			0	[주1)](26,943)	20,219	(3,373)	101,250
공정가치 [LC]			0	[주2)](20,258)	14,339	(2,310)	70,804
공정가치 변동 [LC]				(20,258)	34,598	(16,650)	73,114
주1) (1.25 - 1.01) × 112,500lbs × 1÷ (1+0.21%(2기간 남아있는 만기에 대한 이자율 [USD])) = USD 26,943							
주2) USD 26,943 ÷ 1.33(2기간 환율) = ₩20,258							
회피대상 예상커피구매							
위험회피비율	[주2)]105.26%	베이시스 스프레드	-5.00%	-5.50%	-6.00%	-3.40%	-7.00%
위험회피수량	[주1)]118,421	가격(선도) [FC/lb]	[주3)]1.19	[주4)]0.95	1.34	1.18	2.00
내재된 선도가격	[주3)]1.1875	현재가치 [FC]	0	[주5)]27,540	(18,528)	1,063	(96,158)
		현재가치 [LC]	0	[주6)]20,707	(13,140)	728	(67,243)
현재가치 변동 [LC]				20,707	(33,847)	13,868	(67,971)
주1) 112,500 / (1-5%) = 118,421							
주2) 118,421파운드/112,500파운드 = 105.26%							
주3) 1.25 / 105.26% = 1.1875							
주4) 1.01 / 105.82%* = 0.954 *118,421 / (118,421 × (1-5.50%)) = 105.82%							
주5) 118,421 × (1.19 - 0.95) / (1+0.21%(2기간 남아있는 만기에 대한 이자율 [FC])) ≒ 27,540							
주6) 27,540 ÷ 1.33(2기간 환율) = 20,707							
회계처리			LC	LC	LC	LC	LC
파생상품			0	(20,258)	14,339	(2,310)	70,804
현금흐름위험회피적립금			0	(20,258)	13,140	(728)	67,243
현금흐름위험회피적립금의 변동				(20,258)	33,399	(13,868)	67,971
당기손익				0	1,199	(2,781)	5,143
이익잉여금			0	0	1,199	(1,582)	3,561
외화위험회피관계(2단계 관계)							
환율 [FC/LC]		현물	1.3800	1.3300	1.4100	1.4600	1.4300
		선도	1.3683	1.3220	1.4058	1.4571	1.4300
외화선도거래 (매입 FC/매도 LC)							
수량[FC]	140,625						
선도환율 (P2 시점)	1.3220	공정가치 [LC]		0	(6,313)	(9,840)	(8,035)
공정가치변동 [LC]					(6,313)	(3,528)	1,805
회피대상 외화위험							
통합외화 익스포저		위험회피수량 [FC]		140,027	138,932	142,937	135,533

현재가치 [LC]	0	6,237	10,002	7,744
현재가치의 변동 [LC]		6,237	3,765	(2,258)
회계처리	LC	LC	LC	LC
파생상품	0	(6,313)	(9,840)	(8,035)
현금흐름위험회피적립금	0	(6,237)	(9,840)	(7,744)
현금흐름위험회피적립금 변동		(6,237)	(3,604)	2,096
당기손익		(76)	76	(291)
이익잉여금	0	(76)	0	(291)

- 일반상품가격위험의 위험회피관계는 발생가능성이 매우 큰 예상거래에 대한 현금흐름위험회피이며, 제1기간 말에 시작하여 외화위험회피관계가 시작되는 제2기간 말에도 유지된다. 즉 1단계 관계는 별도의 위험회피관계로 계속된다.
- 위험회피관계에서 위험회피되는 수량인 통합 외화 익스포저의 수량은 다음의 합이다.[33]
  (1) 위험회피대상 커피구매량에 현재 시점의 선도가격(이는 실제커피구매의 예상현물가격을 나타냄)을 곱한 값
  (2) (명목금액으로 지정된) 위험회피수단의 수량에 계약상 선도가격과 현재 선도가격의 차이를 곱한 값[(이는 일반상품선도계약에 따라 기업 A가 수수하는 외화 표시 벤치마크 커피가격의 변동으로 인한 예상가격 차이를 나타냄)
- 외화위험회피관계의 위험회피대상항목(통합 익스포저)의 현지통화 표시 현재가치는 (1) 외화 표시 위험회피대상항목의 수량에 (2) 측정일의 선도환율과 위험회피관계의 지정일(제2기간 말)의 선도환율 차이를 곱한 값이다.[34]
- 위험회피대상항목의 현재가치와 위험회피수단의 공정가치를 이용하여 현금흐름위험회피적립금과 위험회피의 비효과적인 부분이 결정된다(이 기준서 문단 6.5.11 참조).
- 다음의 표는 기업 A의 포괄손익계산서와 재무상태표의 영향을 보여준다[투명성을 위하여 두 위험회피관계(일반상품가격위험 위험회피관계와 외화위험 위험회피관계)별로 개별 항목[35]을 재무제표 본문에 분리하여 표시한다)].

재무성과표와 재무상태표에서 영향의 개요 [단위: LC]					
기간	1	2	3	4	5
포괄손익계산서					
위험회피의 비효과적인 부분					
일반상품 위험회피		0	(1,199)	2,781	(5,143)
외화 위험회피		0	76	(76)	291
당기손익	0	0	(1,123)	2,705	(4,852)
기타포괄손익(OCI)					
일반상품 위험회피		20,258	(33,399)	13,868	(67,971)
외화 위험회피		0	6,237	3,604	(2,096)
기타포괄손익 합계	0	20,258	(27,162)	17,472	(70,067)
포괄손익	0	20,258	(28,285)	20,177	(74,920)
재무상태표					
일반상품선도	0	(20,258)	14,339	(2,310)	70,804

외화선도		0	(6,313)	(9,840)	(8,035)
순자산 합계	0	(20,258)	8,027	(12,150)	62,769
자본					
기타포괄손익누계액					
일반상품 위험회피	0	20,258	(13,140)	728	(67,243)
외화 위험회피		0	6,237	9,840	7,744
	0	20,258	(6,904)	10,568	(59,499)
이익잉여금					
일반상품 위험회피	0	0	(1,199)	1,582	(3,561)
외화 위험회피		0	76	0	291
	0	0	(1,123)	1,582	(3,270)
자본 합계	0	20,258	(8,027)	12,150	(62,769)

• 위험회피 후의 재고자산 총원가는 다음과 같다.[36)]

재고자산원가	(단위: LC)
현금가격 (외화위험과 일반상품가격위험에 대한 현물가격)	165,582
일반상품가격위험에 대한 CFHR에서 발생하는 손익	(67,243)
외화위험에 대한 CFHR에서 발생하는 손익	7,744
재고자산원가	106,083

• 모든 거래(현물가격에 의한 커피구매와 두 개의 파생상품 청산)로 인한 총 현금흐름은 LC102,813이다. 이 금액은 두 위험회피관계에서 발생한 위험회피가 비효과적인 부분의 순누적 금액이며, 위험회피로 조정된 재고자산의 원가와 LC3,270만큼 다르다. 이러한 위험회피의 비효과적인 부분은 현금흐름에 영향을 미치지만 재고자산의 측정치에서는 제외한다.

---

29) 이 사례의 목적상 회피대상위험은 벤치마크 커피가격 위험요소에 근거하여 지정되지 않은 것으로 가정하였다. 결과적으로 전체 커피가격 위험이 회피된다.

30) 이 사례는 위험회피회계를 적용하기 위한 모든 조건을 충족한다고 가정한다(이 기준서의 문단 6.4.1 참조). 지정과 관련된 다음의 기술은 오로지 이 사례를 이해하기 위한 것이다(이 기준서의 문단 6.4.1⑵에서 요구하는 완전히 공식적인 문서화의 사례는 아니다).

31) 이 사례에서 지정시점 현재의 베이시스 스프레드는 실제로 회피하고자 하는 커피구매량을 결정하는 기업 A의 베이시스 스프레드에 대한 장기적 관점(-5%)과 일치한다. 또 이 사례에서 기업 A는 위험회피수단 전체를 지정하며, 발생가능성이 매우 큰 예상거래 중 이에 해당하는 부분을 위험회피하는 것으로 지정한다고 가정한다. 따라서 위험회피비율은 1/(100%-5%)이 된다. 다른 기업은 실제로 위험회피하는 익스포저의 수량을 결정할 때 다른 접근법을 따를 수 있으며, 그 결과 위험회피비율이 달라질 수 있고 위험회피수단 전체보다 적게 지정할 수도 있다(K-IFRS 1109 문단 6.4.1 참조).

32) 계산을 위한 다음 표에서 모든 금액(회계목적상 자산, 부채, 자본 금액의 계산 포함)은 양(+)과 음(-)의 숫자 형식으로 표시하였다(예: 음의 당기손익 금액은 차손).

33) 예를 들면, 제3기간 말의 통합 외화 익스포저는 다음과 같이 산정된다. 실제 커피구매의 예상가격은 118,421 lbs × 1.34 FC/lb = FC159,182 이며, 상품선도계약에 따른 예상가격 차이는 112,500 lbs × (1.25 [FC/lb] - 1.43 [FC/lb]) = FC(20,250)으로 총 FC138,932(제3기간 말의 통합 외화 익스포저의 수량)이다.

34) 예를 들면, 제3기간 말에 위험회피대상항목의 현재가치는 ⑴ 제3기간 말의 통합 익스포저(FC138,932)에 ⑵

사 례 결합된 이자율위험과 외화위험의 회피(공정가치위험회피/현금흐름위험회피 결합) *[K-IFRS 1109 사례17]*

〈사실관계〉

- 기업 B는 외화 표시 고정금리부채를 위험회피하고자 한다. 부채는 제1기간에서 시작해서 제4기간 말에 종료하는 네 기간 계약이다. 기업 B의 위험 익스포저는 다음과 같다.
  (1) 이자율과 외화로 인한 공정가치 변동 위험: 현지통화로 측정된, 이자율 변동으로 인한 고정금리부채의 공정가치의 변동
  (2) 이자율로 인한 현금흐름 변동 위험: 외화 표시 고정금리부채에 대한 기업 B의 위험관리전략에 따라 이자율과 외화로 인해 고정금리부채의 공정가치가 변동하는 결합 익스포저(위 (1) 참조)를 현지통화 표시 변동금리 익스포저로 바꿈에 따라 생기는 익스포저
- 기업 B는 다음의 위험관리전략으로 위험 익스포저를 회피한다:
  (1) 기업 B는 외화 표시 고정금리부채를 현지통화의 변동금리 익스포저로 바꾸는 이종통화 이자율스왑을 이용한다. 기업 B는 부채의 전체 기간에 외화 표시 부채(이자 포함)를 위험회피한다. 결과적으로 기업 B는 외화 표시 부채를 발행하는 시점과 같은 시점에 이종통화 이자율스왑계약을 체결한다. 이종통화 이자율스왑에 따라 기업 B는 (부채의 이자를 지급하기 위해 사용된) 외화 고정이자를 받고 현지통화 변동이자를 지급한다.
  (2) 기업 B는 위험회피대상항목인 부채와 이와 관련된 이종통화 이자율스왑의 현금흐름을 하나의 현지통화 변동이자율 통합 익스포저로 본다. 기업 B는 때때로 변동이자율위험(현지통화)에 대한 위험관리전략에 따라 이자지급액을 고정시키기로 결정하고 이에 따라 현지통화 변동이자율 통합 익스포저를 현지통화 고정이자율 익스포저로 바꾼다. 기업 B는 고정이자율 익스포저로서 합쳐진 하나의 고정표면이자율(위험회피관계의 시작 시점에 존재하는 위험회피기간에 대한 단일의 선도 표면이자율)을 얻고자 한다.[37]

  결과적으로, 기업 B는 변동이자(이종통화 이자율스왑의 지급 부분의 이자를 지급하기 위해 사용)를 받고 고정이자를 지급하는 조건으로 이자율스왑(전체가 현지통화로 표시)을 사용한다.
- 다음 표는 사용된 매개변수를 설명한다.

매개변수	기간 0	기간 1	기간 2	기간 3	기간 4
외화 현물환율 [LC/FC]	1.2000	1.0500	1.4200	1.5100	1.3700
이자율 곡선 (각 기간의 분기에 해당하는 연간 이자율을 수직적으로 표시)					
현지통화	2.50%	5.02%	6.18%	0.34%	[해당사항없음]
	2.75%	5.19%	6.26%	0.49%	
	2.91%	5.47%	6.37%	0.94%	
	3.02%	5.52%	6.56%	1.36%	
	2.98%	5.81%	6.74%		
	3.05%	5.85%	6.93%		
	3.11%	5.91%	7.19%		
	3.15%	6.06%	7.53%		
	3.11%	6.20%			
	3.14%	6.31%			
	3.27%	6.36%			

	3.21%	6.40%			
	3.21%				
	3.25%				
	3.29%				
	3.34%				
외화	3.74%	4.49%	2.82%	0.70%	[해당사항없음]
	4.04%	4.61%	2.24%	0.79%	
	4.23%	4.63%	2.00%	1.14%	
	4.28%	4.34%	2.18%	1.56%	
	4.20%	4.21%	2.34%		
	4.17%	4.13%	2.53%		
	4.27%	4.07%	2.82%		
	4.14%	4.09%	3.13%		
	4.10%	4.17%			
	4.11%	4.13%			
	4.11%	4.24%			
	4.13%	4.34%			
	4.14%				
	4.06%				
	4.12%				
	4.19%				

〈회계처리방식〉

- 기업 B는 다음의 위험회피관계를 지정한다.[38]
  (1) 공정가치위험회피로서, 회피대상위험이 이자율위험과 외화위험이고, 외화 표시 고정금리부채(고정금리외화부채)가 위험회피대상항목이며, 이종통화 이자율스왑이 위험회피수단인 위험회피관계('1단계 위험회피관계'). 이 위험회피관계는 제4기간 말까지의 기간을 위험회피기간으로 하여 제1기간 초(t0)에 지정한다.
  (2) 현금흐름위험회피로서, 통합 익스포저가 위험회피대상항목이고 이자율스왑이 위험회피수단인 위험회피관계('2단계 위험회피관계'). 이 위험회피관계는 제1기간 말에 지정하고 이 시점에 기업 B는 지급되는 이자를 고정하기로 결정하고 제4기간 말까지 현지통화의 변동이자율 통합 익스포저를 현지통화의 고정이자율 익스포저로 바꾼다. 위험회피대상항목으로 지정한 통합 익스포저는 현지통화 현금흐름의 변동성을 나타내며, 이 현금흐름의 변동성은, 제1기간 말(통합 익스포저와 이자율스왑 간의 위험회피관계를 지정한 시점)의 이자율과 비교하여 이자율위험과 외화위험에 대해 공정가치위험회피로 지정한 두 가지 항목이 결합된 현금흐름의 변동 효과이다(위 (1) 참조).
- 다음 표[39]에서 파생상품 공정가치의 개요, 위험회피대상항목의 가치변동, 현금흐름위험회피적립금 및 위험회피의 비효과적인 부분[40]의 계산을 보여준다. 이 사례에서 위험회피가 비효과적인 부분은 두 가지 위험회피관계 모두에서 비롯된다.[41]

계산	기간0	기간 1	기간 2	기간 3	기간 4
고정외화 부채					
공정가치 [FC]	(1,000,000)	(995,522)	(1,031,008)	(1,030,193)	(1,000,000)
공정가치 [LC]	(1,200,000)	(1,045,298)	(1,464,031)	(1,555,591)	(1,370,000)
공정가치 변동 [LC]		154,702	(418,733)	(91,560)	185,591
CCIRS (고정외화를 받고/변동현지통화를 지급)					
공정가치 [LC]	0	(154,673)	264,116	355,553	170,000
공정가치 변동 [LC]		(154,673)	418,788	91,437	(185,553)
IRS (변동으로 받고/고정으로 지급)					
공정가치 [LC]		0	18,896	(58,767)	0
공정가치 변동 [LC]			18,896	(77,663)	(58,767)
통합 익스포저의 현금흐름 변동					
현재가치 [LC]		0	(18,824)	58,753	0
현재가치 변동 [LC]			(18,824)	77,577	(58,753)
CFHR					
잔액 (기간말) [LC]		0	18,824	(58,753)	0
변동 [LC]			18,824	(77,577)	58,753

- 고정금리외화부채와 이종통화 이자율스왑 간의 위험회피관계는 제1기간 초(t0)에 시작하여 2단계 위험회피관계가 시작되는 제1기간 말에도 유지된다. 즉 1단계 관계는 별도의 위험회피관계로 계속된다.
- 통합 익스포저의 현금흐름 변동은 다음과 같이 계산한다.
  (1) 통합 익스포저의 현금흐름 변동성을 위험회피하는 시점(2단계 관계를 시작하는 제1기간 말)에, 위험회피기간에 걸쳐 고정금리 외화부채와 이종통화 이자율스왑에서 예상되는 모든 현금흐름을 대응시키고 합쳐진 하나의 고정표면이자율과 같아지게 하여 총현재가치(현지통화)가 영(0)이 되도록 한다. 이 계산에 따라 참조용으로 후속기간에 사용되는 합쳐진 하나의 고정표면이자율(참조 이자율)이 산정되며, 이 고정표면이자율은 위험회피관계가 시작된 이후 통합 익스포저의 현금흐름변동성을 측정하기 위해 사용한다. 다음 표에서 이러한 계산을 예시한다.

통합 익스포저의 현금흐름 변동성									
		외화 부채		CCIRS 외화부분		CCIRS 현지통화 부분		변동 현재가치	
		현금흐름	현재가치	현금흐름	현재가치	현금흐름	현재가치	명목금액 1,200,000 이자율 5.6963% 빈도 4	
기간		FC	LC	FC	LC	FC	LC	FC	LC
	t0								
기간 1	t1								
	t2								
	t3								
	t4								
기간 2	t5	0	0	0	0	(14,771)	(14,591)	17,089	16,881
	t6	(20,426)	(19,977)	20,246	19,801	(15,271)	(14,896)	17,089	16,669
	t7	0	0	0	0	(16,076)	(15,473)	17,089	16,449
	t8	(20,426)	(19,543)	20,582	19,692	(16,241)	(15,424)	17,089	16,229

기간 3	t9	0	0	0	0	(17,060)	(15,974)	17,089	16,002
	t10	(20,426)	(19,148)	20,358	19,084	(17,182)	(15,862)	17,089	15,776
	t11	0	0	0	0	(17,359)	(15,797)	17,089	15,551
	t12	(20,426)	(18,769)	20,582	18,912	(17,778)	(15,942)	17,089	15,324
기간 4	t13	0	0	0	0	(18,188)	(16,066)	17,089	15,095
	t14	(20,426)	(18,391)	20,246	18,229	(18,502)	(16,095)	17,089	14,866
	t15	0	0	0	0	(18,646)	(15,972)	17,089	14,638
	t16	(1,020,426)	(899,695)	1,020,582	899,832	(1,218,767)	(1,027,908)	1,217,089	1,026,493
합계			(995,522)		995,550		(1,200,000)		1,199,971
합계(LC)			(1,045,298)		1,045,327		(1,200,000)		1,199,971
모든 현금흐름의 현재가치[LC]			0 ← Σ						

참조 이자율을 조정하기 위해 사용된 명목금액은 현지통화 현금흐름의 변동성이 생기는 통합 익스포저의 명목금액(LC1,200,000)과 같으며, 이는 이종통화이자율스왑 변동부분의 명목금액(현지통화)과 일치한다. 이에 따라 참조이자율은 5.6963%(반복 합산하여 현금흐름의 현재가치가 영(0)이 되도록 산정)이 된다.

(2) 후속일에 통합 익스포저의 현금흐름 변동성은 제1기간 말에 설정된 참조시점과 비교하여 산정한다. 이를 위해 목적으로, 남아 있는 위험회피기간에 걸쳐 고정금리 외화부채와 이종통화이자율스왑에서 예상되는 모든 나머지 현금흐름을 갱신하고(적용 가능한 경우) 이를 할인한다. 또 제1기간의 말에 참조이자율을 조정하기 위해 사용한 명목금액(LC1,200,000)에 5.6963%의 참조이자율을 적용하여 남아 있는 위험회피기간의 현금흐름을 생성하고 이를 할인한다. 모든 현재가치의 합계는 통합 익스포저의 현금흐름 변동성을 나타낸다. 제2기간 말의 이러한 계산을 다음 표에서 예시한다.

통합 익스포저의 현금흐름의 변동성									
		외화 부채		CCIRS 외화부분		CCIRS 현지통화부분		조정	현재가치
		현금흐름	현재가치	현금흐름	현재가치	현금흐름	현재가치	명목금액 1,200,000 이자율 5.6963% 빈도 4	
	시간	FC	LC	FC	LC	FC	LC	FC	LC
	t0								
기간 1	t1								
	t2								
	t3								
	t4								
기간 2	t5	0	0	0	0	0	0	0	0
	t6	0	0	0	0	0	0	0	0
	t7	0	0	0	0	0	0	0	0
	t8	0	0	0	0	0	0	0	0
기간 3	t9	0	0	0	0	(18,120)	(17,850)	17,089	16,835
	t10	(20,426)	(20,173)	20,358	20,106	(18,360)	(17,814)	17,089	16,581
	t11	0	0	0	0	(18,683)	(17,850)	17,089	16,327
	t12	(20,426)	(19,965)	20,582	20,117	(19,203)	(18,058)	17,089	16,070
기간 4	t13	0	0	0	0	(19,718)	(18,243)	17,089	15,810
	t14	(20,426)	(19,726)	20,246	19,553	(20,279)	(18,449)	17,089	15,547
	t15	0	0	0	0	(21,014)	(18,789)	17,089	15,280
	t16	(1,020,426)	(971,144)	1,020,582	971,292	(1,221,991)	(1,072,947)	1,217,089	1,068,643
합계			(1,031,008)		1,031,067		(1,200,000)		1,181,092
합계(LC)			(1,464,031)		1,464,116		(1,200,000)		1,181,092
모든 현금흐름의 현재가치[LC]			(18,824) ← Σ						

이자율과 환율의 변동으로 제1기간의 말과 2기간 말 간에 통합 익스포저의 현금흐름 변동성은 현재가치 LC△18,824[42]만큼 변동하게 된다.

- 위험회피대상항목의 현재가치와 위험회피수단의 공정가치를 이용하여 현금흐름위험회피적립금과 위험회피에 비효과적인 부분을 산정한다(K-IFRS 1109 문단 6.5.11 참조).
- 다음의 표는 기업 B의 포괄손익계산서와 재무상태표의 영향을 보여준다[투명성을 위하여 두 위험회피관계(고정금리 외화부채의 공정가치위험회피와 통합 익스포저의 현금흐름위험회피)별로 개별항목[43]을 재무제표 본문에 분리하여 표시한다].[44]

재무성과표와 재무상태표의 영향의 개요

[단위: LC]

	기간0	기간 1	기간 2	기간 3	기간 4
포괄손익계산서					
이자비용					
외화부채		45,958	50,452	59,848	58,827
FVH 조정		(12,731)	11,941	14,385	(49,439)
		33,227	62,393	74,233	9,388
재분류 (CFH)			5,990	(5,863)	58,982
이자비용 합계		33,227	68,383	68,370	68,370
기타손익					
CCIRS 고정가치의 변동		154,673	(418,788)	(91,437)	185,553
공정가치 위험회피조정(외화 부채)		(154,702)	418,733	91,560	(185,591)
위험회피의 비효과적인 부분		0	(72)	(54)	(19)
기타손익 합계		(29)	(127)	68	(57)
당기손익		33,198	68,255	68,438	68,313
기타포괄손익 (OCI)					
효과적인 현금흐름위험회피 손익			(12,834)	71,713	229
재분류			(5,990)	5,863	(58,982)
기타포괄손익 합계			(18,842)	77,577	(58,753)
포괄손익		33,198	49,432	146,015	9,560
재무상태표					
외화부채	(1,200,000)	(1,045,298)	(1,464,031)	(1,555,591)	(1,397,984)
CCIRS	0	(154,673)	264,116	355,553	194,141
IRS		0	18,896	(58,767)	(13,004)
현금	1,200,000	1,166,773	1,098,390	1,030,160	978,641
순자산 합계	0	(33,198)	(82,630)	(228,645)	(238,205)
자본					
기타포괄손익누계액		0	(18,824)	58,753	0
이익잉여금	0	33,198	101,454	169,892	238,205
자본 합계	0	33,198	82,630	228,645	238,205

- 당기손익의 이자비용 합계는 기업 B의 위험관리전략에 따른 이자비용을 반영한다.
  (1) 제1기간에 위험관리전략에 따라 이자비용은 현지통화의 변동이자율을 반영하며, 이 이자비용은 이종통화 이자율스왑의 영향과 제1기간에 결제한 고정금리 외화부채와 이종통화 이자율스왑의 고정부분의 현금흐름 간 차이를 포함하는 이종통화 이자율스왑의 영향을 고려한 것이다(이는 이 이자비용이 현지통화 차입금 LC1,200,000에서 현지통화로 생기게 되는 변동이자비용과 정확하게 같지는 않다는 것을 의미한다). 또 고정금리 외화부채와 이종통화 이자율스왑의 가치변동의 차이(공정가치 위험회피조정으로 나타냄)에서 생기는 위험회피에 비효과적인 부분이 일부 있다.
  (2) 제2~4기간에 위험관리전략에 따라 이자비용은 제1기간 말에 체결한 이자율스왑의 영향을 고려한 후의 현지통화 고정이자율(제1기간 말에 이자율 환경에 근거해서 3개 기간에 대한 합쳐진 하나의 고정채권표면이자율로 고정시킴)을 반영한다. 그러나 위험회피관계에서 생기는 위험회피의 비효과적인 부분에 따라 기업 B의 이자비용은 영향을 받는다. 제2기간에 이자비용은 이자율스왑으로 고정된 고정금리 지급액보다 약간 높은데, 이는 이자율스왑에 따라 받는 변동지급액이 통합 익스포저에서 생기는 현금흐름의 합계보다 적기 때문이다.[45)]
  제3기간과 제4기간에 이자비용은 고정된 이자율과 같게 되는데 이는 스왑계약에 따라 받는 변동 지급액이 통합 익스포저에서 생기는 현금흐름의 합계보다 많기 때문이다.[46)]

제3기간 말의 선도환율(1/1.4058)과 지정시점의 선도환율(제2기간 말: 1/1.3220)의 차이를 곱하고, 그 값을 제3기간 말의 2기간 이자율(LC 표시)(제5기간 말까지 0.46%)로 할인한 값이다. 계산내역은 다음과 같다. FC138,932 × (1/(1.4058[FC/LC]) - 1/(1.3220 [FC/LC]))/(1 + 0.46%) = LC6,237.

35) 이 사례에서 사용한 각 개별 항목은 가능한 표시 중의 하나이다. 다른 개별항목(여기서 보여주는 금액을 포함한 개별항목 포함)을 사용하는 다른 표시 방식도 가능하다(K-IFRS 1107에서 위험회피가 비효과적인 부분에 대한 공시와 위험회피수단의 장부금액, 현금흐름위험회피적립금에 대한 공시를 포함하는 위험회피회계의 공시요구사항을 정하고 있다).

36) 'CFHR'은 현금흐름위험회피적립금으로서, 현금흐름위험회피로 기타포괄손익으로 인식한 금액이다.

37) 기업에 따라 다른 위험관리전략을 가질 수 있고 이에 따라 합쳐진 하나의 이자율이 아니라 개별적인 이자기간 각각에 대해 각각 고정된 일련의 선도금리인 고정금리 익스포저를 얻으려고 할 수 있다. 그러한 전략의 경우 위험회피의 효과적인 부분은 위험회피관계가 시작하는 시점에 존재하는 선도금리와 개별적인 이자기간별로 효과적인지를 측정하는 시점에 존재하는 선도금리 간의 차이에 기초해서 측정한다. 그러한 전략의 경우 개별적인 이자기간에 대응되는 일련의 선도계약들은 하나의 이자율스왑계약(지급부분이 합쳐진 하나의 고정이자율로 고정됨)보다 더 효과적일 것이다.

38) 이 사례는 위험회피회계를 적용하기 위한 모든 조건을 충족한다고 가정한다(K-IFRS 1109 문단 6.4.1 참조). 지정과 관련된 다음의 기술은 오로지 이 사례를 이해하기 위한 것이다(K-IFRS 1109 문단 6.4.1⑵에서 요구하는 완전히 공식적인 문서화의 사례는 아니다).

39) 이 사례의 표에서 사용한 약어는 다음과 같다. 'CCIRS': 이종통화이자율스왑, 'CF(s)': 현금흐름, 'CFH': 현금흐름위험회피, 'CFHR': 현금흐름위험회피적립금, 'FVH': 공정가치위험회피, 'IRS': 이자율스왑, 'PV': 현재가치

40) 계산을 위한 다음 표에서 모든 금액(회계목적상 자산, 부채, 자본 금액의 계산 포함)은 양(+)과 음(-)의 숫자 형식(예: 괄호 안에 있는 현금흐름위험회피적립금액은 차손)으로 표시하였다.

41) 이 사례와 같은 상황에서, 위험회피에 비효과적인 부분은 다양한 원인으로 생길 수 있다. 예를 들어 신용위험, 일수 계산방법의 차이, (위험회피수단의 지정에 포함되는지에 따라) 이종통화 이자율스왑에 포함되는 서로 다른 통화를 교환하기 위한 수수료 등(통상 '통화 베이시스'로 언급)의 원인이 있다.

42) 이 금액은 제2기간 말에 통합 익스포저의 현금흐름변동의 현재가치로서, 계산과정을 보여주는 표에 포함되

사 례 결합된 이자율위험과 외화위험의 회피(현금흐름위험회피/공정가치위험회피 결합) [K-IFRS 1109 사례18]

〈사실관계〉

- 기업 C는 외화로 표시된 변동금리부채의 위험회피를 하고자 한다. 이 부채의 기간은 총 4개 기간이며 제1기간에서 시작하여 제4기간에 끝난다. 기업 C의 기능통화는 현지통화(LC)이다. 기업 C는 다음과 같은 위험 익스포저를 가지고 있다.
  (1) 이자율과 외화로 인한 현금흐름 변동 위험 : 현지통화로 측정된, 이자율 변동으로 인한 변동금리부채의 현금흐름 변동
  (2) 이자율로 인한 공정가치 변동 위험 : 외화표시 변동금리부채에 대한 기업 C의 위험관리전략에 따라 변동금리부채와 관련하여 이자율과 외화로 인한 현금흐름 변동 위험 익스포저(위 (1) 참조)를 현지통화 표시 고정금리 익스포저로 바꿈에 따라 생기는 익스포저(아래의 문단 IE139(1) 참조).
- 기업 C는 다음의 위험관리전략으로 위험 익스포저를 회피한다.
  (1) 기업 C는 외화표시 변동금리부채를 현지통화의 고정금리 익스포저로 바꾸는 이종통화 이자율스왑을 이용한다. 기업 C는 부채의 전체 기간에 외화 표시 부채(이자 포함)를 위험회피한다. 결과적으로 기업 C는 외화 표시 부채를 발행하는 시점과 같은 시점에 이종통화 이자율스왑을 체결한다. 이종통화 이자율스왑에 따라 기업 C는 (부채의 이자를 지급하기 위해 사용된) 외화 변동이자를 받고 현지통화의 고정이자를 지급한다.
  (2) 기업 C는 위험회피대상항목인 부채와 이에 관련된 이종통화 이자율스왑의 현금흐름을 하나의 현지통화 통합 고정율 익스포저로 본다. 기업 C는 때때로 고정이자율위험(현지통화)에 대한 위험관리전략에 따라 이자지급을 현행 변동이자율 수준에 연계하기로 결정하고 이에 따라 현지통화 고정이자율 통합 익스포저를 현지통화 변동이자율 익스포저로 바꾼다. 결과적으로, 기업 C는 고정이자(이종통화 이자율스왑의 지급 부분의 이자를 지급하기 위해 사용)를 받고 변동이자를 지급하는 이자율스왑(전체가 현지통화로 표시)을 사용한다.
- 다음 표는 사용된 매개변수를 설명한다.

매개변수의 개요	기간0	기간 1	기간 2	기간 3	기간 4
외화 현물환율[LC/FC]	1.2	1.05	1.42	1.51	1.37
이자율 곡선 (각 기간의 분기에 해당하는 연간 이자율을 수직적으로 표시)					
현지통화	2.50%	1.00%	3.88%	0.34%	[해당사항 없음]
	2.75%	1.21%	4.12%	0.49%	
	2.91%	1.39%	4.22%	0.94%	
	3.02%	1.58%	5.11%	1.36%	
	2.98%	1.77%	5.39%		
	3.05%	1.93%	5.43%		
	3.11%	2.09%	5.50%		
	3.15%	2.16%	5.64%		
	3.11%	2.22%			
	3.14%	2.28%			
	3.27%	2.30%			

	3.21%	2.31%			
	3.21%				
	3.25%				
	3.29%				
	3.34%				
외화	3.74%	4.49%	2.82%	0.70%	[해당사항 없음]
	4.04%	4.61%	2.24%	0.79%	
	4.23%	4.63%	2.00%	1.14%	
	4.28%	4.34%	2.18%	1.56%	
	4.20%	4.21%	2.34%		
	4.17%	4.13%	2.53%		
	4.27%	4.07%	2.82%		
	4.14%	4.09%	3.13%		
	4.10%	4.17%			
	4.11%	4.13%			
	4.11%	4.24%			
	4.13%	4.34%			
	4.14%				
	4.06%				
	4.12%				
	4.19%				

〈회계처리방식〉

- 기업 C는 다음의 위험회피관계를 지정한다.[47]
  (1) 현금흐름위험회피로서, 회피대상항목이 이자율위험과 외화위험이고, 외화 표시 변동금리부채(변동금리외화부채)가 위험회피대상항목이며, 이종통화 이자율스왑이 위험회피수단인 위험회피관계('1단계 위험회피관계'). 이 위험회피관계는 제4기간의 말까지의 기간을 위험회피기간으로 하여 제1기간 초(t0)에 지정한다.
  (2) 공정가치위험회피로서, 통합 익스포저가 위험회피대상항목이고 이자율스왑이 위험회피수단인 위험회피관계('2단계 위험회피관계'). 이 위험회피관계는 제1기간 말에 지정하고 이 시점에 기업 C는 이자지급을 현행 변동이자율 수준에 연계하기로 결정하고 제4기간 말까지 현지통화의 고정이자율 통합 익스포저를 현지통화의 변동이자율 익스포저로 바꾼다. 위험회피대상항목으로 지정한 통합 익스포저는 현지통화 가치 변동을 나타내며, 이러한 가치 변동은, 제1기간 말(통합 익스포저와 이자율스왑 간의 위험회피관계를 지정한 시점)의 이자율을 비교하여 이자율위험과 외화위험에 대해 현금흐름위험회피로 지정한 두 가지 항목이 결합된 현금흐름의 가치 변동 효과이다.
- 다음 표[48]에서 파생상품 공정가치의 개요, 위험회피대상항목의 가치 변동, 현금흐름위험회피적립금[49]의 계산을 보여준다. 이 사례에서 위험회피관계 모두에서 위험회피의 비효과적인 부분은 없는 것으로 가정[50]한다.

계산	기간0	기간 1	기간 2	기간 3	기간 4
변동이자율외화부채					
공정가치 [FC]	(1,000,000)	(1,000,000)	(1,000,000)	(1,000,000)	(1,000,000)
공정가치 [LC]	(1,200,000)	(1,050,000)	(1,420,000)	(1,510,000)	(1,370,000)
공정가치 변동 [LC]		150,000	(370,000)	(90,000)	140,000
변동 현금흐름의 변동의 현재가치 [LC]	0	192,310	(260,346)	(282,979)	(170,000)
현재가치의 변동 [LC]		192,310	(452,656)	(22,633)	112,979
CCIRS (외화 변동 수취 / 현지통화 고정 지급)					
공정가치 [LC]	0	(192,310)	260,346	282,979	170,000
공정가치 변동 [LC]		(192,310)	452,656	22,633	(112,979)
현금흐름위험회피적립금					
기초잔액	0	0	(42,310)	(28,207)	(14,103)
외화위험 재분류		153,008	(378,220)	(91,030)	140,731
재분류 (당기 현금흐름)		(8,656)	(18,410)	2,939	21,431
효과적인 CHF의 손익		(186,662)	(479,286)	20,724	(135,141)
이자율위험에 대한 재분류		0	(82,656)	67,367	(27,021)
CFHR 상각		0	14,103	14,103	14,103
기말 잔액		(42,103)	(28,207)	(14,103)	0
IRS (고정 수취/ 변동 지급)					
공정가치 [LC]		0	(82,656)	(15,289)	(42,310)
공정가치 변동			(82,656)	67,367	(27,021)
통합 익스포저의 현재가치 변동					
현재가치 [LC]		(1,242,310)	(1,159,654)	(1,227,021)	(1,200,000)
현재가치 변동 [LC]			82,656	(67,367)	27,021

- 변동금리 외화부채와 이종통화 이자율스왑 간의 위험회피관계는 제1기간의 초(t0)에 시작하여 2단계 위험회피관계가 시작되는 제1기간 말에도 유지된다. 즉 1단계 관계는 별도의 위험회피관계로 계속된다. 그러나 1단계 위험회피관계의 회계처리는 제1기간 말에 시작되는 2단계 위험회피관계의 회계처리의 영향을 받는다. 2단계 관계의 공정가치위험회피는 1단계 관계의 현금흐름위험회피적립금을 당기손익으로 재분류하는 시점에 영향을 준다.
  (1) 공정가치위험회피로 위험회피하는 이자율 변동으로 인한 공정가치 변동은 1단계 위험회피관계의 현금흐름위험회피의 결과로서 기타포괄손익으로 인식하는 금액에 포함된다(즉 위험회피에 효과적인 것으로 판단한 이종통화 이자율스왑의 손익)[51]. 이는 제1기간 말부터 이자율위험으로 인한 공정가치 변동(현지통화)을 의미하며 1단계에서 기타포괄손익으로 인식하는 현금흐름위험회피손익 중 효과적인 부분은 2단계에서 즉시(같은 기간에) 현금흐름위험회피적립금에서 당기손익으로 대체된다는 것을 의미한다. 재분류조정에 따라 당기손익으로 인식한 이자율스왑의 손익과 상쇄된다[52]. 위험회피대상항목인 통합 익스포저에 대한 회계처리의 맥락

에서 재분류조정은 공정가치위험회피조정과 같다. 왜냐하면 위험회피대상항목인 고정금리채무상품은 상각후원가로 측정하는 반면, 통합 익스포저는 회피대상위험과 관련한 변동에 대해 이미 재측정 하지만, 그 결과로 발생하는 손익을 (1단계 관계에서 현금흐름위험회피를 적용하므로) 기타포괄손익으로 인식하기 때문이다. 결과적으로 위험회피대상항목인 통합 익스포저에 공정가치위험회피회계를 적용하더라도 위험회피대상항목의 측정 속성이 바뀌지는 않는 대신에 위험회피손익이 어디에 인식되는지에 영향을 미친다(현금흐름위험회피적립금에서 당기손익으로 재분류).

(2) 1단계 관계에 대한 제1기간 말의 현금흐름위험회피적립금의 금액은 1단계 관계에 대해 현금흐름위험회피하는 남아 있는 존속기간(제2기간에서 4기간)에 걸쳐 상각한다.[53)]

- 통합 익스포저의 가치 변동은 다음과 같이 계산한다.

(1) 통합 익스포저의 가치 변동을 위험회피하는 시점(2단계 관계를 시작하는 제1기간 말)에, 위험회피기간에 걸쳐(제4기간 말까지) 변동금리 외화부채와 이종통화 이자율스왑에서 예상되는 모든 현금흐름을 대응시키고 현지통화로 결합된 현재가치를 계산한다. 이 계산에 따라 위험회피관계의 시작 이후 통합 익스포저의 현재가치 변동을 측정하기 위해 후속기간에 참조용으로 사용하는 현재가치가 산정된다. 다음 표에서 이러한 계산을 예시한다.

통합 익스포저의 현재가치(시작 시점) 통합 익스포저의 현재가치		외화부채		CCIRS 외화부분		CCIRS 현지통화부분	
		현금흐름 [FC]	현재가치 [FC]	현금흐름 [FC]	현재가치 [FC]	현금흐름 [LC]	현재가치 [LC]
	시간						
	t0						
	t1						
기간 1	t2						
	t3						
	t4						
기간 2	t5	(11,039)	(10,918)	11,039	10,918	(9,117)	(9,094)
	t6	(11,331)	(11,082)	11,331	11,082	(9,117)	(9,067)
	t7	(11,375)	(11,000)	11,375	11,000	(9,117)	(9,035)
	t8	(10,689)	(10,227)	10,689	10,227	(9,117)	(9,000)
기간 3	t9	(10,375)	(9,824)	10,375	9,824	(9,117)	(8,961)
	t10	(10,164)	(9,528)	10,164	9,528	(9,117)	(8,918)
	t11	(10,028)	(9,307)	10,028	9,307	(9,117)	(8,872)
	t12	(10,072)	(9,255)	10,072	9,255	(9,117)	(8,825)
기간 4	t13	(10,256)	(9,328)	10,256	9,328	(9,117)	(8,776)
	t14	(10,159)	(9,147)	10,159	9,147	(9,117)	(8,727)
	t15	(10,426)	(9,290)	10,426	9,290	(9,117)	(8,678)
	t16	(1,010,670)	(891,093)	1,010,670	891,093	(1,209,117)	(1,144,358)
	합계		(1,000,000)		1,000,000		(1,242,310)
합계(LC)			(1,050,000)		1,050,000		(1,242,310)
통합 익스포저의 현재가치[LC]			(1,242,310) ← Σ				

위험회피기간에 변동금리외화부채와 이종통화이자율스왑에서 예상되는 모든 현금흐름의 제1기간 말 현재가치는 LC△1,242,310이다.[54]

(2) 후속일에 통합 익스포저의 현재가치는 남아 있는 위험회피기간에 대해 제1기간 말과 같은 방식으로 결정된다. 이를 위해 남아 있는 위험회피기간에 걸쳐 변동금리 외화부채와 이종통화 이자율스왑에서 예상되는 모든 나머지 현금흐름을 갱신하고(적용 가능한 경우) 이를 할인한다. 그러한 현재가치의 합계는 통합 익스포저의 현재가치를 나타낸다. 2기간 말의 이러한 계산을 다음 표에서 예시한다.

통합 익스포저의 현재가치(2기간 말)
통합 익스포저의 현재가치

		외화부채		CCIRS 외화부분		CCIRS 현지통화부분	
		현금흐름 [FC]	현재가치 [FC]	현금흐름 [FC]	현재가치 [FC]	현금흐름 [LC]	현재가치 [LC]
	시간						
기간 1	t0						
	t1						
	t2						
	t3						
	t4						
기간 2	t5	0	0	0	0	0	0
	t6	0	0	0	0	0	0
	t7	0	0	0	0	0	0
	t8	0	0	0	0	0	0
기간 3	t9	(6,969)	(6,921)	6,969	6,921	(9,117)	(9,030)
	t10	(5,544)	(5,475)	5,544	5,475	(9,117)	(8,939)
	t11	(4,971)	(4,885)	4,971	4,885	(9,117)	(8,847)
	t12	(5,401)	(5,280)	5,401	5,280	(9,117)	(8,738)
기간 4	t13	(5,796)	(5,632)	5,796	5,632	(9,117)	(8,624)
	t14	(6,277)	(6,062)	6,277	6,062	(9,117)	(8,511)
	t15	(6,975)	(6,689)	6,975	6,689	(9,117)	(8,397)
	t16	(1,007,725)	(959,056)	1,007,725	956,056	(1,209,117)	(1,098,568)
	합계		(1,000,000)		1,000,000		(1,159,654)
합계(LC)			(1,420,000)		1,420,000		(1,159,654)
통합 익스포저의 현재가치[LC]			(1,159,654) ← Σ				

이자율과 59,654가 된다. 결과적으로 1기간 말 사이에 2기간 말간 통합 익스포저의 현재가치 변동은 차익 LC82,656[55]이다.

- 위험회피대상항목(통합 익스포저)의 현재가치와 위험회피수단(이자율스왑)의 공정가치 변동을 이용하여 현금흐름위험회피적립금에서 당기손익으로의 관련된 재분류(재분류 조정)을 산정한다.
- 다음의 표는 기업 C의 포괄손익계산서와 재무상태표의 영향을 보여준다[투명성을 위하여 두 위험회피관계(변동금리 외화부채의 현금흐름위험회피와 통합 익스포저의 공정가치위험회피)별로 개별항목[56]을 재무제표 본문에 분리하여 표시한다].[57]

재무성과표와 재무상태표에서 효과의 개요
[단위: LC]

	기간 0	기간 1	기간 2	기간 3	기간 4
포괄손익계산서					
이자비용					
외화부채		45,122	54,876	33,527	15,035
공정가치위험회피 조정		0	(20,478)	16,517	(26,781)
		45,122	34,398	50,045	(11,746)
재분류 (현금흐름위험회피)		(8,656)	(18,410)	2,939	21,431
		36,466	15,989	52,983	9,685
현금흐름위험회피적립금의 상각		0	14,103	14,103	14,103
이자비용 합계		36,466	30,092	67,087	23,788
기타손익					
IRS		0	82,656	(67,367)	27,021
외환손익(부채)		(150,000)	370,000	90,000	(140,000)
외환손익(자본)		(3,008)	8,220	1,030	(731)
외화위험에 대한 재분류		153,008	(378,220)	(91,030)	140,731
이자율위험에 대한 재분류		0	(82,656)	67,367	(27,021)
기타손익 합계		0	0	0	0
당기손익		36,466	30,092	67,087	23,788
기타포괄손익 (OCI)					
효과적인 손익		186,662	(479,286)	(20,724)	135,141
재분류(당기 현금흐름)		8,656	18,410	(2,939)	(21,431)
외화위험에 대한 재분류		(153,008)	378,220	91,030	(140,731)
이자율위험에 대한 재분류		0	82,656	(67,367)	27,021
현금흐름위험회피적립금의 상각		0	(14,103)	(14,103)	(14,103)
기타포괄손익 합계		42,310	(14,103)	(14,103)	(14,103)
포괄손익		78,776	15,989	52,983	9,685
재무상태표					
외화부채	(1,200,000)	(1,050,000)	(1,420,000)	(1,510,000)	(1,375,306)
CCIRS	0	(192,310)	260,346	282,979	166,190
IRS		0	(82,656)	(15,289)	(37,392)
현금	1,200,000	1,163,534	1,147,545	1,094,562	1,089,076
순자산 합계	0	(78,776)	(94,765)	(147,748)	(157,433)
기타포괄손익누계액	0	42,310	28,207	14,103	0
이익잉여금	0	36,466	66,558	133,645	157,433
자본 합계	0	78,776	94,765	147,748	157,433

- 당기손익의 이자비용 합계는 기업 C의 위험관리전략에 따른 이자비용을 반영한다.
  (1) 제1기간에 위험관리전략에 따라 이자비용은 이종통화 이자율스왑의 영향을 고려한 후 현지통화의 고정이자율을 반영한다.

(2) 제2~4기간에 위험관리전략에 따라 이자비용은 제1기간 말에 체결한 이자율스왑의 영향을 고려한 후의 현지통화 변동이자율(각 기간말 현재의 변동이자율)을 반영한다. 그러나 이자비용 합계액이 변동이자율의 금액과 같지는 않는데, 이는 제1기간 말의 1단계 관계에 대한 현금흐름위험회피적립금액의 상각 때문이다.[58)]

어 있다(문단 IE132 참조).

43) 이 사례에서 사용된 각 개별항목은 가능한 표시 중의 하나이다. 다른 개별항목(여기서 보여주는 금액이 포함한 개별항목 포함)을 사용하는 다른 표시 방식도 가능하다(K-IFRS 1107에서 위험회피의 비효과적인 부분, 위험회피수단의 장부금액, 현금흐름위험회피적립금에 대한 공시를 포함하는 위험회피회계의 공시요구사항을 정하고 있다).

44) 제4기간의 경우 계산과정을 보여주는 표의 값들(문단 IE132 참조)과 다음 표의 값들은 다르다. 제1~3기간의 경우 발생이자를 포함한 가치(dirty value)는 발생이자를 포함하지 않은 가치(clean value)와 같으며, 이는 기간 말에 파생상품의 각 부분(leg)과 고정금리 외화부채가 결제되기 때문이다. 제4기간의 말에 계산과정을 보여주는 표에서는 시간 경과에 따라 일관되게 가치의 변동을 계산하기 위해 발생이자가 포함되지 않은 가치를 이용한다. 다음 표에서는 발생이자가 포함된 가치, 즉 금융상품을 결제하기 직전까지 발생한 이자를 포함한 만기 금액을 표시한다(현금과 이익잉여금을 제외한 모든 장부금액은 영(0)이 되겠지만 설명을 위해 표시한다).

45) 다시 말하면, 이자율스왑의 현금흐름변동성은 전체적으로 통합 익스포저의 현금흐름 변동성보다 적으며, 결과적으로 완전히 상쇄되지는 않는다[종종 '과소위험회피(underhedge)'의 상황으로 불림]. 이런 상황에서 현금흐름위험회피에 따라 당기손익으로 인식되는 위험회피의 비효과적인 부분이 초래되는 것은 아니다. 왜냐하면 이러한 위험회피의 비효과적인 부분은 인식되지 않기 때문이다(K-IFRS 1109 문단 6.5.11 참조). 공정가치위험회피에서 생기는 위험회피의 비효과적인 부분은 모든 기간에서 당기손익에 영향을 미친다.

46) 다시 말하면, 이자율스왑의 현금흐름변동성은 전체적으로 통합 익스포저의 현금흐름 변동성보다 높으며, 결과적으로 완전히 상쇄되는 것보다 더 많게 된다[종종 '과대위험회피(overhedge)'상황으로 불림]. 이런 상황에서 현금흐름위험회피에 따라 당기손익으로 인식되는 위험회피의 비효과적인 부분이 초래된다(K-IFRS 1109 문단 6.5.11 참조). 공정가치위험회피에서 생기는 위험회피의 비효과적인 부분은 모든 기간에서 당기손익에 영향을 미친다.

47) 이 사례는 위험회피관계의 모든 조건(K-IFRS 1109 문단 6.4.1 참조)을 충족하는 것으로 가정한다. 지정에 대한 다음의 설명은 단지 이 사례를 이해하기 위한 목적이다(K-IFRS 1109 문단 6.4.1(2)에서 요구하는 공식화된 문서화의 완전한 사례는 아니다).

48) 이 사례의 표에서 사용한 약어는 다음과 같다. 'CCIRS': 이종통화이자율스왑 'CF(s)': 현금흐름 'CFH': 현금흐름위험회피 'CFHR': 현금흐름위험회피적립금, 'FVH': 공정가치위험회피 'IRS': 이자율스왑 'PV': 현재가치

49) 계산을 위한 다음 표에서 모든 금액(회계 목적상 자산, 부채, 자본 금액의 계산 포함)의 계산은 양(+)과 음(-)의 숫자 형식(예: 괄호 안에 있는 현금흐름위험회피적립금은 차손)으로 표시하였다.

50) 이러한 가정은 이해를 위한 것으로 현금흐름위험회피/공정가치위험회피의 결합에서 회계처리방식을 예시하는 데 더 중점을 두기 위해서이다. 위험회피의 비효과적인 부분의 측정과 인식은 이미 사례 16과 사례 17에서 보여주고 있다. 그러나 현실상 그러한 위험회피는 통상 완전히 효과적이지 않다. 이는 위험회피의 비효과적인 부분은 다양한 원인으로 생길 수 있기 때문이다. 이러한 원인의 예로는 신용위험, 일수 계산방법의 차이, (위험회피수단의 지정에 포함되는지에 따라) 이종통화 이자율스왑에 포함되는 서로 다른 통화를 교환하기 위한 수수료 등(통상 '통화 베이시스'로 언급)이 있다.

51) 변동금리 외화부채의 현금흐름 이자율위험을 고정금리 익스포저(현지통화)로 바꾸는 이종통화 이자율스왑을 체결하여 현금흐름 이자율위험의 익스포저를 위험회피한 결과, 기업 C는 사실상 공정가치 이자율위험 익스포저를 부담한다(문단 IE139 참조).

52) 계산과정을 보여주는 표(문단 IE142 참조)에서, 이 재분류조정은 현금흐름위험회피적립금의 변동내역에서 '이자율위험에 대한 재분류'라는 개별항목이다(예: 제2기간 말에 차익 LC82,656을 현금흐름위험회피적립금

에서 당기손익으로 재분류, 이 금액의 산정내역은 문단 IE144 참조).

53) 계산과정을 보여주는 표(문단 IE142참조)에서 이 상각에 따라 매기간 LC14,103을 재분류조정하며, 이는 현금흐름위험회피적립금의 변동내역에서 “CFHR 상각”이라는 별도항목에 포함되어 있다.

54) 이 사례에서 위험회피관계에서 생기는 위험회피의 비효과적인 부분은 없는 것으로 가정하였다(IE 142 참조). 결과적으로 변동금리 외화부채와 이종통화 이자율스왑의 외화표시 부분의 절댓값은 같고 부호는 반대이다. 위험회피의 비효과적인 부분이 생기는 상황에서, 이러한 절댓값은 같지 않으며, 나머지 순금액은 통합 익스포저의 현재가치에 영향을 줄 것이다.

55) 이 금액은 제2기간 말에 통합 익스포저의 현재가치 변동으로서, 계산과정을 보여주는 표에 포함되어 있다(문단 IE142 참조).

56) 이 사례에서 사용된 각 개별항목은 가능한 표시 중의 하나이다. 다른 개별항목을 사용하는 다른 표시 방식도 가능하다(K-IFRS 1107에서 위험회피의 비효과적인 부분, 위험회피수단의 장부금액, 현금흐름위험회피적립금에 대한 공시를 포함하는 위험회피회계의 공시요구사항을 정하고 있다).

57) 제4기간의 경우 계산과정을 보여주는 표의 값들(문단 IE142 참조)과 다음 표의 값들은 다르다. 제1~3기간의 경우 발생이자를 포함한 가치(dirty value)는 발생이자를 포함하지 않은 가치(clean value)와 같으며, 이는 기간 말에 파생상품의 각 부분(leg)과 고정금리 외화부채가 결제되기 때문이다. 제4기간 말에 계산과정을 보여주는 표에서는 시간 경과에 따라 일관되게 가치의 변동을 계산하기 위해 발생이자가 포함되지 않은 가치를 이용한다. 다음 표에서는 발생이자가 포함된 가치, 즉 금융상품을 결제하기 직전까지 발생한 이자를 포함한 만기금액을 표시한다(현금과 이익잉여금을 제외한 모든 장부금액은 영(0)이 되겠지만 설명을 위해 표시한다).

58) 문단 IE143⑵를 참조한다. 이 상각은 변동이자율의 스프레드와 같은 영향을 주는 비용이 된다.

07
항목 집합의 위험회피

1 위험회피대상항목으로서 항목 집합의 적격성

- 항목 집합(순포지션을 구성하는 항목 집합 포함)은 다음의 경우에 모두 해당하는 경우에만 위험회피대상항목으로서 적격하다. *[K-IFRS 1109 문단 6.6.1]*
  (1) 개별적으로 적격한 위험회피대상항목(항목의 구성요소를 포함)으로 구성되어 있다.
  (2) 집합 내 항목은 위험관리 목적상 집합 단위로 함께 관리한다.
  (3) 집합 내 항목의 현금흐름의 변동이 집합의 현금흐름 전체 변동에 거의 비례할 것이라고 예상되지 않아 상쇄되는 위험포지션을 포함하는 항목집합의 현금흐름위험회피인 경우에는 ㈎ 외화위험에 대한 위험회피이어야 하며 ㈏ 그러한 순포지션을 지정할 때는 예상거래의 특성과 규모뿐만 아니라 예상거래가 당기손익에 영향을 미칠 것으로 예상되는 보고기간을 명시하여야 한다.

2 순포지션의 위험회피

2.1. 위험회피회계의 적격성과 순포지션의 지정

- 순포지션은 위험관리목적상 순액에 기초하여 위험회피를 하는 경우에만 위험회피회계를 적용할 수 있다. 이러한 방식으로 위험회피를 하는지는 사실의 문제이다(주장이나 문서화만의 문제가 아니다). 특정 회계처리결과를 얻으려는 목적으로 위험관리접근법을 반영하지 않는 순액 기준으로의 위험회피회계는 적용할 수 없다. 순포지션의 위험회피는 위험관리전략의 일부로 정립되어야만 한다. 일반적으로 이러한 전략은 K-IFRS 1024에 정의된 주요 경영진이 승인할 것이다. *[K-IFRS 1109 B6.6.1]*
- 예를 들어, 기능통화가 현지통화인 기업 A는 9개월 후 광고비로 FC150,000을 지급하는 확정계약과 15개월 후 FC150,000에 완제품을 매도하는 확정계약이 있다. 기업 A는 9개월 후에 FC100을 받고 CU70을 지급함으로써 결제되는 외화파생상품 계약을 체결한다. 기업 A는 다른 외화 익스포저는 없다. 기업 A는 다른 외화 익스포저는 없다. 기업 A는 순액기준으로 외화위험을 관리하지 않는다. 따라서 기업 A는 9개월 동안 FC100[확정매입계약(광고 서비스) FC150,000과 확정매도계약(FC150,000 중)의 FC149,900으로 구성]의 순포지션과 외화파생상품 사이의 위험회피관계에 대해 위험회피회계를 적용할 수 없다. *[K-IFRS 1109 B6.6.2]*

• 만일 기업 A가 순액 기준으로 외화위험을 관리하고 외화파생상품 계약을 체결하지 않는 경우(체결 시 외화위험 익스포저를 줄이는 대신 늘리기 때문)에는 9개월 동안 자연 위험회피되는 포지션에 있게 된다. 일반적으로, 거래는 미래의 다른 보고기간에 인식되기 때문에 이 위험회피된 포지션은 재무제표에 반영되지 않을 것이다. 영(0)의 순포지션은 K-IFRS 1109 문단 6.6.6의 조건을 충족하는 경우에만 위험회피회계를 적용할 수 있다. *[K-IFRS 1109 B6.6.3]*

• 순포지션을 구성하는 항목 집합을 위험회피대상항목으로 지정하는 경우에는 순포지션을 구성할 수 있는 항목들을 포함하는 포괄적인 항목들의 집합을 지정한다. 특정되지 않은 추상적 순포지션 금액은 지정할 수 없다. 예를 들면 기업 A에는 9개월 후의 확정매도계약 집합 FC100과 18개월 후의 확정매입계약 집합 FC120이 있다. FC20 이하 상당의 추상적인 순포지션 금액을 지정할 수는 없다. 대신에, 위험회피되는 순포지션을 생겨나게 하는 총 매입금액과 총 매도금액 모두를 지정해야 한다. 적용조건을 충족하는 위험회피관계에 대하여 회계처리 요구사항을 충족하기 위해 순포지션을 생겨나게 하는 총 포지션을 지정해야 한다. *[K-IFRS 1109 B6.6.4]*

2.2. 순포지션의 위험회피에 위험회피효과 요구사항의 적용

• 순포지션을 위험회피할 때 K-IFRS 1109 문단 6.4.1(3)의 위험회피효과 요구사항을 충족하는지를 판단하는 경우에는 위험회피수단과 비슷한 효과를 내는 순포지션 내 항목들의 가치변동을 위험회피수단의 공정가치변동과 함께 고려한다. 예를 들면, 9개월 후의 확정매도계약 집합 FC100과 18개월 후의 확정매입계약 집합 FC120이 있다. 선도환계약 FC20을 이용하여 순포지션 FC20의 외화위험을 회피한다. K-IFRS 1109 문단 6.4.1(3)의 위험회피효과 요구사항이 충족되는지를 판단할 때 다음 (1)과 (2) 사이의 관계를 고려한다. *[K-IFRS 1109 B6.6.5]*

(1) 확정매도계약의 외화위험과 관련된 가치변동과 함께 선도환계약의 공정가치 변동

(2) 확정매입계약의 외화위험과 관련된 가치변동

• 이와 비슷하게, K-IFRS 1109 문단 B6.6.5의 사례에서 영(0)의 순포지션을 갖는다면, K-IFRS 1109 문단 6.4.1(3)의 위험회피효과 요구사항을 충족하는지를 판단할 때 확정매도계약의 외화위험과 관련된 가치변동과 확정매입계약의 외화위험과 관련된 가치변동의 관계를 고려한다. *[K-IFRS 1109 B6.6.6]*

2.3. 순포지션을 구성하는 현금흐름위험회피

• 위험이 상쇄되는 포지션(즉 순포지션)을 가지고 있는 항목 집합을 위험회피하는 경우에 위험회피회계를 적용할 수 있는지는 위험회피의 유형에 따라 다르다. 위험회피가 공정가치위험회피인 경우에는 순포지션은 위험회피대상항목이 될 수 있다. 그러나 위험회피가 현금흐름위험회피인 경우에는 외화위험에 대한 회피이며 순포지션을 지정할 때 예상거래가 당기손익에 영향을 미칠 것으로 기대되는 보고기간과 예상거래의 특성 및 규모를 특정하는 경우에만

순포지션은 위험회피대상항목이 될 수 있다. *[K-IFRS 1109 B6.6.7]*

- 예를 들면 다음과 같다. 매출 중 100원의 하부층과 매입 중 150원의 하부층으로 구성된 순포지션이 있고, 매출과 매입은 둘 다 같은 외화로 표시되어 있다. 위험회피되는 순포지션의 지정을 충분히 특정하기 위하여 위험회피관계에 대한 원래의 문서에 매출은 제품 A 또는 제품 B 관련이며 매입은 기계 A형, 기계 B형, 원재료 A 관련이라고 특정한다. 또 각 특성별로 거래의 수량을 특정한다. 매출의 하부층 100원은 제품 A의 첫 70원과 제품 B의 첫 30원의 예상 매출 수량으로 구성된다고 문서화한다. 해당 매출 수량이 여러 보고기간의 당기손익에 영향을 미칠 것으로 예상된다면 이를 문서화에 포함한다. 예를 들면, 첫 번째 보고기간의 당기손익에 영향을 미칠 것으로 예상되는 제품 A의 매출 중 첫 70원과 두 번째 보고기간의 당기손익에 영향을 미칠 것으로 기대되는 제품 B의 매출 중 30원으로 문서화한다. 매입(150원)의 하부층은 기계 A형의 첫 번째 매입 60원, 기계 B형의 첫 번째 매입 40원과 원재료 A의 첫 번째 매입 50원으로 구성된다고 문서화한다. 해당 매입 수량이 여러 보고기간의 당기손익에 영향을 미칠 것으로 예상된다면, 당기손익에 영향을 미칠 것으로 예상하는 보고기간별로 (매출 수량을 문서화한 방식과 유사하게) 매입 수량을 세분하여 문서화한다. 예를 들면, 예상거래는 다음과 같이 특정된다. *[K-IFRS 1109 B6.6.8]*

  (1) 세 번째 보고기간 이후 10회의 보고기간에 걸쳐 당기손익에 영향을 미칠 것으로 예상되는 기계 A형의 매입 중 첫 번째 60원
  (2) 네 번째 보고기간 이후 20회의 보고기간에 걸쳐 당기손익에 영향을 미칠 것으로 예상되는 기계 B형의 매입 중 첫 번째 40원
  (3) 세 번째 보고기간에 수취하고 세 번째 보고기간과 그 다음 보고기간에 매도하여 당기손익에 영향을 미칠 것으로 예상되는 원재료 A의 매입 중 첫 번째 50원

  해당 항목을 어떻게 사용하는지에 따라 감가상각의 형태가 달라질 수 있다면, 예상거래의 특성을 특정할 때 같은 종류의 유형자산 항목에 대한 감가상각 형태와 같은 내용이 포함된다. 기계 A형 항목을 두 개의 다른 생산 과정에 사용하고 10회의 보고기간에 걸친 정액법과 생산량비례법을 각각 사용한다면 기계 A형에 대한 예상 매입 수량에 적용될 감가상각의 형태에 따라 수량을 세분하여 문서화한다.

- 순포지션에 대한 현금흐름위험회피의 경우 K-IFRS 1109 문단 6.5.11에 따라 결정되는 금액에 위험회피수단과 비슷한 효과를 내는 순포지션 내 항목들의 가치변동을 위험회피수단의 공정가치 변동과 함께 포함해야 한다. 그러나 위험회피수단과 비슷한 효과를 내는 순포지션 내 항목의 가치변동분은 관련된 거래가 인식되는 시점(예 예상매출이 수익으로 인식되는 시점)에만 인식된다. 예를 들어, 앞으로 9개월 후 발생할 가능성이 매우 큰 예상매출의 집합은 100원이며, 앞으로 18개월 후 발생할 가능성이 매우 큰 예상 매입의 집합은 120원이다. 20원의 선도환계약을 사용해 순포지션인 20원의 외화위험을 회피한다. K-IFRS 1109 문단 6.5.11(1)~6.5.11(2)에 따라 현금흐름위험회피적립금으로 인식하는 금액을 결정 할 때 다음 (1)

과 (2)를 비교한다. *[K-IFRS 1109 B6.6.9]*

(1) 발생할 가능성이 매우 큰 예상매출의 외화위험과 관련된 가치 변동과 함께 선도환계약의 공정가치변동

(2) 발생할 가능성이 매우 큰 예상매입의 외화위험과 관련된 가치변동

그러나 발생할 가능성이 매우 큰 예상매출거래를 재무제표에 인식할 때, 즉 예상거래의 손익을 인식하기 전까지는 선도환계약과 관련된 금액(즉 위험회피관계를 지정한 이후 수익을 인식할 때까지의 환율 변동으로 인한 가치변동)만을 인식한다.

- 이와 비슷하게, 순포지션이 영(0)이라면 발생할 가능성이 매우 큰 예상매출의 외화가치변동 중 외화위험과 관련된 부분과 발생할 가능성이 매우 큰 예상매입의 가치변동 중 외화위험과 관련된 부분을 비교한다. 그러나 관련된 예상거래를 재무제표에 인식하는 시점에만 그러한 금액을 인식한다. *[K-IFRS 1109 B6.6.10]*

2.4. 위험회피대상항목으로 지정된 항목 집합의 계층

- 문단 B6.3.19와 같은 이유로, 존재하는 항목 집합의 계층 구성요소를 지정하는 경우에는 항목 집합의 명목금액을 식별하여 위험회피된 계층 구성요소를 정의해야 한다. *[K-IFRS 1109 B6.6.11]*
- 하나의 위험회피관계가 몇 개의 다른 항목 집합의 계층들을 포함할 수 있다. 예를 들면 자산 집합과 부채 집합의 순포지션을 위험회피하는 경우의 위험회피관계는 해당 자산 집합의 특정 계층 요소와 해당 부채 집합의 특정 계층요소의 조합으로 구성될 수 있다. *[K-IFRS 1109 B6.6.12]*

2.5. 위험회피수단의 손익 표시

- 현금흐름위험회피에서 항목들이 집합 단위로 위험회피되는 경우에, 위험회피되는 항목들은 포괄손익계산서의 다른 여러 항목들에 영향을 미칠 수 있다. 포괄손익계산서에 위험회피손익을 표시하는 방법은 관련 항목들의 집합에 따라 다르다. *[K-IFRS 1109 B6.6.13]*
- 항목들의 집합이 상쇄되는 위험포지션을 포함하고 있지 아니하면(예 외화위험에 대하여 위험회피되는 외화 비용의 집합으로서 포괄손익계산서의 여러 항목에 영향을 미치는 경우) 재분류되는 위험회피수단의 손익은 위험회피대상항목에 따라 영향을 받는 항목들에 배분한다. 이러한 배분은 체계적이고 합리적인 근거에 따르며 단일의 위험회피수단에서 생긴 순손익을 이익과 손실로 총액 계상하게 되어서는 안 된다. *[K-IFRS 1109 B6.6.14]*
- 항목들의 집합이 상쇄되는 위험포지션을 포함하고 있다면(예 외화위험에 대하여 함께 위험회피되는 외화 표시 매출과 비용의 집합) 포괄손익계산서에 별도 항목으로 위험회피손익을 표시한다. 예를 들어, 외화 매출 FC100과 외화 비용 FC80의 순포지션의 외화위험을 선도환계약 FC20을 사용하여 위험회피하는 경우를 생각해 보자. 순포지션이 당기손익에 영향을 미치는 시점에 현금흐름위험회피적립금에서 당기손익으로 재분류되는 선도환계약의 손익은 위험

회피되는 매출 및 비용과 구분하여 별도의 항목으로 표시한다. 그 뿐만 아니라, 매출이 비용보다 더 이른 시기에 생긴다면 매출 수익은 여전히 K-IFRS 1021에 따라 현물환율로 측정한다. 순포지션을 위험회피한 효과가 당기손익에 반영되도록 하는 관련된 위험회피손익은 별도 항목으로 표시하고 이를 현금흐름위험회피적립금에서 조정한다. 이후 기간에 위험회피된 비용이 당기손익에 영향을 미치는 시점에는 매출과 관련하여 현금흐름위험회피적립금에 이미 인식한 위험회피손익을 당기손익으로 재분류하여 위험회피된 비용(K-IFRS 1021에 따라 현물환율로 측정)을 포함하는 항목과는 구분하여 별도 항목으로 표시한다. *[K-IFRS 1109 B6.6.15]*

- 일부 유형의 공정가치위험회피의 경우에는 위험회피의 목적은 주로 위험회피대상항목의 공정가치변동을 상쇄하는 것이 아니라 위험회피대상항목의 현금흐름을 전환하는 것이다. 예를 들면 이자율스왑을 사용해 고정금리 채무상품의 이자율 변동으로 생기는 공정가치위험을 회피한다. 기업의 위험회피 목적은 고정금리 현금흐름을 변동금리 현금흐름으로 전환하는 것이다. 이러한 목적은 이자율스왑에서 생긴 순이자발생액을 당기손익에 누적시킴으로써 위험회피관계의 회계처리에 반영된다. 순포지션(예 고정금리 자산과 고정금리 부채의 순포지션)에 대한 위험회피의 경우 이 순이자발생액은 포괄손익계산서에 별도 항목으로 표시하여야 한다. 이것은 단일 금융상품의 순손익을 상계되는 이익과 손실로 총액 계상하여 각각 별도의 항목으로 인식하는 것을 막으려는 것이다(예 이로써 단일의 이자율스왑의 순이자 수취액을 총 이자수익과 총 이자비용으로 각각 총액 계상하지 않게 된다). *[K-IFRS 1109 B6.6.16]*

3 명목금액의 구성요소에 대한 지정

- 적격한 항목 집합의 비례적 부분인 구성요소는 위험회피대상항목으로 지정하는 것이 기업의 위험관리목적과 일치한다면 적격한 위험회피대상항목이다. *[K-IFRS 1109 문단 6.6.2]*
- 전체 항목 집합의 계층 구성요소(예 하부계층)는 다음의 경우에 모두 해당하는 경우에만 위험회피회계를 적용할 수 있다. *[K-IFRS 1109 문단 6.6.3]*

(1) 별도로 식별할 수 있고 신뢰성 있게 측정할 수 있다.

(2) 위험관리목적이 계층 구성요소의 위험을 회피하는 것이다.

(3) 식별되는 계층이 포함되는 전체 집합 내의 항목은 같은 회피대상위험에 노출되어 있다(따라서 전체 집합의 특정 항목이 위험회피대상 계층의 일부를 구성한다는 것이 위험회피대상 계층의 측정에 유의적인 영향을 미치지 않는다).

(4) 기존 항목(예 인식되지 않은 확정계약이나 인식된 자산)의 위험회피의 경우에는 정의된 위험회피대상 계층이 포함된 전체 항목 집합을 식별하고 추적할 수 있다(따라서 조건을 충족하는 위험회피관계에 대한 회계처리 관련 요구사항을 따를 수 있다).

(5) 조기상환옵션을 포함하는 집합 내 항목은 명목금액의 구성요소와 관련된 요구사항을 충족한다(K-IFRS 1109 문단 B6.3.20 참조).

4 표 시

- 위험이 상쇄되는 포지션(즉, 순포지션)을 갖는 항목 집합에 대한 위험회피에서는 회피대상위험이 포괄손익계산서의 여러 항목에 영향을 미치며 위험회피 손익은 위험회피대상항목에 영향을 받는 항목과는 별도로 표시한다. 이에 따라, 포괄손익계산서상의 위험회피대상항목 그 자체와 관련된 항목(예 수익이나 매출원가)의 금액은 영향을 받지 않는다. *[K-IFRS 1109 문단 6.6.4]*
- 자산과 부채를 집합으로 구성하여 공정가치위험회피를 하는 경우에는 K-IFRS 1109 문단 6.5.8(2)에 따라 집합을 구성하는 개별 자산과 부채의 손익은 재무상태표에 각각의 개별 항목의 장부금액에서 조정하여 인식한다. *[K-IFRS 1109 문단 6.6.5]*

5 순포지션이 영(0)인 경우

- 순포지션이 영(0)인 집합이 위험회피대상항목인 경우(집합 단위로 관리되는 위험회피대상항목들의 위험이 완전히 상쇄되는 경우)에는 다음의 조건을 모두 충족한다면 위험회피수단을 포함하지 않는 위험회피관계로 지정할 수 있다. *[K-IFRS 1109 문단 6.6.6]*
  (1) 위험회피가 계속되는 순위험회피전략의 일부로써 시간의 경과에 따라 같은 형태의 새로운 포지션의 위험을 같은 위험회피전략을 사용하여 정기적으로 회피한다(예 기업이 위험회피를 하는 기간에 거래가 계속 발생할 경우).
  (2) 계속되는 순위험회피전략이 진행되는 기간에 위험회피되는 순포지션의 크기가 달라지는데, 기업이 그 순위험을 회피하기 위해 적격한 위험회피수단을 사용한다(순포지션이 영(0)이 아닌 경우).
  (3) 순포지션이 영(0)이 아니고 적격한 위험회피수단으로 순포지션의 위험을 회피하는 경우 일반적으로 위험회피회계를 적용한다.
  (4) 영(0)의 순포지션에 위험회피회계를 적용하지 않으면 불일치의 회계 결과가 발생한다. 왜냐하면 그 경우 순포지션에 위험회피회계를 적용하면 인식하는 위험 포지션의 상쇄효과를 인식하지 않게 되기 때문이다.

08 신용 익스포저를 당기손익-공정가치 측정 항목으로 지정할 수 있는 선택권

1 신용 익스포저를 당기손익-공정가치 측정 항목으로 지정하기 위한 조건

• 금융상품의 전부나 일부의 신용위험(신용 익스포저)을 관리하기 위하여 당기손익-공정가치 측정 신용파생상품을 사용하는 경우에 다음의 조건을 모두 충족한다면 그렇게 관리하는 금융상품의 전부나 비례적 일부를 당기손익-공정가치 측정 항목으로 지정할 수 있다. *[K-IFRS 1109 문단 6.7.1]*

(1) 신용 익스포저의 이름(예 차입자나 대출약정 보유자)이 신용파생상품의 준거 기업과 일치한다('명의의 일치').

(2) 금융상품의 상환 순위가 신용파생상품에 따라 인도될 수 있는 금융상품의 상환 순위와 일치한다.

신용위험이 관리되는 금융상품이 K-IFRS 1109의 적용범위에 포함되는지와 상관없이 지정할 수 있다(예 K-IFRS 1109의 적용범위에 포함되지 않는 대출약정을 지정할 수 있다). 최초 인식시점이나 후속적으로 금융상품을 지정할 수 있으며 금융상품이 인식되지 않은 상태에서도 지정할 수 있다. 이러한 지정은 지정과 동시에 문서화하여야 한다.

2 당기손익-공정가치 측정 항목으로 지정된 신용 익스포저의 회계처리

• 금융상품을 최초 인식 후에 K-IFRS 1109 문단 6.7.1에 따라 당기손익-공정가치 측정 항목으로 지정하거나 과거 인식하지 않았다면, 지정 시점의 장부금액과 공정가치의 차이는 즉시 당기손익으로 인식한다. K-IFRS 1109 문단 4.1.2A에 따라 기타포괄손익-공정가치 측정 금융자산의 경우에는 기타포괄손익에 이미 인식한 누적손익은 재분류조정으로 자본에서 당기손익으로 즉시 재분류한다. *[K-IFRS 1109 문단 6.7.2]*

• 다음에 모두 해당되는 경우에는 신용위험을 유발한 금융상품이나 그 금융상품의 비례적 부분을 당기손익-공정가치로 측정하는 것을 중단한다. *[K-IFRS 1109 문단 6.7.3]*

(1) K-IFRS 1109 문단 6.7.1의 적용조건을 더 이상 충족하지 못한다. 예를 들면 다음과 같다.

(가) 신용파생상품이나 신용위험을 유발하는 관련 금융상품이 소멸, 매각, 종료, 결제된 경우 또는

(나) 해당 금융상품의 신용위험이 더 이상 신용파생상품으로 관리되지 않는 경우. 예를 들

면, 차입자 또는 대출약정 보유자의 신용도가 개선되거나 기업에 부과된 자본 관련 요구사항이 변동된 경우가 이에 해당할 수 있다.

(2) 신용위험을 유발한 금융상품을 당기손익-공정가치로 측정하여야 하는 그 밖의 사유가 없다(K-IFRS 1109 문단 4.4.1에 따른 재분류가 필요한 사업모형의 변경이 그동안 없었다).

• 신용위험을 유발하는 금융상품이나 그러한 금융상품의 비례적 부분을 당기손익-공정가치로 측정하는 것을 중단하는 경우에 중단한 날의 그 금융상품의 공정가치가 새로운 장부금액이 된다. 후속적으로는, 금융상품을 당기손익-공정가치로 측정하도록 지정하기 이전에 사용했던 방법과 같은 측정방법을 적용(새로운 장부금액의 상각을 포함)한다. 예를 들면, 처음에 상각후원가로 측정하는 항목으로 분류했던 금융상품은 원래의 측정방법으로 측정하며 유효이자율은 당기손익-공정가치로의 측정을 중단한 날의 새로운 총 장부금액을 기초로 다시 계산한다. *[K-IFRS 1109 문단 6.7.4]*

제 09 장
K-IFRS 1107 금융상품 공시

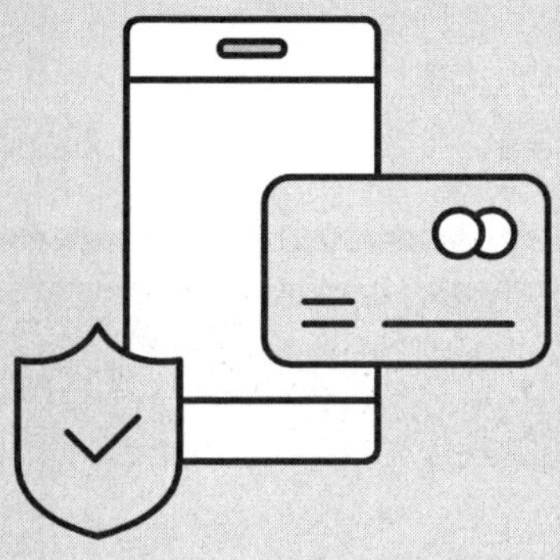

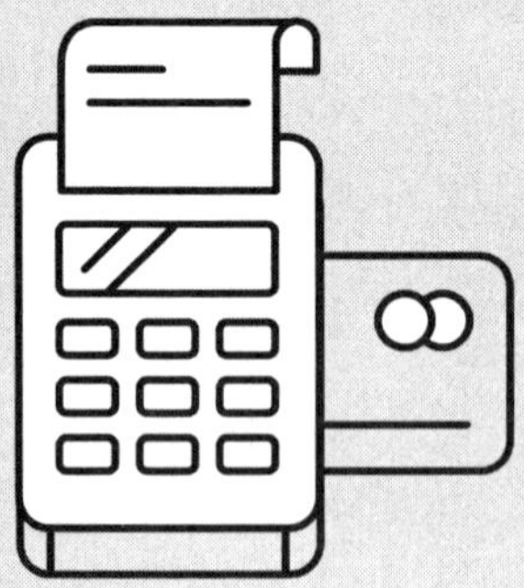

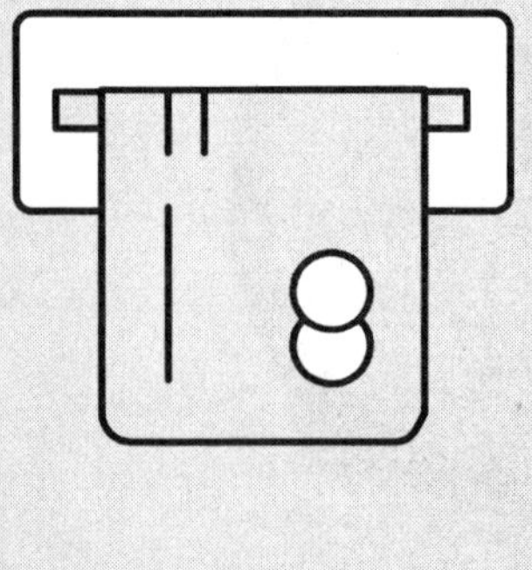

01
금융상품 공시의 개요

1 금융상품 공시의 목적

- K-IFRS 1107의 목적은 재무제표이용자가 다음 사항을 평가할 수 있도록 금융상품의 공시에 필요한 사항을 정하는 것이다. *[K-IFRS 1107 문단 1]*
  (1) 기업의 재무상태와 재무성과에 미치는 금융상품의 유의성
  (2) 보고기간 말 현재와 회계기간에 노출되는, 금융상품에서 생기는 위험의 특성 및 정도와 기업이 그 위험을 관리하는 방법

2 금융상품 공시의 적용범위

- K-IFRS 1107은 **다음을 제외한 모든 유형**의 금융상품에 적용한다. *[K-IFRS 1107 문단 3]*
  (1) K-IFRS 1110 '연결재무제표', K-IFRS 1027 '별도재무제표', K-IFRS 1028 '관계기업과 공동기업에 대한 투자'에 따라 회계처리하는 종속기업, 관계기업, 공동기업 투자지분. 그러나 K-IFRS 1110, 1027, 1028에서 K-IFRS 1109를 적용하여 회계처리하도록 요구하거나 허용하는 경우도 있다. 이 경우에는 K-IFRS 1107의 규정을 적용하고, 공정가치로 측정하는 해당 투자지분에는 K-IFRS 1113 '공정가치 측정'의 규정을 적용한다. 종속기업, 관계기업, 공동기업 투자지분에 연계된 파생상품 중 K-IFRS 1032에서 정의하는 지분상품에 해당되지 않는 모든 파생상품에도 이 기준서를 적용한다.
  (2) K-IFRS 1019 '종업원급여'가 적용되는 종업원급여제도에 따른 사용자의 권리와 의무
  (3) K-IFRS 1104 '보험계약'에서 정의하고 있는 보험계약. 다만, 보험계약에 내재된 파생상품으로서 K-IFRS 1109에 따라 분리하여 회계처리하는 경우에는 K-IFRS 1107을 적용한다. 또한, 발행자가 금융보증계약의 인식과 측정에 K-IFRS 1109를 적용한다면, 그 계약에는 K-IFRS 1107을 적용한다. 그러나 K-IFRS 1104의 문단 4(4)에 따라 발행자가 K-IFRS 1104를 적용하여 금융보증계약을 인식하고 측정하기로 선택한 경우에는 K-IFRS 1104를 적용한다.
  (4) K-IFRS 1102 '주식기준보상'이 적용되는 주식기준보상거래에 따른 금융상품, 계약 및 의무. 다만, K-IFRS 1109 적용대상인 계약에는 K-IFRS 1107을 적용한다.

(5) K-IFRS 1032 문단 16A·16B나 문단 16C·16D에 따라 지분상품으로 분류해야 하는 금융상품

- K-IFRS 1107은 **인식된 금융상품**과 **인식되지 않은 금융상품**에 적용한다. 인식된 금융상품에는 K-IFRS 1109를 적용하는 금융자산 및 금융부채가 포함되고, **인식되지 않은 금융상품에는 K-IFRS 1109의 적용범위에서는 벗어나더라도, K-IFRS 1107의 적용범위에 포함되는 금융상품이 포함된다.** *[K-IFRS 1107 문단 4]*
- K-IFRS 1107은 **비금융항목을 매입하거나 매도하는 계약 중 K-IFRS 1109의 적용범위에 포함되는 계약**에 적용한다. *[K-IFRS 1107 문단 5]*
- K-IFRS 1107 문단 35A~35N의 신용위험 공시 요구사항은 K-IFRS 1115 '고객과의 계약에서 생기는 수익'에서 정하는 권리에 대해 손상차손(환입)을 인식하기 위하여 K-IFRS 1109에 따라 회계처리하는 그러한 권리에 적용한다. 이 문단에서 금융자산이나 금융상품은 구체적으로 정한 바가 없는 한 이 권리를 포함한다. *[K-IFRS 1107 문단 5A]*

3 금융상품 공시와 관련된 용어의 정의

□ 신용위험

- 금융상품의 당사자 중 일방이 의무를 이행하지 않아 상대방에게 재무손실을 입힐 위험

□ 시장위험

- 시장가격의 변동으로 인하여 금융상품의 공정가치나 미래현금흐름이 변동할 위험. 시장위험은 (1) 환위험, (2) 이자율위험 및 (3) 기타 가격위험의 세 유형의 위험으로 구성된다.

□ 환위험

- 환율의 변동으로 인하여 금융상품의 공정가치나 미래현금흐름이 변동할 위험

□ 이자율위험

- 시장이자율의 변동으로 인하여 금융상품의 공정가치나 미래현금흐름이 변동할 위험

□ 그 밖의 가격위험

- 이자율위험이나 환위험 이외의 시장가격의 변동으로 인하여 금융상품의 공정가치 또는 미래현금흐름이 변동할 위험. 다만, 이러한 변동은 개별 금융상품 또는 발행자에게 특수한 요인에 의하여 발생될 수 있고, 시장에서 거래되는 모든 유사한 금융상품에 영향을 주는 요인에 의하여 발생될 수도 있다.

❑ 유동성위험

- 기업이 현금이나 금융자산을 인도하여 결제하는 금융부채에 관련된 의무를 충족하는 데 어려움을 겪게 될 위험

❑ 신용위험등급

- 금융상품에서 생기는 채무불이행 위험에 근거한 신용위험의 순위

❑ 차입금

- 차입금은 금융부채로서 정상적인 신용조건상의 단기 매입채무를 제외한다.

02
금융상품 공시의 체계

1 금융상품 종류와 공시수준

1.1. 금융상품의 특정 및 성격에 적합하도록 분류

- K-IFRS 1107에 따라 금융상품을 종류별로 공시하는 경우에는 **공시하는 정보의 특성에 맞게, 금융상품의 특성을 고려하여 금융상품을 종류별로 분류**하여야 한다. 재무상태표에 표시하는 개별 항목과 대조할 수 있도록 정보를 충분히 제공하여야 한다. *[K-IFRS 1107 문단 6]*
- 상기에서 기술한 금융상품의 종류는 **기업이 결정하는 것**이므로, **K-IFRS 1109(금융상품의 측정방법과 공정가치 변동의 인식방법을 결정하는 기준)에서 규정하고 있는 금융상품의 범주와는 구별된다.** *[K-IFRS 1107 B1]*

1.2. 공시수준

- 금융상품의 종류를 결정할 때에는 최소한 다음 사항을 고려하여야 한다. *[K-IFRS 1107 B2]*
  (1) **상각후원가**로 측정하는 금융상품과 **공정가치**로 측정하는 금융상품을 **구분**한다.
  (2) **K-IFRS 1107의 적용범위에서 벗어나는 금융상품**은 다른 종류로 처리한다.

보충설명 분류와 공시수준의 정도

> 기업은 주어진 상황에서 K-IFRS 1107의 규정을 충족하기 위해 얼마나 공시를 상세히 할 것인지, 규정들의 각각 다른 측면을 얼마나 강조할 것인지와 특성이 다른 정보를 결합하지 않으면서 전체적인 개요를 보여주기 위하여 어떻게 정보를 통합할 것인지를 결정한다. **재무제표이용자에게 도움이 되지 않을 수 있는 지나치게 상세한 내용으로 재무제표를 과중하게 하는 것과 지나치게 항목을 통합하여 중요한 정보를 이해하기 어렵게 하는 것 사이에서 균형을 유지할 필요가 있다.** 예를 들면 **경미한 세부항목들이 집계된 금액에 중요한 정보를 포함하여 중요한 정보를 이해하기 어렵게 해서는 아니 된다.** 마찬가지로 정보를 **지나치게 통합하여 개별 거래 사이의 중요한 차이나 관련 위험의 중요한 차이를 이해하기 어렵게 해서는 아니 된다.** *[K-IFRS 1107 B3]*

사 례 금융상품 분류 공시 – 제조회사

• A회사의 2X09년 12월 31일과 2X08년 12월 31일 현재 원가(또는 상각후원가)로 측정하는 금융자산과 금융부채의 장부금액과 공정가치는 다음과 같다.

(단위 : 백만원)	2X09년 12월 31일		2X08년 12월 31일	
	공정가치	장부금액	공정가치	장부금액
원가(상각후원가)로 측정하는 금융자산				
현금및현금성자산	10,214	10,214	8,121	8,121
매도가능금융자산 주1)	–	710	–	1,131
매출채권 및 기타 수취채권	18,428	18,428	20,645	20,645
기타 비파생금융자산	2,632	2,632	3,144	3,144
원가(상각후원가)로 측정하는 금융부채				
매입채무	8,497	8,497	10,241	10,241
금융기관 차입금	13,238	13,157	8,335	8,051
사채	1,831	1,823	3,645	3,631
금융리스부채	317	317	353	353
기타 비파생금융부채	746	746	918	918

회사의 분류별 공시

주1) 매도가능금융자산 중에는 비상장주식이 포함되어 있으며 이 비상장주식의 공정가치는 신뢰성 있게 측정할 수 없었으므로 원가로 인식하였다.

2 재무상태와 경영성과에 대한 금융상품의 중요성

• 재무제표이용자가 기업의 재무상태와 재무성과에 미치는 금융상품의 유의성을 평가할 수 있도록 정보를 공시한다. *[K-IFRS 1107 문단 7]*

2.1. 재무상태표

2.1.1. 금융자산과 금융부채의 범주(분류)

• K-IFRS 1109에서 정의한 다음의 각 범주별 장부금액을 재무상태표나 주석에 공시한다.

(1) 당기손익-공정가치 측정 금융자산은 다음과 같이 구분하여 별도로 각각 표시한다.

(가) K-IFRS 1109 문단 6.7.1에 따라 최초 인식시점이나 후속적으로 당기손익-공정가치 측정 항목으로 지정한 금융자산

(나) K-IFRS 1109에 따라 의무적으로 당기손익-공정가치로 측정하는 금융자산

(2) 당기손익-공정가치 측정 금융부채는 다음과 같이 구분하여 별도로 각각 표시한다.

(가) K-IFRS 1109 문단 6.7.1에 따라 최초 인식시점이나 후속적으로 당기손익-공정가치

측정 항목으로 지정한 금융부채

(나) K-IFRS 1109에 따라 단기매매의 정의를 충족하는 금융부채

(3) 상각후원가 측정 금융자산

(4) 상각후원가 측정 금융부채

(5) 기타포괄손익-공정가치 측정 금융자산은 다음과 구분하여 별도로 각각 표시한다.

(가) K-IFRS 1109 문단 4.1.2A에 따라 기타포괄손익-공정가치로 측정하는 금융자산

(나) K-IFRS 1109에 따라서 최초 인식시점에 기타포괄손익-공정가치 측정 항목으로 지정한 지분상품에 대한 투자 *[K-IFRS 1107 문단 8]*

2.1.2. 당기손익-공정가치 측정 금융자산이나 금융부채

- 기업이 금융자산(또는 금융자산의 집단)을 기타포괄손익-공정가치나 상각후원가로 측정하지 않고 당기손익-공정가치 측정 항목으로 지정한다면 다음 사항을 공시한다. *[K-IFRS 1107 문단 9]*

(1) 보고기간 말 현재 금융자산(또는 금융자산의 집합)의 신용위험에 대한 최대 익스포저 (K-IFRS 1109 문단 36(1) 참조)

(2) 관련 신용파생상품이나 이와 비슷한 금융상품이 신용위험에 대한 최대 익스포저를 줄이는 금액

(3) 회계기간 중 신용위험의 변동으로 생긴 금융자산(또는 금융자산의 집합)의 공정가치 변동금액과 변동누계액. 이는 다음 중 하나의 금액으로 결정한다.

(가) 시장위험을 일으키는 시장상황의 변동에 기인하지 않은 공정가치 변동금액

(나) 해당 자산의 신용위험의 변동이 원인인 공정가치 변동금액을 더 충실하게 나타낼 수 있다고 판단하는 대체 방법을 사용하여 산출한 금액

시장위험을 일으키는 시장상황의 변동에는 관측된 (기준)금리, 일반상품가격, 환율, 가격 또는 비율의 지수 등의 변동이 포함된다.

(4) 금융자산이 지정된 이후의 해당기간에 생긴 관련 신용파생상품이나 이와 비슷한 금융상품의 공정가치 변동금액과 변동누계액

- K-IFRS 1109 문단 4.2.2에 따라 금융부채를 당기손익-공정가치 측정 항목으로 지정하고 그 부채의 신용위험의 변동효과를 기타포괄손익에 표시하도록 요구된다면 다음 사항을 공시한다. *[K-IFRS 1107 문단 10]*

(1) 금융부채의 신용위험 변동으로 생긴 해당 금융부채의 공정가치 변동금액과 변동누계액

(2) 금융부채의 장부금액과 계약조건에 따라 채권자에게 만기에 상환할 금액과의 차이

(3) 보고기간에 자본 내에서 대체된 누적손익과 그러한 대체의 이유

(4) 보고기간에 부채를 제거하였다면 제거로 실현되어 기타포괄손익에 표시한 금액

- K-IFRS 1109 문단 4.2.2에 따라 금융부채를 당기손익-공정가치 측정 항목으로 지정하고 그 부채의 공정가치의 모든 변동(그 부채의 신용위험 변동효과 포함)을 당기손익으로 표시하도록 요구된다면 다음 사항을 공시한다. *[K-IFRS 1107 문단 10A]*
  (1) 보고기간에 금융부채의 신용위험의 변동으로 생긴 해당 금융부채의 공정가치 변동금액과 변동누계액
  (2) 금융부채의 장부금액과 계약조건에 따라 채권자에게 만기에 상환할 금액과의 차이
- 다음 사항을 공시한다. *[K-IFRS 1107 문단 11]*
  (1) K-IFRS 1107 문단 9(3), 10(1), 10A(1), K-IFRS 1109 문단 5.7.7(1)에 따르기 위해 사용한 방법의 자세한 설명과 사용한 방법이 적정한 이유에 대한 설명
  (2) K-IFRS 1107 문단 9(3), 10(1), 10A(1), 또는 K-IFRS 1109 문단 5.7.7(1)을 따르기 위해 재무상태표나 주석에 공시한 사항이 신용위험 변동에서 생기는 금융자산 또는 금융부채의 공정가치 변동을 충실하게 표현하지 못한다고 판단하는 경우에는 이러한 결론을 내린 이유와 목적적합하다고 판단하는 요인
  (3) 부채의 신용위험 변동효과를 기타포괄손익에 표시하는 것이 당기손익의 회계불일치를 일으키거나 확대하는지를 판단하기 위해 사용한 방법을 자세히 설명. 부채의 신용위험 변동효과를 당기손익에 표시하도록 요구한 경우(K-IFRS 1109 문단 5.7.8 참조)에는, K-IFRS 1109 문단 B5.7.6에서 설명한 경제적 관계에 대한 자세한 설명을 공시에 포함해야 한다.

2.1.3. 기타포괄손익–공정가치 측정 항목으로 지정한 지분상품에 대한 투자

- 지분상품에 대한 투자를 K-IFRS 1109 문단 5.7.5에서 허용하는 기타포괄손익-공정가치 측정 항목으로 지정한다면 다음 사항을 공시한다. *[K-IFRS 1107 문단 11A]*
  (1) 지분상품에 대한 투자 중 기타포괄손익-공정가치 측정으로 지정한 항목
  (2) 이 표시 대안을 사용하는 이유
  (3) 해당 투자 각각의 보고기간 말 공정가치
  (4) 보고기간에 인식한 배당금(보고기간에 제거한 지분상품과 관련된 금액과 보고기간 말 현재 보유하고 있는 지분상품과 관련된 금액을 별도로 표시)
  (5) 보고기간에 자본 내에서 대체된 누적손익과 그러한 대체의 이유
- 기타포괄손익-공정가치로 측정하는 지분상품에 대한 투자를 제거하는 경우에는 다음 사항을 공시한다. *[K-IFRS 1107 문단 11B]*
  (1) 지분상품에 대한 투자를 처분하는 이유
  (2) 제거일 현재 지분상품에 대한 투자의 공정가치
  (3) 처분시점의 누적손익

2.1.4. 재분류

- K-IFRS 1109 문단 4.4.1에 따라 당기나 이전 보고기간에 금융자산을 재분류하였다면 재분류한 금융자산을 공시한다. 이러한 사건별로 다음 사항을 공시한다. *[K-IFRS 1107 문단 12B]*
  (1) 재분류일
  (2) 사업모형 변경에 대한 상세한 설명과 그 변경이 기업의 재무제표에 미치는 영향에 대한 질적 설명
  (3) 범주별로 재분류한 금액
- K-IFRS 1109 문단 4.4.1에 따라 당기손익-공정가치 측정 범주에서 상각후원가나 기타포괄손익-공정가치 측정 범주로 재분류한 금융자산에 대해 재분류한 이후 해당 자산을 제거하기 전까지 매 보고기간에 다음 사항을 공시한다. *[K-IFRS 1107 문단 12C]*
  (1) 재분류일에 결정한 유효이자율
  (2) 인식한 이자수익
- 최근의 연차 보고일 이후 금융자산을 기타포괄손익-공정가치 측정 범주에서 상각후원가로 재분류하거나, 당기손익-공정가치 측정 범주에서 상각후원가나 기타포괄손익-공정가치 측정 범주로 재분류한다면, 다음 사항을 공시한다. *[K-IFRS 1107 문단 12D]*
  (1) 보고기간 말 금융자산의 공정가치
  (2) 금융자산을 재분류하지 않았다면 보고기간에 당기손익이나 기타포괄손익으로 인식하였을 공정가치 손익

2.1.5. 금융자산과 금융부채의 상계

- K-IFRS 1107 문단 13B~13E의 공시는 K-IFRS 1107의 다른 공시 규정을 보완한다. K-IFRS 1032 문단 42에 따라 상계되는 인식된 모든 금융상품은 문단 13B~13E의 공시를 해야 한다. 이러한 공시는 인식된 금융상품이 K-IFRS 1032 문단 42에 따라 상계되는지에 상관없이, 집행 가능한 일괄상계약정 또는 이와 비슷한 약정의 대상인 인식된 금융상품에도 적용한다. *[K-IFRS 1107 문단 13A]*
- K-IFRS 1032 문단 42에 따라 상계되는 인식된 모든 금융상품에 대하여 문단 13B~13E에 따라 공시해야 한다. 또 금융상품이 이와 비슷한 금융상품이나 거래에도 적용되는 집행 가능한 일괄상계약정 또는 이와 비슷한 약정의 대상인 경우에는 그러한 금융상품은 K-IFRS 1032 문단 42에 따라 상계되는지에 상관없이, 문단 13B~13E의 적용범위에 포함된다. *[K-IFRS 1107 B40]*
- 문단 13A와 B40에서 언급된 비슷한 약정에는 파생상품청산약정, 국제표준환매약정, 국제표준증권대여약정, 금융담보와 관련된 모든 권리가 포함된다. 문단 B40에서 언급된 비슷한 금

융상품 및 거래에는 파생상품, 환매조건부매도약정, 환매조건부매수약정, 증권차입약정, 증권대여약정이 포함된다. 문단 13A의 적용범위에 포함되지 않는 금융상품의 예로는 같은 금융기관에 있는 대여금·고객예금(재무상태표에서 상계되지 않는 경우)과 담보약정만 적용받는 금융상품이 있다. *[K-IFRS 1107 B41]*

- 상계약정이 기업의 재무상태에 미치는 영향 또는 잠재적 영향을 재무제표 이용자가 평가할 수 있게 하는 정보를 공시한다. 이러한 공시에는 K-IFRS 1107 문단 13A의 적용범위에 포함되는 인식된 금융자산 및 금융부채와 관련된 상계 권리의 영향 또는 잠재적 영향이 포함된다. *[K-IFRS 1107 문단 13B]*
- K-IFRS 1107 문단 13B의 목적을 이루기 위하여, K-IFRS 1107 문단 13A의 적용범위에 포함되는 인식된 금융자산 및 금융부채 각각에 대해 다음의 양적정보를 보고기간 말에 공시한다. *[K-IFRS 1107 문단 13C]*

  (1) 인식된 해당 금융자산 및 금융부채의 총액

  (2) 재무상태표에 표시되는 순액을 결정할 때에 K-IFRS 1032 문단 42의 기준에 따라 상계된 금액

  (3) 재무상태표에 표시된 순액

  (4) 집행 가능한 일괄상계약정 또는 이와 비슷한 약정의 대상인 금액(문단 13C(2)에 포함되는 금액은 제외). 다음을 포함한다.

    (가) K-IFRS 1032 문단 42의 상계기준 중 일부나 모두를 충족하지 못하는 인식된 금융상품과 관련된 금액

    (나) 금융담보(현금담보 포함)와 관련된 금액

  (5) 위의 (3)의 금액에서 (4)의 금액을 차감한 후의 순액

  이 문단에서 요구하는 정보는 다른 형식이 더 적절하지 않다면, 금융자산과 금융부채로 구분하여 표 형식으로 표시한다.
- 문단 13C에 따라 공시하는 금융상품은 서로 다른 측정 규정을 따를 수도 있다(예를 들면, 재매입약정과 관련된 채무는 상각후원가로 측정할 수도 있지만 파생상품은 공정가치로 측정할 것이다). 금융상품은 인식된 금액에 포함하고 이에 따른 측정의 차이는 관련 공시에서 설명한다. *[K-IFRS 1107 B42]*
- 문단 13C(1)에서 요구하는 금액은 K-IFRS 1032 문단 42에 따라 상계되는 인식된 금융상품과 관련이 있다. 문단 13C(1)에서 요구하는 금액은 상계기준을 충족하는지에 상관없이 집행 가능한 일괄상계약정 또는 이와 비슷한 약정의 대상인 인식된 금융상품과도 관련이 있다. 그러나 문단 13C(1)에서 요구하는 공시는 K-IFRS 1032 문단 42의 상계기준을 충족하지 못하는 담보약정의 결과로 인식되는 금액과는 관련이 없다. 그 대신에 그러한 금액은 문단 13C(4)에 따라 공시해야 한다. *[K-IFRS 1107 B43]*

- 문단 13C(2)에서는 재무상태표에 표시되는 순액을 결정할 때 K-IFRS 1032 문단 42에 따라 상계되는 금액을 공시할 것을 요구한다. 같은 약정에 따라 상계되는 인식된 금융자산 및 금융부채의 금액은 모두 각각 금융자산의 공시와 금융부채의 공시에 공시될 것이다. 그러나 (예: 표에서) 공시되는 금액은 상계되는 금액을 한도로 한다. 예를 들면, 기업이 K-IFRS 1032 문단 42의 상계기준을 충족하는 인식된 파생상품자산 및 파생상품부채를 보유할 수도 있다. 파생상품자산의 총액이 파생상품부채의 총액보다 많다면, 금융자산을 공시하는 표에는 (문단 13C(1)에 따른) 파생상품자산 전체 금액과 (문단 13C(2)에 따른) 파생상품부채 전체 금액이 포함될 것이다. 그러나 금융부채를 공시하는 표에는 (문단 13(1)에 따른) 파생상품부채 전체 금액이 포함되는 반면, 파생상품부채 금액과 같은 (문단 13C(2)에 따른) 파생상품자산 금액만이 포함될 것이다. *[K-IFRS 1107 B44]*
- (문단 13A에서 규정한) 공시의 적용범위에 포함되지만 기업회계기준서 제1032호 문단 42의 상계기준을 충족하지 못하는 금융상품을 보유하고 있다면, 문단 13C(3)에 따라 공시해야 하는 금액은 문단 13C(1)에 따라 공시해야 하는 금액과 같을 것이다. *[K-IFRS 1107 B45]*
- 문단 13C(3)에 따라 공시해야 하는 금액은 재무상태표에 표시되는 개별 항목의 금액으로 조정을 나타내야 한다. 예를 들면 재무제표의 개별 항목의 금액을 통합하거나 분리하는 편이 더 목적 적합한 정보를 제공한다고 판단한다면, 문단 13C(3)에 따라 통합하거나 분리하여 공시한 금액은 재무상태표에 표시되는 개별 항목의 금액으로 다시 조정을 나타내야 한다. *[K-IFRS 1107 B46]*
- 문단 13C(4)에서는 문단 13C(2)에 포함되지는 않으나 집행 가능한 일괄상계약정 또는 이와 비슷한 약정의 대상인 금액을 공시할 것을 요구한다. 문단 13C(4)(가)에서는 K-IFRS 1032 문단 42의 상계기준의 일부나 전부를 충족하지 못하는 인식된 금융상품과 관련된 금액을 언급하고 있다(예: K-IFRS 1032 문단 42(2)의 상계기준의 일부나 전부를 충족하지 못하는 현행 상계 권리, 거래당사자 중 어느 하나가 채무를 이행하지 못하는 경우나 지급할 수 없거나 파산하는 경우에만 집행 가능하고 행사할 수 있는 조건부 상계 권리). *[K-IFRS 1107 B47]*
- 문단 13C(4)(나)에서는 받거나 제공한 금융담보(현금담보 포함)와 관련된 금액을 언급하고 있다. 기업은 담보로 받거나 제공한 금융상품의 공정가치를 공시해야 한다. 문단 13C(4)(나)에 따라 공시하는 금액은 받거나 제공한 실제 담보와 관련이 있는 것이어야 하고, 그러한 담보를 반환하거나 다시 받기 위하여 인식되는 채무 또는 채권과 관련되어서는 안 된다. *[K-IFRS 1107 B48]*
- 하나의 금융상품에 대하여 K-IFRS 1107 문단 13C(4)에 따라 공시하는 총액은 그 금융상품에 대한 K-IFRS 1107 문단 13C(3)의 금액을 한도로 한다. *[K-IFRS 1107 문단 13D]*
- 문단 13C(4)에 따른 금액을 공시할 때 금융상품별 초과 담보의 영향을 고려하여야 한다. 이를 위해 문단 13C(3)에 따라 공시하는 금액에서 문단 13C(4)(가)에 따라 공시하는 금액을 먼저 차감해야 한다. 그 후 관련 금융상품에 대하여 문단 13C(4)(나)에 따라 공시하는 금액은 문단 13C(3)의 남은 금액을 한도로 한다. 그러나 담보권을 여러 금융상품에 대해 집행할 수 있다

면, 그러한 권리는 문단 13D에 따라 제공하는 공시에 포함될 수 있다. *[K-IFRS 1107 B49]*

- K-IFRS 1107 문단 13C(4)에 따라 공시하는, 집행 가능한 일괄상계약정 또는 이와 비슷한 약정의 대상인 인식된 금융자산 · 금융부채와 관련된 상계 권리에 대한 설명(이러한 권리의 특성 포함)을 공시사항에 포함한다. *[K-IFRS 1107 문단 13E]*
- 문단 13C(4)에 따라 공시하는 상계 권리 및 이와 비슷한 약정의 유형(그러한 권리의 특성 포함)을 설명해야 한다. 예를 들면, 기업의 조건부권리를 설명하여야 한다. 미래 사건에 좌우되지 않지만 K-IFRS 1032 문단 42의 나머지 기준을 충족하지 못하는 상계 권리의 대상인 금융상품의 경우에는 이 기준을 충족하지 못하는 이유를 설명한다. 받거나 제공한 모든 금융담보의 경우에는 담보약정의 조건(예: 담보가 제한되는 경우)을 설명한다. *[K-IFRS 1107 B50]*
- 문단 13C(1)~(5)에서 요구하는 양적 공시는 금융상품 또는 거래의 유형(예: 파생상품, 재매입약정·재매도약정, 증권차입약정·증권대여약정)별로 분류할 수도 있다. *[K-IFRS 1107 B51]*
- 그렇지 않으면 문단 13C(1)~(3)에서 요구하는 양적 공시는 금융상품 유형에 따라 분류하고, 문단 13C(3)~(5)에서 요구하는 양적 공시는 거래상대방에 따라 분류할 수도 있다. 요구하는 정보를 거래상대방별로 제공하는 경우에는 거래상대방을 명칭에 따라 식별할 필요는 없다. 그러나 표시되는 회계연도마다 비교 가능성을 유지하기 위하여 매년 일관되게 거래상대방을 지정(예: 거래상대방 A, 거래상대방 B, 거래상대방 C 등)하여야 한다. 거래상대방의 유형에 관하여 추가 정보를 제공할 수 있도록 질적 정보를 고려해야 한다. 문단 13C(3)~(5)의 금액 공시를 거래상대방별로 제공하는 경우에는 총 거래상대방금액에서 개별적으로 유의적인 금액은 별도로 공시하고, 나머지 개별적으로 경미한 거래상대방금액은 하나의 항목으로 통합한다. *[K-IFRS 1107 B52]*
- 문단 13C~13E에서 요구하는 특정 공시는 최소한의 요구사항이다. 문단 13B의 목적을 이루기 위하여, 집행 가능한 일괄상계약정 및 관련 약정의 조건에 따라, 상계 권리의 특성과 상계 권리가 기업의 재무상태에 미치는 영향 또는 잠재적 영향을 포함한 추가적 (질적) 공시로 그 공시를 보완할 필요가 있을 수 있다. *[K-IFRS 1107 B53]*
- K-IFRS 1107 문단 13B~13E에서 요구하는 정보가 재무제표에 대한 둘 이상의 주석에 공시된다면, 그 주석끼리 서로 참조하였음을 표시한다. *[K-IFRS 1107 문단 13F]*

사 례 문단 13C의 사례 *[K-IFRS 1107 IG40D]*

배경

기업은 집행 가능한 일괄상계약정 또는 이와 비슷한 약정의 대상인 거래를 다음과 같은 거래상대방과 체결하였다. 기업은 문단 13A 공시 규정의 적용범위를 충족하는 이러한 거래에서 생기는 다음과 같은 인식된 금융자산 및 금융부채를 보유하고 있다.

거래상대방 A:
기업은 거래상대방 A에 대하여 기업회계기준서 제1032호 문단 42의 상계기준을 충족하는 파생상품자산(공정가치 100백만원)과 파생상품부채(공정가치 80백만원)를 보유하고 있다. 따라서 총파생상품부채는 총파생상품자산과 상계되어 기업의 재무상태표에 20백만원의 순파생상품자산을 표시하게 된다. 순파생상품자산의 일부에 대하여 거래상대방에게서 현금담보(10백만원)를 받았다. 10백만원의 현금담보는 기업회계기준서 제1032호 문단 42의 상계기준을 충족하지 못하지만, 채무불이행과 지급불능 또는 파산의 경우에 관련 담보약정에 따라 파생상품자산과 파생상품부채의 순액에 대하여 상계할 수 있다.

거래상대방 B:
기업은 거래상대방 B에 대하여 기업회계기준서 제1032호 문단 42의 상계기준을 충족하지는 못하지만 채무불이행과 지급불능 또는 파산의 경우에 기업이 상계할 권리를 가지는 파생상품자산(공정가치 100백만원)과 파생상품부채(공정가치 80백만원)를 보유하고 있다. 따라서 파생상품자산(100백만원)의 총액과 파생상품부채의 총액(80백만원)은 기업의 재무상태표에 별도로 표시한다. 또 파생상품자산과 파생상품부채의 순액(20백만원)에 대하여 거래상대방 B에게서 현금담보를 받았다. 현금담보 20백만원은 기업회계기준서 제1032호 문단 42의 상계기준을 충족하지 못하지만, 관련 담보약정에 따라 채무불이행과 지급불능 또는 파산의 경우에 파생상품자산과 파생상품부채의 순액에 대하여 상계할 수 있다.

거래상대방 C:
기업은 거래상대방 C와 담보부차입으로 회계처리되는 환매조건부매도약정을 체결하였다. 이 거래에서 기업이 제공한 담보로 사용하는 금융자산(채권)의 장부금액은 79백만원이며, 공정가치는 85백만원이다. 담보부차입(환매조건부매도약정 부채)의 장부금액은 80백만원이다.
기업은 거래상대방 C와 담보부대출로 회계처리되는 환매조건부매수약정도 체결하였다. 담보로 받은 (그리고 기업의 재무상태표에 인식되지 아니하는) 금융자산(채권)의 공정가치는 105백만원이다. 담보부대출(환매조건부매수약정 채권)의 장부금액은 90백만원이다.
이 거래는 채무불이행과 지급불능 또는 파산의 경우에만 상계 권리를 가지며 이에 따라 기업회계기준서 제1032호 문단 42의 상계기준을 충족하지 못하는 국제표준환매약정을 적용받는다. 따라서 관련 환매조건부매도약정 부채와 환매조건부매수약정 채권은 기업의 재무상태표에 별도로 표시한다.

사 례 문단 13C(1)~(5)의 사례 *[K-IFRS 1107 IG40D]*

상계되는 금융자산, 집행 가능한 일괄상계약정 및 이와 비슷한 약정의 대상인 금융자산

(단위: 백만원)

20xx년 12월 31일	(1) 인식된 금융자산 총액	(2) 상계되는 인식된 금융부채	(3)=(1)−(2) 재무상태표에 표시되는 금융자산 순액	(4) 재무상태표에서 상계되지 않은 관련 금액		(5)=(3)−(4) 순액
				(4)(가), (4)(나)	(4)(나) 받은	

		총액			금융상품	현금담보	
설명							
파생상품	200	(80)	120	(80)	(30)	10
환매조건부매수, 증권차입 약정, 유사 약정	90	–	90	(90)	–	–
그 밖의 금융상품	–	–	–	–	–	–
합계	290	(80)	210	(170)	(30)	10

상계되는 금융부채, 집행 가능한 일괄상계약정 및 이와 비슷한 약정의 대상인 금융부채

(단위: 백만원)

20xx년 12월 31일	(1) 인식된 금융부채 총액	(2) 상계되는 인식된 금융자산 총액	(3)=(1)-(2) 재무상태표에 표시되는 금융부채 순액	(4) 재무상태표에서 상계되지 않은 관련 금액: (4)(가), (4)(나) 금융상품	(4) 재무상태표에서 상계되지 않은 관련 금액: (4)(나) 제공한 현금담보	(5)=(3)-(4) 순액
설명						
파생상품	160	(80)	80	(80)	–	–
환매조건부매도, 증권대여 약정, 유사 약정	80	–	80	(80)	–	–
그 밖의 금융상품	–	–	–	–	–	–
합계	240	(80)	160	(160)	–	–

상계되는 금융자산, 집행 가능한 일괄상계약정 및 이와 비슷한 약정의 대상인 금융자산

(단위: 백만원)

20xx년 12월 31일	(1) 인식된 금융자산의 총액	(2) 재무상태표에서 상계되는 인식된 금융부채 총액	(3)=(1)-(2) 재무상태표에 표시되는 금융자산 순액
설명			
파생상품	200	(80)	120
환매조건부매수, 증권차입약정, 유사 약정	90	–	90
그 밖의 금융상품	–	–	–
합계	290	(80)	210

집행 가능한 일괄상계약정 및 이와 비슷한 약정의 대상인 거래상대방별 순금융자산

(단위: 백만원)

20xx년 12월 31일	(3) 재무상태표에 표시되는 금융자산의 순액	(4) 재무상태표에서 상계되지 않는 관련 금액: (4)(가), (4)(나) 금융상품	(4) 재무상태표에서 상계되지 않는 관련 금액: (4)(나) 받은 현금담보	(5)=(3)-(4) 순액
거래상대방 A	20	–	(10)	10

거래상대방 B	100	(80)	(20)	–
거래상대방 C	90	(90)	–	–
그 밖의 거래상대방	–	–	–	–
합계	210	(170)	(30)	10

상계되는 금융부채, 집행 가능한 일괄상계약정 및 이와 비슷한 약정의 대상인 금융부채

(단위: 백만원)

20xx년 12월 31일	(1) 인식된 금융부채의 총액	(2) 재무상태표에서 상계되는 인식된 금융자산 총액	(3)=(1)-(2) 재무상태표에 표시되는 금융부채 순액
설명			
파생상품	160	(80)	80
환매조건부매도, 증권대여약정, 유사 약정	80	–	80
그 밖의 금융상품	–	–	–
합계	240	(80)	160

집행 가능한 일괄상계약정 및 이와 비슷한 약정의 대상인 거래상대방별 순금융부채

(단위: 백만원)

20xx년 12월 31일	(3)	(4)		(5)=(3)-(4)
		재무상태표에서 상계되지 않는 관련 금액		
	재무상태표에 표시되는 금융부채의 순액	(4)(가), (4)(나) 금융상품	(4)(나) 제공한 현금담보	순액
거래상대방 A	–	–	–	–
거래상대방 B	80	(80)	–	–
거래상대방 C	80	(80)	–	–
그 밖의 거래상대방	–	–	–	–
합계	160	(160)	–	–

2.1.6. 담보

- 다음 사항을 공시한다. *[K-IFRS 1107 문단 14]*
  (1) 부채나 우발부채에 대한 담보로 제공된 금융자산의 장부금액(K-IFRS 1109의 문단 3.2.23(1)에 따라 재분류된 금액 포함)
  (2) 담보와 관련된 조건
- 담보물 소유자(담보 제공자)가 채무를 이행하지 못하는 경우가 아니더라도 기업이 보유한 담보물(금융자산이나 비금융자산)을 매도하거나 다시 담보로 제공할 수 있는 경우에는 다음 사

항을 공시한다. *[K-IFRS 1107 문단 15]*

(1) 보유하고 있는 담보물의 공정가치

(2) 매도하거나 다시 담보로 제공한 담보물의 공정가치와 이러한 담보물을 반환해야 하는 의무의 유무

(3) 담보물의 사용에 관련된 조건

2.1.7. 대손충당금

- K-IFRS 1109 문단 4.1.2A에 따라 기타포괄손익-공정가치로 측정하는 금융자산의 장부금액은 손실충당금에 의해 감소되지 않으며, 금융자산 장부금액에서 차감하는 형식으로 손실충당금을 재무상태표에 별도로 표시하지 않는다. 그러나 재무제표의 주석에 손실충당금을 공시한다. *[K-IFRS 1107 문단 16A]*

2.1.8. 복수의 내재파생상품을 포함한 복합금융상품

- 부채요소와 자본요소를 모두 포함하는 금융상품을 발행하였고 그 금융상품에 내재된 복수의 파생상품의 가치가 상호의존적인 경우(예 상환 가능한 전환채무상품), 이러한 특성이 존재한다는 사실을 공시한다. *[K-IFRS 1107 문단 17]*

2.1.9. 채무불이행과 계약위반

- 보고기간말 현재 인식된 차입금에 대하여 다음 사항을 공시한다. *[K-IFRS 1107 문단 18]*
  (1) 회계기간 중 이러한 차입금의 원금, 이자, 감채기금, 상환조건의 (채무)불이행 명세
  (2) 보고기간말 현재 채무가 이행되지 않은 차입금의 장부금액
  (3) 재무제표의 발행이 승인되기 전에 (채무)불이행의 해소 여부 또는 차입 조건의 재협상 여부
- 회계기간 중 상기에서 기술한 사항 외에 차입약정상 조건을 위반하여 대여자가 조기상환을 요구할 수 있다면 상기와 같은 정보를 공시한다. 다만, 보고기간말 말이나 그 전에 계약 위반 상태가 **해소되거나 차입조건을 재협상한 경우에는 그러하지 아니한다.** *[K-IFRS 1107 문단 19]*

2.2. 포괄손익계산서

2.2.1. 수익·비용·손익의 항목

- 다음과 같은 수익, 비용 또는 손익의 항목을 포괄손익계산서 또는 주석에 공시한다.
  (1) 다음과 같은 금융상품 범주별 순손익
    (가) K-IFRS 1109 문단 6.7.1에 따라 최초 인식시점이나 후속적으로 당기손익- 공정가치

측정 항목으로 지정한 금융자산이나 금융부채는 K-IFRS 1109에 따라 의무적으로 당기손익-공정가치로 측정하는 금융자산이나 금융부채(예 K-IFRS 1109에서 단기매매의 정의를 충족하는 금융부채)와 구분하여 별도로 표시한다. 당기손익-공정가치 측정 항목으로 지정한 금융부채는 기타포괄손익으로 인식한 손익의 금액과 당기손익으로 인식한 금액을 별도로 구분하여 표시한다.

(나) 상각후원가 측정 금융부채

(다) 상각후원가 측정 금융자산

(라) K-IFRS 1109 문단 5.7.5에 따라 기타포괄손익-공정가치 측정 항목으로 지정한 지분상품에 대한 투자

(마) K-IFRS 1109 문단 4.1.2A에 따라 기타포괄손익-공정가치로 측정하는 금융자산은, 기타포괄손익으로 인식한 손익의 금액과 제거 시점에 누적기타포괄손익에서 당기손익으로 재분류한 금액을 별도로 구분하여 표시한다.

(2) 상각후원가로 측정하는 금융자산이나 K-IFRS 1109 문단 4.1.2A에 따라 기타포괄손익-공정가치로 측정하는 금융자산의 (유효이자율법으로 계산한) 총 이자수익과 당기손익-공정가치로 측정하지 않는 금융부채의 (유효이자율법으로 계산한) 총 이자비용

(3) **다음에서 생기는 수수료 수익과 수수료 비용**. 다만, **유효이자율을 결정할 때 포함하는 금액은 제외한다.**

(가) 당기손익-공정가치로 측정하지 않는 금융자산과 금융부채

(나) **개인, 신탁, 퇴직연금, 그 밖의 기관을 대리**하여 자산을 보유하거나 투자하는 신탁활동 또는 이와 비슷한 활동 *[K-IFRS 1107 문단 20]*

- 상각후원가로 측정하는 금융자산의 제거로 인해 포괄손익계산서에 인식하는 손익의 분석내용을 공시한다. 이러한 금융자산의 제거에서 생기는 손익은 별도로 구분하여 표시한다. 이 공시에는 해당 금융자산을 제거하는 이유를 포함한다. *[K-IFRS 1107 문단 20A]*

2.3. 기타 공시

2.3.1. 회계정책

- K-IFRS 1001 '재무제표 표시'의 문단 117에 따라 재무제표를 작성할 때 사용한 측정기준과 재무제표를 이해하기 위하여 목적적합한 그 밖의 회계정책으로 구성된 유의적인 회계정책을 공시한다. *[K-IFRS 1107 문단 21]*
- 상기에 따라 재무제표를 작성할 때 사용한 측정기준과 재무제표를 이해하기 위하여 목적 적합한 그 밖의 회계정책을 공시하여야 한다. **금융상품의 경우 이러한 공시에는 다음이** 포함될 수 있다. *[K-IFRS 1107 B5]*

(1) 당기손익-공정가치 측정 항목으로 지정한 금융부채의 경우 다음 사항
 (가) 당기손익-공정가치 측정 항목으로 지정한 금융부채의 특성
 (나) 최초 인식시점에 당기손익-공정가치 측정 항목으로 지정하는 기준
 (다) 그러한 지정과 관련하여 K-IFRS 1109 문단 4.2.2의 조건을 충족하는 근거
(1-1) 당기손익-공정가치 측정 항목으로 지정한 금융자산의 경우 다음 사항
 (가) 당기손익-공정가치 측정 항목으로 지정한 금융자산의 특성
 (나) 그러한 지정과 관련하여 K-IFRS 1109 문단 4.1.5의 조건을 충족하는 근거
(2) 금융자산의 정형화된 매입 또는 매도에 적용하는 회계처리방법(매매일 회계처리방법 또는 결제일 회계처리방법)
(3) 금융상품의 범주별로 순손익을 결정하는 방법. 예를 들면, 당기손익인식금융상품의 순손익에 이자수익이나 배당수익의 포함 여부

K-IFRS 1001 문단 122에서는 추정에 관련된 판단과는 별도로 회계정책을 적용하는 과정에서 경영진이 한 판단으로서 재무제표에 인식한 금액에 유의적인 영향을 미친 판단도 유의적인 회계정책이나 그 밖의 주석과 함께 공시하도록 하고 있다.

2.3.2. 위험회피회계

- 기업이 회피하려는 위험 익스포저에 대해 위험회피회계를 적용하기로 선택한 경우에 K-IFRS 1107 문단 21B~24F의 공시 요구사항을 적용한다. 위험회피회계 공시에는 다음의 정보를 제공한다. *[K-IFRS 1107 문단 21A]*
 (1) 위험관리전략과 위험관리를 위한 적용방법
 (2) 위험회피활동이 미래현금흐름의 금액, 시기, 불확실성에 어떤 영향을 미치는지
 (3) 위험회피회계가 재무상태표, 포괄손익계산서, 자본변동표에 미치는 영향
- 규정된 공시사항은 재무제표에 단일의 주석이나 별도의 절에서 표시한다. 다른 보고서(예: 재무제표와 같은 조건과 같은 시기에 재무제표이용자가 이용할 수 있는 경영진분석보고서, 위험보고서)를 상호 참조하여 재무제표에 포함한 정보로 이미 다른 보고서에 표시한 정보는 거듭해서 공시할 필요는 없다. 정보를 상호 참조하여 포함하고 있지 않다면 재무제표는 불완전하다. *[K-IFRS 1107 문단 21B]*
- K-IFRS 1107 문단 22A~24F에 따라 정보를 위험범주별로 구분하여 공시할 때 위험을 회피하기로 결정하여 위험회피회계를 적용하는 위험 익스포저를 기준으로 각 위험범주를 결정한다. 모든 위험회피회계 공시사항에 위험범주를 일관되게 결정한다. *[K-IFRS 1107 문단 21C]*
- K-IFRS 1107 문단 21A의 목적을 이루기 위해 기업은 다음을 결정한다. (다만, 아래에서 구체적으로 정한 경우는 제외) *[K-IFRS 1107 문단 21D]*

(1) 공시가 얼마나 상세해야 하는지
(2) 공시 요구사항의 서로 다른 부분에 대한 강조의 정도
(3) 통합과 세분화의 적정한 수준
(4) 재무제표이용자가 계량적 공시정보를 평가하기 위한 추가 설명의 필요 여부

다만, 이 기준서와 K-IFRS 1113 '공정가치 측정'에서 관련 정보의 공시를 위해 이용한 통합과 세분화는 같은 수준이어야 한다.

2.3.3. 위험관리전략

- 위험을 회피하기로 결정하여 위험회피회계를 적용하는 위험 익스포저의 각 위험범주별로 위험관리전략을 설명한다. 아울러, 재무제표이용자가 다음(예시)을 평가할 수 있는 설명을 포함한다. *[K-IFRS 1107 문단 22A]*
  (1) 각 위험이 어떻게 생기는지
  (2) 각 위험을 관리하는 방법. 모든 위험에 대해 항목을 전체로 위험회피하는지, 항목의 위험요소(또는 위험요소들)별로 위험회피를 하는지와 그 이유를 포함한다.
  (3) 기업이 관리하는 위험 익스포저의 정도
- K-IFRS 1107 문단 22A의 요건을 충족하기 위해, 정보에는 다음의 설명을 포함한다(이에 한정되는 것은 아님). *[K-IFRS 1107 문단 22B]*
  (1) 위험 익스포저를 회피하기 위하여 사용된 위험회피수단
  (2) 위험회피효과를 평가하기 위해 위험회피대상항목과 위험회피수단간의 경제적 관계가 어떻게 결정되는지
  (3) 위험회피비율을 설정하는 방법과 위험회피의 비효과적인 부분의 원천
- 특정 위험요소를 위험회피대상항목으로 지정할 때 K-IFRS 1107 문단 22A와 22B에서 요구하는 공시사항 뿐만 아니라 다음 사항에 대한 질적 또는 양적 정보를 제공한다. *[K-IFRS 1107 문단 22C]*
  (1) 위험회피대상항목으로 지정한 위험요소를 결정하는 방법(위험요소와 전체 항목 사이의 관계의 특성에 대한 설명 포함)
  (2) 위험요소가 전체 항목과 어떻게 관련되어 있는지(예: 지정된 위험요소가 과거에 전체 항목의 공정가치 변동의 평균 80%를 차지한다.)

2.3.4. 미래현금흐름의 금액, 시기, 불확실성

- K-IFRS 1107 문단 23C에서 제외한 경우가 아니라면, 재무제표이용자가 위험회피수단의 조건을 평가하고 위험회피수단이 기업의 미래현금흐름의 금액, 시기, 불확실성에 어떤 영향을 미치는지를 평가할 수 있도록 양적 정보를 위험범주별로 공시한다. *[K-IFRS 1107 문단 23A]*

- K-IFRS 1107 문단 23A의 요구사항을 충족하기 위해 다음 사항의 내역을 공시한다.
  (1) 위험회피수단의 명목 금액의 시기 명세
  (2) 적용할 수 있다면, 위험회피수단의 평균가격이나 평균비율(예: 행사가격이나 선도가격 등) *[K-IFRS 1107 문단 23B]*
- 위험회피수단과 위험회피대상항목 모두 자주 변동하기 때문에 위험회피관계를 다시 구성(중단하고 재시작)하는 경우(K-IFRS 1109 문단 B6.5.24(2)의 예와 같이 오랫동안 똑같이 유지되지 않는 익스포저와 이를 관리하기 위해 사용하는 위험회피수단에 동적 과정을 사용하는 경우)에 기업은 다음에 따른다. *[K-IFRS 1107 문단 23C]*
  (1) K-IFRS 1107 문단 23A와 23B에서 규정한 공시를 면제
  (2) 다음 사항을 공시한다.
    (가) 그 위험회피관계와 관련하여 궁극적인 위험관리전략이 무엇인지에 대한 정보
    (나) 위험회피회계를 사용하고 특정한 위험회피관계를 지정하여 위험관리전략을 어떻게 반영하는지에 대한 설명
    (다) 해당 위험회피관계와 관련하여 기업 절차의 일부로 위험회피관계를 중단하고 재시작하는 빈도를 표시
- 위험회피기간에 위험회피관계에 영향을 미칠 것으로 예상되는 위험회피의 비효과적인 부분의 원천에 대한 설명을 위험범주별로 공시한다. *[K-IFRS 1107 문단 23D]*
- 위험회피가 비효과적인 그 밖의 원천이 위험회피관계에서 나타난다면, 위험범주별로 그 원천을 공시하고 이에 따라 위험회피가 비효과적인 부분을 설명한다. *[K-IFRS 1107 문단 23E]*
- 현금흐름위험회피의 경우에는, 이전 기간에 위험회피회계를 사용해왔으나 더 이상 일어날 것으로 예상되지 않는 예상거래에 대한 설명을 공시한다. *[K-IFRS 1107 문단 23F]*

2.3.5. 재무상태와 재무성과에서 위험회피회계의 효과

- 위험회피수단으로 지정된 항목과 관련하여 위험회피의 각 유형(공정가치위험회피, 현금흐름위험회피, 해외사업장순투자의 위험회피)을 위험범주별로 구분하여 다음의 금액을 표 형식으로 공시한다. *[K-IFRS 1107 문단 24A]*
  (1) 위험회피수단의 장부금액(금융자산과 금융부채를 별도로 표시)
  (2) 위험회피수단을 포함한 재무상태표의 항목
  (3) 해당기간에 위험회피의 비효과적인 부분을 인식하기 위해 기초로 사용한 위험회피수단의 공정가치변동
  (4) 위험회피수단의 명목금액(톤이나 세제곱미터와 같은 양적 정보를 포함)
- 위험회피대상항목과 관련하여 위험회피의 유형을 위험범주별로 구분하여 다음의 금액을 표

형식으로 공시한다. *[K-IFRS 1107 문단 24B]*

(1) 공정가치위험회피

㈎ 재무상태표에 인식한 위험회피대상항목의 장부금액(자산과 부채를 별도로 표시)

㈏ 재무상태표에 인식한 위험회피대상항목의 장부금액에 포함된 위험회피대상항목의 공정가치위험회피조정누적액(자산과 부채를 별도로 표시)

㈐ 위험회피대상항목을 포함하고 있는 재무상태표의 항목

㈑ 해당기간에 위험회피의 비효과적인 부분을 인식하기 위한 기초로 사용된 위험회피대상항목의 가치변동

㈒ K-IFRS 1109 문단 6.5.10에 따라 위험회피 손익 조정을 위해 중단한 위험회피대상항목에 대해 재무상태표에 남아있는 공정가치위험회피조정누적액

(2) 현금흐름위험회피와 해외사업장순투자의 위험회피

㈎ 해당기간에 위험회피의 비효과적인 부분을 인식하기 위하여 기초로 사용된 위험회피대상항목의 가치변동(현금흐름위험회피에서 K-IFRS 1109 문단 6.5.11(3)에 따라 인식하는 위험회피의 비효과적인 부분을 판단하기 위하여 사용되는 가치의 변동)

㈏ K-IFRS 1109 문단 6.5.11과 6.5.13(1)에 따라 계속해서 위험회피회계를 적용하는 위험회피에 대한 현금흐름위험회피적립금과 외화환산적립금의 잔액

㈐ 더 이상 위험회피회계를 적용하지 않는 위험회피관계에서 현금흐름위험회피적립금과 외화환산적립금의 잔액

• 위험회피유형을 각 위험범주별로 별도로 구분하여 다음의 금액을 표 형식으로 공시한다. *[K-IFRS 1107 문단 24C]*

(1) 공정가치위험회피의 경우

㈎ 위험회피의 비효과적인 부분(위험회피수단과 위험회피대상항목의 위험회피손익의 차이)으로 당기손익으로 인식한 금액(또는 K-IFRS 1109 문단 5.7.5에 따라 공정가치변동을 기타포괄손익으로 표시하는 것을 선택한 기업은 지분상품의 위험회피에 대해 기타포괄손익으로 인식한 손익)

㈏ 위험회피의 비효과적인 부분으로 인식한 항목을 포함하는 포괄손익계산서의 항목

(2) 현금흐름위험회피와 해외사업장순투자위험회피의 경우

㈎ 기타포괄손익으로 인식한 보고기간의 위험회피손익

㈏ 당기손익으로 인식한 위험회피의 비효과적인 부분

㈐ 인식한 위험회피의 비효과적인 부분을 포함한 포괄손익계산서의 항목

㈑ 현금흐름위험회피적립금이나 외화환산적립금에서 재분류 조정으로 당기손익으로 재분류되는 금액(K-IFRS 1001 참조) (위험회피회계를 적용하였으나 더 이상 발생할

것으로 예상되지 않는 위험회피대상 미래현금흐름의 금액과 위험회피대상항목이 당기손익에 영향을 미치기 때문에 위험회피대상항목으로 대체되는 금액과의 차이)

(마) 재분류조정에 포함되는 포괄손익계산서의 항목

(바) 순포지션 위험회피의 경우에 포괄손익계산서의 별도 항목으로 인식한 위험회피손익

- 문단 23C의 면제가 적용되는 위험회피관계의 규모가 해당기간 동안 통상적인 규모를 나타내지 못할 때(예: 보고기간 말의 규모가 보고기간의 규모를 반영하지 못하는 경우) 그 규모가 통상적이지 못하다고 판단하는 사실과 이유를 공시한다. *[K-IFRS 1107 문단 24D]*
- K-IFRS 1001에 따라 자본의 각 구성요소에 대한 조정내역과 기타포괄손익의 분석내용을 다음과 같이 구분하여 공시한다. *[K-IFRS 1107 문단 24E]*

(1) 최소한 K-IFRS 1109 문단 6.5.11(4)(가)와 (4)(다)에 따라 회계처리된 금액뿐만 아니라 문단 24C(2)(가)와 (2)(라)의 공시와 관련된 금액을 구분한다.

(2) K-IFRS 1109 문단 6.5.15에 따라 옵션의 시간가치를 회계처리하는 경우, 다음 (가)와 (나)를 구분한다.

(가) 거래 관련 위험회피대상항목의 위험을 회피하는 옵션의 시간가치와 관련된 금액

(나) 기간 관련 위험회피대상항목의 위험을 회피하는 옵션의 시간가치와 관련된 금액

(3) K-IFRS 1109 문단 6.5.16에 따라 회계처리하는 경우, 다음 (가)와 (나)를 구분한다.

(가) 거래 관련 위험회피대상항목의 위험을 회피하는 선도계약의 선도요소와 금융상품의 외화 베이시스 스프레드와 관련된 금액

(나) 기간 관련 위험회피대상항목의 위험을 회피하는 선도계약의 선도요소와 금융상품의 외화 베이시스 스프레드와 관련된 금액

- 문단 24E에서 요구하는 정보를 위험범주별로 별도로 공시한다. 위험별로 정보를 세분화하여 재무제표의 주석에 공시할 수 있다. *[K-IFRS 1107 문단 24F]*

사 례 위험회피수단으로 지정된 항목을 표 형식으로 보여주는 사례 *[K-IFRS 1107 IG13C]*

	위험회피수단의 명목금액	위험회피수단의 장부금액		재무상태표 상 위험회피수단의 계정과목	20X1년의 위험회피의 비효과적인 부분을 계산하기 위해 사용된 공정가치의 변동
		자산	부채		
현금흐름위험회피					
일반상품가격위험 – 선도매출계약	XX	XX	XX	계정과목 XX	XX
공정가치위험회피					
이자율위험 – 이자율스왑	XX	XX	XX	계정과목 XX	XX
외화환산위험 – 외화대출	XX	XX	XX	계정과목 XX	XX

사 례 위험회피항목으로 지정된 항목을 표 형식으로 보여주는 사례 *[K-IFRS 1107 IG13D]*

	위험회피항목의 장부금액		위험회피항목의 장부금액에 포함된 공정가치위험회피 조정의 누적금액		재무상태표상 위험회피항목을 포함한 계정과목	20X1의 위험회피의 비효과적인 부분을 계산하기 위해 사용된 가치 변동	현금흐름위험회피적립금
	자산	부채	자산	부채			
현금흐름위험회피							
일반상품가격위험 –예상매출 –위험회피중단 (예상매출)	 n/a n/a	 n/a n/a	 n/a n/a	 n/a n/a	 n/a n/a	 n/a n/a	 n/a n/a
공정가치위험회피							
이자율위험 –차입금 –위험회피중단 (차입금)	 – –	 XX XX	 – –	 XX XX	 계정과목 XX 계정과목 XX	 XX n/a	 n/a n/a
외화환산위험 –확정계약	XX	XX	XX	XX	계정과목 XX	XX	n/a

사 례 위험회피회계를 적용한 결과를 표 형식으로 보여주는 사례 *[K-IFRS 1107 IG13E]*

현금흐름위험회피[1]	순포지션위험회피로 당기손익으로 인식된 별도의 계정과목[2]	기타포괄손익으로 인식된 위험회피수단의 가치변동	당기손익으로 인식된 위험회피계의 비효과적인 부분	당기손익으로 인식된 계정과목(위험회피의 비효과적인 부분 포함)	현금흐름위험회피적립금에서 당기손익으로 재분류한 금액	재분류로 당기손익에 영향을 미치는 계정과목
일반상품가격위험				계정과목		계정과목 XX
일반상품X－위험회피중	n/a			XX	XX	계정과목
단	n/a	XX	XX	n/a	XX	XX

(1) 자본변동표에 공시된 정보(현금흐름위험회피적립금)는 이 공시와 같은 수준으로 상세하게 제공해야 한다.
(2) 이 공시는 외화위험의 현금흐름위험회피에만 적용한다.

공정가치 위험회피	당기손익으로 인식된 위험회피회계의 비효과적인 부분	당기손익으로 인식된 계정과목 (위험회피의 비효과적인 부분 포함)
이자율위험	XX	계정과목 XX
외화환산위험	XX	계정과목 XX

2.3.6. 신용 익스포저를 당기손익-공정가치 측정 항목으로 지정한 옵션

- 금융상품의 신용위험을 관리하기 위하여 신용파생을 이용할 수 있기 때문에 금융상품이나 금융상품의 일부를 당기손익-공정가치 측정 항목으로 지정한다면 다음 사항을 공시한다.
  (1) K-IFRS 1109 문단 6.7.1에 따라서 당기손익-공정가치 측정 항목으로 지정한 금융상품의 신용위험을 관리하기 위해 사용해온 신용파생상품의 경우에는, 보고기간의 기초와 기말의 명목금액과 공정가치 각 금액의 조정
  (2) K-IFRS 1109 문단 6.7.1에 따라 금융상품 또는 금융상품의 일부를 당기손익-공정가치 측정 항목으로 지정한 경우에는 당기손익으로 인식한 손익
  (3) 금융상품이나 금융상품의 일부를 당기손익-공정가치로 측정하는 것을 중단한 경우에는 K-IFRS 1109 문단 6.7.4에 따라 새로운 금융상품의 장부금액이 된 금융상품의 공정가치와 이와 관련된 명목금액이나 원금(다만 K-IFRS 1001에 따라 비교정보를 제공한다면 후속기간에 해당 공시를 계속할 필요는 없다.) *[K-IFRS 1107 문단 24G]*

2.3.7. 이자율지표 개혁에 따른 불확실성

- K-IFRS 1109 문단 6.8.4~6.8.12 또는 K-IFRS 1039 문단 102D~102N의 예외규정이 적용되는 위험회피관계에 대하여 다음의 사항을 공시한다. *[K-IFRS 1107 문단 24H]*
  (1) 위험회피관계가 노출되어 있는 유의적인 이자율지표
  (2) 기업이 관리하고 있는 위험 익스포저 중 이자율지표 개혁에 의해 직접 영향을 받는 정도
  (3) 대체 지표 이자율로 전환하는 과정을 관리하고 있는 방법
  (4) 이 문단들을 적용할 때 사용한 유의적인 가정과 판단에 대한 기술(예: 이자율지표 개혁으로 인한 불확실성이 이자율지표에 기초한 현금흐름의 시기와 금액에 대해 언제 더 이상 나타나지 않는지에 대한 가정과 판단)
  (5) 해당 위험회피관계에서 위험회피수단의 명목금액

2.3.8. 공정가치

- 금융자산과 금융부채의 종류별 **공정가치와 장부금액을 비교**하는 형식으로 공시한다. 다만, 문단 29의 경우에는 그러하지 아니하다. *[K-IFRS 1107 문단 25]*
- 공정가치를 공시할 때 금융자산과 금융부채는 종류별로 분류하지만, 금융자산과 금융부채의 장부금액이 재무상태표에서 상계되는 정도까지만 그 공정가치를 상계한다. *[K-IFRS 1107 문단 26]*
- 일부의 경우에는 금융자산이나 금융부채의 공정가치가 같은 자산 또는 부채의 활성시장 공시가격(수준 1 투입변수)으로 입증할 수도 없고, 관측 가능한 시장 자료만을 이용하는 가치평가기법에 기초하지도 않기 때문에, 그러한 금융자산이나 금융부채의 최초 인식시점에는 손익을 인식하지 않는 경우가 있다. 이 경우 금융자산이나 금융부채의 종류별로 다음을 공시한다.
  (1) 시장참여자들이 자산의 가격이나 부채의 가격을 결정할 때 고려하였을 요소(예 시간)의 변동을 반영하기 위하여 최초 인식시점의 공정가치와 거래가격의 차이를 당기손익으로 인식하는 회계정책
  (2) 기초와 기말 현재 당기손익으로 아직 인식하지 아니한 총 차이금액과 그 차이조정
  (3) 거래가격이 공정가치의 최선의 증거가 아니라고 결론을 내린 이유(공정가치를 뒷받침하는 증거에 대한 설명 포함) *[K-IFRS 1107 문단 28]*

사 례 문단 28에 따른 공시 사례 *[K-IFRS 1107 IG14]*

배경

20X1년 1월 1일에 기업은 활성시장에서 거래되지 않는 금융자산들을 15백만원에 매입하였다. 이 기업은 이러한 금융자산들을 한 종류만 가지고 있다. 15백만원이라는 거래가격은 최초 인식시점의 공정가치이다. 최초 인식 후에, 이 기업은 금융자산들의 공정가치를 측정하기 위하여 하나의 평가기법을 사용할 것이다. 이 평가기법에서는 관측 가능한 시장의 자료가 아닌 투입변수를 사용한다. 최초 인식시점에, 같은 평가기법을 적용한다면 14백만원이 산출되었을 것이고 이는 공정가치와 1백만원만큼의 차이가 난다. 이 기업의 경우에 20X1년 1월 1일 현재 존재하는 차이는 5백만원이 있다.

규정의 적용

이 기업의 20X2년 공시에는 다음이 포함될 것이다.

회계정책

기업이 활성시장에서 거래되지 않는 금융상품의 공정가치를 측정하기 위하여 사용하는 평가기법은 다음과 같습니다[평가기법에 대한 설명은 이 사례에 포함되지 않음]. 최초 인식시점의 공정가치(기업회계기준서 제1113호와 기업회계기준서 제1109호에 따르면 일반적으로 거래가격)와 최초 인식시점에 평가기법을 사용하여 산정한 금액은 차이가 생길 수 있습니다. 이러한 차이에 대한 기업의 회계정책은 다음과 같습니다[기업의 회계정책에 대한 설명은 생략].

재무제표에 대한 주석

주석 X에서 기술한 바와 같이, 기업은 활성시장에서 거래되지 않는 다음의 금융상품의 공정가치를 [가치평가기법의 명칭]을 사용하여 측정합니다. 그러나 기업회계기준서 제1113호와 기업회계기준서 제1109호에 따르면, 금융상품의 최초 인식시점의 공정가치는 일반적으로 거래가격입니다. 최초에 가치평가기법을 사용하여 산정한 금액과 거래가격이 다르다면, 이러한 차이는 [기업의 회계정책에 대한 설명]에 따라 회계처리합니다. 당기손익으로 아직 인식하지 않은 차이는 다음과 같습니다.

(단위: 백만원)

	20X2년 12월 31일	20X1년 12월 31일
기초 잔액	5.3	5.0
신규 거래	-	1.0
당기손익으로 인식한 금액	(0.7)	(0.8)
그 밖의 증가	-	0.2
그 밖의 감소	(0.1)	(0.1)
기말 잔액	4.5	5.3

- 다음 중 어느 하나에 해당하는 경우에는 공정가치를 공시할 필요는 없다. *[K-IFRS 1107 문단 29]*
  - (1) 장부금액이 공정가치에 상당히 가까운 경우. 이러한 예로는 단기 매출채권이나 단기 매입채무와 같은 금융상품을 들 수 있다.
  - (2) K-IFRS 1104에서 기술하는 임의배당요소가 있는 계약으로서 그러한 특성의 공정가치를 신뢰성 있게 측정할 수 없는 경우
  - (3) 리스부채
- 상기 (2)의 경우에는 재무제표이용자가 금융자산이나 금융부채의 장부금액과 공정가치 사이에 생길 수 있는 차이의 정도를 스스로 판단하는 데 도움이 되는 다음을 포함한 정보를 공시한다. *[K-IFRS 1107 문단 30]*
  - (1) 해당 금융상품의 공정가치를 신뢰성 있게 측정할 수 없어 공정가치 정보를 공시하지 않았다는 사실
  - (2) 해당 금융상품에 대한 설명, 장부금액 및 공정가치를 신뢰성 있게 측정할 수 없는 이유
  - (3) 해당 금융상품의 시장에 대한 정보
  - (4) 해당 금융상품을 처분할 의도의 유무와 처분방법에 관한 정보
  - (5) 공정가치를 신뢰성 있게 측정할 수 없었던 금융상품을 제거한 경우 그 사실, 제거시점의 장부금액, 손익으로 인식한 금액

03 금융상품에서 생기는 위험의 특성 및 정도

- 보고기간말 현재 **금융상품에서 생기어 기업이 노출되는 위험의 특성 및 정도**를 재무제표이용자가 평가할 수 있게 하는 정보를 공시한다. *[K-IFRS 1107 문단 31]*
- 아래의 공시는 금융상품에서 생기는 위험과 이러한 위험의 관리방법에 중점을 두고 있다. 이러한 위험은 **전형적으로 신용위험, 유동성위험, 시장위험을 포함하지만, 이러한 위험에만 한정되지 않는다.** *[K-IFRS 1107 문단 32]*
- 양적 공시와 관련하여 질적 공시를 제공하는 것은 이용자들이 관련된 공시를 연계할 수 있도록 하고, 그에 따라 금융상품에서 생기는 위험의 특성 및 정도를 전반적으로 이해할 수 있도록 한다. 질적 공시와 양적 공시의 상호작용은 이용자가 기업이 위험에 노출되는 정도를 더 잘 평가할 수 있게 하는 방식으로 정보를 공시하는 데 도움을 준다. *[K-IFRS 1107 문단 32A]*
- 아래에서 요구하는 공시는 재무제표로 제공하거나, 재무제표와 같은 조건으로 동시에 이용할 수 있는, 재무제표와 상호 참조하는 별도의 보고서(예 경영진 설명서나 위험보고서)에 포함할 수도 있다. 상호 참조되는 정보가 없다면 그 재무제표는 불완전한 것이다. *[K-IFRS 1107 B6]*

1 질적 공시

- 금융상품에서 생기는 위험의 각 유형별로 다음 사항을 공시한다. *[K-IFRS 1107 문단 33]*
  (1) 위험에 노출되는 정도와 위험이 생기는 형태
  (2) 위험관리의 목적, 정책 및 절차와 위험측정방법
  (3) 위 (1) 또는 (2)가 과거기간과 달라진 내용
- 문단 33의 요구사항을 충족하기 위해 기업이 공시할 수 있는 질적 정보의 유형에는 다음과 같은 설명이 포함되며, 이에 한정되는 것은 아니다. *[K-IFRS 1107 IG15]*
  (1) 위험에 노출되는 정도와 위험이 생기는 형태. 위험에 노출되는 정도에 대한 정보에서 익스포저 총액과, 위험을 이전하는 거래와 그 밖에 위험을 줄이는 거래를 차감한 후의 익스포저 순액을 설명할 수 있다.
  (2) 위험의 인수, 측정, 감독, 통제를 위한 기업의 방침 및 절차. 다음과 같은 사항을 포함할 수 있다.
    ㈎ 독립성과 책임에 관한 논의를 포함한, 위험관리 기능의 구조와 조직

(나) 위험을 보고하거나 측정하는 시스템의 범위 및 특성

(다) 담보와 관련된 방침과 절차를 포함한, 위험을 회피하거나 줄이는 방침

(라) 위험을 회피하거나 줄이는 수단의 지속적 효과성을 감독하는 절차

(3) 위험에 과도하게 집중되는 것을 피하는 방침과 절차

- 금융상품에서 생기는 위험의 특성 및 정도에 관한 정보는 미래현금흐름의 금액, 시기, 불확실성에 영향을 줄 수 있는 금융상품 간 관계를 강조하는 경우에 더욱 유용한 정보가 될 수 있다. 재무제표의 이용자는 이러한 관계에 따라 달라지는 위험 익스포저를 이 기준서에서 요구하는 공시로 명확하게 이해할 수도 있으나, 경우에 따라서는 추가 공시가 유용할 수도 있다. *[K-IFRS 1107 IG16]*
- 문단 33(3)에 따라, 전기에 공시한 질적 정보에서 달라진 내용과 달라진 이유를 공시한다. 이러한 질적 정보의 변동은 위험에 노출되는 정도가 달라지거나 그러한 익스포저를 관리하는 방법이 바뀌면서 생길 수 있다. *[K-IFRS 1107 IG17]*

2 양적 공시

- 금융상품에서 생기는 위험의 각 유형별로 다음 사항을 공시한다. *[K-IFRS 1107 문단 34]*

  (1) 보고기간말 현재 위험에 노출되는 정도에 대한 간략한 양적 자료. 이러한 사항은 이사회나 대표이사 등과 같은 주요경영진(K-IFRS 1024 '특수관계자 공시'의 정의 참조)에게 내부적으로 제공되는 정보에 기초하여 공시한다.

  (2) 다음 2.1.~2.2.의 공시사항. 다만, 위 (1)에 따라 공시하는 부분은 제외한다.

  (3) 위험의 집중에 관한 정보. 다만, 위 (1)과 (2)에서 명확하게 공시하는 경우에는 제외한다.
- 상기 (1)에 따라 주요경영진에게 내부적으로 제공한 정보에 기초하여 위험에 노출되는 정도에 대한 간략한 양적 자료를 공시하여야 한다. 위험에 노출되는 정도를 관리하는 여러 방법을 사용하고 있다면 가장 목적적합하고 신뢰성 있는 정보를 제공할 수 있는 방법을 사용하여 관련 정보를 공시하여야 한다. K-IFRS 1008 '회계정책, 회계추정의 변경 및 오류'는 목적적합성과 신뢰성에 대해 논의하고 있다. *[K-IFRS 1107 B7]*
- 상기 (3)에 따라 위험의 집중을 공시하여야 한다. 위험의 집중은 특성이 비슷하고 경제상황이나 그 밖의 상황의 변동에 비슷하게 영향을 받는 금융상품에서 생긴다. 위험의 집중을 구별하기 위해서는 기업의 환경을 고려하여 판단할 필요가 있다. 위험의 집중에 대한 공시에는 다음 사항을 포함한다. *[K-IFRS 1107 B8]*

  (1) 경영진이 집중을 결정하는 방법에 대한 기술

  (2) 각 집중을 구별하는 공통된 특성에 대한 기술(예 거래상대방, 지역, 통화, 시장)

(3) 이러한 특성을 공유하는 모든 금융상품에 관련된 위험 익스포저 금액

• 문단 34에서는 위험의 집중에 대한 양적 자료의 공시를 요구한다. 예를 들면 다음과 같은 경우에 신용위험이 집중될 수 있다. *[K-IFRS 1107 IG18]*

(1) 산업부문. 따라서 거래상대방이 하나 이상의 산업부문(예: 소매업 또는 도매업)에 집중된 경우에는 거래상대방의 각 집중에서 생기는 위험 익스포저를 구분하여 공시한다.

(2) 신용등급이나 그 밖의 신용건전성. 따라서 거래상대방이 하나 이상의 신용건전성(예: 담보대여금 또는 무담보대여금)이나 하나 이상의 신용등급(예: 투자등급 또는 투기등급)에 집중된 경우에는 거래상대방의 각 집중에서 생기는 위험 익스포저를 구분하여 공시한다.

(3) 지역별 분포. 따라서 거래상대방이 하나 이상의 지역 시장(예: 아시아 또는 유럽)에 집중된 경우에는 거래상대방의 각 집중에서 생기는 위험 익스포저를 구분하여 공시한다.

(4) 제한된 수의 개별 거래상대방이나 밀접하게 관련된 거래상대방의 집합

이와 비슷한 원칙을 유동성위험과 시장위험을 포함한 그 밖의 위험에 대한 집중을 식별해 낼 때 적용한다. 예를 들어, 유동성위험의 집중은 금융부채의 상환조건, 차입한도약정의 원천, 유동자산을 실현하기 위한 특정 시장 의존에서 발생할 수 있다. 외환위험의 집중은 하나의 외화에 노출된 유의적 순포지션이나, 같은 방향으로 움직이는 경향이 있는 몇 가지 통화에 노출된 통합 순포지션을 보유하는 경우에 발생할 수 있다.

• 문단 B8에 따라, 위험의 집중에 대한 공시에는 각 집중을 식별해 내는 공통된 특성의 설명이 포함된다. 예를 들면 이 공통된 특성으로 여러 국가의 집합별, 개별 국가별, 국가 내 지역별로 거래상대방의 지역별 분포를 언급할 수 있다. *[K-IFRS 1107 IG19]*

• 보고기간말 현재를 기준으로 공시된 양적 자료가 회계기간 중 위험에 노출되는 정도를 적절하게 반영하지 못하는 경우에는 기중 익스포저를 반영하는 정보를 추가로 공시한다. *[K-IFRS 1107 문단 35]*

• 보고기간 말의 양적 정보가 기중 위험 익스포저를 잘 나타내지 못할 때 문단 35에서는 추가 공시를 요구한다. 이 규정을 충족하기 위해 기중에 노출된 위험의 최고, 최저, 평균 모두를 공시할 수 있다. 예를 들면 전형적으로 특정 통화에 노출되는 정도가 크지만 기말에는 이 상태가 해소되는 경우라면, 기중의 다양한 시점별로 익스포저를 보여주는 도표를 공시하거나 익스포저의 최고, 최저, 평균을 공시할 수 있다. *[K-IFRS 1107 IG20]*

2.1. 신용위험

2.1.1. 범위와 목적

• K-IFRS 1109의 손상 요구사항을 적용하는 금융상품에 문단 35F~35N의 공시 요구사항을 적용한다. *[K-IFRS 1107 문단 35A]*

(1) 매출채권, 계약자산, 리스채권의 경우에 해당 금융자산의 연체일수가 30일을 초과하였지만 변경되었다면, K-IFRS 1109 문단 5.5.15에 따라 전체기간 기대신용손실을 인식해야 하는 매출채권, 계약자산, 리스채권에는 문단 35J(1)을 적용한다.

(2) 리스채권에는 K-IFRS 1107 문단 35K(2)를 적용하지 않는다.

• K-IFRS 1107 문단 35F~35N에 따른 신용위험 공시로 재무제표이용자는 미래현금흐름의 금액, 시기, 불확실성에 대한 신용위험의 영향을 이해할 수 있다. 이를 위해 신용위험 공시로서 다음 사항을 공시한다. *[K-IFRS 1107 문단 35B]*

(1) 기업의 신용위험 관리실무에 대한 정보와 기대신용손실을 측정하기 위해 사용한 방법, 가정, 정보를 포함하여 기대신용손실의 인식 방법과 측정 방법

(2) 재무제표이용자가 기대신용손실에서 생긴 재무제표의 금액, 기대신용손실액의 변동과 그 변동 원인을 파악할 수 있는 양적, 질적 정보

(3) 유의적인 신용위험의 집중도를 포함한 기업의 신용위험 익스포저에 대한 정보(기업의 금융자산에 내재된 신용위험과 신용대출약정)

• 다른 보고서(예 재무제표이용자가 재무제표와 같은 조건과 같은 시기에 이용할 수 있는 경영진분석보고서나 위험보고서)를 상호 참조하여 재무제표에 포함한 정보로서 이미 다른 보고서에 표시한 정보는 거듭하여 공시할 필요는 없다. 정보를 상호 참조하여 포함하고 있지 않다면 그 재무제표는 불완전하다. *[K-IFRS 1107 문단 35C]*

• K-IFRS 1107 문단 35B의 목적을 이루기 위해 특별히 정한 경우를 제외하고는 공시의 상세정도, 공시 요구사항의 서로 다른 부분에 대한 강조의 정도, 통합과 세분화의 적정수준, 재무제표이용자가 공시된 양적 정보를 평가하기 위해 추가설명이 필요한지를 고려한다. *[K-IFRS 1107 문단 35D]*

• K-IFRS 1107문단 35F~35N에 따라 제공한 정보가 K-IFRS 1107 문단 35B의 목적을 이루기에 충분하지 않다면, 그 목적을 이루기 위해 필요한 추가 정보를 공시한다. *[K-IFRS 1107 문단 35E]*

2.1.2. 신용위험 관리실무

• 신용위험 관리실무를 설명하고 신용위험 관리실무가 기대신용손실의 인식과 측정에 어떻게 관련되는지를 설명한다. 이 목적을 이루기 위하여 재무제표이용자가 다음을 이해하고 평가할

수 있는 정보를 공시한다. *[K-IFRS 1107 문단 35F]*

(1) 최초 인식 후 금융상품의 신용위험이 유의적으로 증가했는지를 판단하는 방법. 이에는 다음 ㈎와 ㈏에 해당하는지 여부와 그 판단 방법을 포함한다.

㈎ 금융상품을 K-IFRS 1109 문단 5.5.10에 따라 신용위험이 낮은 것으로 본다(이 문단을 적용하는 금융상품의 종류 포함)

㈏ K-IFRS 1109 문단 5.5.11의 간주규정(금융자산의 연체일수가 30일을 초과한 경우에 최초 인식 후 신용위험이 유의적으로 증가한 것으로 봄)이 반증된다.

(2) 채무불이행에 대한 기업의 정의와 그 정의를 선택한 이유

(3) 기대신용손실을 집합기준으로 측정한다면 금융상품을 집합으로 구성하는 방법

(4) 신용이 손상된 금융자산인지를 판단하는 방법

(5) 기업의 제각정책(계약상 현금흐름의 회수에 대한 기대가 합리적이지 않다는 지표와 제각되었지만 여전히 회수활동이 계속되고 있는 금융자산에 대한 정보 포함)

(6) 금융자산의 계약상 현금흐름의 변경에 대한 K-IFRS 1109 문단 5.5.12의 요구사항을 적용하는 방법. 다음을 포함하여 공시한다.

㈎ 전체기간 기대신용손실에 해당하는 금액으로 손실충당금을 측정하는 중에 변경된 금융자산의 신용위험이 K-IFRS 1109 문단 5.5.5에 따라 12개월 기대신용손실에 해당하는 금액으로 손실충당금을 측정할 수 있을 정도로 개선되었는지를 판단하는 방법

㈏ 위 ㈎의 기준을 충족하는 금융자산의 손실충당금을 후속적으로 K-IFRS 1109 문단 5.5.3에 따라 전체기간 기대신용손실에 해당하는 금액으로 다시 측정하는 정도를 관찰하는 방법

- 문단 35F⑵에 따라 금융상품별로 채무불이행을 어떻게 정의하는지와 해당 정의를 선택한 이유에 대한 정보를 공시한다. K-IFRS 1109 문단 5.5.9에 따라 전체기간 기대신용손실을 인식해야 하는지의 판단은 최초 인식 후 생기는 채무불이행 위험의 증가에 기초한다. 기업의 채무불이행 정의에 대한 정보로서 재무제표이용자가 기업이 K-IFRS 1109의 기대신용손실을 어떻게 적용하는지를 이해할 수 있도록 하는 정보에는 다음이 포함될 수 있다. *[K-IFRS 1107 B8A]*

(1) 채무불이행을 정의할 때 고려한 양적 요인와 질적 요인

(2) 금융상품의 유형별로 다른 정의를 적용하는지

(3) 금융자산의 채무불이행이 일어난 후의 회복률(정상상태로 회복된 금융자산의 수)에 대한 가정

- 재무제표이용자가 기업의 재조정과 변경 정책을 평가할 수 있도록, 문단 35F⑹㈎에 따라 이전에 공시하였던 금융자산의 손실충당금을 후속적으로 K-IFRS 1109 문단 5.5.3에 따라 전체기간 기대신용손실에 해당하는 금액으로 측정하는 정도를 관찰하는 방법에 대한 정보의 공시를 문단 35F⑹㈏에서 요구한다. 이용자가 변경된 금융자산의 신용위험이 후속적으로 증

가되었는지를 알 수 있도록 돕는 양적 정보에는 문단 35F(6)(가)의 조건을 충족하는 변경된 금융자산 중 해당 금융자산의 손실충당금을 전체기간 기대신용손실에 해당하는 금액으로 다시 측정하게 된 금융자산에 대한 정보(신용악화 비율)를 포함할 수 있다. *[K-IFRS 1107 B8B]*

- K-IFRS 1109 제5.5절의 요구사항을 적용하기 위해 사용한 투입요소, 가정, 추정방법을 설명한다. 이를 위해 기업은 다음 사항을 공시한다. *[K-IFRS 1107 문단 35G]*
  - (1) 투입요소, 가정의 근거, 다음에 사용한 추정기법
    - (가) 12개월과 전체기간 기대신용손실의 측정
    - (나) 금융상품의 신용위험이 최초 인식 후 유의적으로 증가하였는지의 판단
    - (다) 신용이 손상된 금융자산인지의 판단
  - (2) 기대신용손실을 산정할 때 미래전망 정보를 활용하는 방법(거시경제 정보의 활용을 포함)
  - (3) 보고기간 중 추정방법이나 유의적인 가정의 변경과 그 변경의 이유
- 문단 35G(1)에서 K-IFRS 1109의 손상 요구사항을 적용하기 위해 사용한 투입요소와 가정의 근거, 추정기법에 대한 정보를 공시하도록 요구한다. 기대신용손실을 측정하거나 최초 인식 후 신용위험의 증가 정도를 판단하기 위해 사용한 기업의 가정과 투입요소에는 내부의 과거 정보나 등급보고서에서 얻은 정보를 포함하며, 금융상품의 기대존속기간에 대한 가정과 담보의 처분시기를 포함한다. *[K-IFRS 1107 B8C]*

2.1.3. 기대신용손실에서 생기는 금액에 대한 양적 정보와 질적 정보

- 손실충당금의 변동과 변동 이유를 설명하기 위하여, 손실충당금의 기초 잔액에서 기말 잔액으로의 조정은 기간 동안의 변동을 표 형식으로 금융상품의 종류별로 다음 사항을 각각 공시한다. *[K-IFRS 1107 문단 35H]*
  - (1) 12개월 기대신용손실에 해당하는 금액으로 측정된 손실충당금
  - (2) 전체기간 기대신용손실에 해당하는 금액으로 측정된 손실충당금
    - (가) 최초 인식 후 신용위험이 유의적으로 증가하였지만 신용이 손상되지 않은 금융자산
    - (나) 보고기간 말에 신용이 손상된 금융자산(단, 최초 발생시점이나 매입할 때 신용이 손상되어 있는 금융자산(이하 '취득시 신용이 손상되어 있는 금융자산'이라 한다)이 아닌 경우)
    - (다) K-IFRS 1109 문단 5.5.15에 따라 손실충당금을 측정한 매출채권, 계약자산, 리스채권
  - (3) 취득시 신용이 손상되어 있는 금융자산. 보고기간에 최초로 인식된 금융자산에 대해서는 조정내역뿐만 아니라 최초 인식시점에 할인되지 않은 기대신용손실의 총 금액을 공시한다.
- 문단 35H에서 보고기간 중 손실충당금의 변동이유를 설명하도록 요구한다. 손실충당금의 기초잔액에서 기말잔액으로의 조정뿐만 아니라, 변동을 서술적으로 설명해야 할 경우가 있다.

이 서술적 설명에는 보고기간의 손실충당금 변동 이유의 분석을 포함하여 다음 사항을 공시한다. *[K-IFRS 1107 B8D]*

(1) 포트폴리오 구성

(2) 최초 발생하거나 매입한 금융상품의 규모

(3) 기대신용손실의 강도

- 대출약정과 금융보증계약에 대한 손실충당금은 충당부채로 인식한다. 대출약정과 금융보증계약에 대한 손실충당금의 변동 정보는 금융자산의 손실충당금의 변동과 구분하여 별도로 공시한다. 그러나 금융상품이 대출(금융자산)과 미사용 한도약정(대출약정)을 모두 포함하고 있고 금융자산 요소에서 생기는 기대신용손실과 대출약정 요소에서 생기는 기대신용손실을 별도로 식별할 수 없다면 대출약정의 기대신용손실은 금융자산의 손실충당금과 함께 인식한다. 금융자산의 총 장부금액을 초과한 기대신용손실은 충당부채로 인식한다. *[K-IFRS 1107 B8E]*
- 재무제표이용자가 K-IFRS 1107 문단 35H에 따라 공시되는 손실충당금의 변동을 이해할 수 있도록, 보고기간에 금융상품의 총 장부금액의 유의적인 변동이 손실충당금의 변동에 어떤 영향을 주었는지에 대한 설명을 공시한다. K-IFRS 1107 문단 35H(1)~(3)에서 열거한 손실충당금을 표시하는 금융상품에 대해 별도로 구분하여 이 정보를 제공하며 관련된 양적이고 질적인 정보를 포함한다. 손실충당금의 변동에 영향을 주는 금융상품의 총 장부금액의 변동의 예는 다음 사항을 포함할 수 있다. *[K-IFRS 1107 문단 35I]*

(1) 보고기간에 발행되었거나 취득한 금융상품으로 인한 변동

(2) K-IFRS 1109에 따라 해당 금융자산은 제거에는 해당하지 않는, 금융자산의 계약상 현금흐름의 변경

(3) 보고기간에 제거된 금융상품으로 인한 변동(제각한 금융상품 포함)

(4) 손실충당금을 12개월 또는 전체기간 기대신용손실에 해당하는 금액으로 측정함으로써 비롯되는 변동

사 례 손실충당금의 변동을 초래하는 금융자산의 총 장부금액이 유의적 변동과 손실충당금의 변동에 대한 정보를 제공하는 공시 사례 *[K-IFRS 1107 IG14]*

주택담보-손실충당금	12개월 기대신용손실	전체기간 기대신용손실 (집합 평가)	전체기간기대신용손실 (개별 평가)	신용이 손상된 금융자산(전체기간기대신용손실)
(단위: 천원)				
1월 1일 손실충당금	X	X	X	X
1월 1일 인식된 금융상품으로 인한 변동				
– 전체기간기대신용손실로 대체	(X)	X	X	-
– 신용이 손상된 금융자산으로 대체	(X)	-	(X)	X
– 12개월 기대신용손실로 대체	X	(X)	(X)	-
– 보고기간 중 제거된 금융자산	(X)	(X)	(X)	(X)
발행 또는 매입한 새로운 금융자산	X	-	-	-
상각	-	-	(X)	(X)
모형/위험매개변수의 변동	X	X	X	X
외화환산과 그 밖의 변동	X	X	X	X
12월 31일 손실충당금	X	X	X	X

손실충당금의 변동을 초래하는 주택담보대출의 총 장부금액의 유의적인 변동은 다음과 같습니다.

- ABC 우량주택담보대출 포트폴리오의 취득으로 주택담보대출 장부금액이 X% 증가하였으며, 이와 관련하여 12개월 기준으로 측정한 손실충당금의 증가하였습니다.
- 국내시장의 침체로 DEF 포트폴리오 XX원을 상각하였고 이로 인해 손상의 객관적 증거가 있는 금융자산의 손실충당금이 X원으로 감소하였습니다.
- 지역 X에서 실업의 증가가 예상됨에 따라 전체기간 기대신용손실로 측정하는 금융자산이 순증가하였고 전체기간 기대신용손실 충당금이 X원으로 순증가하였습니다.

주택담보대출의 총 장부금액의 유의적인 변동에 대한 상세한 설명은 다음과 같습니다.

주택담보대출-손실충당금	12개월 기대신용손실	전체기간 기대신용손실 (집합 평가)	전체기간기대신용손실 (개별 평가)	신용이 손상된 금융자산 (전체기간기대신용손실)
(단위: 천원)				
1월 1일 총 장부금액	X	X	X	X
전체기간기대신용손실로 대체된 개별금융자산	(X)	-	X	-
신용이 손상된 금융자산으로 대체된 개별금융자산	(X)	-	(X)	X
신용이 손상된 자산에서 대체된 개별금융자산	X	-	X	(X)
집합기준으로 평가한 금융자산	(X)	X	-	-
발행 또는 매입한 새로운 금융자산	X	-	-	-
상각	-	-	(X)	(X)
제거된 금융자산	(X)	(X)	(X)	(X)
제거를 초래하지 않는 변동	(X)	-	(X)	(X)
기타 변동	X	X	X	X
12월 31일 총 장부금액	X	X	X	X

- 제거에는 해당하지 않는, 금융자산의 계약상 현금흐름 변경의 특성과 영향을 재무제표이용자가 이해하고 그러한 변경이 기대신용손실의 측정에 미치는 영향을 이해할 수 있도록 다음 사항을 공시한다. *[K-IFRS 1107 문단 35J]*
  (1) 손실충당금을 전체기간 기대신용손실에 해당하는 금액으로 측정해온 경우에 보고기간 중에 계약상 현금흐름이 변경된 금융자산의 변경 전 상각후원가와 변경에 따라 인식한 순손익
  (2) 전체기간 기대신용손실에 해당하는 금액으로 손실충당금을 측정하였으나 최초 인식 후 보고기간 중에 12개월 기대신용손실에 해당하는 금액으로 손실충당금을 측정하는 것으로 바뀐 금융자산의 보고기간 말 총 장부금액
- 재무제표이용자가 기대신용손실액에 대한 담보 효과와 그 밖의 신용보강의 효과를 이해하도록 금융상품의 종류별로 다음 사항을 공시한다. *[K-IFRS 1107 문단 35K]*
  (1) 보유하고 있는 담보나 그 밖의 신용보강(예: K-IFRS 1032에 따른 상계조건을 충족하지 않는 상계약정)을 고려하지 않고 보고기간 말 신용위험에 대한 최대 익스포저를 가장 잘 나타내는 금액
  (2) 보유하고 있는 담보와 그 밖의 신용보강에 대한 서술적 설명
    (가) 보유하고 있는 담보의 특성과 질에 대한 설명
    (나) 보고기간에 담보나 신용보강의 가치가 하락되었거나 기업의 담보정책 변경으로 인한 담보나 신용보강의 질의 유의적인 변동에 대한 설명
    (다) 담보가 있어서 손실충당금을 인식하지 않은 금융상품에 대한 정보
  (3) 보고일에 신용이 손상된 금융자산에 대해 보유하고 있는 담보와 그 밖의 신용보강에 관한 양적 정보(예: 담보와 그 밖의 신용보강으로 신용위험이 감소되는 정도의 계량화)
- 문단 35K에서 재무제표이용자가 담보와 그 밖의 신용보강이 기대신용손실의 금액에 미치는 영향을 이해할 수 있게 정보를 공시하도록 규정한다. 담보나 그 밖의 신용보강의 공정가치 정보나 기대신용손실(채무불이행이 발생하는 경우의 손실, loss given default)을 계산하기 위해 포함된 담보의 정확한 가치를 계량화하여 공시할 필요는 없다. *[K-IFRS 1107 B8F]*
- 담보의 서술적 설명과 기대신용손실 금액에 미치는 담보의 영향에는 다음 정보를 포함할 수 있다. *[K-IFRS 1107 B8G]*
  (1) 보유하고 있는 담보와 그 밖의 신용보강의 주요 유형(그 밖의 신용보강의 예: 보증, 신용파생상품, K-IFRS 1032의 상계요건을 충족하지 않는 상계약정)
  (2) 보유하고 있는 담보와 그 밖의 신용보강의 규모, 손실충당금에 미치는 유의성
  (3) 담보와 그 밖의 신용보강의 가치를 평가하고 관리하는 정책과 과정
  (4) 담보와 그 밖의 신용보강의 거래상대방의 주요 유형과 거래상대방의 신용도
  (5) 담보와 그 밖의 신용보강 내에서 위험집중도에 대한 정보

- 보고기간에 제각되었지만 여전히 회수활동이 계속되고 있는 금융자산의 계약상 미회수 금액을 공시한다. *[K-IFRS 1107 문단 35L]*

2.1.4. 신용위험 익스포저

- 재무제표이용자가 기업의 신용위험 익스포저를 평가하고 유의적인 신용위험의 집중도를 이해할 수 있도록 신용위험 등급별로 금융자산의 총 장부금액, 대출약정의 신용위험 익스포저, 금융보증계약의 신용위험 익스포저를 공시한다. 이 정보는 다음의 금융상품에 대해 별도로 공시한다. *[K-IFRS 1107 문단 35M]*
  (1) 손실충당금을 12개월 기대신용손실에 해당하는 금액으로 측정하는 금융상품
  (2) 손실충당금을 전체기간 기대신용손실에 해당하는 금액으로 측정하고 다음에 해당하는 금융상품
    (가) 최초 인식 후 신용위험이 유의적으로 증가하였지만 신용이 손상되지 않은 금융자산
    (나) 보고기간 말에 신용이 손상된 금융자산(단, 취득시 신용이 손상되어 있는 금융자산이 아닌 경우)
    (다) K-IFRS 1109 문단 5.5.15에 따라 손실충당금을 측정한 매출채권, 계약자산, 리스채권
  (3) 취득시 신용이 손상되어 있는 금융자산

사 례 문단 35M의 사례 *[K-IFRS 1107 IG20C]*

내부적 위험등급에 따른 소비자 대출의 신용위험 익스포저				
20XX (단위: 천원)	소비자:신용카드 총 장부금액		소비자:자동차대출론 총 장부금액	
	전체기간	12개월	전체기간	12개월
내부등급 1-2	X	X	X	X
내부등급 3-4	X	X	X	X
내부등급 5-6	X	X	X	X
내부등급 7	X	X	X	X
합계	X	X	X	X

외부등급에 따른 기업대출의 신용위험 프로파일				
20XX (단위: 천원)	기업:장비 총 장부금액		기업:건설 총 장부금액	
	전체기간	12개월	전체기간	12개월
AAA-AA	X	X	X	X
A	X	X	X	X
BBB-BB	X	X	X	X
B	X	X	X	X
CCC-CC	X	X	X	X
C	X	X	X	X
D	X	X	X	X
합계	X	X	X	X

채무불이행 발생위험에 따른 기업대출의 위험 프로파일				
20XX (단위: 천원)	기업-무담보 총 장부금액		기업-담보 총 장부금액	
	전체기간	12개월	전체기간	12개월
0.00 - 0.10	X	X	X	X
0.11 - 0.40	X	X	X	X
0.41 - 1.00	X	X	X	X
1.01 - 3.00	X	X	X	X
3.01 - 6.00	X	X	X	X
6.01 - 11.00	X	X	X	X
11.01 - 17.00	X	X	X	X
17.01 - 25.00	X	X	X	X
25.01 - 50.00	X	X	X	X
50.01초과	X	X	X	X
합계	X	X	X	X

• K-IFRS 1109 문단 5.5.15를 적용하는 매출채권, 계약자산, 리스채권에 대해서 문단 35M에 따라 제공되는 정보는 충당금 설정률표에 기초할 수 있다(K-IFRS 1109 문단 B5.5.35). *[K-IFRS 1107 문단 35N]*

사 례 문단 35N의 사례 *[K-IFRS 1107 IG20D]*

20XX (단위: 천원)	만기가 지난 매출채권				
	현재	30일 이상	60일 이상	90일 이상	합계
판매상금융					
기대신용손실율	0.10%	2%	5%	13%	
추정 총 파산 장부금액	20,777	1,416	673	235	101
전체기간기대신용손실-판매상금융	21	28	34	31	114
소매금융					
기대신용손실율	0.20%	3%	8%	15%	
추정 총 파산 장부금액	19,222	2,010	301	154	21,687
전체기간기대신용손실-소매금융	38	60	24	23	145

• 문단 35M은 보고기간 말에 기업의 신용위험 익스포저에 대한 정보와 신용위험의 유의적인 집중에 대한 정보의 공시를 요구한다. 많은 거래상대방이 같은 지역에 위치하고 있거나 비슷한 업종을 영위하고 있고 경제 또는 그 밖의 상황의 변동으로 계약상 의무를 충족하는 데에 비슷하게 영향을 미치는 비슷한 경제적 특성을 가지고 있을 때 신용위험이 집중되어 있다. 재무제표이용자가 특정위험의 집중도와 같이 금융상품 집합의 대부분에 영향을 미치는 특별한 특성이 있는 금융상품의 집합이나 포트폴리오가 있는지를 이해할 수 있도록 정보를 공시해야 한다. 이러한 정보에는 담보인정비율별, 지역별, 산업별, 발행자 유형의 집중도를 포함한다. *[K-IFRS 1107 B8H]*

- 문단 35M에 따른 정보를 공시하기 위해 사용하는 신용위험 등급의 수는 신용위험 관리목적으로 주요 경영진에게 보고하는 수와 일치해야 한다. 만약 대출자에게 특정된 정보로 연체정보만을 이용할 수 있고 기업회계기준서 제1109호 문단 5.5.11에 따라 신용위험이 최초 인식 후 유의적으로 증가하였는지를 판단하기 위해 연체정보를 이용한다면 해당 금융자산의 연체 상태별로 분석을 공시한다. *[K-IFRS 1107 B8I]*
- 집합기준으로 기대신용손실을 측정하는 경우에, 개별금융자산의 총 장부금액이나 대출약정과 금융보증계약의 신용위험 익스포저를 전체기간 기대신용손실을 인식하는 신용위험등급에 할당하지 못할 수 있다. 이 경우에 신용위험 등급을 직접 할당할 수 있는 금융상품에 문단 35M의 요구사항을 적용하며 집합기준으로 전체기간 기대신용손실을 측정하는 금융상품의 총 장부금액을 별도로 공시한다. *[K-IFRS 1107 B8J]*
- K-IFRS 1107의 적용대상이지만 K-IFRS 1109의 손상 요구사항을 적용하지 않는 모든 금융자산에 대해서 금융상품의 종류별로 다음 사항을 공시한다. *[K-IFRS 1107 문단 36]*
  (1) 보고기간 말 현재 신용위험의 최대 익스포저를 가장 잘 나타내는 금액. 이 경우에는 보유한 담보나 그 밖의 신용보강(예: K-IFRS 1032의 상계조건을 충족하지 못하는 상계 약정)은 고려하지 않는다. 다만 금융상품의 장부금액이 신용위험의 최대 익스포저를 가장 잘 나타내는 경우에는 이 공시를 할 필요는 없다.
  (2) 보유한 담보 및 그 밖의 신용보강, 신용위험의 최대 익스포저를 가장 잘 나타내는 금액(위 (1)에 따라 공시하거나 금융상품의 장부금액을 나타내는 금액)에 미치는 재무 영향(예 담보와 그 밖의 신용보강으로 신용위험이 줄어드는 정도를 계량화)
- 문단 36에서는 금융상품의 종류에 따라 신용위험에 노출되는 정도의 정보를 공시할 것을 요구한다. 같은 종류의 금융상품은 공시되는 위험(이 경우에도 신용위험)과 관련된 경제적 특성을 공유한다. 예를 들면 기업은 **주택담보대출, 무담보소비자대출, 상업대출은 각각 경제적 특성이 다르다고 결론지을 수 있다.** *[K-IFRS 1107 IG21]*
- 문단 36(2)에서는 담보로 이용할 수 있는 보유 자산과 획득한 그 밖의 신용보강에 대한 설명을 요구한다. 다음을 공시하면 이 규정을 충족할 수 있다. *[K-IFRS 1107 IG22]*
  (1) 획득한 담보와 그 밖의 신용보강을 평가하고 관리하는 방침 및 절차
  (2) 담보와 그 밖의 신용보강의 주요 유형에 대한 설명 (그 밖의 신용보강의 예로는 지급보증, 신용파생상품, 기업회계기준서 제1032호에 따른 상계조건을 충족하지 못하는 상계계약이 있다)
  (3) 담보와 그 밖의 신용보강에 대한 거래상대방의 주요 유형과 그 거래상대방의 신용도
  (4) 담보나 그 밖의 신용보강 내의 위험 집중에 대한 정보

가. 신용위험에 최대로 노출되는 정도

- 상기 (1)에 따라 신용위험의 최대 익스포저**를 가장 잘 나타내는 금액**을 공시하여야 한다. 금융자산의 경우 이 금액은 일반적으로 **총장부금액에서 다음을 모두 차감한 금액**이다. *[K-IFRS 1107 B9]*
  (1) K-IFRS 1032에 따라 상계한 금액
  (2) K-IFRS 1109에 따라 인식한 손실충당금
- 신용위험을 일으키는 활동과 이와 관련된 신용위험에 대한 최대 익스포저의 예는 다음과 같다. *[K-IFRS 1107 B10]*
  (1) 고객에 대한 대여금과 다른 기업에 예치한 예금. 이 경우 신용위험에 대한 최대 익스포저는 관련 금융자산의 장부금액이다.
  (2) 파생상품계약(예 외환계약, 이자율스왑, 신용파생상품)을 체결하는 일. 그 결과로 생긴 자산이 공정가치로 측정되는 경우에 보고기간 말 현재 신용위험에 최대로 노출되는 정도는 장부금액과 같다.
  (3) 금융보증을 제공하는 일. 이 경우 신용위험에 최대로 노출되는 정도는 피보증인이 청구하면 지급하여야 할 최대 금액이고, 이는 부채로 인식한 금액보다 유의적으로 클 수 있다.
  (4) 대출약정기간에 철회할 수 없거나 중요한 부정적인 변화가 생겨야만 철회할 수 있는 대출약정을 체결하는 일. 이 경우 발행자가 대출약정을 현금이나 다른 금융상품으로 차액결제할 수 없다면 신용위험에 최대로 노출되는 정도는 약정금액 전체이다. 이는 사용되지 않은 한도가 미래에 사용될지가 불확실하기 때문이다. 이 경우 신용위험에 최대로 노출되는 정도는 부채로 인식한 금액보다 유의적으로 클 수 있다.

2.1.5. 담보물과 기타 신용보강

- 회계기간에 담보권의 실행하거나 그 밖의 신용보강(예 보증)을 요구하여 취득하게 된 금융자산 또는 비금융자산이 다른 K-IFRS의 인식기준을 충족하는 경우에는 보고일 현재 해당 자산에 대하여 다음 사항을 공시한다. *[K-IFRS 1107 문단 38]*
  (1) 자산의 특성 및 장부금액
  (2) 자산을 쉽게 현금화할 수 없는 경우 해당 자산의 처분방침이나 영업상 이용방침

2.2. 유동성위험

- 다음 사항을 공시한다. *[K-IFRS 1107 문단 39]*
  (1) 남은 계약기간을 나타내는 비파생금융부채(발행된 금융보증계약 포함)의 만기분석
  (2) 파생금융부채의 만기분석. 파생금융부채에 대한 계약상 만기가 현금흐름의 시기를 이해

하기 위하여 반드시 필요한 경우에는 남은 계약기간을 만기분석에 포함한다.

(3) 위 (1)과 (2)에 내재된 유동성위험을 관리하는 방법에 대한 설명

사 례 **문단 39(1)의 사례** *[K-IFRS 1107 IG31A]*

할인되지 않은 현금흐름: 비파생금융부채

만기	합계	1개월 미만	1개월 이상~ 3개월 이하	3개월 초과~ 6개월 이하	6개월 초과~ 1년 이하	1년 초과~ 3년 이하	3년 초과~ 5년 이하	5년 초과
은행차입금	1,625				285	740	600	
리스부채	2,300	70	140	210	400	750	620	110
매입채무 및 기타채무	350	70	190	90				

할인되지 않은 현금흐름: 비파생금융부채

만기	합계	1년 미만	1년 이상 ~ 2년 이하	2년 초과 ~ 3년 이하	3년 초과 ~ 4년 이하	4년 초과~ 5년 이하	5년 초과~ 7년 이하	7년 초과~ 10년 이하	10년 초과
은행 차입금	3,100	40	300	38	280	2,442			
리스부채	4,400	500	500	480	430	430	790	800	470
매입채무 및 기타채무	95	95							

할인되지 않은 현금흐름: 비파생금융부채

만기	합계	1개월 미만	1개월 이상~ 6개월 이하	6개월 초과~ 1년 이하	1년 초과~ 2년 이하	2년 초과~ 3년 이하	3년 초과
사채	2,100	7	34	40	79	1,940	
리스부채*	4,970			340	310	290	4,030
매입채무 및 기타채무	980	280	700				

* 리스부채의 만기 관련 추가 정보는 다음 표에서 제공된다.

만기	합계	1년 이하	1년 초과~ 5년 이하	5년 초과~ 10년 이하	10년 초과~ 15년 이하	15년 초과~ 20년 이하	20년 초과~ 25년 이하
리스부채	4,970	340	1,200	1,110	1,050	970	300

• K-IFRS 1107 문단 34(1)에 따라 주요 경영진에게 내부적으로 제공하는 정보에 기초하여 유동성위험에 노출되는 정도에 관한 간략한 양적 자료를 공시하고, 이 자료가 어떻게 결정되

는지를 설명한다. 그 자료에 포함된 현금(또는 다른 금융자산)의 유출이 다음 중 어느 하나에 해당하는 경우에는 그 사실을 설명하고 재무제표이용자들이 이러한 위험의 정도를 평가할 수 있도록 양적 정보를 제공한다. 다만 이러한 정보가 K-IFRS 1107 문단 39⑴이나 39⑵에서 요구하는 계약상 만기분석에 포함되는 경우에는 제외한다. *[K-IFRS 1107 B10A]*

⑴ 자료에 제시된 것 보다 유의적으로 더 이른 기간에 생길 수 있다.

⑵ 자료에 제시된 것과 유의적으로 다른 금액일 수 있다(예 차액결제기준으로 자료에 포함되었으나 상대방이 총액결제를 요구할 수 있는 선택권을 갖고 있는 파생상품의 경우).

2.2.1. 만기분석

- K-IFRS 1107 문단 39⑴과 39⑵에서 요구하는 만기를 분석하는 경우에 적절한 수의 기간을 결정한다. 예를 들면, 다음과 같은 기간의 간격이 적절하다고 결정할 수도 있다. *[K-IFRS 1107 B11]*

  ⑴ 1개월 이하

  ⑵ 1개월 초과 ~ 3개월 이하

  ⑶ 3개월 초과 ~ 1년 이하

  ⑷ 1년 초과 ~ 5년 이하

- K-IFRS 1107 문단 39⑴과 39⑵를 따르는 경우에는 복합금융상품에서 내재파생상품을 분리하지 아니한다. 이러한 금융상품에는 문단 39⑴을 적용한다. *[K-IFRS 1107 B11A]*

- K-IFRS 1107 문단 39⑵는 파생금융부채의 계약상 만기가 현금흐름의 시기를 이해하는 데 필수적인 경우, 잔존계약만기를 보여주는 양적 만기분석을 공시하도록 요구한다. 예를 들어, 다음과 같은 경우가 해당 될 수 있다. *[K-IFRS 1107 B11B]*

  ⑴ 변동이자율 금융자산이나 금융부채에 대한 현금흐름 위험회피에서 잔존만기가 5년인 이자율스왑

  ⑵ 모든 대출약정

- K-IFRS 1107 문단 39⑴과 39⑵에서는 일부 금융부채의 경우에는 남은 계약기간을 보여주는 금융부채의 만기분석을 공시하도록 요구하고 있다. 이 공시에는

  ⑴ 거래상대방이 지급시기를 선택할 수 있는 금융부채의 경우에는 지급이 청구될 수 있는 가장 이른 기간에 금융부채를 배분한다. 예를 들면, 지급이 청구된 즉시 상환하여야 하는 금융부채(예 요구불예금)는 가장 이른 구간에 포함한다.

  ⑵ 분할하여 이용할 수 있는 자금을 제공하는 약정의 경우에는 지급이 청구될 수 있는 가장 이른 기간에 각 분할 금액을 배분한다. 예를 들면, 사용하지 않은 대출약정은 행사될 수 있는 가장 이른 날이 속한 기간에 포함한다.

  ⑶ 발행된 금융보증계약의 경우에는 보증을 요구받을 수 있는 가장 이른 기간에 최대 보증

금액을 배분한다. *[K-IFRS 1107 B11C]*

- K-IFRS 1107 문단 39(1)과 (2)에서 요구되는 만기분석에서 공시하는 계약상 금액은 할인되지 아니한 계약상 현금흐름이며, 그 예는 다음과 같다. *[K-IFRS 1107 B11D]*
  (1) 리스부채의 총액(금융원가 차감 전)
  (2) 현금으로 금융자산을 매입하기로 하는 선도계약의 경우에는 특정된 가격
  (3) 변동이자를 지급하고 고정이자를 받는, 순액의 현금흐름을 교환하는 이자율스왑의 경우에는 현금흐름의 순액
  (4) 총 현금흐름을 교환하는 파생금융상품(예 통화스왑)의 경우에는 교환되는 계약상 금액
  (5) 총 대출약정금액

  이러한 할인되지 아니한 현금흐름은 재무상태표에 포함된 금액과는 다르다. 해당 재무제표는 할인된 현금흐름에 기초하기 때문이다. 지급하여야 하는 금액이 정해지지 않은 경우에는 보고기간 말 현재의 조건을 참조하여 공시할 금액을 결정한다. 예를 들면, 지급하여야 하는 금액이 지수의 변동에 따라 변동되는 경우에는 보고기간 말 현재 지수의 수준에 기초하여 공시할 금액을 결정할 수 있다.
- K-IFRS 1107 문단 39(3)에서는 문단 39(1)과 39(2)에서 요구하는 양적 공시의 항목에 내재된 유동성위험을 관리하는 방법을 설명하도록 요구한다. 유동성위험을 관리하기 위해 보유한 금융자산(예 즉시 매도할 수 있거나 금융부채의 현금유출에 지급하기 위해 현금유입을 창출할 것으로 예상되는 금융자산)의 만기분석 정보가 재무제표이용자가 유동성위험의 특성 및 정도를 평가할 때 필요하다면 그러한 정보를 공시한다. *[K-IFRS 1107 B11E]*
- K-IFRS 1107 문단 39(3)에서 요구하는 공시를 할 때에 고려할 수 있는 그 밖의 요소에는 다음 사항이 포함될 수 있으나 이에 한정되지는 않는다. *[K-IFRS 1107 B11F]*
  (1) 유동성 수요를 충족하기 위해 사용할 수 있는 차입한도약정(예 상업어음한도약정)이나 그 밖의 신용한도약정(예 보증신용한도약정) 체결 여부
  (2) 유동성 수요를 충족하기 위한 중앙은행 예치금 보유 여부
  (3) 매우 다양한 자금조달수단 보유 여부
  (4) 자산 또는 자금조달수단에 유동성위험의 유의적인 집중 여부
  (5) 유동성위험을 관리하기 위한 내부통제절차 및 비상계획의 유무
  (6) (예 기업의 신용등급이 하락하는 경우) 상환시기를 앞당기는 조건을 포함하는 금융상품 보유 여부
  (7) 담보를 제공하도록 요구(예 파생상품에 대한 증거금 요구)할 수 있는 금융상품 보유 여부
  (8) 현금(또는 다른 금융자산)을 인도하여 결제하거나 자기주식을 인도하여 금융부채를 결제할 수 있는 선택권을 주는 금융상품 보유 여부
  (9) 일괄상계약정의 대상인 금융상품 보유 여부

2.3. 시장위험

2.3.1. 민감도분석

가. VAR 기법을 따르지 아니하는 경우

- K-IFRS 1107 문단 41을 따르지 아니하는 경우에는 다음 사항을 공시한다. *[K-IFRS 1107 문단 40]*
  (1) 보고기간말 현재 노출된 시장위험의 각 유형별 민감도분석. 이러한 분석에는 보고기간말 현재 가능성이 어느 정도 있는(reasonably possible) 관련 위험변수의 변동이 손익과 자본에 미치는 영향을 포함한다.
  (2) 민감도분석을 수행할 때 사용한 방법과 가정
  (3) 이전 회계기간에 적용한 방법과 가정을 바꾼 경우 그 변경내용과 이유

사 례 문단 40(1)의 사례 *[K-IFRS 1107 IG36]*

이자율위험

20X2년 12월 31일에 다른 모든 변수는 변동되지 않은 상태에서, 같은 날의 이자율이 10 베이시스 포인트 하락했다면, 세후 당기이익은 1.7백만원(20X1년: 2.4백만원) 증가했을 것이며, 이는 주로 변동금리부 차입금의 이자비용 감소에 기인합니다. 이자율 이외의 모든 변수는 변동되지 않은 상태에서 이자율이 10 베이시스 포인트 상승했다면, 세후 당기이익은 1.5백만원(20X1년: 2.1백만원) 감소했을 것이며, 이는 주로 변동금리부 차입금의 이자비용 증가에 기인합니다. 이자율 상한이 있는 차입금이 존재하기 때문에 당기이익은 이자율이 증가하는 경우보다 감소하는 경우에 더 민감합니다. 민감도는 20X1년보다 20X2년에 더 낮은데, 이는 부채의 만기가 도래하여 미상환 차입금이 감소하였기 때문입니다. (주석X 참조*)

외화환율위험

20X2년 12월 31일에 다른 모든 변수가 변동되지 않은 상태에서, 원화가 미국 달러화에 대하여 10% 평가절하되었다면, 세후 당기이익은 2.8백만원(20X1년: 6.4백만원) 감소했을 것이며, 기타포괄손익은 1.2백만원(20X1년: 1.1백만원) 증가하게 될 것입니다. 이와는 반대로 다른 모든 변수가 변동되지 않은 상태에서 원화가 미국 달러화에 대하여 10% 평가절상되었다면, 세후 당기이익은 2.8백만원(20X1년: 1.1백만원) 증가했을 것이고, 기타포괄손익은 1.2백만원(20X1년: 1.1백만원) 감소했을 것입니다. 20X1년과 비교하여 20X2년에 외화환율이 당기이익에 미치는 민감도가 낮아진 것은 외화표시부채의 감소에 기인합니다. 자본은 20X1년보다 20X2년에 더 민감한데, 이는 외화부채는 감소하였지만 이를 상쇄하여 외화매입의 위험회피가 증가하였기 때문입니다.

*문단 39(1)에서는 부채의 만기분석에 대한 공시를 요구한다.

- 상기에 따라 노출된 시장위험의 유형별로 민감도 분석을 공시하여야 한다. K-IFRS 1107 문단 B3에 따르면 기업은 유의적으로 다른 경제적 환경에서 일어나는 위험에 노출되는 정도에

대하여 특성이 다른 정보를 결합하지 않으면서 전체적인 개요를 보여주기 위하여 어떻게 정보를 통합할지를 결정한다. 예를 들면 다음과 같다. *[K-IFRS 1107 B17]*

(1) 금융상품을 거래하는 기업은 단기매매금융상품과 단기매매금융상품이 아닌 금융상품을 구분하여 민감도 분석 정보를 공시할 수 있다.

(2) 초인플레이션 지역에서 일어나는 시장위험에 노출되는 정도와 인플레이션이 매우 낮은 지역에서 일어나는 같은 시장위험에 노출되는 정도를 하나로 통합하지 않는다.

기업이 하나의 경제 환경에서 한 가지 유형의 시장위험에만 노출되는 경우에는 민감도 분석 정보를 구분하여 공시하지 아니한다.

- K-IFRS 1107 문단 40(1)에 따라 가능성이 어느 정도 있는 관련 위험변수(예 현행 시장이자율, 환율, 지분가격, 일반상품가격)의 변동이 당기손익과 자본에 미치는 영향을 보여주는 민감도 분석을 공시하여야 한다. 이를 위하여 고려할 사항은 다음과 같다. *[K-IFRS 1107 B18]*

(1) 관련 위험변수가 달랐다면 당기손익이 얼마가 되었을 지를 파악할 필요는 없고, 가능성이 어느 정도 있는 관련 위험변수의 변동이 보고기간 말 현재 생겼고, 보고기간 말 현재 위험에 노출되는 정도에 적용된다고 가정하여 보고기간 말의 당기손익과 자본에 미치는 영향을 공시한다. 예를 들면 기말 현재 변동금리부 부채를 보유한 경우에는 가능성이 어느 정도 있는 이자율의 변동이 해당 연도의 당기손익에 미치는 영향(이자비용)을 공시하면 된다.

(2) 가능성이 어느 정도 있는 관련 위험변수의 변동 범위에서 각각의 변동이 당기손익과 자본에 미치는 영향은 공시할 필요는 없다. 가능성이 어느 정도 있는 변동 범위의 한계에서 변동의 영향을 공시하는 것으로 충분하다.

- **가능성이 어느 정도 있는 관련 위험변수의 변동**을 결정할 때 고려하여야 할 사항은 다음과 같다.

(1) **기업이 영업하는 경제환경**. 가능성이 어느 정도 있는 변동에 희박한 시나리오, '상황이 최악인' 시나리오나 '위기상황분석(stress test)'을 포함해서는 안 된다. 기초위험변수의 변동률이 안정적일 경우에는 가능성이 어느 정도 있는 위험변수의 변동으로 선택한 사항을 변경할 필요는 없다. 예를 들면 이자율이 5%이고, 50 베이시스 포인트의 상하 변동이 가능성이 어느 정도 있는 것이라고 가정하자. 기업은 이자율이 4.5% 또는 5.5%로 변동되는 경우에 당기손익과 자본에 미치는 영향을 공시하게 될 것이다. 다음 회계기간에 이자율이 5.5%로 오르더라도, 가능성이 어느 정도 있는 변동은 여전히 50 베이시스 포인트의 상하 변동이라고(이자율의 변동이 안정적이다) 판단할 수 있다. 이자율이 5%나 6%로 변동된다면, 당기손익과 자본에 미치는 영향을 공시할 것이다. 이자율의 변동성이 유의적으로 커질 것이라는 증거가 없다면, 이자율 50 베이시스 포인트의 상하 변동이 가능성이 어느 정도 있을 것이라는 판단을 수정할 필요는 없다.

(2) **평가대상기간**. 민감도 분석에는 다음 공시를 하기 전까지의 기간에 가능성이 어느 정도

있을 것으로 보이는 변동의 영향을 표시해야 한다. 해당 기간은 보통 차기의 연차 보고기간이다. *[K-IFRS 1107 B19]*

나. VAR 기법

- 위험변수(예 이자율, 환율) 사이의 상호의존도를 반영하는 민감도분석[예 위험기준가치평가방법(VaR)]을 수행하여 금융위험을 관리하는 경우, **상기 가. 분석을 대신하여 이러한 민감도분석을 사용할 수 있다**. 이러한 경우 추가로 공시할 사항은 다음과 같다. *[K-IFRS 1107 문단 41]*
  (1) 이러한 민감도분석을 수행할 때 사용한 방법 및 자료에 내재된 주요 매개변수와 가정에 대한 설명
  (2) 사용한 방법의 목적에 대한 설명 및 관련 자산과 부채의 공정가치를 완전하게 반영하지 못하는 결과를 초래할 수 있는 제약에 대한 설명
- K-IFRS 1107 문단 41에 따르면 기업이 금융위험에 노출되는 정도를 관리하는 경우에 위험변수 사이의 상호의존도를 반영하는 민감도 분석[예 위험기준가치평가방법(value-at-risk methodology)]을 사용할 수 있다. 이러한 방법론은 잠재적 손실만 측정하고 잠재적 이익을 측정하지 않더라도 적용할 수 있다. 이 경우에 위험기준가치평가방법의 유형(예 몬테카를로 시뮬레이션에 의존하는지), 적용방법, 주요 가정(예 보유기간, 신뢰수준)에 대한 설명을 공시하여 K-IFRS 1107 문단 41(1)을 따를 수 있다. 역사적 관측기간과 그 기간의 관측치에 적용한 가중치, 계산과정에서 옵션을 다룬 방법에 대한 설명과 분석에 사용된 변동성 · 상관관계(또는 대안으로 몬테카를로 확률분포 시뮬레이션) 등도 공시할 수 있다. *[K-IFRS 1107 B20]*
- 기업은 전체 사업에 대한 민감도 분석을 공시하여야 하나, 금융상품의 종류별로 서로 다른 유형의 민감도 분석을 공시할 수도 있다. *[K-IFRS 1107 B21]*
- 이자율위험은 재무상태표에 인식된 이자부 금융상품(예 대여금 및 수취채권, 발행한 채무상품)과 재무상태표에 인식되지 않은 금융상품의 일부(예 일부 대출약정)에서 생긴다. *[K-IFRS 1107 B22]*
- 환위험(또는 외환위험)은 외화로, 즉 금융상품을 측정하는 기능통화 외의 통화로 표시된 금융상품에서 생긴다. 이 기준서의 목적상 비화폐성 항목이나 기능통화로 표시된 금융상품에서는 환위험이 생기지 않는다. *[K-IFRS 1107 B23]*
- 유의적으로 노출된 외화별로 민감도 분석을 공시한다. *[K-IFRS 1107 B24]*

2.3.2. 그 밖의 시장위험 공시

- K-IFRS 1107 문단 40 또는 41에 따라 공시한 민감도 분석이 금융상품에 내재된 위험을 적절하게 반영하지 못하는 경우(예 연말 익스포저가 연중 익스포저를 반영하지 못하는 경우)에는 민감도 분석이 위험을 적절하게 반영하지 못한다는 사실과 그렇게 판단한 이유를 공시

한다. *[K-IFRS 1107 문단 42]*

- 금융상품에 대한 그 밖의 가격위험은 일반상품가격이나 지분가격 등의 변동으로 생긴다. K-IFRS 1107 문단 40을 따르기 위하여 기업은 특정 주식시장지수, 일반상품가격, 그 밖의 위험변수의 하락에 따른 영향을 공시할 수 있다. 예를 들면 기업이 금융상품에 해당하는 잔존가치 보증을 하는 경우에는 기업은 보증한 자산의 가치 증감을 공시한다. *[K-IFRS 1107 B25]*
- 지분가격위험을 일으키는 금융상품의 두 가지 예로 (1) 다른 기업의 지분을 보유하는 경우와 (2) 원본을 지분상품으로 운용하는 신탁 지분을 보유하는 경우를 들 수 있다. 다른 예로는 특정 수량의 지분상품을 매입하거나 매도할 수 있는 선도계약․옵션과 지분가격에 연계된 스왑을 들 수 있다. 이러한 금융상품의 공정가치는 기초자산인 지분상품의 시장가격 변동에 영향을 받는다. *[K-IFRS 1107 B26]*
- K-IFRS 1107 문단 40(1)에 따라 당기손익에 대한 민감도(예 당기손익-공정가치 측정 금융자산에서 생기는 당기손익에 대한 민감도)와 기타포괄손익에 대한 민감도(예 공정가치의 변동을 기타포괄손익으로 표시하는 지분상품에 대한 투자에서 생기는 기타포괄손익에 대한 민감도)를 구분하여 공시한다. *[K-IFRS 1107 B27]*
- 기업이 자신의 지분상품으로 분류한 금융상품은 재측정하지 않는다. 이러한 금융상품의 지분가격위험은 당기손익과 자본에 영향을 주지 않을 것이다. 따라서 민감도 분석을 공시할 필요는 없다. *[K-IFRS 1107 B28]*
- 문단 42에서는 공시된 민감도 분석이 금융상품에 내재된 위험을 적절하게 반영하지 못하는 경우에 추가 정보 공시를 요구한다. 예를 들면 이는 다음과 같은 경우에 생길 수 있다.
  (1) 금융상품에 포함된 조건의 영향이 민감도 분석에 명확하게 나타나지 않는 경우[예: 위험변수의 선택된 변동에 대해 외가격(또는 내가격) 상태를 유지하는 옵션]
  (2) 금융자산의 유동성이 작은 경우(예: 비슷한 자산의 거래량이 적고 거래상대방을 찾기 어려운 경우)
  (3) 금융자산을 대량으로 보유하기 때문에 전체를 매각하는 경우에는 소량으로 보유할 때 공시하는 시장가격보다 할인하거나 할증하여 매각하는 경우 *[K-IFRS 1107 IG37]*
- 문단 IG37(1)의 상황에서, 추가 공시에는 다음이 포함될 수 있다. *[K-IFRS 1107 IG38]*
  (1) 금융상품의 조건(예: 옵션)
  (2) 조건이 충족된다면(옵션이 행사된다면) 당기손익에 미치는 영향
  (3) 위험을 회피하는 방법에 대한 설명

  예를 들면 기업이 외가격 상태이고 레버리지된(예: 특정한 이자율 하한과 현행 시장이자율의 차이의 10배를 지급하는) 매도옵션을 포함하는 이자율 칼라(interest rate collar)를 무상으로 취득할 수 있다. 이 기업은 이러한 칼라를 가능성이 어느 정도 있는 이자율의 증가에 대하여

저렴한 경제적 위험회피방법으로 볼 수 있다. 그러나 예상하지 못한 큰 폭의 이자율 하락은, 레버리지 때문에 낮은 이자율에 따른 효익보다 유의적으로 큰 금액을 매도옵션에 따라 지급하게 할 수도 있다. 칼라의 공정가치도 가능성이 어느 정도 있는 위험변수의 변동에 기초한 민감도 분석도 이러한 익스포저를 반영하지 못할 것이다. 이러한 경우에는 위에서 설명한 것과 같은 추가 정보를 공시할 수 있다.

- 문단 IG37(2)에서 설명한 상황에서, 추가 공시에는 유동성 부족의 원인과 이러한 위험을 회피하는 방법이 포함될 수 있다. *[K-IFRS 1107 IG39]*
- 문단 IG37(3)에서 기술한 상황에서, 추가 공시에는 다음이 포함될 수 있다. *[K-IFRS 1107 IG40]*

  (1) 증권의 특성(예: 기업명)

  (2) 보유 규모(예: 발행주식의 15%)

  (3) 당기손익에 미치는 영향

  (4) 이러한 위험을 회피하는 방법

04
금융자산 양도

- 금융자산 양도와 관련된 K-IFRS 1107 문단 42B~42H의 공시 규정은 이 기준서의 다른 공시 규정을 보충한다. K-IFRS 1107 문단 42B~42H의 공시 규정은 재무제표에서 하나의 주석으로 표시한다. 해당 양도거래가 있었던 시기와 관계없이, 보고일에 존재하나 제거되지 않은 모든 양도 금융자산과 양도자산에 대한 지속적 관여에 대해 필요한 공시를 한다. 해당 문단의 공시 규정을 적용하는 목적상 다음 중 어느 하나에 해당하는 경우에만 금융자산(양도된 금융자산)의 전체나 일부를 양도한 것이다. *[K-IFRS 1107 문단 42A]*
  (1) 해당 금융자산의 현금흐름을 받을 계약상 권리를 양도한 경우
  (2) 해당 금융자산의 현금흐름을 받을 계약상 권리를 유지하고 있으나, 어떤 약정에 따라 하나 이상의 수취인에게 해당 현금흐름을 지급할 계약상 의무를 부담하는 경우
- 재무제표이용자가 다음을 할 수 있게 하는 정보를 공시한다. *[K-IFRS 1107 문단 42B]*
  (1) 전체가 제거되지는 않은 양도 금융자산과 관련 부채의 관계에 대한 이해
  (2) 제거된 금융자산에 대한 양도자의 지속적 관여의 특성 및 관련된 위험에 대한 평가
- K-IFRS 1107 문단 42E~42H의 공시 규정을 적용하는 목적상 양도의 일부로, 양도한 금융자산에 내재된 계약상 권리 또는 의무를 유지하거나 양도한 금융자산과 관련된 새로운 계약상 권리 또는 의무를 갖게 되는 경우에는 양도자가 양도 금융자산에 지속적으로 관여하는 것이다. K-IFRS 1107 문단 42E~42H의 공시 규정을 적용하는 목적상 다음은 지속적 관여에 해당하지 않는다. *[K-IFRS 1107 문단 42C]*
  (1) 법적 소송의 결과로 양도를 무효화할 수 있는 부정양도와 합리성, 선의, 공정거래의 개념에 관련된 일반적인 표명과 보증
  (2) 양도 금융자산을 재매입하는 선도, 옵션, 그 밖의 계약으로서 계약금액(또는 행사가격)이 해당 양도자산의 공정가치인 경우
  (3) 금융자산의 현금흐름을 받을 계약상 권리를 갖지만, 해당 현금흐름을 하나 이상의 기업에 지급할 계약상 의무를 부담하고 K-IFRS 1109 문단 3.2.5(1)~(3)의 조건을 충족하는 계약
- 문단 42E~42H 공시 규정의 목적상 양도한 금융자산에 지속적으로 관여하는지는 보고실체 수준에서 판단한다. 예를 들면 종속기업이 특수 관계에 있지 않은 제삼자에게 금융자산을 양도할 때 지배기업이 해당 자산에 지속적으로 관여한다면, 그 종속기업은 자신의 별도재무제표 또는 개별재무제표(종속기업이 보고기업인 경우)에서 양도자산에 지속적으로 관여하는지

를 판단할 때 지배기업의 관여는 포함하지 않는다. 그러나 지배기업의 연결재무제표(보고기업이 연결실체인 경우)에서 종속기업이 양도한 금융자산에 지속적으로 관여하는지를 판단할 때 지배기업은 자신의 지속적 관여(또는 연결실체 내의 다른 기업의 지속적 관여)를 포함한다. *[K-IFRS 1107 B29]*

- 양도의 일부로서, 양도 금융자산에 내재된 계약상 권리나 의무를 유지하지도 않고 양도한 금융자산과 관련된 새로운 계약상 권리나 의무를 갖게 되지도 않는 경우에는 양도자는 양도 금융자산에 지속적으로 관여하지 않는 것이다. 양도 금융자산의 미래 성과에 대한 지분을 갖지도 않고 어떠한 상황에서도 양도 금융자산에 대해 미래에 지급할 의무가 없다면, 양도자는 양도 금융자산에 지속적으로 관여하지 않는 것이다. 이러한 맥락에서 '지급'이라는 용어는 기업이 수취하여 양수인에게 전달하여야 하는 양도된 금융자산의 현금흐름은 포함하지 않는다. *[K-IFRS 1107 B30]*
- 금융자산을 양도할 때 예를 들어 관리용역 계약에 포함된 수수료를 받고 그 금융자산을 관리하는 권리를 가질 수 있다. 공시규정의 목적 상 관리용역 계약의 결과로 기업이 지속적으로 관여하는지를 결정하기 위해서 문단 42C, B30의 지침에 따라 관리용역 계약을 평가한다. 예를 들어, 양도된 금융자산에서 획득하는 현금흐름의 금액이나 수취시점에 따라 관리용역 수수료가 결정된다면 공시규정의 목적상 관리용역 제공자는 양도된 금융자산에 지속적으로 관여를 하게 될 것이다. 이와 비슷하게 양도된 금융자산의 불이행으로 고정 수수료를 전부 지급받지 못한다면 관리용역 제공자는 공시규정의 목적 상 지속적으로 관여를 하는 것이다. 이러한 예에서 관리용역 제공자는 양도된 금융자산의 미래성과에 대한 지분을 갖는다. 이 평가는 수취하는 수수료가 관리용역 제공에 대한 적정한 대가로 예상되는지는 상관없다. *[K-IFRS 1107 B30A]*
- 양도 금융자산에 대한 지속적 관여는 양도계약의 계약 조항이나 양도와 관련하여 양수자나 제삼자와 체결한 별도 계약의 조항에 기인할 수 있다. *[K-IFRS 1107 B31]*

1 전체가 제거되지는 않은 양도 금융자산

- 금융자산의 일부나 전체가 제거 조건을 충족하지 못하는 방식으로 금융자산을 양도할 수 있다. K-IFRS 1107 문단 42B(1)에서 설명하는 목적을 이루기 위하여, 양도하였으나 그 전체가 제거되지는 않은 금융자산의 종류별로 다음 사항을 보고기간 말마다 공시한다. *[K-IFRS 1107 문단 42D]*
  (1) 양도자산의 특성
  (2) 소유권에 따라 기업이 노출되는 위험 및 보상의 특성
  (3) 양도자산과 관련 부채의 관계에서 나타나는 특성에 대한 기술(양도로 생기는 보고기업의 양도자산 사용 제약을 포함)

(4) 관련 부채의 거래상대방이 양도자산에 대해 소구권만 가지고 있는 경우에는 양도자산의 공정가치, 관련 부채의 공정가치, 순포지션(net position, 양도자산과 관련 부채의 공정가치의 차이)을 나타내는 명세

(5) 양도자산 전체를 계속 인식하는 경우 해당 자산의 장부금액과 관련 부채의 장부금액

(6) 양도자가 지속적으로 관여하는 정도까지만 양도자산을 계속 인식하는 경우, 양도 전 원래 자산의 총 장부금액, 양도자가 계속 인식하는 자산의 장부금액, 관련 부채의 장부금액

• 문단 42D에서는 양도 금융자산의 일부나 전체가 제거조건을 충족하지 않는 경우의 공시사항을 규정한다. 이러한 공시는 양도 시점과 상관없이, 양도자가 양도 금융자산을 계속 인식하는 보고일마다 해야 한다. *[K-IFRS 1107 B32]*

사 례 문단 42D(4)와 42D(5)의 사례 *[K-IFRS 1107 IG40B]*

전체가 제거되지는 않은 양도 금융자산

(단위: 백만원)	당기손익인식금융자산		상각후원가측정금융자산		기타포괄손익인식금융자산
	단기매매 자산	파생상품	주택담보 대여금	소비자 대여금	지분투자
자산의 장부금액	X	X	X	X	X
관련 부채의 장부금액	(X)	(X)	(X)	(X)	(X)
양도자산에 한정하여 소구권이 있는 부채:					
자산의 공정가치	X	X	X	X	X
관련 부채의 공정가치	(X)	(X)	(X)	(X)	(X)
순포지션	X	X	X	X	X

2 전체가 제거된 양도 금융자산

• K-IFRS 1107 문단 42B(2)의 목적을 이루기 위하여, 양도 금융자산 전체를 제거하지만 해당 자산에 지속적으로 관여하는 경우에 지속적 관여의 각 유형별로 최소한 다음 사항을 보고기간 말마다 공시한다. *[K-IFRS 1107 문단 42E]*

(1) 제거된 금융자산에 대한 양도자의 지속적 관여를 나타내어 양도자의 재무상태표에 인식된 자산과 부채의 장부금액, 그리고 해당 자산과 부채의 장부금액이 인식된 개별 항목

(2) 제거된 금융자산에 대한 양도자의 지속적 관여를 나타내는 자산과 부채의 공정가치

(3) 제거된 금융자산에 양도자가 지속적으로 관여하여 생길 수 있는 손실에 최대로 노출되는 금액을 가장 잘 나타내는 금액, 그리고 손실에 최대로 노출되는 금액이 어떻게 결정되는지를 보여주는 정보

(4) 제거된 금융자산을 재매입하기 위해 필요하거나 필요할 수 있는 미할인 현금유출액(예

옵션계약의 행사가격)이나 양도자산과 관련되어 양수자에게 지급해야 하는 그 밖의 금액. 현금유출액이 달라질 수 있다면 공시하는 금액은 매 보고기간 말에 존재하는 조건에 기초하여야 한다.

(5) 제거된 금융자산을 재매입하기 위해 필요하거나 필요할 수 있는 미할인 현금유출액의 만기분석이나 양도자산과 관련하여 양수자에게 지급해야 하는 그 밖의 금액의 만기분석(양도자의 지속적 관여의 남은 계약기간을 나타냄)

(6) (1)~(5)에서 요구하는 양적 공시를 설명하고 보완하는 질적 정보

- 문단 42E(5)에서는 제거된 금융자산을 재매입하기 위한 미할인 현금유출액의 만기분석이나 제거된 금융자산과 관련하여 양수자에게 지급해야 하는 그 밖의 금액의 만기분석을 공시(지속적 관여의 남은 계약기간 포함)하도록 요구한다. 이 분석은 지급해야 하는 현금흐름(예: 선도계약), 양도자가 지급하게 될 수도 있는 현금흐름(예: 매도풋옵션)과 양도자가 지급하기로 선택할 수도 있는 현금흐름(예: 매입콜옵션)으로 구분한다. *[K-IFRS 1107 B34]*
- 문단 42E(5)에 따라 만기분석을 작성할 때, 양도자는 적절한 수의 기간을 결정한다. 예를 들면, 다음과 같은 기간의 간격이 적절하다고 결정할 수도 있다. *[K-IFRS 1107 B35]*

(1) 1개월 이하

(2) 1개월 초과 ~ 3개월 이하

(3) 3개월 초과 ~ 6개월 이하

(4) 6개월 초과 ~ 1년 이하

(5) 1년 초과 ~ 3년 이하

(6) 3년 초과 ~ 5년 이하

(7) 5년 초과

- 가능한 만기일의 범위가 있다면, 지급을 요구받을 수 있거나 지급할 수 있는 가장 이른 날짜에 기초하여 그 현금흐름을 포함한다. *[K-IFRS 1107 B36]*
- 문단 42E(6)에서 요구하는 질적 정보는 제거된 금융자산에 대한 설명과 해당 자산을 양도한 후에도 유지하는 지속적 관여의 특성 및 목적을 포함한다. 이 질적 정보는 양도자가 노출되어 있는 위험에 대한 설명도 포함하며, 그러한 설명에는 다음 사항이 포함된다. *[K-IFRS 1107 B37]*

(1) 제거된 금융자산에 대한 지속적 관여에 내재된 위험을 관리하는 방법에 대한 설명

(2) 양도자가 다른 당사자들보다 먼저 손실을 부담해야 하는지와 해당 자산에 대한 양도자의 지분(해당 자산에 대한 양도자의 지속적 관여)보다 더 낮은 순위의 지분을 갖는 다른 당사자들이 부담하는 손실 금액과 그 순위

(3) 재무적인 지원을 하거나 양도한 금융자산을 재매입해야 하는 의무 부과를 유발할 수 있는 모든 관련 사건에 대한 설명

• 제거된 금융자산에 둘 이상의 유형으로 지속적으로 관여한다면 양도자는 K-IFRS 1107 문단 42E에서 요구하는 정보를 그 자산과 관련하여 통합할 수 있고, 한 가지 유형의 지속적 관여로 보고할 수 있다. *[K-IFRS 1107 문단 42F]*

• 양도자는 다음 사항도 지속적 관여의 유형별로 공시한다. *[K-IFRS 1107 문단 42G]*

(1) 자산의 양도일에 인식한 손익

(2) 제거된 금융자산에 대해 양도자의 지속적 관여로 보고기간에 인식된 수익 및 비용과 그 누계액(예 파생상품의 공정가치 변동)

(3) (제거조건을 충족하는) 양도 행위의 대가총액이 보고기간에 걸쳐 균등하게 생기지 않는 경우(예 양도 행위의 총 금액 중 많은 액수가 보고기간 종료일에 생김)에 다음 사항을 공시한다.

(가) 보고기간 중 가장 큰 양도 행위가 일어난 시점(예 보고기간 말 직전 마지막 5일간)

(나) 보고기간 중 (가)에 해당하는 기간에 일어난 양도 행위로 인식된 금액(예 관련 손익)

(다) 보고기간 중 (가)에 해당하는 기간에 일어난 양도 행위의 대가총액

양도자는 이 정보를 포괄손익계산서가 표시되는 기간마다 제공한다.

• 문단 42G(1)에서는 양도자가 지속적으로 관여하는 금융자산과 관련된 제거 손익을 공시하도록 요구한다. 양도자는 앞서 인식된 자산의 구성요소별(예: 제거된 자산의 지분과 양도자가 계속 유지하는 지분) 공정가치 합계와 앞서 인식된 자산 전체의 공정가치가 다르기 때문에 제거 손익이 생긴 것인지를 공시한다. 그러한 상황에서 양도자는 공정가치 측정이 문단 27A에서 기술하는, 관측 가능한 시장정보에 기초하지 않은 유의적인 투입변수를 포함하는지도 공시한다. *[K-IFRS 1107 B38]*

사례 문단 42E(1)~(4)의 사례 *[K-IFRS 1107 IG40B]*

전체가 제거된 양도 금융자산

(단위: 백만원)	(제거된) 양도자산을 재매입하기 위한 현금 유출액	재무상태표상 지속적 관여의 장부금액			지속적 관여의 공정가치		손실에 최대로 노출되는 금액
		당기손익인식금융자산	기타포괄손익인식금융자산	당기손익인식금융부채	자산	부채	
지속적 관여의 유형							
매도풋옵션	(X)			(X)		(X)	X
매입콜옵션	(X)	X			X		X
유가증권 대여계약	(X)			(X)	X	(X)	X
총금액		X		(X)	X	(X)	X

사 례 문단 42E(5)의 사례 *[K-IFRS 1107 IG40B]*

양도자산을 재매입하기 위한 미할인 현금흐름(단위: 백만원)								
	지속적 관여의 만기							
지속적 관여의 유형	합계	1개월 미만	1~3 개월	3~6 개월	6개월~ 1년	1~3 년	3~5 년	5년 초과
매도풋옵션	X		X	X	X	X		
매입콜옵션	X			X	X	X		X
유가증권대여계약	X	X	X					

3 보충 정보

- 양도자는 K-IFRS 1107 문단 42B의 공시 목적을 이루기 위해 필요하다고 판단한 추가 정보를 공시한다. *[K-IFRS 1107 문단 42H]*
- 문단 42E~42H에서는 제거된 금융자산에 지속적으로 관여하는 유형별로 질적 공시와 양적 공시를 규정한다. 양도자는 위험에 노출되는 대표적인 유형별로 지속적 관여를 통합한다. 예를 들면 금융상품 유형별(예: 보증이나 콜옵션)이나 양도 유형별(예: 매출채권 팩토링, 증권화와 유가증권대여계약)로 지속적 관여를 통합할 수 있다. *[K-IFRS 1107 B33]*
- 문단 42D~42G에서 요구하는 공시는 문단 42B의 공시 목적을 이루기에 충분하지 않을 수 있다. 이러한 경우에 양도자는 공시 목적의 달성에 필요한 추가 정보가 있다면 이를 공시한다. 양도자는 이용자의 정보 요구를 충족하기 위해 어느 정도의 추가 정보가 필요한지와 그러한 추가 정보의 서로 다른 측면에 어느 정도의 중요성을 부여할지를 상황에 비추어 결정한다. 재무제표이용자에게 도움이 되지 않을 수 있는 지나치게 상세한 내용으로 재무제표를 과중하게 하는 것과 지나치게 많은 항목을 통합하여 정보를 오히려 이해하기 어렵게 하는 것 사이에서 균형을 유지할 필요가 있다. *[K-IFRS 1107 B39]*

4 K-IFRS 1109의 최초 적용

- K-IFRS 1109의 최초 적용일을 포함한 보고기간에 최초 적용일 현재 금융자산과 금융부채의 각 종류별로 다음 정보를 공시한다. *[K-IFRS 1107 문단 42I]*
  (1) K-IFRS 1039에 따라 결정된 최초의 측정 범주와 장부금액
  (2) K-IFRS 1109에 따라 결정된 새로운 측정 범주와 장부금액
  (3) 이전에 당기손익-공정가치 측정 항목으로 지정하였으나, 그러한 지정에서 제외된 금융자산과 금융부채의 재무상태표상 금액. 이 금액은 최초 적용일에 K-IFRS 1109에 따라 재

분류가 요구되는 금융상품과 기업이 재분류를 선택한 금융상품으로 구분하여 공시한다. K-IFRS 1109 문단 7.2.2에 따라 그 기준서를 적용하기 위해 기업이 선택한 접근법에 따라, 관련 경과 규정은 둘 이상의 최초 적용일과 관련될 수 있다. 따라서 이 문단에 따라 둘 이상의 최초 적용일에 공시 할 수 있다. 다른 형식이 더 적절하지 않다면 표 형식으로 이러한 양적 정보를 공시한다.

- K-IFRS 1109의 최초 적용일을 포함한 보고기간에 이용자가 다음을 이해할 수 있도록 다음의 질적 정보를 공시한다. *[K-IFRS 1107 문단 42J]*
  (1) K-IFRS 1109의 적용으로 금융자산의 분류가 바뀐 경우에는 1109의 분류 요구사항을 적용하는 방법
  (2) 최초 적용일에 금융자산이나 금융부채를 당기손익-공정가치 측정 항목으로 지정한 이유나 지정을 취소한 이유

  K-IFRS 1109 문단 7.2.2에 따르면 그 기준서를 적용하기 위해 기업이 선택한 접근법에 따라 경과규정은 둘 이상의 최초 적용일과 관련될 수 있다. 따라서 이 문단에 따라 둘 이상의 최초 적용일에 공시가 될 수 있다.
- K-IFRS 1109에 따라 금융자산의 분류와 측정을 처음으로 적용하는 보고기간에(금융자산에 대해 K-IFRS 1039에서 K-IFRS 1109로 변경할 때) K-IFRS 1109 문단 7.2.15의 요구에 따라 이 기준서 문단 42L~42O에서 정한 공시사항을 표시한다. *[K-IFRS 1107 문단 42K]*
- 문단 42K의 요구에 따라 K-IFRS 1109의 최초 적용일에 금융자산과 금융부채의 분류의 변동을 다음과 같이 구분하여 공시한다. *[K-IFRS 1107 문단 42L]*
  (1) K-IFRS 1039에 따른 금융상품의 측정범주에 기초한 장부금액의 변동(즉, K-IFRS 1109로의 전환에 따른 측정속성의 변동 금액은 제외)
  (2) K-IFRS 1109로의 전환에 따른 측정속성의 변동에서 생기는 장부금액의 변동

  이 문단의 공시는 K-IFRS 1109에 따른 금융자산의 분류와 측정 요구사항을 최초로 적용한 연차보고기간 이후에 공시할 필요는 없다.
- K-IFRS 1107 문단 42K의 요구에 따라, K-IFRS 1109의 경과규정의 적용 결과 상각후원가 측정 금융상품으로 재분류한 금융자산과 금융부채, 당기손익-공정가치 측정 범주에서 기타포괄손익-공정가치 측정 범주로 재분류한 금융자산에 대해서 다음 사항을 공시한다. *[K-IFRS 1107 문단 42M]*
  (1) 보고기간 말 금융자산이나 금융부채의 공정가치
  (2) 금융자산이나 금융부채를 재분류하지 않았다면 보고기간에 당기손익이나 기타포괄손익으로 인식되었을 공정가치 평가손익

  이 문단의 공시는 K-IFRS 1109에 따른 금융자산의 분류와 측정 요구사항을 최초로 적용한 연차보고기간 이후에 공시할 필요는 없다.

• K-IFRS 1107 문단 42K의 요구에 따라 K-IFRS 1109의 경과규정을 적용한 결과 당기손익-공정가치 측정 범주에서 재분류된 금융자산과 금융부채에 대해 다음 사항을 공시한다. *[K-IFRS 1107 문단 42N]*
(1) 최초 적용일에 산정한 유효이자율
(2) 인식한 이자수익이나 이자비용
최초 적용일의 금융자산이나 금융부채의 공정가치를 새로운 총 장부금액으로 보는 경우에 금융상품을 제거할 때까지 각 보고기간에 이 문단에 따라 공시한다. 그 외의 경우에는 이 문단의 공시는 K-IFRS 1109에 따른 금융자산의 분류와 측정 요구사항을 최초로 적용한 연차보고기간 이후에 공시할 필요는 없다.

• K-IFRS 1107 문단 42K~42N에서 정한 공시를 표시할 때 그 공시와 K-IFRS 1107 문단 25의 공시는 최초 적용일 현재 다음 (1)과 (2)간의 조정이 가능하도록 해야 한다. *[K-IFRS 1107 문단 42O]*
(1) K-IFRS 1039와 1109에 따라 표시된 측정 범주
(2) 금융상품의 종류

• K-IFRS 1109 제5.5절의 최초 적용일에 (1) 1039에 따른 손상충당금과 1037에 따른 충당부채의 기말잔액과 (2) 1109에 따라 산정된 손실충당금의 차이조정 정보를 공시한다. 최초 적용일에 금융자산은 K-IFRS 1039와 1109에 따른 관련 금융자산의 측정 범주별로 공시하며 측정 범주의 변동이 손실충당금에 미치는 영향을 별도로 공시한다. *[K-IFRS 1107 문단 42P]*

• K-IFRS 1109의 최초 적용일을 포함한 보고기간에 다음 (1)과 (2)의 분류와 측정 요구사항(K-IFRS 1109 제5.4절과 제5.5절의 금융자산의 상각후원가 측정 관련 요구사항과 손상관련 요구사항 포함)에 따라 보고하였을 각 항목의 금액을 공시할 필요는 없다. *[K-IFRS 1107 문단 42Q]*
(1) 과거 기간에 대해 K-IFRS 1109
(2) 당기에 대해 K-IFRS 1039

• K-IFRS 1109의 최초 적용일에 그 기준서 문단 B4.1.9B~B4.1.9D에 따라 금융자산의 최초 인식시점에 존재하는 사실과 상황에 기초하여 변형된 화폐의 시간가치 요소를 평가하는 것이 실무적으로 불가능하다면, K-IFRS 1109 문단 B4.1.9B~B4.1.9D에 따른 화폐의 시간가치 요소의 변형과 관련한 요구사항을 고려하지 않고 금융자산의 최초 인식시점에 존재하는 사실과 상황에 기초하여 금융자산의 계약상 현금흐름의 특성을 평가한다. K-IFRS 1109 문단 B4.1.9B~B4.1.9D에서 변형된 화폐의 시간가치 요소와 관련한 요구사항을 고려하지 않고 보고기간 말에 금융자산의 최초 인식시점에 존재하는 사실과 상황에 기초하여 금융자산의 계약상 현금흐름의 특성을 평가한 경우에 해당 금융자산이 제거될 때 까지 해당 금융자산의 장부금액을 공시한다. *[K-IFRS 1107 문단 42R]*

• K-IFRS 1109 문단 7.2.5에 따라 금융자산의 최초 인식시점에 존재하는 사실과 상황에 기초하여 중도상환특성의 공정가치가 해당 기준서 문단 B4.1.12(3)에 따라 경미한지를 판단하는

것이 실무적으로 불가능하다면, K-IFRS 1109 문단 B4.1.12에 따른 중도상환특성에 대한 예외를 고려하지 않고 금융자산의 최초 인식시점에 존재하는 사실과 상황에 기초하여 금융자산의 계약상 현금흐름의 특성을 평가한다. K-IFRS 1109 문단 B4.1.12에 따른 중도상환특성에 대한 예외를 고려하지 않고, 보고기간 말에 금융자산의 최초 인식시점에 존재하는 사실과 상황에 기초하여 금융자산의 계약상 현금흐름의 특성을 평가한 경우에는 금융자산의 장부금액을 해당 금융자산이 제거될 때 까지 공시한다. *[K-IFRS 1107 문단 42S]*

K-IFRS 금융상품회계 5판

A-JIN

지은이와 협의 인지 생략

인　　쇄 : 2021년 11월 05일
발　　행 : 2021년 11월 10일
저　　자 : 창의과학연구소
발 행 처 : 도서출판 아진
437-120
경기도 의왕시 이미로 40 (포일동 653번지)
인덕원IT밸리 A동 1019호
TEL:02-737-0663 FAX:02-737-0664
Homepage:ajin.to
E-mail:kgb@ajin.to
발 행 인 : 김 근 배
등록번호 : 제330-1995-56호
I S B N : 978-89-5761-713-7　　93320

가격 50,000원